리투아니아어-한국어 사전

Lietuvių-Korėjiečių kalbų žodynas

도서출판
문예림

머리말

리투아니아어는 발트 3국 중 가장 큰 나라인 리투아니아의 공용어로서, 인도유럽어족의 옛 모습을 가장 잘 간직하고 있는 현대어로 알려져 있다. 우리 나라에서는 아직 입문서 한 권만 출간된 적이 있을 정도로 특수 외국어에 속하지만, 인도유럽어족 언어의 역사를 공부하는 이들에게는 그리 낯설지 않은 언어이기도 하다.

필자는 대학원 석사 과정에서 북유럽 역사를 전공하였는데 17세기 스웨덴의 팽창에 대해 공부하면서 발트 지역에도 관심을 갖게 되었다. 물론 리투아니아어에 대한 지식은 기초적인 수준에 불과하지만, 리투아니아어를 우리말로 풀이해 놓은 사전이 없다는 것을 알고 그런 사전을 한 권쯤 직접 만들어보는 것도 의미 있는 일일 것이라 생각하여 여기 작은 결과를 내놓는다. 이 사전은 수록 어휘 수가 2만 개 정도에 불과한 소사전이고 주로 뜻풀이에만 중점을 두었으므로 리투아니아어에서 중요한 악센트나 문법 사항 따위가 제대로 표시되지 않았다. 이것을 중대한 단점으로 지적하신 분도 있었지만 후일 그러한 사항이 다 표시된 더 좋은 사전이 나오기를 기대하면서, 지금은 리투아니아어-영어 사전 등을 이용하는 분들이 이중으로 사전을 찾는 불편함을 덜어주고 아울러 그 과정에서 생길 수 있는 의미의 전도(轉倒)를 최소화하는 역할만 기대되는 이 저작물을 독자 여러분께 내놓는다. 아무쪼록 리투아니아어에 관심 있는 여러분들의 질정을 기다리는 바다.

마지막으로 찾는 사람이 지극히 적을 것으로 예상되는 이 사전의 출간을 흔쾌히 허락해주신 문예림 측에 감사드리며, 리투아니아어를 공부하는 분들에게 이 서투른 작품이 작은 도움이나마 되기를 기대한다.

2010년 11월,
저자 유성호

일러두기

본 리투아니아어-한국어 사전은 리투아니아에서 널리 사용되는 표준 현대 리투아니아어의 기본 어휘를 중심으로 약 2만 어휘(표제어·숙어·예문 포함)를 선정하여 리투아니아어 알파벳 순으로 배열하고 그에 해당하는 한국어로 뜻풀이를 한 것이다. 본서의 편집 방침은 다음과 같다.

I. 표제어와 품사
(1) 명사의 경우 표제어는 주격 단수형이며 남성·여성의 성을 표시했다. (복수형으로 쓰이는 단어는 복수형임을 표시한 것도 있다)
(2) 동사의 표제어는 기본형을 제시하였다. 시제와 인칭에 따른 동사의 변화 유형은 권말 부록에 정리하여 실었다.
(3) 형용사의 표제어는 남성 주격 단수형으로 제시하였다.

II. 기호와 약어
(1) 표제어 또는 표제어 설명 중 [ ]의 표시는 [ ]의 안의 것으로 대체 가능함을 나타내고, ( )의 표시는 생략 가능함 또는 부연 설명을 나타낸다.

(2) 품사 및 성·수 표시
   [남] 남성명사   [여] 여성명사   [복] 복수형
   [대] 대명사   [수] 수사   [동] 동사
   [형] 형용사   [부] 부사   [감] 감탄사
   [소사] 소사   [접] 접속사   [전] 전치사
   [접두] 접두사

III. 참고 문헌
- Bronius Piesarskas, Lithuanian-English English-Lithuanian Dictionary, 2005
- Bronius Piesarskas, Bronius Svecevicius, Lithuanian Dictionary: Lithuanian-English, English-Lithuanian, 1995
- Jurgita Baltrušaitytė, Lithuanian-English/English-Lithuanian Dictionary & Phrasebook, 2004
- Lietuvių Anglų žodynas (인터넷 자료)
- Lietuvių-lenkų ir lenkų-lietuvių kalbų žodynas (리투아니아어-폴란드어 사전, 인터넷 자료)
- Lietuvių kalbos žodynas (리투아니아어-리투아니아어 사전, 인터넷 자료)

리투아니아어의 자모와 발음

리투아니아어에는 다음과 같은 32개의 알파벳이 있다.

a ą b c č d e ę ė f g h i į y j k l m n o p r s š t u ų ū v z ž

y가 j보다 순서상 앞에 있음을 주목하라. 사전에서도 이와 같은 알파벳 배열을 따른다. 그리고 č, š, ž는 각기 c, s, z와는 다른 독자적인 알파벳으로서 사전에서도 고유의 영역을 따로 갖는다. 다만 ą, ę, ė, į, ų, ū와 같은 모음들은 엄격한 알파벳 체계가 적용되지 않으므로 각기 a, e, i, u와 함께 섞여서 배열될 때가 많다.

리투아니아어의 발음은 대체로 로마자 읽기를 그대로 따르나, 예외적인 것이 몇 가지 있다.

1) 모음
   ą, ę, į, ų : 비음(鼻音), 즉 콧소리가 나는 모음들이다
   e : 단모음 /æ/ 또는 장모음 /æː/로 발음된다.
   ė : 항상 장모음 /eː/로 발음된다.
   i는 /i/로 발음되는 단모음이며 y는 그것의 장모음이다.
   u는 /u/로 발음되는 단모음이며 ū는 그것의 장모음이다.

2) 자음
   c : /ts/
   č : /tʃ/
   j : /j/ (반모음으로서 영어 단어 yes의 y와 같은 발음이다)
   š : /ʃ/
   ž : /dʒ/
   p, t, k는 무기음으로 발음된다
      (우리말의 ㅃ, ㄸ, ㄲ과 비슷한 발음)

A, Ą

abatas [남] 대수도원장
abatija [여] 대수도원
abažūras [남] (램프·전등의) 갓
abėcėlė [여] 알파벳, 자모
abėcėlinis [형] 알파벳의, 알파벳 순의
abėcėliškai [부] 알파벳 순으로
abejaip [부] 양쪽으로, 두 가지 방법으로; 둘 중 어느 쪽이든
abėjas [남] 의심; be abėjo 의심 없이, 확실히
abeji [수] 양쪽의; abejos durys 양쪽 문 둘 다
abejingai [부] 무관심하게, 냉담하게
abejingas [형] 무관심한, 냉담한
abejingumas [남] 무관심, 냉담
abejojamas [형] 의심을 품은, 의심스러운
abejonė [여] 의심, 의혹; be abejonės 의심 없이, 확실히
abejoti [동] 의심하다, 의문을 품다
abi [대] 둘 다; abiem rankomis 양 손으로; iš abiejų pusių 양쪽에
abipus [부] 양쪽에, 양편에
abipusis [형] 서로의, 상호간의, 쌍방의
abipusiškumas [부] 서로, 상호간에, 쌍방에
abitūra [여] 고등학교 졸업 시험
abonementas [남] 예약 구독
abonentas [남] 예약 구독자; (전화 따위의) 가입자
abortas [남] 유산, 낙태; padaryti abortą 유산[낙태]하다
abrikosas [남] [식물] 살구(나무)
absoliutinis [형] (왕권·정부 등이) 절대적인; 전제 군주의; absoliutinė monarchija 전제 군주제
absoliutus [형] 절대의, 절대적인; 완전한
absolventas [남] (대학의) 졸업생
absorbuoti [동] 흡수하다

abstinencija [여] 절제; 금주(禁酒)
abstinentas [형] 절제하는, 금주하는 — [남] 금주주의자
abstrakcija [여] 추상 (작용)
abstraktus [형] 추상적인
absurdas [남] 어리석음, 불합리함
absurdiškas [형] 어리석은, 불합리한
abu [대] → abi
abuojas [형] 나쁜, 참을 수 없는, 밉살스러운
acetonas [남] [화학] 아세톤
aciu [감] → ačiu
actas [남] 식초
ačiu [감] 감사합니다
adaptacija [여] 적응, 순응
adapteris [남] [기계] 어댑터
adaptuoti [동] 적응시키다
adaptuotis [동] 적응하다, 순응하다
adata [여] ① 바늘 ② 주사
adyti [동] 꿰매다, 짜깁다
administracija [여] 경영, 관리; 행정
administracinis [형] 관리의, 경영상의; 행정상의
administratorius [남] 관리자; 행정관
administravimas [남] 관리, 경영; 행정; 관료주의적 조치
administruoti [동] 관리하다, 운영하다
admirolas [남] 해군 제독
adrenalinas [남] [생화학] 아드레날린
adresantas [남] 보내는 사람, 발송자
adresas [남] 주소
adresatas [남] (우편물의) 수취인
Adventas [남] [기독교] 강림절
advokatas [남] 변호사
advokatūra [여] 변호사단, 변호사업, 법조계
aerobika [여] 에어로빅스
aerodromas [남] 비행장, 공항
aeronautika [여] 항공술, 항공학
aeroplanas [남] 비행기, 항공기
aerostatas [남] 기구(氣球)

aerouostas [남] 공항
aerozolis [남] 에어로졸
afektas [남] 격정, 격앙
afera [여] 사기, 기만
aferistas [남] 사기꾼
afiksas [남] [문법] 접사(接辭)
afiša [여] 벽보, 전단, 포스터, 플래카드
afišuoti [동] 과시하다, 광고하다
Afrika [여] 아프리카; Pietų Afrika 남아프리카
afrikietis [남] 아프리카 사람
afrikietiškas [형] 아프리카의
agentas [남] 대리인, 대표자
agentūra [여] ① 대리점 ② 첩보부, 정보 기관
agitacija [여] 선동, 유세; rinkiminė agitacija 선거 운동
agitatorius [남] 선동자; 선거 운동원
agituoti [동] 선전하다, 선거 운동을 하다
agonija [여] 죽음의 고통
agraras [남] 지주, 토지 소유자
agrarinis [형] 농지의, 토지의
agrastas [남] [식물] 구스베리, 서양까치밥나무(의 열매)
agregatas [남] 설비, 장치
agregatinis [형] 집합적인
agresija [여] 공격(성)
agresinis [형] 공격적인, 호전적인
agresyvus [형] 공격적인, 호전적인
agrokultūra [여] 농업
agrokultūrinis [형] 농업의
agronomas [남] 농학자, 농업 전문가
aguona [여] [식물] 양귀비
agurkas [남] [식물] 오이; raruginti agurkai 오이 절임, 피클
agurotis [남] [식물] 멜론, 머스크 멜론
aha [감] 아하!
ai [감] 아, 오!
aibė [여] ① 대량, 많은 것, 무더기 ② [수학] 집합
aičioti [동] 한숨 쉬다, 신음하다
aidas [남] 메아리, 에코

aidėjimas [남] 반향(음)
aidėti [동] 메아리치다, 반향하다
aidingas [형] 반향하는, 울려퍼지는
aikčioti [동] 한숨 쉬다, 신음하다
aikštė [여] ① 광장; futbolo aikštė 축구 경기장 ② iškelti a-ikštėn 폭로하다, 밝히다
aikštelė [여] ① 운동장, 용지, ~마당; teniso aikštelė 테니스 코트 ② 착륙
aikštėti [동] 보이다, 나오다
aikštingas [형] 변덕스러운, 괴팍한
aikštus [형] 보이는; 열린
aiman [감] 아 슬프도다, 불행하도다
aimana [여] 한탄
aimanuoti [동] 슬퍼하다, 한탄하다
ainis [남] 자손, 후손
Airija [여] 아일랜드
airis [남] 아일랜드 사람
airiškas [형] 아일랜드의
aistra [여] (~에 대한) 열정
aistringai [부] 열정적으로, 열심히
aistringas [형] 열정적인, 열심인
aistruolis [남] 스포츠광, 스포츠의 팬
aiškėti [동] 분명해지다, 뚜렷해지다
aiškiaregys [형] 투시력[통찰력]이 있는
aiškiaregystė [여] 투시력, 통찰력
aiškinamasis [형] 설명적인, 해설의
aiškinimas [남] ① 설명, 해설; 해석 ② [사진] 현상
aiškinti [동] ① 설명하다, 해설하다, 해석하다, 명쾌하게 밝히다 ② (사진을) 현상하다
aiškintis [동] 자기 입장을 설명하다
aiškintojas [남] 해설자
aiškumas [남] 분명함, 뚜렷함, 명쾌함
aiškus [형] 맑은, 깨끗한, 투명한; 분명한
aitrėti [동] 썩다, 부패하다
aitrus [형] ① 신랄한, 통렬한 ② 썩은 내가 나는, 부패한
aitvaras [남] (하늘에 날리는) 연

aižėti [동] 갈라지다, 금이 가다
aižyti [동] 껍질[꼬투리]을 벗기다
aje [감] 오!
ak [감] 오, 아!
akacija [여] [식물] 아카시아
akademija [여] 학원; 학회, 학술원; mokslų akademija 과학 아카데미
akademikas [남] 학회[학술원] 회원
akademinis [형] 학원의, 대학의; 학구적인
akceleracija [여] 가속, 촉진
akceleratorius [남] (자동차의) 액셀러레이터
akcentas [남] 강세, 악센트
akcentuoti [동] 강세를 주다, 강조하다
akcija [여] ① (정치적인) 행동, 방책, 조치 ② 주(株), 주식
akcininkas [남] 주주(株主)
akcinis [형] akcinė bendrovė 합자 회사, 주식 회사
akcizas [남] 소비세; (일반적인) 세금
akėčios [여·복] 써레
akėti [동] 써레질하다, 땅을 써레로 고르다
akibrokštas [남] 꾸짖음, 질책; 창피를 줌
akylai [부] 경계하여, 방심하지 않고, 두 눈을 부릅뜨고
akylas [형] ① 눈이 날카로운, 시력이 좋은 ② 눈을 부릅뜨고 지켜보는, 경계하는, 방심하지 않는
akylumas [남] 경계, 방심하지 않음
akimirka [여] ① 눈을 깜박임 ② 순간, 잠깐; vienu akimirksniu 잠시, 잠깐 동안
akinamas [형] 눈부시게 하는
akiniai [남·복] 안경; nešioti akinius 안경을 쓰다
akinimas [남] ① 눈부시게 함 ② 격려, 자극
akiniuotė [여] [동물] 코브라
akinti [동] ① 눈부시게 하다 ② 격려하다, 자극하다 ③ 꾸짖다, 질책하다
akiplėša [여] 무례한[뻔뻔스러운·건방진] 사람
akiplėšiškas [형] 뻔뻔스러운, 무례한, 건방진
akiplotis [남] 시야, 보이는 범위
akiratis [남] ① 지평[수평]선 ② 조망; 시야

akis [여] ① 눈(眼); geros akys 시력이 좋다 ② 그물코, 체눈 ③ 한 바늘, 한 땀, 한 코
akistata [여] 대면, 직면
akivaizda [여] 출석, 현존; kieno nors akivaizdoje ~의 면전에서
akivaizdinis [형] 목격된, 분명한
akivaizdumas [남] 증거, 분명함
akivaizdus [형] ① 시각(예술)의, 그래픽의 ② 분명한, 명백한
aklas [형] 눈 먼, 맹인의
aklavietė [여] 막다른 골목, 교착상태
aklimatizacija [여] 새 환경에의 순응
aklimatizuoti [동] 새 환경에 순응시키다
aklinas, aklinis [형] 밀봉[밀폐]된, 빈틈이 없는
aklys [남] 시각 장애인, 맹인
akmeninis [형] ① 돌의, 석조의, 석재의 ② 무생물의, 생명 없는 ③ 단단한; 움직이지 않는
akmentašys [남] 석수장이, 석공
akmuo [남] 돌; 바위
akompanimentas [남] [음악] 반주
akompanuoti [동] (~의) 반주를 하다
akordas [남] [음악] 화현(和弦), 화음
akordeonas [남] [음악] 아코디언
akrobatas [남] 곡예사
akrobatika [여] 곡예, 재주넘기
aksioma [여] 자명한 이치, 원리, 공리(公理)
aksomas [남] 우단, 벨벳
akstinas [남] ① 바늘·가시 등으로 찌름 ② 자극, 유인(誘因), 동기
akstinti [동] 자극하다; 몰아대다
akseleratorius [남] 액셀러레이터
aktas [남] ① 행동, 행위, 소행 ② 진술, 성명 ③ aktų salė 강당
aktyvėti [동] 더 활발해지다, 활기를 띠다
aktyvinti [동] 활기를 띠게 하다
aktyvumas [남] 활동, 활약
aktyvus [형] 활발한, 활동적인, 적극적인

aktorė [여] 여배우
aktorius [남] 배우, 연기자
aktualumas [남] 긴급(한 일); 시사 문제
aktualus [형] 시급한, 긴급한; 현안의
akumuliatorius [남] [기계] 축열기(蓄熱器)
akumuliavimas [남] 축적
akumuliuoti [동] 모으다, 축적하다
akustika [여] 음향 상태[효과]
akustinis [형] 청각의, 소리의, 음향의
akušerė [여] 조산사, 산파
akušeris [남] 산부인과 의사
akvarelė [여] 수채화 (그림 물감)
akvariumas [남] 수족관
alavas [남] [화학] 주석
alavijas [남] [식물] 알로에
alavuotas [형] 주석 도금을 한
alavuotojas [남] 양철공, 주석 세공인
albatrosas [남] [조류] 알바트로스, 신천옹
albinosas [남] [생물] 알비노, 흰둥이, 백변종
albumas [남] ① 앨범, 사진첩 ② 스케치북 ③ 우표첩
alebastras [남] 설화석고(雪花石膏)
alegorija [여] 풍유, 우화, 비유한 이야기
alegorinis [형] 우화의, 우의적인
alėja [여] 큰 가로, 대로, 가로수길
aleliuja [감] 할렐루야
alergija [여] [병리] 알레르기, 과민증
alergiškas [형] 알레르기의
alfabetas [남] 알파벳, 자모
alfabetinis [형] 알파벳(순)의; alfabetine tvarka 알파벳 순으로
alga [여] 봉급, 급료, 보수
algebra [여] 대수(학)
aliai [부] visi aliai vieno 하나하나 모두
aliarmas [남] 경보, 알람
aliarmuoti [동] 경보[알람]를 울리다
aliejingas [형] 유질(油質)의, 유성(油性)의
aliejus [남] 기름; aliejinė tapyba 유화(油畵); alyvuogių ali-

ejus 올리브유
alijošius [남] [식물] 알로에
alinė [여] 맥줏집
alinti [동] 피폐하게 하다, (토지를) 메마르게 하다
alio [감] (전화상에서) 여보세요
aliuminis [남] 알루미늄
aliuzija [여] 암시, 넌지시 비추는 언급
alyva [여] ① 기름, 오일; mašininė alyva 엔진 오일 ② [식물] 올리브 (열매·나무) ③ [복] alyvos [식물] 라일락
alyvmedis [남] [식물] 올리브 (나무)
alkanas [형] 배고픈, 굶주린
alkanauti [동] 배고프다, 굶주리다
alkimas [남] 기아, 아사(餓死) 상태
alkinti [동] 굶기다
alkis [남] 배고픔, 굶주림
alkoholikas [남] 음주광, 알코올 중독 환자
alkoholinis [형] 알코올(성)의; alkoholinis gėrimas 술, 알코올 음료
alkoholis [남] ① [화학] 알코올 ② 술, 주류
alksnis [남] [식물] 오리나무
alkti [동] 배가 고프다, 뭔가 먹고 싶다
alkūnė [여] 팔꿈치
alkūninis [형] alkūninis velenas [기계] 크랭크샤프트, 크랭크축(軸)
almanachas [남] 책력, 연감
almėti [동] 새어나오다, 스며나오다; 흐르다
Alpės [여·복] 알프스 (산맥)
alpinistas [남] 등산가, 알피니스트
alpinizmas [남] 등산
alpinti [동] 기절[졸도]하게 하다
alpti [동] 기절하다, 졸도하다
alpulys [남] 기절, 졸도
alpus [형] 무더운, 찌는 듯이 더운
alsavimas [남] 숨을 헐떡임
alsinti [동] 지치게 하다
alsuoti [동] 숨을 헐떡이다

alsus [형] 지친, 피로한
altas [남] [음악] ① 알토 ② 비올라
alternatyva [여] 양자택일; 선택권
altorius [남] (교회의) 제단, 제대(祭臺)
aludė [여] 맥주홀, 선술집
alus [남] 맥주; alaus darykla 맥주 양조장
Alžyras [남] 알제리
amalas [남] [식물] 겨우살이
amatas [남] (수공) 직업, 수공예, 수세공
amatininkas [남] 장인(匠人), 기능공
ambasada [여] 대사관
ambasadorius [남] 대사(大使)
ambicija [여] 자존(심), 자기애; 오만
ambicingas [형] ① 야심적인 ② 오만한
ambulatorija [여] 외래 환자 진료소
Amerika [여] 아메리카, 미국; Lotynų Amerika 라틴아메리카; Pietų Amerika 남아메리카; Šiaurės Amerika 북아메리카
amerikietis [남] 미국 사람
amerikietiškas [형] 미국의, 아메리카의
amnestija [여] 대사(大赦), 특사, 사면
amnestuoti [동] 사면하다, 대사[특사]하다
amoralus [형] 부도덕한
amortizacija [여] ① 마멸, 소모 ② [경제] 감가상각
amperas [남] [전기] 암페어 (전류의 단위)
ampulė [여] 앰풀 (1회분의 주사액을 넣고 밀봉한 유리 용기)
amputacija [여] 절단 (수술)
amputuoti [동] (손·발 등을) 수술로 절단하다
amuletas [남] 부적
amžinai [부] 언제나, 영원히
amžinas [형] 영원한, 영구적인; amžiną atilsį 영면(永眠)
amžinybė [여] 영원, 영구
amžininkas [남] 동시대인
amžius [남] ① 세기; dvidešimtasis amžius 20세기 ② 시대; akmens amžius 석기 시대; viduriniai amžiai 중세 ③ 생애, 일생; savo amžiuje 살아 있을 동안에
ana [대] → anas

anądien [부] 요전에, 일전에, 얼마 전에
anaiptol [부] 결코 ~아니다
anąkart [부] 그때에
analfabetas [남] 문맹자
analitikas [남] 분석가
analizė [여] 분석
analizuoti [동] 분석하다
analogija [여] 유사, 비슷함
analoginis, analogiškas [형] (~와) 유사한, 비슷한
ananasas [남] [식물] 파인애플
anapus [부] 저쪽에, 반대편에, 건너편에
anarchija [여] 무정부 상태
anarchizmas [남] 아나키즘, 무정부주의
anas [대] (여성형은 ana) 저것, 그것; aną kartą 그 때에
anąsyk [부] 그때에
anatomija [여] 해부학
ančiukas [남] 새끼 오리
andai [부] 최근에, 얼마 전에
anekdotas [남] 일화, 재미있는 이야기
aneksija [여] 부가, 합병
aneksuoti [동] 부가하다, 합병하다
anemija [여] [병리] 빈혈증
anestezuoti [동] 마취[마비]시키다
anga [여] 틈, 구멍, 뚫린 데
angelas [남] 천사
angeliškas [형] 천사의
angina [여] [병리] 후두염, 편도선염
anglai [남·복] 영국[잉글랜드]인들; anglų kalba 영어
anglas [남] (여성형은 anglė) 영국[잉글랜드] 사람
angliakasys [남] (석탄 캐는) 광부, 갱부
angliarūgštė [여] [화학] 탄산
angliavandeniai [남·복] [화학] 탄수화물
Anglija [여] 잉글랜드, 영국
Anglikonų bažnyčia 영국 국교회, 성공회
anglinis [형] anglinis popierius 카본지, 복사지
anglis [여] ① 석탄; akmens anglis 석탄; medžio anglis 숯,

목탄 ② [화학] 탄소
angliškai [부] 영어로; ar kalbate angliškai? 영어를 하십니까?
angliškas [형] 영국의; 영어의
anglosaksas [남] 앵글로색슨족의 사람
anglosaksiškas [형] 앵글로색슨의
aniedu [대] → anuodu
anyta [여] 시어머니
anyžius [남] [식물] 아니스
anketa [여] 질문서[표], 앙케트
anksčiau [부] ① 더 일찍[이르게]; kuo anksčiausiai 가능한 한 빨리; anksčiau ar vėliau 조만간 ② 이전에
ankstesnis [형] 더 이른; 이전의
anksti [부] 일찍, 이르게
ankstinti [동] ① 서두르다 ② 이르다, 빠르다
ankstyvas [형] (시간이) 이른
ankstokas [형] 꽤 이른
ankstumas [남] 이른 시각, 엉뚱한 시각
ankstus [형] (시간이) 이른; iš anksto 미리, 일찍
ankštas [형] (비)좁은; 꽉 끼는
ankštėti [동] (비)좁다; 꽉 끼다
ankštis[1] [남] (비)좁음; 꽉 낌
ankštis[2] [남] [식물] (완두콩 따위의) 꼬투리, 깍지
anoks [대/형] 그런 종류의, 그와 같은
anonimas [남] 익명
anoniminis [형] 익명의, 작자 불명의
anot [전] (~에) 따라
ansamblis [남] [음악] 앙상블, 연주자들
ant [전] (~의) 위에
antai [소사] ① 저기에, 저쪽에 ② kaip antai 예를 들면, 이를 테면
antakis [남] 눈썹
Antarktika [여] 남극
antarktinis [형] 남극의
antausis [남] 뺨[따귀]을 때림; skelti kam antausį ~의 뺨[따귀]을 때리다
antena [여] 공중선(空中線), 안테나

antgalis [남] 뾰족한 끝, 첨단
antgamtinis [형] 초자연적인
antibiotikas [남] 항생 물질
antiena [여] 암컷 오리
antikinis [형] 고대의; antikinis pasaulis 고대 세계
antikvaras [남] ① 골동품 취급자 ② 헌책방 주인
antikvariatas [남] ① 골동품 매매 ② 헌책방
antikvarinis [형] 골동품을 취급하는
antilopė [여] [동물] 영양
antinas [남] 수컷 오리
antipatija [여] 반감, 혐오; jausti kam antipatiją ~에게 반감을 갖다
antipatiškas [형] 반감을 가진, 싫어하는
antis¹ [여] [조류] 오리
antis² [여] 가슴
antisanitarinis [형] 비위생적인, 건강에 해로운
antisemitas [남] 반(反)유대주의자
antisemitinis [형] 반(反)유대주의의
antisemitizmas [남] 반(反)유대주의
antkainis [남] 가격 인상
antkaklis [남] 개 목걸이
antkapis [남] 묘비; 기념비
antklodė [여] 침대보; 담요
antonimas [남] 반의어(反意語)
antpilas [남] 리큐어, 과실주(酒)
antpirštis [남] 골무
antplūdis [남] 유입(流入), 쇄도
antpuolis [남] 공격, 습격
antra [부] 둘째로, 다음으로; antra tiek 두 배로 (많이); antra vertus 다른 한편으로는
antracitas [남] 무연탄
antradieniais [부] 화요일에
antradienis [남] 화요일
antraeilis [형] 제2위의; 부차적인, 덜 중요한
antrąkart [부] 두 번째로, 다시
antrankiai [남·복] 수갑

antrapus [전] 저쪽에, 저 너머에
antrarūšis [형] 2급의, 2류의
antras [수] 제2의, 둘째의, 두 번째의; sausio antroji (diena) 1월 2일; vienas antrą 서로
antrašas [남] (책 따위의) 제명(題銘); antraštinis puslapis (책의) 표제지
antrininkas [형] ① 두 번째의, 둘째 가는, 이류의, 덜 중요한 ② 대리의, 대체의, 보조의 ③ 중복의, 이중의, 두 배의
antrinis [형] ① 두 번째의, 둘째의 ② 이류의, 2등급의
antskrydis [남] 공습(空襲)
antsnukis [남] (개 따위의) 주둥이, 입 부분
antspaudas [남] ① 인장(印章), 도장 ② uždėti kam antspaudą ~에게 깊은 인상을 남기다[주다]
antstolis [남] 수령(守令), 지방 행정관
antvandeninis [형] [항해] 물 위의
antvožas [남] 뚜껑, 덮개, 커버
antžeminis [형] 지상(地上)의
antžmogis [남] 초인(超人), 슈퍼맨
antžmogiškas [형] 초인적인
anūkas [남] 손자
anūkė [여] 손녀
anuliavimas [남] 취소, 무효화, 철회
anuliuoti [동] 취소하다, 무효화하다, 철회하다
anuodu [대] 그들 모두, 그것들 둘 다
anuokart [부] 그때(에), 그 당시
anuomet [부] 그때(에), 그 당시(에)
anuometinis [형] 그때의, 그 당시의
apačia [여] 밑(바닥), 아래; iš apačios 밑에서부터, 아래로부터; į apačią, apačion 아래로, 아래쪽으로; nuo viršaus ligi apačios 위에서 아래까지
apakimas [남] 시력 상실, 실명
apakinti [형] ① 눈 먼, 장님의 ② (강한 빛 따위로 인해) 눈이 부신
apakti [동] 시력을 잃다, 눈이 멀다
apalpimas [남] 졸도, 기절
apalpti [동] 졸도하다, 기절하다

aparatas [남] ① (한 벌의) 기구, 장치; telefono aparatas 전화기; fotografijos aparatas 사진기, 카메라 ② valstybės aparatas 국가 기관
aparatūra [여] (한 벌의) 기구, 장치
apaštalas [남] (그리스도가 파견한) 사도
apatija [여] 냉담, 무감정, 무감동, 무관심
apatiškas [형] 냉담한, 무감정한, 무감동한, 무관심한
apatinis [형] 아래쪽의, 하부의; apatinis aukštas 1층; apatiniai baltiniai 속옷, 내의
apatinukas [남] 페티코트, 속치마
apaugti [동] 너무 자라다[무성해지다], 너무 무성해져 ~으로 온통 뒤덮이다; apaugti taukais 살찌다, (배에) 비계가 쌓이다
apauti [동] (~에게) 구두[신발]를 신기다
apavas [남] 신발류
apčiulpti [동] 핥다
apčiuopiamas [형] 감지할 수 있는, 만져서 알 수 있는
apčiuopomis [부] (손으로) 더듬어[만져서], 촉각으로
apčiuopti [동] (손으로) 더듬다, 만지다
apčiupinėti [동] (손으로) 더듬다, 만지다
apdaila [여] 끝손질, 마무리, 다듬기, 꾸미기
apdailinti [동] 끝손질[마무리]을 하다, 다듬다, 꾸미다
apdainuoti [동] 찬양하다, 찬송하다
apdaira [여] 세심한 주의, 조심성
apdairiai [부] 세심하게 주의를 기울여, 조심성 있게
apdairumas [남] = apdaira
apdairus [형] 세심한 주의를 기울이는, 조심성 있는
apdanga [여] ① 덮개, 커버 ② [해부] 외피(外皮), 포피(包被)
apdangalas [남] 덮개, 커버; sniego apdangalas 눈(雪)으로 덮임
apdangstyti [동] 가리다, 커버를 씌우다
apdaras [남] ① 옷, 의복; [복] 의류, 드레스 ② (책의) 제본, 장정, 표지
apdaužyti [동] 때리다, 매질하다
apdeginti [동] ① 태우다, 그슬리다 ② (화로 따위에) 굽다
apdegti [동] 타다, 그슬다

apdėlioti [동] (가)두르다, 테를 달다
apdengti [동] 덮다, 씌우다; 지붕을 얹다
apdėti [동] 과세하다, 세금을 부과하다
apdirbti [동] ① (원자재 등을) 가공하다, 처리하다 ② 갈다, 경작하다
apdoroti [동] 손보다, 마무리 작업을 하다, 갈고 닦다, 처리하다
apdovanojimas [남] 상(賞)
apdovanoti [동] ① 꾸미다, 장식하다 ② 주다, 부여하다
apdrabstyti [동] (더러운 것 따위를) 튀기다
apdraskyti [동] 긁다; 잡아 뜯다
apdrausti [동] 보험에 들다
apdriksti [동] 갈기갈기 찢기다
apdriskęs [형] 갈기갈기 찢긴
apdrožti [동] ① (대패로) 깎다, 다듬다 ② 갈다, 날카롭게 하다
apdulkėti [동] 먼지로 뒤덮이다, 더럽혀지다
apdumti [동] ① (~으로) 뒤덮다 ② apdumti akis 속이다, 바보로 만들다
apdžiovinti [동] 말리다, 건조시키다
apdžiūti [동] (표면이) 마르다, 건조되다
apeiginis [남] (종교적인) 의식, 관례
apeigos [여·복] 식(式), 의식, 예식; vestuvių apeigos 결혼식
apeiti [동] ① 돌아가다, 우회하다 ② 돌아다니다, 순회하다 ③ (회)피하다
apėjimas [남] ① 돌아감, 우회 ② 한 바퀴 돌기, 순회 ③ 회피
apeliacija [동] 항소[상고]하다
apeliacinis [형] apeliacinis teismas 항소 법원
apeliuoti [동] 호소하다, 간청하다
apelsinas [남] [식물] 오렌지 (나무)
apendicitas [남] [병리] 충수염, 맹장염
apėsti [동] 먹다; 갉다
apetitas [남] 식욕, 입맛; gero apetito! 맛있게 드세요!
apgadinti [동] 망치다, 망쳐 놓다
apgailestaujamas [형] 슬픈, 통탄할, 비통한, 애석한, 유감스러운
apgailestauti [동] 유감스럽게[애석하게] 생각하다

apgailestavimas [남] 유감, 회한, 슬픔, 애석
apgailėtinas [형] 슬픈, 통탄할, 비통한, 애석한, 유감스러운
apgalvoti [동] (~에 대해) (곰곰이) 생각하다
apgamas [남] (피부에 난) 점
apgaubti [동] 덮다, (감)싸다, 봉하다
apgaudinėjimas [남] 속임수, 사기
apgaudinėti [동] (남을) 속이다, 바보로 만들다; 사기를 치다
apgaudinėtojas [남] 사기꾼; 악당
apgaulė [여] 속임수, 사기
apgaulingas [형] 속이는, 기만하는
apgaulioti [동] 속이다, 기만하다, 사기를 치다
apgauti [동] 속이다, 기만하다, 사기를 치다
apgavikas [남] 사기꾼; 악당
apgavimas [남] 속임수, 기만, 사기
apgavystė [여] 속임수, 기만, 사기
apgenėti [동] (잔가지 따위를) 치다, 잘라내다, 제거하다
apgesti [동] (상태가) 나빠지다, (일을) 망치다
apgynimas [남] 보호, 옹호
apginkluoti [동] 무장시키다
apginti [동] 방어하다, 옹호하다
apgyti [동] (상처 등을) 치료하다
apgyvendinimas [남] 사람을 거주시키기, 정착
apgyvendinti [동] (일정 지역에) 사람을 거주시키다; (집에) 사람을 들이다, 숙박시키다
apglėbti [동] 포옹하다, (~에) 팔을 두르다
apgraibomis [부] 피상적으로; (손으로) 더듬어; 어설프게; ieškoti apgraibomis 더듬어 찾다
apgraužti [동] 갉다
apgręžti [동] 회전하다
apgriūti [동] 무너지다, 붕괴되다, 내려앉다
apgrobti [동] 빼앗다, 강탈하다
apgrubti [동] (추위로 인해) 얼다, 무감각해지다, 곱다
apgula [여] 포위 공격
apgulti [동] 포위 공격하다
apyaušriu [부] 새벽에, 동트기 직전에
apibarstyti [동] (가루 따위를) 흩뿌리다

apibarti [동] 꾸짖다, 나무라다, 야단치다
apibėgti [동] 돌아다니다
apibendrinimas [남] 일반화
apibendrinti [동] 일반화하다, 개괄하다
apiberti [동] (가루 따위를) 흩뿌리다
apybraiža [동] ① 윤곽을 그리다 ② 에세이[간단한 글]을 쓰다
apybraižininkas [남] 수필가
apibrėžimas [남] (개념의) 정의, 규정
apibrėžtas [형] 정의된, 규정된
apibrėžti [동] ① (개념을) 정의하다, 규정하다 ② 외곽선을 그리다, 선으로 주위를 둘러싸다
apibūdinti [동] (특성 따위를) 묘사하다, 기술하다
apie [전] ① (~에) 대하여, 관하여; kalbėti (galvoti, skaityti, girdėti) apie ką (~에 대해) 말하다 (생각하다, 읽다, 듣다) ② 약, 대략; apie tris šimtus 약 300 ③ (~의) 주위에, 둘레에; sėdėti apie stalą 테이블에 둘러앉다
apieškoti [동] (여기저기) 찾다, 수색하다
apiforminti [동] 틀을 잡다, 갖추다, 설비하다
apygarda [여] 지역, 지구; rinkiminė apygarda 선거구
apykaita [여] medžiagų apykaita [생물] 신진대사
apykaklė [여] 칼라, 깃
apykanta [여] 관용, 관대, 용인
apylanka [여] 우회(로)
apylinkė [여] ① 근교, 교외 ② 리투아니아의 행정 구역 단위의 하나 ③ rinkiminė apylinkė 선거구
apimti [동] ① (손을) 꼭 쥐다 ② 감싸다, 덮다
apimtis [여] 용량, 크기
apynasris [남] (말)고삐
apynys [남] [식물] 홉
apipavidalinti [동] 모양을 갖추다, 틀을 잡다, 디자인하다
apipilti [동] 쏟다, 끼얹었다; 흩뿌리다
apipjaustymas [남] ① 깎기, 잘라내기, 다듬기 ② [성경] 할례
apipjau(sty)ti [동] ① 깎다, 잘라내다, 다듬다 ② 할례를 베풀다
apiplauti [동] 씻다, 헹구다
apiplėšimas [남] 도둑질, 절도, 약탈, 강도짓
apiplėšti [동] 도둑질하다, 약탈하다

apiplyšęs [형] 해진, 낡은, 누더기의
apipulti [동] 사방에서 공격하다, 뭇매를 때리다
apipurkšti [동] (액체 따위를) 뿌리다
apipūti [동] (약간) 썩다, 부패하다
apyrankė [여] 팔찌
apyrašas [남] 목록
apyrytis [남] 새벽, 이른 아침
apysaka [여] 이야기
apysenis [형] 늙수그레한
apyskaita [여] 설명, 기술, 보고
apyšiltis [형] 미지근한
apytaka [여] 순회; kraujo apytaka 혈액 순환
apytikriai [부] 대략
apytikris [형] 대략의, 근사치의
apyvarta [여] ① (자금의) 회전율 ② 순환; leisti į apyvartą 유통시키다
apyvoka [여] 청소, 정리정돈
apjuosti [동] (띠를) 매다, 두르다
apkabinimas [남] 껴안기, 포옹
apkabinti [동] 껴안다, 포옹하다
apkalbėti [동] 중상하다, 비방하다, 욕하다
apkaltinimas [남] 고소, 죄를 씌우기
apkaltinti [동] 고소하다, 죄를 씌우다
apkandžioti [동] 물다, 물어뜯다
apkapoti [동] 자르다, 베다
apkarpyti [동] ① 깎다, 다듬다; 잘라내다 ② 줄이다, 삭감하다
apkasas [남] 참호
apkasti [동] (참호 따위를) 파다
apkaupti [동] (흙을) 북돋우다, 쌓아 올리다
apkeisti [동] 바꾸다; 교환하다; 대체하다
apkeliauti [동] 두루[곳곳을] 다니다[여행하다]
apkerėti [동] 매혹하다, 호리다
apkirpti [동] 잘라[깎아]내다
apklausa [여] 의문, 질문; 심문
apklausti [동] 묻다, 질문하다; 심문하다
apklijuoti [동] (벽지 따위를) 풀을 발라 붙이다

apkloti [동] 덮다, 깔다
apkramtyti [동] 물다, 물어뜯다
apkrauti [동] 짐을 지우다, 부담시키다; apkrauti darbu 과로하게 하다
apkrečiamas [형] (질병이) 전염성의
apkrėsti [동] 병을 전염[감염]시키다, 병독[병균]을 퍼뜨리다
apkrėtimas [남] (질병의) 전염, 감염
apkrova [여] 일의 양, 부하
apkrovimas [남] 일의 양, 부하
apkulti [동] 때리다, 치다
apkūnus [형] 뚱뚱한, 살찐
apkūrenimas [남] 가열, 데우기
apkūrenti [동] 가열하다, 데우다
apkursti [동] 귀가 먹다, 들리지 않게 되다
apkurinti [동] 귀가 멀게[귀를 먹먹하게] 하다
apkvaišti [동] 어리석어지다, 제정신이 아니게 되다
aplaidus [형] 부주의한, 소홀한
aplaistyti [동] (식물에) 물을 주다
aplaižyti [동] 핥다
aplamai [부] 대체로, 대략
aplanka(la)s [남] 서류철, 파일
aplankymas [남] 방문, 찾아가기
aplankyti [동] 방문하다, 들르다
aplaužyti [동] 꺾다
apleisti [동] ① (해야 할 일 따위를) 무시하다, 소홀히 하다 ② 버리다, 유기하다
aplenkti [동] ① (다른 것보다) 앞서다, (다른 것을) 뒤처지게 하다 ② aplenkti knygą 책에 종이 표지를 씌우다
aplieti [동] 쏟다, 엎지르다
aplink [부] 돌아서
aplinka [여] 주위, 주변, 환경
aplinkybė [여] ① 주위 상황[사정] ② [문법] 부사적 수식어구
aplinkinis [형] 주변의, 부근의, 이웃의; aplinkinis kelias 돌아가는 길, 에움길
aplinkraštis [남] 안내장, 회보
aplinkui [부] 도처에, 주변 모두에

aplodismentai [남·복] 박수
aplupti [동] ① 껍질을 벗기다 ② 매질하다
apmainyti [동] (~와) (물물) 교환하다
apmalšinti [동] 억누르다, 가라앉히다
apmąstymas [남] 생각, 숙고, 고려, 고찰
apmąstyti [동] (곰곰이) 생각하다, 고려하다
apmaudas [남] 성가심, 속상함, 괴로움
apmaudingas, apmaudus [형] 성가신, 속상한, 괴로운
apmauti [동] (옷 따위를) 입다, 걸치다
apmazgoti [동] 씻다, 세척하다
apmesti [동] 스케치하다, 윤곽[개요]을 그리다
apmirti [동] 기절하다, 졸도하다; apmirti iš baimės 공포에 질리다
apmokamas [형] 지불된, 값을 치른, 유급의
apmokėjimas [남] 지불, 값을 치르기
apmokėti [동] 지불하다, 값을 치르다
apmokestinti [동] 세금을 부과하다, 과세하다
apmokymas [남] 교육, 훈련
apmokyti [동] 교육하다, 훈련시키다
apmušalas [남] 가구류, 실내 장식품; sienų apmušalai 벽지
apmušti [동] ① 실내 장식을 하다 ② 판자 따위를 대다 ③ 때리다, 치다
apmuitinti [동] 세금을 물리다, 관세를 부과하다
apnašos [여·복] 얇게 덮임
apnešioti [동] 낡게[닳게] 하다
apnuodyti [동] 독(毒)을 넣다
apnuogintas [형] 벌거벗은, 나체의
apnuoginti [동] 발가벗기다
apogėjus [남] 최고점, 절정, 클라이맥스
apolitiškas [형] 정치에 무관심한
apostrofas [남] [문법] 아포스트로피 (')
apraminti [동] 안정시키다, 차분하게 하다
apranga [여] 의류, 옷; 의상, 제복
aprašymas [남] 묘사, 기술
aprašyti [동] 묘사하다, 그리다, 기술하다
aprašomasis [형] 기술(記述)적인, 묘사하는

apraudoti [동] 슬퍼하다, 탄식하다
apreikšti [동] ① 발표하다, 공표하다 ② [신학] (신이) 계시[묵시]하다
apreiškimas [남] ① 발표, 공표 ② [신학] 천계(天啓), 계시, 묵시
aprengti [동] 옷을 입히다
aprėpti [동] ① (단번에) 이해하다, 파악하다 ② 포함[포괄]하다
aprėžti [동] ① 잘라내다 ② 제한하다, 한정하다
apribojimas [남] 제한, 한정
ariboti [동] 제한하다, 한정하다
aprieti [동] 물다; mane apriejo šuo 나는 미친개에 물렸다
aprimti [동] 진정하다, 마음을 가라앉히다, 누그러뜨리다
aprišti [동] (상처 등을) 묶다, 매다, 동이다
aprobacija [여] 승인, 찬성
aprobuoti [동] 승인하다, 찬성하다
aprodyti [동] 구경시켜주다, 두루 보여주다
aprūkęs [형] 그을음투성이의
aprūpinimas [남] ① 공급, 갖추어줌 ② 유지, 부양, 생계
aprūpinti [동] 제공하다, 공급하다
apsakymas [남] 말하기; 이야기
apsauga [여] 보호, 방어
apsauginis [형] 보호[방어]하는
apsaugoti [동] (~으로부터) 보호[보존·방어]하다, 지키다
apsčiai [부] 많이, 다량으로
apsemti [동] 넘치다, 범람하다
apsėsti [동] ① 자리를 모두 차지하다 ② velnio apsėstas 홀린, 미친, 강박관념 등에 사로잡힌
apsiašaroti [동] 눈물을 흘리다, 울기 시작하다
apsiaustas [남] 외투, 망토, 코트; 방수복, 우비
apsiausti [동] ① 에워싸다, 둘러싸다 ② 덮다, 싸다
apsiaustis [여] (요새 따위의) 포위(공격)
apsiauti [동] 신발을 신다
apsiblausti [동] ① 우울해지다, 낙담하다 ② 졸리다
apsidairyti [동] 둘러보다
apsidengti [동] 뒤집어 쓰다, (~으로) 덮이다
apsidirbti [동] 해나가다, 끝내다

apsidrausti [동] (생명) 보험에 들다
apsidžiaugti [동] 기뻐하다, 행복해 하다
apsieiti [동] (~이 없이도) 그럭저럭 잘 해내다[지내다]
apsigalvoti [동] 마음을 고쳐먹다, 다시 생각하다
apsigauti [동] 속다, 기대[예상]가 어긋나다
apsigimti [동] 특정한 기질[천성]을 갖고 태어나다
apsigynimas [남] 방어
apsiginklavimas [남] ① 무기, 병기 ② 무장, 군사력 증강
apsiginkluoti [동] 무장하다, 무기를 갖추다
apsiginti [동] 자신을 방어하다[지키다]
apsigyventi [동] 정착하다, 살 곳을 정하다
apsigręžti [동] (한 점을 중심으로) 빙 돌다
apsiimti [동] (~할 것을) 떠맡다
apsijuokti [동] 바보짓을 하다, 웃음거리가 되다
apsikabinti [동] (서로) 껴안다, 포옹하다
apsikeisti [동] 바꾸다, 교환하다
apsikirpti [동] 이발하다, 머리를 자르다
apsikloti [동] (담요 따위로 몸을) 덮다
apsikrėsti [동] 병에 걸리다, 감염되다
apsikrėtimas [남] 병에 걸림, 감염
apsilaižyti [동] 입맛을 다시다
apsilankymas [남] 방문, 들르기
apsilankyti [동] 방문하다, 들르다
apsileidėlis [남] 단정치 못한 사람
apsileidęs [형] ① 부주의한, 소홀한 ② 단정하지 못한
apsileisti [동] 부주의해지다; 단정하지 못하게 되다
apsilenkti [동] (서로) 길이 엇갈리다, 엇갈려서 만나지 못하게 되다
apsimainyti [동] (물물) 교환하다
apsimesti [동] (~인) 체하다, 가장하다
apsimetimas [남] 가장, 가식(假飾)
apsimokėti [동] ① 지불하다, 값을 치르다 ② (~의) 가치가 있다
apsinakvoti [동] 밤을 보내다, 하룻밤 묵다
apsiniaukęs [형] ① 구름 낀, 흐린 ② 우울한
apsiniaukti [동] ① 구름이 끼다, 흐려지다 ② 우울해지다

apsinuodyti [동] 음독(飮毒)하다
apsinuoginti [동] 옷을 벗다
apsipilti [동] (자신의 몸 위에 물 따위를) 쏟다, 엎지르다
apsipirkti [동] 쇼핑을 하다
apsiprasti [동] 익숙해지다, 습관이 들다
apsirengti [동] 옷을 입다
apsirgti [동] 병에 걸리다
apsirijėlis [남] 대식가, 폭식가
apsirikimas [남] 실수, 잘못
apsirikti [동] 실수하다, 잘못하다
apsirūpinti [동] (스스로) 마련하다
apsisaugojimas [남] 조심, 경계, 예방
apsisaugoti [동] 조심[경계]하다
apsiskaičiuoti [동] 잘못 세다[계산하다]
apsiskaitęs [형] 박학한, 박식한
apsiskaitymas [남] 박학, 박식
apsisprendimas [남] 자결(自決), 자기 결정
apsispręsti [동] 결정하다, 결심하다
apsistoti [동] (~에) 머무르다
apsisukimas [남] (기계적인) 회전
apsisukti [동] (기계적으로) 회전하다
apsišvietęs [형] 교육을 잘 받은, 교양 있는, 계몽된
apsitraukti [동] 구름이 덮이다, 날이 흐려지다
apsitrinti [동] ① (소매 따위가) 닳다, 해지다 ② 예절바른 태도를 갖추다, 품위 있게 되다
apsitvarkyti [동] ① 치우다, 말끔히 하다, 청소하다 ② (옷을) 개다, 정리하다
apsiūti [동] ① 가장자리를 두르다 ② 삯바느질 따위로 옷 만드는 일을 하다
apsiuvas [남] 가장자리, 테두리
apsivaisinti [동] 임신하다, 수태하다
apsivalgyti [동] 과식하다
apsivalyti [동] 자신의 몸을 깨끗이 하다
apsiversti [동] 뒤집다, 전복시키다
apsivilkti [동] 옷을 입다
apsižiūrėti [동] ① 주위를 둘러보다 ② 문득 생각나다

apskaičiavimas [남] 셈, 계산
apskaičiuoti [동] (수를) 세다, 계산하다
apskaita [여] ① 셈, 계산 ② 등록, 기재
apskristi [동] 이리저리 뛰어다니다
apskritai [부] 일반적으로, 보통, 대체로
apskritas [형] 둥근, 원형의
apskritimas [남] 원, 동그라미
apskritis [여] 구역, 지구
apskundimas [남] [법률] 항소, 상고
apskusti [동] 면도하다, 털을 깎다
apskųsti [동] 불만을 갖다; [법률] 항소[상고]하다
apsnigti [동] 눈(雪)으로 덮이다
apspisti [동] 둘러싸다, 에워싸다; 주변에 잔뜩 몰리다
apstatymas [남] 가구(家具)
apstatyti [동] (실내에) 가구를 비치하다
apstoti [동] 둘러싸다, 에워싸다; 주변에 잔뜩 몰리다
apstulbinti [동] 어리벙벙하게 하다, 아연하게 하다, 깜짝 놀라게 하다
apstumdyti [동] (떠)밀다
apstus [형] 풍부한, 많은, 다량의
apsukrus [형] 세상 물정에 밝은, 똑똑한, 영리한
apsukti [동] ① 돌리다, 감다, 뒤틀다 ② 속이다
apsunkinti [동] 부담을 주다, 누를 끼치다
apsvaigimas [남] ① 취함, 도취 ② 현기증, 어지러움
apšalti [동] 꽁꽁 얼다
apšaudymas [남] 발포, 발사
apšaudyti [동] 발포[발사]하다
apšaukti [동] ① 선언하다, 공포하다 ② 중상하다, 명예를 훼손하다
apšmeižti [동] 중상하다, 비방하다, 욕하다, 명예를 훼손하다
apšviesti [동] ① 불을 밝히다 ② 계몽하다
apšvietimas [남] ① 조명 ② 계몽
aptaisas [남] ① 틀에 넣기, 설치 ② (책의) 제본, 장정, 표지
aptarimas [남] 토론, 논의
aptarnauti [동] 시중들다, 봉사하다, 서비스하다
aptarnavimas [남] 시중들기, 봉사, 서비스

aptarti [동] 토론하다, 논의하다
aptaškyti [동] (물 따위를) 튀기다
aptėkšti [동] (물 따위를) 튀기다
aptemdyti [동] 어둡게 하다, 불을 끄다
aptiesti [동] (~으로) 덮다, (~을) 깔다
aptikti [동] 발견하다, 찾아내다
aptingti [동] 게을러지다
aptraukti [동] 덮다; dangų aptraukė debesys 하늘은 구름으로 덮였다, 하늘에 구름이 끼었다
aptvaras [남] 울타리(를 두르기)
aptvarkyti [동] 치우다, 정돈하다
aptvėrimas [남] 울타리(를 두르기)
aptverti [동] 울타리를 치다[두르다]
apuokas [남] [조류] 수리부엉이
apuostyti [동] 코를 킁킁거리다
apvainikuoti [동] (왕)관을 씌우다
apvaisinimas [남] [생물] 수태, 수정
apvaisinti [동] [생물] 수태[수정]시키다
apvaizda [여] 신의 뜻, 섭리
apvalainas, apvalainis [형] 계란형의, 타원형의
apvalymas [남] 청소; 정화(淨化)
apvalkalas [남] ① 베갯잇 ② [해부] 막(膜)
apvalus [형] 둥근, 원형의
apvažiuoti [동] 돌아가다, 우회하다
apverkti [동] 슬퍼하다, 한탄[비탄]하다
apverktinas [형] 통탄할, 한탄스러운
apversti [동] 뒤집다, 거꾸로 하다
apvesdinti [동] 결혼시키다
apvesti [동] 에워싸다, 둘러싸다
apvilkti [동] 옷을 입히다
apvilti [동] 실망하게 하다, 희망을 꺾다
apvynioti [동] 휘감다, 싸다
apvirsti [동] 뒤집다, 전복하다
apvyti [동] 휘몰다, 휘감다
apvogti [동] 강탈하다, 빈털터리로 만들다
apželdinti [동] 식물[나무]을 심다

apželti [동] (풀이나 머리카락 따위가) 무성하게 자라다
apžiūra [여] 검토, 고찰
apžiūrėjimas [남] 검사, 조사
apžiūrėti [동] 검사[검토]하다, 조사하다
apžvalga [여] 둘러봄, 개관, 통람, 검토
apžvelgti [동] 둘러보다, 검토하다
ar [소사] 의문문을 만듦; ar tu žinai? 알고 있니? ― [접] ① ~인지 어떤지 ② 또는, 혹은
arabas [남] 아랍 사람
Arabija [여] 아랍, 아라비아
arabiškas [형] 아랍[아라비아]의; arabiškas skaitmuo 아라비아 숫자
arba [접] 또는, 혹은; arba ~ arba ~ ~이든지 ~이든지; arba šiandien, arba rytoj 오늘이나 내일이나 (둘 중 하나)
arbata [여] 차(茶)
arbatėlė [여] 다과회, 티 파티
arbatinė [여] 다방, 찻집
arbatinukas [남] 찻주전자
arbatpinigiai [남·복] 팁, 행하
arbūzas [남] [식물] 수박
archaizmas [남] 고문체(古文體), 고풍스러움
archeologas [남] 고고학자
archeologija [여] 고고학
archeologinis [형] 고고학의, 고고학적인
architektas [남] 건축가
architektūra [여] 건축술[학]
architektūrinis [형] 건축술의
archyvas [남] 기록[공문서] 보관소, 문서고
ardyti [동] ① 가르다, 절개하다, 찢다 ② 해체하다, 분해하다 ③ 파괴하다; ardyti sveikatą 건강을 해치다 ④ (질서를) 어지럽히다; (적막을) 깨뜨리다
arena [여] ① 경기장, 투기장 ② 활동 무대, ~계(界)
areštas [남] 체포, 구금
areštuoti [동] 체포하다, 구금하다
arfa [여] [음악] 하프
arfininkas [남] 하피스트, 하프 연주자

Argentina [여] 아르헨티나
argi [소사] argi tai gali būti? 정말?, 그게 가능해?; argi tu nežinai? 모르고 있니?
argumentas [남] 논의, 토론, 논쟁
argumentuoti [동] (~이라고) 논하다
ariamas [형] (토지가) 경작할 수 있는, 경작에 알맞은
ariamoji [여] 경작 가능한 토지
arija [여] [음악] 아리아
arimas [남] 경작지
aristokratas [남] 귀족(의 한 사람)
aristokratija [여] (집합적으로) 귀족 (사회)
aristokratiškas [형] 귀족의, 귀족적인
aritmetika [여] 산수, 셈; aritmetikos uždavinys 산수 문제
arka [여] [건축] 아치, 홍예
arkivyskupas [남] [기독교] 대주교
arklėnas [남] [동물] 버새 (수말과 암나귀의 잡종)
arklidė [여] 마구간
arklys [남] [동물] 말(馬)
arktinis [형] 북극의
Arktis [여] 북극
armatūra [여] ① 강철로 된 틀[프레임] ② (기계류 등의) 부품
armėnas [남] 아르메니아 사람; armėnų kalba 아르메니아어
Armėnija [여] 아르메니아
armėniškas [형] 아르메니아의
armija [여] 군대, 병력; reguliarioji armija 상비군
armonika [여] [음악] 아코디언
armonikėlė [여] [음악] 하모니카 (또는 lūpinė armonikėlė)
arogancija [여] 거만, 오만, 거드름
arogantiškas [형] 거만한, 오만한, 거드름피우는
aromatas [남] 방향(芳香), 향기, 아로마
arsenalas [남] 무기고, 군수품 창고
arsenas [남] [화학] 비소
aršus [형] 격렬한, 난폭한, 사나운
arterija [여] [해부] 동맥
artėti [동] ① 접근하다, 가까이 오다 ② 친밀해지다, 친구가 되다

arti¹ [부] ① 가까이, 근처에 ② 약, 대략, ~ 정도; arti šimto 약 100
arti² [동] 땅을 갈다, 경작하다
artikelis [남] [문법] 관사; žymimasis artikelis 정관사; nežymimasis artikelis 부정관사
artilerija [여] [군사] 포, 대포
artileristas [남] 포병, 포사수
artimas [형] ① 가까운, 근처의 ② 친밀한
artimumas [남] ① 가까움, 근접 ② 친밀함
artyn [부] 더 가까이; eiti artyn 다가오다
artinimasis [형] 더 가까이 오는, 접근하는
artinti [동] 가까이 가져오다
artintis [동] 더 가까이 오다, 접근하다
artipilnis [형] 거의 가득 찬
artistas [남] 배우, 연기자; 예술가, 공연하는 사람; baleto artistas 발레 댄서; operos artistas 오페라 가수
artistė [여] 여배우, 여자 연기자
artojas [남] 농부
artumas [남] 가까움, 근접
aruodas [남] 곡물 창고
ąsa [여] ① (주전자 따위의) 손잡이, 귀; 바늘귀 ② 단춧구멍
asamblėja [여] 집회, 회합, 회의
asbestas [남] 석면(石綿)
asfaltas [남] 아스팔트
asfaltuoti [동] 길을 아스팔트로 포장하다
asignavimas [남] 지정, 할당
asignuoti [동] (~으로) 지정하다, 할당하다
asilas [남] ① [동물] 당나귀 ② 어리석은 사람
asimiliacija [여] 동화(同化)
asimiliuoti [동] 동화하다
asistentas [남] 조수, 보조자; (대학의) 조교
asiūklis [남] [식물] 속새
asmenavimas [남] [문법] 동사 변화, 활용
asmenybė [여] 개인; 개성
asmeninis, asmeniškas [형] ① 개인의, 개인적인 ② [문법] 인칭의; asmeninis įvardis 인칭대명사

asmeniškai [부] 개인적으로
asmenuoti [동] [문법] 동사를 활용시키다
asmuo [남] 사람, 개인
asociacija [여] 협회, 조합, 단체
asortimentas [남] 구분, 분류, 유별
ąsotis [남] 주전자, 물병
aspirantas [남] 대학원생
aspirinas [남] [약학] 아스피린
astma [여] [병리] 천식
astra [여] [식물] 애스터 (국화과(科))
astronautas [남] 우주 비행사
astronomas [남] 천문학자
astronomija [여] 천문학
astronominis [형] 천문학의, 천문학적인
aš [대] 나(는)
ašaka [여] 물고기 뼈, 생선 가시
ašara [여] 눈물; lieti ašaras 눈물을 흘리다
ašarotas [형] 눈물 젖은
ašigalis [남] (북극·남극의) 극; Šiaurės ašigalis (지구의) 북극
ašis [여] 굴대, 축(軸)
ašmenys [남] (칼날 따위의) 날
aštrėti [동] ① 날카로워지다 ② 긴장 관계가 되다
aštrinti [동] ① 날카롭게 하다, 갈다 ② aštrinti santykius 관계를 긴장시키다
aštrumas [남] 날카로움
aštrus [형] ① 날카로운 ② (지적 따위가) 통렬한, 예리한, 매서운
aštuntadalis [여] 8분의 1
aštuntas [수] 제8의, 여덟째의
aštuoni [수] 여덟 (8)
aštuoniakampis [남] [기하] 팔각형
aštuoniasdešimt [수] 팔십 (80)
aštuoniasdešimtas [수] 제80의, 80번째의
aštuoniolika [수] 십팔 (18)
aštuonioliktas [수] 제18의, 18번째의
aštuonkojis [남] [동물] 문어, 낙지

aštuonmetis [형] 8년 된, 8살의
ataka [여] 공격
atakuoti [동] 공격하다
atamanas [남] 지도자, 두목
atardyti [동] 도둑질하다, 사취하다
ataskaita [여] 설명, 보고; duoti kam ataskaitą apie ką nors ~에게 ~을 설명[보고]하다
ataskaitinis [형] ataskaitinis laikotarpis 본년도
atašė [남] (대사 등의) 수행원, 대사관원; 대사관부 무관(武官)
atatranka [여] 반동, 반발, 되튐
atatupstas [남] 후진, 뒤로 가기
atauga [여] ① (식물의) 눈, 싹 ② kirmėlinė atauga [해부] 충수, 충양돌기
atauginti [동] (예를 들어 머리 따위를) 기르다, 자라게 하다
ataugti [동] 자라다, 머리 따위가 길어지다
ataušti [동] 식다, 서늘해지다, 추워지다
atbaidyti [동] 겁을 줘서 쫓아버리다
atbėgti [동] 달려오다
atbraila [여] 테, 가장자리
atbukinti [동] (날 따위를) 무디게 하다
atbukti [동] 무디어지다
atbulai [부] 반대로, 역으로, 거꾸로
atbulas [형] 거꾸로 된, 뒤집힌
atbusti [동] (잠에서) 깨다
atdaras [형] 열린
ateistas [남] 무신론자
ateistinis [형] 무신론(자)의
ateiti [동] 오다
ateitis [여] 미래, 장래
ateityje [부] 미래에, 장래에
ateivis [남] 새로 온 사람, 신참
ateizmas [남] 무신론
atėjimas [남] 옴, 도착
ateljė [여] 예술가의 작업실, 아틀리에
atėmimas [남] ① 빼앗아감, 박탈; laisvės atėmimas ("자유를 빼앗음"의 뜻에서) 투옥 ② [수학] 뺄셈, 감산(減算)

atestatas [남] 증명서; brandos atestatas 졸업 증명서, 졸업장
atgabenimas [남] 배달, 배송
atgabenti [동] 배달하다, 전하다, 가져다주다
atgaila [여] 후회, 참회, 뉘우침
atgailauti [동] 후회하다, 참회하다, 뉘우치다
atgaivinimas [남] 활기를 더함, 소생시키기
atgaivinti [동] 소생시키다, 깨어나게 하다
atgal [부] 뒤로; 되돌아
atgaminimas [남] 재생산; 기억을 되살림, 회상, 상기
atgaminti [동] 재생산하다; 기억을 되살리다, 회상하다, 상기하다
atgarsis [남] ① 메아리, 에코 ② 응답; 논평, 코멘트
atgauti [동] 되찾다, 다시 얻다, 회복하다
atgijimas [남] 소생, 회복; 부활
atgimimas [남] 재생, 소생, 부활, 되살아남; Atgimimo epocha [역사] 르네상스 (시기)
atgimti [동] 소생하다, 되살아나다
atgyti [동] 거듭나다; 부활하다
atgyvena [여] ① 생존, 살아남음 ② 잔존하는 것, 자취
atgyventi [동] 낡게 되다, 구식이 되다, 유행이 지나다
atgręžti [동] (~ 쪽으로) 돌리다, 향하다
atidarymas [남] ① 열기, 개방 ② 시작, 개시, 오프닝
atidaryti [동] ① 열다, 개방하다 ② 시작하다, 개시하다, 오픈하다
atidarytuvas [남] 병따개, 오프너
atidėjimas [남] 미룸, 연기; 유예
atidengti [동] (덮개 따위를) 벗기다, 드러내다
atidėti [동] ① 옆에 제쳐 두다 ② 미루다, 연기하다
atidirbti [동] 해치우다, 일을 마치다
atidrėkti [동] 축축해지다
atidumas [남] 주의 깊음, 주의를 기울임
atiduoti [동] (되)돌려주다, 넘기다
atidus [형] 주의 깊은, 주의를 기울이는
atimti [동] ① 가져가다, 빼앗다, 박탈하다 ② [수학] 빼다, 감산(減算)하다
atimtis [여] [수학] 뺄셈, 감산

atitaisymas [남] 정정, 수정, 고치기
atitaisyti [동] 정정하다, 수정하다, 고치다, 바로잡다
atitekti [동] (자신의 몫을) 받다, (재산 따위를) 물려받다
atitempti [동] 가져오다, 끌다
atitikimas [남] 부합, 부응, 따름
atitikmuo [남] 등가물, 상당하는 것
atitikti [동] (~에) 따르다, 부합[부응]하다
atitinkamai [부] (~에) 따라서, 부합[부응]하여
atitinkamas [형] (~에) 따르는, 부합[부응]하는
atitinkamumas [남] 부합, 상응
atitolinti [동] 제거하다, 없애다, 떼어 놓다
atitolti [동] (~으로부터) 멀어지다, 떠나다, 소원해지다
atitraukti [동] (마음·주의를) 흐트러뜨리다, 딴 데로 돌리다;
    atitraukti ką nuo darbo ~으로 하여금 일을 못하게끔 주
    의를 산만하게 하다, 일을 방해하다
atitrūkti [동] (~에서) 떨어져 나가다, (~와) 접촉이 끊기다
atituštinti [동] 비우다, 비게 하다
atjaunėti [동] 회춘하다, 다시 젊어지다
atjausti [동] 공감하다, 동정하다, 슬픔 따위를 같이 하다
atkabinti [동] 풀다, 끄르다, 떼어 놓다
atkaklumas [남] 고집이 셈, 완고함
atkaklus [형] 고집 센, 완고한, 버티는, 끈덕진
atkalbėti [동] 설득하여 ~하는 것을 단념시키다
atkalėti [동] 복역하다, 수감 생활을 하다
atkarpa [여] ① (옷감 따위의) 일정한 양 ② 쿠폰
atkartojimas [남] 반복, 되풀이
atkartoti [동] 반복[되풀이]하다
atkasti [동] 파내다, 발굴하다
atkąsti [동] 물어 떼다, 떼어 먹다
atkeliauti [동] 오다, 도착하다
atkelti [동] (다른 장소로) 나르다, 전하다, 이동시키다
atkeršyti [동] (~에 대해 ~에게) 복수하다, 앙갚음하다
atkimšti [동] (병의) 마개를 뽑다
atkimštukas [남] 코르크 마개뽑이
atkirpti [동] (가위 따위로) 잘라내다
atkirsti [동] 잘라내다, 찍어내다

atkirtis [남] 거절, 퇴짜; duoti kam atkirtį ~에게 거절하다, 퇴짜를 놓다

atkišti [동] 뻗다, 내밀다

atklijuoti [동] (붙어 있는 것을) 잡아떼다

atknoti [동] 껍질을 벗기다

atkovoti [동] 탈환하다, 다시 정복하다

atkreipti [동] (~쪽으로) 방향을 돌리다; atkreipti kieno dėmesį ~의 주의를 (~으로) 돌리다

atkristi [동] ① 뚝 떨어지다, 쇠퇴하다, 사라지다; klausimas atkrinta 그 질문은 더 이상 제기되지 않는다 ② (병이) 도지다, 더 심해지다

atkūrimas [남] 복구, 재건

atkurti [동] 복구하다, 재건하다, 다시 만들다

atlaidai [남·복] 교회 축제

atlaidumas [남] 관대, 엄하지 않음

atlaidus [형] 관대한, 엄하지 않은

Atlanto vandenynas 대서양

atlasas [남] 지도책

atlaužti [동] 꺾다, 떼어내다

atleidimas [남] ① 용서 ② 면직, 해고

atleisti [동] ① 용서하다 ② 해고하다 ③ 늦추다, 느슨하게 하다

atletas [남] 운동 선수, 스포츠맨

atletika [여] (각종) 운동 경기, 스포츠; lengvoji atletika 육상 경기

atletiškas [형] 운동 경기의, 체육의

atlydys [남] 해동, 해빙

atliekamas [형] ① 불필요한 ② 예비의, 여분의

atliekos [여·복] 폐기물, 쓰레기

atlyginimas [남] ① 지불 ② 봉급, 급료, 임금 ③ 보상

atlyginti [동] ① 지불하다, 값을 치르다 ② 보상하다

atlikėjas [남] 실행자, 이행자

atlikti [동] ① 실행하다, 이행하다, 할 일을 하다 ② 배역을 맡아 하다, 연기하다 ③ (~한 상태로) 남아 있다 ④ (쓰이지 않고) 남겨지다

atlyžti [동] 가라앉다, 진정되다

atlošas [남] (의자 따위의) 등 부분
atlupti [동] 찢다, 껍질을 벗기다
atmaina [여] ① 변화, 바뀜 ② [생물] 종(種)
atmatos [여·복] 쓰레기, 폐물
atmatuoti [동] (일정한 양만큼만) 정확히 재다, 재서 자르다
atmerkti [동] 눈을 (크게) 뜨다
atmesti [동] ① 던져버리다, 팽개치다 ② 거절하다, 거부하다
atmiešti [동] 희석하다
atminimas [남] 회상, 상기
atminti [동] 회상하다, 상기하다, 기억을 떠올리다
atmintinai [부] 외워서, 암기하여
atmintis [여] 기억
atmosfera [여] 대기(大氣)
atmosferinis [형] 대기(중)의, 공기의
atmušimas [남] ① 격퇴, 물리침, 내쫓기 ② 반사
atmušti [동] ① (공격 따위를) 격퇴하다, 물리치다 ② 역습하다, 응수하다 ③ (빛을) 반사하다
atnaujinimas [남] ① 새롭게 함, 일신, 혁신 ② 다시 시작함, 재개
atnaujinti [동] ① 새롭게 하다, 일신하다 ② 다시 시작하다, 재개하다
atnešti [동] 가져오다
atodrėkis [남] 해동, 해빙
atodūsis [남] ① 심호흡; 한숨 ② 잠시 쉼, 휴지(休止)
atograža [여] ① [지리] 회귀선(回歸線) ② 열대 지방
atogrąžinis [형] 열대(지방)의, 열대성의
atokaita [여] saulės atokaitoje 공공연하게
atokiai [부] (~으로부터) 좀 (멀리) 떨어져
atokus [형] 좀 떨어진, 먼
atomas [남] [물리·화학] 원자
atomazga [여] 결과, 결말
atominis [형] 핵의, 원자의; atominė energija 원자력; atominė bomba 원자폭탄; atominė elektrinė 원자력 발전소
atoslūgis [남] 썰물, 간조(干潮)
atostogauti [동] 휴가 중이다
atostogos [여·복] 휴가, 방학, 휴일

atoveikis [남] [물리] 반작용
atoveiksmis [남] [물리] 반작용
atpalaiduoti [동] ① 풀어주다, 놓아주다, 해방하다 ② (묶은 것을) 끄르다, 풀다
atpasakojimas [남] 고쳐 쓴 것, 개작한 이야기
atpasakoti [동] 고쳐 쓰다[말하다], (이야기를) 개작하다
atpažinti [동] (신원 따위를) 확인하다, (남을) 알아보다
atpiginti [동] 값을 깎다, 가격을 내리다
atpigti [동] 값이 싸지다, 가격이 인하되다
atpildas [남] (나쁜 짓에 대한) 징벌, 응보
atpirkti [동] 속죄하다
atpjauti [동] 잘라내다, 베어내다
atpjova [여] (잘라낸) 조각, 단편, 파편
atplaiša [남/여] 동강, 토막, 파편
atplaukti [동] ① 헤엄쳐 오다 ② 배를 타고 오다
atplėšti [동] ① 찢다, 절개하다 ② 개봉하다
atplyšti [동] 찢어지다, 쪼개지다
atprasti [동] 나쁜 버릇[습관]을 버리다[고치다]; atprasti nuo rūkymo 담배를 끊다
atradėjas [남] 발견자
atradimas [남] 발견
atraityti [동] 걷어올리다, 말아올리다
atraiža [여] ① 조각, 단편 ② 한 벌 분의 옷감
atrajoti [동] (소 따위가) 되새김질하다, 반추하다
atrajotojas [남] 반추동물
atrakinti [동] (잠긴 문 따위를) 열다
atrama [동] 지지하다, 떠받치다
atranka [여] 선택
atrasti [동] 찾(아내)다; 발견하다
atremti [동] ① 떠받치다, 버티다, 기대다 ② (공격 따위를) 물리치다, 격퇴하다
atrėžti [동] 잘라내다
atriboti [동] 범위[한계]를 정하다; 떼어놓다
atributas [남] [문법] 한정사
atrinkimas [남] 골라내기, 선택
atrinkti [동] 골라내다, 선택하다

atrišti [동] 풀다, 끄르다
atrodyti [동] (~으로/~처럼) 보이다; jis atrodo protingas 그는 영리해 보인다
atsagstyti [동] 풀다, 끄르다
atsakas, atsakymas [남] 대답, 답변; atsakymas į klausimą 질문에 대한 답변
atsakingas [형] ① 책임 있는, 중책을 맡고 있는 ② 중대한, 가장 중요한
atsakyti [동] ① 대답하다 ② (~에 대해) 책임을 지다
atsakomybė [여] 책임
atsakovas [남] 피고(인)
atsarga [여] ① 조심, 주의, 신중 ② 비축, 예비, 보존물
atsargiai [부] 조심스럽게, 신중하게; atsargiai! 조심해!
atsarginis [형] 예비의, 따로 남겨둔; atsarginis išėjimas 비상구 - [남] 예비군
atsargumas [남] 조심, 주의, 신중
atsargus [형] 조심스러운, 주의하는, 신중한
atsėdėti [동] ① (일정 기간 동안 어디에) 머무르다, 체류하다 ② 복역하다, 수감 생활을 하다
atsegti [동] 풀다, 끄르다
atseit [부] 그래서, 즉
atsekti [동] (~의) 바로 뒤에서 따라가다
atsibosti [동] (~에) 물리다, 싫증나다, 지겨워지다
atsibusti [동] 잠깨다
atsidaryti [동] (문 따위가) 열리다
atsidavęs [형] (~에) 헌신적인, 충실한, 전념하는
atsidavimas [남] 헌신, 충실, 전념
atsidėjęs [형] 열심인, 끈기 있는, 근면한
atsidėkoti [동] (친절·은혜에) 보답하다
atsidėti [동] ① (~에) 헌신하다, 충실하다, 전념하다 ② 옆에 치워두다
atsiduoti [동] (~에) 헌신하다, 충실하다, 전념하다
atsidurti [동] 자신이 어떤 상태에 있음을 알다; (~에) 이르다, 가게 되다
atsidusti [동] 숨쉬다; 한숨짓다
atsieiti [동] 지불해야 할 돈이 ~이 되다, ~에 이르다

atsigaivinti [동] 기분이 상쾌해지다, 기운을 차리다
atsigauti [동] ① 정신을 차리다, 의식을 되찾다 ② (병에서) 회복하다
atsigerti [동] (음료를) 마시다, 갈증을 해소하다
atsiginti [동] 자신을 방어하다
atsigręžti [동] (등 따위를) 돌리다; 돌아보다
atsigriebti [동] 탈환하다, 되찾다
atsigulti [동] (드러)눕다; 잠자리에 들다
atsijoti [동] 체로 치다, 체질하다
atsiimti [동] 도로 찾다, 되찾다
atsikalbinėjimas [남] 변명, 핑계, 구실
atsikartoti [동] 재발하다, 다시 일어나다
atsikelti [동] 일어나다, 일어서다
atsikirsti [동] 반박하다, 말대꾸하다
atsikirtimas [남] 반박, 말대꾸; 비난
atsikišęs [형] (툭) 튀어나온, 돌출한
atsiklaupti [동] 무릎 꿇다
atsiklausti [동] 묻다, 질문하다
atsikosėti [동] (헛)기침하다, 목을 가다듬다
atsikratyti [동] 없애다, 제거하다, 떨어내다
atsikūrimas [남] 회복, 복구
atsikurti [동] 회복되다, 복구되다
atsikvėpimas [남] 일시적 중지, 휴지(休止), 소강(小康)
atsikvėpti [동] 한숨 돌리다; 쉬다
atsikvošėti [동] 의식을 되찾다, 정신을 차리다
atsilaikyti [동] 입장 따위를 고수하다, 물러나지 않다, 저항하다, 버티다
atsileisti [동] ① 마음을 놓다, 긴장을 풀다 ② 약해지다, 잦아들다; 가라앉다, 차분해지다
atsiliepimas [남] 의견, 반응, 평(評)
atsiliepti [동] ① 대답하다 ② (~에) 관하여 말하다, (~을) 평하다
atsilyginti [동] ① 지불하다, 갚다 ② 보복하다, 그대로 갚아주다 ③ 보답하다
atsilikęs [형] 뒤처진, 뒤진
atsilikimas [남] 뒤처져 있음

atsilikti [동] 뒤처지다, 뒤지다
atsimerkti [동] 눈을 뜨다
atsimesti [동] ① (~와의) 관계를 끊다 ② 신앙을 버리다
atsiminimas [남] 회상, 회고, 상기, 기억; [복] atsiminimai 기념품
atsiminti [동] 기억하다, 회상하다, 회고하다, 상기하다
atsinešti [동] 가져오다
atsipalaiduoti [동] 긴장을 풀다, 늦추다, 느슨하게 하다
atsipeikėti [동] 의식을 되찾다, 정신을 차리다
atsiprašymas [남] 사과, 용서를 구함
atsiprašyti [동] 사과하다, 용서를 구하다; atsiprašau 미안합니다
atsipūsti [동] 한숨 돌리다; (잠시) 쉬다
atsiradimas [남] 기원, 시초, 유래; (~에서) 생겨남, 비롯됨
atsirakinti [동] (잠긴 문 따위가) 열리다
atsirasti [동] ① (~한) 상태가 되다, (~이) 있게 되다 ② 나타나다, 보이다 ③ (~에서) 생기다, 발생하다, 비롯되다
atsiremti [동] (~에) 기대다
atsiriboti [동] (~와의) 관계를 끊다, (~와) 분리되다
atsirišti [동] ① (묶인 것이) 풀리다 ② 자유롭게 ~하게 되다
atsirūgti [동] 트림하다
atsisakymas [남] 거절; (권리 따위의) 포기
atsisakyti [동] 거절하다; (권리 따위를) 포기하다
atsisėsti [동] 앉다
atsiskaitymas [남] (거래의) 청산, 결산
atsiskaityti [동] 셈을 치르다, 거래를 청산하다
atsiskyrėlis [남] 은자(隱者), 은둔자
atsiskirti [동] (~으로부터) 떨어져 있다, 떨어지다
atsiskleisti [동] 열다, 펼치다
atsispindėti [동] 반사되다
atsispirti [동] ① (~에) 저항하다, 버티다 ② (~에) 기대다
atsistatydinimas [남] 사직, 사임
atsistatydinti [동] 사직하다, 사임하다
atsistoti [동] 일어서다, 일어나다
atsisukti [동] (~쪽으로) (빙빙) 돌다
atsisveikinimas [남] 이별, 작별, 고별

atsisveikinti [동] 작별 인사를 하다
atsišaukimas [남] 호소; 선언
atsišaukti [동] 대답하다; 반향하다
atsišlieti [동] (~에) 기대다
atsiteisti [동] ① (빚 따위를) 갚다 ② 받은 것과 똑같이 되돌려주다
atsitiesti [동] (자세 따위를) 똑바로 하다
atsitikimas [남] 일어난 일, 사건; nelaimingas atsitikimas 사고
atsitikti [동] (일이) 생기다, 일어나다, 발생하다
atsitiktinai [부] 우연히; atsitiktinai susitikti 우연히 만나다
atsitiktinis [형] 우연한
atsitiktinumas [남] 우연(성)
atsitolinti [동] 물러가다, (~에서) 멀어지다
atsitraukimas [남] 퇴각, 후퇴, 물러남
atsitraukti [동] ① 뒤로 물러서다; 물러나다, 퇴각[후퇴]하다 ② 뿌리치고 떠나다
atsitūpti [동] 웅크리고 앉다
atsitverti [동] 남과 어울리지 않다, 남들로부터 떨어져 있다
atsiųsti [동] 보내다
atsiversti [동] ① (~으로 다시) 변화하다 ② 개종하다
atsivesti [동] (동물이) 새끼를 낳다
atsižadėjimas [남] (권리 따위의) 포기
atsižadėti [동] (자신의 입장·권리 따위를) 철회하다, 포기하다
atsižvelgti [동] 고려하다, 참작하다
atskaičiuoti [동] 셈에서 제외하다, 빼다
atskaita [여] 빼기, 공제; 할인
atskaityti [동] 빼다, 공제하다
atskala [여] ① 조각, 토막, 동강 ② (종교 등의) 분파
atskelti [동] 쪼개다, 잘라내다
atskiesti [동] 희석하다, 묽게 하다
atskilti [동] 쪼개지다, (~에서) 떨어져 나오다
atskiras [형] 개별적인, 별도의
atskyrimas [남] ① 분리, 격리 ② 구별, 식별, 분별, 판별
atskyris [남] 등급, 클래스, 부류, 범주
atskirti [동] ① 분리하다, 떨어뜨리다 ② 구별하다, 식별하다,

분별하다
atskleisti [동] ① (책 따위를) 펴다, 펼치다 ② 드러내다, 폭로하다, 밝히다
atskristi [동] 항공편으로 오다[도착하다]
atskubėti [동] 급히 오다
atslinkti [동] (기어)오르다
atslūgti [동] ① 떨어져 내려오다 ② 가라앉다, 진정되다
atspalvis [남] 기미, 티; 뉘앙스
atspara [여] ① 지주, 버팀목 ② 저항력, 저항성
atsparumas [남] 저항(력)
atsparus [남] (~에) 버티는, 저항력이 있는, 내(耐)~의; ugniai atsparus 내화성(耐火性)의
atspaudas [남] (무언가를) 찍은 흔적[자국]; piršto atspaudas 지문(指紋)
atspausdinti [동] 찍다, 인쇄하다
atspėjamas [형] (시간적으로) 한가한, 여유가 있는
atspėti [동] 추측하다, 알아맞히다
atspindėti [동] 반영하다
atspindys [남] 반사
atstatymas [남] 재건, 복구; 갱신
atstatyti [동] 재건하다, 복구하다; 갱신하다
atstoti [동] 혼자 있도록 내버려두다
atstovas [남] 대표자, 대리인, 대변인
atstovauti [동] 대표하다, 나타내다
atstovybė [여] 대사관
atstumas [남] 거리, 간격, 공간
atstumti [동] 밀어 제치다, 멀리하다, 쫓아내다
atsukti [동] ① (수도꼭지 따위를) 틀다; (나사를) 돌려 빼다 ② (~쪽으로) 돌리다, 향하다
atsuktuvas [남] 나사 돌리개, 드라이버
atsvara [여] 평형추; 평형
atsverti [동] ① 저울로 (무게를) 달다 ② 평형을 유지하다; (효과 따위를) 상쇄하다
atšaka [여] 갈라짐, 가지를 냄, 분기(分岐)
atšaldyti [동] 식히다, 차갑게 하다
atšalimas [남] 기온이 떨어짐, 엄습하는 추위

atšalti [동] ① 추워지다 ② (태도가) 차가워지다, 냉담해지다
atšaukimas [남] ① 취소, 철회 ② 도로 부름; (대사 등의) 소환
atšaukti [동] ① 취소하다, 철회하다 ② 도로 부르다; (대사 등을) 소환하다
atšauti [동] (빗장 따위를) 벗기다, (잠긴 것을) 열다
atšiaurus [형] (기후가) 혹독한
atšildyti [동] 따뜻하게 하다
atšilti [동] 따뜻해지다
atšipinti [동] (날 따위를) 무디게 하다
atšipti [동] (날 따위가) 무디어지다
atšlaitė [여] 비탈, 사면(斜面), 경사지
atšliaužti [동] 기어오(르)다
atšokti [동] 되튀다
atšvaitas [남] 반사; 반사물, 반사하는 것
atšvęsti [동] 축하하다, 경축하다
atšviesti [동] 빛나다, 반짝이다; (빛을) 반사하다
atvaizdas [남] 그림, 이미지
atvaizduoti [동] 그리다, 묘사하다, 나타내다
atvaryti [동] (가축을) 집으로 몰고 오다
atvartas [남] ① (상의의) 옷깃 ② (장화의) 윗부분
atvažiuoti [동] 오다, 도착하다
atvejis [남] 경우, 건, 케이스; panašiu atveju 그런 경우에
atversti [동] ① (책을) 펼치다, (책장을) 넘기다 ② (커버 따위를) 벗기다
atvėsimas [남] 기온이 떨어짐, 추워짐
atvėsinti [동] 식히다, 서늘하게 하다
atvesti [동] (어떤 상태에) 이르게 하다
atvėsti [동] 식다, 서늘해지다
atvežti [동] 가져다 주다, 날라오다
atvykėlis [남] 새로 온 사람; 방문자
atvykimas [남] 도착, 옴; 나타남, 출석
atvykti [동] 도착하다, 오다; 나타나다, 출석하다; sveiki atvykę! 잘 오셨습니다, 환영합니다!
atvilioti [동] 유혹하다, 꾀다
atvilkti [동] (어떤 장소로) 가지고[끌고] 오다

atvynioti [동] (꾸린·말아 둔·묶은·감긴 것을) 풀다, 끄르다
atviras [형] ① 열린 ② 있는 그대로의, 터놓는, 숨김없는, 솔직한 ③ 공공연한, 공개된
atvirkščiai [부] 반대로, 거꾸로
atvirkščias [형] 반대의, 역(逆)의
atvirukas [남] 우편 엽서
atvirumas [남] 있는 그대로임, 터놓음, 숨김없음, 솔직함
atžala [여] 싹, 움
atžalynas [남] 어린 나무
atžymėti [동] 표시하다, 체크하다
atžvilgis [남] (고려할) 점, 사항; šiuo atžvilgiu 이 점에 있어서
audėjas [남] (천 따위를) 짜는 사람, 직조공
audeklas [남] 옷감, 직물, 천
audiencija [여] 회견, 접견
audinė [여] [동물] 밍크
audinys [남] 옷감, 직물, 천
auditorija [여] ① 강의실, 강당 ② 청중(들), 듣는 사람(들)
audra [여] 폭풍
audringas [형] 격렬한, 맹렬한, 거친, 심한
augalas [남] 식물
augalija [여] 식물의 생장; 식물상(相)
augalotas [형] 키가 크고 건장한, 체격이 좋은
augimas [남] 성장; 증대
auginimas [남] 기르기, 양육; (식물의) 재배; (동물의) 사육
auginti [동] 기르다, 양육하다; (식물을) 재배하다; (동물을) 사육하다
augintinis [남] 양자, 입양아, 수양 자녀
augmenija [여] 식물의 생장; 식물상(相)
augti [동] ① 자라다, 성장하다 ② 늘다, 증대하다
auka [여] 희생; 희생자
auklė [여] 보모, 아이 보는 여자
auklėjimas [남] 교육; 양육
auklėti [동] 교육하다; 양육하다
auklėtinis [남] (어린) 학생
auklėtojas [남] 교육자, 선생, 교사
aukoti [동] (누구에게 무엇을) 주다, 바치다; 희생하다

aukotis [동] 자신을 희생하다
auksakalys [남] 금 세공인
auksas [남] 금(金)
auksinis [형] 금빛의, 황금의
aukščiau [부] 더 높이, 위에
aukščiausias [형] 가장 높은, 최고의, 최상부의
aukštai [부] 높이, 위에
aukštaitis [남] 고지대 주민
aukštakrosnė [여] 용광로
aukštas[1] [형] ① 높은; 고차원의; aukšta temperatūra 고온(高溫); aukštasis mokslas 고등 교육; aukštoji mokykla 대학(교) ② 키가 큰
aukštas[2] [남] ① (건물의) 층; pirmas aukštas 1층; antras a-ukštas 2층 ② 다락방, 제일 위층
aukštėti [동] 높아지다, 높이 자라다
aukštybė [여] ① 높이, 고도 ② 높음
aukštyn [부] 위로, 위쪽으로
aukštinti [동] ① 높게 하다 ② 찬양하다, 칭송하다
aukštis [남] 높이, 고도
aukštokas [형] 꽤 높은
aukštielninkas [부] 드러누워
aukštuma [여] 고위(高位), 높음
aukštumas [남] 높이, 고도
aukštumos [여·복] 고지(高地)
aure [부] 저쪽에
aureolė [여] (성상(聖像) 등의) 후광, 원광
ausinės [여·복] 헤드폰
ausis [여] ① 귀 ② 청각, 청력
auskaras [남] 귀고리
austi [동] (직물을) 짜다, 뜨다
austinis [형] (직물을) 짠, 뜬
australas [남] 오스트레일리아[호주] 사람
Australija [여] 오스트레일리아, 호주
australiškas [형] 오스트레일리아[호주]의
austras [남] 오스트리아 사람
austrė [여] [패류] 굴

Austrija [여] 오스트리아
austriškas [형] 오스트리아의
aušinti [동] 식히다, 서늘하게 하다
aušra [여] 새벽, 여명
auštant [부] 새벽에, 여명에, 동틀 무렵에
aušti¹ [동] 서늘해지다
aušti² [동] 동이 트다, 새벽이 되다
autas [남] 자동차
autentiškas [형] 진짜의, 진품의
auti [동] 신발을 신거나 벗다
autoavarija [여] 교통 사고
autobiografija [여] 자서전
autobusas [남] 버스; autobuso stotelė 버스 정류장
autografas [남] 서명, 자필
autokratija [여] 독재 정치, 독재권
automašina [여] 자동차(류)
automatas [남] 자동 기계[장치]
automatinis, automatiškas [형] 자동(식)의
automobilininkas [남] 자동차 운전자
automobilis [남] 자동차
autonomija [여] 자치(권)
autonominis, autonomiškas [형] 자치의, 자치권을 가진
autoportretas [남] 자화상
autoralis [남] 자동차 경주
autorė [여] 여류 작가
autorinis [형] 작가의, 저자의; autorinė teisė 저작권
autoritetas [남] 권위, 권한, 세력; turėti autoritetą (~에 대해) 권한이 있다
autoritetingas [형] 권위 있는, 자격 있는
autorius [남] 작가, 저자
autorizuoti [동] 권위[권한]를 부여하다
autostrada [여] 자동차 고속도로
autotransportas [남] 자동차 수송
avalynė [여] 신발류
avangardas [남] ① [군사] 전위(前衛), 선봉 ② [예술] 전위파, 아방가르드

avansas [남] 선불(先拂)
avantiūra [여] 모험
avantiūristas [남] 모험가
avarija [여] 난파, 사고, 파손
avėti [동] (신발을) 신다
aviacija [여] ① 비행, 항공 ② 항공기
avialinija [여] 정기 항공(로)
aviena [여] 양고기
avietė [여] [식물] 라즈베리, 나무딸기
avietinis [형] 진홍색의
avigalvis [형] 둔한, 멍청이[얼간이]의
aviganis [남] ① 양치기, 목동 ② 목양견
avilys [남] 벌집, 벌통
avinas [남] 숫양
avinėlis [남] 어린 양, 새끼 양
avis [여] [동물] 양(羊)
aviža [여] [식물] 귀리
azalija [여] [식물] 진달래
azartas [남] 열기, 열정
Azija [여] 아시아
azijietis [남] 아시아 사람
azijinis [형] 아시아의
azotas [남] [화학] 질소; azoto rūgštis 질산
ąžuolas [남] [식물] 오크 (떡갈나무류)

B

bacila [여] 바실루스, 간균(桿菌)
badas [남] 굶주림, 배고픔, 기아
badauti [동] 굶주리다, 배고프다
badyti [동] ① (뿔로) 들이받다 ② (바늘 따위로) 찌르다, 쑤시다
bagažas [남] 수화물, 짐
baidarė [여] [스포츠] 카약; 카누
baidyklė [여] 허수아비; 도깨비
baidyti [동] 놀라게 하다, 겁을 주다
baigiamasis [형] 최후의, 마지막의, 끝맺는
baigimas [남] (대학 등의) 졸업
baigti [동] 끝내다, 마치다; (학교를) 졸업하다
baigtis [동] 끝나다
bailys [남] 겁쟁이
bailumas [남] 겁(이 많음)
bailus [형] 겁 많은, 소심한
baimė [여] ① 공포, 두려움 ② 우려, 걱정
baimintis [동] 겁내다, 두려워하다
baisenybė [여] 괴물
baisybė [여] 공포, 두려움
baisus [형] 무서운, 두려운
bajoras [남] 귀족(인 사람)
bajorija [여] 귀족 (계급)
bakalauras [남] 학사 (학사학위 소지자)
bakalėja [여] 식료 잡화류
bakas [남] (물)탱크
baklažanas [남] [식물] 가지
baksnoti [동] 찌르다, 쑤시다
bakterija [여] 박테리아, 세균
bala [여] ① 늪, 습지 ② 웅덩이
baladoti [동] 똑똑 두드리다, 노크하다

balana [여] 쪼개진 조각, 파편
balandis[1] [남] [조류] 비둘기
balandis[2] [남] 4월
balansas [남] 균형, 평형, 밸런스; suvesti balansą 균형을 잡다, 평형을 이루게 하다; mokėjimų balansas [경제] 국제수지
balansuoti [동] 균형을 잡다, 평형을 유지하다
balastas [남] ① [항해] 밸러스트, 바닥짐 ② 잡동사니, 쓸데없는 물건
baldai [남·복] 가구(家具)
balas [남] 득점, 점수
balerina [여] 발레리나
baletas [남] 발레
balionas [남] 풍선
balius [남] 무도회, 댄싱 파티; kaukių balius 가장 무도회
balkonas [남] 발코니
balnas [남] (말 등의) 안장
balnoti [동] 안장을 얹다
balotas [형] 늪의, 습지의
balsas [남] ① 목소리; balsu 큰 소리로 ② [음악] 성부(聲部) ③ 투표, (개개의) 표; sprendžiamasis balsas 캐스팅보트, 결정 투표; balsų dauguma 과반 득표로; atiduoti balsą (~에게) 투표하다
balsastygės [여·복] [해부] 성대(聲帶)
balsavimas [남] 투표(하기); slaptas balsavimas 무기명[비밀] 투표
balsiai [부] 큰 소리로
balsingas [형] 큰 소리의
balsis [남] [언어] 모음
balsuoti [동] (~에게) 투표하다
balsuotojas [남] 투표자, 유권자, 선거인
baltai [남·복] 발트 사람
baltaodis [남] 백인
baltaplaukis [형] 흰머리의, 백발의
Baltarusija [여] 벨라루스
baltarusis [남] 벨라루스 사람; baltarusių kalba 벨라루스어
baltarusiškas [형] 벨라루스의

baltas [형] ① 흰, 하얀, 백색의; baltasis lokys [동물] 북극곰, 흰곰 ② 깨끗한
balti [동] 희어지다; 창백해지다
Baltijos jūra 발트 해
baltymai [남·복] 단백질
baltymas [남] ① (계란의) 난백 ② (눈의) 흰자위
baltiniai [남·복] ① 리넨 ② 세탁물, 빨랫감 ③ apatiniai baltiniai 속옷류
baltinti [동] 희게 (칠)하다; 표백하다
baltumas [남] 흰색, 하양
balzamas [남] 발삼 수지, 향유
bamba [여] 배꼽
bambagyslė [여] 탯줄
bambėti [동] 투덜거리다, 불평하다
bambukas [남] [식물] 대나무
banalybė [여] 진부, 평범, 흔함
banalus [형] 진부한, 평범한, 흔해빠진
bananas [남] [식물] 바나나
banda [여] 떼, 무리; 일단(一團); 빵 한 덩어리
bandelė [여] 롤빵, 둥근 빵
banderolė [여] (우편물을 묶는) 띠지
bandymas [남] 실험; 시험, 테스트; 시도, 해보기, 노력
banditas [남] 산적, 강도; 살인자
bandyti [동] 실험하다; 시험[테스트]하다; 시도하다, 해보다, 노력하다
bandomasis [형] 시험적인, 견습의
banga [여] 파도, 물결
banginis [남] [동물] 고래
Bangladešas [남] 방글라데시
banguotas [형] 물결치는
banguoti [동] 파도가 치다, 물결이 일다
bankas [남] 은행(銀行)
banketas [남] 연회, 정찬
bankininkas [남] 은행가, 은행업자
banknotas [남] 은행권, 지폐
bankrotas [남] ① 파산자 ② 파산, 도산

bankrutuoti [동] 파산하다, 지불 불능 상태가 되다
barakas [남] 바라크; 오두막
baras¹ [남] 술집, 바
baras² [남] 부분, 구획, 분야
barbaras [남] 야만인, 미개인
barbariškas [형] 야만적인, 미개한
barbenti [동] 두드리다, 노크하다
barbėti [동] ① 땡그랑 소리가 나다 ② 중얼거리다
barikada [여] 바리케이드, 방책
barimas [남] 욕설; 욕하기, 꾸짖음
baritonas [남] [음악] 바리톤
barjeras [남] 방벽, 방책, 장벽
barningas [형] 다투는, 싸우려 드는
barnis [남] 말다툼, 싸움
barometras [남] 기압계, 청우계, 바로미터
baronas [남] 남작 (귀족의 제5 계급)
barstyti [동] 쏟다, 붓다; 흘리다
barščiai [남·복] 보르시치 (수프의 일종)
barškėti [동] 덜거덕거리다
barškuolė [여] [동물] 방울뱀
barti [동] 꾸짖다; 욕하다
bartis [동] (~와) 싸우다, 사이가 틀어지다
barzda [여] 턱수염
barža [여] 바지(선), 거룻배
basas [형] 맨발의, 맨다리의
baseinas [남] ① 웅덩이, 저수지; (하천의) 유역 ② plaukymo baseinas 수영장, 풀
baslys [남] 말뚝
bastionas [남] 성채, 보루, 요새
bastytis [동] 헤매다, 배회하다, 돌아다니다, 어슬렁거리다
basutės [여·복] 샌들
batalionas [남] [군사] 대대
batas [남] 신발, 구두; 장화
baterija [여] 배터리, 전지
batlaižys [남] 아첨꾼
batraištis [남] 신발끈, 구두끈

batsiuvys [남] 제화업자, 구두 고치는 사람
baubas [남] 도깨비, 요괴
baubti [동] 고함치다, 노호하다
bauda [여] ① 벌금 ② [스포츠] 벌칙, 페널티
baudžiamasis [형] ① 형벌의, 징벌의 ② 형사상의; baudžia-moji teisė 형법
baudžiauninkas [남] [역사] 농노(農奴)
bauginti [동] 겁을 주다, 놀라게 하다
baugumas [남] 겁을 먹음, 두려워함
bausmė [여] 형벌, 처벌; mirties bausmė 사형(死刑)
bausti [동] 벌하다, 벌을 주다, 처벌하다; bausti mirtimi 사형에 처하다, 처형하다
bazė [여] (군사·상업상의) 기지; 기반
bazuotis [동] (~에) 기반을 두다
bažnyčia [여] 교회
be^1 [전] ① ~ 없이; be išimties 예외 없이; be abejo 의심의 여지 없이; be atodairos 주의를 기울이지 않고; be galo 매우, 극도로; be reikalo 헛되이 ② ~ 외에, 그에 더하여; be to 그밖에 ③ be trijų minučių dešimt 10시 3분 전
be-^{2} [접두] 단지 ~만[밖에]; tris centus beturiu 난 3센트밖에 없어
bealkoholinis [형] (음료가) 알코올을 함유하지 않은
beasmenis [형] [문법] 비인칭의
bebaimis [형] 겁 없는, 두려움 없는
bebaimiškumas [남] 겁 없음, 두려움 없음
bebalsis [형] ① 소리가 나지 않는, 무언의 ② 투표권이 없는
bebras [남] [동물] 비버
bėda [여] ① 불운, 불행 ② 말썽, 곤란, 탈 ③ 잘못, 죄
bedantis [형] 이가 없는
bedarbis [형] 실직한, 일이 없는 — [남] 실직자, 실업자
bedievybė [여] 무신론, 무신앙, 무종교
bedievis [남] 무신론자, 종교가 없는 사람
bedieviškas [형] 신을 믿지 않는, 종교가 없는
bedugnė [여] 낭떠러지, 나락
bedžioti [동] 쿡 찌르다
begalybė [여] ① 다수, 다량, 엄청나게 많음 ② 무한(함)

begalinis [형] 끝없는, 무한한
begalvis [형] 머리가 없는[나쁜]
begėdis [형/남] 파렴치한 (사람)
begemotas [남] [동물] 하마
bėgikas [남] 달리는 사람, 주자
bėgimas [남] ① 달리기, 경주 ② 도망, 탈주
beginklis [형] 무장하지 않은, 무방비의
bėgioti [동] 뛰어다니다, 부산하게 움직이다
bėgis [남] ① 레일, 트랙; nuvirsti nuo bėgių 탈선하다 ② 진행, 경과, 추이
bėglys [남] 도망자, 탈주자
bėgte [부] 달려(서)
bėgti [동] ① 뛰다, 달리다; bėgti iš visų jėgų 최대한 빨리 달리다 ② 도망치다, 탈주하다 ③ 서두르다 ④ (시간이) 지나다, 경과하다; laikui bėgant 때가 오면 ⑤ (액체가) 흐르다
bei [접] 그리고, ~와, 및; tu bei aš 너와 나
bejausmis [형] 느끼지 못하는, 무감각한
beje [소사] 그런데
bejėgis [형] 무력한, 힘 없는
bejėgiškas [형] 무력한, 힘 없는
bekojis [형] 다리가 (하나밖에) 없는
bekonas [남] 베이컨 (돼지의 옆구리나 등의 살을 소금에 절여 훈제한 것)
bekraštis [형] 무한한, 끝없는
belaikis [부] 너무 이르게, 조숙하여
belaisvis [남] 포로; 노예
beldimas [남] 두드리기, 노크(하기)
beletristika [여] 꾸민 이야기, 픽션
belgas [남] 벨기에 사람
Belgija [여] 벨기에
belgiškas [형] 벨기에의
belsti [동] 두드리다, 노크하다
bematant [부] 즉시, 당장
bemaž [부] 거의, 대체로, (~에) 가까워
bemokslis [형/남] 교육을 받지 못한 (사람)
bemuitis [형] 면세의

benamis [형] 집 없는, 홈리스의 - [남] 집 없는[버림받은] 아이

bendraamžis [남] 동년배, 동갑내기

bendrabutis [남] (대학 등의) 기숙사

bendradarbiauti [동] ① (~와) 같이 일하다, 협력[협동]하다 ② (신문 등에) 기고하다, 투고하다

bendradarbiavimas [남] ① 협업, 협력, 협동 ② 기고, 투고

bendradarbis [남] ① 같이 일하는 사람, 동료, 협력자; 고용인, 직원 ② laikraščio bendradarbis 기고자, 투고자

bendrai [부] 함께, 같이

bendrakeleivis [남] 길동무

bendras[1] [형] ① 일반적인, 총체적인 ② 공통의; bendras pažįstamas 서로 아는 사이 ③ 공동의, 합동의

bendras[2] [남] ① 친구 ② 관련된[연루된] 사람

bendratis [여] [문법] 부정사(不定詞)

bendrauti [동] (~와) 사귀다, 교제하다, 어울리다

bendravardis [남] 동명이인

bendravimas [남] 교제, 접촉, 어울림

bendrija [여] 공동체, 단체

bendrininkas [남] 관여하는[연루된] 사람, 한패; 공범

bendrovė [여] 회사, 상사

bendrumas [남] 공동체

bendruomenė [여] (공동) 사회, 공동체

bene [소사] bene jis atėjo? 오는 사람이 그인가?; bene mažas vaikas esi? 너 어린애 아니잖아?

bent [소사] ① 적어도, 최소한; duok bent kiek pinigų 나한테 돈 좀 줘 ② ~하기만[이기만] 한다면; kad bent jis ateitų! 그가 오기만 한다면!

benzinas [남] 휘발유, 가솔린

benzolas [남] [화학] 벤젠

beoris [형] 공기가 없는, 진공의; beorė erdvė 진공 (상태)

bepigu [형/부] 쉬워; bepigu jums kalbėti! 그렇게 말하기는 쉽지! (말만 쉽고 실천은 어렵다는 뜻)

beplaukis [형] 머리카락이 없는

beprasmybė [여] 무의미, 불합리, 부조리, 난센스

beprasmis, beprasmiškas [형] 무의미한, 불합리한, 부조리한

beprotybė [여] ① 어리석음 ② 광기, 정신 이상
beprotis [남] 미친 사람
beprotiškai [부] ① 미쳐서 ② 끔찍하게
beprotiškas [형] 무모한, 미친
berankis [형] 팔이 (하나밖에) 없는
bėras [남] 만(灣)
beraštis [남] 문맹자
beraštiškumas [남] 문맹
beregint [부] 즉시, 당장
bereikšmis [형] 중요하지 않은, 의미 없는
beretė [여] 베레모
bergždumas [남] 불모, 메마름
bergždžiai [부] 헛되이
bergždžias [형] ① 헛된, 무익한, 효과 없는 ② (토지가) 불모의, 메마른
beribis [형] 무한한, 끝없는
Berlynas [남] 베를린 (독일의 수도)
bernas, berniokas [남] ① 놈, 녀석 ② 농장 일꾼
bernelis [남] 사랑하는 사람
berniukas [남] ① 소년, 남자 아이 ② 놈, 녀석
berods [소사] (내가 보기에) ~인 것 같다, ~인 것으로 여겨진다
berti [동] (흩)뿌리다; 흘리다
beržas [남] [식물] 자작나무
besaikis [형] 무한한, 끝없는
besąlyginis [형] 무조건의
beskonis [형] 맛이 없는, 무미(無味)의
besmegenis [형] 머리가 나쁜
besotis [형] 만족할 줄 모르는, 탐욕스러운
bespalvis [형] 색깔 없는, 무색의; 단조롭고 무미건조한
bešalis, bešališkas [형] 치우치지 않은, 편견 없는
bešališkumas [남] 치우치지 않음, 편견 없음
beširdis [형] 무정한, 무감각한
bet [접] 그러나, 하지만
bet [소사] bet kada 언제라도; bet kaip 어떻게 해서든, 어쨌든; bet kas i) 누구든지, 누구나 ii) 무엇이나; bet koks

어떤 ~이라도, 어느 것이냐; bet kur 어디든지
betarpiškas [형] 즉시의, 곧바로의
beteisis [형] 권리가 없는
betgi [접] 그래도, 하지만, 그럼에도 불구하고
betikslis [형] 목적 없는, 무의미한
betonas [남] 콘크리트
beturtis [형] 가난한, 궁핍한, 빈곤한
beuodegis [형] 꼬리가 없는
bevaikis [형] 아이[자식]가 없는
bevaisis [형] 불모의, 메마른, 황폐한, 열매를 맺지 못하는
bevalis [형] 의지가 약한, 심약한
bevardis [형] ① 이름이 없는, 무명의 ② bevardė giminė [문법] 중성
beveik [소사] 거의, 대체로, (~에) 가까워
bevertis [형] 가치 없는
bevielis [형] 무선(無線)의; bevielis telegrafas 무선 전신
beviltiškas [형] 희망 없는
beždžionė [여] [동물] 원숭이
biblija [여] 성경, 성서
biblioteka [여] 도서관
bibliotekininkas [남] 사서, 도서관 직원
bičiuliautis [동] (~와) 친하다, 사귀고 있다
bičiulis [남] 친구, 벗, 동무
bičiulystė [여] 우정, 우호
bičiuliškas [형] 정다운, 우호적인
bidonas [남] 캔, 깡통
bifšteksas [남] 비프스테이크
bijojimas [남] 공포, 두려움
bijoti [동] 두려워하다, 무서워하다
bijūnas [남] [식물] 작약, 모란
byla [여] ① 소송 사건 ② 서류철, 파일
bildenti [동] 톡톡 두드리다
bildesys [남] 소음, 두드리는[덜거덕거리는] 소리
bildėti [동] 소음을 일으키다, 덜거덕거리다
biliardas [남] [스포츠] 당구
bilietas [남] ① 표, 티켓 (승차권 따위); bilietų kasa 매표소

② 문서, 카드 ③ (시험) 문제지
bilijonas [남] 10억
bylinėjimasis [남] [법률] 소송
bylinėtis [동] 소송을 제기하다
byloti [동] (누구에게 무엇을) 말하다
bimbalas [남] [곤충] 등에
binoklis [남] 쌍안경; 오페라 글라스
bintas [남] 붕대
bintuoti [동] 붕대를 감다
biochemija [여] 생화학
biografija [여] 전기, 일대기
biologas [남] 생물학자
biologija [여] 생물학
birbynė [여] 갈대 피리
birbti [동] ① 윙윙거리다 ② 흐느끼다, 훌쩍이다 ③ 갈대 피리를 불다
byrėti [동] 떨어지다, 쏟아지다
birža [여] (증권 등의) 거래소
birželis [남] 6월
bis [감] (공연 뒤에 하는 말로) 앙코르!
biskvitas [남] 스펀지 케이크; 비스킷
bitė [여] [곤충] 벌; bičių avilys 벌집, 벌통; bičių vaškas 밀랍
bitininkystė [여] 양봉(養蜂)
biudžetas [남] 예산
biuletenis [남] ① 고시, 게시, 공보 ② rinkimų biuletenis 투표 용지 ③ [의학] 진단서
biuras [남] 사무소, 관청, 국(局); informacijos biuras 안내소
biurokratas [남] 관료
biurokratija [여] 관료 정치, 관료제
biurokratiškas [형] 관료 정치의, 관료적인
biurokratizmas [남] 관료주의, 관료적 형식주의
biustas [남] 가슴, 흉부
biznierius [남] 사업가, 비즈니스맨
biznis [남] 사업, 비즈니스
bizonas [남] [동물] 들소

bizūnas [남] 채찍
bjaurėjimasis [남] 반감, 싫어함
bjaurėtis [동] (~에) 반감을 느끼다, (~이) 몹시 싫다
bjaurybė [여] 악당, 악한, 비열한[더러운] 인간
bjaurus [형] 넌더리나는, 몹시 불쾌한; 흉측한, 추한
bjurti [동] 흉측해지다, 몹시 나빠지다
blaivas [형] → blaivus
blaivytis [동] ① (날이) 개다, 맑아지다 ② 술이 깨다
blaivumas [남] ① 맑음, 청명 ② 술 취하지 않음, 맑은 정신임
blaivus [blaivas] [형] ① (하늘이) 갠, 맑은 ② 술 취하지 않은, 맑은 정신의
blakė [여] 벌레 (특히 빈대 종류)
blakstiena [여] 속눈썹
blankas [남] 서식, 양식; užpildyti blanką 서식에 기입하다
blankti [동] 창백해지다
blankus [형] ① 창백한 ② 무미건조한
blaškyti [동] (내)던지다
blaškytis [동] ① 돌진하다, 덤비다 ② 돌아다니다
blauzda [여] 정강이; 장딴지
blefas [남] 허세, 엄포
blėsti [동] 소멸하다, 사라지다, 꺼지다
bliauti [동] ① (염소 따위가) 매애 울다 ② 엉엉 울다
blykčioti, blikčioti [동] 번득이다, 번쩍이다
blykstelėti [동] 번득이다, 번쩍이다
blynas [남] 팬케이크
blindažas [남] [군사] 방공호, 대피호
blyškus [형] 창백한
bliuzelė [여] 블라우스
blizgėjimas [남] 광택, 빛남
blizgesys [남] 광택, 빛남
blizgėti [동] 빛나다, 번쩍이다
blizginti [동] 닦다, 광택[윤]을 내다
blogai [부] 나쁘게, 좋지 않게; blogai jaustis 기분이 나쁘다; blogai elgtis i) 행실이 나쁘다 ii) 학대[혹사]하다
blogas [형] ① 나쁜, 사악한; blogas oras 궂은 날씨 ② 약한, 초라한; bloga nuotaika 기운이 없음, 풀이 죽음; bloga s-

veikata 건강이 좋지 않음
blogėti [동] 더 나빠지다, 악화되다
blogybė [여] 악(惡), 사악
blogti [동] ① 더 나빠지다, 악화되다 ② 약해지다 ③ 마르다, 야위다, 살이 빠지다
blokada [여] 봉쇄, 폐색
blokas¹ [남] [정치] 블록, (세력)권(圈)
blokas² [남] 도르래 장치
bloknotas [남] 공책; 편지지
blokšti [동] (내)던지다
blondinas [남] (여성형은 blondinė) 금발인 사람
blukti [동] 색깔이 바래다
blusa [여] [곤충] 벼룩
blužnis [여] [해부] 비장, 지라
boba [여] ① 여자 ② 아내 ③ 나약한 남자
bobutė [여] ① 늙은 여자, 노파; 할머니 ② 산파, 조산사
bodėtis [동] 반감을 갖고 있다, 싫어하다
boikotas [남] 보이콧, 불매 동맹
boikotuoti [동] 보이콧하다
bokalas [남] (유리 등으로 만든) 잔, 컵
boksas [남] [스포츠] 권투, 복싱
boksininkas [남] 권투 선수, 복서
boksuoti(s) [동] 권투하다
bokštas [남] 탑
bomba [여] 폭탄; atominė bomba 원자폭탄
bombardavimas [남] 포격, 폭격
bombarduoti [동] 포격[폭격]하다
bombonešis [남] 폭격기
bonai [남·복] 수표
boras [남] [화학] 붕소
bortas [남] [항해] 뱃전, 현측(舷側)
boružė [여] [곤충] 무당벌레
bosas [남] [음악] 베이스 (남성 저음부)
botagas [남] 채찍
botai [남·복] 장화 종류
botanika [여] 식물학; botanikos sodas 식물원

botanikas [남] 식물학자
braidyti [동] (개천 등을) 걸어서 건너다
braižas [남] 필체, 필적
braižyba [여] 제도(製圖)
braižyti [동] 선을 긋다; 디자인하다
braižytojas [남] 제도공, 도안가
brakonieriauti [동] 밀렵하다
brakonierius [남] 밀렵자
branda [여] 성숙; 일정 연령에 달함; brandos atestatas 졸업 증서
brandinti [동] 익다; 성숙하다
branduolinis [형] (원자)핵의; branduolinė fizika 핵물리학; b-randuoliniai ginklai 핵무기
branduolys [남] ① 핵심, 인(仁) ② atomo branduolys [물리] 원자핵
brandus [형] 성숙한; 익은
brangakmenis [남] 보석, 보옥
brangenybė [여] ① 보석; 보물 ② 값비쌈, 귀함
brangiai [부] 귀하게; 값비싸게
branginti [동] 가치를 (높이) 평가하다
brangti [동] 값이 오르다, 비싸지다, 귀해지다
brangumas [남] 값비쌈, 귀함; 높은 가격
brangus [형] 귀(중)한; 값비싼; brangus drauge! 소중한 친구여!
brangusis [형/남] 소중한 (사람), 가장 사랑하는 (사람)
brasta [여] 여울, 얕은 물
braškė [여] [식물] 딸기
braškėti [동] 쪼개지다, 금이 가다
braukyti [동] ① 줄을 긋다 ② 닦다, 말리다 ③ 뜯다, 따다
braukti [동] ① (손으로) 어루만지다 ② 지우다, 삭제하다 ③ 털다, 닦다, 말리다
brautis [동] 비집고[헤치고] 나아가다
bravo [감] 브라보!
brazilas [남] 브라질 사람
Brazilija [여] 브라질
braziliškas [형] 브라질의

brėkšti [동] ① 날이 새다[밝아오다]; rytas brėkšta 날이 새고 있다 ② (날이) 어두워지다; brėkšta vakaras 땅거미가 지고 있다
bręsti [동] ① 성숙하다, 익다 ② 임박해지다, 일이 곧 일어나려 하다
brėžinys [남] 스케치, 드로잉
brėžti [동] 선을 긋다, 도안하다, 디자인하다
briauna [여] 가장자리, 가
briedis [남] [동물] 엘크, 큰사슴
brigada [여] ① 반, 팀, 대(隊), 조(組) ② [군사] 여단
brigadininkas [남] 반장, 팀장, 조장
brigzti [동] 닳다, 해어지다
briliantas [남] 다이아몬드
brinkti [동] 부풀다, 팽창하다
bristi [동] (개천 등을) 걸어서 건너다
britas [남] 영국 사람[남자]
britė [여] 잉국 여사
brokas [남] 손상된 것, 불량품
brolelis [남] 남동생
brolėnas [남] 사촌
broliautis [동] (~와 형제처럼) 친하게 사귀다
broliavaikis [남] 조카
brolybė [여] 형제(간)임
brolienė [여] 형수 또는 제수
brolis [남] 형제
brolystė [여] 형제(간)임
broliškas [형] 형제(간)의; broliška meilė 형제애
bromas [남] [화학] 브롬
bronchas [남] [해부] 기관지 ([복] bronchai)
bronchitas [남] [병리] 기관지염
bronza [여] 청동; bronzos amžius [고고학] 청동기시대
bronzinis [형] 햇볕에 탄
brošiūra [여] 브로셔, 소책자, 팸플릿
bruknė [여] 월귤나무(의 열매), 빌베리, 카우베리
brūkšnelis [남] 하이픈 (-)
brūkšnys [남] ① 선, 줄, 라인 ② 대시 (—)

brukti [동] ① 찔러 넣다 ② 밀다, 누르다
brunetas [남] 거무스름한 피부·머리카락·눈을 가진 사람
bruožas [남] ① 일필(一筆); 선, 줄 ② 특성, 특색; bendrais bruožais 대체로, 개략적으로
brutalumas [남] 야만적임, 거칢
brutalus [형] 야만적인, 거친
bruto [형/부] bruto pajamos 총수입; bruto svoris 총중량
bruzdėjimas [남] 부산함, 소동, 소란, 법석; (정치적) 소요
bruzdesys [남] 부산함, 소동, 소란, 법석; (정치적) 소요
bruzdėti [동] ① 부산하게 움직이다, 서두르다 ② 시끄럽게 하다, 소란을 피우다 ③ 소요 상태다
bruzdinti [동] ① 몰아대다, 재촉하다 ② 소란을 피우다
brūžinti [동] 문지르다
bučinys [남] 키스, 입맞춤
bučiuoti(s) [동] 키스하다, 입맞추다
būda [여] ① ~소(所), (작은) 집 (초소·위병소 따위) ② 개집
būdas [남] ① 성질, 기질, 성격; blogas būdas 못된 성질 ② (~하는) 방법, 방식; gyvenimo būdas 생활 양식; tuo būdu 그런 식으로; nieku būdu, jokiu būdu 결코 ~ 아니다
budėjimas [남] 근무; 경계, 감시, 망보기
būdelė [여] ~소(所), (작은) 집, 부스; telefono būdelė 공중전화박스
budelis [남] 사형 집행인; 도살자
budėti [동] 근무 중이다, 일하고 있다; 경계 중이다, 망을 보고 있다
budėtojas [남] 근무자
būdingas [형] 특징적인, 전형적인
budinti [동] (잠에서) 깨다
budintis [형] 근무 중인
budistas [남] 불교도, 불교 신자
budizmas [남] 불교
budrumas [남] 깨어있음, 경계, 망보기
budrus [형] 경계하는, 망보는, 주의 깊게 지키는
būdvardis [남] [문법] 형용사
buferis [남] [기계] 완충기
bufetas [남] ① 뷔페 (식당) ② 구내 식당 ③ 찬장, 식기장

bufetininkas [남] 바텐더
būgnas [남] 북, 드럼; mušti būgną 북을 치다, 드럼을 연주하다
būgnelis [남] [해부] 고막
būgnininkas [남] 북 치는 사람, 드럼 연주자
būgnyti [동] 북을 치다, 드럼을 연주하다
buhalterija [여] ① 회계, 부기 ② 회계[경리]과
buhalteris [남] 부기 계원; 회계사
buitinis [형] 일상의, 나날의; buitinės sąlygos 생활 형편
buitis [여] 일상 생활; 생활 양식
buivolas [남] [동물] 물소
bukagalvis [남] 바보, 멍청이, 얼간이
bukagalviškumas [남] 어리석음
bukaprotis [남] 바보, 멍청이, 얼간이
bukas[1] [형] ① (날·각 따위가) 무딘, 둔한 ② 우둔한, 어리석은
bukas[2] [남] [식물] 너도밤나무
bukietas [남] 꽃다발, 부케
bukinti [동] 무디게[둔하게] 하다
būklė [여] 상태, 상황, 사정, 형편
buklus [형] 영민한; 교활한
buksyras [남] 예인선(曳引船)
buksmedis [남] [식물] 회양목
bukti [동] 무디어[둔해]지다
buldogas [남] 불독 (개 품종의 하나)
bulgaras [남] 불가리아 사람
Bulgarija [여] 불가리아
bulgariškas [형] 불가리아의
bulius [남] 황소
buljonas [남] 맑은 수프
bulvaras [남] 넓은 가로수길, 대로
bulvė [여] [식물] 감자; keptos bulvės 감자튀김
bulvienė [여] 감자 수프
bumerangas [남] 부메랑
bunkeris [남] 벙커
buožė [남] ① 둥근 봉 모양의 것 ② (총의) 개머리

buožgalvis [남] [동물] 올챙이
burbėti [동] 중얼거리다, 투덜거리다
burbulas [남] 거품
burbuliuoti [동] 거품이 일다
burė [여] 돛
būrelis [남] 서클, ~계(界), 클럽, 동호회
burgzti [동] 우르르 울리다, 큰 소리가 나다
buriavimas [남] [스포츠] 요트 경기
burinis [형] burinis laivas 범선, 돛단배
būrys [남] ① [군사] 파견대; 전위(前衛), 선봉 ② 일단(一團), 패거리 ③ (동물의) 떼, 무리
buriuoti [동] 요트를 타러 가다
būriuotis [동] 떼를 짓다, 모여들다
burkuoti [동] ① (비둘기가) 구구 울다 ② 정답게[도란도란] 이야기를 나누다
burlaivis [남] 범선, 돛단배
burlentė [여] 파도타기 널, 서프보드; burlenčių sportas 윈드서핑
burna [여] ① 입, 구강(口腔) ② 얼굴
burnoti [동] 욕하다
burokas [남] ① 근대 뿌리 (샐러드용) ② cukriniai burokai [식물] 사탕무
burtas [남] ① (제비뽑기의) 제비; mesti[traukti] burtus 제비를 뽑다 ② [복] burtai 마술, 마법
burti[1] [동] ① 제비를 뽑다 ② 마법을 쓰다, 마술을 부리다 ③ 점을 치다
burti[2] [동] 결집시키다, 규합하다
burtininkas [남] 마법사
burtininkė [여] 마녀
buržuazija [여] 부르주아 계급
buržuazinis [형] 부르주아의, 중산 계급의
būsena [여] 상태, 상황, 사정, 형편
būsimas [형] 미래의, 장래의; būsimasis laikas [문법] 미래시제
būstas [남] 숙박 설비, 집, 아파트
busti [동] 잠깨다

būstinė [여] 주거, 거처
butaforija [여] ① [연극] 소도구 ② (진열창의) 마네킹 ③ 겉치레, 쇼
butas [남] 숙박 설비; 아파트; buto nuomininkas 세든 사람; buto savininkas 집 주인
būtasis [형] 과거의; būtasis laikas [문법] 과거 시제
butelis [남] (액체를 담는) 병
būtent [부] 즉, 다시 말해, 바꿔 말하면; kas būtent? 누구라구요?; kiek būtent? 그러니까 정확히 얼마죠?
buterbrodas [남] 샌드위치
būti [동] ① ~이다; esu darbininkas 나는 근로자다; aš esu sveikas 나는 잘 지낸다; tai buvo jo mirties priežastis 그것이 그의 사망 원인이었다 ② (~이) 있다, 존재하다; yra ~ ~이 있다; yra daug dalykų 많은 것들이 있다; tada nebuvo laisvo laiko 그땐 여유 시간이 없었다; kur yra informacijos biuras? 안내소가 어디에 있죠? ③ (~이) 되다; jis nori būti gydytoju 그는 의사가 되기를 원한다 ④ kas yra? 무슨 일이야?; tur būt 아마, 십중팔구; gal būt 아마, 어쩌면
būtybė [여] 창조물, 피조물, 생물
būtina (꼭) 필요하다
būtinai [부] 확실히, 틀림없이, 반드시, 꼭; būtinai reikia baigti darbą laiku 그 일을 제시간에 꼭 끝내야 한다
būtinas [형] (꼭) 필요한, 없어서는 안 되는
būtinumas [남] 필요성
būtis [여] [철학] 존재
butpinigiai [남·복] 집세; 숙박료
buveinė [여] 주거, 거처
buvęs [형] 전(前)~; buvęs prezidentas 전직 대통령
būvis [남] ① 존재 ② 기간, 동안 ③ [물리] (물질의) 상태
buza [여] (질이 떨어지는) 죽 종류; [복] 미음

C

caras [남] 차르, 황제
cechas [남] 상점, 매장
celė [여] [생물] 세포
celiuliozė [여] [화학] 셀룰로오스, 섬유소
cementas [남] 시멘트
centas [남] [화폐의 단위] 센트
centimetras [남] [길이의 단위] 센티미터
centneris [남] [무게의 단위] 첸트너
centralizacija [여] 중앙 집권화
centralizuoti [동] 중심에 모으다, 집중시키다
centras [남] 중심, 중앙, 센터
centrifuga [여] [기계] 원심분리기
centrinis [형] 중심의, 중앙의; centralinis šildymas 중앙난방
cenzas [남] 자격 (조건)
cenzorius [남] 검열관
cenzūra [여] 검열
cenzūruoti [동] 검열하다
cerata [여] 유포(油布)
ceremonija [여] 의식, 식전(式典), 식
cerkvė [여] 교회
chalatas [남] ① (잠옷 위에 입는) 화장복 ② 목욕옷 ③ 덧옷, 작업복
chameleonas [남] [동물] 카멜레온
chanas [남] [역사] 칸 (중앙아시아 제국(諸國)의 통치자에 대한 존칭)
chaosas [남] 혼돈, 카오스
chaotiškas [형] 혼돈된, 무질서한
charakteringas [형] 독특한, 특징적인
charakteris [남] 성격, 성질, 기질
charakteristika [여] 특질, 특색

charakterizuoti [동] 특성을 기술[묘사]하다
chartija [여] 헌장(憲章)
chemija [여] 화학
chemikas [남] 화학자
cheminis [형] 화학의, 화학적인
chininas [남] [약학] 키니네
chirurgas [남] 외과의사
chirurgija [여] [의학] 외과
chirurginis [형] 외과의, 외과적인
chloras [남] [화학] 염소
chloroformas [남] 클로로포름
cholera [여] [병리] 콜레라
cholesterolis [남] [생화학] 콜레스테롤
choras [남] 합창; 합창단
choristas [남] 합창단원
chrestomatija [여] 독본(讀本), 리더
chromas [남] [화학] 크롬
chroniškas [형] (질병 따위가) 만성의, 장기간에 걸친
chronologija [여] 연대기, 연표
chronologinis [형] 연대순의, 연대기의
chronometras [남] 크로노미터 (정밀한 경도(經度) 측정용 시계)
chuliganas [남] 깡패, 무뢰한
cigaras [남] 시가, 여송연
cigaretė [여] 궐련, 담배
cigarinė [여] 담배갑
ciklas [남] 순환기, 주기, 사이클
ciklinis [형] 순환기의, 주기적인
ciklonas [남] [기상] 사이클론
cikorija [여] [식물] 치커리, 꽃상추
cilindras [남] ① [수학] 원기둥 ② [기계] 실린더 ③ 실크해트, 중산모
cimbolai [남·복] [음악] 심벌즈
cinamonas [남] [식물] 계피
cinikas [남] 비꼬는[빈정대는] 사람
ciniškas [형] 빈정대는, 냉소적인
cinkas [남] [화학] 아연

cypimas [남] 짹짹거리는 소리
cypti [동] 짹짹거리다
cirkas [남] 서커스, 곡예; cirko artistas 곡예사
cirkuliacija [여] 순환; kraujo cirkuliacija 혈액 순환
cirkuliuoti [동] 순환하다
cisterna [여] 물 탱크, 수조
cit [감] 쉿, 조용히!
citadelė [여] 성(城), 요새
citata [여] 인용(문)
citrina [여] [식물] 레몬; 라임
cituoti [동] 인용하다
civilinis [형] 시민의, 공민의; civilinė teisė 민법
civilis [남] 일반인, 민간인
civilizacija [여] 문명
civilizuotas [형] 문명화한
cokolis [남] 주춧돌
colis [남] [길이의 단위] 인치
cukrainė [여] 제과점
cukraligė [여] [병리] 당뇨병
cukranendrė [여] [식물] 사탕수수
cukrinė [여] (식탁용) 설탕 그릇
cukrinis [형] 설탕의
cukrus [남] 설탕

Č

čaižyti [동] 채찍질하다, 때리다
čaižus [남] 채찍질, 매질
čekas [남] 체코 사람; čekų kalba 체코어
Čekija [여] 체코
čekis [남] 수표
čekiškas [형] 체코의
čempionas [남] 챔피언, 선수권 보유자
čempionatas [남] 챔피언십, 선수권 (대회)
čepsėti [동] ① 우적우적 씹다 ② 입맛을 다시다
čerpė [여] 타일, 기와; čerpių stogas 기와를 얹은 지붕
čerškėti [동] ① 땅랑땅랑 울리다 ② (새가) 지저귀다
česnakas [남] [식물] 마늘
čežėti [동] 살랑살랑 소리를 내다
čia [부] 여기(에); čia pat 바로 여기에; iš čia 여기에서, 이곳으로부터; čia ~ čia ~ 어느 때는 ~ 또 어느 때는 ~; kas čia? 누구요?
čiabuvis [남] 토착민, 원주민
čiaudėti [동] 재채기하다
čiaudulys [남] 재채기
čiaupas [남] (수도 등의) 꼭지
čiauškėti [동] 재잘거리다, 지껄이다; 짹짹거리다
čigonas [남] 집시, 로마인
čigoniškas [형] 집시[로마인]의
Čilė [여] 칠레
čiobrelis, čiobras [남] [식물] 타임, 백리향(百里香)
čionai [부] 여기로, 이쪽으로; eikite čionai 이리 와요
čirkšti [동] ① (새가) 지저귀다 ② 뿜어 나오다, 분출하다
čirškėti [동] ① (새가) 지저귀다 ② (프라이팬 따위에서) 지글지글 튀겨지다
čirškinti [동] 지글지글 튀겨지다

čiulbėti [동] (새 따위가) 지저귀다
čiulpai [남·복] [해부] 골수(骨髓)
čiulpti [동] 빨다, 빨아먹다
čiulptukas [남] 유아용 고무 젖꼭지
čiuožėjas [남] 스케이팅을 하는 사람, 스케이터
čiuožykla [여] 스케이트장
čiuožimas [남] 스케이팅, 스케이트 타기
čiuožti [동] 스케이트를 타다
čiupinėti [동] 느끼다, 닿다, 만지다
čiupti [동] 움켜 쥐다, 꽉 붙잡다
čiurkšlė [여] 분출물
čiurkšti [동] 분출하다, 쏟아져 나오다
čiurlenti [동] 중얼거리다, 불명료한 소리를 내다
čiurti [동] 더러워지다
čiustyti [동] 옷을 차려 입다
čiužėti [동] 살랑살랑 소리를 내다
čiužinys [남] 짚을 넣은 요[매트리스]
čyžti [동] 채찍질하다, 매질하다

D

dabar [부] 지금, 현재; tik dabar 바로 지금; nuo dabar 지금부터, 금후
dabartinis [형] 현재의; dabartiniu laiku 지금, 현재
dabartis [여] 현재, 오늘날
dabinti [동] 꾸미다, 장식하다, 미화하다
daboklė [여] 감방, 영창
dagilis, dagys [남] [식물] 엉겅퀴
dagtis [남] (양초 따위의) 심지
dagus [형] 타기 쉬운, 가연성의
daigas [남] 눈, 싹, 움; [복] daigai 묘목
daiktas [남] ① 물건, 사물, 것 ② galimas daiktas (~은) 가능하다, 아마 그럴 것이다; suprantamas daiktas (~은) 당연하다, 당연히, 물론
daiktavardis [남] [문법] 명사; bendrinis daiktavardis 보통명사; tikrinis daiktavardis 고유명사
daiktinis, daiktiškas [형] 물질의, 물질적인
dailė [여] 예술, 미술
dailidė [남] 목수
dailininkas [남] 예술가, 화가
dailinti [동] ① 미화하다, 장식하다 ② 다듬다, 마무리 작업을 하다
dailyraštis [남] 서예
dailus [형] 세련된, 우아한
daina [여] 노래
dainavimas [남] 노래하기
dainininkas [남] 가수
dainius [남] 음유 시인
dainuoti [동] 노래하다
dairytis [동] 둘러보다
dairumas [남] 주의, 조심, 신중

dairus [형] 주의를 기울이는, 조심하는, 신중한
daktaras [남] ① 박사 ② 의사
dalba [여] 지레, 레버
dalelė, dalelytė [여] ① 단편, 작은 부분 ② [문법] 소사(小辭), 불변화사 ③ [물리] 입자(粒子)
dalgis [남] 큰 낫
dalia [여] 운명, 운
dalyba [여] ① [수학] 나눗셈 ② 나눔, 분배, 배분
dalijamasis [남] [수학] 피제수(被除數), 나뉨수
dalijimasis [남] 나뉨, 분열
dalykas [남] ① (추상적인) 것; 물체, 대상; dėstomasis dalykas 주제 ② 일, 문제; dalykas tas, kad ~ 사실은 ~이다; aiškus dalykas 아주 명백하다
dalykiškas [형] 분별 있는, 양식을 갖춘
daliklis [남] [수학] 제수(除數), 나눗수
dalinai [부] 부분적으로
dalininkas [남] 공유자; 파트너
dalinis [형] 부분적인
dalinys [남] [군사] 소(小)부대
dalis [여] ① 부분, 몫; didžioji dalis 대부분; mažesnė dalis 작은 쪽, 소수; padalyti į dalis 나누다, 등분하다; kūno dalys 신체의 일부분들 ② 운명, 운 ③ [군사] 부대
dalyti [동] ① 나누다, 분할하다; dalyti pusiau 이등분하다, 반으로 나누다 ② 분배하다; dalytis (몫을) 나눠 갖다; dalytis perpus 반씩 나눠 갖다; dalytis su kuo ~와 나눠 갖다
dalytojas [남] 분배자
dalyvauti [동] 참여하다, 참가하다, 참석하다
dalyvavimas [남] 참여, 참가
dalyvis [남] ① 참가자; 동료, 한패, 일원 ② [문법] 분사; esamojo [būtojo] laiko dalyvis 현재[과거]분사
dalmuo [남] [수학] 몫
dalus [형] 나눌 수 있는
dama [여] ① 숙녀 ② [카드놀이] 퀸
danas [남] 덴마크 사람; danų kalba 덴마크어
danga [여] 덮인 것; 코팅
danginti [동] 다른 곳으로 가져가다[운반하다]

dangiškas [형] ① 하늘의, 창공의 ② 놀라운; 아름다운 ③ 하늘색의
dangoraižis [남] 마천루, 고층 빌딩
dangstyti [동] 덮다; 가리다
dangtis [남] 뚜껑, 커버
dangus [남] 하늘, 창공; 천국
Danija [여] 덴마크
daniškas [형] 덴마크의
dantenos [여·복] 잇몸
dantinis [형] 이의, 치아의
dantiraštis [남] 설형문자, 쐐기문자
dantis [남] ① 이, 치아; krūminis dantis 어금니; proto dantis 사랑니; dantų pasta 치약; dantų gydytojas 치과의사 ② (톱니바퀴 따위의) 이
dantistas [남] 치과의사
dantytas [형] 이가 있는
dantratis [남] 톱니바퀴, 기어
dar [부] ① 아직; lapai dar žali 잎들은 아직 푸르다; dar ne 아직 ~ 않다 ② 더욱, 좀 더; dar kartą 한 번 더 ③ (비교급을 강조하여) 한층 더; ji tapo dar gražesnė 그녀는 한층 더 아름다워졌다
darbas [남] ① 일, 노동, 작업, 업무; imtis darbo 일을 시작하다; fizinis darbas 육체 노동; namų darbas 숙제 ② 일자리, 직업; ieškoti darbo 일자리를 알아보다, 구직 활동을 하다; būti be darbo 일자리가 없다, 실직 중이다 ③ rašomasis darbas 시험지; kas tau darbo! 네가 상관할 일이 아니야!
darbavimasis [남] 활동, 일
darbdavys [남] 고용주, 사용자
darbymetis [남] 한창 일하는[바쁜] 시기
darbingas [형] ① 일할[근로] 능력이 있는 ② 부지런한, 근면한
darbingumas [남] 일할[근로] 능력; 능률
darbininkas [남] 근로자, 일하는 사람
darbinis [형] 일의, 작업의; darbiniai drabužiai 작업복
darbotvarkė [여] 일정; 의제, 아젠다

darbovietė [여] 일터, 작업장
darbštumas [남] 부지런함, 근면
darbštuolis [남] 부지런한 사람
darbštus [형] 부지런한, 근면한
darbuotis [동] 일하다
darbuotojas [남] 근로자, 일하는 사람
dardėti [동] 덜컥거리다
dargana [여] 궂은 날씨
darganas, darganotas [형] (날씨가) 궂은, 비가 오는
dargi [부] ~조차(도); jis dargi negalėjo įsivaizduoti, kad taop buvo 그는 그것이 그랬다는 것을 상상도 할 수 없었다
daryba [여] 형성, 만듦
darybinis [형] darybinis veiksmažodis [문법] 타동사
darykla [여] alaus darykla 맥주 양조장
darinėti [동] ① 만들다; 하다 ② (동물의) 내장을 꺼내다
daryti [동] 하다; 만들다; daryti pranešimą 보고하다; daryti įspūdį 인상을 주다, 영향을 끼치다; ką man daryti? 내가 뭘 해야 하지?
darytis [동] (~이[으로·하게]) 되다
darkyti [동] 망쳐놓다; 왜곡하다
darkytis [동] ① 못된 짓을 하다 ② 얼굴을 찌푸리다, 인상을 쓰다
darna [여] 조화, 화합, 균형 잡힘
darnumas [남] 조화, 화합, 균형 잡힘
darnus [형] 조화된, 균형 잡힌
daržas [남] 채소밭
darželis [남] ① 꽃밭, 화원; 화단 ② vaikų darželis 보육원, 유치원
daržinė [여] 헛간, 곡물 저장소
daržovė [여] 채소; daržovių parduotuvė 채소 가게
data [여] 날짜
datulė [여] [식물] 대추야자
datuoti [동] 날짜를 기입하다
dauba [여] 협곡, 좁은 골짜기
daug [수] ① 많은, 다수[다량]의; tiek daug 그렇게 많은; k-uo daugiau 가능한 한 많이; daug daugiau 더욱 더, 더 많

은; daugiau kaip ~보다 더 많은; daugiau ar mažiau 얼마간, 다소 ② daug geriau 더욱 좋은
daugėjimas [남] 증가, 증대
daugelis [남] 많음, 다수
daugėti [동] 늘다, 증가하다; 쌓이다
daugiaaukštis [형] 여러 층의, 다층의
daugiadienis [형] 여러 날에 걸치는
daugiakampis [남] [기하] 다각형
daugiametis [형] 다년간의, 여러 해에 걸친
daugianacionalinis [형] 여러 나라의, 다국적의
daugiapusiškas [형] 다방면의
daugiasienis [남] [기하] 다면체
daugiašalis [형] 다변(多邊)의, 다각적인
daugiatautis [형] 여러 나라의, 다국적의
daugiau [부] 더 많이; kuo daugiau 되도록 많이
daugiausia [부] 주로, 대개, 대체로
daugiavaikis [형] 대가족의
daugyba [여] [수학] 곱셈; daugybos lentelė 구구단, 구구표
daugybė [여] 많음, 다수
daugiklis [남] [수학] 승수(乘數), 곱수
dauginti [동] ① 증가시키다, 다중(多重)으로 하다 ② [수학] 곱하다
daugiskaita [여] [문법] 복수(형)
daugkartinis [형] 되풀이된; 다중(多重)의
daugoka [부] 좀 많이
daugpatystė [여] 일부다처[일처다부], 복혼
daugsyk [부] 여러 번
daugtaškis [남] [문법] 생략 부호 (…)
dauguma [여] 대다수, 과반; dauguma žmonių 대부분의 사람들; balsų dauguma 투표의 과반수
dausos [여·복] ① 하늘; 천국, 극락 ② 열대지방
daužėti [동] 갈라지다, 쪼개지다
daužyti [동] 부수다, 깨다, 분쇄하다; 치다, 때리다
daužti [동] 치다, 때리다
davatkiškas [형] 완고한; 위선적인
davėjas [남] (나눠)주는 사람, 분배자

davimas [남] (나눠)주기, 분배
davinėti [동] (나눠)주다, 분배하다
davinys [남] 배급량
dažai [남·복] 물감, 염료, 페인트; aliejiniai dažai 유화 그림 물감
dažykla [여] 염색 공장, 염색소
dažyti [동] ① 채색하다, 색칠하다, 물들이다, 염색하다 ② 적시다, 담그다
dažytojas [남] ① 염색하는 사람 ② 페인트를 칠하는 사람
dažnai [부] 자주, 종종
dažnas [형] 종종 있는, 빈번한
dažnėti [동] 빈번해지다
dažniausiai [부] 대개, 주로
dažnumas [남] 자주 일어남, 빈발
debatai [남·복] 토론, 논쟁
debesis [남] ① 구름 ② 무리, 떼
debesuotas [형] 구름 낀, 흐린
debetas [남] [상업] 차변(借邊)
debiutas [남] 데뷔; (체스의) 첫 수
debiutuoti [동] 데뷔하다
dėdė [남] 삼촌, 아저씨
dedervinė [여] [병리] 포진(疱疹), 헤르페스
dėdienė [여] 아주머니, 고모, 이모
dedikacija [여] 바침, 봉헌
dedikuoti [동] 바치다, 봉헌하다
defektas [남] 흠, 결점, 결함
deficitas [남] 부족, 결손
deficitinis [형] 부족한, 적은, 모자라는
definicija [여] 정의(定義)
degalai [남·복] 연료
degalinė [여] 주유소
degeneracija [여] 타락, 퇴보, 퇴화
degeneruoti [동] 타락하다, 퇴보[퇴화]하다
degimas [남] 불탐, 연소
deginti [동] 태우다, 소각하다; 그슬리다
deglas [남] 횃불

degti [동] ① 불타다; namas dega 집이 불타고 있다 ② 불을 켜다; degti šviesą 불을 켜다
degtinė [여] 위스키, 브랜디
degtukas [남] 성냥
degtuvas [남] 연소기, 버너
deguonis [남] [화학] 산소
degus [형] 타기 쉬운, 가연성의
degutas [남] 타르 (석탄·목재를 건류하여 얻은 검은색의 기름 같은 액체)
deimantas [남] 다이아몬드
deivė [여] 여신(女神)
deja [부] 유감스럽지만, 안됐지만, 아아 (슬프게도)
dejavimas [남] 신음, 끙끙거림
dejonė [여] 신음, 끙끙거림
dejuoti [동] 신음하다, 끙끙거리다
dėka [전] (~의) 덕택으로, ~ 때문에; jo darbo dėka 그의 작업 덕분에 ― [여] 감사, 사의
dekada [여] 10일간
dekanas [남] ① [가톨릭] 수석 사제 ② (단과 대학의) 학장
dėkingas [형] 고맙게 여기는, 감사하는
dėkingumas [남] 감사하는 마음, 사의
deklamacija [여] 낭송, 낭독
deklamavimas [남] 낭송, 낭독
deklamuoti [동] 낭송[낭독]하다
deklaracija [여] 선언, 공표
deklaruoti [동] 선언하다, 공표하다
dekoracija [여] [연극] 무대 장치, 세트
dekoratyvinis [형] 장식의, 장식적인
dekoruoti [동] 장식하다
dėkoti [동] 감사하다; dėkoju jums 감사합니다
dekretas [남] 포고, 율령
dėkui [감] 감사합니다; dėkui jums 감사합니다; labai dėkui 대단히 감사합니다
dėl [전] ① ~ 때문에, (~으로) 인하여; dėl to, dėl kad ~ 때문에; dėl ko 왜? ② (~을) 위해; kovoti dėl laisvės 자유를 위해 싸우다 ③ (~에) 관하여(는); dėl manęs 나로서는

dėlė [여] [동물] 거머리
delegacija [여] 대표 임명, 위임
delegatas [남] 대표, 사절, 파견 위원
delfinas [남] [동물] 돌고래
delikatesas [남] 맛있는 것, 진미(珍味)
delikatumas [남] 섬세, 민감; 사려 깊음, 빈틈없음
delikatus [형] 섬세한; 사려 깊은, 빈틈없는
dėlioti [동] 놓다, 두다, 위치시키다
delnas [남] 손바닥; ploti delnais 손뼉을 치다
delspinigiai [남·복] 벌금
delsti [동] 꾸물거리다, 지체하다
delsus [형] 꾸물거리는, 지체하는
delta [여] [지리] 삼각주, 델타
dėlto [부] 그래도, 그렇지만; vis dėlto (~에도) 불구하고
demaskavimas [남] 폭로, 드러냄
demaskuoti [동] 폭로하다, 드러내다
dėmė [여] 얼룩
dėmesingas [형] 주의 깊은, 신중한
dėmesys [남] 주의, 주목; kreipti dėmesį į (~에) 주의를 기울이다, 주목하다; atkreipti kieno dėmesį į ką ~의 주의를 ~으로 끌다; dėmesio! 주목!
dėmėtas [형] 얼룩진
dėmėti [동] 얼룩지게 하다
demobilizacija [여] [군사] 동원 해제, 제대
demobilizuoti [동] (군인을) 제대시키다
demokratas [남] 민주주의자
demokratija [여] 민주주의
demokratinis [형] 민주주의의, 민주적인
demokratinti [동] 민주화하다
demokratiškas [형] 민주주의의, 민주적인
demokratizavimas [남] 민주화
demonas [남] 악마, 마귀, 귀신
demoniškas [형] 악마의, 악마 같은
demonstracija [여] 데모, 시위 운동
demonstruoti [동] ① 데모[시위 운동]를 하다 ② 드러내 보이다

dempingas [남] 덤핑, 투매(投賣)
dėmuo [남] [수학] 항(項)
dengti [동] ① 덮다, 가리다 ② 깔다, 펴다 ③ 식탁을 차리다
denis [남] [항해] 갑판, 덱
departamentas [남] 부문, ~부(部)
depas [남] 창고; 소방서
deponuoti [동] 예금하다
depozitas [남] 예금
depresija [여] 우울, 침울; (경기 등의) 침체
deputatas [남] 대리인, 대표자
derėti[1] [동] ① 값을 깎다 ② (돈 따위를 내기에) 걸다 ③ (~에) 잘 맞다, 적합하다
derėti[2] [동] 풍성한 수확을 내다
derėtis [동] 흥정하다; 협상하다
dergti [동] ① 더럽히다 ② 비방하다, 명예를 훼손하다
derybos [여·복] 흥정; 협상
derinys [남] 결합, 조합
derinti [동] 조정하다, 일치시키다, 맞추다, 결합시키다
derlingas [형] (토지가) 기름진, 비옥한; (수확이) 풍성한
derlingumas [남] 다산성, 풍요로움
derlius [남] 수확, 추수; gausus derlius 풍성한 수확
derva [여] ① 수지(樹脂) ② 타르, 피치
desantas [남] 상륙, 착륙
desertas [남] 디저트, 후식
dėsningas [형] 자연 법칙에 들어맞는
dėsnis [남] 법칙; gamtos dėsnis 자연 법칙
despotas [남] 전제 군주, 독재자
despotizmas [남] 전제 정치, 독재 정치
destiliuoti [동] 증류하다
dėstymas [남] 가르치기, 교육; 설명
dėstyti [동] ① 가르치다, 교육하다; (상세히) 설명하다 ② 놓다, 두다
dėstytojas [남] 선생, 강사
dešifravimas [남] 암호 해독
dešifruoti [동] 암호를 해독하다
dešimt [수] 십 (10)

dešimtadalis [여] 10분의 1
dešimtainis [형] [수학] 소수(小數)의; dešimtainė trupmena 소수
dešimtas [수] 제10의, 10번째의
dešimteriopai [부] 10배(로)
dešimtis [여] 십 (10)
dešimtkovė [여] [육상] 10종경기
dešimtmetis [남] 10년간; 10주년 - [형] 10년 된, 10세의
dešinė [여] ① 오른쪽; iš dešinės 오른쪽에; į dešinę 오른쪽으로 ② 오른손 ③ [정치] 우파, 우익
dešinėje [부] 오른쪽에
dešininis [형] 오른쪽의
dešinys [형] 오른쪽의
dešra [여] 소시지; kraujinė dešra 블랙 푸딩 (돼지의 피나 지방으로 만든 순대)
dešrelė [여] 프랑크푸르트 소시지, 핫도그
detalė [여] ① 세부, 상세 ② (기계류 따위의) 부품
detaliai [부] 세부적으로, 상세하게
detalizuoti [동] 상술(詳述)하다
detalus [형] 상세한
detektyvas [남] 탐정, 형사
dėti [동] ① 내려 놓다, 두다; kur jis dėjo mano knygą? 그가 내 책을 어디에 두었지?; dėti kiaušinius 알을 낳다 ② (음식을) 마음껏 집어 먹다 ③ 인쇄[프린트]하다 ④ (노력 따위를) 들이다, 하다
dėtis [동] ① (~인) 체하다, 가장하다 ② (일이) 일어나다, 발생하다; kas čia dedasi? 무슨 일이 일어나고 있는 거야?
devalvacija [여] 가치의 저하
dėvėti [동] (옷을) 입다
devyneri [수] 아홉 (9)
devyni [수] 아홉 (9)
devyniasdešimt [수] 구십 (90)
devyniasdešimtas [수] 제90의, 90번째의
devyniolika [수] 십구 (19)
devynioliktas [수] 제19의, 19번째의
devintadalis [여] 9분의 1

devintas [수] 제9의, 9번째의
devizas [남] 표어, 모토
dezertyras [남] 도망자, 탈주자
dezinfekcija [여] 소독, 살균
dezinfekuoti [동] 소독[살균]하다
dėžė [여] 상자, 박스; šiukšlių dėžė 쓰레기통
diabetas [남] [병리] 당뇨병
diabetikas [남] 당뇨병 환자
diagnozė [여] [의학] 진단
diagonalė [여] [기하] 대각선
diagrama [여] 그래프, 차트, 다이어그램
dialektas [남] 방언, 사투리
dialektika [여] [철학] 변증법
dialogas [남] 대화, 회화
diapazonas [남] 범위
didėjimas [남] 증가, 증대; 확장
didelis [형] ① 큰, 커다란; 키[덩치]가 큰 ② 강력한; 중요한
didenybė [여] jo didenybė karalius 국왕 폐하
didėti [동] 증가하다, 증대하다
didybė [여] ① 위엄, 장엄, 웅장 ② 오만, 거만
didikas [남] 귀족; 고관
didinamasis [형] 확대하는; didinamasis stiklas 확대경
didingas [형] 장엄한, 웅장한
didingumas [남] 장엄, 웅장
didinimas [남] 확대
didinti [동] 증가시키다; 확대하다
didis [형] 대(大)~ ; didysis kunigaikštis 대공(大公); Didysis vandenynas 태평양
dydis [남] ① 크기, 사이즈 ② [수학] 양
didmeninis [형] 도매의, 대량 판매의
didmiestis [남] (대)도시; 수도
didokas [형] 꽤[상당히] 큰
diduomenė [여] 귀족 (계급)
didumas [남] 크기, 큼
didvyrė [여] 여걸, 여자 영웅
didvyris [남] 영웅

didvyriškas [형] 영웅적인
didvyriškumas [남] 영웅적 자질[행위]
didžiadvasis [형] 관대한, 아량 있는, 마음이 넓은
didžiadvasiškumas [남] 관대, 아량, 넓은 마음
didžiai [부] 매우, 대단히, 크게
didžiausias [형] 최대의
didžiavimasis [남] 거만, 오만
Didžioji Britanija [여] 대(大)브리튼, 영국
didžiulis [형] 거대한, 막대한
didžiuotis [동] 자랑하다, 뽐내다, 뻐기다; 오만하게 굴다
diegas [남] 눈, 싹, 움
dieglys [남] 옆구리의 격통
diegti [동] ① (식물을) 심다 ② (씨를) 뿌리다 ③ (사상을) 퍼뜨리다 ④ (옆구리 등에) 격통이 있다
diena [여] ① 날, 하루; darbo diena 근무일; poilsio diena 쉬는 날; ištisą dieną 하루 종일; kelinta šiandien diena? 오늘은 며칠인가?; šiomis dienomis 일전에, 근일; diena iš dienos 날마다, 매일 ② 낮; dieną 낮에, 주간에
dienynas [남] 착유장(搾乳場)
dieninis [형] 낮의, 주간의
dienoraštis [남] 일기, 일지
dienoti [동] dienoja 날이 밝아온다, 동이 튼다
dienotvarkė [여] 날마다 하는 일, 일상적인 일
dienraštis [남] 일간지, 일간 신문
dieta [여] 다이어트
dievagotis [동] 맹세하다
dievaitė [여] 여신(女神)
dievaitis [남] 신(神); 우상
Dievas [남] 신, 하나님; ačiū Dievui! 신이시여, 감사합니다!; Dievas žino 누가 알아?
dievaži 정말로!
dieveris [남] 시아주버니 또는 시동생
dievybė [여] 신위(神位), 신격, 신성(神性)
dievinti [동] 숭배하다, 경배하다
dieviškas [형] 신(神)의, 신성의
dievobaimingas [형] 신을 두려워하는

dievotas [형] 신앙심이 깊은, 독실한, 경건한
difteritas [남] [병리] 디프테리아
diftongas [남] [언어] 이중 모음
dyglys [남] 가시
dygliuotas [형] 가시가 많은[돋친]
dygsniuoti [동] 꿰매다
dygti [동] 싹트다
dygus [형] 찌르는, 무는
dykaduonis [남] 빈둥거리며 지내는 사람, 남에게 빌붙어 사는 사람
dykai [부] 무료로, 거저
dykas [형] ① 비어 있는 ② 놀고 있는, 일을 하지 않는 ③ 무료의, 공짜의
dikcija [여] (똑똑한) 발음
dykinėjimas [남] 빈둥거리기, 일을 하지 않음
dykinėti [동] 빈둥거리다, 일을 하지 않다
diktantas [남] 구술(口述), 받아쓰기
diktatūra [여] 독재권
diktorius [남] 아나운서
diktuoti [동] 구술하다, 받아쓰게 하다
dykuma [여] 사막, 불모 지대
dildė [여] (쇠붙이 등의 가는) 줄
dilema [여] 딜레마, 진퇴양난, 궁지
diletantas [남] 아마추어, 애호가
dilgėlė [여] [식물] 쐐기풀
dilginti [동] 쐐기풀처럼 찌르다; 초조하게[화나게] 하다
dilinti [동] (문질러) 다 없애버리다
dilti [동] (문질러져) 다 없어지다; 사라지다
dimensija [여] [수학·물리] 차원
dinamitas [남] 다이너마이트
dinastija [여] 왕조, 왕가
dingimas [남] 사라짐, 소실
dingstis [여] 구실, 핑계; 기회
dingtelėti [동] 생각이 마음에 떠오르다; jam dingtelėjo mintis 그에게 어떤 생각이 스치고 지나갔다
dingti [동] 사라지다, 없어지다

dinozauras [남] 공룡
diplomas [남] 졸업 증서
diplomatas [남] 외교관
diplomatija [여] 외교(술)
diplomatinis, diplomatiškas [형] 외교(상)의; diplomatiniai s-
 antykiai 외교 관계
diplominis [형] diplominis darbas 졸업 논문
diplomuotas [형] 졸업 증서가 있는
dirbimas [남] (밭 따위의) 경작
dirbinys [남] 물품, 물건; keramikos dirbiniai 질그릇 (제품)
dirbti [동] ① 일하다, 수고하다, 애쓰다; 수행하다 ② 경작하
 다 ③ (시설이[을]) 개방 중이다, 이용 가능하다; biblioteka dirba iki 5 val. 도서관은 5시까지 문을 연다 ④ 망치다;
 더럽히다
dirbtinai [부] 인위적으로
dirbtinis [형] 인공의, 인위적인; dirbtinės gėlės 조화(造花);
 dirbtiniai dantys 틀니, 의치; dirbtinis palydovas 인공위성
dirbtuvė [여] 작업장, 일터
direkcija [여] 이사회, 경영진
direktyva [여] 지시, 지도
direktyvinis [형] 지시하는, 지도적인
direktoriauti [동] 지도자다, 장(長)이 되다
direktorius [남] 지도자, 장(長)
dirginti [동] 짜증나게[초조하게] 하다
dirigentas [남] [음악] 지휘자
diriguoti [동] (합창단·오케스트라 등을) 지휘하다
dirsčioti [동] 시선을 던지다
dirstelėjimas [남] 흘긋 봄, 일견(一見)
dirstelėti [동] 흘긋 보다, 시선을 던지다
dirva [여] ① 토지, 땅; 밭 ② 분야, 영역
dirvožemis [남] 밭, 경작지
diržas [남] 허리띠, 벨트
disciplina [여] ① 훈련; 규율, 기강 ② 학과, 학문의 분야
disciplinuotas [형] 훈련받은
disertacija [여] 학위 논문
diskas [남] 원반, 디스크; disko metimas [육상] 원반던지기

diskelis [남] [컴퓨터] 디스켓
diskontas [남] 할인, 감가(減價)
diskontuoti [동] 할인하다
diskoteka [여] 디스코텍
diskriminacija [여] 차별
diskriminuoti [동] 차별하다
diskusija [여] 토론, 토의
diskutuoti [동] 토론하다
disonansas [남] [음악] 불협화음
disponavimas [남] 처분, 처리
disponuoti [동] 처분하다
dispozicija [여] turėti savo dispozicijoje ~의 마음대로 처분할 수 있다
distancija [여] 거리, 간격
diversija [여] ① [군사] 견제[양동] 작전 ② 사보타주, 파괴행위
dividendas [남] 배당금
divizija [여] [군사] 사단
dizainas [남] 디자인, 도안
dizaineris [남] 디자이너
dobilas [남] [식물] 클로버, 토끼풀
dobti [동] 때리다; 죽이다
docentas [남] 대학 강사; 부교수
dogma [여] 교의(敎義), 교조(敎條)
dogmatinis, dogmatiškas [형] 교의상의, 교조적인
doktrina [여] 교의(敎義), 교리
dokumentas [남] 문서, 서류, 기록
doleris [남] [화폐의 단위] 달러
domėjimasis [남] (~에) 대한 관심
domėtis [동] (~에) 관심이 있다
dominija [여] 지배권, 통치권, 주권
dominti [동] 관심을 갖게 하다
dominuoti [동] 우세하다, 압도하다
dominuojantis [형] 우세한, 압도적인
donoras [남] 헌혈하는 사람
doras [형] ① 정직한, 도덕적인 ② 상태[컨디션]가 좋은

dorybė [여] 덕, 미덕
doringas [형] 도덕적인, 정직한, 덕망 있는
doroti [동] ① 정돈하다 ② 그러모으다, 수확하다
dorovė [여] 도덕
dorovinis [형] 도덕적인
dosnumas [남] 관대, 도량이 넓음
dosnus [형] 관대한, 도량이 넓은
dotacija [여] 보조금, 장려금
dovana [여] ① 선물 ② (천부적인) 재능
dovanojimas [남] 용서
dovanoti [동] ① 선물을 주다 ② 용서하다; dovanokite! 용서해 주세요, 죄송해요
dozė [여] (약의) 1회분량, 복용량
drabstyti [동] 튀다, 튀기다
drabužiai [남·복] 옷, 의복
drabužinė [여] 의복 보관소
draikyti [동] 헝클어뜨리다; 흩어버리다
draikytis [동] 퍼지다, 흩어지다, 떠돌다
drama [여] 희곡; 연극
dramatinis, dramatiškas [형] 극적인
dramaturgas [남] 극작가
dramblys [남] [동물] 코끼리; dramblio kaulas 상아(象牙)
drapanos [여·복] 옷, 의복, 의상
drąsa [여] 용기, 대담
drąsiai [부] 용감하게, 대담하게
drąsinti [동] 용기를 북돋아 주다, 대담하게 하다
draskyti [동] 찢다; 할퀴다
drąsumas [남] 용기, 대담
drąsuolis [남] 저돌적인[물불을 가리지 않는] 사람
drąsus [형] 용기 있는, 용감한, 대담한
draudimas [남] ① 금지 ② 보험; socialinis draudimas 사회 보험
draudžiamas [형] 금지된; draudžiamoji zona 제한 구역; įeiti draudžiama 출입 금지; rūkyti draudžiama 금연
draugas [남] 친구, 동료, 동지; artimas draugas 절친한 친구; klasės draugas 학급 동료, 반 친구; kelionės drau-

gas 길동무
draugauti [동] (~와) 친구 사이다, 친한 관계를 유지하다
drauge [부] ① 함께, 같이 ② 동시에
draugė [여] 여자 친구
draugėn [부] 함께, 같이
draugija [여] 모임, 집단, 사회, 조합, 단체
draugystė [여] 우정, 우호, 친선
draugiškas [형] 친한, 정다운, 우호적인
draugovė [여] (군대식 편성의) 단체, 대(隊), 조(組)
drausmė [여] 훈련; 규율
drausmingas [형] (잘) 훈련받은
drausminis [형] 규율상의, 징계의; drausminė nuobauda 징계 처분
drausti [동] ① 금지하다 ② 보험에 들다
draustinis [남] (자연 따위의) 보존[보호] 구역
drebėjimas [남] 진동, 떨림, 흔들림; žemės drebėjimas 지진
drebėti [동] 진동하다, 전율하다, 떨리다; drebėti nuo šalčio 추워서 몸을 떨다; drebėti iš baimės 공포로 전율하다
drebinti [동] 흔들다, 떨리게 하다
drėbti [동] ① 내던지다 ② 대꾸하다 ③ 치다, 때리다
drebučiai [남·복] 젤리
drebulė [여] [식물] 사시나무, 포플러
drebulys [남] 전율, 떨림; 오한
drėgmė [여] 습기, 축축함
drėgnas [형] 습기 있는, 축축한; drėgnas oras 습한 날씨
drėkinimas [남] 관개, 물을 끌어들임
drėkinti [동] ① 관개하다, 물을 끌어들이다 ② 축축하게 하다
drėksti [동] 찢다; 할퀴다
drėkti [동] 축축해지다
drenažas [남] 배수(排水)
drenuoti [동] 배수하다, 물을 빼다
dresiravimas [남] 훈련, 트레이닝
dresiruoti [동] 훈련시키다
dresiruotojas [남] 훈련자, 교관, 트레이너
drevė [여] (나무 따위의) 구멍, 공동(空洞)
dribsniai [남·복] (곡물의) 플레이크

drybsoti [동] 빈둥거리다, 축 늘어져 있다
dribti [동] (굴러) 떨어지다
driekti [동] 늘이다, 뻗치다
driektis [동] 늘다, 뻗다
driežas [남] [동물] 도마뱀
driksti [동] 찢어지다
drįsti [동] 감히 ~하다; kaip tu drįsi? 네가 감히 어떻게 그럴 수 있어?
dryžas [형] 줄무늬가 있는
dryžis [남] 줄무늬, 줄
dryžuotas [형] 줄무늬가 있는
drobė [여] 리넨
drobinis [형] 리넨으로 만든
drovėtis [동] 부끄러워하다, 수줍어하다
drovumas [남] 부끄러움, 수줍음
drovus [형] 부끄러워하는, 수줍어하는
drožinys [남] 조각, 새기기
drožlė(s) [여] 면도, 깎기
drožti [동] ① 면도하다, 깎다, (대패 따위로) 밀다; 뾰족하게 [날카롭게] 하다 ② 새기다 ③ 서두르다 ④ 치다, 때리다
drožtukas [남] 연필깎이
dručkis [남] 뚱뚱한 사람
drugys [남] ① 열병(熱病) ② [곤충] 나비, 나방
drumstas [형] (액체 따위가) 흐린; 구름 낀
drumsti [동] 뒤흔들다, 어지럽히다
drumzlės [여·복] 앙금, 찌꺼기
drumzlinas [형] (액체 따위가) 흐린
drungnas [남] ① 미지근한 ② 시원한
druska [여] 소금; valgomoji druska 식탁용 소금
druskingas [형] 소금기가 있는, 짠
drūtas [남] ① 두꺼운 ② 강한, 튼튼한
drūtėti [동] ① 두꺼워[뚱뚱해]지다 ② 강해지다, 튼튼해지다
du [수] 둘 (2); du broliai 두 형제; nei vienas, nei du 이도 저도 아닌
dubliavimas [남] [영화] 더빙
dublikatas [남] 부본, 사본

dubliuoti [동] 정부 2통으로 만들다
dubti [동] 움푹 들어가다
dubuo [남] ① 움푹한 접시, 사발, 공기 ② [해부] 골반
dubus [형] 움푹 들어간, 오목한
dūda [여] 피리, (금)관악기; dūdų orkestras 브라스 밴드
duetas [남] [음악] 이중창, 이중주, 듀엣
dugnas [남] ① 밑, 바닥 ② 배경, 토대
dūgzti [동] 윙윙거리다
dujinis [형] 기체의, 가스의
dujokaukė [여] 방독면, 가스 마스크
dujos [여·복] 기체, 가스; gamtinės dujos 천연가스
dukart [수] 두 배; dukart daugiau 두 배로 많이; dukart mažiau 절반으로
dukra [여] 딸
dukraitė [여] 손녀
duktė [여] 딸
dukterėčia [여] 조카딸
dūkti [동] ① 격노하다, 사납게 날뛰다, 극도로 흥분하다 ② 장난치며 놀다 ③ 향기[냄새]를 잃다
dūlėti [동] 썩다, 부패하다
dulkės [여·복] ① 먼지; dulkių siurblys 진공청소기 ② [식물] 꽃가루, 화분(花粉)
dulkėtas [형] 먼지투성이의
dulkėti [동] 먼지투성이가 되다
dulkinas [형] 먼지투성이의
dulkinti [동] ① 먼지를 일으키다 ② 먼지를 털다
dulkti [동] 이슬비가 내리다
dūmai [남·복] 연기(煙氣)
dumblas [남] 미사(微砂), 침니(沈泥)
dūmyti [동] 연기를 내다, 연기로 그을리다
dumplės [여·복] 풀무
dumti [동] 내닫다, 질주하다
dūmtraukis [남] 굴뚝
dundėjimas [남] 우르르 울림, 큰 소리가 남
dundėti [동] 우르르 울리다, 큰 소리를 내다
dunksoti [동] 어렴풋이 나타나다

duobė [여] ① 구멍, 움푹 팬 곳 ② 무덤
duobėtas [형] 울퉁불퉁한
duoklė [여] 공물, 조공, 군세(軍稅)
duomenys [남·복] 자료, 데이터, 정보
duona [여] ① 빵; duonos parduotuvė 빵집; duonos kepalas 빵 (한) 덩어리 ② 곡물, 곡식 ③ 생계, 나날의 양식; užsidirbti duonai 생활비를 벌다
duoninė [여] 빵집
duoti [동] ① 주다 ② ~하게 하다, ~하는 것을 허용하다; jam nedavė kalbėti 그들은 그에게 말을 하지 못하게 했다; duoti suprasti 알리다, 이해하도록 하다 ③ 치다, 때리다; duoti kam per veidą ~의 뺨을 때리다 ④ duoti pradžią 일으키다, 초래하다; duoti naudą 소용이 되다, 유익하다; duoti kam ataskaitą apie ką nors ~에게 ~을 설명[보고]하다
durininkas [남] 짐꾼, 포터; 문지기
durys [여·복] 문(門)
dūris [남] 찌르기
durklas [남] ① 단도, 단검 ② 꼬챙이
durpės [여·복] [광물] 토탄(土炭), 이탄(泥炭)
durti [동] ① 쿡 찌르다 ② 고통을 주다
durtuvas [남] 총검
dūsauti [동] 한숨을 쉬다
dusyk [부] 두 배로
dusinti [동] 질식시키다, 숨막히게 하다
duslinti [동] 소리를 죽이다
duslintuvas [남] [기계] 소음기(消音器), 머플러
duslus [형] ① (목소리가) 힘 없는, 억양 따위가 없는 ② [언어] 무성음의
dusti [동] 질식하다, 숨막히다; 숨을 헐떡이다
dusulingas [형] 숨을 헐떡이는
dusulys [남] 숨을 헐떡임
dūsuoti [동] ① 숨을 거칠게 쉬다 ② 한숨 쉬다
dušas [남] 샤워
dūzgenti, dūzgėti [동] ① 윙윙거리다 ② 덜걱거리다
dūzginti [동] 덜걱거리는 시끄러운 소리를 내다

dužemos [여·복] 파편, 깨진 것
dūžis [남] 강타, 때리기
dūžtamas [형] 깨지기 쉬운
dužti [동] 깨지다, 부서지다
dužus [형] 깨지기 쉬운
dvaras [남] 소유지, 토지 재산; 영지
dvarininkas [남] 지주, 토지 소유자
dvariškis [남] 머슴, 농노; 궁정 관리인
dvasia [여] ① 숨, 호흡 ② 정신, 기백 ③ 영(靈), 유령
dvasininkas [남] 성직자, 목사
dvasininkija [여] (집합적으로) 성직자들
dvasinis [형] 정신적인
dvasiškas [형] 영적인, 영혼의
dveigys [형] 두 살 난, 2세의
dvejaip [부] 두 가지 방법으로
dvejetas, dvejetukas [남] 둘, 한 쌍
dveji [수] 2개의; dveji metai 2년
dvejybinis [형] dvejybinė buhalterija [회계] 복식 부기
dvejinti [동] 배가(倍加)하다, 두 배로 하다
dvejojimas [남] 망설임, 주저
dvejopas [형] 두 종류의
dvejoti [동] 망설이다, 주저하다, 머뭇거리다
dvelkimas [남] (바람이) 붊
dvelkti [동] ① (바람이) 불다 ② (~의) 냄새가 나다
dvėsti [동] (동물이) 죽다
dvi [수] 둘 (2)
dviaukštis [형] (건물이) 2층(짜리)의
dvibalsis [남] [언어] 이중모음
dvideginis [남] [화학] 이산화물; anglies dvideginis 이산화탄소
dvidešimt [수] 이십 (20)
dvidešimtas [수] 제20의, 20번째의
dvidienis [형] 2년의
dvieilis [형] 두 줄의, 2열의
dviese [부] 둘이서, 둘이 함께; mes dviese 우리 둘이서
dvigubai [부] 두 배로

dvigubas [형] 두 배의, 이중의
dvigubinti [동] 두 배로 하다, 배가(倍加)하다
dvigulis [형] dvigulė lova 더블베드
dvikova [여] 결투
dvylika [수] 십이 (12); dvylikapirštė žarna [해부] 십이지장
dvyliktas [수] 제12의, 12번째의
dvilinkas [형] 이중의, 두 겹[가닥]의
dvilypis [형] ① (실이나 옷감 따위가) 이중의, 두 겹[가닥]의 ② (언행에) 표리가 있는, 두 얼굴을 가진
dvimetis [형] ① 2년간의, 2년짜리의 ② 2년 된, 두 살의
dvynys [남] 쌍둥이의 한 사람; [복] dvyniai 쌍둥이
dvipatystė [여] [법률] 중혼(重婚)
dviprasmybė [여] 두 가지 뜻이 있음, 모호, 애매
dviprasmis, dviprasmiškas [형] 두 가지 뜻으로 해석 가능한, 다의(多義)의; 애매모호한
dviprasmiškumas [남] 두 가지 뜻이 있음, 모호, 애매
dvipusis [형] 양면이 있는, 양면으로 사용 가능한
dviračiai [남·복] (이륜(二輪)의) 수레
dviratininkas [남] 자전거 타는 사람
dviratis [남] 자전거; važiuoti dviračiu 자전거를 타다 － [형] 바퀴가 둘인, 이륜(二輪)의
dvisavaitinis [형] 2주에 한 번의, 격주의; dvisavaitinis žurnalas 격주로 발행하는 잡지
dvisti [동] (나쁜) 냄새가 나기 시작하다
dvišalis [형] 쌍방의, 양쪽의
dvitaškis [남] [문법] 쌍점, 콜론 (:)
dviveidis [남] (언행에) 표리가 있는 사람
dviveidiškas [형] (언행에) 표리가 있는, 두 얼굴을 가진
dviveidiškumas [남] 표리부동, 이중성
dvivietis [형] (자동차·비행기 따위가) 2인승의
dviženklis [형] [수학] 두 자리의
dvokimas [남] 악취, 나쁜 냄새
dvokti [동] 악취[나쁜 냄새]가 나다
džiaugsmas [남] 기쁨, 환희; su džiaugsmu 기뻐서
džiaugsmingai [부] 기뻐서, 기뻐하여
džiaugsmingas [형] 기쁜, 기쁨에 찬

džiaugtis [동] 기뻐하다
džiauti [동] (건조시키기 위해) 널다
džiazas [남] 재즈
džinsai [남·복] 진 바지
džiova [여] ① 건조(한 날씨) ② [병리] (폐)결핵
džiovininkas [형] 폐결핵에 걸린
džiovinti [동] ① 말리다, 건조시키다 ② 말라빠지게 하다, 소모하다
džiūgauti [동] (~에[으로]) 기뻐하다, 좋아하다
džiūgavimas [남] 기뻐함, 좋아함
džiuginti [동] 기쁘게 하다
džiugus [형] 기쁜, 유쾌한, 즐거운; džiugi žinia 기쁜 소식
džiunglės [여·복] 밀림, 정글
džiūti [동] ① 마르다, 건조되다 ② 말라빠지다, 시들다
džiuvėsis [남] 마른 빵; 러스크 (딱딱한 비스킷)

E, Ė

ėdalas [남] (돼지 등에 주는) 음식 찌꺼기
ėdžios [여·복] 구유, 여물통
efektas [남] 영향, 효과
efektingas [형] 효력 있는, 효과가 뛰어난, 두드러진
efektingumas [남] 효능, 효험
efektyvumas [남] 효율
efektyvus [형] 효과 있는
Egiptas [남] 이집트
egiptietis [남] 이집트 사람
egiptietiškas [형] 이집트의
eglė [여] [식물] 전나무
eglinis [형] 전나무의
eglutė [여] Kalėdų eglutė 크리스마스 트리; Naujųjų metų eglutė 새해를 맞아 장식하는 나무 (크리스마스 트리 비슷한 것)
egoistas [남] 이기주의자
egoistiškas [형] 이기적인, 이기주의의
egoizmas [남] 이기주의
egzaminas [남] 시험, 고사, 테스트; rašomasis egzaminas 필기 시험; stojamasis egzaminas 입학 시험; laikyti egzaminą 시험을 치다; išlaikyti egzaminą 시험에 합격하다
egzaminuoti [동] 시험하다, (~으로 하여금) 시험을 치게 하다
egzaminuotis [동] 시험을 치다
egzekucija [여] 처벌의 집행; mirties bausmės įvykdymas 처형, 사형 집행
egzema [여] [병리] 습진
egzempliorius [남] ① 사본, 카피; dviem egzemplioriais (문서 따위를) 두 통으로 ② 견본, 표본
egzistavimas [남] 존재, 실재
egzistencija [여] 존재, 실재

egzistuoti [동] 존재하다, 있다
egzotiškas [형] 이국적인
ei [감] 이봐, 여보세요, 어이
eibė [여] 손실, 손해
eiga [여] 움직임, 진행
eigulys [남] 삼림 관리인
eikš 이리 와! (eiti의 2인칭 단수 명령형)
eikvojimas [남] 낭비, 탕진
eikvoti [동] 낭비하다, 함부로 쓰다
eilė [여] ① 줄, 열(列); dvi kėdžių eilės 의자 두 줄, 두 줄로 놓인 의자들; stovėti eilėje 줄을 서다 ② 순서, 차례; iš eilės 차례로; be eilės 순서 없이 ③ [복] eilės (시의) 절(節), 한 줄
eilėdara [여] 작시(作詩)
eilėraštis [남] 시(詩)
eilinis [형] ① 다음의, 다음 차례의 ② 보통의, 평범한
eilinis [남] [군사] 병사, 사병; [복] eiliniai (계급으로서의) 병(兵)
eiliuotas [형] 시로 지은, 운문의
eiliuoti [동] ① 줄을 세우다, 정렬시키다 ② 시를 쓰다
eilutė [여] ① (텍스트 따위의) 행(行) ② (남성복 또는 여성복의) 정장 한 벌
eime 가자!
einamasis [형] 지금의, 현재의, 오늘날의; einamieji reikalai (최신) 시사 문제
eisena [여] ① 걸음걸이 ② 행렬
eismas [남] 교통; eismo taisyklės 교통 법규
eiti [동] ① 가다; 걷다; eiti į darbą 일하러 가다, 일터로 가다; eiti į mokyklą 학교에 가다; eiti apsipirkti 쇼핑하러 가다; eikime valgyti 식사하러 갑시다; eiti pas ką ~을 보러 가다, ~을 방문하다; eikite dešinėn! 오른쪽으로 가세요[도세요]!; eiti savo keliu 자신의 길을 가다; eik šalin! 저리 꺼져! ② 오다; eik šen! 이리 와! ③ 걷다, 걸어가다; jis ne ėjo, o bėgo 그는 걷지 않고 뛰었다 ④ (교통수단 따위가) 달리다, 운행하다; traukinys eina 기차가 달리고 있다 ⑤ (일을) 수행하다; eiti pareigas 직무를 수행하

다 ⑥ kraujas iš žaizdos eina 상처에서 피가 솟아나온다; eiti geryn 나아지다, 향상되다; laikrodis eina 시계가 간다 [작동한다]; eik eik 설마 그럴 리가 있나
eitis [동] (잘) 돼 나가다; kaip (jums) einasi? 잘 지내요?
eitynės [여·복] 행진
eižėti [동] 갈라지다, 터지다; (피부 따위가) 트다
ėjikas [남] 걷는 사람, 보행자
ėjimas [남] ① 걷기, 보행 ② [체스] 말의 움직임
ekipa [여] [스포츠] 팀; futbolo ekipa 축구 팀
ekipažas [남] (항공기 등의) 승무원
ekologija [여] 생태(학)
ekologinis [형] 생태(학)의
ekonomija [여] ① 절약, 검약; laiko ekonomija 시간 절약 ② 경제
ekonomika [여] 경제학
ekonominis [형] 경제(상)의; ekonominė politika 경제 정책
ekonomistas [남] 경제학자
ekonomiškas [형] 경제적인, 절약하는
ekonomiškumas [남] 절약, 검약
ekranas [남] 스크린, 영사막
ekscelencija [여] (장관·대사 등에 대한 호칭으로) 각하
ekscentrikas [남] ① 별난 사람, 괴짜, 기인 ② 곡예사
ekscentrinis, ekscentriškas [형] 별난, 기이한, 괴상한
ekskavatorius [남] 굴착기
ekskursantas [남] 소풍객, 유람객
ekskursija [여] 소풍, 유람, 짧은 여행; ekskursijos vadovas 여행 가이드
ekskursuoti [동] 소풍[유람·짧은 여행]을 가다
ekspansija [여] (영토 따위의) 확장, 팽창
ekspedicija [여] 원정, 탐험; 원정대, 탐험대; gelbėjimo ekspedicija 구조대
eksperimentas [남] 실험
eksperimentinis [형] 실험의
eksperimentuoti [동] 실험하다
ekspertas [남] 전문가
ekspertizė [여] 조사, 검사

eksploatacija [여] 개발, 이용
eksploatuoti [동] 개발하다, 이용하다
eksponatas [남] 전시, 전람; [복] eksponatai 전시품
eksponuoti [동] ① 전시하다, 내보이다 ② [사진] 노출하다
eksportas [남] 수출
eksportininkas [남] 수출업자
eksportuoti [동] 수출하다
ekspozicija [여] ① 전시, 진열 ② [사진] 노출
ekspresas [남] 급행 열차
ekspresija [여] 표현
ekspresyvus [형] 표현적인, 나타내는
ekspromtu [부] 즉석에서, 사전 준비 없이
ekstazė [여] 무아경, 황홀경
ekstraktas [남] 추출물
ekstravagantiškas [형] 낭비하는, 사치스러운
ekstremistas [남] 극단주의자
ekvatorius [남] (지구의) 적도(赤道)
ekvivalentas [남] 동등물, 상당하는 것
ekvivalentinis [형] (~와) 동등한, (~에) 상당하는
elastingas, elastiškas [형] 탄력[탄성]이 있는
elastingumas, elastiškumas [남] 탄력, 탄성, 신축성
elegancija [여] 우아, 고상
elegantiškas [형] 우아한, 고상한, 세련된, 품위 있는
elegantiškumas [남] 우아, 고상
elegija [여] 애가, 비가, 엘레지
elektra [여] 전기(電氣); elektros šviesa 전광(電光); elektros lemputė 전구(電球)
elektrifikacija [여] [물리] 대전(帶電)
elektrifikuoti [동] 전기를 통하게 하다, 대전시키다
elektrikas [남] 전기 기사
elektrinė [여] (전력을 생산하는) 발전소
elektrinis [형] 전기의, 전기적인; elektriniai prietaisai 전기 기구, 전기 제품
elektrinti [동] ① 전기를 통하게 하다 ② 흥분시키다
elektrodinamika [여] 전기 역학
elektromagnetas [남] 전자석(電磁石)

elektromechanika [여] 전기 기계학
elektronas [남] [물리] 전자(電子)
elektronika [여] 전자 공학
elektroninis [형] 전자의; elektroninis paštas [컴퓨터] 이메일, 전자 메일; elektroninio pašto adresas 이메일 주소
elektrotechnika [여] 전기 공학
elektrotechnikas [남] 전기 공학자
elektrovara [여] elektrovaros jėga [전기] 기전력(起電力), 전동력(電動力)
elementarus [형] 기본적인
elementas [남] ① [물리·화학] 원소 ② [전기] 전지
elementorius [남] 입문서
elevatorius [남] 엘리베이터
elgesys [남] 행동, 행위
elgeta [남·여] 거지
elgetauti [동] 구걸하다
elgimasis [남] 행동, 행위
elgsena [여] 행동, 행위
elgtis [동] ① 행동하다, 처신하다 ② (남에게) ~하게 굴다; gerai elgtis su kuo ~에게 친절하게 대하다
elipsė [여] [문법] 생략
elitas [남] 엘리트, 정예 요원
elitinis [형] 엘리트의, 정예의
elnias [남] [동물] 사슴 (암컷은 elnė); šiaurinis elnias 순록
emalis [남] 에나멜, 법랑
emaliuoti [동] 에나멜을 입히다[칠하다]
emblema [여] 상징, 표상
embrionas [남] [생물] 배(胚)
emigracija [여] (타국으로의) 이주
emigrantas [남] (타국으로 가는) 이민, 이주자
emigruoti [동] (타국으로) 이주하다, 이민하다
emisija [여] 방사, 방출, 내뿜음
emocija [여] 감정, 정서
emocingas [형] 감정적인
emocinis [형] 감정적인
emulsija [여] [화학] 유제(乳劑)

enciklopedija [여] 백과사전
enciklopedinis, enciklopediškas [형] 백과사전의
energetika [여] [물리] 에너지론[학]
energija [여] 에너지
energingas [형] 정력적인, 원기 왕성한, 에너지가 넘치는
engiamas [형] 억압받는
engimas [남] 억압, 압박
engti [동] 억압하다, 압박하다
entuziastas [남] 열광자, 열성적인 사람
entuziastiškas [형] 열렬한, 열광적인
entuziazmas [남] 열광, 열중
epas [남] 서사시
epidemija [여] 유행성 질병, 전염병
epideminis [형] (질병의) 유행[전염]성의
epigrama [여] 경구(警句); 짧은 풍자시
epilepsija [여] [병리] 간질
epileptikas [남] 간질 환자
epilogas [남] 에필로그, 발문(跋文), 후기
epinis, epiškas [형] 서사시의
epitetas [남] 통칭, 칭호
epizodas [남] 삽화, 에피소드
epocha [여] (중요한 일이 일어났던) 시대; Atgimimo epocha [역사] 르네상스, 문예 부흥기
epušė [여] [식물] 포플러
era [여] (서력) 기원; 372 mūsų eros metai 서기[A.D.] 372년; 425 m. prieš mūsų erą 기원전[B.C.] 425년
erdvė [여] 공간; kosminė erdvė 우주 (공간); beorė erdvė [물리] 진공(眞空)
erdvus [형] 널찍한
erelis [남] [조류] 독수리
eretikas [형] 이교(異敎)의, 이단의
erezija [여] [가톨릭] 이교, 이단
ėriena [여] (암컷의) 어린 양, 새끼 양
ėriukas [남] (수컷의) 어린 양, 새끼 양
erkė [여] [곤충] 진드기
erotika [여] 성애(性愛)를 다룬 문학[예술]

erotinis, erotiškas [형] 성애의, 애욕을 다룬, 에로틱한
erozija [여] 침식 (작용)
eršketas [남] [어류] 철갑상어
erškėtis [남] [식물] 들장미의 일종
ertmė [여] [해부] 강(腔)
erudicija [여] 박학, 학식
eruditas [남] 박식한 사람
erzinimas [남] 괴롭히기, 지분거리기, 짜증나게 하기
erzinti [동] 괴롭히다, 지분거리다, 짜증나게 하다
eržilas [남] 종마(種馬)
eržiliukas [남] 망아지
esą [소사] ~인 듯하다, 보기에 ~ 같다; esą jis išvažiavęs 그는 가버린 것 같다
esamas [형] 현존하는, 현재의; esamasis laikas [문법] 현재시제
esantis [형] 현존하는
esencija [여] 정유(精油), 에센스
eskadra [여] [해군] 전대(戰隊)
eskadrilė [여] [공군] 비행대대
eskalatorius [남] 에스컬레이터
eskimas [남] 에스키모
eskizas [남] 스케치, 밑그림; 개요, 요강
esmė [여] 본질, 정수; 핵심, 요점; dalyko esmė 문제의 요점; iš esmės i) 본질적[근본적]으로는 ii) 사실은, 실제로는
esminis [형] 본질적인, 필수적인, 중요한
esperanto [남] 에스페란토 (인공어(語)의 하나)
estafetė [여] ① [육상] 릴레이 경주, 이어달리기 (또는 estafetinis bėgimas) ② (릴레이 경주용) 배턴
estas [남] 에스토니아 사람; estų kalba 에스토니아어
estetas [남] 심미가, 유미주의자
estetika [여] 미학(美學)
estetinis, estetiškas [형] 미(美)의, 심미적인
ėsti [동] ① (동물이 먹이를) 먹다 ② (속어로) 처먹다, 게걸스럽게 먹다 ③ (화학적으로) 부식하다
Estija [여] 에스토니아
estiškas [형] 에스토니아의

estrada [여] ① 단상, 무대 ② 종합 예술; estrados artistas 종합 예능인
estradinis [형] 종합 예술의, 버라이어티 쇼의
ešelonas [남] ① [군사] 제대(梯隊) ② 기차; 군용 기차
ešerys [남] [어류] 농어의 일종
etalonas [남] 표준, 기준
etapas [남] 무대
etatai [남·복] 직원, 스태프
etatinis [형] (정식) 직원인
etažerė [여] 서가(書架)
eteris [남] [화학] 에테르; eterinis aliejus 정유(精油)
etika [여] 윤리(학)
etiketas [남] 에티켓, 예법
etiketė [여] 라벨, 꼬리표; priklijuoti etiketę 라벨을 붙이다
etimologija [여] 어원(학)
etinis, etiškas [형] 도덕상의, 윤리적인
Etiopija [여] 에티오피아
etiudas [남] (문학 작품의) 습작; (음악의) 연습곡
etninis [형] 인종의, 민족의
etnografija [여] 민족지(誌)학
eufemizmas [남] 완곡어
eukaliptas [남] [식물] 유칼리나무
euras [남] [화폐의 단위] 유로
Europa [여] 유럽; Europos Sąjunga 유럽 연합
europietis [남] 유럽 사람
europietiškas [형] 유럽의
evakavimas [남] 철수, 소개(疎開), 피난
evakuacija [여] 철수, 소개, 피난
evakuoti [동] 철수시키다, 장소를 비우게 하다
evakuotis [동] 소개하다, 장소를 비우다, 철수하다
evangelija [여] [기독교] 복음
eventualus [형] (언젠가) 일어날[발생할] 수 있는
evoliucija [여] 진화(론)
evoliucinis [형] 진화(론)적인
ežeras [남] 호수
ežeringas [부] (일정 지역에) 호수가 많은

ežia [여] ① 경계(선) ② 모판, 화단
ežys [남] [동물] 고슴도치

F

fabrikantas [남] 제조업자, 공장주
fabrikas [남] 공장, 제조소
fabrikuoti [동] ① 만들다, 제조[제작]하다 ② 꾸며내다
fabula [여] (문학 작품의) 플롯, 줄거리
fagotas [남] [음악] 바순, 파곳
fajansas [남] 파양스 도자기, 도기류(陶器類)
fakelas [남] 횃불
faksas [남] 팩스
faksimilė [여] 팩시밀리
faktas [남] 사실, 실제의 일; tikras faktas 기정 사실, 확실한 것
faktinis [형] 실제의, 현실의
faktiškai [부] 실제로(는), 사실상
faktorius [남] 요인, 요소
faktūra [여] [상업] 송장(送狀)
fakultatyvinis [남] 선택 과목
fakultatyvus [형] (과목의) 선택의, 선택할 수 있는
fakultetas [남] (대학의) 학부, 학과
falcetas [남] 가성(假聲)
falsifikacija [여] 위조, 가짜로 만듦
falsifikatas [남] 위조품, 가짜
falsifikuotas [형] 위조된, 가짜로 만들어진
falsifikuoti [동] 위조하다, 가짜로 만들다
familiariai [부] 격식을 차리지 않고
familiarumas [남] 격식을 차리지 않음
familiarus [형] 격식을 차리지 않는
fanaberija [여] 오만, 속물적인 태도
fanatikas [남] 광신자, 열광자
fanera [여] 베니어판, 합판
fanfara [여] ① 팡파르 (화려한 트럼펫 등의 취주) ② [음악]

트럼펫, 나팔
fantastas [남] 몽상가
fantastinis, fantastiškas [형] 공상적인, 터무니없는
fantazija [여] ① (터무니없는) 공상, 몽상, 상상, 환상 ② [음악] 환상곡
fantazuoti [동] ① 몽상에 잠기다 ② (거짓으로) 꾸며내다, 생각해내다
fantazuotojas [남] 몽상가
fantomas [남] 환영(幻影), 허깨비, 유령
faraonas [남] [역사] (고대 이집트의) 파라오
farmaceutas [남] 약제사
farmacija [여] 약학
farmacininkas [남] 약제사
farmacinis [형] 조제의, 제약의, 약학의
farsas [남] 소극(笑劇), 익살 광대극
faršas [형] (요리할 때 넣는) 속; mėsos faršas 다진[저민] 고기
fasadas [남] (건물의) 정면, 파사드
fasonas [남] 유행, 스타일
fašistas [남] 파시스트 당원, 파시즘 신봉자
fašizmas [남] 파시즘
fauna [여] 동물상(相)
favoritas [남] 좋아하는 대상
fazanas [남] [조류] 꿩
fazė [여] ① (변화하는 것의) 상(相) ② (변화·발달의) 단계, 국면, 시기
fechtavimas [남] [스포츠] 펜싱
fechtuoti(s) [동] 펜싱하다, 검술을 하다
federacija [여] 연합, 동맹, 연맹, 연방
federacinis [형] 연합의, 연방의
fėja [여] 요정, 선녀
fejerverkas [남] 불꽃놀이
felčeris [남] 의사의 조수[보조]
feldmaršalas [남] [군사] 육군 원수
feljetonas [남] (신문의) 풍자 기사
fenomenalus [형] 현상의[에 관한], 현상적인

fenomenas [남] 현상(現象)
feodalas [남] [역사] (봉건 시대의) 영주
feodalinis [형] [역사] 봉건(제도)의; feodalinė santvarka 봉건 제도
feodalizmas [남] [역사] 봉건 제도
ferma [여] 농장, 농원; 사육장
fermentacija [여] [화학・생물] 발효 (작용)
fermentas [남] [화학・생물] 효모, 효소, 발효체
fermeris [남] 농부, 농장 경영자
festivalis [남] 축제
fetras [남] 펠트, 모전(毛氈)
figa [여] [식물] 무화과
figūra [여] ① 형태, 형상, 모습 ② [기하] 도형 ③ [체스] 말
figūruoti [동] (어떤 인물로) 나타나다, 등장하다
fikcija [여] 소설, 꾸민 이야기, 픽션
fiksuoti [동] 결정하다, 확정하다
fiktyvus [형] 가공의, 꾸며낸
filantropija [여] 박애, 자선, 인류애
filatelistas [남] 우표 수집가
filharmonija [여] 교향악단
filialas [남] (예를 들어 은행이나 기관 등의) 분관, 지점
Filipinai [남・복] 필리핀
filmas [남] ① 영화 ② [사진] 필름
filmuoti [동] 영화를 촬영하다
filologas [남] 언어학자, 문헌학자
filologija [여] 언어학, 문헌학
filologinis [형] 언어학[문헌학]의
filosofas [남] 철학자
filosofija [여] 철학
filosofinis, filosofiškas [형] 철학의, 철학적인
filosofuoti [동] 철학적으로 설명[사색]하다
filtracija [여] 여과, 거르기
filtras [남] 필터, 거르개, 여과기
filtruoti [동] 거르다, 여과하다
finalas [남] ① [음악] 피날레; [연극] 최후의 막 ② [스포츠] 결승전

finansai [남·복] 재정, 재원
finansavimas [남] 자금 조달
finansininkas [남] 재정가, 재무관
finansinis [형] 재정(상)의, 재무의; 금융의
finansistas [남] 재정가, 재무관
finansuoti [동] 자금을 조달[공급]하다
finišas [남] [스포츠] 결승점
finišuoti [동] [스포츠] 결승점에 닿다
fiordas [남] [지질] 피오르, 협만(峽灣)
firma [여] 회사
fizika [여] 물리학; branduolinė fizika 핵물리학
fizikas [남] 물리학자
fizikinis [형] 물리학의, 물리학적인
fizinis [형] ① 육체의, 신체의; fizinis darbas 육체 노동; fizinė jėga 체력 ② 자연의, 물질의
fiziologas [남] 생리학자
fiziologija [여] 생리학
fiziologinis [형] 생리학의, 생리학적인
fiziškas [형] 육체의, 신체의
fizkultūra [여] 체육
flakonas [남] (향수 따위를 담는) 작은 병
flanelė [여] 플란넬 (직물의 일종)
flangas [남] [군사] (대열의) 측면, 익(翼)
fleita [여] [음악] 플루트
fleksija [여] [문법] 굴절, 어형 변화
fligelis, flygelis [남] [건축] 윙 (중심 건물에서 옆으로 늘인 부속 건물)
flirtuoti [동] 장난삼아 연애하다, 이성과 시시덕거리다
flora [여] 식물상(相)
fojė [여] 휴게실, 로비
fokusas[1] [남] [물리] 초점
fokusas[2] [남] 잔꾀, 계략, 트릭
folkloras [남] 민속, 민간 전승
fonas [남] 배경; 기초, 토대
fondas [남] 기금; 밑천
fonema [여] [언어] 음소(音素), 음운(音韻)

fonetika [여] 음성학
fonetinis [형] 음성(상)의
fontanas [남] 샘, 원천
forma [여] ① 모양, 형태, 형상 ② 형식, 외형 ③ gramatinės formos [문법] 어형(語形) ④ būti geros [blogos] formos 상태・컨디션이 좋다[나쁘다]
formacija [여] 형성, 구성, 편성
formalinis [형] 형식의
formalistas [남] 형식주의자, 형식에 구애되는 사람
formalizmas [남] 형식주의
formalumas [남] 형식에 구애됨, 딱딱함
formalus [형] 형식적인
formatas [남] 크기, 사이즈
formavimas [남] 형성, 구성, 만듦
formulavimas [남] 공식화, 정식화
formulė [여] (일정한) 방식, 공식, 법칙, 틀
formuliaras [남] 표, 티켓, 카드
formuluotė [여] ① 공식, 틀 ② 말씨, 어법
formuluoti [동] 공식화[정식화]하다
formuotė [여] [군사] 부대
formuoti [동] ① 형성하다, 구성하다, (~으로) 만들다 ② 군사를 일으키다, 부대를 만들다
forpostas [남] [군사] 전초 기지
forsavimas [남] 속력을 내기, 빠르게 하기
forsuoti [동] 속력을 내다, 빠르게 하다
fortas [남] 요새, 성채, 보루
fortepijonas [남] [음악] (그랜드)피아노; skambinti fortepijonu 피아노를 치다[연주하다]
fortifikacija [여] 축성(築城)
forumas [남] 포럼, 공공 광장
fosforas [남] [화학] 인(燐)
fotelis [남] 안락의자
fotoaparatas [남] 카메라, 사진기
fotografas [남] 사진사
fotografija [여] ① 사진술, 사진 촬영 ② 사진 ③ 사진관
fotografuoti [동] 사진을 찍다[촬영하다]

fotografuotis [동] 사진을 찍다 (남으로 하여금 자신의 사진을 찍게 한다는 뜻)
fotonuotrauka [여] 사진
fragmentas [남] 파편, 단편, 조각
frakas [남] 연미복
frakcija [여] [정치] 당파, 파벌, 분파
frankas [남] [화폐의 단위] 프랑
frantas [남] 멋쟁이, 맵시꾼
frazė [여] 어구(語句); 문장
frazeologija [여] 용어, 표현, 관용구
fregata [여] [역사] 프리깃 범선
freska [여] [미술] 프레스코 (화법)
freza [여] [기계] 프레이즈반(盤)의 커터; frezavimo staklės 프레이즈반
frontas [남] 전선(戰線)
funkcija [여] ① 작용, 기능 ② [수학] 함수
funkcionuoti [동] 작용하다, 기능하다
futbolas [남] [스포츠] 축구
futbolininkas [남] 축구 선수
futliaras [남] 케이스, 집

G

gabalas [남] 조각, 도막, (작은) 덩어리 한 개; sudaužyti į gabalus 산산조각이 나다
gabana [여] 한아름
gabenimas [남] 운반, 운송, 수송
gabenti [동] 운반하다, 수송하다, 나르다
gabumas [남] 능력, 재능, 소질
gabus [형] 재능 있는, 영리한
gadynė [여] 시대(時代)
gadinimas [남] 망치기, 못 쓰게 만들기
gadinti [동] ① 망치다, 못 쓰게[엉망으로] 만들다 ② (도덕적으로) 타락[부패]하게 하다 ③ gadinti sau nervus 속타게 하다, 걱정시키다
gaida [여] ① [음악] 음표 ② 곡조, 선율, 멜로디
gaidys [남] 수탉
gaila [여] 애석함, 유감임; man jo gaila 그는 안됐다, 나는 그가 안쓰럽다; gaila, kad ~ ~은 아쉬운[유감스러운] 일이다; kaip gaila! 참 안된 일이다
gailestingas [형] 동정을 베푸는, 인정 많은
gailestingumas [남] 동정, 연민
gailestis [남] ① 동정, 연민, 자비, 불쌍히 여김; iš gailesčio (kam) (~을) 불쌍히 여겨; be gailesčio 무자비하게, 인정사정없이 ② 후회, 회한
gailėti [동] ① 딱하게 여기다, 안타까워하다 ② 인색하게 굴다, 아까워하다
gailėtis [동] ① 딱하게 여기다, 안타까워하다 ② 후회하다, 뉘우치다
gailiaširdis [형] 인정 많은, 동정심 있는
gailus [형] ① 슬퍼하는, 애도하는 ② 동정하는, 불쌍하게 여기는

gainioti [동] 몰다, 쫓다
gairė [여] ① 경계표, 육표(陸標) ② 현저한[획기적인] 사건
gaisras [남] 화재
gaisrininkas [남] 소방관; gaisrininkų komanda 소방대(隊)
gaišatis [여] 지연, 지체, 꾸물거림, 시간 낭비
gaišimas [남] ① 지연, 지체, 꾸물거림, 시간 낭비 ② 온역(瘟疫), 가축의 전염병
gaišinti [동] 시간을 낭비하다, 지체하다
gaišti [동] ① 꾸물거리다, 늑장부리다 ② (동물이) 죽다 ③ 사라지다, 없어지다
gaištis [남] 지연, 지체, 꾸물거림, 시간 낭비
gaišus [형] 느린, 꾸물거리는
gaivalas [남] (구성) 요소, 원소
gaivalingas, gaivalinis, gaivališkas [형] ① 요소의, 기본 원리의 ② 자연적인; gaivalinė nelaimė 자연 재해, 천재(天災)
gaivinamas(is) [형] 상쾌한, 산뜻한, 원기를 돋우는
gaivinantis [형] 생기를 주는, 활기를 띠게 하는
gaivinti [동] ① 상쾌하게 하다, 원기를 돋우다 ② 활기 있게 만들다, 생기를 주다
gaivus [형] ① 원기를 돋우는, 생기를 주는 ② 활기가 넘치는, 생명력이 강한
gaižus [형] ① 고약한[썩은] 냄새가 나는 ② 성미 까다로운, 심술[투정]을 부리는
gajumas [남] 생명력, 활력
gajus [형] 활기가 넘치는, 생명력이 강한
gal [부] 아마, 어쩌면; gal jis išvyko 그는 떠났을 것이다
galabyti [동] 죽이다, 살해하다
galanterija [여] 잡화류; galanterijos parduotuvė 잡화[장신구] 상점
galas [남] ① 끝; pirštų galais 발끝으로; eiti į galą 끝나다; nuo galo iki galo 끝에서 끝까지; galų gale 결국에는; be galo 극단적으로, 심하게 ② 조각, 도막 ③ 죽음, 사망; galą gauti 죽다 ④ kuriems galams? 무슨 목적으로?, 어쩌자고?; galas žino! 누가 알아, 아무도 모르지!; eik po galais! 거꾸러져라, 뒈져라!
galąsti [동] 갈다, 갈아서 날카롭게[예리하게] 하다

galąstuvas [남] 숫돌
galbūt [gal būt] [부] 아마, 어쩌면
galerija [여] ① 화랑, 갤러리 ② 회랑(回廊), 통로
galėti [동] ~할 수 있다; jis gali tai padaryti 그는 그것을 할 수 있다; kiek galėdamas, kiek galint 가급적, 가능한 한, 될 수 있으면; gali būti 아마, 어쩌면, ~할 가능성이 있어
galia [여] ① 힘, 능력, 세력; ekonominė galia 경제력 ② 효력, 효능, 유효성
galiausiai [부] 결국, 종국에는
galiausias [형] 마지막의, 최후의
galybė [여] ① 힘, 능력, 세력 ② 많은 수, 다량; devynios galybės 많은, 다수의
galima [부] 가능하여, ~할 수 있어, ~해도 되어; čia galima rūkyti 여기서 담배를 피워도 된다; tai galima padaryti 그건 가능하다, 그렇게 할 수 있다; jei galima 가능하다면; ar galima įeiti? 들어가도 될까요?; padaryti visa, kas g-alima 할 수 있는 한 최선을 다하다
galimas [형] 가능한, 그럴 듯한
galimybė [여] 가능성; 기회
galimumas [남] 가능성; 기회
galynėtis [동] 맞붙어 싸우다
galingas [형] 힘센, 강력한, 능력이 큰
galingumas [남] 힘, 능력, 세력
galininkas [남] [문법] 대격(對格), 직접목적격
galinis [형] 마지막의, 최종의, 최후의
galiojimas [남] (법률이나 문서 따위의) 유효성, 효력
galionas [남] 레이스, 장식용 끈
galioti [동] 유효하다, 효력이 있다
galiūnas [남] 힘센 사람; 거인
galop [부] 끝날 무렵이 되어, 마지막에
galūnė [여] ① 끝, 말단 ② 사지, 팔다리 ③ [문법] (활용) 어미
galutinai [부] 최종적으로, 결정적으로
galutinis [형] 최종적인, 결정적인
galva [여] ① 머리 ② 두뇌, 지력(智力), 이지(理智); žmogus

su galva 이지적인 사람 ③ 장(長), 수석, 우두머리; šeimos galva 가장(家長); vyriausybės galva 정부의 수장 ④ 머릿수, 사람 수 ⑤ 목숨, 생명 ⑥ išeiti iš galvos 미치다, 돌다; eik nuo mano galvos 혼자 있게 해줘; turėti galvoje 고려하다, 마음에 두다
galvažudybė [여] 살인
galvažudys [남] 살인자, 킬러
galvijai [남·복] 가축
galvijas [남] [동물] 소
galvijiena [여] 쇠고기
galvojimas [남] 생각(하기), 사고
galvosena [여] 사고 방식
galvosūkis [남] ① 퍼즐, 난문제(難問題) ② 현기증
galvotas [형] 현명한, 슬기로운, 분별력 있는
galvoti [동] (~에 대해) 생각하다; apie ką jūs galvojate? ~에 대해 어떻게 생각하세요?
galvotrūkčiais [부] 맹렬한 속도로, 미친 듯이
galvūgalis [남] 침대 머리
gama [여] [음악] 음계
gamyba [여] 생산, 제조, 제작; avalynės gamyba 제화(製靴)
gamybininkas [남] 공원(工員)
gamybinis [형] 생산[제조]의, 공업의
gamykla [여] 공장, 제조소, 생산 설비
gaminys [남] (완)제품, 생산품
gaminti [동] ① 생산하다, 제조[제작]하다 ② (음식을) 준비하다, 요리하다
gamintojas [남] 생산자, 제조업자
gamta [여] 자연; gamtos turtai 천연 자원; gamtos mokslas 자연 과학
gamtinis [형] 자연의, 천연의; gamtinės dujos 천연 가스
gana [부] 충분히; 꽤, 상당히; gana gerai 상당히 좋은; gana! (그만하면) 됐어, (이제) 충분해!
gandas [남] 소문, 풍문, 루머; eina gandas (~이라는) 소문이 돈다
gandras [남] [조류] 황새
gangrena [여] [병리] 괴저(壞疽), 탈저(脫疽)

ganykla [여] 목장, 목초지
ganymas [남] 목축(업)
ganyti [동] (가축을) 방목하다, 치다; (가축에게) 목초를 먹이다
ganytis [동] (가축이) 풀을 뜯다
ganytojas [남] ① 목동, 목자 ② 목사, 사제
garai [남·복] ① (유해한) 연기, 가스 ② 일산화탄소 (기체)
garantija [여] 보증, 담보
garantuoti [동] 보증하다
garas [남] 김, (수)증기; garo mašina 증기 기관
garavimas [남] 증발, 기화(氣化)
garažas [남] 차고(車庫)
garbana [여] (머리카락의) 컬, 곱슬털
garbanotas [형] (머리카락이) 컬한, 곱슬곱슬한
garbanoti [동] (머리카락을) 지지다, 컬하다
garbė [여] 명예, 영예; garbės žodis! 내 명예를 걸고, 맹세코; garbės troškimas 명예에 대한 갈망, 야망; plėšti garbę 불명예
garbėtroška [남/여] 야망을 품은 사람, 야심가
garbingas [형] 명예로운, 존경할 만한, 경의를 표할 만한
garbinimas [남] ① 영예를 주기, 영예롭게 하기 ② 숭배, 숭상, 존경, 경외
garbinti [동] ① 영예롭게 하다; 존경하다, 경의를 표하다 ② 숭배하다, 우상화하다
gardas [남] 우리, 울로 둘러싼 땅
gardėsis [남] 맛있는 것, 진미(珍味)
gardėti [동] 맛있어지다
gardumynas [남] 맛있는 것, 진미
gardus [형] ① 맛있는, 맛좋은 ② 향기로운
gardžiai [부] 맛있게; 향기롭게; gardžiai kvepėti 달콤한 냄새가 나다
gardžiuotis [동] ① 맛보다 ② 즐기다, 향유하다
gargaliuoti [동] ① 양치질하다, 입 안을 가시다[헹구다] ② 코를 골다
gargėti [동] ① 씨근거리다 ② (거위 따위가) 꽥꽥 울다
garinė [여] 공기 따위가 새는 구멍

garinis [형] 증기의, 김이 나는
garinti [동] 증발시키다, 기화(氣化)하다
garlaivis [남] 기선(汽船)
garmėti [동] ① (시끄럽게) 떼지어 모이다 ② (물 속 따위로) 가라앉다
garnyras [남] 고명, 곁들인 요리
garnys [남] [조류] 왜가리
garnizonas [남] [군사] 수비대, 주둔군
garsas [남] ① 소리, 음(音), 사운드 ② 소문, 루머 ③ 명성, 명망
garsenybė [여] 명성
garsėti [동] ① 소리가 (크게) 나다[울려 퍼지다], 소리가 들리다 ② (~으로) 유명하다, 유명해지다
garsiai [부] 큰 소리로
garsiakalbis [남] (라디오 따위의) 스피커
garsingas [형] ① 소리가 큰, 울려퍼지는 ② 유명한, 잘 알려진
garsinis [형] 소리의, 사운드의, 소리가 나는; garsinis filmas 발성 영화
garsinti [동] ① 소리가 울려퍼지게 하다 ② 알려지게[유명하게] 하다 ③ 발표하다, 선포하다
garsintuvas [남] 확성기, 메가폰
garstyčia [여] 겨자 (복수형인 garstyčios으로도 씀)
garsumas [남] ① 소리의 크기[정도] ② 명성, 명망
garsus [형] ① 울려 퍼지는, 소리가 큰 ② 유명한, 명성 있는
garuoti [동] 증발하다, 연기처럼 사라지다
garvežys [남] (증기) 기관차
gąsdinti [동] 겁주다, 무섭게 하다, 위협하다
gastrolės [여·복] (극단 따위의) 순회 공연
gastroliuoti [동] 순회 공연을 하다
gastronomas [남] ① 미식가, 식도락가 ② 식료품점
gastronomija [여] 식료품
gašlumas [남] 관능성, 호색
gašlus [형] 관능적인, 육욕적인
gatavas [형] ① 끝난, 종료된 ② 미리 만들어져 있는; gatavi drabužiai 기성복

gatvė [여] 거리, 가로(街路)
gatvelė [여] 골목(길)
gaublys [남] 지구본, 지구의
gaubtas¹ [남] 볼록렌즈 - [형] 볼록한
gaubtas² [남] ① 전등갓 ② 두건, 후드
gaubti [동] ① 덮다, 씌우다 ② 밖으로 구부리다, 볼록하게 만들다
gaubtuvas [남] 두건, 후드
gaudesys [남] 윙윙거리는 소리, 기계류 따위의 소음
gaudimas [남] 윙윙거리는 소리, 기계류 따위의 소음
gaudymas [남] (동물 따위를) 잡기, 사냥; žuvų gaudymas 고기잡이, 어업
gaudyti [동] (동물 따위를) 잡다, 사냥하다
gauja [여] ① (폭력배 등의) 패거리 ② (개·이리 따위의) 떼
gaurai [남·복] 북실북실한 털
gauruotas [형] 텁수룩한
gausa [여] 많음, 다량, 풍부
gausėti [동] 증가하다, 늘다
gausybė [여] 많음, 다량, 풍부
gausinti [동] 증가시키다, 늘리다
gausmas [남] 윙윙거리는 소리, 기계류 따위의 소음
gausumas [남] 많음, 다량, 풍부
gausus [형] 많은, 다량의, 풍부한, 풍성한; gausus derlius 풍성한 수확, 풍작
gausti [동] 윙윙거리는 소리를 내다
gauti [동] 받다, 얻다, 획득하다
gavėjas [남] 받는 사람, 수령인
gavėnia [여] ① 단식, 금식 ② G- [기독교] 사순절(四旬節)
gavėti [동] 단식하다, 금식하다
gavyba [여] 추출; 채광
gebėti [동] ① ~할 수 있다, ~할 줄 알다 ② ~하는 습관이 있다
gėda [여] 부끄러움, 수치, 망신, 치욕; man gėda 나는 부끄럽다; kaip jums ne gėda! 부끄러운 줄 알아야 해요!; daryti kam gėdą ~에게 치욕을 안기다
gedėti [동] (~에 대해) 슬퍼하다

gedimas [남] ① 악화, (가치 따위의) 저하[하락] ② (음식물 따위의) 부패 ③ (기계류 따위의) 손상 ④ (도덕적) 부패, 타락

gėdingas [형] 부끄러운, 수치스러운, 망신스러운
gėdinti [동] ① 치욕을 안겨 주다 ② 강간하다
gėdytis [동] (~을) 부끄러워하다, 수치스럽게 생각하다
gedulas [남] (장례식 등에서의) 애도
gedulingas [형] ① (죽음을) 애도하는 ② 장례(식)의
gegnė [여] [건축] 서까래
gegutė [여] [조류] 뻐꾸기
gegužė [여] ① [조류] 뻐꾸기 ② 5월
geidulingas [형] 호색의, 육욕적인
geidulys [남] 정욕, 탐욕, 갈망
geidžiamas [형] 원하는, 바라는
geismas [남] (~에 대한) 갈망, 열망, 욕구
geisti [동] (간절히) 원하다[바라다], 갈망[열망]하다
geizeris [남] 간헐천
gėlas [형] (물이) 담수(淡水)의, 단물인
gelbėjimas [형] 구(조)하는
gelbėti [동] 구(조)하다
gelbėtojas [남] 구조자
gelda [여] 구유, 여물통
geldelė, geldutė [여] (패류(貝類)의) 껍데기
gėlė [여] 꽃; kambarinės gėlės 실내 화초; dirbtinės gėlės 조화(造花)
gėlėtas [형] 꽃이 핀, 꽃으로 뒤덮인
geležinis [형] 철의, 철과 같은; geležinė uždanga [역사] (냉전 시대의) 철의 장막; geležinė drausmė 엄한 규율
geležinkelininkas [남] 철도 직원
geležinkelis [남] 철도, 철도 선로; geležinkelio stotis 철도역
geležis [여] 쇠, 철
geležtė [여] (칼 따위의) 날
gėlininkas [남] 꽃장수
gelmė [여] 깊은 곳; jūros gelmė 심해(深海)
gelsvas [형] 노르스름한
gelti [동] 아프게 하다, 고통을 주다; 찌르다, 물다

geltonas [형] 노란, 황색의
gelumbė [여] 옷감
geluonis [여] (동물의) 침
gelžbetonis [남] 철근 콘크리트
gemalas [남] [생물] 배(胚); 태아(胎兒)
genas [남] [생물] 유전자
genealogija [여] 가계(家系), 혈통, 계통
generacija [여] 세대
generalinis [형] 총체적인, 전반적인
generatorius [남] 발전기 (또는 elektros generatorius)
generolas [남] [군사] 대장(大將); 장군; armijos generolas 원수
genėti [동] 베다, 치다, 다듬다
genetika [여] 유전학(學)
genetinis [형] 유전학적인, 유전상의
genezė [여] 기원, 발상
genialumas [남] 천재성; 위대함
genialus [형] 천재적인; geniali mintis 기막힌 착상, 번뜩이는 아이디어
genijus [남] 천재
genys [남] [조류] 딱따구리
gentainis [남] 친척, 인척
gentinis [형] 종족의, 부족의
gentis [남] ① 종족, 부족 ② 가족, 친족
geografas [남] 지리학자
geografija [여] 지리(학)
geografinis [형] 지리학(상)의, 지리적인
geologas [남] 지질학자
geologija [여] 지질학
geologinis [형] 지질학의, 지질학적인
geometrija [여] 기하학
geometrinis [형] 기하학의, 기하학적인
geradarybė [여] 선행, 자선, 은혜(를 베풀기)
geradarys [남] 은혜를 베푸는 사람
gerai [부] 잘, 좋게; gerai! 좋았어, OK; labai gerai 아주 잘 [좋게]; gerai atsiliepti apie ką nors ~에 대해 좋게 말하

다, ~을 칭찬하다; geriau neklausk 물어보지 않는 게 (더) 좋다 (그러니 물어보지 말라는 뜻)

gėralas [남] 돼지죽

geranoris [남] 남에게 호의를 보이는 사람

geranoriškas [형] 자비로운, 온정을 베푸는, 남에게 호의를 보이는

geranoriškumas [남] 자비, 친절, 온정

geras¹ [형] ① 좋은, 우량한; geras oras 좋은 날씨; geros kokybės 품질이 좋은, 상질(上質)의 ② 친절한 ③ viso gero! 잘 가요!; geros klotiesǃ 행운이 있기를!; ko gero ~ (내가 알기로는, 유감이지만) ~이지 않을까 싶은데요; gera valia 자발적으로; geriausiu atveju 잘해야, 기껏해야

geras² [남] 재산, 부(富)

geraširdis, geraširdiškas [형] 친절한, 마음씨 고운

geraširdiškumas [남] 친절, 고운 마음씨

gerbėjas [남] 찬양하는 사람, 숭배자

gerbiamas [형] ① 존경할 만한, 훌륭한 ② didžiai gerbiamas (편지글에서) 친애하는 (~에게)

gerbiamasis [형] (편지글 따위에서) 친애하는 (~에게)

gerbimas [남] 존경, 경의

gerbti [동] 존경하다

gėrėjimasis [남] (좋은 것에 대한) 감탄, 탄복

gerėti [동] (더) 좋아지다, 나아지다, 향상되다; 회복하다

gėrėtis [동] (너무나 훌륭해) 감탄하다, 넋을 잃다

geriamas [형] 마실 수 있는, 음료로 적합한; geriamas vanduo 식수

gerybė [여] 선(善), 친절, 덕(德)

gėrybė [여] 부(富)

gėrimas [남] 음료(수), 마실 것

gerinti [동] 더 좋게[낫게] 하다, 개량[개선]하다, 향상시키다

gerintis [동] (~의) 비위를 맞추다, (~에게) 알랑거리다

gėris [남] ① 선(善), 친절 ② 좋은 것

gerklė [여] 목구멍, 인후(咽喉); jai skauda gerklę 그녀는 인후염을 앓고 있다

gerokai [부] 꽤, 상당히

gerokas [형] 상당한, 꽤 큰[많은]

gerovė [여] ① 부(富) ② 복지, 복리, 번영
gerti [동] 마시다, 홀짝이다; gerti kavą 커피를 마시다; gerti į kieno sveikatą ~의 건강을 위하여 축배를 들다, 건배하다
gertis [동] 젖다, 흡수되다
gerulis [남] 착한[마음씨 고운] 사람
geruma [여] 가장 좋은 것[부분]
gerumas [남] ① 선(善), 친절 ② 고품질, 우량, 양호
geruoju [부] ① 친(절)하게 ② 자발적으로
gervė [여] ① [조류] 학, 두루미 ② 두레박 ③ [기계] 윈치
gervuogė [여] [식물] 검은딸기, 블랙베리
gesinti [동] (불·전기 스위치 따위를) 끄다
gesintuvas [남] 소화기(消火器)
gestas [남] 제스처, 의사 표시
gesti[1] [동] ① 망치다, 버리다, 나빠지다, 악화되다 ② (도덕적으로) 부패하다, 타락하다 ③ (치아 따위가) 썩다
gesti[2] [동] (불빛 따위가) 꺼지다, 희미해지다
getrai [남·복] 각반(脚絆)
gi [소사] kada gi tu pasiruoši? 도대체 언제 준비가 끝나는 거니?; kalbėk gi! 말하지 않을 거야?
gydykla [여] 병원; 요양원; 보양지
gydymas [남] (의학적) 치료
gydyti [동] (질병 따위를) 치료하다
gydytojas [남] 의사; dantų gydytojas 치과 의사
gydomasis [형] 의학의, 치료의
giedojimas [남] ① 노래 부르기 ② 새의 지저귐
giedoti [동] ① (성가(聖歌) 따위를) 부르다 ② (새가) 지저귀다
giedras [남] (날씨가) 맑은, 청명한; (미소 따위가) 해맑은
giedrėti, giedrytis [동] (날씨가) 맑아지다; (얼굴 표정이나 분위기 따위가) 밝아지다
giesmė [여] (새 따위의) 지저귀는 소리
giesmininkas [남] 지저귀는 새
gigantas [형] 거인, 거대한 것
gigantiškas [형] 거대한
gija [여] 실; 연속되는 것
gilė [여] [식물] 도토리
gilėti [동] 깊어지다

giliai [부] 깊이; giliai įsišaknijęs 깊이 뿌리내린
gilinti [동] 깊게 하다; 확장하다
gylis [남] 깊이, 심도; 깊음
gylys [남] ① (곤충의) 침 ② [곤충] 등에
gilti [동] (침 따위로) 찌르다, 물다
giluma [여] ① 깊이; dešimties metrų gilumoje 10m 깊이에 ② 깊은[깊숙한] 곳
gilumas [남] 깊음, 심오
gilus [형] 깊은, 심원한; gilus miegas 숙면(熟眠)
gilzė [여] 탄피
gimda [여] [해부] 자궁
gimdymas [남] 출산, 분만
gimdyti [동] ① (아이를) 낳다, 출산[분만]하다 ② 생기게 하다, 발생시키다
gimdytoja [여] 어머니
gimdytojai [남·복] 부모
gimdytojas [남] 아버지
gimdyvė [여] 산모(産母)
gimęs [형] (~으로) 태어난, ~ 태생의; jis gimęs Vilniuje 그는 빌뉴스에서 태어났다; negyvas gimęs 사산(死産)의
gimimas [남] 탄생, 출생, 태어남; gimimo jis lietuvis 그는 리투아니아 태생이다; gimimo diena 생일; gimimo vieta 출생지, 태어난 곳, 고향
giminaitis [남] 친족, 친척
giminė [여] ① 친족, 친척 ② [문법] 성(性) ③ 종족
giminingas [형] 동족의, 일족의, 밀접한 관련이 있는
giminingumas [남] 동족[일족]임, 밀접한 관련
giminystė [여] 친족 관계
giminiuotis [동] (~와) 관련되어 있다
gymis [남] ① 탄생, 출생, 태어남 ② 천성, 타고난 성질 ③ 얼굴 생김새, 외모
gimnastika [여] 체조; gimnastikos salė 체육관
gimnazija [여] 중등학교, 고등학교
gimnazistas [남] 중등학교 학생, 고교생 (여성형은 gimnazistė)
gimtas [형] 출생지의; gimtoji šalis, gimtoji žemė, gimtasis

kraštas 태어난 땅, 고국, 모국; gimtoji kalba 모국어
gimti [동] ① 태어나다, 출생하다; jis gimė Lietuvoje 그는 리투아니아에서 태어났다 ② (~으로부터) 생겨나다, 발생하다
gimtinė [여] 태어난 땅, 고국, 모국, 본국
ginčas [남] (격렬한) 논쟁
ginčijamas [형] 논쟁의 여지가 있는, 문제시되는
ginčyti [동] 논박하다, 이의 따위를 제기하다
ginčytis [동] (~에 대해) 논하다
gynėjas [남] 방어자, 보호자
gynyba [여] 방어, 방위
gynybinis [형] 방위의, 국방의
gynimas [남] 방어, 방위, 보호, 지키기
ginklakalys [남] 총포공, 병기공
ginklas [남] 무기, 병기; imtis ginklo 무기를 들다 ([복] ginklai)
ginkluotas [형] 무장한, 무기를 가진; ginkluotosios pajėgos 군대, 병력
ginkluotė [여] 무기, 병기; 무장(武裝)
ginkluotis [동] 무장하다
gintaras [남] [광물] 호박(琥珀)
ginti[1] [동] (동물을) 몰다
ginti[2] [동] ① 보호하다, 방어하다 ② 옹호하는 발언을 하다; (법정에서) 변호[변론]하다 ③ 금지하다
gintis [동] 자위(自衛)하다
gipsas [남] ① 석고; 소(燒)석고; 깁스 ② 석고상
giraitė [여] 작은 숲
girdėti [동] 듣다; kas girdėti? 무슨 소식 있어?
girdėtis [동] (소리가) 들리다
girdi (~이라는) 말이 있다, ~라고들 한다
girdimas [형] (소리가) 들리는, (소리를) 들을 수 있는
girdyti [동] ① (사람·동물에게) 물을 마시게 하다, 물을 먹이다 ② 술에 취하게 하다 ③ 물에 빠뜨리다
girdytis [동] 물에 빠지다
girgždėjimas [남] 삐걱거리는[끽끽대는] 소리
girgždėti [동] 삐걱거리다, 끽끽대다
giria [여] 숲, 삼림

gyrimas [남] 칭찬, 찬양
girininkas [남] 삼림 감독관
girkšnoti [동] 홀짝이다, 조금씩 마시다
girlianda [여] 화환, 화관(花冠)
girna [여] 맷돌
girtas [형] 술에 (몹시) 취한
girtauti [동] 술을 많이 마시다, 폭음하다
girtavimas [남] 술을 많이 마심, 폭음
girti [동] 칭찬하다
girtinas [형] 칭찬할 만한, 훌륭한
girtis [동] 자랑하다, 떠벌리다, 뽐내다
girtumas [남] 음주, 술에 취함
girtuoklis [남] 술꾼, 술고래
gysla [여] ① 혈관 (정맥 또는 동맥) ② 광맥(鑛脈)
gyslotis [남] [식물] 질경이
gitara [여] [음악] 기타
gitaristas [남] 기타리스트, 기타 연주가
gyti [동] ① (건강이) 나아지다, 회복되다 ② (상처가) 치유되다, 아물다
gyvaplaukiai [남·복] 솜털
gyvas [형] ① 살아있는, 생존해 있는; kol gyvas 내가 살아 있는 한; kaip gyvas (살아생전에는) 결코 ~ 않다 ② 활발한, 활기찬, 팔팔한, 기운이 넘치는; sveikas gyvas! 안녕하세요!; sveikas ir gyvas 무사한
gyvatė [여] [동물] 뱀
gyvatukas [남] [전기] 코일
gyvenamas [형] ① 거주(용)의; gyvenamasis namas 집, 주택; gyvenamasis plotas 주거 공간; gyvenamoji vieta 거주지, 처소, 사는 곳 ② (일정 지역에) 사람이 살고 있는, 거주 인구가 있는
gyvenimas [남] ① 생활, 생존; gyvenimo būdas 생활 양식, 라이프스타일 ② 일생, 평생; niekada gyvenime 일생 동안 [살아있는 동안에는] 절대로 ~ 않다
gyventi [동] ① 살아있다, 생존하다 ② (일정한 곳에) 살다, 거주하다; 머무르다, 체재하다
gyventojas [남] 주민, 거주자; [복] gyventojai 인구

gyvenvietė [여] 거주지, 촌락
gyvybė [여] 생명, 목숨; išgelbėti kam gyvybę ~의 생명을 구하다
gyvybingas [형] 활기가 넘치는
gyvybingumas [남] 생명력, 활기
gyvybinis, gyvybiškas [형] 생명의, 생명에 관한; 극히 중대한
gyvybiškumas [남] 생명력
gyvinti [동] 활기 있게 만들다, 생기를 주다
gyvis [남] ① 생물, 살아있는 것 ② 생기, 활기, 원기왕성
gyvsidabris [남] [화학] 수은
gyvuliai [남·복] 가축
gyvulininkystė [여] 목축(업)
gyvulinis [형] 동물(성)의
gyvulys [남] ① 동물, 짐승 ② 야수 같은 인간
gyvuliškas [형] 짐승의, 짐승 같은
gyvumas [남] 잘 뛰어놂, 활기가 넘침
gyvūnas [남] 생물, 동물
gyvūnija [여] 동물계(界)
gyvuoti [동] 존재하다, 생존하다, 살아나가다; kaip gyvuoji? 어떻게 지내세요?; tegyvuoja ~! ~이 오래 지속되기를!
gižti [동] ① (우유 따위가) 시큼해지다 ② 신경질적으로 되다
glaistas [남] 퍼티, 접합제
glaistyti [동] 퍼티 따위로 메우다, 퍼티 따위를 흠뻑 칠하다
glamonėjimas [남] 애무
glamonėti [동] 애무하다, 껴안다, 귀여워하다
glamžyti [동] 구기다
glamžytis [동] (쉽게) 구겨지다
glanda [여] [해부] 편도선
glaudės [여·복] 짧은 반바지, 트렁크, (수영) 팬츠
glaudumas [남] 응집, 결합
glaudus [형] 밀집한, 응집한; 밀접한, 가까운
glausti [동] ① 바싹 다가가다 ② 꼭 끌어안다
glaustis [동] (~에) 바싹 달라붙다
glazūruoti [동] (판)유리를 끼우다
glėbys [남] ① 포옹, 껴안기 ② 한아름
gleivės [여·복] (생물체 내의) 점액(粘液)

gleivėtas [형] 점액질의
glemžti [동] 붙잡다, 움켜쥐다, 손에 넣다
gležnas [형] 연약한, 허약한, 가냘픈
gležnumas [남] 연약, 허약
gliaudyti [동] (호두 따위의) 껍데기를 깨다; (콩 따위의) 꼬투리[깍지]를 까다
glicerinas [남] [화학] 글리세린
glitus [형] 끈적끈적한, 점착성의
gliukozė [여] [화학] 포도당
globa [여] 후견, 보호
globėjas [남] 후견인, 보호자
globojimas [남] 돌봄
globoti [동] 돌보다, 후견[보호]하다
globti [동] ① 싸다, 덮다 ② 껴안다
glodinti [동] 매끄럽게 하다; 윤을 내다
glodus [형] 매끄러운
glostyti [동] 쓰다듬다, 어루만지다
glūdėti [동] 담겨 있다, 숨어[감춰져] 있다
gludinti [동] 매끄럽게 하다; 윤을 내다
glūduma [여] 깊은 곳; nakties glūdumoje 깊은 밤에, 심야에
gluosnis [남] [식물] 버드나무
gnaibyti [동] 꼬집다
gniaužti [동] 압착하다, 짓누르다
gnybti [동] 꼬집다
gniutulas [남] 묶음, 패키지; 더미; 짐짝
gniūžtė [여] 덩어리; 묶음, 다발
gobšas [남] 욕심쟁이, 탐욕스런 인간
gobšus [형] 탐욕스런, 욕심 많은
godus [형] 탐욕스런, 탐내는, 욕심 많은
golfas [남] [스포츠] 골프
gomurys [남] [해부] 구개(口蓋), 입천장
gorila [여] [동물] 고릴라
grabalinėti, grabalioti [동] 더듬어 찾다
grabas [남] 관; 무덤; iki grabo lentos 무덤까지, 죽을 때까지
gracija [여] 우아함, 고상함

gracingas [형] 우아한, 고상한
grafas [남] 백작(伯爵)
grafika [여] 드로잉; 그래픽 아트
grafikas [남] ① 그래픽 아티스트 ② 시간표, 스케줄 ③ 그래프, 도표
grafinas [남] 물병, 유리병
grafinis, grafiškas [형] 시각 예술의, 그래픽의
grafystė [여] 군(郡; 행정 구역의 하나)
grafitas [남] [화학] 석묵, 흑연
graibyti [동] ① 느끼다, 만지다 ② (위에 뜬 찌꺼기 따위를) 걷어내다
graibstyti [동] 잡아채다, 와락 붙잡다
graikas [남] 그리스 사람; graikų kalba 그리스어
Graikija [여] 그리스
graikiškas [형] 그리스의
graižtvinis [형] graižtvinis šautuvas 라이플총, 소총
grakštumas [남] 우아함, 고상함
grakštus [형] 우아한, 고상한
gramas [남] [무게의 단위] 그램 (g)
gramatika [여] 문법
gramatinis [형] 문법의, 문법적인
gramdyti [동] 문지르다, 긁어내다
gramzdinti [동] 물에 잠그다[가라앉히다]
granata [여] [군사] 수류탄
granatas [남] [식물] 석류
grandyklė [여] 긁어내는 기구
grandinė [여] ① 사슬, 체인 ② kalnų grandinė 산맥 ③ elektros grandinė [전기] 회로 ④ [복] 족쇄, 차꼬
grandiozinis [형] 웅장한, 웅대한
grandis [여] ① (사슬 따위의) 고리, 링 ② 팀, 그룹
grandyti [동] 문지르다, 긁어내다, 문질러 지우다
granitas [남] 화강암
grasinimas [남] 위협, 협박
grasinti [동] 위협하다, 협박하다, 으르다
grasus [형] ① 위협하는, 협박하는 ② 지루한, 따분한; 귀찮은, 성가신

grašis [남] 잔돈, 푼돈
graudinti [동] 감동시키다; 슬프게 하다
graudintis [동] 후회하다, 뉘우치다
graudulys, graudumas [남] 슬픔, 비통, 애처로움
graudus [형] ① 감동시키는, 감동적인 ② 슬픈, 애처로운; graudžios ašaros 쓰라린 눈물
graužas [남] 자갈
graužikas [남] [동물] 설치류
graužimas [남] sąžinės graužimas 양심의 가책
graužti [동] 갉다, 쏠다, 조금씩 물어뜯다
graužtis [동] 몹시 슬퍼하다, 비탄에 잠기다; nesigraužk! 자, 기운 내라구!
graužtukas [남] (배·사과 등의) 응어리, 과심(果心)
graveris [남] 조각사; 나무나 돌을 깎는 사람
graviruoti [동] (나무·금속 따위에) 새기다
graviūra [여] 조판(彫版), 새기기
grąža [여] 거스름돈
gražėti [동] (더) 예뻐지다, 아름다워지다
gražiai [부] 예쁘게, 아름답게, 보기 좋게
gražinti [동] (더) 예쁘게[아름답게] 하다, 꾸미다
grąžinti [동] ① (되)돌려주다 ② 회복하다, 되찾다
grąžyti [동] 구멍을 뚫다
gražiuoju [부] 친(밀)하게
grąžtas [남] 구멍 뚫는 기구, 천공기, 드릴
gražumas [남] 아름다움, 미(美)
gražuolė [여] 아름다움, 미(美); 예쁜 여자
gražuolis [남] 미남, 잘생긴 남자
gražus [형] ① 아름다운, 예쁜, 보기 좋은; 잘생긴 ② 좋은, 멋진; gražus oras 좋은 날씨 ③ toli gražu ~은커녕, 전혀 ~하지 않아
grėblys [남] 갈퀴, 써레
grėbstyti, grėbti [동] 갈퀴질하다
greičiau [부] 차라리, 오히려
greičiausiai [부] 거의 ~할[일] 것 같아, 거의 틀림없이; jis greičiausiai čia 그는 아마 틀림없이 여기 있을 것이다
greitai [부] ① 빨리, 신속하게; kuo greičiau 할 수 있는 한

최대한 빨리 ② 곧, 이내; greitu laiku 머지않아
greitas [형] ① 빠른, 신속한; greitasis traukinys 급행 열차 ② 즉석의, 즉시 ~하는, 지체하지 않는; greitoji pagalba 응급 처치, 구급 요법 ③ 곧 다가올, 머지않은 미래의; iki greito pasimatymo! 곧 또 봅시다!
greitėjimas [남] 가속, 빨라짐
greitėti [동] 빨라지다, 가속되다
greitinimas [남] 가속, 빠르게 함
greitinti [동] 빠르게 하다, 가속하다; 서두르게 하다
greitis [남] 속도, 속력, 빠르기
greitkelis [남] 고속도로
greitomis, greitosiomis [부] 급히, 서둘러, 허둥지둥; 대충 빨리, 날림으로
greitumas [남] 빠름, 신속함
grėsmė [여] 위협, 위태롭게 함
grėsmingas [형] 위협적인, 위태로운
grėsti [동] 위협하다, 위태롭게 하다
greta[1] [여] 열(列), 줄; dviem gretomis 2열로
greta[2] [부] ① 옆에, 곁에; jis gyvena greta 그는 옆집에 산다 ② 나란히; greta sėdėti 나란히 앉다 — [전] ~ 옆에, ~ 가까이에
gretimas [형] 인접한, 이웃의
gretinti [동] (~와) 비교하다
gretutinis [형] 인접한
gręžinys [남] (뚫은) 구멍, 시굴공, 시추공
gręžioti, gręžti [동] 구멍을 뚫다
griaučiai [남·복] ① (사람 등의) 골격, 해골 ② 틀, 뼈대, 프레임
griaudėti [동] 천둥이 치다, 큰 소리를 내다
griausmas [남] 천둥
griausti [동] 천둥이 치다
griauti [동] ① 파괴하다, 무너뜨리다, 쓰러뜨리다, 헐다, 해체하다 ② 토대를 침식하다, 파고들어 점차 약화시키다
griaužti [동] = graužti
grybas [남] 균류 (버섯·곰팡이류)
gryčia [여] 시골집, 오두막

griebti [동] 와락 붙잡다, 잡아채다, 움켜쥐다
griebtis [동] ① 낫다, 좋아지다, 회복하다 ② ~하기 시작하다, (일에) 착수하다 ③ (붙)잡다
grietinė [여] 산패유(酸敗乳)
grietinėlė [여] 크림; kava su grietinėle 크림을 넣은 커피
grietininis [형] 크림의, 크림을 함유한; grietininiai ledai 아이스크림
griežėjas, griežikas [남] 바이올린 연주자, 바이올리니스트
griežtas [형] ① 엄(격)한, 호된, 가혹한, 혹독한 ② 정확한
griežti [동] ① (바이올린 따위를) 연주하다, 켜다 ② (이 따위를) 갈다; 삐걱거리는 소리를 내다
griežtis [남] [식물] 스웨덴순무
griežtumas [남] ① 엄격, 가혹, 혹독 ② 정확
grikiai [남·복] [식물] 메밀
grikšėti [동] 오도독 씹다, 우지직 소리를 내다
grimas [남] (배우의) 분장, 메이크업
grimasa [여] 얼굴을 찌푸림; daryti grimasas 얼굴을 찌푸리다
grimuoti [동] 분장[메이크업]하다
grimuotojas [남] 분장사
grimzlė [여] ① (배의) 흘수(吃水) ② [복] 앙금, 침전물, 찌꺼기
grimzti [동] ① 가라앉히다, 물에 잠그다 ② 가라앉다, 잠기다, 흡수되다
grynakraujis [형] 순혈(純血)의, 순종(純種)의
grynas [형] ① 순수한, 순전한, 불순물이 섞이지 않은; 깨끗한; grynas auksas 순금; grynasis pelnas 순이익 ② 단지 [순전히] ~인; grynas nesusipratimas 단순한 오해 ③ 있는 그대로의, 꾸밈없는 ④ mokėti grynais 현금으로 지불하다
grindinys [남] 차도(車道)
grindys [여·복] 마루, 바닥
grynieji [남·복/형] 현금(의); mokėti grynaisiais 현금으로 지불하다
gryninti [동] 순수하게 만들다; 정제하다
grynumas [남] 순수(성); 청결
griovimas [남] 파괴, 허물어뜨리기

griovys [남] 수로, 도랑
griozdas [남] 오래된 가구, 쓸모 없는 것
griozdiškas [형] 부피만 크고 쓸모가 없는, 성가신, 주체스러운
gripas [남] [병리] 유행성 감기, 인플루엔자, 독감
grįsti [동] 바닥을 깔다; 도로를 포장하다
grisus [형] 성가신, 귀찮은
griūti [동] ① 무너지다, 허물어지다, 붕괴하다; 넘어지다, 쓰러지다 ② 떼를 지어 모여들다
griūtis [여] sniego griūtis 눈사태
griuvėsiai [남·복] 폐허
griuvimas [남] 무너짐, 붕괴, 넘어짐, 쓰러짐
griuvinėti [동] ① (자주) 넘어지다, 쓰러지다 ② 비틀거리다
grįžimas [남] (되)돌아옴, 회귀
grįžratis [남] [지리] 회귀선(回歸線)
grįžtamasis [형] (되)돌아가는; grįžtamasis kelias 돌아가는 길, 귀로; grįžtamasis ryšys 반응, 반향, 피드백
grįžti [동] (되)돌아가다; grįžti namo 집에 돌아오다, 귀가하다
grobikas [남] 침략자, 약탈자, 강탈자
grobimas [남] 강탈, 포획
grobinys, grobis [남] 약탈한 것, 노획물, 전리품
grobstymas [남] 약탈, 강탈
grobstyti [동] 약탈[강탈]하다, 빼앗다
grobti [동] ① (꽉) 잡다, 붙잡다, 움켜쥐다 ② 약탈[강탈]하다
grobuonis [남] ① 약탈자 ② 육식 동물
grobuoniškas [형] ① 약탈하는 ② 육식 동물의
grotelės [여·복] 창살, 격자
groteskas [남] [미술] 그로테스크풍
groti [동] (악기를) 연주하다
grotos [여·복] 가로장; 창살, 격자; už grotų 옥에 갇혀
grožėjimas [남] 감탄, 황홀
grožėtis [동] 감탄하다, 넋을 잃다
grožybė [여] ① 아름다움, 미(美) ② 아름다운 것
grublėtas [형] 울퉁불퉁한, 고르지 않은; 거친
grubti [동] ① (얼어서) 곱다, 마비되다 ② 딱딱해지다, 경직되다; 거칠어지다

grubus [형] ① 울퉁불퉁한, 고르지 않은; 거친 ② 무례한, 버릇없는
grūdas [남] 곡물, 곡식, 곡류; grūdų sandėlis 곡물 창고
grūdėtas [형] 낟알 모양의, 과립형의
grūdinimas [남] 경화(硬化), 단련
grūdinis [형] grūdinės kultūros 곡물 식품, 시리얼
grūdinti [동] ① (강철 따위를) 불리다, 달구어 단련하다 ② 강하게[굳게] 하다
grūmoti [동] 위협하다, 협박하다, 으르다
grumstas [남] (흙 등의) 덩어리
grumtynės [여·복] 싸움, 투쟁
grumtis [동] (맞서) 싸우다, 투쟁하다
grumulas [남] 덩어리
gruntas [남] ① 땅, 토지 ② (밑)바닥
gruodis [남] 12월
grupė [여] 떼, 그룹, 무리
grupuoti [동] 무리를 짓게 하다
grupuotis [동] 무리를 짓다
grūsti [동] ① 눌러[두들겨] 부수다 ② 밀어[쑤셔] 넣다
grūstis [동] 서로 밀치며 몰려들다
grūstisuvas [남] 막자, 공이, 빻는 도구
gruzdėti [동] ① 그을려 검게 하다 ② 부스러뜨리다, 잘게 만들다
gruzti [동] 그을다, 약간 타다
gubernatorius [남] (국가·지방의) 통치자 (주지사나 총독 따위)
gubernija [여] [역사] 총독령
gūbrys [남] 산등성이, 산마루
gudobelė [여] [식물] 산사나무
gudragalvis [남] 영리한[똑똑한] 사람
gudrauti [동] 영리하게 굴다, 꾀가 많다
gudrybė [여] 꾀, 계략
gudrumas [남] 교활함, 잔꾀
gudruolis [남] ① 영리한[똑똑한] 사람 ② 교활한[꾀가 많은] 사람
gudrus [형] ① 영리한, 똑똑한 ② 교활한, 잔꾀가 많은

gūduma [여] nakties gūduma 한밤중
gūdus [형] 침울한, 우울한
guiti [동] ① (~에서) 쫓아내다, 내쫓다 ② 학대하다, 혹사하다
gulbė [여] [조류] 백조, 고니
guldyti [동] 내려놓다, 던지다; galvą guldyti 생명을 걸다
gulėti [동] ① (병 따위로 자리에) 누워 있다 ② (~에) (놓여) 있다
gulomis [부] 누워서, 누운 자세로
gulsčias [형] ① 드러누운 ② 기운, 비스듬한 ③ 가로의, 수평의
gulsčiukas [남] 수준기(水準器)
gulti [동] 눕다, 누워 있다; eiti gulti 잠자리에 들다
guma [여] ① 고무; kramtomoji guma 껌 ② [병리] 궤양
gumbas [남] ① 혹 ② [병리] 종양
gumbuotas [형] 혹이 많은, 혹이 나 울퉁불퉁한
guminis [형] 고무의, 고무로 된
gumulas [남] 작은 덩어리
gundymas [남] 유혹, 꾐
gundyti [동] 유혹하다, 꾀다
guoba [여] [식물] 느릅나무
guodimas [남] 위로, 위안
guolis [남] ① 침대 ② (들짐승의) 집, 굴 ③ [기계] 베어링
guosti [동] 위로하다, 달래다
guostis [동] ① (고통 따위를) 호소하다 ② 스스로를 달래다
gurbas [남] 동물[가축]의 집 (개집·외양간·돼지 우리 따위)
gurgėti [동] (물이) 졸졸 흐르다; (뱃속에서) 꾸르륵 소리가 나다
gurgutis [남] 솔방울
gurinys [남] 작은 부분; tėvo ir gurinius surinkęs 그는 자기 아버지를 꼭 닮았다
gurklys [남] ① (새의) 모이주머니 ② 병목 ③ (사람의) 이중 턱
gurkšnis [남] (마실 것의) 한 모금, 한 번 마시는 양; vienu gurkšniu 단숨에 (마셔)
gurkšnoti [동] 조금씩 마시다
gursti [동] ① 허약해지다, 병약해지다 ② 죽다 ③ 꾸물거리다
guvinti [동] 재빠르게[민첩하게] 하다
guvus [형] 재빠른, 민첩한

gūžčioti, gūžtelėti [동] pečiais gūžčioti[gūžtelėti] 어깨를 으쓱하다
gūžta [여] 둥지, 둥우리
gvardietis [남] 근위병
gvardija [여] 근위대
gvazdikas [남] [식물] 패랭이꽃; 카네이션
gvazdikėliai [남·복] (향신료로서의) 정향, 클로브
gvildenti [동] ① (꼬투리[깍지]를) 까다, 벗기다 ② (~에 대해) (의)논하다; 잘 생각하다, 검토하다

H

halė [여] 홀, 방
hamakas [남] 해먹, 달아매는 그물 침대
harmonija [여] 조화, 화합
harmoningas [형] 조화로운
harmonizuoti [동] 조화시키다
hebrajai [남·복] 히브리 사람, 유대인; hebrajų kalba 히브리어
hegemonija [여] 헤게모니, 지배권, 패권
hektaras [남] [면적의 단위] 헥타르
helis [남] [화학] 헬륨
hemorojus [남] [병리] 치질, 치핵
herbas [남] 문장(紋章)
hercas [남] [전기] 헤르츠
hercogas [남] 공작(公爵)
hermetiškas [형] 밀봉한, 밀폐한, 기밀의
herojė [여] ① 여걸 ② (작품의) 여주인공
herojinis, herojiškas [형] 영웅[용사]의, 영웅적인
herojus [남] ① 영웅, 용사 ② (작품의) 주인공
hiacintas [남] [식물] 히아신스
hibridas [남] 잡종, 이종(異種)
hidra [여] [동물·신화] 히드라
hidroelektrinė [여] 수력 발전소
hidrotechnika [여] 수력 공학
hiena [여] [동물] 하이에나
hierarchija [여] 계층제, 계급제
higiena [여] 위생
higieniškas [형] 위생의, 위생적인
himnas [남] 찬(송)가; valstybinis himnas 국가(國歌)
hiperbolė [여] [수학] 쌍곡선
hipnotizuoti [동] 최면술을 걸다

hipnozė [여] 최면(술)
hipodromas [남] 경마장
hipopotamas [남] [동물] 하마
hipotezė [여] 가설, 가정
hobis [남] 취미
homonimas [남] [언어] 동음이의어
Honkongas [남] 홍콩
honoraras [남] 보수, 사례금
horizontalus [형] 수평의, 가로의
horizontas [남] ① 지평[수평]선 ② 수평면
hormonas [남] [생리] 호르몬
humanistas [남] 인도주의자, 휴머니스트
humaniškas [형] 인도적인
humaniškumas [남] 인간성, 인도적임
humanitaras [남] 인도주의자, 박애가
humanitarinis [형] 인도주의의, 인간애의
humanizmas [남] 인도주의, 휴머니즘
humoras [남] 유머, 해학
humoristinis [형] 유머러스한, 우스운

I, Į, Y

į [전] ~에, ~으로; dėti į dėžę 상자에 넣다; įeiti į namą 집으로 들어가다; eiti į mokyklą 학교에[로] 가다; išvykti į Vilnių 빌뉴스를 향해 떠나다
įamžinti [동] 영존[영속]시키다; 불후하게 하다
įasmeninti [동] 구체화하다
įaugti [동] 자라다; 뿌리내리다
įbauginti [동] 겁주다, 으르다
įbėgti [동] ① 뛰어들어오다, 달려들다, 돌진해오다 ② 흘러들다
įberti [동] 붓다, 쏟다, 따르다
įbesti [동] 꽂다, 찔러[쑤셔] 넣다
įbrėžti [동] 긁다, (성냥 따위를) 긋다
įbristi [동] (개천 등을) 걸어서 건너다
įbrolis [남] 의붓형제
įbrukti [동] 밀어넣다
įcentrinis [형] įcentrinė jėga [물리] 구심력
yda [여] 결함, 결점, 약점; širdies yda 심장병
idant [접] ~하기 위해
įdaras [남] (음식물의) 소, 속
įdarbinti [동] (~에게) 직업을 주다, 직책을 맡기다
įdaužti [동] 구멍[틈·균열]을 내다
įdavinėti [동] ① 고발하다, 나쁘게 말하다 ② 넘겨주다
idealas [남] 이상, 완전무결, 극치
ideališiai [부] 이상적으로, 완벽하게
idealistas [남] 이상주의자
idealistinis [형] 이상주의자의
idealizmas [남] 이상주의
idealus [형] 이상적인
įdegimas [남] 햇볕에 탐[그을음], 선탠
įdegti [동] (피부를) 햇볕에 그을리다, 선탠을 하다
idėja [여] 생각, 관념

įdėjimas [남] (자금 따위의) 투자
idėjinis [형] 관념적인
įdėmus [형] 주의 깊은
identifikacija [여] 동일함; 신분 증명
identifikavimas [남] 동일함; 신분 증명
identifikuoti [동] (~이 틀림없다고) 확인하다; 동일시하다
identiškas [형] 동일한, 꼭 같은
ideologas [남] 특정 이데올로기의 신봉자
ideologija [여] (사회·정치상의) 이데올로기
ideologinis [형] 이데올로기의
įdėti [동] ① (집어)넣다; 끼워넣다, 삽입하다 ② (은행 계좌 등에 돈을) 입금하다
įdiegti [동] 도입하다, 심다, 주입하다, 불어넣다
ydingas [형] 결점이 있는, 불완전한
idioma [여] 관용구, 숙어
idiotas [남] 백치, 멍청이
idiotiškas [형] 백치의, 바보 같은
įdirbti [동] (땅을) 갈다, 경작하다
įdomumas [남] 관심, 흥미
įdomus [형] 관심[흥미]을 끄는, 매력적인
įdrėksti [동] (손톱 따위로) 긁다
įdrožti [동] 베다, 째다, 절개하다
įduba [여] 움푹 팬 곳
įdubęs, įdubus [형] 움푹 팬, 가라앉은
įdubimas [남] 움푹 팬 곳
įdubti [동] 움푹 패다, 가라앉다
įdukra [여] 양녀, 수양딸
įduoti [동] ① 건네다, 넘겨주다 ② 고발하다, 나쁘게 말하다
įdurti [동] 찌르다, 쑤시다
įeiti [동] 들어가다, 들어오다
įėjimas [남] 들어감, 입장; 입구
įelektrinti [동] 전기를 통하게 하다
ieškinys [남] [법률] 소송
ieškojimas [남] 탐색, 찾기
ieškoti [동] 찾다, 구하다
ieškotojas [남] 찾는[구하는] 사람

ieškovas [남] [법률] 원고, 고소인; 검찰관
ietis [여] 창(槍); ieties metimas [육상] 창던지기, 투창
įforminimas [남] 공식 기록
įforminti [동] 공식적으로 기록하다, 공식화하다
įgabenti [동] 가져오다
įgalinti [동] 할 수 있게 하다, 기회 따위를 부여하다
įgaliojimas [남] 권한 부여, 위임; 위임장
įgalioti [동] 권한 따위를 부여하다, 위임하다
įgaliotinis [남] 대리인, 위임 받은 사람
įgaubtas, įgaubtinis [형] 오목한, 요면(凹面)의
įgauti [동] (형태 따위를) 취하다
įgeidis [남] 변덕, 일시적인 기분
įgėlimas [남] 물기, 찌르기
įgelti [동] (곤충 따위가) 물다, 찌르다
įgijimas [남] 획득, 얻음
įgimtas [형] 타고난, 선천적인
įgyti [동] ① 얻다, 획득하다 ② 사나, 구입하다
įgyvendinimas [남] 실현, 실행, 집행, 수행
įgyvendinti [동] 실현하다, 실행하다; 달성하다
įgnybti [동] 꼬집다
įgristi [동] 괴롭히다, 못살게 굴다
įgriūti [동] ① 내려앉다, 쓰러지다 ② 난입하다, 갑자기 들어오다
įgrūsti [동] 밀어[쑤셔] 넣다
įgudęs [형] 노련한, 솜씨가 좋은
įgūdis [남] 습관; 익숙함
įgula [여] ① [군사] 수비대, 주둔군 ② (배・비행기 등의) 승무원
įgusti [동] 습관이 들다; 익숙해지다
įjoti [동] (탈것에) 타다
įjungti [동] 스위치를 켜다; 기계 장치 따위를 작동시키다
įkainojimas [남] 평가, 견적
įkainoti [동] 가격 따위를 정하다, 가치를 평가하다
įkaisti [동] 가열되다, 뜨거워지다
įkaitas [남] 담보물, 저당 잡힌 것; 인질
įkaitinti [동] (충분히) 가열하다, 데우다

įkalbėjimas [남] 설득
įkalbėti [동] 설득하다, 납득시키다
įkalbinėti [동] 설득하려 하다
įkalinimas [남] 투옥, 감금
įkalinti [동] 투옥하다, 감금하다
įkalti [동] ① 때려박다 ② (머릿속에) 주입시키다
įkandimas [남] 물기, 쩌르기
įkandin [전] eiti įkandin ko ~의 바로 뒤를 따라가다
įkapės [여・복] 수의(壽衣)
įkarštyje [부] 한창일 때, 최고조에 달해
įkarštis [남] 절정, 클라이맥스
įkasti [동] (땅 따위를) 파다
įkąsti [동] 물다, 쩌르다
įkaušęs [형] (술 따위에) 취한
įkeisti [동] 저당 잡히다
iki [전] ~(에 이르기)까지; iki galo 끝까지; nuo vieno iki dešimt 1부터 10까지; važiuoti iki Vilniaus 빌뉴스까지 가다 — [접] (시간상으로) ~(할 때)까지; palauk, iki jis ateis 그가 올 때까지 기다려
įkibti [동] 붙잡다, (~에) 달라붙다
ikimokyklinis [형] 취학 전의
įkypai [부] 기울어져, 비스듬히
įkypas [형] 기울어진, 비스듬한
įkyrėti [동] 못살게 굴다, 귀찮게 하다
įkirsti [동] ① (살짝) 베다 ② 때리다, 매질하다 ③ 물다, 쩌르다
įkyruolis [남] 폐, 성가심, 귀찮음
įkyrus [형] 성가신, 귀찮은
ikišiolinis [형] 지금까지의
įkišti [동] 찔러 넣다 (신발에 발을 넣어 신는 등의 동작)
įklija [여] 삽입, 끼워넣기
įklijuoti [동] 붙이다, 끼워넣다
įklimpti [동] (꼼짝 못할 정도로 ~에) 박히다, 빠지다
įkliūti [동] (~에) 붙들리다; 휘말리다
įklotas [남] 구두의 안창[깔창]
įkopti [동] 기어오르다

ikrai [남·복] 어란(魚卵); 캐비아
įkrauti [동] 짐을 싣다, 적재하다
įkrėsti [동] ① 흩뿌리다, 끼얹다 ② 때리다, 매질하다
įkristi [동] (~에) 빠지다, 가라앉다
įkrova [여] ① 짐, 화물 ② [전기] 전하(電荷)
įkūnijimas [남] 구체화, 구현(具現)
įkūnyti [동] 구체화하다, 구현하다
įkurdinimas [남] 정착, 정주
įkurdinti [동] 정착하다, 정주하다
įkūrėjas [남] 설립자, 창설자
įkūrimas [남] 설립, 창설
įkurti [동] ① 설립하다, 창설하다 ② 불을 때다
įkurtuvės [여·복] 주택 난방
įkvėpimas [남] ① 고무, 고취 ② (기체의) 흡입
įkvėpti [동] ① (누구에게 무엇을) 고무하다, 고취시키다 ② (기체를) 흡입하다, 들이마시다
yla [여] ① [조류] 올빼미 ② ylos maiše nepaslėpsi 나쁜 짓은 반드시 드러나게 마련이다
įlaipinti [동] (사람을) 탈것에 태우다, 승차[승선]시키다
įlanka [여] [지리] 만(灣)
įlašinti [동] 몇 방울 떨어뜨리다
įleidimas [남] ① 입장 허가 ② (약물의) 주사
įleisti [동] ① 들여보내다, 입장을 허가하다; neįleiskite jo 그를 들여보내지 마시오 ② (약물을) 주사하다
įlėkti [동] 날아들다; 달려오다
ilgaamžis [형] 오래 지속되는, 수명이 긴
ilgainiui [부] 때가 되면, 결국에 가서는, 나중에는
ilgalaikis [형] ① 오래 지속되는, 장기간의 ② 고정된, 상설의
ilgaplaukis [형] 머리가 긴
ilgas [형] ① (길이가) 긴 ② 오래 끄는, 장기간의
ilgai, ilgam [부] 오랫동안
ilgėjimas(is) [남] 동경, 그리움
ilgesys [남] 동경, 그리움; tėvynės ilgesys 향수(鄕愁), 노스탤지어
ilgėti [동] 길어지다, 늘어나다
ilgėtis [동] (애타게) 그리워하다

ilginti [동] (더) 길게 하다, 늘이다
ilgis [남] 길이; į ilgį 길게, 길이로
ilgu [형] 지루한, 따분한
ilguma [여] [지리] 경도(經度)
ilgumas [남] 길이, 지속 시간
įlydėti [동] 바래다주다, 배웅하다
įliejimas [남] 주입
įlieti [동] 붓다, 주입하다
įlipimas [남] 승선, 탑승
įlipti [동] ① (나무 따위에) (기어)오르다 ② (기차 따위에) 탑승하다
įlįsti [동] (~에) 들어가다
iliuminacija [여] 조명
iliuminuoti [동] 조명하다, 비추다
iliustracija [여] 삽화, 도해, 일러스트레이션
iliustruotas [형] 삽화[도해]를 넣은, 일러스트레이션이 있는
iliustruoti [동] 삽화[도해]를 넣다
iliuzija [여] 환각, 착각; 착시 (현상)
iliuzinis [형] 착각을 일으키는
ilsėtis [동] 쉬다, 휴식을 취하다
ilsinti [동] 지치게 하다, 피곤하게 하다
ilsti [동] 지치다, 피곤해지다
ilsus [형] 지치게[피곤하게]하는
iltinis [남] 송곳니
iltis [여] (동물의) 엄니
įlūžimas, įlūžis [남] 부러짐, 금이 감
įlūžti [동] 부러지다, 금이 가다
įmagnetinti [동] 자기(磁氣)를 띠게 하다
įmaišyti [동] ① 섞어 넣다 ② 연루시키다, 휩쓸리게 하다 ③ 섞어서 만들다
įmanyti [동] ① ~할 수 있다, ~할 것이다 ② 이해하다, 알다
įmanomas [형] ① 가능한, 그럴 듯한 ② 이해할 수 있는, 알기 쉬운, 명료한
įmantrus [형] 가공의, 꾸며낸, 거짓의; 기괴한
įmautė [여] 케이스, 집
imbieras [남] [식물] 생강

įmegzti [동] 섞어 짜다[엮다]
įmesti [동] 던져 넣다, 떨어뜨리다
įmygis [남] 깊은 잠
imigracija [여] (입국) 이주, 이민
imigrantas [남] (외국으로부터의) 이민, (입국) 이주자
imigruoti [동] (외국으로부터) 이주해오다
įmigti [동] 잠들다
įminimas [남] 해답, 응답
įminti¹ [동] (수수께끼 따위를) 풀다, 맞추다
įminti² [동] 짓밟다, 밟아 뭉개다
įmirkyti [동] 흠뻑 젖게 하다
įmirkti [동] 흠뻑 젖다
imitacija [여] 모조품, 비슷하게 만든 것, 가짜
imitavimas [남] 모방, 흉내, 모조
imituoti [동] 모방하다, 흉내내다
imlumas [남] 수용력
imlus [형] 수용 가능한, 받아들이는
įmoka [여] 지불; 요금
įmokėti [동] 지불하다, 납입하다
įmokyti [동] ~하게 하다, 시키다, 부추기다
įmonė [여] 사업, 기업
įmonininkas [남] 공장주; 고용주, 사용자
įmontuoti [동] 맞추다, 설치하다
įmotė [여] 수양어머니, 양모
įmova [여] 케이스, 집
imperatorienė [여] 황후; 여제(女帝)
imperatorius [남] 황제
imperializmas [남] 제국주의
imperija [여] 제국(帝國)
imponuoti [동] 인상을 주다
importas, importavimas [남] 수입(輸入)
importuoti [동] 수입하다
imti [동] ① (붙)잡다 ② 거두다, 수확[추수]하다 ③ 결혼시키다 ④ peilis ima 칼이 (잘) 든다 ⑤ ~하기 시작하다; vaikas ima verkti 아이가 울기 시작한다 ⑥ (세금 따위를) 징수하다 ⑦ (감정 따위에) 사로잡히다 ⑧ fotografiją imti 사

진을 찍다; imti viršų 우세한 위치를 점하다; imti į savo rankas 손을 대다, 스스로 처리하다; apskritai imant 일반적으로
imtis [동] 착수하다, 본격적으로 ~하기 시작하다
imunitetas [남] 면역(성)
įmušti [동] ① 밀어넣다, 때려박다 ② įmušti įvartį [스포츠] 득점하다, 골을 기록하다
įnagis [남] 도구, 기구
įnamiauti [동] 숙박하다, 하숙하다, 세들어 살다
įnamys [남] 숙박인, 하숙인, 세든 사람
įnašas [남] 공헌, 기여
incidentas [남] 사건, 일어난 일
indai → indas²
indas¹ [남] 인도 사람, 힌두인
indas² [남] ① 그릇, 접시, 용기 ([복] indai) ② [해부] 도관 (導管; 혈관 따위)
indauja [여] 찬장
indėlis [남] ① 예금 ② 공헌, 기여
indėnas [남] 인디언, 아메리카 원주민
Indija [여] 인도(印度); Indijos vandenynas 인도양
individas [남] 개인
individualybė [여] 개성
individualizmas [남] 개인주의
individualus [형] 개인의, 개인적인
Indonezija [여] 인도네시아
industrializacija [여] 산업화, 공업화
industrija [여] 산업, 공업
industrinis [형] 산업[공업]의
inercija [여] [물리] 관성, 타성; iš inercijos 기계적으로, 자동적으로
įnerti [동] (~에) 뛰어들다
inertiškas [형] 스스로 움직이지 않는, 움직임이 둔한
įnešti [동] 가져오다, 들여오다
infekcija [여] 전염, 감염
infekcinis [형] 전염성의; infekcinis susirgimas 전염병
infliacija [여] [경제] 인플레이션

informacija [여] ① 정보, 자료 ② 문의, 조회
informatorius [남] 정보 제공자, 알려주는 사람
informuoti [동] 알리다, 통지하다
inicialai [남·복] 머리글자, 이니셜
iniciatyva [여] 솔선, 주도; savo iniciatyva 자진하여, 솔선하여
iniciatorius [남] 창시자, 발기인, 선창자
įnikti [동] (~에) 전념하다, 열심히[집중하여] ~하다
įniršęs [형] 몹시 성난, 격분한
įniršis [여] 격노, 격분
įniršti [동] 격분하다
įnirtingas [형] 격렬한, 맹렬한, 사나운
injekcija [여] [의학] 주사
inkaras [남] 닻; išmesti inkarą 닻을 내리다
inkasuoti [동] 모으다, 수집하다
inkstas [남] [해부] 신장, 콩팥
inkšti [동] 새된 소리를 지르다
inkubatorius [남] 인큐베이터
įnoringas [형] 변덕스러운
inscenizuoti [동] 극화(劇化)하다, 무대에 올리다
inspekcija [여] 감찰, 검열
inspektas [남] 온상(溫床)
inspektavimas [남] 정밀 검사, 점검, 조사
inspektorius [남] 검사자, 조사관
inspektuoti [동] 검사하다, 점검[조사]하다
instancija [여] ① 보기, 사례 ② [법률] 소송 절차
instinktas [남] 본능
instinktyvus [형] 본능적인
institutas [남] 회(會), 협회, 연구소
instrukcija [여] 지시, 지도
instruktorius [남] 가르치는 사람, 지도자
instruktuoti [동] 가르치다, 지도하다
instrumentas [남] 도구, 기구
intakas [남] (강의) 지류(支流)
intarpas [남] 삽입물; [문법] 삽입사
integracija [여] 통합, 집성
integralas [남] [수학] 적분

integralumas [남] 완전, 온전한 상태
integralus [형] 완전한, 완전체의
inteligentas [남] 지식인
inteligentija [여] 지식인 계급, 인텔리겐치아
intensyvinti [동] 세게 하다, 강렬하게 만들다
intensyvumas [남] 세기, 강도
intensyvus [형] 강한, 격렬한; 집중적인
interesantas [남] 방문객, 손님
interesas [남] ① 흥미, 관심 ② 이익
interesuotis [동] (~에) 흥미[관심]를 갖다
interjeras [남] 인테리어
internacionalinis [형] 국제(상)의, 국제적인
internacionalizmas [남] 국제주의, 세계주의
internatas [남] 기숙 학교
internetas [남] 인터넷
intervalas [남] 간격, 틈, 공간
intervencija [여] 개재, 개입
interviu [남] 면접, 회견, 인터뷰
intymus [형] 친밀한
intonacija [여] 억양, 인토네이션
intriga [여] 음모, 책략
intrigantas [남] 음모를 꾸미는 사람
intriguoti [동] 음모를 꾸미다
intuicija [여] 직관(直觀), 직감
invalidas [남] 병(약)자, 지체 부자유자
invalidumas [남] 지체 부자유
invazija [여] 침입, 침략
inventorius [남] 재고 목록; 재고품
inventorizuoti [동] 재고 조사를 하다
investicija [여] 투자, 출자
investuoti [동] 투자하다
inžinerija [여] 공학 (기술), 엔지니어링
inžinierius [남] 기사, 기술자, 공학자, 엔지니어
ypač [부] 특(별)히
įpainioti [동] 관련시키다, 휩쓸리게 하다, 연루되게 하다
įpakavimas [남] 포장 용품

įpakuoti [동] 포장하다, 짐을 꾸리다
įpareigojimas [남] 의무, 구속, 책임
įpareigoti [동] 의무[책임]를 지우다, 구속[속박]하다
ypatybė [여] 특색, 특성
ypatingas [형] 특별한; nieko ypatingo 별다른 것 없음
įpėdinis [남] (여성형은 įpėdinė) ① 상속인, 유산 수령인 ② 후계자
įpėdinystė [여] 유산, 상속 재산, 물려받은 것
įpykdyti [동] 화나게 하다
įpykti [동] 화를 내다
įpylimas [남] 주입, 붓기
įpilti [동] 붓다, 따르다
įpjauti [동] 베다, 쩨다
įplaukos [여·복] 수입, 수령액
įplėšti [동] 살짝 찢다
ipoteka [여] [법률] 저당
įprastas [형] 보통의, 평상의, 늘상 ~하는; tai jam įprasta 그건 그에게 습관적인 것이다
įprasti [동] 습관이 들다, 몸에 배다
įprašyti [동] 간청하다, 애원하다
įpratimas [남] 습관
įpratinti [동] 익숙하게[습관이 들도록] 하다, 훈련시키다
įprotis [남] 습관
įpulti [동] ① 가라앉다, (~에) 빠지다 ② 갑자기 ~하다
įpusėti [동] 일을 반쯤 해놓다; 중간에 도달하다
įpūsti [동] 공기를 불어넣다, 바람을 일으키다
ir [접] ① 그리고, ~와[과], 및; tu ir aš 너와 나 ② ~도 (또한); jis ir mokinys 그도 학생이다 ③ 양쪽 모두
Irakas [남] 이라크
Iranas [남] 이란
įranga [여] 설치, 가설, 장치(하기)
įrankis [남] 도구, 기구, 용구
įrašas [남] ① 기록, 기입 ② 명(銘), 비명(碑銘), 새긴 것
įrašyti [동] ① 기록하다, 기입하다 ② (비석 등에 글자 따위를) 새기다
įregistruoti [동] 등록하다

įrėminti [동] 틀에 끼워 넣다
įrengimai [남·복] 장치, 장비, 설비
įrengti [동] 장비하다
įrėplioti [동] (네 발로) 기다
irgi [부] ~도 (또한), 마찬가지로
irigacija [여] 관개, 물을 끌어들임
irimas [남] 붕괴; [화학] 해리(解離)
įrišimas [남] 제본, 장정, 책 표지
įrišti [동] 매다, 묶다; (책을) 제본하다
irklas [남] (배를 젓는) 노
irkluoti [동] 노를 젓다
irkluotojas [남] 노 젓는 사람
įrodymas [남] 증거
įrodyti [동] 증명하다, 입증하다
ironija [여] 풍자, 빈정대기, 비꼬기
ironiškas [형] 반어(反語)적인, 빈정대는, 비꼬는
irti [동] ① 풀리다, 벗겨지다 ② 붕괴되다, 산산이 흩어지다
irti(s) [동] 노를 젓다
įrūgti [동] 시어지다
irzlus [남] 화를 잘 내는, 성마른, 성미 급한
įsakas [남] 율령, 포고
įsakymas [남] ① 명령 ② [성경] 계명, 계율
įsakinėti [동] 명령을 내리다; 지휘하고 있다
įsakyti [동] 명령하다, 지시하다
įsakmus [형] 명확한, 정확한
įsegti [동] 붙이다, 고착시키다
įseserė [여] 의붓자매
įsibėgėjimas [남] 도움닫기
įsibėgėti [동] 도움닫기를 해서 뛰다
įsibrauti [동] 침입하다, 침략하다, 들이닥치다; 몰래 들어가다
įsibrovimas [남] 침입, 침략
įsidegti [동] (불길이) 확 타오르다
įsidėmėti [동] ① 주목하다, 주의하다; 고려하다 ② 기억하다
įsidėti [동] 챙기다, 자기 몫으로 하다
įsidrąsinti [동] 용기를 내다
įsigalėti [동] ① (더) 강해지다, 튼튼해지다 ② 뿌리를 박다

įsigalioti [동] 효력을 나타내다, 실시되다
įsigeisti [동] 원하다, 바라다, 좋아하다, 마음에 들어하다
įsigerti [동] 젖다, (~에) 흡수되다
įsigijimas [남] 획득; 구입
įsigilinti [동] (~에) 깊이 빠지다
įsigyti [동] ① 얻다, 획득하다 ② 사다, 구입하다
įsigyventi [동] 편하게[느긋하게] 마음먹다
įsigudrinti [동] 그럭저럭 해내다
įsijungti [동] 가담하다, 참가하다, 한몫 끼다
įsikabinti [동] (붙)잡다, 쥐다
įsikalbėti [동] ① 설득하다; (사상 따위를) 불어넣다, 고취하다 ② 대화를 시작하다
įsikalti [동] 머릿속에 심어주다
įsikarščiavimas [남] 열정, 열렬, 열심, 흥분
įsikarščiuoti [동] 흥분하다, 열기를 띠게 되다
įsikąsti [동] (자신의 입술 따위를) 깨물다; (무엇을) 이에 물다
įsikelti [동] (~으로) 이사하다, (~에) 거처를 정하다
įsikibti [동] (붙)잡다, 쥐다
įsikišimas [남] 사이에 듦, 개재, 개입
įsikišti [동] 사이에 들다, 끼어들다, 개재[개입]하다
įsiklausyti [동] 귀를 기울이다, 귀담아 듣다
įsikniaubti [동] 얼굴을 (베개나 책 따위에) 파묻다
įsikraustyti [동] (~으로) 이사하다, (~에) 거처를 정하다
įsikūnijimas [남] 구체화, 구현, 실현; 체현(體現)
įsikūnyti [동] 구체화되다; 체현하다, 화신이 되다
įsikūrimas [남] 정주, 자리를 잡음
įsikurti [동] 정주하다, 자리를 잡다
įsilaužėlis [남] 주거 침입자, 강도
įsilaužti [동] (도둑·강도가) 침입하다
įsiliepsnoti [동] (불길이) 확 타오르다; (논쟁 따위가) 격렬해지다
įsilieti [동] (~으로) 흘러들다
įsilinksminti [동] 명랑하게[흥겹게] 하다, 분위기를 띄우다
įsimaišyti [동] 간섭하다, 참견하다, 끼어들다
įsimesti [동] 던져넣다
įsimylėjėlis [남] 사랑에 빠진 사람

įsimylėjęs [형] 사랑에 빠진; būti įsimylėjusiam (~에게) 반하다

įsimylėti [동] (~와) 사랑에 빠지다
įsiminti [동] 기억하다, 기억 속에 간직하다
įsinorėti [동] 원하다, 바라다, ~하고 싶어하다
įsipainioti [동] (~에) 휘말리다, 연루되다
įsipareigojimas [남] 의무, 책무
įsipareigoti [동] ~하기로 맹세하다
įsipinti [동] (~에) 휘말리다, 연루되다
įsipjauti [동] 베다, 자르다
įsirašyti [동] 이름을 올리다[등록·기입하다], 가입하다
įsiregistruoti [동] (~에) 등록하다
įsisąmoninti [동] 깨닫다
įsisiautėti [동] 거칠어지다; 격노하다
įsisiūbuoti [동] (이리저리) 흔들리다
įsisiurbti [동] 빨다, 물다
įsiskolinęs [형] 빚을 지고 있는
įsiskolinimas [남] 빚, 부채
įsiskolinti [동] 빚을 지다
įsiskverbti [동] 침투하다, 관통하다
įsismaginti [동] 즐거워지다, 기운이 나다
įsisprausti [동] 밀치고 나아가다
įsisteigti [동] 세워지다, 설립되다
įsisukti [동] 몰래 (기어)들어가다
įsisvajoti [동] 몽상에 빠져 있다
įsišaknyti [동] 뿌리를 내리다
įsitaisyti [동] ① 마련하다, 획득하다; 사다, 구입하다 ② 정착하다, 자리를 잡다
įsiteikti [동] 남의 환심을 사다, 비위를 맞추다
įsitempimas [남] 노력, 진력
įsitempti [동] 노력하다
įsiterpti [동] 끼어들다, 참견하다
įsitikinęs [형] 확신하는
įsitikinimas [남] 확신, 신념; su įsitikinimu 확신을 가지고
įsitikinti [동] (~이라고) 확신하다
įsitraukti [동] ① (싸움 따위에) 말려들다, 휘말리다 ② (~에)

열중하다, 큰 관심을 갖다
įsitverti [동] (붙)잡다, 쥐다
įsitvirtinti [동] 굳건하게[공고히] 하다
įsiūbuoti [동] 흔들리게[동요하게] 하다
įsiūlyti [동] (속여서) 가짜를 팔아먹다
įsiurbti [동] 흡수하다, 빨아들이다
įsiusti [동] 벌컥 화를 내다, 격노하다
įsiutęs [동] 격노한, 격분한
įsiutinti [동] 격노하게 하다
įsivaizdavimas [남] 상상
įsivaizduojamas [형] 상상의, 가공의
įsivaizduoti [동] 상상하다
įsivelti [동] ① 엉클어지다 ② 휘말리다, 연루되다
įsiveržėlis [남] 침략자, 침입자
įsiveržimas [남] 침략, 침입
įsiveržti [동] 침략하다, 침입하다
įsivežti [동] 수입하다
įsiviešpatauti [동] (어떤 상태가) 되다, 닥치다; įsiviešpatavo tyla 조용해졌다
įsivyrauti [동] 우세해지다, 널리 퍼지다
įsižeisti [동] 화를 내다
įsižiūrėti [동] ① 면밀하게 관찰[조사]하다, 잘 들여다보다 ② (~에게) 반하다, 마음을 주다
įskaita [여] ① (대학 등의) 시험 ② 포함, 산입, 삽입
įskaitant [부] (~을) 포함하여
įskaityti [동] 포함하다, 삽입하다
įskaitytinai [부] (~을) 포함하여, (~이) 포함된
įskaitomas [형] 읽기 쉬운
įskaudinti [동] 해를 끼치다, 고통을 주다
įskausti [동] 아프다, 고통스럽다
įskelti [동] (살짝) 쪼개다
įskiepyti [동] ① 접붙이다, 접목하다 ② (사상 따위를) 주입하다, 심어주다
įskilti [동] (살짝) 쪼개지다
įskristi [동] 날아들다
įskundėjas [남] 고발하는 사람, 밀고자

įskundimas [남] 고발, 밀고
įskųsti [동] 고발[밀고]하다
islamas [남] 이슬람(교)
Islandija [여] 아이슬란드
įslinkti [동] 기다, 기어들다
įsmeigti [동] 붙이다, 고정시키다
įsmigti [동] 꿰뚫다, 꿰찌르다; (마음에) 깊이 새기다
įsmukti [동] ① (~에) 빠지다 ② 휙 돌진하다
įsodinti [동] ① (식물을) 심다 ② (승객을 배에) 태우다
ispanas [남] 스페인 사람; ispanų kalba 스페인어
Ispanija [여] 스페인
ispaniškas [형] 스페인의
įspaudas [남] 소인(消印), 스탬프, 마크
įspauduoti, įspausti [동] 소인을 찍다
įspėjamasis [형] 예방의
įspėjimas [남] ① 경고 ② (수수께끼 따위의) 해답
įspėti [동] ① 미리 알리다, 경고하다 ② (수수께끼 따위를) 알아맞히다
įsprausti [동] 밀어[쑤셔] 넣다
įspūdingas [형] 인상적인
įspūdis [남] 인상; 영향
įstaiga [여] 기관, 시설, 설립물
įstatai [남·복] 규정, 법규
įstatymas [남] 법(률); prieš įstatymą 법을 어기고, 불법으로; įstatymų leidimas 입법, 법률 제정
įstatyti [동] 끼워 넣다, 고착시키다
įsteigėjas [남] 설립자, 창설자
įsteigimas [남] 설립, 창설
įsteigti [동] 세우다, 설립하다, 창설하다
įstengti [동] ~할 수 있다
isterija [여] [병리] 히스테리
įstiklinti [동] 유리창을 끼우다
įstojimas [남] 들어감, 입장, 입회
istorija [여] ① 역사 ② 이야기, 스토리
istorikas [남] 역사가, 사학자
istorinis, istoriškas [형] 역사(상)의, 역사적인

įstoti [동] 들어가다, 입회하다, 가입하다; įstoti į mokyklą 입학하다, 학교에 들어가다

įstrigti [동] (~에) 고착되다, 틀어박히다

įstrižai [부] 비스듬하게, 기울어져

įstrižas [형] 비스듬한, 기울어진

įstumti [동] 밀어 넣다

įsukti [동] (나사 따위를) 죄다, 박아 넣다

įsūnis [남] 양자, 수양아들

įsūnyti [동] 양자로 삼다, 입양하다

iš [전] ① ~으로부터, ~에서; atvykti iš Londono 런던에서 오다; išeiti iš namų 집을 나오다; išimti iš kišenės 주머니에서 꺼내다 ② ~으로 된[만들어진]; iš plieno 강철로 된[만들어진] ③ (~의) 이유로, ~ 때문에; drebėti iš baimės 공포로 몸을 떨다; nei iš šio, nei iš to 갑자기, 다짜고짜 ④ ~으로써; iš visų jėgų 전력을 다하여 ⑤ ~의, ~ 중에서; vienas iš jo draugų 그의 친구들 중 한 명; geriausias iš visų 모든 것 중에서 가장 좋은 ⑥ iš esmės 본질적으로; iš prigimties 본래; iš mažens 어릴 때부터

išaiškėti [동] 결국 ~임이 드러나다, ~임이 분명해지다

išaiškinimas [남] 설명, 해명, 분명하게 함

išaiškinti [동] ① 설명하다, 해명하다, 분명하게 하다[드러내다] ② [사진] 현상하다

įšaldyti [동] 얼리다, 동결하다

išalkti [동] 배가 고파지다

įšalti [동] 얼어붙다

išanalizuoti [동] 분석하다

išankstinis [형] ① 앞선, 사전의, 예비의 ② 선입견을 가진

išardyti [동] 잡아찢다; 해체하다; 파괴하다

išarti [동] (밭을) 갈다, 경작하다

išasmenuoti [동] [문법] (동사가) 활용[변화]하다

išauginti [동] ① (아이를) 기르다, 양육하다; (식물을) 재배하다 ② (인력을) 훈련시키다, 양성하다

išaugti [동] 자라다, 성장하다; (~으로) 되다

išauklėtas [형] 양육[교육]을 잘 받은

išauklėti [동] 잘 양육[교육]하다, 훈련시키다

išaukštinti [동] 크게 찬양하다

išausti [동] 직물을 짜다; 거미줄을 치다
išaušti [동] išaušo 날이다, 해가 비친다
išbadauti [동] (일정 기간 동안) 굶주리다
išbadėti [동] 배고픔을 느끼다
išbaidyti [동] 겁을 줘서 쫓아버리다
išbaigti [동] (저장해 둔 것 따위가) 다 떨어지다
išbalęs [형] 창백한, 안색이 안 좋은
išbalti [동] ① 안색이 창백해지다 ② 하얘지다
išbaltinti [동] 희게 (칠)하다
išbandymas [남] 시험; 시련
išbandyti [동] 시험하다; 시련을 당하게 하다
išbarstyti [동] (흙)뿌리다
išbarti [동] 꾸짖다, 비난하다
išbėgioti [동] 흩어지다
išbėgti [동] ① (~으로부터) 뛰쳐나오다 ② 흘러나오다
išbėrimas [남] (액체 따위의) 분출, 솟아나옴
išberti [동] ① (솟아)나오다, 생기다 ② 엎지르다, 쏟아[따라]버리다
išbyrėti, išbirti [동] 엎지르다, 쏟아[따라]버리다
išblaivėti [동] ① 술이 깨다 ② (날씨가) 맑아지다
išblaškyti [동] ① 흩어버리다 ② (의심 따위를) 없애다, 가시게 하다
išblėsti [동] 꺼지다, 사라지다
išblykšti [동] 안색이 창백해지다
išblukti [동] 바래다, 흐릿해지다
išbraižyti [동] (계획 따위를) 세우다, 수립하다
išbraukti [동] ① 삭제하다, 말소하다 ② (아마(亞麻)를) 쳐서 가리다
išbrinkti [동] 부풀다, 팽창하다
išbristi [동] 빠져 나오다; 건너다
išbudėti [동] 근무 중이다
išbudinti [동] (잠에서) 깨우다
išbūti [동] (일정 시간 동안 ~에) 머무르다
iščentrinis [형] 원심성(遠心性)의; iščentrinė jėga 원심력
iščiulpti [동] 다 빨아내다, 소진시키다
išdabinti [동] 장식하다, 꾸미다

išdaiga [여] 짓궂은 장난
išdainuoti [동] 노래부르다
išdalijimas [남] 분배, 배포
išdalyti [동] 분배하다, 배포하다, 나눠주다
išdarinėti [동] (동물의) 내장을 꺼내다
išdaužti [동] 두들겨 부수다
išdava [여] 결과, 성과
išdavikas [남] 반역자, 배반자
išdavikiškas [형] 반역하는, 배반하는
išdavimas [남] ① 반역, 배반 ② 배달, 인도
išdavinėti [동] ① (자주) 배신하다 ② 지급하다, 넘겨주다, 분배하다 ③ 고발하다
išdažyti [동] 색칠하다
išdeginti [동] 태우다, 그슬리다
išdegti [동] 타버리다
išdėlioti [동] 펼치다, 진열하다
išderėti [동] 값을 깎다, 할인을 받다
išdėstymas [남] ① 전시, 진열 ② 배분, 할당, 배치
išdėstyti [동] ① (쭉) 펼쳐놓다, 진열하다 ② 진술하다 ③ 배분하다, 할당하다
išdėti [동] (쭉) 펼쳐놓다, 진열하다
išdidumas [남] 거만, 자만
išdidus [형] 거만한, 잘난 체하는
išdygti [동] 싹트다, 생겨나다, 솟아나오다
išdykauti [동] 못된 장난을 치다
išdykęs [형] 못된 장난을 치는, 버릇이 나쁜
išdirbis [남] ① 결과물, 산출된 것 ② 생산, 제조, 만들기
išdirbti [동] ① (일정 시간 동안) 일하다, 작업하다 ② 호되게 꾸짖다
išdraikyti [동] ① (흩)뿌리다 ② (머리카락 따위를) 헝클어놓다
išdraskyti [동] 긁어 파내다; 상하게 하다
išdresiruoti [동] 훈련시키다
išdrįsti [동] 대담하게도[실례 따위를 무릅쓰고] ~하다
išdroža [여] 홈, 가는 구멍
išdrožti [동] 새기다, 파다
išdulkėti [동] 빨리 가버리다[사라지다]

išduoti [동] ① (~의 앞으로 ~을) 내어주다, 발행하다 ② 배반하다
išdurti [동] 찔러 파내다
išdvėsti [동] (동물이) 죽다
išdžiovinti [동] 말리다, 건조시키다
išdžiūti [동] 마르다, 건조되다
išegzaminuoti [동] 시험을 치르게 하다
išeiga [여] ① 방출구, 구멍 ② 생산, 산출
išeikvojimas [남] 유용, 횡령
išeikvoti [동] (공유물 따위를) 멋대로 쓰다, 유용[횡령]하다
išeinamaoji [여] 화장실
išeiti [동] ① (밖으로) 나가다, 떠나다; išeiti į gatvę 거리로 나가다; išeiti iš namų 집을 나가다 ② (출판물 따위가) 나오다, 발행되다 ③ (기차 따위가) 출발하다, 발차하다 ④ (계산·결과가 ~이) 되다 ⑤ iš to nieko neišeis 그것으로부턴 아무것도 나오지 않는다; išeina, kad ~ ~인 듯하다; išeiti aikštėn 드러나다, 밝혀지다; išeiti iš galvos 미치다, 머리가 돌다
išėjimas [남] ① (밖으로) 나가기 ② (책 따위의) 출판, 발간 ③ 출구, 나가는 문 ④ (기차 따위의) 출발, 발차
išėsdinti [동] (금속 따위를) 식각(蝕刻)하다, 부식하다
išėsti [동] 좀먹다
išformuoti [동] 해산하다, 해체하다, 분리하다
išgabenti [동] 꺼내다, 밖으로 나르다
išgaišti [동] ① 사라지다, 없어지다 ② (동물이) 죽다
išgalabyti [동] 죽이다
išgaląsti [동] 날을 세우다, 날카롭게 하다
išgalės [여·복] 힘, 권한; tai ne pagal mano išgales 그건 내 권한 밖의 일이다; pagal išgales 가능한 한, 가급적
išgalvoti [동] 만들어내다, 꾸미다
išgama [여] 타락자, 퇴화한 것
išganymas [남] [신학] 구원
išganyti [동] [신학] 구원하다
išganytojas [남] [신학] 구원자, 구세주
išgarinti [동] 증발시키다
išgarmėti [동] (시끄럽게) 떼지어 모여들다

išgarsėti [동] 유명해지다
išgarsinti [동] 공표하다; 알려지게[유명하게] 하다
išgaruoti [동] 증발하다, 발산되다
išgąsdinti [동] 무섭게 하다, 겁을 주다
išgąstis [동] 무서워하다, 겁을 먹다
išgaubtas [형] 볼록한, 철면(凸面)의, 돌출한; išgaubtas stiklas 볼록 렌즈
išgaudyti [동] 꺼내다, 끄집어 내다
išgauti [동] 얻다, 획득하다
išgelbėjimas [남] 구조, 구출, 구원
išgelbėti [동] 구조하다, 구출하다, 구원하다
išgelbėtojas [남] 구조자, 구원자
išgerti [동] 들이켜다, 마셔 버리다
išgydymas [남] 치료
išgydyti [동] 치료하다
išginti [동] 추방하다, 내쫓다
išgirsti [동] (목소리 따위를) 듣다
išgyti [동] (병이) 낫다, (병에서 건강을) 회복하다
išgyventi [동] ① (일정 기간 동안) 더 살아남다, 생명을 유지하다 ② 겪다, 경험하다
išgliaudyti [동] 껍질[껍데기]을 벗기다
išgraibyti [동] 잡아채다, 끄집어 내다
išgraibstyti [동] (물건을) 사다, 구입하다
išgrauža [여] 좁은 골짜기, 협곡
išgraužti [동] ① 갉아먹다 ② (물로) 씻어내다
išgražėti [동] 예뻐지다, 보기 좋아지다
išgražinti [동] (보기 좋게) 꾸미다, 장식하다, 예쁘게 하다
išgręžti [동] 구멍을 뚫다
išgriauti [동] 헐다, 부수다, 파괴하다
išgriebti [동] 꺼내다, 끄집어 내다
išgriovimas [남] 헐기, 부수기, 파괴
išgriūti [동] 떨어지다, 떨어져 박살이 나다
išgrobstyti [동] 약탈하다, 강탈하다, 빼앗다
išgrūsti [동] 밀어내다, 내던지다
išguiti [동] 내쫓다
išgulėti [동] 누워있다, 누워서 시간을 보내다

išgvildenti [동] 분석하다, 고찰하다, 연구하다
išieškoti [동] (세금 따위를) 강제로 징수하다; (빚 따위를) 받아내다
išildyti [동] 따뜻하게 하다
išilgai [부] ① (~을) 따라서; išilgai kranto 해안을 따라서 ② 길게, 세로로; išilgai ir skersai 종횡으로, 널리, 두루
išilginis [형] 길이의, 세로의
išilti [동] 따뜻해지다
išimti [동] (~에서[으로부터]) 끄집어 내다, 뽑아내다, 빼다
išimtinai [부] 배타적으로, 오로지 ~뿐
išimtinis [형] 예외적인
išimtis [남] 예외; be išimtis 예외 없이
iširti [동] (계획 따위가) 완전히 실패하다
išjudinti [동] 휘젓다, 일으키다
išjungiklis [남] [전기] 스위치
išjungti [동] 스위치를 끄다, 전류 따위를 차단하다
išjuokimas [남] 비웃음, 조소, 조롱
išjuokti [동] 비웃다, 조소[조롱]하다
iškaba [여] 간판
iškabėti [동] (일정 기간 동안) 걸려 있다; paveikslas iškabėjo penkerius metus 그 그림은 5년째 걸려 있다
iškabinti [동] (내)걸다; (공고 따위를) 게시하다
iškalba [여] 웅변, 능변
iškalbus [형] 웅변의, 능변의
iškalėti [동] (감옥에서) 복역하다
iškalti [동] ① (쇠를) 벼리다, 단조하다; (돌을) 쪼다, 다듬다 ② 암기하다, 외우다
iškamantinėti [동] (대답·자백 따위를) 유도하다, 이끌어내다, 받아내다
iškamša [여] 박제
iškamuoti [동] 지치게 하다, 과로하게 하다
iškankinti [동] 지치게 하다, 과로하게 하다; 괴롭히다
iškapoti [동] 찍어내다, 쪼다, 잘라내다
iškapstyti [동] 긁어내다, 파내다
iškarpyti [동] 잘라내다
iškarpos [여·복] 신문 스크랩

iškaršti [동] 노화하다, 쇠약해지다
iškasa [여] 굴착, 땅 파기
iškasti [동] 파내다, 굴착하다, 채굴하다
iškaulyti [동] 끈질기게 간청하여 받아내다
iškeikti [동] 비난하다, 저주하다, 악담을 하다
iškeisti [동] 교환하다
iškeliauti [동] 떠나다, 달아나다
iškėlimas [남] ① 상승; 승진 ② 축출, 추방 ③ 드러냄, 밝힘
iškelti [동] ① 들어올리다; (기 따위를) 게양하다 ② 축출하다, 퇴거시키다 ③ 드러내다, 밝히다
iškentėti [동] 겪다, 견디다
iškepti [동] 굽다, 지지다
iškęsti [동] 겪다, 견디다
iškyla [여] 소풍, 피크닉
iškylauti [동] 소풍[피크닉]을 가다
iškilmės [여·복] 축제, 축전
iškilmingas [형] ① 축제의, 의식의, 기념(일)의 ② 엄숙한
iškilmingumas [남] 엄숙, 장엄
iškilti [동] ① 오르다; 승진하다 ② 드러나다, 나타나다, 표면화하다
iškilumas [남] 돌출, 두드러짐
iškilus [형] 높은, 고상한
iškimšti [동] (속을) 채우다
iškirptė [여] 목 부분이 파인 드레스
iškirsti [동] 베어내다, 찍어내다
iškišti [동] (쑥) 내밀다
iškyšulys [남] [지리] 곶, 갑
išklaidžioti [동] 떠돌다, 헤매다, 돌아다니다
išklausti [동] 묻다, 질문하다
išklausyti [동] 귀를 기울이다, 끝까지 듣다; [의학] 청진(聽診)하다
išklijuoti [동] (포스터 따위를) 붙이다, 게시하다
išklysti [동] 길을 잃다
iškloti [동] ① 덮다, 깔다 ② 말하다, 이야기하다
išknaisioti, išknisti [동] ① (땅을) 파내다 ② 샅샅이 뒤지다
iškoneveikti [동] 호되게 꾸짖다

iškopti [동] ① (~에서[으로부터]) 나오다 ② (지위 따위를) 올리다
iškošti [동] 거르다, 여과하다
iškovojimas [남] 성취, 달성, 획득
iškovoti [동] 정복하다, 얻어내다, 성취[달성]하다
iškraipymas [남] 와전, 왜곡
iškraipyti [동] 잘못 전하다, 왜곡하다; 망쳐놓다
iškrapštyti [동] 찍어[뽑아]내다, 끄집어 내다
iškratyti [동] ① 펴다, 펼치다 ② 찾다, 뒤지다
iškraustymas [남] ① 짐을 내리기 ② (집에서) 쫓아냄, 퇴거시킴
iškraustyti [동] ① 짐을 내리다[부리다] ② (집에서) 쫓아내다, 퇴거시키다
iškreipimas [남] 왜곡, 곡해
iškreipti [동] ① 왜곡하다, 곡해하다; iškreipti tiesą 진실을 왜곡하다 ② 구부리다
iškrėsti [동] ① 펴다, 펼치다 ② 찾다, 뒤지다 ③ iškrėsti kam išdaigą ~에게 트릭을 쓰다
iškrikti [동] 흩뜨리다
iškrypimas [남] ① 구부러짐 ② 왜곡, 곡해, 뒤틀림
iškrypti [동] ① 구부러지다, 휘다 ② 빗나가다, 벗어나다
iškristi [동] 떨어지다, 낙하[강하]하다; iškrito daug sniego 눈이 많이 내렸다
iškritimas [남] 떨어짐, 낙하, 강하
iškritikuoti [동] 신랄하게 비판하다
iškrovimas [남] 짐을 내리기
iškulti [동] ① (곡식을) 도리깨질하다, 타작하다 ② 때려 부수다
iškuopti [동] 비우다, 쏟아 버리다
iškūrenti [동] 가열하다, 데우다
iškvėpti [동] 숨을 내쉬다
iškviesti [동] 부르다, 부르러 보내다; iškviesti telefonu 전화로 불러내다
iškvosti [동] 질문하다, 대답을 요구하다, 말하게 하다
išlaidos [여·복] 지출, 경비
išlaidumas [남] 낭비, 함부로 씀

išlaidus [형] 낭비하는, 함부로 쓰는
išlaikymas [남] ① 부양, 생계 유지 ② [사진] 노출
išlaikyti [동] ① 부양하다, 생계를 유지하게 하다 ② 견디다, 지탱하다 ③ išlaikyti egzaminą 시험에 통과[합격]하다 ④ (일정 기간 동안) 보유하고 있다 ⑤ [사진] 노출하다 ⑥ (기억 따위를) 간직하다
išlaikytinis [남] 부양 가족
išlaipinimas [남] 양륙, 상륙
išlaipinti [동] 양륙하다, 상륙하다
išlaistyti [동] 엎지르다
išlaisvinimas [남] 해방, 자유롭게 풀어줌
išlaisvinti [동] 해방하다, 놓아주다, 자유롭게 풀어주다
išlakstyti [동] (산산이) 흩어지다
išlaukti [동] (얼마 동안) 기다리다
išlaužti [동] ① 부수고 열다 ② išlaužti iš piršto 꾸며내다, 날조하다
išlavinti [동] 발달시키다, 훈련하다
išleidimas [남] (돈·채권 등의) 발행
išleisti [동] ① 내보내다, 놓아주다 ② 내다, 발행하다 ③ (돈을) 쓰다
išleistuvės [여·복] 환송회, 송별회
išlėkti [동] ① (새·비행기가) 날아오르다, 출발하다 ② (사람이) 급히 뛰어나가다
išlenkti [동] 구부리다, 휘게 하다
išlepintas [형] 오냐오냐해서 버릇을 망친
išlepinti [동] 오냐오냐해서 버릇을 망치다
išlydėti [동] 배웅하다, 전송하다
išlydyti [동] (금속을) 용해하다
išlieti [동] ① 쏟다, 붓다 ② išlieti širdį 마음의 짐을 덜다, 속마음을 털어놓다
išlyga [여] 조건, 단서
išlyginti [동] 평평하게 하다, 매끄럽게 다듬다
išlikti [동] (고스란히) 남아 있다
išlinkti [동] 구부러지다, 휘다
išlipti [동] (탈것 따위에서) 내리다, 하차[하선]하다
išlįsti [동] (기어) 나오다

išlošti [동] (상을) 타다; (복권에) 당첨되다; (카드놀이에서) 따다, 이기다
išlupti [동] 뽑아내다, 뜯어내다
išmainyti [동] 맞바꾸다, 교환하다
išmaišyti [동] 섞다, 휘젓다
išmaitinti [동] 부양하다, 쓸 것을 제공하다; 먹이다
išmalda [여] 자선 기부금, 구호금[물자]; prašyti išmaldos 구걸하다
išmanymas [남] 이해, 분별, 사려
išmanyti [동] 이해하다
išmarginti [동] 얼룩덜룩하게 하다
išmatavimas [남] 측정, 측량
išmatos [여·복] 배설물, 똥
išmatuoti [동] 재다, 측정[측량]하다
išmaudyti [동] 목욕시키다
iš mažens [부] 어릴 때부터
išmėginimas [남] 시험; 시련
išmėginti [동] 시험하다; 시련을 겪게 하다
išmelsti [동] 간청해서 원하는 바를 얻다
išmesti [동] 내던지다; 떨어뜨리다
išmėtyti [동] 흩뿌리다
išmiegoti [동] 잠자다
išminčius [남] 현인(賢人)
išminkyti [동] 반죽하다, 개다
išminti [동] (땅을) 밟아 다지다
išmintingas [형] 지각[분별] 있는, 슬기로운, 합리적인, 신중한
išmintis [여] 분별, 사려, 슬기
išmiręs [형] 멸종한, 절멸한
išmirkyti [동] (액체에) 적시다, 담그다
išmirkti [동] 젖다
išmirti [동] 멸종하다, 절멸하다
išmoka [여] 지불
išmokėjimas [남] 지불
išmokėti [동] 지불하다, 갚다
išmokyti [동] 가르치다
išmokti [동] 배우다, 숙달하다

išmonė [여] 재치가 있음, 눈치가 빠름
išmoningas [형] 재치 있는, 눈치 빠른
išmūryti [동] 돌[벽돌]을 쌓다, 돌[벽돌]로 짓다
išmušti [동] ① 벽지를 바르다, 도배하다 ② (적을) 물리치다 ③ 치다, 때리다; 부수다
išnagrinėti [동] 자세히 들여다보다, 연구하다, 분석하다
išnaikinimas [남] 파괴, 절멸
išnaikinti [동] 파괴하다, 절멸시키다
išnarinti [동] 탈구시키다, 삐다
išnarplioti [동] 엉킨[꼬인] 것을 풀다
išnarstyti [동] 해체하다
išnaša [여] 각주(脚註)
išnaudojimas [남] ① 이용, 활용, 사용 ② 개발
išnaudoti [동] ① 이용[활용]하다, 소용되게 하다 ② 개발하다
išnaudotojas [남] 이용자, 개발자
išnerti [동] (표면으로) 나오다, 나타나다
išnešioti [동] (편지 따위를) 배달하다
išnešti [동] 꺼내다, 끄집어 내다, 제거하다
išniekinimas [남] 모욕; (신성) 모독
išniekinti [동] 모욕하다, 욕보이다, 감정을 상하게 하다; (신성을) 모독하다
išnykti [동] 없어지다, 사라지다
išnirimas [남] (관절의) 탈구(脫臼)
išnirti [동] (관절이) 탈구되다, 삐다
išnuomojimas [남] 임대, 빌려주기
išnuomoti [동] 임대하다, 빌려주다
išorė [여] 외면, 외관, 겉모습; pagal išorę 겉모양을 보고, 외관상
išorinis [형] 외면의, 외부의
išpainioti [동] ① 엉킨 것을 풀다 ② 곤경에서 구해내다
išpakuoti [동] (짐·꾸러미 따위를) 풀다, 끄르다
išpardavimas [남] 재고 정리 세일
išparduoti [동] (재고품 등을) 헐값에 팔아치우다
išpasakoti [동] (사정 따위를) 이야기하다, 자세히 말하다
išpažinti [동] ① (속마음을) 털어놓다, 고백하다 ② [가톨릭] (신부에게 죄를) 고해하다

išpažintis [여] [가톨릭] 고해
išpeikti [동] 나쁘게 말하다, 욕하다
išpešti [동] ① 뽑다, 잡아뜯다, 억지로 떼어내다 ② (예를 들어 상대방의 대답 따위를) 억지로 받아내려 하다
išpildymas [남] 실행, 수행
išpildyti [동] 실행하다, 수행하다
išpilti [동] 비우다, 쏟아 버리다, 엎지르다
išpirka [여] (억류된 자의) 몸값
išpirkti [동] ① (몸값을 치르고) 되찾다 ② 죄를 갚다, 속죄하다 ③ 되사다
išpjaustyti [동] 잘라내다, 절개하다; 새기다
išpjauti [동] 잘라내다, 절개하다; 깎다
išplanavimas [남] 계획, 기획, 설계
išplanuoti [동] 계획하다, 기획하다, 설계하다
išplatinti [동] ① 퍼뜨리다; 분배하다 ② 넓히다
išplaukti [동] ① (배 따위가) 바다로 나가다 ② 표면화하다; iš to išplaukia, kad ~의 결과로서 일어난다[생겨난다]
išplauti [동] 씻어내다
išplepėti [동] (비밀 따위를) 지껄여대다, 함부로 누설하다
išplėsti [동] 넓히다, 확장하다
išplėstinis [형] 넓어진, 확장된
išplėšti [동] ① (~으로부터 ~을) 잡아채다 ② 강탈[약탈]하다, 빼앗다
išplėtimas [남] 넓히기, 확장
išplisti [동] ① 넓어지다, 확장되다 ② (널리) 퍼지다
išplitęs [형] 널리 퍼진
išplūsti [동] 꾸짖다, 욕하다
iš po 밑에서, 아래로부터; iš po stalo 테이블 밑에서
išpranašauti [동] 예언하다; (날씨를) 예보하다
išprašyti [동] ① (~한테서 ~을) 얻어내다 ② 쫓아 버리다
išprievartauti [동] 성폭행하다, 강간하다
išprievartavimas [남] 성폭행, 강간
išprotėti [동] 미치다, 머리가 돌다; ar jūs išprotėjote? 미쳤소?, 제정신이오?
išprovokuoti [동] 화나게 하다, 약올리다
išpuikimas [남] 거만, 자만

išpuikęs [형] 거만한, 자만하는
išpuikti [동] 기고만장하다, 거드름 부리다, 젠체하다
išpuolis [남] ① [군사] 출격, 돌격 ② 공격
išpuoselėti [동] ① (생각 따위를) 품다 ② (아이 등을) 소중히 돌보다
išpuošti [동] 예쁘게 꾸미다, 장식하다
išpurenti [동] 늦추다, 풀다, 가볍게 하다
išpurtyti [동] (먼지 따위를) 털다
išpurvinti [동] 더럽히다
išpūstas [형] 부푼, 과장된
išpūsti [동] ① 불어 날리다 ② 부풀리다, 팽창시키다, 크게 하다 ③ (가격 따위를) 올리다, 인상하다 ④ 과장하다
išradėjas [남] 발명가, 창안자
išradimas [남] 발명, 창안
išradingas [형] 발명의 재능이 있는
išraiška [여] 표현, 표출
išraiškingas, išraiškus [형] 표현적인, 나타내는
išraižyti [동] 새기다, 파다
išrankioti [동] 고르다, 뽑다
išrasti [동] 발명하다, 창안하다
išrašas [남] 발췌록, 초록
išrašymas [남] ① 발췌, 초록 만들기 ② (병원에서의) 퇴원
išrašyti [동] ① 발췌하다 ② 목록에서 빼다[삭제하다] ③ (병원에서) 퇴원시키다
išrausti[1] [동] 얼굴이 붉어지다, 홍조를 띠다
išrausti[2] [동] (땅을) 파헤치다
išrauti [동] 뿌리 뽑다, 근절하다
išregistravimas [남] 제명, 목록에서 삭제하기
išregistruoti [동] 제명하다, 목록에서 삭제하다
išreikalauti [동] 요구해서 얻다
išreikšti [동] 표현하다, 표명하다; išreikšti nuomonę 의견을 내다
išreklamuoti [동] 광고하다, 선전하다
išretinti [동] (불필요한 것을) 솎다, 뽑아내다
išrėžti [동] 잘라내다
išrikiuoti [동] 정렬시키다; (군대를) 열병하다

išrinkimas [남] (대표 등의) 선출
išrinkti [동] 고르다, 뽑다; (투표로) 선출하다
išryškėti [동] 드러나다, 노출되다
išryškinti [동] ① 드러내다, 노출시키다 ② [사진] 현상하다
išrūgos [여·복] 유장(乳漿; 치즈 만들 때 엉킨 젖을 거르고 난 물)
išrūkyti [동] ① 담배를 피우다 ② 연기를 피우다
išrūšiuoti [동] 가려내다, 선별하다
išsakyti [동] 말하다, 말로 표현하다
išsamus [형] 철저한, 종합적인
išsaugojimas [남] 보존, 유지
išsaugoti [동] 지키다, 보존[유지]하다; išsaugoti sveikatą iki senatvės 나이 들도록 건강을 유지하다
išsėdėti [동] ① (강의·공연 따위에서) 끝까지 자리를 지키다 ② (일정 기간 동안) 머무르다, 체재하다; jis išsėdėjo tris dienas namie 그는 집에서 3일간 머물렀다
išsekti¹ [동] 고갈되다
išsekti² [동] (~의 뒤를) 따라가다
išsemti [동] ① 파내다; 긁어내다, 제거하다 ② 다 써버리다, 고갈시키다
išsiaiškinti [동] 명료하게 밝히다, 확실히 규명하다
išsiblaivyti [동] ① (날씨가) 개다 ② (술이) 깨다
išsiblaškęs [형] ① (여기저기) 흩어져 있는 ② 얼빠진, 멍하니 있는
išsiblaškymas [남] 정신이 흩어짐, 주의 산만
išsiblaškyti [동] 흩어버리다; (주의를) 흐트러뜨리다
išsidalinti [동] ① (무엇을 누구와) 공유하다, 나누다 ② (우수리 없이) 나뉘어떨어지다
išsidažyti [동] ① 화장[메이크업]하다 ② 염색하다; 페인트칠하다
išsiderėti [동] ① (값을 깎으려) 흥정하다 ② 할인된 가격에 사다
išsidėstymas [남] 배치, 분포
išsidėstyti [동] 배치하다, 분포시키다
išsiduoti [동] ① 본모습을 드러내다 ② 튀어나오다, 불거지다
išsigąsti [동] (~에) 겁을 먹다, 놀라다

išsigelbėjimas [남] ① 구조, 구출, 구원, 구제 ② 살아나옴, 도망쳐 나옴
išsigelbėti [동] 살아나오다, 도망쳐 나오다
išsigydyti [동] (병이) 낫다, (병에서) 회복되다
išsigimimas [남] 퇴화; 기형
išsigimti [동] 퇴화하다
išsiginti [동] 부인하다; išsiginti savo žodžių 한 말을 취소하다
išsigulėti [동] 몸져 누워 있다, 절대 안정을 취하다
išsiilgti [동] 그리워하다
išsiimti [동] 꺼내다, 뽑다
išsijoti [동] 체로 치다, 체로 쳐서 거르다
išsijudinti [동] 부지런히 일하다; 활동적으로 되다
išsijungti [동] (전력 공급이) 끊기다
išsijuosti [동] dirbti išsijuosus 전력을 다해 일하다
iššyk [부] 바로, 곧, 즉시
išsikasti [동] 파내다
išsikelti [동] ① 이사하다, 이주하다 ② 상륙하다
išsikepti [동] 굽다, 지지다
išsikišti [동] 내밀다, 돌출되게 하다
išsikovoti [동] 얻어내다, 쟁취하다
išsikrapštyti [동] (~에서) 빠져나오다, 탈출하다
išsikraustyti [동] 이사하다, 이주하다
išsikrauti [동] (전지(電池) 등이) 약이 닳다
išsikvėpti [동] ① (맥주 따위가) 김이 빠지다, 밍밍해지다 ② 다 써버리다, 소진되다
išsikviesti [동] 불러내다, 오라고 부르다
išsilaikyti [동] (어떤 자세·상태를) 계속 유지하다
išsilaipinti [동] 뭍에 오르다, 상륙하다
išsilaisvinti [동] 자유로워지다, 압박 따위에서 벗어나다
išsilakstyti [동] (뿔뿔이) 흩어지다
išsilavinęs [형] 교양 있는, 교육을 잘 받은
išsilavinimas [남] 지적 능력의 발달, 교육
išsilavinti [동] 지적 능력이 발달하다
išsilieti [동] 흘러나오다, 쏟아지다
išsilyginti [동] ① 같아지다, 동등해지다 ② 고르게 되다, 펴지다

išsimaudyti [동] 목욕하다
išsimėtyti [동] 흩어지다
išsimiegoti [동] 숙면을 취하다, 잠을 잘[충분히] 자다
išsimokėti [동] ① 다 갚다[지불하다], 빚 따위를 청산하다 ② 가치가 있다; tai išsimoka 이익이 되다
išsimokėtinai [부] 분납으로, 지불을 몇 번으로 나누어
išsimokslinęs [형] 교육을 잘 받은
išsimokslinimas [남] 교육
išsimokslinti [동] 교육받다
išsinarinti [동] 탈구시키다, 삐다
išsinarplioti [동] (어려움에서) 해방되다, (곤란 따위를) 극복하다
išsinešdinti [동] 급히 물러가다; išsinešdink! 저리 꺼져!
išsinešti [동] 가져가다, 덜다
išsinuomoti [동] 빌리다, 임차하다
išsipainioti [동] (곤란을) 극복하다
išsiperėti [동] 알이 깨다, 부화하다
išsipildyti [동] 실현되다, 이루어지다
išsipilti [동] 흘러나오다, 쏟아지다, 엎질러지다
išsiplauti [동] 씻기다, 벗겨지다
išsiplėsti [동] 확장[팽창]되다
išsiplėtimas [남] 확장, 팽창; [의학] 비대
išsiprašyti [동] ① 휴가를 얻다[신청하다] ② (누구에게서 무엇을) 얻어내다
išsipuošti [동] 몸치장하다
išsipūsti [동] 부풀다, 팽창하다
išsirašyti [동] ① 베껴 쓰다 ② (책·잡지 따위를) 주문하다, 예약 구독을 하다 ③ (병원에서) 퇴원하다
išsiregistruoti [동] 제명하다, 목록에서 삭제하다
išsireikšti [동] 의사 표시를 하다
išsireiškimas [남] 의사 표현
išsirengti [동] ① (여행 따위의) 채비를 하다 ② 옷을 벗다; nuogai išsirengti 옷을 모두 벗다, 나체가 되다
išsirikiuoti [동] 정렬하다, 줄을 맞추다
išsirinkti [동] 고르다, 선택하다; išsirinkti patogų momentą 적절한 순간을 택하다

išsiristi [동] 굴러 나오다
išsiruošti [동] (여행 따위의) 채비를 하다
išsisaugoti [동] 스스로를 지키다[방어하다]; išsisaugoti nuo pavojaus 위험으로부터 스스로를 지키다
išsisemti [동] 고갈되다, 없어지다
išsiskyręs [형] 이혼한; jie išsiskyrę 그들은 이혼했다
išsiskyrimas [남] 이별; 이혼
išsiskirstyti [동] ① 흩어지다, 해산하다 ② 각기 떨어지다, 갈라지다
išsiskirti [동] ① 두드러지다, 현저하다 ② 분리되다 ③ 이혼하다
išsisklaidyti [동] (산산이) 흩어지다
išsiskleisti [동] 펼쳐지다; (꽃・봉오리가) 피다
išsislapstyti [동] 숨다, 숨어 있다
išsisukinėjimas [남] 회피, 발뺌
išsisukinėti [동] 회피하다, 발뺌하다
išsisukti [동] ① 풀리다, (~에서) 벗어나다 ② 탈구되다, 삐다 ③ 회피하다, 발뺌하다
išsišakoti [동] 분기하다, 갈라지다; kelias išsišakojo 길은 갈래가 졌다
išsišerti [동] (동물이) 털갈이를 하다
išsišnekėti [동] (실컷) 이야기하다; (~와) 대화를 시작하다
išsišokėlis [남] 성급한 사람
išsišokimas [남] 탈선 행위
išsitarnauti [동] išsitarnauti pensiją 연금을 탈 자격을 얻다
išsitarti [동] (비밀 따위를) 누설하다
išsiteisinti [동] 자신을 정당화하다, 자기가 옳다고 주장하다
išsitekti [동] (~할 공간・장소가) 있다; visi svečiai išsiteko už stalo 테이블엔 모든 손님이 앉을 만한 자리가 있었다; spintoje išsitenka penkiasdešimt knygų 책장엔 책을 50권 꽂을 만한 여유가 있다
išsitempimas [남] 긴장, 켕김
išsitempti [동] (신축성이 있어) 늘어나다
išsitepti [동] (몸이) 더러워지다
išsitęsti [동] (팽팽하게) 잡아늘이다
išsitiesti [동] ① 곧아지다; 꼿꼿이 서다 ② (팔다리 따위를) 쭉

뻗다[펴다]
išsitraukti [동] 끌어내다, 뽑아내다
išsitrinti [동] 문질러 지우다
išsituokti [동] (배우자와) 이혼하다; išsituokti su žmona 아내와 헤어지다
išsiuntimas [남] ① 발송, 보내기 ② 추방
išsiųsti [동] ① (우편으로) 보내다, 발송하다 ② 추방하다
išsiūti [동] 수놓다; 바느질하다
išsiuvinėjimas [남] 자수, 수놓기; 바느질
išsiuvinėti [동] 수놓다
išsivadavimas [남] 해방
išsivaduoti [동] (~으로부터) 자유로워지다; (나쁜 것을) 종식하다
išsivaikščioti [동] 가버리다, 흩어지다
išsivalyti [동] 깨끗이 하다, 솔질하다
išsivėdinti [동] 공기가 통하다, 환기되다
išsiversti [동] ① (안팎이) 뒤집히다 ② (텍스트를) 번역하다 ③ 그럭저럭 ~하다 ④ ~ 없이 해나가다; neišsiversti be aukų 희생이 불가피하다
išsiveržti [동] ① (~을) 뿌리치고 도망가다, (~에서) 벗어나다 ② 터져나오다, 분출하다
išsivesti [동] 끌어내다, 끄집어내다
išsivežti [동] 가져가다, 치우다
išsivynioti [동] (말린·감긴·싼 것이) 풀리다
išsivystymas [남] 발달
išsivystyti [동] 발달하다
išsižadėjimas [남] ① 부인, 부정 ② 퇴위
išsižadėti [동] ① 부인하다; išsižadėti savo žodžių 발언을 취소[철회]하다 ② (왕위 등을) 버리다, 퇴위하다
išsižioti [동] 입을 벌리다
išskaičiavimas [남] 셈, 계산
išskaičiuoti [동] 셈하다, 계산하다
išskaitymas [남] 빼기, 공제
išskaityti [동] 빼다, 공제하다
išskalauti [동] 헹구다, 가시다; išskalauti burną 입 안을 가시다

išskalbti [동] 세탁하다
išskėsti [동] 펼치다, 뻗다
išskinti [동] (나무 따위를) 베어 넘어뜨리다; (꽃 따위를) 따다
išskyros [여·복] [생리] 분비
išskirstymas [남] 배분, 할당
išskirstyti [동] 배분하다, 할당하다
išskirti [동] ① 골라내다, 추려내다 ② 제외하다, 배제하다
išskiriant, išskyrus [형] (~을) 제외[배제]한
išskirtinis [형] 고립된, 따로 떨어진
išsklaidyti [동] 흩뜨리다, 쫓아버리다
išskleisti [동] 펴다, 펼치다, 뻗다
išskolinti [동] 빌려주다
išskridimas [남] (비행기 등의) 날기, 비행
išskristi [동] 날아가다
išskubėti [동] 급히 나가다[~으로 가다]
išslinkti [동] (살짝) 빠져나가다
išslysti [동] (~에서 미끄러져) 빠져나가다
išspaudos [여·복] (가축 사료로 쓰이는) 깻묵
išspausdinti [동] 인쇄[프린트]하다, 타이프를 치다
išspausti [동] ① 짜내다 ② 인쇄[프린트]하다
išspirti [동] 쫓아내다
išspjauti [동] 뱉다
išspręsti [동] (문제를) 풀다, 해결하다
išsprogdinti [동] 폭파하다, 폭발시키다
išsprukti [동] (~에서) 빠져나가다
išsprūsti [동] (~에서) 빠져나가다
išstatyti [동] ① 진열하다, 전시하다 ② (집을) 짓다 ③ (남을) 후보로 지명[천거]하다
išstojimas [남] 탈퇴, (단체에서) 떠나기, (직책 따위를) 그만두기
išstoti [동] 탈퇴하다, (단체에서) 떠나다, (직책 따위를) 그만두다
išstovėti [동] (일정 시간 동안 ~에) 머무르다, 서 있다; jis ten išstovėjo dvi valandas 그는 그곳에 두 시간째 서 있다
išstudijuoti [동] 학습하다, 숙달[통달]하다
išstumti [동] 쫓아내다, 몰아내다

išsukti [동] 나사를 빼다
išsunkti [동] 짜내다
išsvajoti [동] (얼마간) 꿈을 꾸다
iššaukimas [남] 부름, 호출
iššaukti [동] ① 부르다, 불러내다; 호출하다; iššaukti telefonu 전화로 불러내다 ② (~에게) 도전하다, 결투 따위를 신청하다
iššauti [동] 쏘다, 발사하다
iššifruoti [동] 해독하다, 해석하다
iššluostyti [동] 닦다, 말리다
iššluoti [동] 청소하다, 쓸다
iššokti [동] ① 뛰어나가다 ② (일정 시간 동안) 춤을 추다
iššūkis [남] 도전, 도발, 저항; mesti iššūkį (~에) 도전하다; priimti iššūkį 도전을 받아들이다, 도전에 응하다
iššvaistyti [동] 흩뿌리다; 낭비하다
iššveisti [동] 깨끗이 하다, 닦다, 윤을 내다
ištaiga [여] 위로, 위안
ištaigingai [부] 편안하게
ištaigingas [형] 편안한
ištaisymas [남] 수정, 고치기, 바로잡기
ištaisyti [동] 수정하다, 고치다, 바로잡다
ištaka [여] 수원지(水源池)
ištampyti [동] 잡아 늘이다, 늘어나게 하다
ištarimas [남] (또렷한) 발음
ištarnauti [동] (일정 기간) 일하다, 근무하다, 봉직하다; jis ištarnavo trejus metus 그는 3년째 근무 중이다
ištarti [동] (또렷하게) 발음하다
ištaškyti [동] (물 따위를) 튀기다
išteisinimas [남] 석방, 무죄 방면
ištekėjusi [형] 결혼한, 기혼의; ištekėjusi moteris 유부녀; būti ištekėjusiai (~와) 결혼하다
ištekėti [동] ① (~와) 결혼하다 ② (액체가) 흘러나가다, 새나가다
ištekinti [동] ① (~을 ~와) 결혼시키다 ② (액체를) 흘러나가게[새나가게] 하다 ③ 선반(旋盤)으로 깎다
išteklius [남] ① 재고, 비축된 것, 밑천, 원천; gamtiniai iš-

tekliai 천연 자원 ② 번영, 복지, 복리
ištempti [동] 잡아 늘이다
ištepti [동] (기름을) 바르다
ištesėti [동] ① ~할 수 있다 ② ištesėti žodį 약속을 지키다
ištęstas [형] (이야기 따위가) 장황한, 길게 이어지는
ištiesti [동] 펴다, 뻗다, 늘이다
ištikimas [형] (~에) 충실한, 충성스러운, 헌신적인
ištikimybė [여] 충실, 충성, 헌신
ištikti [동] (나쁜 일 따위가) 일어나다, 생기다, 들이닥치다; jį ištiko nelaimė 그에게 불행이 닥쳤다
ištiktukas [남] 의성어
ištinti [동] (~으로) 부풀다
ištyrimas [남] 조사, 검사, 분석
ištyrinėti [동] 조사하다, 검사하다, 분석하다
ištirpdyti [동] 녹이다
ištirpti [동] 녹다
ištirti [동] 조사하다, 탐구하다, 분석하다
ištisai [부] 완전히, 전적으로
ištisas [형] 완전한, 전적인; ištisą dieną, ištisas dienas 하루 종일
ištisinis [형] 온전한, 견실한, 끊어진 부분 등이 없는
ištįsti [동] ① 늘어나다, 늘여지다 ② jo veidas ištįso 그는 안색이 어두워졌다
ištobulinti [동] 완전하게 하다; 개선[향상]시키다
ištrauka [여] 발췌(문), 인용(구)
ištraukti [동] 꺼내다, 뽑다, 빼(내)다; ką iš bėdos ištraukti ~을 곤란에서 구해주다
ištrėmimas [남] 추방
ištremti [동] 추방하다, 내쫓다
ištrykšti [동] 분출하다, 쏟아져 나오다
ištrinti [동] ① 닦다, 닦아 말리다 ② (문질러) 지우다
ištroškęs [형] 목마른, 갈증 나는
ištrūkti [동] ① 뿌리치고 나오다, (~에서) 빠져나오다 ② 튀어나오다 ③ (단추 따위가) 떨어지다
ištrupėti [동] (산산이) 부서지다
ištuoka [여] 이혼

ištuštėti [동] (텅) 비다
ištuštinti [동] 비우다, (마실 것을) 단숨에 마셔버리다
ištvermė [여] 끈기
ištvermingas [형] 끈기 있는
ištvermingumas [남] 끈기
ištverti [동] ① (끈기 있게) 버티다, 참다, 견디다; jis vos ištvėrė 그는 참을 수가 없었다 ② (오래) 존속하다, 지탱하다
ištvirkauti [동] 방탕한[타락한] 삶을 살다
ištvirkavimas [남] 방탕, 타락, 음탕
ištvirkėlis [남] 방탕한[타락한] 자, 난봉꾼
ištvirkęs [형] 방탕한, 타락한, 음탕한
ištvirkimas [남] 방탕, 타락, 음탕
išugdyti [동] ① (사람을) 기르다, 양육하다, 교육하다, 양성하다 ② (감각·능력 따위를) 기르다
išvada [여] 추론, 결론을 이끌어 냄; (pa)daryti išvadą 추론하다, 결론을 이끌어 내다; prieiti išvadą (어떤) 결론에 이르다, (~이라고) 판단하다
išvadavimas [남] 해방
išvadinti [동] ① (~으로부터) 불러내다 ② (누구를 ~이라고) 부르다
išvaduoti [동] 해방하다, 풀어[놓아]주다
išvaduotojas [남] 해방자
išvagoti [동] 주름(살)이 지다
išvaikyti [동] 몰아내다, 흩뜨리다
išvaikščioti [동] 걸어[돌아]다니다
išvaizda [여] 외모, 외관, 외양; jo išvaizda buvo nemaloni 그는 못생겼다; iš išvaizdos jam penkiasdešimt metų 그는 50세 정도로 보인다; pagal išvaizdą 외모로 보아[판단하여]
išvakarės [여·복] 전날 밤, 전야, 이브
išvakarėse [부] 전날 밤에, 전야에
išvalyti [동] 깨끗이 하다, 털다
išvardyti [동] 열거하다, 이름을 대다
išvargęs [형] 지친, 피곤한, 기진맥진한
išvarginti [동] 지치게 하다, 기진맥진하게 만들다
išvargti [동] 지치다, 기진맥진해지다

išvaryti [동] 몰아내다, 쫓아내다; išvaryti iš namų 집에서 내쫓다
išvartyti [동] 뒤집다, 거꾸로 하다; 뿌리째 뽑다
išvažiavimas [남] ① 출발, 떠나기 ② 출구, 나가는 곳
išvažinėti [동] 두루 여행하다; išvažinėti pasaulį 세계 여행을 하다
išvažiuoti [동] (어떤 장소를) 떠나다; jis išvažiavo iš Vilniaus 그는 빌뉴스를 떠났다
išvedimas [남] [수학] 미분
išvėdinti [동] 공기를 통하게 하다, 환기하다
išvedžioti [동] ① (전선 따위를) 설치[가설]하다; (도로 따위를) 건설하다 ② 설명하다
išvemti [동] (구)토하다
išvengti [동] 피하다, 멀리하다
išverkti [동] (잠시 동안) 울다; 눈물로 하소연하여 얻어내다
išversti [동] ① 뒤집다; 뒤집어 엎다 ② (~으로) 번역[해석]하다 ③ 눈을 부릅뜨다
išvesti [동] ① (밖으로) 꺼내다, 이끌어내다 ② 일으키다, 야기하다
išvestinis [형] [언어] 파생(어)의
išvežimas [남] ① 끄집어내기, 제거 ② 수출
išvežti [동] ① 끄집어내다, 제거하다 ② 수출하다
išvien [부] 함께, 공동으로
išvietė [여] 화장실
išvyka [여] 소풍, 나들이
išvykimas [남] 출발, 떠나기
išvykti [동] (~에서[으로부터]) 출발하다, 떠나다
išvilioti [동] 감언이설로 꾀다
išvilkti [동] 끌어내다
išvynioti [동] (말린·감긴·싼 것을) 풀다
išvirkščias [형] 뒤집어서; išversti išvirkščią 뒤집다; išvirkščioji pusė 뒤집힌 안쪽
išvirsti [동] ① 넘어지다, 떨어지다, 쓰러지다 ② 뒤집히다, 전복되다
išviršinis [형] 외부의, 외면의
išvirti [동] 요리하다, 조리하다; 끓이다

išvysti [동] (눈으로) 보다
išvystymas [남] 발달, 발전, 성장
išvystyti [동] 발달시키다
išvyti [동] ① 몰아내다, 쫓아내다 ② (꼬인·감긴 것을) 풀다
išvogti [동] 훔치다, 도둑질하다
išžiūrėti [동] 전부 둘러보다, 샅샅이 살펴보다
išžudyti [동] 절멸하다, 몰살하다, 모조리 없애버리다
it [접] ~처럼, ~ 같이; miega it mietas 그는 개처럼 잔다
įtaiga [여] 암시; 최면
įtaigus [형] 암시하는
įtaisas [남] 도구, 장치
įtaisyti [동] 끼워넣다, 맞춰넣다
įtaka [여] (~에 대한) 영향(력); daryti įtaką (kam) (~에게) 영향을 끼치다, (~에) 영향력을 행사하다; būti kieno nors įtakoje ~의 영향력 아래에 있다
įtakingas [형] 영향력 있는, 영향을 끼치는
įtakingumas [남] (~에 대한) 영향(력)
italas [남] 이탈리아 사람; italų kalba 이탈리아어
Italija [여] 이탈리아
itališkas [형] 이탈리아의
įtampa [여] ① [전기] 전압 ② [기계] 응력(應力)
įtariamas [형] 의심스러운, 수상한
įtarimas [남] 의심, 의혹
įtar(inė)ti [동] 의심하다, 수상하게 여기다
įtartinas [형] 의심스러운, 수상한
įtarus [형] (남을) 의심하는, 믿지 않는, 의심이 많은
įteigti [동] 넌지시 비추다; 고취시키다, 불어넣다
įteikimas [남] 건네주기, 수여
įteikti [동] 건네주다, 수여하다
įteisinimas [남] 적법화, 합법화
įteisinti [동] 적법화[합법화]하다
įtekėti [동] (강 따위가 ~으로) 흘러들다
įtempimas [남] ① 긴장, 팽팽함 ② (지나친) 노력, 과로
įtemptas [형] ① 긴장된, 팽팽한 ② 열심히 일하는, 분투[노력] 하는
įtempti [동] 긴장시키다, 팽팽하게 하다, 잡아당기다

įterpimas [남] 삽입, 끼워 넣음
įterpti [동] 삽입하다, 끼워 넣다
įtėviai [남·복] 양부모
įtėvis [남] 양아버지
įtikėti [동] ① 믿다, 믿게 되다 ② (남을) 신임하다, 신뢰하다
įtikinamas [형] 확신[설득]시키는
įtikinėjimas [남] 확신시키기, 설득
įtikinėti [동] 확신[설득]시키려 (노력)하다
įtikinti [동] 확신[설득]시키다, 믿게 하다
įtikti [동] 기쁘게[즐겁게] 하다, 만족시키다
įtilpti [동] 들어가다; lifto kabinoje įtilpome penkiese 차에는 우리 다섯 명이 들어갈 만한 공간이 있었다
itin [부] 특(별)히; 아주, 매우
įtraukti [동] ① 참여시키다, 끌어들이다 ② 담다, 포함하다 ③ (목록에) 기입하다, 등록시키다
įtrinti [동] (약 따위를) 문질러 바르다
įtrūkimas [남] 균열, 갈라진 틈
įtūžęs [형] 격노한, 격분한, 노발대발한
įtvaras [남] 설치, 가설, 세팅
įtvirtinimas [남] [군사] 축성(築城), 요새 건설
įtvirtinti [동] ① [군사] 축성하다, 요새를 짓다 ② 굳건하게 [공고하게] 하다
įvadas [남] 소개, 도입, 서설, 입문; (책 따위의) 서론, 머리말, 도입부
įvadinis [형] 소개의; 서론의; 입문의
įvaikinti [동] 양자로 삼다, 입양하다
įvaikis [남] 양자, 입양된 아이
įvairiapusi(ška)s [형] 다방면의, 여러 가지 측면이 있는
įvairiarūšis [형] 혼성의, 불균질의, 잡다하게 섞인
įvairiaspalvis [형] ① 여러 가지 색의 ② 여러 가지 의견이 있는
įvairinti [동] 여러 가지로 만들다, 다양화하다
įvairumas [남] 다양성
įvairuoti [동] 여러 가지다, 다양하다
įvairus [형] 여러 가지의, 다양한
įvaldyti [동] (기술 따위에) 숙달하다, 통달하다

įvardis [남] [문법] 대명사
įvardyti [동] 명명하다, 이름을 붙이다
įvaryti [동] 몰아넣다, 심어주다, 주입시키다
įvartis [남] [스포츠] (축구 따위의) 골; įmušti įvartį 골을 얻다, 득점하다
įvažiavimas [남] 입구, 들어가는 곳
įvažiuoti [동] (차를 몰고) 들어가다
įveikti [동] 극복하다, 넘어서다; 승리를 쟁취하다
įveisti [동] ① (동식물을) 기르다, 사육[재배]하다 ② (정원·공원 등을) 가꾸다
įvelti [동] 관련시키다, 말려들게[휘말리게] 하다
įverti [동] 통과시키다, 지나가게 하다; įverti siūlą į adatą 바늘에 실을 꿰다
įvertinimas [남] (가치의) 평가
įvertinti [동] (가치 등을) 평가하다
įvesti [동] 들여오다, 도입하다
įvežimas [남] 수입; 수입품
įvežti [동] 들여오다; 수입하다
įvykdymas [남] 실행, 달성, 실현
įvykdyti [동] 실행하다, 달성하다, 실현하다
įvykdomas [형] 실행 가능한
įvykis [남] 사건, 일어난 일; 행사
įvykti [동] ① (일이) 생기다, 일어나다, 발생하다; (행사가) 개최되다 ② 실행되다, 달성되다, 실현되다
įvilioti [동] 꾀다, 끌어들이다
įvilkti [동] 끌어들이다
įvynioti [동] 싸다, 덮다, 두르다
įvorė [여] 축받이통, 바퀴통
izoliacija [여] ① 격리, 고립시키기; [의학] 검역(檢疫) 격리 ② 단열, 절연
izoliuoti [동] ① 격리하다, 고립시키다 ② 단열[절연]하다
izraelietis [남] 이스라엘 사람
Izraelis [남] 이스라엘
įžadas [남] 맹세, 서약
įžambiai [부] 비스듬하게, 기울어져
įžambus [형] 비스듬한, 기울어진

įžanga [여] (책·연설 따위의) 서론, 머리말, 도입부; (음악의) 전주곡, 서곡
įžanginis [형] 시작의, 개시의; 서론의, 도입부의; įžanginis žodis 개회사
iždas [남] 금고; valstybės iždas 국고(國庫)
iždinė [여] 재무부
iždininkas [남] 회계원, 재무 관리원
įžeidimas [남] 모욕, 욕설[심한 말]을 퍼붓기
įžeidinėti [동] 모욕하다, 욕설을 퍼붓다
įžeidžiamas [형] 모욕하는, 욕설을 퍼붓는
įžeisti [동] 모욕하다, 욕설을 퍼붓다
įžeminimas [남] [전기] 접지, 어스
įžeminti [동] [전기] 접지하다
įžengti [동] ① (안으로) 들어가다; (군대가) 행진해 들어가다 ② (왕위에) 오르다
įžiebti [동] 불을 켜다[밝히다]
įžymybė [여] ① 명사, 유명인 ② 명소, 관광지; apžiūrėti miesto įžymybes 시내 관광을 하다
įžymus [형] 유명한, 저명한, 걸출한; 눈에 띄는, 두드러진
įžiūrėti [동] ① (~을 ~으로) 알다, 받아들이다; jis tame įžiūrėjo įžeidimą 그는 그것을 모욕으로 받아들였다 ② 식별하다, 분간하다, 알아보다
įžiūrimas [형] (잘) 보이는, 눈에 띄는, 두드러진
įžūlėti [동] 건방지게 되다, 뻔뻔해지다
įžūlumas [남] 건방짐, 뻔뻔함, 몰염치
įžūlus [형] 건방진, 뻔뻔한, 철면피의
įžvalgumas [남] 총명, 통찰력
įžvalgus [형] 총명한, 통찰력이 있는
įžvelgti [동] 느끼다, 지각하다

J

jachta [여] 요트
jaguaras [남] [동물] 재규어
japonas [남] 일본 사람; japonų kalba 일본어
Japonija [여] 일본
japoniškas [형] 일본의
jau [부] ① 이미, 벌써; ar tu jau pietavai? 벌써 저녁을 먹었니?; jau seniai 벌써 오래 전 일이다 ② (부정어와 함께 쓰여) 더 이상 ~ 아니다; jis jau ne vaikas 그는 이제 어린애가 아니다
jaudinimasis [남] 동요, 흥분, 격정
jaudiniti [동] ① 동요[흥분]시키다 ② 속을 태우다, 불안하게 하다
jaudinitis [동] ① 동요된[흥분된] 상태다 ② 불안하다, 신경 쓰다, 초조해하다
jauja [여] 곡식을 쌓아두거나 도래깨질하는 곳
jaukas [남] 미끼, 유인물
jaukinti [동] 길들이다, 복종시키다
jaukti [동] 혼란시키다, 난잡하게 만들다
jaukumas [남] 편안, 안락
jaukus [형] 편안한, 안락한
jaunamartė [여] 신부(新婦)
jaunas [형] 젊은; 어린; jauniausias sūnus 막내 아들
jaunasis [남] 신랑
jaunatvė [여] 청년기, 젊은 시절
jaunatviškas [형] 젊은, 청년의
jaunavedžiai [남·복] 신혼부부
jaunėlis [남] 막내
jaunikaitis [남] 젊은 남자, 청년
jaunikis [남] 신랑
jaunikliai [남·복] 동물의 새끼

jaunimas [남] 젊은이
jaunystė [여] 젊음
jaunoji [여] 신부(新婦)
jaunumas [남] 젊음
jaunuolė [여] 아가씨, 젊은 여자
jaunuolis [남] 청년, 젊은이
jaunuomenė [여] 젊은이
jausmas [남] 감각, 느낌; atsakomybės jausmas 책임감
jausmingas [형] 민감한, 예민한
jausmingumas [남] 민감, 예민; 감상적임
jausti [동] 느끼다, (어떤) 감각이 있다; jausti alkį 배가 고프다, 배고픈 느낌이 있다
jaustis [동] blogai jaustis 기분이 좋지 않다; jaustis gerai 기분이 좋다; kaip jaučiatės? 안녕하세요?, 기분이 어떠세요?
jaustukas [남] [문법] 감탄사
jautiena [여] 쇠고기
jautis [남] 수소, 황소
jautrumas [남] 민감, 예민; 섬세함
jautrus [형] 민감한, 예민한; 섬세한
javai [남·복] 곡식, 곡물; 작물
javapjūtė [여] 수확, 추수
jazminas [남] [식물] 재스민
jėga [여] 힘, 세기, 능력, 파워; iš visų jėgų 힘껏, 전력을 다하여; tai ne mano jėgoms 거기까진 내 힘이 미치지 않는다, 내 능력 밖의 일이다; vėjo jėga 풍력, 바람의 세기; darbo jėga 노동력; arklio jėga [기계] 마력(馬力)
jėgainė [여] 발전소
jei, jeigu [접] 만약 ~이라면[한다면]; jei ne 만약 ~이 아니면; jei nenori, neik 원치 않는다면 가지 마
ji [대] ① (사람에 대해) 그녀는; 그녀를; ji pati 그녀 자신 ② (사물에 대해) 그것은
jie [대] 그(것)들은; 그(것)들을
jis [대] ① (사람에 대해) 그는; 그를; jis pats 그 자신 ② (사물에 대해) 그것은
jodas [남] [화학] 요오드
jog [접] jis kalbėjo taip tyliai, jog niekas negalėjo jo gir-

dėti 그는 너무 낮은 목소리로 말해서 아무도 그의 말을 알아들을 수 없었다
jojikas [남] 말 타는 사람, 승마자, 기수
joks [대] 아무것도[조금도] ~ 않다; jokios kliūtys negalėjo jo sustabdyti 어떤 장애물도 그를 막을 수 없었다; jokiu būdu 결코 ~ 아니다
jonas [남] [화학] 이온
Joninės [여·복] 세례 요한 축일
joti [동] (말(馬) 따위를) 타고 가다
jovalas [남] 찌꺼기; 뒤죽박죽
jubiliejus [남] 기념제(祭)
judamas [형] 움직이는, 이동성이 있는
judėjimas [남] ① 움직임, 운동 ② (정치적·사회적) 운동 ③ 교통
judesys [남] 움직임, 운동; rankos judesys 손짓, 모션, 제스처
judėti [동] ① 움직이다 ② 나아가다, 전진하다
judinti [동] 움직이다, 흔들다
judrus [형] 생기가 넘치는, 활발한
judu, judvi [대] 너희 둘 모두
juk [소사] juk tai tiesa? 그거 사실이지, (그렇지)?; juk jis eis? 그는 갈 것이지, (그렇지)?; juk tai jis! 아, 그 사람이군!
jungas [남] 멍에
jungiamasis [형] 이어주는, 연결하는, 접합의
jungiklis [남] [전기] 스위치, 개폐기
jungimas [남] 연결, 접합, 결합
junginys [남] 화합; 형성
jungti [동] 잇다, 연결하다, 접합하다, 결합시키다
jungtinis [형] 결합한, 연합의; Jungtinės Amerikos Valstijos 미합중국, 미국; Jungtinė Karalystė 연합 왕국, 영국
jungtis [여] ① 연결, 결합 ② [문법] 연결사, 계사(繫詞) — [동] 결합되다, 하나가 되다
jungtukas [남] ① [문법] 접속사 ② [전기] 스위치, 개폐기
jungtuvės [여·복] 결혼(식)
juntamas [형] 지각할[느낄] 수 있는, 만져서 알 수 있는
juo [부] juo ~ juo ~할수록 더 ~하다; juo daugiau, juo

geriau 많으면 많을수록 더 좋다, 다다익선

juodadarbis [남] 미숙련 일꾼

juodaodis [형] (피부가) 검은 - [남] 흑인

juodaplaukis [형] 검은 머리의, 흑발(黑髮)의

juodas [형] ① 검은, 흑색의; juoda duona 흑빵 ② 어두운, 음울한; juodai dienai 비 오는 날에 ③ 더러운, 불결한 ④ 고생스러운 ⑤ 부정직한, 부정한, 불법의

juodėti [동] 검어지다

juodymas [남] nė per nago juodymą 조금도 ~ 않다

juodinti [동] 검게[어둡게] 하다

juodmedis [남] [식물] 흑단

juodraštis [남] 초고(草稿), 초안

juodu [대] (남자에 대해) 그들 둘 다

juodumas [남] 검음, 암흑

juoduoti [동] 검게[어두워] 보이다

juodvarnis [남] [조류] 갈까마귀

juodžemis [남] 흑토(黑土)

juodvi [대] (여자에 대해) 그들 둘 다

juokais [부] 농담으로, 익살로

juokas [남] ① 웃음 ② [복] juokai 농담, 조크; tai ne juokai 농담이 아니야, 웃을 일이 아니야

juokauti [동] 농담하다; 익살스럽다

juokdarys [남] 어릿광대

juokingas [형] 우스운, 웃기는, 우스꽝스러운

juokinti [동] 웃기다, 웃게 만들다

juoktis [동] ① 웃다, 킬킬거리다 ② (남을) 비웃다

juosmuo [남] 허리

juosta [여] ① (허리)띠 ② 리본, 밴드 ③ 지대, 지역, 벨트

juosti[1] [동] (띠를) 매다, 두르다

juosti[2] [동] 검어지다

juosvas [형] 거무스름한

Jupiteris [남] [천문] 목성

jūra [여] 바다, 해양; Baltijos jūra 발트 해; jūros liga 뱃멀미

jūreivis [남] 뱃사람, 선원

jūreivystė [여] 항해

jurginas [남] [식물] 달리아

juridinis, juridiškas [형] 사법[재판]상의, 법률상의
jūrininkas [남] 선원, 뱃사람, 항해자
jūrinis [형] 바다[해양]의
juristas [남] 법률가; 법학자
jūs [대] 너희들(은); 당신(들)(은)
jūsiškai [부] 너희들[당신(들)]에 따르면
jūsiškas [대] 너희들[당신(들)]의 (것)
justi [동] 느끼다, 지각하다
jūsų [대] 너희들[당신(들)]의 (것)
jutimas [남] 감각, 지각; jutimo organai 감각 기관
juvelyras [남] 보석상, 보석 세공인
juvelyrinis [형] 보석(류)의; juvelyriniai dirbiniai 보석류

K

kabelis [남] 케이블
kabėti [동] 걸리다, (매)달리다
kabykla [여] 걸이, 스탠드
kabiklis [남] 빨래집게
kabina [여] 부스, 박스, ~실(室); (배나 비행기의) 선실, 객실
kabinetas [남] ① 연구실; 진찰실 ② [정치] 내각
kabinėtis [동] 꽉 쥐다[붙잡다]; (~에) 착 달라붙다
kabinti [동] ① 걸다, (매)달다 ② (갈고리 따위에) 걸다; (못 따위로) 고정시키다
kabintis [동] ① (~의) 뒤를 쫓다 ② 꽉 쥐다[붙잡다] ③ 흠잡다, 결점 따위를 들추어내다
kablelis [남] [문법] 쉼표, 콤마
kabliataškis [남] [문법] 세미콜론 (;)
kablys, kabliukas [남] 갈고리, 낚싯바늘
kaboti [동] 걸리다, (매)달리다
kabutės [여·복] [문법] 인용 부호, 따옴표
kačiukas [남] 새끼 고양이
kad [접] ① ~하다는[이라는] 것(은[을]); jis sakė, kad ji ateis 그는 그녀가 올 것이라 말했다 ② 만약 ~이라면[한다면] ③ kad ir (~에도) 불구하고; kad ir kaip jūs stengtumėtės 당신이 아무리 노력한다 해도 ④ kad ne ~하지 않도록
kada [접] ~할 때, ~하는 동안에; kada jie išvyko 그들이 떠났을 때 − [부] ① 언제?; kada sugrįši? 언제 돌아오니? ② neturiu kada 나는 시간이 없다; kada nors i) (훗날) 언젠가 ii) 일찍이, 한번은; kada ne kada → **kada-ne-kada**
kadagys [남] [식물] 노간주나무 종류, 곱향나무
kadaise [부] 옛날에, 이전에
kada-ne-kada [부] 때때로, 이따금
kadangi [부] ~이므로[하므로], ~이기[하기] 때문에

kadrai [남·복] 인원, 직원, 스태프
kai [접] ~할 때, ~하는 동안에 - kai kada 때때로; kai kas 누군가, 무엇인가; kai koks, kai kuris 어떤, 어느; kai kurie klausimai 몇몇 문제들; kai kur 여기저기
kailiniai [남·복] 모피 코트
kailis [남] 가죽; 모피
kaimas [남] 마을; 시골
kaimenė [여] 가축의 떼
kaimietis [남] 시골[마을] 사람
kaimynas [남] 이웃
kaimyninis [형] 이웃의, 인접한, 근처의, 옆에 있는
kaimynystė [여] 이웃, 인근, 근처
kaimiškas [형] 시골의, 지방의
kaina [여] 값, 가격, 비용; 가치; bet kuria kaina 어떤 대가를 치르더라도
kainoraštis [남] 가격표
kainoti [동] 가치를 평가하다
kainuoti [동] 가격이 ~이다, 비용이 얼마가 들다
kaip [부] 어떻게?; kaip tu ten patekai? 어떻게 거기에 갔니?
 - [소사] ~처럼, ~ 같이; baltas kaip sniegas 눈처럼 흰
 - [접] pasakyk, kaip tau sekasi 어떻게 지내고 있는지 말해다오 - kaip antai 예를 들어; daugiau kaip ~ ~보다 더; kaip mat(ai) 즉시; kaip nors 어떻게든지 해서, 여하튼; kaip tik 꼭, 바로, 정확히
kaipgi [부] graži, kaipgi negraži 정말 예쁘지, 그렇지 않아요?
kairė [여] 왼손; 왼쪽, 왼편, 좌측
kairėje [부] 왼쪽으로; iš kairės 왼쪽에서
kairinis [형] 왼쪽의, 좌측의
kaisti [동] ① 따뜻해[뜨거워]지다 ② 땀을 흘리다 ③ (화가 나거나 부끄러워서 얼굴을) 붉히다
kaistuvas [남] 냄비
kaišioti [동] 찔러 넣다, 쑤시다
kaištis [남] ① 핀 ② 마개, 주둥이
kaita [여] 변화, 변경
kaitaliojimas [남] 교대, 교체
kaitalioti [동] 교대시키다, 번갈아 일어나게 하다

kaitaliotis [동] 교대하여 ~하다, 번갈아 일어나다
kaityba [여] [문법] 어형 변화
kaitinimas [남] 가열, 온도를 높이기
kaitinti [동] 데우다, 달구다, 가열하다; 따뜻하게 하다
kaitintis [동] 햇볕을 쬐다; 선탠하다
kaitra [여] 열, 뜨거움, 더움
kaitrumas [남] 열, 뜨거움, 더움
kaitrus [형] 뜨거운
kajutė [여] 선실(船室)
kakava [여] 코코아 (음료 또는 분말)
kakavmedis [남] [식물] 카카오 (나무)
kaklaraištis [남] (넥)타이
kaklas [남] 목
kakta [여] 이마
kakti [동] 착수하다, 시작하다, 출발하다
kaktusas [남] [식물] 선인장
kalafioras [남] [식물] 콜리플라워, 꽃양배추
kalakutas [남] [조류] 칠면조
kalavijas [남] 칼, 검(劍)
kalba [여] ① 말, 언어; lietuvių kalba 리투아니아어; gimtoji kalba 모국어; užsienio kalba 외국어 ② 말하기, 발언; 연설, 웅변 ③ [문법] 화법; tiesioginė kalba 직접 화법 ④ 대화, 회화
kalbėjimas [남] 말하기, 발언
kalbėti [동] 말하다, 이야기하다; kalbėti rusiškai 러시아어로 말하다; atvirai kalbant 솔직히 말해서
kalbėtis [동] (~에게) 말하다, 이야기하다; (~와) 대화하다; kalbėtis telefonu 전화로 말하다
kalbėtojas [남] 말하는 사람, 화자(話者); 연설자, 웅변가
kalbininkas [남] 언어학자
kalbinis [형] 말의, 언어의
kalbinti [동] (~에게) 말을 걸다
kalbotyra [여] 언어학
kalbus [형] 말 많은, 이야기하기를 좋아하는
kalcis [남] [화학] 칼슘
Kalėdos [여·복] 크리스마스, 성탄절

kalėjimas [남] 감옥, 교도소
kalendorius [남] 달력
kalenti [동] 이를 딱딱 부딪치다
kalėti [동] (교도소에서) 복역하다
kaliausė [여] 허수아비
kalibras [남] (총포의) 구경(口徑)
kaligrafija [여] 서예
kalimas [남] 단조(鍛造), 주조(鑄造)
kalinimas [남] 투옥, 감금
kalinys [남] 수인(囚人)
kalinti [동] 옥에 가두다
kaliošai [남·복] 덧신, 오버슈즈
kalkakmenis [남] 석회암[석]
kalkė [여] 카본지(紙); 트레이싱 페이퍼
kalkės [여·복] 석회
kalkuliacija [여] 계산, 셈
kalkuliatorius [남] 계산기
kalnagūbris [남] 산맥
kalnakasyba [여] 광업
kalnas [남] ① 산; 언덕; eiti į kalną 산을 오르다 ② 많은 양, 산더미 ③ ne už kalnų 가까이에, 멀지 않은 곳에
kalnelis [남] 작은 산, 낮은 언덕
kalnietis [남] 산지 주민
kalnynas [남] 산맥
kalnuotas [형] 산이 많은, 산악 지대의
kalorija [여] [물리] 칼로리 (열량의 단위)
kaltas[1] [남] 끌, 정
kaltas[2] [형] 죄[잘못]가 있는; aš kaltas 내 탓이오
kaltė [여] 죄, 잘못, 허물
kalti [동] ① (쇠를) 벼리다, 단조하다 ② (못 따위를) 망치질하다, 때려 박다 ③ (주화 따위를) 주조하다 ④ 주입식으로 가르치다[공부시키다]
kaltinamasis [형] 고소의, 고발하는 — [남] [법률] 피고인
kaltinimas [남] 고소, 고발
kaltininkas [남] 범죄자, 범인
kaltinti [동] (~으로) 고소[고발]하다, 기소[공소]하다

kaltumas [남] 유죄, 죄가 있음
kalva [여] 언덕
kalvė [여] 대장간
kalvis [남] 대장장이
kalvotas [형] 언덕이 많은, 구릉성의
kam [대] = kas - [부] 무엇 때문에, 어째서, 왜
kamanos [여·복] 말 굴레
kamantinėti [동] (~한테서 정보·대답 따위를) 얻어내다
kamara [여] (식료품 따위의) 저장실, 광
kambarinė [여] 가정부; (귀부인의) 시녀; (호텔의) 객실 담당 여종업원; (배의) 여승무원
kambarinis [형] 실내의
kambarys [남] 방, 실(室); vonios kambarys 욕실
kame [부] 어디에; kame nors 어딘가에; kame ne kame 여기저기에
kamera [여] (작은) 방, 실(室); bagažo saugojimo kamera 휴대품 보관소
kamerinis [형] kamerinė muzika 실내악
kamienas [남] ① (나무의) 줄기 ② [언어] 어간
kaminas [남] 굴뚝
kampanija [여] ① (일련의) 군사 행동, 전투, 회전(會戰), 출정 ② 선거 운동, 유세
kamparas [남] [화학] 장뇌, 캠퍼
kampas [남] ① 구석, 모퉁이, 코너; už kampo 모퉁이를 돌아 ② [수학·물리] 각(도); statusis kampas 직각
kampelis [남] 구석(진 곳)
kampinis [형] 구석의, 모퉁이의, 코너의; [수학·물리] 각의
kampuotas [형] (성격이) 모난, 외고집의
kamšatis [동] 찌부러지다
kamščiatraukis [남] 코르크 마개뽑이
kamšyti [동] ① (~으로) 채워 넣다 ② (마개로) 막다
kamštis [남] 코르크; (코르크) 마개
kamuolys [남] ① 공, 볼; futbolo kamuolys 축구공 ② 실꾸리 ③ (연기·먼지의) 한번 일어남 ④ 지구(地球)
kamuoti [동] 괴롭히다, 지치게 하다
Kanada [여] 캐나다

kanadietis [남] 캐나다 사람
kanadietiškas [형] 캐나다의
kanalas [남] ① 운하, 수로 ② 해협
kanalizacija [여] 하수도, 하수 설비
kanapė [여] [식물] 삼, 대마
kanarėlė [여] [조류] 카나리아
kanceliarija [여] 사무실
kanceliarinis, kanceliariškas [형] 사무(용)의; kanceliarinės prekės 문구류, 사무용품
kančia [여] (심한) 고통, 통증
kandidatas [남] 후보(자); iškelti kandidatu 후보로 지명하다
kandidatūra [여] 입후보 (자격)
kandis [여] [곤충] (옷좀)나방
kandus [형] ① 무는, 찌르는, 쏘는 ② 통렬한; 강한 자극을 주는
kandžioti [동] 물(어뜯)다, 찌르다, 쏘다
kankynė [여] (심한) 고통, 통증
kankinimas [남] (심한) 고통, 통증
kankinti [동] 고통을 주다
kankorėžis [남] 솔방울
kanopa [여] 발굽
kantata [여] [음악] 칸타타
kantriai [부] 참을성 있게, 끈기 있게, 인내심을 가지고
kantrybė [여] 참을성, 끈기, 인내
kantrumas [남] 참을성, 끈기, 인내
kantrus [형] 참을성 있는, 끈기 있는, 인내심 있는
kapai [남·복] (공동) 묘지; kapų tyla 죽음과 같은 정적(靜寂)
kapas [남] 무덤, 묘
kapinės [여·복] (공동) 묘지
kapitalas [남] 자본, 자산
kapitalinis [형] 자본의
kapitalistas [남] 자본가
kapitalizmas [남] 자본주의
kapitonas [남] ① 장(長), 우두머리; laivo kapitonas 선장(船長) ② [군사] 대위
kapituliacija [여] (조건부) 항복

kapotas [남] (자동차의) 보닛
kapoti [동] 찍다, 패다
kaprizas [남] 변덕
kaprizytis [동] 변덕스럽다
kapstyti [동] 흩뜨리다
kapsulė [여] 캡슐
karalaitė [여] 공주
karalaitis [남] 왕자
karaliauti [동] 군림하다, 지배하다, 주권을 잡다
karalienė [여] 왕비; 여왕
karalystė [여] 왕국
karališkas [형] 왕의, 왕실의
karalius [남] 왕
karas [남] 전쟁; 전투; karo laivas 군함, 전함; karo laukas 전쟁터, 전장; antrasis pasaulinis karas 제2차 세계 대전
karavanas [남] (사막의) 대상(隊商)
karburatorius [남] [기계] (내연 기관의) 기화기(氣化器), 카뷰레터
karceris [남] 감방
karčiai [남·복] (말 따위의) 갈기
kardas [남] 칼, 검(劍); 기병도(騎兵刀)
kardinolas [남] [가톨릭] 추기경
kareivinės [여·복] 막사, 병영
kareivis [남] 군인
kariauti [동] ① 전쟁터에서 싸움하다 ② (~와) 다투다
karieta [여] 마차
karikatūra [여] 캐리커처, 풍자 만화
karingas [형] 전쟁을 좋아하는, 호전적인
karininkas [남] (군대의) 장교
karinis, kariškas [형] 군사의, 군대의; karinė tarnyba 병역
karys [남] 전사(戰士), 군인
kariuomenė [여] 군대, 부대
karjera [여] 직업; 경력, 이력; daryti karjerą 승진하다, 출세하다
karklas [남] [식물] 버드나무
karkti [동] (암탉 따위가) 꼬꼬하고 울다

karkvabalis [남] [곤충] 풍뎅이의 일종
karnavalas [남] 사육제(謝肉祭), 카니발
karoliai [남·복] 구슬을 꿰어 만든 목걸이
karosas [남] [어류] 붕어
karoti [동] 걸리다, 매달리다
karpa [여] 사마귀, 쥐젖
karpis [남] [어류] 잉어
karpyti [동] 자르다, 잘라내다
karstas [남] (시신을 넣는) 관
karsti [동] (맛이) 쓰게 되다; 썩은 내가 나게 되다
karstyti [동] 걸다, 매달다
karstytis [동] 기어 올라가다
karščiavimas [남] (병으로 인한) 열, 열이 있음
karščiuoti [동] (몸에) 열이 있다, 열병을 앓고 있다
karščiuotis [동] 흥분되다
karšis [남] [어류] 잉엇과 민물고기의 일종
karštas [형] ① (음식·기온 따위가) 뜨거운, 더운 ② 격앙된; 열렬한, 열정적인
karštėti [동] 뜨거워지다
karšti [동] 노쇠해지다, 늘그막이다
karštinė [여] 열병
karštis [남] (공기·신체의) 열, 뜨거움
karštligė [여] (병으로 인한) 열
karštligiškas [형] 열이 있는, 열띤, 열병을 앓는
karštumas [남] ① (물리적인·실제적인) 열, 뜨거움 ② 열정, 정열, 열렬
karta [여] 세대
kartais [부] 때때로, 이따금
kartas [남] 번, 회; kartą 한 번; šį kartą 이번 (한 번만은); antrą kartą 두 번째로; dar kartą 한 번 더; paskutinį kartą 마지막으로; kartą per metus 1년에 한 번; du kartus 두 배로; nė karto 한 번도 ~않다; iš karto 곧바로
kartėlis [남] ① 쓴맛 ② (마음이) 쓰라림
karti [동] 걸다, 매달다
kartis[1] [동] 목매달아 자살하다
kartis[2] [남] 장대, 막대기; šuolis su kartimi [육상] 장대높이

뛰기
kartis³ [남] (동물의) 갈기
kartkarčiais [부] 때때로, 이따금
kartojimas [남] 반복, 되풀이
kartonas [남] 두꺼운 종이, 판지
kartoti [동] 반복하다, 되풀이하다
kartotinis [형] 반복된, 되풀이된
kartu [부] 함께, 같이, 공동으로
kartumas [남] 쓴맛
kartūnas [남] 날염한 면, 사라사
kartus [형] ① (맛이) 쓴 ② 쓰라린, 괴로운
kartuvės [여·복] 교수대
karūna [여] 왕관
karūnuoti [동] 왕관을 씌우다, 왕위에 앉히다
karuselė [여] 회전목마
karvė [여] 암소
karvedys [남] 장군, 장수, 군사 지도자
karvelis [남] [조류] 비둘기
karvidė [여] 외양간
karžygė [여] 여자 영웅, 여걸
karžygys [남] 영웅, 용사
kas [대] ① [의문대명사] (사람에 대해) 누구?; (사물에 대해) 무엇? ② [관계대명사] ~하는[인] 사람; nebuvo kas jam padėtų 그를 도울 사람은 없었다; kas nedirba, tas nevalgo 일하지 않는 자는 먹지도 말라 ③ 어떤 사람, 누군가; 무엇인가; kas nors 누군가 ④ tai kas kita 그건 전혀 다른 문제다; ką tik 방금, 이제 막; kas rytą 매일 아침, 아침마다; kas tau yra? 무슨 문제 있어?; kas ne kas [kas-ne-kas] i) 어떤 사람(들) ii) 무엇인가
kasa¹ [여] 땋아 늘인 머리
kasa² [여] ① 계산대; 금전 등록기; 매표소 ② 현금
kasa³ [여] [해부] 이자, 췌장
kasdien [부] 매일, 날마다
kasdieninis [형] 매일의, 날마다의
kasdienis, kasdieniškas [형] 일상적인, 평범한
kasėjas [남] 광부, 토공(土工)

kasetė [여] 카세트
kasykla [여] 광산, 탄갱, 채굴장
kasinėjimai [남·복] (고고학적) 발굴
kasinėti [동] 땅을 파다; 발굴하다
kasininkas [남] 출납원, 회계원
kasyti [동] (슬슬) 긁다
kaskart [부] 매번, 그때마다
kasmet [부] 매년, 해마다
kasmetinis [형] 매년의, 해마다의
kasnakt [부] 밤마다, 매일 밤
kąsnis [남] (작은) 조각
kaspinas [남] 리본, 띠, 끈
kasryt [부] 매일 아침, 아침마다
kassavaitinis [형] 매주의, 주간의
kasti [동] (땅을) 파다, 파내다; 채굴하다
kastuvas [남] 삽
kąsti [동] 물(어뜯)다, 찌르다, 쏘다
kasvakar [부] 매일 저녁, 저녁마다
kasvalandinis [형] 매시간의, 시간마다의
kaštonas [남] [식물] 밤
katalikas [남] 가톨릭교도, 천주교 신자
katalikybė [여] 가톨릭교, 천주교
katalikiškas [형] 가톨릭(교)의, 천주교의
katalogas [남] (물품 등의) 목록, 카탈로그
kataras [남] [병리] 카타르 (점막의 염증)
katastrofa [여] 대참사, 대재난
katė [여] [동물] 고양이
katedra [여] ① 교단, 강단 ② 대성당
kategorija [여] 범주, 분류, 카테고리
kategoriškas [형] 명백한, 뚜렷한; 절대적인, 단정적인
ką tik [부] 방금, 이제 막
katilas [남] ① 솥 ② 보일러
katinas [남] 수고양이
katorga [여] ① 징역 ② 고된 생활
katras [대] 둘 중 어느 것[쪽]
kauburys [남] 작은 언덕[산]

kaučiukas [남] (천연) 고무
kaukas [남] (신화 속의) 악귀, 요정
kaukazietiškas [형] 카프카스 지방[사람]의, 코카서스의
kaukė [여] 가면, 마스크
kaukimas [남] 울부짖는[윙윙거리는] 소리
kaukolė [여] 해골
kauksmas [남] 울부짖는[윙윙거리는] 소리
kaukšėti [동] 두드리다, 또닥또닥 소리나게 하다
kaukti [동] (이리 따위가) 울부짖다; (바람 소리가) 윙윙거리다
kaulas [남] 뼈; dramblio kaulas 상아
kauliukas [남] ① [식물] 핵, 씨 ② [복] kauliukai 주사위
kaulyti [동] 계속 조르다, 애걸하다
kaupas [남] ① 더미, 쌓은 것 ② 초과, 과다
kaupimas [남] ① 흙을 쌓아올리기[북돋우기] ② (자본 따위의) 축적
kaupti [동] ① 흙을 쌓아올리다[북돋우다] ② (자본 따위를) 축적하다
kauptukas [남] (곡)괭이
kaušas [남] 퍼[떠]내는 기구, (준설기의) 버킷
kautynės [여·복] 전투, 싸움, 전쟁
kautis [동] (~와) 싸우다, 전투하다
kava [여] 커피
kavalerija [여] 기병대
kavinė [여] 카페, 커피점
kavinukas [남] 커피 포트
kazachas [남] 카자흐 사람; kazachų kalba 카자흐어
Kazachstanas [남] 카자흐스탄
kažin [소사] 거의 ~ 않다; kažin ar jis ateis 그는 오지 않을 것 같다; kažin kada 이전에 한번; kažin kaip 어떻게 해서든; kažin kas 누군가, 무언가; kažin kiek 얼마나 많이; kažin koks 얼마간의; kažin kur 어딘가에
keblumas [남] 어려움, 곤란
keblus [형] 어려운, 곤란한
kėbulas [남] 차체
kėdė [여] 의자
kefyras [남] 우유[양젖]를 발효시킨 음료

keiksmas [남] 욕, 독설
keiksmažodis [남] 저주, 악담, 불경스러운 말
keikti [동] 욕하다, 험담하다
keiktis [동] (서로) 욕하다, 나쁜 말을 쓰다
keistas [형] 이상한, 기묘한
keisti [동] 바꾸다, 변화시키다
keistokas [형] 좀 이상한, 기묘한 편인
keistumas [남] 이상함, 기묘함
keistuolis [남] 이상한 사람, 괴짜
keitimas [남] 교환, 바꾸기; pinigų keitimas 환전(換錢)
keitimasis [남] 변화, 바뀜
kekė [여] (포도 따위의) 송이
keleivinis [형] keleivinis traukinys 여객 열차
keleivis [남] 승객, 여객
keleri [수] 몇몇, 몇 가지의
keleriopas [형] 몇 종류의, 몇 가지 유형의
keletas [수] 몇몇, 약간의
keli [수] 몇몇, 약간의; kelios knygos 책 몇 권; prieš kelias dienas 며칠 전에; kelis kartus 몇 번
keliamieji metai 윤년(閏年)
kelrodis [남] 도로 표지, 이정표
kelias [남] ① 길, 도로; išklysti iš kelio 길을 잃다; pasitraukti iš kelio (길에서) 비켜 서다; gyvenimo kelias 인생 행로 ② 여행 ③ 방법, 수단
keliasdešimt [수] 수십(개)의
keliauti [동] 여행하다
keliautojas [남] 여행자
keliese [수] ① 얼마나 많이? ② 몇몇, 약간의
kėlimas [남] ① 증대하기, 상승시키기, 향상시키기, 올리기 ② 옮기기, 건네기
kelintas [대] 어느, 무슨; kelinta šiandien diena 오늘이 며칠이죠?; kelinta valanda? 지금 몇 시입니까?
kelintinis [형] kelintiniai skaitvardžiai [문법] 서수(序數)
keliolika [수] (1~19 사이의 수 중에서) 얼마간의
kelionė [여] 여행; kelionė aplink pasaulį 세계 일주 여행; kelionės draugas 길동무

kelis [남] 무릎; klūpoti ant kelių, atsiklaupti ant kelių 무릎을 꿇다

keliskart [수] ① 몇 번(이나)? ② 몇 차례, 여러 번; keliskart daugiau 몇 번 더

kelmas [남] (나무의) 그루터기, 밑동

kelnaitės [여·복] 팬티

kelneris [남] 웨이터, 시중드는 사람

kelnės [여·복] 바지

keltas [남] 페리, 연락선

kelti [동] ① (위로) 올리다 ② (능력·성과 따위를) 향상시키다, 증대시키다 ③ (잠을) 깨우다, 일으키다 ④ (문을) 열거나 닫다 ⑤ (다른 곳으로) 이동시키다 ⑥ (페리로) 건네다 ⑦ 흥분시키다, 선동하다, 감정 따위를 불러일으키다; kelti aikštėn 드러내다, 밝히다

keltis [동] ① (위로) 올라가다 ② (잠에서) 깨다, 일어나다 ③ (다른 곳으로) 이동하다, 움직이다 ④ (페리로) 건너(가)다

kempinė [여] 해면, 스펀지

kengūra [여] [동물] 캥거루

kenkėjas [남] ① 해충 ② [정치] 파괴 활동자

kenkėjiškas [형] 사보타주의

kenkimas [남] 파괴 활동, 사보타주

kenksmingas [형] 해로운, 해를 끼치는

kenksmingumas [남] 해로움

kenkti [동] 해가 되다, 해롭다; kenkti sveikatai 건강에 해롭다

kentėti [동] (고통·곤란 따위를) 겪다

kepalas [남] (빵의) 한 덩어리

kepėjas [남] 빵 굽는 사람, 제빵업자

kepenys [남] [해부] 간(肝)

kepykla [여] 빵집

kepiniai [남·복] 빵 종류

kepinti [동] ① 구워지다, 튀겨지다 ② 뜨겁다, 타오르다; saulė kepina 볕이 따갑다

kepsnys [남] 구운 고기

kepti [동] 굽다, 튀기다

keptuvė [여] 프라이팬, 번철

kepuraitė [여] 작은 모자

kepurė [여] 모자; nusiimti kepurę 모자를 벗다
kerai [남·복] (악령의 힘을 빌려 하는) 마법, 마술
keramika [여] 도자기류
keras [남] 관목(灌木), 떨기나무
kerėpla [여] 서투른 사람, 솜씨 없는 사람
kerėti [동] 마법을 쓰다, 마술로 ~하다
kerėtoja [여] 마녀, 여자 마법사
kerėtojas [남] 마법사
kergti [동] ① (동물을) 교미시키다 ② 묶다, 연결하다, 하나로 하다
keroti [동] 널리 퍼지다; 가지를 내다; 뿌리를 내리다
kerpė [여] [식물] 지의(地衣), 이끼
keršyti [동] 복수하다, 보복하다, 앙갚음하다
keršytojas [남] 복수[보복]하는 사람
kerštas [남] 복수, 보복, 앙갚음
kerštauti [동] 앙심[원한]을 품다
kerštingas [형] 복수심에 불타는, 앙심 깊은
kertė [여] 구석, 모퉁이, 코너
kertinis [형] 구석[모퉁이]의; kertinis akmuo 주춧돌, 초석(礎石)
kėsintis [동] 해를 끼치려 하다; kėsintis į kieno nors gyvybę ~을 죽이려 꾀하다, ~의 목숨을 노리다
kęsti [동] (고통·곤란 따위를) 겪다
ketinimas [남] 의도, 목적
ketinti [동] (~하려고) 의도하다, 계획하다
keturgubai [부] 네 배로
keturgubas [형] 네 배의, 4중의
keturi [수] 넷 (4); visomis keturiomis 네 발로 기어
keturiasdešimt [수] 사십 (40)
keturiasdešimtas [수] 제40의, 40번째의
keturiolika [수] 십사 (14)
keturioliktas [수] 제14의, 14번째의
keturkampis [남] 네모, 사각형 — [형] 네모꼴의, 사각형의
keturkojis [형] 네 발 달린
ketus [남] 주철, 무쇠
ketveri, ketvertas, ketvertukas [수] 넷 (4)

ketvirtadalis [여] 4분의 1
ketvirtadienis [남] 목요일
ketvirtas [수] 제4의, 넷째의
ketvirtfinalis [남] [스포츠] 준준결승전
ketvirtis [남] 4분의 1; ketvirtis valandos 15분
ketvirtoji [여] 4분의 1
kevalas [남] 껍질, 껍데기
kiaukseti [동] (개가) 캥캥 짖어대다
kiaulė [여] [동물] 돼지
kiauliena [여] 돼지고기
kiauliškas [형] 돼지 같은, 추잡한
kiaulytė [여] jūros kiaulytė [동물] 기니피그
kiaulpienė [여] [식물] 민들레
kiaunė [여] [동물] 담비
kiaurai [부/전] 완전히, 철저히; kiaurai permirkti 흠뻑 젖다
kiauras [형] ① 구멍투성이의, 구멍이 잔뜩 난 ② kiaurą naktį 밤새도록; kiaurą dieną 온종일
kiaurymė [여] 낭떠러지, 나락
kiaušas [남] [해부] 두개골
kiaušinienė [여] 오믈렛; plakta kiaušinienė 스크램블드에그
kiaušinis [남] 알, 계란
kiautas [남] 껍질, 껍데기
kibernetika [여] 사이버네틱스, 인공두뇌학
kibinti [동] 괴롭히다, 집적거리다
kibiras [남] 양동이, 들통, 버킷
kibirkščiuoti [동] 불꽃을 튀기다
kibirkštis [동] 불꽃이 튀다
kyboti [동] 걸려[매달려] 있다
kibti [동] ① (~에) 달라붙다 ② (물고기가) 미끼를 물다 ③ 흠 잡다, 트집 잡다 ④ 못살게 굴다
kibus [형] 달라붙는
kiek [부] ① 얼마나 많이?; kiek tai kainuoja? 얼마야?, 돈이 얼마나 들어? ② 조금, 약간, 살짝 ③ ~하는[인] 한; kiek man žinoma 내가 아는 바로는
kiekybė [여] 양(量)
kiekybinis [형] 양의, 양적인, 양에 관한

kiekis [여] 양, 수량
kiekvienas [대] ① 매(每)~ ; kiekvieną dieną 매일 ② 누구나, 모두
kiemas [남] ① 안마당, 안뜰 ② 농장, 농가
kieno [대] 누구의
kietagalvis [형] 어리석은, 둔한, 멍청한
kietas [형] ① 딱딱한, 단단한, 굳은; kietas kūnas 고체 ② 깊이 잠든 ③ (우)둔한 ④ (계란을) 완숙으로 삶은 ⑤ (고기가) 질긴 ⑥ kietos širdies 무정한, 냉혹한; kieti viduriai 변비
kietaširdis [형] 무정한, 냉혹한, 잔인한
kietėti [동] 딱딱해[단단해]지다, 굳어지다, 경화(硬化)되다
kietinti [동] 딱딱하게[단단하게]하다, 굳게 하다, 경화하다
kietumas [남] 딱딱함, 단단함, 굳음
kikenti [동] 낄낄 웃다
kilimas¹ [남] 카페트, 융단, 깔개
kilimas² [남] ① 성장, 증대, 향상, 진보 ② 기원, 시초, 발단 ③ 승진, 승급 ④ 태생, 혈통
kilmė [여] ① 기원, 시초, 유래 ② 태생, 혈통
kilniadvasis [형] 관대한, 아량 있는
kilniaširdis [형] 관대한, 아량 있는
kilnojamas [형] 이동식의, 움직일 수 있는
kilnojimas [남] 이동, 움직임
kilnoti [동] ① 이동시키다, 움직이다 ② (반복적으로) (들어)올리다
kilnotis [동] 이동하다, 움직이다
kilnumas [남] 관대; 고결, 숭고
kilnus [형] 관대한; 고결한, 숭고한
kilogramas [남] [무게의 단위] 킬로그램 (kg)
kilometras [남] [길이의 단위] 킬로미터 (km)
kilpa [여] ① 고리, 루프 ② 단춧구멍 ③ 한 바늘[땀 · 코] ④ 등자(鐙子)
kilstelėti [동] (살짝) 들어올리다
kilti [동] ① 오르다, 상승하다; kainos kyla 가격이 오르다 ② (불쑥) 일어나다, 생겨나다; kilo klausimas 문제가 제기되었다 ③ (~으로부터) 나오다, 비롯되다
kimšti [동] ① 밀어[채워] 넣다 ② 게걸스럽게 먹다

kimus [형] 쉰 목소리의
kinas¹ [남] 중국 사람; kinų kalba 중국어
kinas² [남] 영화
kinematografas [남] 영화
Kinija [여] 중국
kiniškas [형] 중국의
kinka [여] 넓적다리; 둔부
kinkyti [동] (말에) 마구(馬具)를 채우다
kinofilmas [남] 영화
kinoteatras [남] 영화관
kintamas [형] 변하기 쉬운, 변동성의; kintamoji srovė [전기] 교류(交流)
kintamasis [형] 변하기 쉬운, 변동성의
kintamumas [남] 변동성
kioskas [남] 노점, 가판대, 키오스크
kiparisas [남] [식물] 사이프러스
kipšas [남] 악귀, 악마
kirčiavimas [남] 강세(를 주기)
kirčiuoti [동] 강세를 주다, 악센트를 붙이다
kirkšnis [여] [해부] 샅, 사타구니
kirmėlė [여] 벌레
kirmėlėtas [형] 벌레먹은
kirminas [남] 벌레
kirpėjas [남] 미용사, 이발사
kirpykla [여] 미용실, 이발소
kirpimas [남] ① 이발, 조발, 머리 다듬기 ② 양털 깎기
kirpti [동] 자르다, 잘라내다, 깎다
kirptis [동] 이발하다, 머리카락을 자르다
kirsti [동] ① (나무를) 베어 넘어뜨리다 ② (곡식을) 베어 들이다, 수확하다 ③ 찌르다 ④ 치다, 때리다 ⑤ (부리로) 쪼다 ⑥ (길·선(線) 등을) 건너다, 가로지르다, 교차하다
kiršinti [동] 부추기다, 자극하다, 선동하다
kirtiklis [남] 곡괭이; 정
kirtis [남] ① 타격, 치기, 일격 ② [언어] 강세, 악센트
kirvis [남] 도끼
kirvukas [남] 전투용 도끼

kisielius [남] 풀, 젤리, 걸쭉한 것
kisti [동] 바뀌다, 변하다
kišenė [여] (바지 등의) 주머니, 포켓; ne jo kišenei 그는 그럴 만한 돈이 없다, 주머니 사정이 넉넉하지 못하다
kišeninis [형] kišeninis žodynas 소형[포켓] 사전
kišenvagis [남] 소매치기
kišimasis [남] 간섭, 참견, 개입
kyšininkas [남] 수뢰자, 뇌물 받는 사람
kyšininkauti [동] 뇌물을 받다
kyšininkavimas [남] 수뢰, 뇌물 받기
kyšis [남] 뇌물; duoti kam kyšį ~에게 뇌물을 주다, ~을 매수하다
kiškis [남] 산토끼
kyšoti [동] 튀어나오다, 불쑥 나오다, 돌출하다
kišti [동] 찔러 넣다
kištis [동] (남의 일에) 끼어들다, 간섭하다, 참견하다
kitada, kitados [부] 예전에, 옛날에
kitaip [부] ① 다르게, 다른 식으로 (하면); kitaip sakant 바꾸어 말하면 ② 그렇지 않으면, ~하지 않는다면
kitąkart [부] ① 다른 때에, 언젠가 ② 예전에, 옛날에
kitamet [부] 내년(에)
kitas¹ [형] ① 다른, 딴; kiti žmonės 다른 사람들; tai visai kitas reikalas 그건 (전혀) 별개의 문제다 ② 다음의; kitą savaitę 다음 주 ③ niekas kitas 다름 아닌 (바로 ~); k-ita tiek 그만큼 더; tarp kita ko 그런데; kitą kartą i) 다른 때에, 언젠가 ii) 예전에, 옛날에; vienas po kito 차례로, 잇따라
kitas² [남] 퍼티, 접합제
kitąsyk = kitąkart
kitatautis [남] 외국인
kitimas [남] 변화, 변경
kitkas [대] 다른 것, 딴 것; tai kitkas 이건 별개의 문제다; tarp kitko 그런데
kitoks [대] 다른 (종류의)
kitoniškas [형] 다른 (종류의)
kitur [대] 어딘가 다른 곳에

kivirčas [남] 다툼, 불화, 갈등, 논쟁
kivirčytis [동] (~와) 다투다, 사이가 틀어지다
klaida [여] 실수, 잘못; padaryti klaidą 실수하다, 잘못하다; per klaidą 실수로, 잘못해서
klaidingas [형] 잘못된, 틀린
klaidinti [동] (남을) 실수[잘못]하게 만들다
klaidžioti [동] 헤매다, 떠돌다, 방랑하다; 길을 찾지 못하다
klaikus [형] 무서운, 두려운, 무시무시한, 섬뜩한
klajoklis [남] 유목민
klajoti [동] ① 유목 생활을 하다 ② 떠돌다, 방랑하다
klajūnas [남] 방랑자
klampynė [여] 늪, 소택지, 습지
klampus [형] 늪지대의, 습지의, 진창 같은
klanas [남] 웅덩이
klarnetas [남] [음악] 클라리넷
klasė [여] ① (사회의) 계급, 계층 ② 학급; 교실
klasifikacija [여] 분류
klasifikavimas [남] 분류
klasifikuoti [동] 분류하다
klasikas [남] 고전 작가
klasikinis [형] 고전의, 고전적인; klasikinė muzika 고전 음악, 클래식 음악
klasta [여] 불성실, 배반
klastingas [형] 교활한; 남을 속이는, 불성실한, 배반하는
klastoti [동] 위조하다, 가짜[모조]를 만들어내다
klaupti(s) [동] 무릎을 꿇다
klausa [여] 청각, 청력
klausiamas [형] 묻는, 질문하는, 의문의
klausiamasis [형] klausiamasis sakinys [문법] 의문문; klausiamasis įvardis [문법] 의문대명사
klausimas [남] 질문, 문제; 물음, 묻기; (už)duoti klausimą 묻다, 질문하다; atsakyti į klausimą 질문에 답하다; ginčijamas klausimas 이슈, 논점; kyla klausimas 문제는 (~이다)
klausymas [남] ① 듣기, 귀를 기울이기 ② 강의 출석 ③ 따르기, 복종
klausinėti [동] 묻다, 질문하다; (학생에게) 시험을 치게 하다

klausyti [동] ① 듣다, 귀를 기울이다 ② (강의에) 출석하다 ③ 따르다, 복종하다; klausyti įstatymo 법을 준수하다 ④ klausau! (전화상에서) 여보세요; klausykite! 이보세요!
klausytojas [남] ① 듣는 사람 ② 학생
klausti [동] (~에 대해) 묻다, 질문하다
klaustukas [남] [문법] 물음표 (?)
klaviatūra [여] (피아노 따위의) 건반; (컴퓨터의) 키보드
klavišas [남] (키보드의) 키
klebėti [동] 흔들리다, 불안정하다
klebonas [남] [기독교] 교구 목사
klegesys [남] 소음, 시끄러운 소리
klegėti [동] 소음을 일으키다
klerti [동] ① (가구 따위가) 흔들거리다, 곧 무너질 것 같다 ② 신경 쇠약이다
klestėjimas [남] 번영, 번창
klestėti [동] 번영하다, 번창하다
klėtis [여] 곡물 창고
klevas [남] [식물] 단풍나무
kliautis [동] 의지하다, 신임하다
klibėti [동] 흔들리다, 불안정해지다
klibinti [동] 흔들거리게 하다
klibti [동] 흔들거리다, 불안정해지다
kliedesys [남] 헛소리, 광란 상태
kliedėti [동] 헛소리를 하다, 미친 듯 ~하다
klientas [남] 고객, 단골
klientūra [여] 고객들
klijai [남·복] 풀, 접착제
klijuoti [동] 풀칠하다, 풀로 붙이다
klika [여] 도당, 파벌
klykti [동] (큰)소리를 지르다
klimatas [남] 기후
klimatinis [형] 기후의
klimpti [동] (~에) 꼼짝없이 빠지다, 꽉 박히다
klinika [여] 진료소, 클리닉
klintis [여] 석회암[석]
klysti [동] 실수하다; 잘못되었다, 틀렸다

klišė [여] 진부한 표현
kliudyti [동] ① 손대다 ② 방해하다, 막다
kliūti [동] ① 스치다 ② 맞히다 ③ 방해하다, 막다
kliūtis [여] 방해물, 장애물
kliuvinys [남] 방해물, 장애물
klodas [남] 층, 켜; [지질] 지층(地層)
klonis [남] 골짜기, 계곡
klostė [여] 주름
klostyti [동] ① 주름을 잡다 ② 이불 따위를 펴다
kloti [동] 잠자리를 깔다
klotis[1] [동] ① (이불 따위를) 뒤집어 쓰다 ② kaip klojasi? 어떻게 지내요?
klotis[2] [여] 성공, 행운; geros kloties! 행운을 빌어요!
klubas [남] 클럽, 회관; naktinis klubas 나이트클럽; sporto klubas 스포츠 클럽
klūpoti [동] 무릎을 꿇다
klupti [동] ① 발부리가 걸리다, 헛디디다 ② 실수하다
klusnumas [남] 복종, 충실
klusnus [형] 고분고분한, 충실한
kmynas [남] [식물] 캐러웨이
knaisiotis [동] 뒤지다, 샅샅이 찾다
knarkimas [남] 코골기
knarkti [동] 코를 골다
kniaukti [동] (고양이가) 야옹하고 울다
knibždėti [동] 우글거리다, 떼지어 모여들다
kniedė [여] 리벳
knyga [여] 책, 도서
knygynas [남] ① 서점 ② 도서관
knistis [동] 뒤지다, 샅샅이 찾다
kniūbsčias [형] 엎드린, 수그린
ko [대] ① 무엇; ko tu nori? 무얼 원해? ② 누구; ko nėra? 누가 없니? ③ 왜, 무엇 때문에; ko tu liūdi? 왜 슬픈 거니? ④ ko geriausias 가장 좋은; ko greičiausiai 가능한 한 빨리
kočėlas [남] 밀대, 롤러
kočioti [동] 밀대[롤러]로 밀다

kodeksas [남] 법전(法典)
kodėl [대] 왜; kodėl taip galvoji? 왜 그렇게 생각해?
koeficientas [남] 계수(係數), 율(率)
koja [여] 발; 다리
kojinė [여] 스타킹; 양말
koketuoti [동] (여자가 남자와) 시시덕거리다, 희롱하다
kokybė [여] (품)질
kokybinis, kokybiškas [형] 질적인
koklis [남] 타일, 기와
kokliušas [남] [병리] 백일해
koks [대] ① 무엇; koks oras? 날씨가 어떤가요? ② koks nors 얼마간의, 어떤; ar yra koks nors peilis ant stalo? 테이블 위에 나이프가 있는가?
koksas [남] [화학] 코크스
koktus [형] 더러운, 불쾌한, 넌더리나는
kol [접] ① ~하는 동안에; reikia su juo pakalbėti, kol jis ten 우리는 그가 거기에 있는 동안에 그에게 말을 걸어야 한다 ② ~할 때까지; iki kol? 언제까지?; kol kas 그러는 동안에, ~하는 한
koldūnai [남·복] 고기만두
kolega [여] (업무상의) 동료
kolegija [여] 위원회
kolei [접] = kol
kolekcija [여] 수집
kolekcionierius [남] 수집가
kolekcionuoti [동] 수집하다, 모으다
kolektyvas [형] 단체, 집합체
kolektyvinis, kolektyvus [형] 집단의, 단체의
kolona [여] 기둥, 원주
kolonija [여] ① 식민지 ② 정착지, 거주지, 촌락
kolonijinis [형] 식민(지)의
kolonizacija [여] 식민지화, 식민지 건설
kolonizuoti [동] 식민지화하다, 식민지를 건설하다
koloritas [남] 착색, 채색
Kolumbija [여] 콜롬비아
komanda [여] ① 명령, 지시 ② [군사] 사령부; [복] 소규모

부대 ③ (배의) 승무원단 ④ [스포츠] 팀
komandiruotė [여] 출장, 사업상의 여행
komandiruoti [동] 출장을 보내다, 임무를 맡겨 보내다
komanduoti [동] 명령하다, 지시하다
kombainas [남] 콤바인, 수확기
kombinacija [여] 결합, 조합
kombinuoti [동] 결합하다, 조합하다
komedija [여] 코미디, 희극
komediantas [남] ① 코미디언 ② 위선자, ~인 척하는 사람
komendantas [남] ① (도시·요새 따위의) 지휘관, 사령관 ② (건물 따위의) 감독관
komentaras [형] 논평, 코멘트
komentuoti [동] 논평하다, 코멘트하다
komercija [여] 상업, 교역
komercinis [형] 상업의, 상업적인
komersantas [남] 상인; 사업가, 실업가
kometa [여] [천문] 혜성
komfortas [남] 편의 시설
komikas [남] ① 희극 배우 ② 익살꾼, 재미있는 사람
komisas [남] 위탁 판매
komisija [여] 위원회
komiškas [형] 우스운, 웃기는, 희극적인
komitetas [남] 위원회
komoda [여] 옷장, 장롱
kompanija [여] ① 동료, 친구들; sudaryti kam kompaniją ~와 어울리다 ② 회사
kompanionas [남] 동료, 친구; 협력자, 파트너
kompasas [남] 나침반
kompensacija [여] 배상, 보상
kompensuoti [동] 배상[보상]하다, 벌충하다
kompetencija [여] 능력, 적성
kompetentingas [형] 유능한, 능력[자격]이 있는
kompiuteris [남] 컴퓨터
kompleksas [남] 복합적인 것
kompleksinis [형] 복합적인
komplektas [남] 전집, 완결된 한 세트

komplektuoti [동] ① 채우다, 채워 완전하게 하다 ② 직원을 모집하다, 신병을 징집하다
komplikacija [여] 복잡(화)
komplikuoti [동] 복잡하게 하다
komplimentas [남] 칭찬, 듣기 좋은 말
komponuoti [동] 구성하다
kompotas [남] 설탕에 끓인 과일
kompozicija [여] 구성, 조립
kompozitorius [남] 작곡가
kompromisas [남] 타협
kompromituoti [동] 타협하다
komuna [여] 코뮌; 지방 자치체
komunalinis [형] 자치 도시의, 지방 자치체의
komunikacija [여] 통신, 커뮤니케이션
komunistas [남] 공산주의자; komunistų partija 공산당
komunistinis [형] 공산주의의
komunizmas [남] 공산주의
komutatorius [남] [전기] 정류기, 전환기
koncentracija [여] 집중
koncentruoti [동] 집중하다
koncertas [남] 콘서트, 음악회, 연주회
kondensuoti [동] 응축하다
konditerija [여] 제과점
konduktorius [남] (버스·기차 등의) 차장
kone [부] 거의, 대체로
koneveikti [동] 욕하다
konferencija [여] 회의, 협의, 컨퍼런스
konfiskuoti [동] 몰수하다
konfliktas [남] 충돌, 대립, 상충, 갈등
Kongas [남] 콩고
kongresas [남] 회의, 의회, 국회
konjakas [남] 코냑
konjunktūra [여] 국면, 시점
konkretizuoti [동] 구체화하다
konkretus [형] 구체적인, 뚜렷한
konkurencija [여] 경쟁, 경합

konkurentas [남] 경쟁자, 라이벌
konkursas [남] 경쟁, 경합
konkursinis [형] 경쟁적인
konkuruoti [동] (~와) 경쟁하다
konservai [남·복] 통조림 식품
konservatyvus [형] 보수적인, 보수주의의
konservatizmas [남] 보수주의
konservatorija [여] 음악 학교, 컨서버토리
konservatorius [남] 보수적인 사람, 보수주의자
konservuoti [동] ① 보존하다, 유지하다 ② (식품을) 통조림으로 하다
konspektas [남] 요약, 개요
konspektuoti [동] 요약하다; 적어두다
konspiracija [여] 음모, 모의
konstatuoti [동] 확언하다, 확증하다
konstitucija [여] 헌법
konstitucinis [형] 헌법(상)의
konstrukcija [여] 구조, 양식, 디자인
konstruktorius [남] 디자이너
konstruoti [동] 구성하다; 디자인하다
konsulas [남] 영사(領事)
konsulatas [남] 영사관
konsultacija [여] ① (전문가와의[로부터의]) 상담, 자문; (대학에서의) 개별 지도 ② 상담소
konsultantas [남] 컨설턴트, 상담역, 고문; (대학의) 개별 지도 교수
konsultuoti [동] (전문가로서) 상담[조언]해주다, 자문에 응하다
konsultuotis [동] (전문가와) 상담하다, (전문가의) 조언[자문]을 구하다
kontaktas [남] 접촉, 연락; palaikyti kontaktą su kuo ~와 연락하며 지내다, 접촉을 지속하다
kontekstas [남] 문맥, 문장의 전후 관계
kontinentas [남] 대륙
kontinentinis [형] 대륙(성)의
kontora [여] 사무소
kontrabanda [여] 밀수, 불법 거래

kontrabandininkas [남] 밀수업자
kontraktas [남] 계약, 약정, 동의
kontrastas [남] 대조, 대비
kontrastuoti [동] (~와) 대조[대비]하다
kontrolė [여] 검사, 점검
kontrolierius [남] 검사자, 점검자
kontroliuoti [동] 검사하다, 점검하다
kontūras [남] 윤곽, 외곽선
konvojus [남] 호위, 호송
kooperacija [여] ① 협력, 협동 ② 협동조합
kooperatinis [형] 협력적인, 협동의
kooperatyvas [남] 협동조합(의 매점)
koordinuoti [동] 대등하게 하다; 조정하다
kopa [여] 모래 언덕
kopėčios [여・복] 사다리
kopija [여] 사본, 복사, 카피
kopijuoti [동] 복사하다
kopimas [남] (산에) 오름, 등반
kopinėti [동] (위로) (기어) 올라가다
koplyčia [여] 예배당, 채플
kopti [동] (위로) (기어) 올라가다
kopūstas [남] [식물] 양배추
koralas [남] [동물] 산호(충)
koregavimas [남] 교정(校正)(보기)
koreguoti [동] 교정을 보다
Korėja [여] 한국; Šiaurės Korėja 북한; Pietų Korėja 남한, 대한민국
korėjietis [남] 한국 사람; korėjiečių kalba 한국어
korėjietiškas [형] 한국의
korektiškas [형] 올바른, 적절한
korektorius [남] 교정 보는 사람
korektūra [여] 교정 보기; 교정지
korespondencija [여] 통신, 서신 왕래
korespondentas [남] 특파원, 통신원
koridorius [남] 복도
korys [남] 벌집

korpusas [남] ① 몸통, ~체(體) ② (기계류 따위의) 틀, 테, 프레임; 선체(船體) ③ 건물, 구조물 ④ ~단(團); [군사] ~대(隊)
korta [여] (놀이) 카드
kortelė [여] 카드, 표
kosėti [동] 기침하다
kosminis [형] 우주의; kosminis laivas 우주선(船)
kosmosas [남] 우주
kostiumas [남] 복장; 슈트
kosulys [남] 기침
košė [여] 죽
košti [동] 거르다, 여과하다
kotas [남] 손잡이, 자루
kotletas [남] 커틀릿 (요리)
kova [여] 싸움, 투쟁
kovas [남] ① [조류] 당까마귀 ② 3월
kovingas [형] 싸우기 좋아하는
kovinis [형] 싸움의, 투쟁의
kovoti [동] (맞서) 싸우다, 투쟁하다
kovotojas [남] (맞서) 싸우는 사람, 투사, 전사(戰士)
kraikas [남] (동물의) 한배 새끼
kraipyti [동] ① (머리 따위를) 흔들다 ② (사실 따위를) 왜곡하다, 잘못 전하다
kraitė [여] 바구니
kraitis [남] (신부의) 지참금, 혼수
krakmolas [남] 녹말, 전분
krakmolyti [동] (예를 들어 옷깃 따위에) 풀을 먹이다
kramsnoti [동] 갉다, 물어뜯다
kramtyti [동] 씹다; (손톱 따위를) 깨물다, 물어뜯다
kramtomasis [형] kramtomoji guma 추잉껌, 껌
kranas[1] [남] (수도 등의) 마개, 꼭지
kranas[2] [남] 크레인, 기중기
kranklys [남] [조류] 갈까마귀
krantas [남] 물가, 강둑; 해안; ant kranto 물가에; kranto linija 해안선
krantinė [여] 둑; 제방

krapai [남·복] [식물] 펜넬, 회향(茴香)
krapštyti [동] (코·이 등을) 후비다
krapštytis [동] 빈둥거리다
kraštas [남] ① 가장자리 ② 물가, 강둑, 해안 ③ 땅, 나라; 영역; gimtasis kraštas 고국, 본국 ④ iš visų kraštų 각처에서, 각방면에서
kraštinis [형] 맨 끝의, 맨 가장자리의, 극단의
kraštutinybė [여] 극단, 극도
kraštutinumas [남] 극단, 극도
krata [여] 수색, 조사
kratinys [남] 잡동사니, 뒤범벅
kratyti [동] ① 흔들다 ② 수색[조사]하다
kratytis [동] ① 흔들리다, 동요하다 ② (~을) 피하려[면하려]하다
kratus [형] 흔들리는, 동요하는
kraugerys [남] ① 흡혈 동물 ② 남에게 기생하는 사람, 착취자
kraujagyslė [여] 혈관, 핏줄
kraujas [남] 피, 혈액; perpilti kraują 수혈하다; lieti kraują (~을 위해) 피를 흘리다
kraujavimas [남] 출혈
kraujospūdis [남] 혈압
kraujotaka [여] 혈액 순환
kraujuotas [형] 피로 얼룩진, 피투성이의
kraujuoti [동] 피를 흘리다
kraupus [형] 무서운, 두려운, 섬뜩한
kraustyti [동] ① (탁자 위 따위를) 치우다 ② (집에서) 쫓아내다, 퇴거시키다
kraustytis [동] 집[거처]을 옮기다, 이사하다
krauti [동] ① 쌓아 올리다 ② (배 따위에) 짐을 싣다 ③ [전기] 충전하다
krautuvė [여] 가게, 상점
krautuvininkas [남] 가게[상점] 주인, 소매 상인
kreditas[1] [남] [부기] 대변(貸邊)
kreditas[2] [남] 신용 판매[대부]; kreditan 외상으로, 신용 대부로
kreditorius [남] 채권자, 저당권자

kregždė [여] [조류] 제비

kreida [여] 분필; spalvota kreida 크레용

kreikti [동] 흩뿌리다

kreipimasis [남] ① (남에게) 말을 걸기 ② 호소 ③ (편지의) 인사말

kreipinys [남] (남을 부르는) 호칭

kreipti [동] ① (~으로) 향하다 ② (관심 따위를) 끌다; kreipti dėmesį (~에) 주목하다; kreipti kieno dėmesį ~의 주의를 끌다

kreiptis [동] ① (남에게) 말을 걸다 ② 호소하다, 구하다

kreiseris [남] 순양함, 크루저

kreivas [형] ① 구부러진, 굽은; 뒤틀린, 비틀린 ② 잘못된, 부당한

kreivė [여] 곡선

kreivinti [동] 구부리다; 뒤틀다, 비틀다

kreivomis [형] 비스듬하게, 기울어져

krekėti [동] 굳히다, 응고시키다

kremas [남] ① 크림, 유지(乳脂) ② (화장용) 크림

kreminis [형] 크림색의

kremzlė [여] [해부] 연골

krepšininkas [남] 농구 선수

krepšinis [남] [스포츠] 농구

krepšys [남] 바구니; 백; krepšys pirkiniams 쇼핑백

krėslas [남] 안락의자

kresnas [형] 땅딸막한

krėsti [동] ① 흔들다 ② 덜덜 떨다 ③ 수색[조사]하다

krešėti [동] (피 따위가) 응고하다

kriauklė [여] ① 조개, 조가비 ② 싱크대, 세면대

kriaušė [여] [식물] 서양배(나무)

krikščionybė [여] 기독교

krikščionis [남] 기독교인, 크리스천

krikščioniškas [형] 기독교(인)의

krikštas [남] 세례(식)

krykštauti [동] 크게 기뻐하며 소리치다

krykštynos [여·복] 세례(식)

krykštyti [동] 세례를 베풀다

krikti [동] 흩어지다, 분산하다
krykti [동] (오리가) 꽥꽥 울다
kriminalinis [형] 범죄의; kriminalinis romanas 탐정 소설
krimsti [동] ① 조금씩 갉아먹다 ② 성가시게 하다, 괴롭히다
krimstis [동] 고통을 겪다, 마음 아파하다; nesikrimskit 자, 힘내라구!
kriokimas [남] 노호, 포효, 으르렁거림; 큰 빗소리 따위
krioklys [남] 폭포
kriokti [동] ① 씨근거리다; (짐승 따위가) 으르렁거리다 ② 코를 골다 ③ (폭풍 따위가) 세차게 일어나다
krypti [동] ① 구부리다, 굽히다 ② (~쪽으로) 향하다, 기울어지다, 방향을 틀다
kryptis [여] ① 방향, ~쪽 ② 경향, 동향
krypuoti [동] 비틀거리다, 뒤뚱거리다
krislas [남] 티, 티끌, 먼지
kristalas [남] [화학·광물] 결정(체)
kristalinis [형] 결정(질)의, 결정체로 된
kristalizuotis [동] 결정화하다
kristi [동] ① (아래로) 떨어지다, 낙하하다 ② (가축 따위가) 죽다 ③ 내려앉다, 가라앉다; kainos krinta 가격이 내리고 있다 ④ kristi į akį 눈에 확 띄다, 주의[시선]를 끌다
krištolas [남] ① 컷글라스[크리스털] (제품) ② kalnų krištolas [광물] (무색 투명한) 수정
krištolinis [형] 컷글라스[크리스털]의
kriterijus [남] (판단·평가의) 표준, 기준, 규범, 척도
kritika [여] 비판; (문학 등의) 비평
kritikas [남] 비평가
kritikuoti [동] 비판하다; 비평하다
kritimas [남] ① (아래로) 떨어짐, 낙하 ② 내려앉음; (가격 등의) 폭락 ③ 가축의 전염병, 온역(瘟疫)
kritinis [형] ① 비평의; 비판적인 ② 결정적인, 중대한
kritiškas [형] 결정적인, 중대한
krituliai [남·복] 강우(降雨)
kriuksėti [동] (돼지 따위가) 꿀꿀거리다
krizė [여] 위기, 중대 국면
kryžiažodis [남] 크로스워드 (퍼즐)

kryžiuoti [동] ① 교차시키다, 엇갈리게 하다 ② 십자가에 못 박다
kryžius [남] 십자가; Raudonasis Kryžius 적십자
kryžkelė [여] 십자로, 교차로
kryžminis [형] 십자형의
kryžminti [동] [생물] (이종(異種)) 교배시키다, 잡종을 만들다
Kroatija [여] 크로아티아
krokodilas [남] [동물] 악어
kronika [여] ① 연대기(年代記) ② 뉴스 기사
krosas [남] [스포츠] 크로스컨트리 경주
krosnis [여] 난로; 노(爐)
krovėjas, krovikas [남] 짐 싣는 사람, 하역 인부
krovimas [남] 짐 싣기, 적재, 하역; 선적(船積)
krovinys [남] (또는 복수형 kroviniai으로) 짐, 적재 하물, 화물
krūmas [남] 관목, 떨기나무
krūminis [형] krūminis dantis 어금니
krumpliaratis [남] [기계] (맞물리는) 톱니바퀴
krumplys [남] (톱니바퀴 따위의) 이
kruopa [여] 곡식의 난알
kruopienė [여] 곱게 간 보리[귀리]로 만든 수프
kruopos [여·복] 빻은 곡식 가루
kruopštus [형] 철저한, 면밀한, 공을 들이는
krūpčioti [동] (놀람·공포로) 주춤하다, 움찔하다
kruša [여] ① 우박, 싸락눈 ② 비, 소나기 ③ 연발, 빗발치듯 함
krutėti [동] 움직이다, 흔들거리다
krūtinė [여] 가슴, 품; krūtinės ląsta [해부] 흉부, 흉곽(胸廓), 흉강(胸腔)
krutinti [동] 움직이다, 흔들다
krūtis [여] 가슴; 젖, 유방; duoti kūdikiui krūtį 아기에게 젖을 먹이다
krūva [여] 더미, 무더기; [복] 많은[다량의] ~
kruvinas [형] 피묻은, 피투성이의; 유혈의, 피비린내 나는
kruvinoji [여] [병리] 적리(赤痢; 이질의 일종)
krūvis [남] ① [전기] 전하(電荷) ② 짐, 부담, 의무
Kuba [여] 쿠바

kubas [남] 입방체, 정육면체
kubilas [남] 큰 통
kubinis [형] 입방의, 정육면체의, 세제곱의
Kūčios [여·복] 크리스마스 이브
kūdikis [남] 아기, 유아
kūdikystė [여] 유아기
kūdikiškas [형] 아기의, 유아의
kūdra [여] 연못
kūgis [남] ① (건초 따위의) 더미 ② 원뿔
kugždėti [동] 속삭이다, 귀엣말하다
kuilys [남] 수퇘지
kūjis [남] 망치, 해머
kūkčioti [동] 흐느껴 울다
kuklumas [남] 겸손
kuklus [형] 겸손한
kukulis [남] 만두
kukurūzas [남] (또는 복수형 kukurūzai로) [식물] 옥수수
kūlė [여] ① 나무메 ② (곡식의) 도리깨질, 타작
kūliavirsčia [부] 거꾸로, 곤두박이로
kūlimas [남] (곡식의) 도리깨질, 타작
kulinaras [남] 요리 전문가, 요리사
kulinarija [여] 요리법
kūlys [남] 짚 한 다발
kulka [여] 탄환, 발사체
kulkosvaidis [남] 기관총
kulnas [남] 발뒤꿈치; 신발의 뒤축; lipti kam ant kulnų ~의 (바로) 뒤에서 따라가다
kulnis [여] 발뒤꿈치; 신발의 뒤축
kultas [남] 숭배, 예배
kulti [동] ① (곡식을) 도리깨질[타작]하다 ② 치다, 때리다
kultivatorius [남] [농업] 경운기
kultivuoti [동] 경작하다
kultūra [여] ① 문화 ② 재배, 경작
kultūrėti [동] 문화적으로 되다, 교양 있게 되다, 교육 수준이 높아지다, 세련되다
kultūringas [형] 문화[교육] 수준이 높은, 교양 있는

kultūrinis [형] 문화의, 문화적인
kultūrinti [동] 문화적으로 만들다, 교양 있게 하다, 교육 수준을 높이다, 세련되게 하다
kumelė [여] 암말(馬)
kumelys [남] 종마(種馬)
kumeliukas [남] 망아지
kumetis [남] 농장 일꾼
kumpis [남] 햄
kumštynės [여·복] 주먹다짐, 난투
kumštis [남] 주먹
kūnas [남] ① 몸, 신체; kūno kultūra 체육 ② 물체, ~체(體); kietasis kūnas 고체; dangaus kūnai 천체(天體)
kunigaikštis [남] 공(公), 군주; didysis kunigaikštis 대공(大公)
kunigaikštystė [여] 공국(公國)
kunigaikštytė [여] 여공(女公), 여자 군주
kunigas [남] (가톨릭의) 사제, 신부, 성직자
kunkulas [남] 거품, 기포
kunkuliuoti [동] 거품이 일다; 끓다
kuo [대] kuo geriausias 가장 좋은; kuo ~ tuo ~ ~하면 할수록 더 ~하다
kuodas [남] ① (새의) 볏 ② (머리카락의) 술
kuoja [여] [어류] 잉엇과의 민물고기
kuoka [여] 몽둥이, 곤봉
kuokelis [남] [식물] 수술
kuokštas [남] (털 따위의) 술, 다발, 뭉치
kuolas [남] ① 말뚝 ② nors jam (jai) kuolą ant galvos tašyk 그는 고집이 너무 세다
kuomet [부] ① 언제?; kuomet sugrįši? 언제 돌아오니? ② 언젠가, 일찍이, 한번은; ar esi kuomet buvęs Vilniuje? 빌뉴스에 가본 적이 있니?
kuone [부] 거의, 대체로
kuopa [여] [군사] 보병중대
kuopti [동] 말끔하게 비우다[없애다]
kuosa [여] [조류] 갈까마귀
kupė [여] (기차의) 칸막이한 객실
kupeta [여] 낟가리, 건초 따위의 더미

kupinas [형] (~으로) 가득한; jėgų kupinas 힘이 넘치는
kupra [여] 혹
kupranugaris [남] [동물] 낙타
kuprinė [여] 배낭
kuprys [남] 곱사등이, 꼽추
kuprotas [형] 등이 굽은, 곱사등이[꼽추]의
kupstas [남] 무더기, 더미
kur [부] ① [의문부사] 어디에; 어디로, 어느 곳으로; kur jis beeitų 그가 어디에 가든지; kur nors 어딘가에(서); kur ne kur 여기저기에 ② [관계부사] ~하는, ~한 (장소); n-amas, kur jis gyveno 그가 살았던 집 ③ kur kas 훨씬 더; kur tau 결코 ~아니다; kur buvęs, kur nebuvęs 아주 갑자기 ― [접] ~하는 곳에; kad ir kur tai būtų 어디든지, 어디에 있든지
kurantai [남·복] 차임 (한 벌의 종)
kurapka [여] [조류] 자고, 반시
kuras [남] 연료, 땔감
kurčias [형] 귀머거리의, 귀가 먼
kurčnebylys [kurčnebylis] [형] 농아의, 귀먹고 말 못하는
kūrėjas [남] 창조자, 창작자; 창시자, 창립자; 저자
kūrenti [동] 데우다, 가열하다
kūryba [여] 창조 (작업); 창작물, 작품
kūrybingas, kūrybinis, kūrybiškas [형] 창조적인
kūrikas [남] 화부(火夫), 불 때는 사람
kūrimas [남] 창조
kūrinys [남] (예술 따위의) 작품
kuriozas [남] 괴상한 것
kuris [대] ① [의문대명사] 어느 (것)?; kuri knyga? 어떤 책? ② [관계대명사] ~하는 (것·사람); plunksna, kuri guli ant suolo 책상 위에 있는 펜; vyras, kuris vakar atėjo 어제 왔던 그 사람 ③ kurį laiką 잠시, 얼마동안; bet kuris 어떤 것이든; kuris ne kuris (불특정하게) 어떤
kurkti [동] (개구리가) 개굴개굴 울다
kurlink [부] 어느 쪽[방향]으로, 어디를 향해
kurmis [남] [동물] 두더지
kur-ne-kur [부] 여기저기에

kurortas [남] 보양지(保養地)
kurpės [여·복] 신발
kursantas [남] 학생
kursas [남] ① 진로, 방향, 나아가는 길; laivo kursas į šiaurę 그 배는 북쪽을 향하고 있다 ② 정책, 방침 ③ 학습[교육] 과정, 강좌, 코스; baigti universiteto kursą 대학을 졸업하다 ④ (학교의) 학년 ⑤ 환율
kurstymas [남] 선동, 부추김
kurstyti [동] ① 불을 붙이다, 불을 켜다 ② 선동하다, 부추기다
kurstytojas [남] 선동자, 부추기는 사람
kursuoti [동] (~의 사이를) 정기적으로 왕복하다, 다니다
kurti [동] ① 불을 붙이다, 불을 켜다 ② 창설하다, 창립하다, 만들어내다
kurtinti [동] 귀머거리로 만들다, 귀를 먹먹하게 하다
kurtumas [남] 귀머거리임, 귀가 들리지 않음
kušetė [여] 긴 의자, 소파
kutenti [동] 간질이다
kutulys [남] 간지럼
kuždesys [남] 속삭임, 귀엣말
kuždėti [동] 속삭이다, 귀엣말하다
kvadratas [남] [수학] 제곱; pakelti kvadratu 제곱하다
kvadratinis [형] 제곱의, 평방의; kvadratinis metras 제곱 미터, 평방 미터 (기호는 m^2); kvadratinė šaknis 제곱근 (기호는 $\sqrt{}$); kvadratinės lygtys 2차 방정식
kvailas [형] 어리석은, 지각 없는
kvailėti [동] 어리석어지다
kvailybė [여] 어리석은 짓, 난센스
kvailinti [동] 놀리다, 속이다
kvailioti [동] 바보짓을 하다
kvailys [남] 멍청이, 얼간이
kvailystė [여] 어리석은 짓, 난센스
kvailokas [형] 멍청한, 어리석은
kvailumas [남] 어리석음
kvaišalas [남] 마취제, 마약
kvalifikacija [여] 자격 부여

kvalifikuotas [형] (어떤 분야에) 자격 있는, 적격인; 숙련된, 솜씨 있는
kvalifikuoti [동] 자격을 부여하다, 적격으로 하다
kvapas [남] ① (좋은) 냄새, 향기 ② 숨, 호흡
kvapus [형] 향기로운, 좋은 냄새가 나는
kvarkti [동] (암탉이) 꼬꼬 울다
kvaršinti [동] 괴롭히다, 못살게 굴다
kvartalas [남] (도시의) 블록, 지구, ~가(街)
kvartetas [남] [음악] 4중주[창]단
kvatojimas [남] 큰 웃음
kvatoti [동] 크게 웃다
kvepalai [남·복] 향수(香水)
kvėpavimas [남] 숨쉬기, 호흡
kvėpėti [동] 향기[좋은 냄새]가 나다
kvėpuoti [동] 숨쉬다, 호흡하다; sunkiai kvėpuoti 숨을 헐떡거리다
kviesti [동] 초대하다, 부르다
kvietimas [남] ① 초대, 부름 ② 초대장
kvietys [남] [식물] 밀
kvitas [남] 영수증
kvorumas [남] (의결에 필요한) 정족수
kvosti [동] 질문하다; 심문하다, 조사하다
kvota[1] [여] 심문, 조사
kvota[2] [여] 할당량, 쿼터

L

labai [부] 매우, 아주, 무척, 몹시, 대단히, 극도로; jam tai labai patiko 그는 그것을 무척 좋아했다; labai reikia 절박한, 몹시 필요한; nelabai 별로[그다지] ~않다

labiau [부] 더욱; juo labiau 더욱 더

labiausiai [부] 무엇보다도; 특(별)히

labanakt(is) [감] 잘 자요!

labas[1] [감] ① (인사말로) 안녕!; labas rytas!, labą rytą! 안녕하세요! (아침 인사); laba diena!, labą dieną! 안녕하세요! (낮 인사); labas vakaras!, labą vakarą! 안녕하세요! (저녁 인사); viso labo! 잘 가요, 안녕히 가세요!; perduokit jam labų dienų 그에게 안부 전해 주세요 ② viso labo 모두, 다 합해서

labas[2] [남] tėvynės labui 조국을 위해; žmonijos labui 인류를 위해

labdara [여] 자비, 자선, 자애, 박애

labdaringas [형] 자비로운, 자애로운, 박애주의의

labirintas [남] 미궁(迷宮), 미로

laborantas [남] 실험실 조수

laboratorija [여] 실험실

lagaminas [남] 여행용 큰 가방, 슈트케이스

laibas [형] 가느다란, 가냘픈, 호리호리한

laida [여] ① 일몰, 해넘이 ② (신문·서적 따위의) 판(版) ③ (학교의) 졸업생 ④ (라디오·TV의) 방송

laidas [남] ① 보증, 담보물 ② [전기] 도선(導線)

laidavimas [남] 보증(하기)

laidynė [여] 다리미

laidininkas [남] [물리] 도체(導體), 전도체

laidyti [동] ① 던지다 ② 다림질하다 ③ gerklę laidyti 소리[고함]치다

laidoti [동] 묻다, 매장하다

laidotuvės [여·복] 매장, 장례

laiduoti [동] 보증하다

laidus [형] [물리] 전도성(傳導性)이 있는

laikas [남] ① 시간; bet kuriuo laiku 언제든지; daug laiko 오랫동안; kiek laiko? i) 몇 시야? ii) 시간이 얼마나 걸려?; aš neturiu laiko 난 시간이 없다; be laiko 때아닌; po laiko (시간이) 너무 늦은; šiuo laiku 지금, 이 시간에; visiems laikams 영원히; greitu laiku 곧, 얼마 안 있어 ② 시대; mūsų laikais 요즈음; šių laikų 현대적인, 최신의; visais laikais, visą laiką 항상, 늘, 언제나; nuo neatmenamų laikų 아득한 옛날부터 ③ 계절; keturi metų laikai (1년의) 사계절 ④ [문법] 시제 ⑤ (일정한) 기간

laikiklis [남] 홀더, 받침

laikymas [남] ① 보존, 저장, 유지 ② egzaminų laikymas 시험 치르기

laikymasis [남] (법률 따위의) 준수; (질서의) 유지

laikinai [부] 일시적으로, 잠정적으로, 임시로

laikinas [형] 일시적인, 잠정적인, 임시의

laikysena [여] 태도, 자세

laikyti [동] ① 잡다, 붙들다; už rankos ką laikyti ~의 손을 붙잡다 ② (어떤 상태로) 유지하다, 지키다; laikyti švarų 깨끗하게 유지하다; laikyti paslaptyje 비밀로 지키다; laikyti liežuvį už dantų 잠자코 있다 ③ 부양하다, 기르다 ④ (~을 ~이라고) 생각하다, 여기다 ⑤ laikyti egzaminą 시험을 치다

laikytis [동] ① (~에) 꼭 붙어있다 ② (법률 따위를[에]) 지키다, 따르다, 준수하다; laikytis tvarkos 질서를 유지하다 ③ laikytis nuomonės, kad ~ ~이라는 의견[생각]이다

laikotarpis [남] (일정한) 기간, 동안, 시기

laikraštinis [형] 언론의, 신문의

laikraštis [남] 신문

laikrodininkas [남] 시계 제조[수리]인

laikrodis [남] 시계; laikrodžio rodyklė 시곗바늘; laikrodžio rodyklės kryptimi 시계 방향의

laiku [부] 때가 되면

laimė [여] ① 행복 ② 행운; palinkėti laimės 행운을 빌다; (mūsų) laimei 운 좋게 ③ 운명

laimėjimas [남] ① (복권 등에서) 얻은[딴] 것 ② 달성, 성취

laimėti [동] 얻다, 획득하다; (복권 등에서) 따다; laimėti laiko 시간을 벌다; laimėti pergalę 승리를 거두다

laimėtojas [남] (무언가를) 얻은[획득한·딴] 사람

laimikis [남] ① 얻은[딴] 것; 전리품, 노획품 ② (육식 동물 등의) 먹이; 사냥감

laimingai [부] 행복하게; laimingai! 행운을 빌어요!

laimingas [형] ① 행복한 ② 행운의, 운 좋은

laiminti [동] 축복하다

laipinti [동] 상륙하게 하다; (교통 수단 따위에서) 내리게 하다

laipioti [동] 기어오르다

laipsniavimas [남] [문법] (형용사·부사의) 비교 (변화)

laipsnis [남] ① 정도, 범위; tam tikru laipsniu 어느 정도까지 ② (대학의) 학위 ③ [문법] 급; aukštesnysis laipsnis 비교급; aukščiausiasis laipsnis 최상급 ④ [수학] 거듭제곱, 멱(冪) ⑤ (온도 따위의) 도(度); šiandien dešimt laipsnių šalčio 오늘은 (기온이) 영하 10도다 ⑥ [군사] 계급

laipsniškas [형] 점진하는, 점차적인

laiptai [남·복] 계단, 층계; lipti laiptais 계단을 오르다, 위층으로 올라가다; leistis laiptais 계단을 내려가다, 아래층으로 내려가다

laiptas [남] 걸음, 보(步), 스텝

laiptinė [여] (통로로서의) 계단, 층계

laistyti [동] (물 따위를) 붓다, 뿌리다

laistytuvas [남] 물뿌리개

laisvai [부] ① 자유롭게 ② 쉽게

laisvalaikis [남] 여가, 틈, 자유 시간; laisvalaikiu 한가하여

laisvanoriškas [형] 자발적인, 자유 의지에 따른

laisvas [형] ① 자유로운; laisva valia 자유 의지 ② 제한·속박 따위를 받지 않는, 특정 집단 따위에 소속되어 있지 않은 ③ 격식을 차리지 않는, 멋대로[뻔뻔스럽게] 행동하는 ④ (자리 따위가) 비어 있는 ⑤ 할 일이 없는, 한가한; laisvas laikas 자유 시간, 여가 ⑥ (옷 따위가) 느슨한, 헐렁한

laisvė [여] 자유; gyventi laisvėje 자유롭다, 자유로운 생활을 하다; žodžio laisvė 언론[표현]의 자유

laisvinti [동] 자유롭게 하다, 풀어주다, 해방[석방]하다

laisvumas [남] 자유; 제한[구속]받지 않음

laiškanešys [남] 우편 집배원
laiškas [남] ① 편지 ② (식물의) 잎
laiškininkas [남] 우편 집배원
laivas [남] 배, 선박; keleivinis laivas 여객선; įlipti į laivą 배에 오르다, 승선하다
laivelis [남] 보트
laivyba [여] 항해, 항행
laivynas [남] 함대; karinis jūrų laivynas 해군
laivininkystė [여] 항해, 항행
laižyti [동] 핥다
laižytis [동] ① 자기 입술을 핥다 ② 아첨하다, 알랑거리다
lajus [남] 수지(獸脂), 동물의 기름
lakas [남] ① 바니시, 래커 ② 봉랍(封蠟)
lakioti [동] (나비 따위가) 펄펄[훨훨] 날다
lakoniškas [형] 말수가 적은
lakstyti [동] 뛰어 돌아다니다, 날아다니다
lakštas [남] (종이의) 한 장; (금속의) 박(箔)
lakštingala [여] [조류] 나이팅게일
lakta [여] (닭의) 홰, 횃대
lakti [동] (고양이 따위가) 핥아먹다; (마실 것을) 들이켜다
lakūnas [남] 조종사, 비행사
lakuotas [형] (바니시[래커]를 칠해) 광택이 있는
lakuoti [동] 바니시[래커]를 칠하다
lakus [형] 빨리 달리는[이동하는]
landa [여] 구멍, 틈
landynė [여] ① (도둑 따위의) 소굴 ② 구멍, 틈
landyti [동] 기어다니다
landus [형] ① 교묘하게 남의 마음을 이용하는, 교활한, 간사한 ② 주제넘게 참견하는
landžioti [동] 기어다니다; 기어들다, 기어나가다
langas [남] 창(문)
langeliais [형] 체크[바둑판]무늬의
langelis [남] ① 작은 창 ② 매표구 ③ 환기구 ④ 체크무늬, (바둑판 같은 네모난) 칸[눈]
langinė [여] 셔터, 겉창
languotas [형] 체크[바둑판]무늬의

lankas [남] ① (통에 둘러진) 테 ② 활 ③ (종이의) 한 장 ④ [기하] 호(弧)
lankymas [남] 방문; 출석
lankyti [동] 방문하다; 출석하다
lankytojas [남] 방문객, 손님; dažnas lankytojas 자주 찾아오는 사람, 단골 손님
lankomumas [남] 출석
lankstas [남] 굽음, 커브; 우회로
lankstyti [동] ① 구부리다, 굽히다, 휘다 ② (종이 따위를) 접다
lankstumas [남] 구부리기[휘기] 쉬움, 유연성
lankstus [형] 구부리기[휘기] 쉬운, 유연한, 나긋나긋한
lapas [남] ① (식물의) 잎 ② (종이 따위의) 한 장; (금속의) 박(箔), 판
lapelis [남] (광고·선전용) 전단, 리플릿
lapė [여] [동물] 여우, 암여우
lapinė [여] (나뭇가지나 덩굴로 덮인) 정자, 쉼터
lapkritis [남] 11월
lapuotis [남] [식물] 낙엽수
ląsta [여] ① (동물을 기르는) 집, 우리 ② krūtinės ląsta [해부] 흉부, 흉곽(胸廓), 흉강(胸腔)
ląstelė [여] [생물] 세포
lašas [남] ① (액체의) 방울 ② 조금, 소량; nė lašo 조금도 ~ 않다
lašėti [동] 방울져 떨어지다
lašiniai [남·복] 베이컨
lašinti [동] 한 방울씩 떨어뜨리다, 점적(點滴)하다
lašiša [여] [어류] 연어
lašnoti [동] 이슬비가 내리다; lašnoja 이슬비가 내린다[오고 있다]
latakas [남] ① 수로, 도랑, 홈통 ② [해부] 도관(導管)
Latvija [여] 라트비아
latvis [남] 라트비아 사람; latvių kalba 라트비아어
latviškas [형] 라트비아의
lauk [감] 저리 가!; lauk iš čia! 여기서 당장 꺼져!; eik laukan! 나가!

laukas [남] ① 들, 밭 ② 넓게 펼쳐진 곳; 터, 장(場); kautynių laukas 전쟁터, 전장(戰場); elektromagnetinis laukas [전기] 전자기장; regėjimo laukas 시야, 시계(視界) ③ 옥외, 실외, 야외; lauke 밖에서, 야외에서; iš lauko 밖에서, 밖으로부터

laukiamasis [남] 대기실

laukimas [남] 기다림; 기대

laukinis [형] ① 야생의; laukinė pelė [동물] 들쥐 ② 밖의, 외부의 ③ 야만적인, 잔인한; laukinis žmogus 야만인

laukti [동] 기다리다; 기대하다

lauktuvės [여·복] 선물

laumė [여] ① 마녀 ② laumės juosta 무지개

laumžirgis [남] [곤충] 잠자리

lauras [남] [식물] 월계수; laurų vainikas 월계관

laureatas [남] 수상자

laužas [남] ① 화톳불, 모닥불, 캠프파이어 ② 조각, 파편, 부스러기

laužymas [남] ① 깨뜨리기 ② (법·약속 따위의) 위반, 불이행

laužyti [동] ① 깨다, 부수다, 부러뜨리다 ② (법·약속 따위를) 위반하다, 어기다, 깨다

laužti [동] ① 깨다, 부수다 ② [물리] 굴절시키다

laužtinis [형] 깨진, 부러진, 꺾인

laužtuvas [남] 쇠지레

lava [여] 용암

lavinimas [남] 발달, 성장, 발전

lavinti [동] 발달시키다

lavintis [동] 발달하다

laviruoti [동] ① (배가) 맞바람을 맞으며 나아가다 ② 작전적으로 행동하다

lavonas [남] 시체, 시신, 송장

lazda [여] 막대기, 지팡이

lazdynas [남] 견과가 열리는 나무

lažybos [여·복] 내기, 걸기; eiti[kirsti] lažybų 내기하다, (~에) 걸다

lažintis [동] 내기하다, (~에) 걸다

ledai [남·복] ① 우박 ② 아이스크림

ledas [남] 얼음
ledynas [남] 빙하
ledinis [형] 얼음의, 얼음 같은, 아주 차가운
ledkalnis [남] 빙산
ledlaužis [남] 쇄빙선
legalizuoti [동] 적법화하다
legalizuotis [동] 적법하게 되다
legalus [형] 적법한, 합법적인
legenda [여] 전설
legendinis [형] 전설적인, 전설상의
legionas [남] 군대, 군단
leidėjas [남] 출판업자, 발행자; įstatymų leidėjas 입법자, 법률 제정자
leidyba [여] įstatymų leidyba 입법, 법률 제정
leidybinis [형] 출판업의
leidykla [여] 출판사
leidimas [남] ① (초판·재판의) 판(版); antras leidimas 재판(再版) ② (법적인) 허가, 인가, 승인
leidinys [남] 출판, 발행
leidžiamas [형] 허가할 만한, 허용되는
leisgyvis [형] 거의 죽어가는, 빈사 상태의
leisti [동] ① ~하게[하도록] 하다, 허락[허용]하다; leisti ką atostogų ~에게 휴가를 보내주다; leisti kam įeiti ~을 안으로 들이다, 입장을 허락하다 ② (어떤 상태에) 처하게 하다 ③ (내)던지다 ④ (탄환 따위를) 쏘다, 발사하다 ⑤ (책 따위를) 출판하다, 발행하다 ⑥ (돈·시간을) 쓰다, 소비하다 ⑦ (식물이) 싹트다; 뿌리를 내리다
leistinas [형] 허가할 만한, 허용되는
leistis [동] ① 시작하다, 개시하다, 출발하다 ② (아래로) 내려가다[오다], 떨어지다; (해가) 지다 ③ leistis į smulkmenas 상세하게 언급하다
leitenantas [남] [군사] 중위
leksika [여] 어휘, 용어수
leksikonas [남] 사전(辭典)
lėkštas [형] ① 편평한, 평탄한 ② 시시한, 하찮은
lėkštė [여] (납작한) 접시

lėkštelė [여] 작은 접시; 받침 접시
lėkti [동] ① 날아가다 ② 획 지나가다 ③ (아래로) 떨어지다
lektorius [남] (대학의) 강사
lėktuvas [남] 비행기, 항공기
lėktuvnešis [남] 항공모함
lėlė [여] 인형
lelija [여] [식물] 백합
lėlytė [여] ① 인형 ② [곤충] 번데기 ③ 눈동자
lementi [동] 중얼거리다, 불명료한 소리를 내다
lemiamas [형] 결정적인
lempa [여] 등불, 램프
lemputė [여] elektros lemputė 전구(電球)
lemtas [형] 착한, 정직한
lemti [동] ① 결정하다, (일을) 처리하다 ② 미리 결정하다, 운명짓다
lemtingas [형] 운명의, 숙명적인
lemtis [여] 운명, 숙명
lengvaatletis [남] 육상 선수
lengvabūdis [남] 경솔한[생각 없는] 사람
lengvabūdiškas [형] 경솔한, 생각 없는
lengvas [형] ① 가벼운 ② 쉬운 ③ (정도가) 약한, 심하지 않은 ④ lengvoji atletika [스포츠] 육상 경기; lengvoji pramonė 경공업
lengvata [여] 특권, 혜택, 이점
lengvinti [동] 가볍게[쉽게] 하다; 경감하다
lengvumas [남] 가벼움; 쉬움
lenkas [남] 폴란드 사람; lenkų kalba 폴란드어
Lenkija [여] 폴란드
lenkiškas [형] 폴란드의
lenkti [동] ① 구부리다, 굽히다, 휘게 하다 ② 돌아서[피해] 가다 ③ (실을) 감다
lenktynės [여·복] ① 경주; 경마 ② 경쟁, 겨루기
lenktyniauti [동] 경쟁하다, 겨루다
lenktyniavimas [남] 경쟁, 겨루기
lenktis [동] ① 구부러지다, 휘다, (자신의 몸 따위를) 굽히다 ② 서로 피하다

lenta [여] 판자, ~판; klasės lenta 칠판
lentelė [여] 작은 판
lentyna [여] 선반; knygų lentyna 책꽂이
lentpjūvė [여] 제재소
lepinti [동] 아이를 버릇없이 기르다, 응석을 받아주어 아이의 버릇을 망치다
lepus [형] (성질이) 까다로운, 괴팍한, 이것저것 가리는
lesinti [동] 새에게 모이를 주다
lesti [동] 새가 모이를 쪼아먹다
lęšis [남] ① 렌즈 ② [식물] 렌즈콩
lėšos [여·복] 자산, 자본
lėtas [형] (행동이) 느린, 꾸물거리는
letena [여] (동물의) 발
lėtėti [동] (속도가) 느려지다
lėtinis [형] [의학] 만성(慢性)의
lėtinti [동] 느리게 하다, 감속하다
lėtumas [남] 느림
liaudis [여] (일반) 사람들, 대중; 국민, 민족; liaudies daina 민요
liaudiškas [형] 대중의; 민족의
liauka [여] [생리] 선(腺), 분비 기관
liaupsinti [동] 찬양하다, 칭송하다
liautis [동] 멈추다, 그만두다
liberalas [형] 자유주의자
liberalus [형] 자유주의의
lydeka [여] [어류] 창꼬치
lydėti [동] ① 동반[동행]하다, 따라가다 ② 배웅하다, 바래다 주다
lydinys [남] 합금
lydyti [동] (금속 등을) 녹이다, 용해하다
liejykla [여] 주조소
liejimas [남] (금속 등의) 주조(鑄造)
liejinys [남] 주조물, 주괴(鑄塊)
liekana [여] ① 나머지 ② 생존자, 살아남은 자
lieknas [형] 마른, 날씬한, 호리호리한
liemenė [여] 양복 조끼

liemenėlė [여] 브래지어
liemuo [남] ① 몸통 ② (나무의) 줄기
liepa [여] ① [식물] 린덴 (보리수 무리) ② 7월
liepiamasis [형] liepiamoji nuosaka [문법] 명령법
liepsna [여] 불꽃, 화염
liepsnoti [동] (불꽃이) 타오르다
liepti [동] 명령하다, ~하도록 하다
liesas [형] 마른, 야윈
liesėti [동] 마르다, 야위다
liesti [동] ① 만지다, 손대다 ② tai jo neliečia 그건 그와 관계가 없다
liestinė [여] [수학] 탄젠트
lieti^1 [동] (눈물・피 따위를) 쏟다, 흘리다
lieti^2 [동] (금속을) 주조하다
lietingas [형] 비가 내리는, 비의
lietis [동] (액체 따위가) 흐르다
lietpaltis [남] 비옷, 우비; 방수 외투
lietus [남] 비(雨); lietus lyja 비가 온다; lietuje 빗속에서, 비가 오는 가운데
Lietuva [여] 리투아니아
lietuvis [남] 리투아니아 사람; lietuvių kalbą 리투아니아어
lietuviškas [형] 리투아니아의
liežuviai [남・복] 잡담, 가십
liežuvis [남] 혀
liftas [남] 엘리베이터
lig, ligi [전] ① ~까지; lig(i) pabaigos 끝까지; nuo trijų lig(i) penkių 3부터 5까지; lig(i) mūsų laikų 현대에 이르기까지, 오늘날까지 ② 약, 대략, 얼마쯤 － [접] ~(할) 때까지 － [부] lig(i) kol(ei)? i) 어디까지? ii) 언제까지?; lig(i) pat Vilniaus 빌뉴스(에 이르기)까지; lig(i) šiol(ei) 지금까지, 이제껏; lig(i) tik ~하자마자
lyg [접] ~처럼, ~와도 같이; 마치 ~인 것처럼
liga [여] (질)병
lygiagrečiai [부] 평행하게, 나란히
lygiagretainis [남] [기하] 평행사변형
lygiagretė [여] 평행선

lygiagretus [형] 평행한
lygiai [부] ① 고르게, 균등[동등]하게 ② 정확히, 딱
lygiateisis [형] 동등한 권리를 가진
lygiateisiškumas [남] 권리의 평등
lygiavertis [형] 동등한, 등가(等價)의
lygybė [여] 동등, 평등; lygybės ženklas [수학] 등호 (=)
lyginamasis [형] 비교의, 비교에 의한; lyginamasis svoris [물리] 비중(比重)
lyginimas [남] 비교
lyginis [형] lyginis skaičius 짝수
lyginti [동] ① 비교하다, 견주다 ② 평탄하게 하다 ③ 다림질하다 ④ 동등[평등]하게 하다 ⑤ 대조하다, 맞춰보다
lygintis [동] (~와) 견줄 만하다, (~에) 비교될 만하다
lygiomis [부] ① 똑같이, 균등하게 ② sužaisti lygiomis 비기다, 무승부가 되다
lygis [남] ① 수평(면); aukščiau jūros lygio 해발 ~ ② 수준, 레벨; pragyvenimo lygis 생활 수준
ligoninė [여] 병원
ligonis [남] 환자, 병자
ligotas [형] 병든, 앓는, 건강하지 못한
ligšiolinis [형] ① 지금까지 존재하는[세력을 유지하는] ② 전임의, 전직의; ligšiolinis prezidentas 전직 대통령
lygtinai [부] 집행 유예로
lygtinis [형] lygtinis nuteisimas [법률] 집행 유예
lygtis [여] [수학] 방정식, 등식
liguistas [형] ① 병든, 앓는 ② 병적인, 비정상적인
lyguma [여] 평지, 평원
lygus [형] ① 편평한, 평탄한 ② 똑같은, 동등한
lijundra [여] 우빙(雨氷)
likeris [남] 리큐어 (식물성 향료・단맛 등을 가한 강한 주류)
likimas [남] 운명, 숙명
likti [동] ① (아직) 남아 있다 ② (~에) 머무르다, 체재하다 ③ ~하게 되다 ④ lik sveikas! 잘 가, 안녕!
likutis [남] 나머지, 잔여
likvidacija [여] 청산, 정리, 제거
likviduoti [동] 청산하다, 정리하다, 없애다

limfa [여] [해부] 림프, 임파(액)
limonadas [남] 레모네이드
limpamas [형] (병이) 전염성의
linas [남] (복수형 linai로도 써서) [식물] 아마(亞麻)
lynas [남] 줄, 로프
linčas [남] 린치, 사형(私刑)
linčiuoti [동] 린치를 가하다
lindėti [동] (~에) 틀어박혀[숨어] 있다
linguoti [동] ① 흔들다 ② 흔들리다
lingvistas [남] 언어학자
lingvistika [여] 언어학
linija [여] 선, 줄, 라인
liniuotas [형] 선[줄]을 그은
liniuotė [여] (길이를 재는) 자
link [전] ~쪽으로, (~을) 향하여
linkčioti [동] (몇 번이고) 머리를 숙이다; 고개를 끄덕이다
linkėjimas [남] ① 바람, 소망; geriausi linkėjimai 행운을 빕니다 ② 인사치레, 안부 인사; perduokite jam mano linkėjimus 그에게 안부 전해주세요
linkėti [동] (누구에게 무엇을) 바라다
linkęs [형] ~할 생각이 있는; ~하는 경향이 있는; ~하기 쉬운
linkmė [여] 방향, 쪽
linksmas [형] 즐거운, 유쾌한, 명랑한, 쾌활한
linksmybė [여] 즐거움, 유쾌, 명랑, 쾌활
linksminti [동] 즐겁게 해주다, 기분 전환을 시키다
linksmintis [동] 즐기다, 기분 전환을 하다, 좋은 시간을 보내다
linksmumas [남] 즐거움, 유쾌, 명랑
linksnis [남] [문법] 격(格)
linktelėti [동] 고개를 숙이다[끄덕이다]
linkti [동] 굽다, 구부러지다; (~으로) 기울다, (~의) 경향이 있다
linoleumas [남] 리놀륨
lynoti [동] 이슬비가 오다
liokajus [남] 하인
lipdyti [동] ① 풀칠하다, 풀로 붙이다 ② (점토로) 모형을 만들

다
lipšnus [형] 다정한, 상냥한
lipti¹ [동] (~에[으로]) 올라가다
lipti² [동] (~에) 달라붙다
lipus [형] 달라붙는, 점착성이 있는
lyra [여] [음악] 리라, 수금(竪琴)
lyrika [여] 서정시
lįsti [동] ① (~에[으로]) 들어가다 ② 귀찮게 하다, 남에게 폐를 끼치다
lysvė [여] 모판, 화단
litavimas [남] 납땜
lytėjimas [남] 촉감, 촉각
literatas [남] 문인, 문필가, 글 쓰는 사람
literatūra [여] 문학
literatūrinis [형] 문학의, 문필의
lytėti [동] 손대다, 접촉하다
lyti [동] 비가 오다; lyja 비가 온다
lytinis [형] 성(性)의, 성적인; lytinis subrendimas 사춘기
lytis¹ [여] ① (생물학적인) 성(性); vyriškosios lyties 남성; moteriškosios lyties 여성; lyties organai 성기 ② [문법] 어형, 형식
lytis² [여] 얼음 덩어리; (해상의) 빙원(氷原)
litografija [여] 석판화; 석판술
litras [남] [부피의 단위] 리터
lituoti [동] 납땜하다
lituotojas [남] 땜장이
liucerna [여] [식물] 알팔파, 자주개자리
liūdesys [남] 우울, 슬픔
liūdėti [동] (~에 대해) 슬퍼하다, 우울해하다; (~을) 그리워하다
liudijimas [남] ① 증언 ② 증(명)서
liudininkas [남] 증인
liūdinti [동] 슬프게 하다
liūdnas [형] 슬픈, 우울한; 그리워하는
liudyti [동] 증인으로 나서다, 증언하다
liudytojas [남] 증인

liuksusinis [형] 호화로운, 사치스러운
liūliuoti [동] 달래다, 안심[진정]시키다
liūnas [남] 수렁, 진창
liurbis [남] 게으름뱅이; 얼간이
liūtas [남] [동물] 사자
liūtis [여] 퍼붓는 비, 폭우
lizdas [남] ① 둥지 ② (전기 등을 꽂는) 소켓
lyžtelėti [동] (한번) 핥다
lobynas [남] 보물 창고, 보고(寶庫)
lobis [남] 보물, 보화
lobti [동] 부유해지다
logaritmas [남] [수학] 대수(對數); 로그
logika [여] 논리(학)
loginis, logiškas [형] 논리적인
lojalumas [남] 충성, 충실, 충절
lojalus [형] 충성스러운, 충실한
lojimas [남] (개 따위의) 짖기
lokalizacija [여] 지방화(地方化)
lokalizavimas [남] 지방화
lokalizuoti [동] 지방화하다
lokalizuotis [동] 지방화되다
lokys [남] [동물] 곰
lokomotyvas [남] 기관차
lombardas [남] 전당포
Londonas [남] 런던 (영국의 수도)
lopas, lopinys [남] 천[헝겊] 조각
lopyti [동] (옷을) 깁다, 수선하다
lopšelis [남] ① (작은) 요람 ② vaikų lopšelis 탁아소
lopšinė [여] 자장가
lopšys [남] 요람, 유아용 침대
lošėjas, lošikas [남] 게임·놀이 따위를 하는 사람
lošimas [남] 게임, 놀이
lošti [동] ① 게임·놀이 따위를 하다 ② 뒤로 휘다, 젖히다
loterija [여] 복권 추첨
loti [동] (개 따위가) 짖다
lotynas [남] 라틴 사람; lotynų kalba 라틴어

lotyniškas [형] 라틴의; lotyniškoji abėcėlė 로마자, 라틴 문자
lova [여] 침대
lovys [남] 구유, 여물통
lozungas [남] 표어, 슬로건
lubos [여·복] 천장
luitas [남] 덩어리
lūkestis [남] 기대, 희망, 포부
lukštas [남] (농작물·계란 따위의) 껍질
lukštenti [동] 껍질을 벗기다
luktelėti [동] 잠시 기다리다
lūkuriuoti [동] 계속[끈기 있게] 기다리다
lunatizmas [남] 몽유병
luomas [남] (사회적) 신분, 지위, 계층; bajorų luomas 귀족 계급
luošas [형] 불구의, 절름발이의
luošinti [동] 불구로 만들다
luošys [남] 불구자, 절름발이
luotas [남] 배, 보트, 카누
lūpa [여] 입술; pieštukas lūpoms 립스틱
lupikas [남] 고리대금업자
lupikavimas [남] 고리대금업
lupti [동] ① 껍질 따위를 벗기다, 긁어내다 ② 때리다, 매질하다
lūšis [남] [동물] 스라소니
lūšna [여] 오두막
lūžimas [남] ① 파손, 깨뜨림 ② [물리] 굴절 ③ [의학] 골절
lūžis [남] ① 파손, 깨뜨림 ② [물리] 굴절 ③ [의학] 골절 ④ 급격한 변화; 전환기
lūžti [동] ① 깨지다 ② (~으로) 터질[부서질] 듯하다

M

mačas [남] (스포츠의) 경기, 시합, 겨루기
mada [여] 유행
madingas [형] 최신 유행의, 유행하는, 유행에 따른
magėti [동] ~하고 싶어하다, ~하기를 좋아하다
magija [여] 마술
maginti [동] ① (마음을) 사로잡다, 매혹시키다 ② 식욕을 돋우다
magistralė [여] 간선 도로, 공로(公路), 주요 도로, 큰길
magiškas [형] 마법의, 마술의
magnetas [남] 자석
magnetinis [형] 자석의, 자기(磁氣)의, 자성을 띤
magnetofonas [남] 테이프 리코더, 녹음기
maigyti [동] 구기다
mailius [남] 물고기 새끼, 치어
mainai [남·복] 교환, 주고받음; prekių mainai 물물교환
mainais [부] (~와) 교환으로, 맞바꾸어
mainyti [동] (~을 ~와) 교환하다
mainytis [동] 바뀌다, 변하다
maistas [남] 음식, 식품
maistingas [형] 자양분이 많은, 영양이 되는
maišas [남] 가방; 자루
maišatis [여] 혼란, 난잡, 무질서, 뒤범벅
maišyti [동] ① 휘젓다, 뒤섞다, 혼합하다 ② 방해하다, 훼방놓다
maišytis [동] (남의 일 따위에) 집적거리다, 방해하다
maištas [남] 반란, 폭동
maištauti [동] 반란[폭동]을 일으키다
maištingas [형] 반역하는, 반란을 일으키는
maištininkas [남] 반란자, 폭도
maitinimas [남] 음식물 공급, 영양분 제공
maitinti [동] 먹이다, 음식물[영양분]을 공급하다
maitintis [동] (음식물을) 먹다, 영양분을 섭취하다

maitintojas [남] 집안에서 생계를 꾸리는 사람, 돈을 벌어오는 사람

maitoti [동] 더럽히다, 모독하다

maivytis [동] ① 점잔빼다, 젠체하다 ② 얼굴을 찌푸리다

majonezas [남] 마요네즈

majoras [남] [군사] 소령

makalynė [여] ① 진창, 수렁 ② 혼동, 혼란

makaluoti [동] ① (꼬리를) 흔들다 ② 휘젓다

makaronai [남·복] 마카로니

makaulė [여] 머리(통)

maketas [남] (실물 크기의) 모형

makleris [남] ① 브로커, 중개인 ② 사기꾼

maklinėti [동] (정처 없이) 어슬렁거리다

maksimaliai [부] 기껏해야, 최대한으로 잡아야

maksimalus [형] 최대의, 최고의, 맥시멈의

maksimumas [남] 최대한, 최고점, 맥시멈

makštis [여] (안경·칼 따위의) 집, 갑, 케이스

Malaizija [여] 말레이시아

malda [여] (종교적인) 기도, 기원

maldauti [동] 빌다, 간청하다, 탄원하다

maldavimas [남] 빌기, 간청, 탄원

maldininkas [남] ① (성지) 순례자 ② (종교적으로) 독실한 사람

maliarija [여] [병리] 말라리아

malkos [여·복] 장작, 땔나무

malonė [여] 호의, 친절; 자비, 은혜; padaryti kam malonę ~에게 호의[은혜]를 베풀다

malonėti [동] malonėkite (부탁입니다만) ~해주시겠습니까?

maloningas [형] 친절한, 남을 돕는, 자비심이 많은

malonumas [남] 즐거움, 기쁨; su malonumu 기쁜 마음으로, 기꺼이

malonus [형] 기쁜, 기분 좋은, 기꺼이 받아들여지는

malšinti [동] ① 억압하다, 억누르다 ② 달래다, 진정시키다 ③ 누그러뜨리다, 경감하다 ④ 만족시키다

malti [동] ① 갈다, 빻다 ② liežuviu malti 재잘거리다

malūnas [남] 제분기; vėjinis malūnas 풍차

malūnininkas [남] 제분업자, 방앗간 주인
malūnsparnis [남] 헬리콥터
mama [여] 엄마
man [대] 나에게; jis man pirko dovaną 그는 나에게 선물을 주었다; man šalta 나는 춥다
manas(is) [대] 나의 (것)
mandagumas [남] 예의 바름, 정중함
mandagus [형] 예의 바른, 정중한
mandarinas [남] [식물] 귤(나무)
mandatas [남] 위임(장)
mandolina [여] [음악] 만돌린
mane, manęs [대] 나를; ar manęs nepažįsti? 나를 모르겠니?; tai manęs neliečia 그건 나와는 상관 없는 일이야
manevras [남] 기동, 작전 행동
manevruoti [동] 기동시키다, 작전적으로 행동하게 하다
maniera [여] 태도, 몸가짐, 매너
manifestacija [여] 표명, 명시, 드러냄
manifestas [남] 선언, 성명
manymas [남] 의견, 견해; mano manymu 내 생각에는
manipuliuoti [동] 교묘하게 다루다[조종·조작]하다
maniškė [여] 나의 아내[가족]
maniškis [남] 나의 남편[가족]; maniškiai 나의 가족(들)
manyti [동] ① (~에 대해 ~이라고) 생각하다 ② ~하려 의도[계획]하다
mankšta [여] ① 체조 ② 연습, 훈련
mankštinti [동] 연습[훈련]시키다
mankštintis [동] 연습[훈련]하다
mano [대] 나의 (것)
manta [여] 소유물, 소지품; 재산
manufaktūra [여] ① 공장, 제조소 ② 직물, 피륙
maras [남] 역병(疫病); 페스트
maratonas [남] [육상] 마라톤
margarinas [남] 마가린
margas [형] 잡색의, 얼룩덜룩한, 여러 가지 색이 섞인
marginti [동] 반점을 많이 찍다, 얼룩덜룩하게 하다, 여러 가지 색으로 물들이다

marinatas [남] 매리네이드 (식초·포도주·향신료를 넣은 액체로, 여기에 고기나 생선을 담금)
marinti [동] 결딴내다, 절멸시키다, 쇠약하게 하다
marinuoti [동] ① 식초 따위에 절이다 ② 연기하다, 보류하다
marionetė [여] 꼭두각시 (인형)
marios [여·복] 육지로 둘러싸인 만(灣); 석호(潟湖)
markė [여] ① [화폐의 단위] 마르크 ② 표, 마크; 소인, 우표 ③ (품질 따위의) 등급
marksizmas [남] 마르크스주의, 마르크시즘
marlė [여] (얇은) 깁, 거즈
marmaliuoti [동] 중얼거리다
marmeladas [남] 마멀레이드
marmuras [남] 대리석
Marokas [남] 모로코
Marsas [남] [천문] 화성
maršalas [남] [군사] (육군) 원수
maršas [남] 행진
marširuoti [동] 행진하다
marška [여] ① 시트, 홑이불 ② 테이블보
marškiniai [남·복] (남자용) 셔츠; (여성용) 슈미즈; apatiniai marškiniai 속셔츠
maršrutas [남] 노정, 여행 스케줄
marti [동] ① 며느리 ② 신부(新婦)
masalas [남] 미끼
masažas [남] 마사지, 안마
masažuoti [동] 마사지[안마]하다
masė [여] ① 물질 ② [복] masės 군중, 무리, 대중 ③ 걸쭉한 것 (죽과 같은 상태) ④ 많은 양, 대량; masės žmonių 많은 사람들
masinis, masiškas [형] 대량의
masinti [동] 호리다, 꾀다, 유혹하다
masyvus [형] 부피가 큰, 큼직한
maskaradas [남] 가장무도회
maskatuoti [동] 달랑달랑 매달리다, 대롱거리다
maskuoti [동] 가면 따위를 씌우다, 변장[위장]하다
Maskva [여] 모스크바 (러시아의 수도)

mastas [남] ① 규모, 스케일; dideliu mastu 대규모로 ② 크기, 사이즈
mąstymas [남] 생각(하기), 사고
mąstyti [동] (곰곰이) 생각하다, 숙고하다
mašalas [남] 작은 날벌레 종류
mašina [여] ① 기계 (장치), 기관 ② 자동차
mašinėlė [여] (또는 rašomoji mašinėlė로) 타이프라이터, 타자기
mašininkė [여] (여성) 타이피스트, 타자수
mašinistas [남] 기계 운전자, 기관사, 엔지니어
matas[1] [남] 측정 단위
matas[2] [남] [체스] 체크메이트, 외통장군
matavimas [남] 측정(하기), 측량
matematika [여] 수학
matematikas [남] 수학자
materialinis [형] 물질적인, 금전상의
materialistinis [형] 유물론(자)의
materializmas [남] 유물론
materialus [형] 물질의, 물질에 관한
matymas [남] 봄, 시각
matinis [형] 흐린, 뿌연, 광택이 없는
matyt [부] 분명히, 명백하게, 어느 모로 보나
matyti [동] (눈으로) 보다
matmuo [남] 치수, 크기
matomas [형] 눈에 보이는, 가시적인
matracas [남] 매트리스
matrica [여] 주형(鑄型), 찍어내는 본
matuoklis [남] 측정 도구, 계량기
matuoti [동] 재다, 측정하다, 측량하다
maudymas(is) [남] 목욕, 멱감기
maudyti [동] 목욕시키다
maudytis [동] 목욕하다, 멱감다; eiti maudytis 헤엄치러 가다
maukti [동] ① (나무 등의) 껍질을 벗기다 ② 꿀꺽꿀꺽 마시다, 폭음하다
mausti [동] 아프다, 고통스럽다
mauti [동] ① (의복류 따위를) 입다, 쓰다, 걸치다 ② 내닫다,

돌진하다 ③ 치다, 때리다, 타격을 가하다
mazgas [남] 매듭, 연결 부분, 접합점
mazgotė [여] ① 넝마 (조각) ② 나약한 인간
mazgoti [동] ① (그릇 따위를) 씻다 ② 솔질하다, 솔로 문지르다
maža, mažai [수] 조금, 약간
mažakraujystė [여] [병리] 빈혈(증)
mažametis [형] 젊은, 청소년의
mažas [형] 작은; iš mažų 어릴 적부터
mažavertis [형] 가치가 거의 없는
maždaug [부] 대략, 대강
mažėjimas [남] 감소, 줄어듦
mažėti [동] 줄어들다, 감소하다
mažiau [부] (더) 적게; mažų mažiausia 최소한
mažiausias [형] 최소한의, 가장 적은
mažylis [남] ① 아기 ② 새끼 손가락[발가락]
mažinimas [남] 감소, 줄이기
mažinti [동] 줄이다, 감소시키다; mažinti greitį 속도를 줄이다, 감속하다
mažytis, mažiukas [형] 작은, 조그마한
mažmena [여] 작은 것 ([복] mažmenos)
mažmeninis [형] 소매(小賣)의; mažmeninė kaina 소매 가격
mažmenos → mažmena
mažmožis [남] 사소한 일[점]
mažne [부] 거의, (~에) 가까워
mažokas [형] 꽤[좀] 작은
mažuma [여] 소수(파)
mažutis [형] 작은, 조그마한
mechanika [여] 역학, 기계학
mechanikas [남] 기계공, 엔지니어
mechaninis, mechaniškas [형] 기계에 의한, 동력[엔진]으로 움직이는
mechanizacija [여] 기계화
mechanizavimas [남] 기계화
mechanizmas [남] ① 기계 장치; [복] mechanizmai 기계류, 기계 장치 ② 메커니즘, 기구(機構)

mechanizuotas [형] 기계화한
mechanizuoti [동] 기계적으로 하다, 기계화하다
mečetė [여] [이슬람] 모스크
medalis [남] 메달
medelynas [남] 수목원, 식물원
medicina [여] 의학, 의술, 의료; medicinos sesuo (병원의) 간호사
medicininis, medicinėškas [형] 의학의, 의료의
mediena [여] 목재, 재목
medikas [남] 의료인; 의과대학생
medinis [형] 나무의, 나무로 된, 목제의
medis [남] ① 나무, 수목 ② 목재 ③ medžio anglis 숯, 목탄
medus [남] 꿀; medaus mėnuo 밀월, 신혼 후 첫 한 달
medvilnė [여] ① [식물] 목화; 면화 ② 생면(生綿), 원면
medvilninis [형] 면의, 면으로 된
medžiaga [여] ① 물질; 재료 ② 옷감, 천, 피륙
medžiaginis [형] 직물로 된, 피륙의
medžiagiškas [형] 물질적인
medžioklė [여] 사냥, 수렵
medžioklinis [형] 사냥[수렵]의; medžioklinis šuo 사냥개
medžioti [동] 사냥하다
medžiotojas [남] 사냥꾼
mėgautis [동] 즐기다, 향유하다
mėgdžiojimas [남] 흉내(내기), 모방
mėgdžioti [동] 흉내내다, 모방하다
mėgėjas [남] ① 아마추어, 애호가 ② (어떤 대상을) 좋아하는 사람, 팬
mėginimas [남] 시도, 노력
mėginti [동] 시도하다, 해보다, 노력하다
mėgstamas [남] 좋아하는 것[대상]
mėgti [동] 좋아하다
megzti [동] ① 매다, 매듭을 짓다 ② 뜨다, 짜다, 뜨개질을 하다
megztinis [남] 스웨터, 점퍼
meilė [여] 사랑; motinos meilė 모성애; iš meilės (~을) 위하여

meilikauti [동] 아첨하다, 알랑거리다, 남의 비위를 맞추다
meilikautojas [남] 아첨꾼, 남의 비위를 맞추는 사람
meilikavimas [남] 아첨, 알랑거림
meilingas [형] 사랑스런, 애정어린
meilintis [동] 애정을 보이다; 아첨하다, 아양을 떨다, 남의 환심을 사려하다
meilumas [남] 다정함, 애정어림
meilus [형] 다정한, 친절한, 애정어린
meilužis [남] (기혼자의) 정부(情夫) (여성형은 meilužė)
meistras [남] ① (공장 등의) 감독관, 현장 주임 ② 대가, 명인, 명수, 거장 ③ 전문가
meistriškas [형] 대가[명인]다운
meistriškumas [남] 숙련된 솜씨, 전문적 기술
meitėlis [남] [동물] 돼지 (특히 거세된 수돼지)
Meksika [여] 멕시코
meksikietis [남] 멕시코 사람
meksikietiškas [형] 멕시코의
melagingas [형] 거짓의, 속이는
melagis [남] 거짓말쟁이
melagystė [여] 거짓말
melancholija [여] 우울(증), 침울
melancholiškas [형] 우울한, 침울한
melas [남] 거짓말
mėlynas [형] 파란, 푸른, 청색의
mėlynė [여] ① (푸르게 든) 멍 ② [식물] 빌베리 (월귤나무속)
mėlynuoti [동] 파래지다, 푸르게 되다
melioracija [여] (토지의) 개발, 개간
melodija [여] 멜로디, 선율, 곡조
melsti [동] 빌다, 간청하다, 애원하다
melstis [동] 기도하다, 기원하다
melsvas [형] 푸르스름한
meluoti [동] 거짓말을 하다; meluoji! 거짓말이야!
melžėja [여] 젖 짜는 여자, 낙농장에서 일하는 여자
melžti [동] 젖을 짜다
memorandumas [남] 비망록, 메모
memuarai [남·복] 회고록

menas [남] ① 예술; vaizduojamasis menas 미술 ② 숙달, 능숙, 솜씨, 기술
mėnesiena [여] 달빛, 월광; 달 밝은 밤
mėnesinis [형] 한 달에 한 번의, 매달의
menininkas [남] 예술가; 화가
meninis, meniškas [형] 예술의, 예술적인
meniu [남] 메뉴
menkas [형] ① 열등한, 뒤떨어진, 질이 나쁜 ② 약한; 희미한 ③ 부족한, 근소한, 빈약한
menkė [여] [어류] 대구
menkėti [동] 약해지다; 여위다, 수척해지다
menkinti [동] 가치를 저하시키다[떨어뜨리다], 사소하게[하찮게] 하다
menkniekis [남] 사소함, 하찮음; menkniekis! 별것 아니니까 신경 쓰지 마!
menkti [동] 약해지다; 여위다, 수척해지다
menkumas [남] 대수롭지 않음, 하찮음
mentė [여] ① [해부] 어깨뼈, 견갑골 ② (미장이가 사용하는) 흙손; 삽
mėnulis [남] 달 (천체); jaunas mėnulis 초승달; mėnulio užtemimas 월식
mėnuo [남] 달, 1개월
meras [남] 시장(市長)
merdėti [동] 몹시 괴로워하다, 다 죽어가다
merga [여] ① 소녀, 처녀, 아가씨 ② 농장에서 일하는 아가씨
mergaitė [여] 소녀, 처녀, 아가씨
mergauti [동] (여자가) 미혼[독신]이다
mergina [여] [시어(詩語)] 소녀, 처녀, 아가씨
mergytė [여] [시어(詩語)] 소녀, 처녀, 아가씨
merkti[1] [동] (액체에) 적시다, 담그다
merkti[2] [동] ① 눈을 감다 ② 윙크하다
Merkurijus [남] [천문] 수성
mes [대] 우리(는)
mėsa [여] ① 살; 고기 ② 과육(果肉)
mėsinė [여] 푸줏간, 정육점
mėsininkas [남] 푸주한, 정육점 주인

mesti [동] ① (내)던지다 ② (하던 행동을) 하지 않다, 그만두다, 끊다
mestis [동] 돌진하다, 덤벼들다
meška [여] [동물] 곰
meškerė [여] 낚싯대
meškerioti [동] 낚시질하다
meškeriotojas [남] 낚시꾼
mėšlas [남] 똥, 배설물; 거름, 비료
mėšlungis [남] (근육의) 경련, 쥐
mėta [여] [식물] 박하
metafizika [여] [철학] 형이상학
metafora [여] [수사학] 은유(隱喩)
metaforinis, metaforiškas [형] 은유의, 비유적인
metai [남·복] 연(年), 해; jam trisdešimt dveji metai 그는 32세다; šiais metais 올해; sekančiais metais 내년; praėjusiais metais 작년; prieš trejus metus 3년 전; po trejų metų 3년 후에; ištisus metus 1년 내내; keliamieji menai 윤년; mokslo metai 학년; metai iš metų 해마다; Naujieji metai i) 새해, 신년 ii) 설날; laimingų Naujųjų metų! 새해 복 많이 받으세요!
metalas [남] 금속
metalinis [형] 금속(제)의
metalurgija [여] 야금(술)
metas [남] 시간; metas keltis 기상 시간이다; šiuo metu 오늘날, 현재; vienu metu 동시에
meteoras [남] [천문] 유성(流星)
metimas [남] 던지기, 투척
metinės [여·복] 기념일
metinis [형] 해마다의, 매년의
mėtyti [동] ① (내)던지다, 투척하다 ② 낭비하다, 탕진하다
metmenys [남] 스케치, 밑그림
metodas [남] 방법, 방식
metodika [여] 방법론
metodinis [형] 조직적 방식의
metodiškas [형] 질서 정연한
metras [남] [길이의 단위] 미터 (m)

metraštis [남] 연대기(年代記), 연보
metrika [여] gimimo metrika 출생 증명서
metro, metropolitenas [남] 지하철
mezgimas, mezginys [남] 뜨개질
miaukti [동] 고양이가 야옹하고 울다
miegalius [남] 잠꾸러기
miegamasis [남] 침실
miegas [남] 잠, 수면; noriu miego 자고 싶다, 졸리다
miegoti [동] 잠자다, 잠들어 있다; eiti miegoti 잠자리에 들다; kietai miegoti 깊이 잠들다
mieguistas [형] 졸리는, 잠이 오는
mielai [부] 기꺼이, 즐거이, 쾌히
mielas [형] ① 기분 좋은, 즐거운; su mielu noru 기꺼이, 즐거이, 기분 좋게 ② 친애하는, 사랑하는
mielės [여·복] 이스트, 효모
miesčioniškas [형] 속물의, 마음이 좁은
miestas [남] 도시, 읍
miestelis [남] 작은 도시; 자치 도시
miestietis [남] 도시 주민, 도회지 사람
miestinis, miestiškas [형] 도시의
miešti [동] 희석하다, 묽게 하다
mietas [남] 말뚝
miežiai [남·복] [식물] 보리
miežis [남] [병리] 다래끼
migdyti [동] (잠이 들도록) 자장가를 불러주다, 책 따위를 읽어주다
migdolas [남] [식물] 편도(扁桃); [복] migdolai i) 아몬드 ii) [해부] 편도선
migla [여] 안개
miglotas [형] ① 안개 낀 ② 흐릿한, 모호한, 불분명한
migrena [여] [병리] 편두통; 심한 두통
migti [동] 잠들다
mygti [동] 밀다; 압력을 가하다
mygtukas [남] 버튼, 누름단추
mikčioti [동] 말을 더듬다
miklinti [동] ① 유연하게 하다 ② 연습하다, 훈련하다, 갈고 닦

다, 연마하다
miklumas [남] ① 유연성 ② 솜씨가 좋음
miklus [형] ① 유연한, 나긋나긋한 ② 솜씨가 좋은
mikrofonas [남] 마이크로폰, 마이크
mikroskopas [남] 현미경
miksėti [동] 말을 더듬다
mykti [동] 소가 음매하고 울다
mylėti [동] ① 사랑하다 ② (잘) 대접하다
mylia [여] [길이의 단위] 마일
milicija [여] 민병대, 국민군
milijardas [수] 10억
milijonas [수] 100만
milijonierius [남] 백만장자
mylimas [형] 사랑하는, 매우 좋아하는
mylimasis [남] 사랑하는 사람, 연인
milimetras [남] [길이의 단위] 밀리미터 (mm)
mylimoji [여] 사랑하는 사람, 연인
milinė [여] 큰 외투, 오버코트
militaristas [남] 군국주의자
militarizmas [남] 군국주의
miltai [남·복] 빻은 곡식, 밀가루
milteliai [남·복] 가루, 분말
myluoti [동] 귀여워하다, 껴안다, 애무하다
milžinas [남] 거인; 거대한 것
milžiniškas [형] 거대한, 엄청난, 굉장한
mina[1] [여] [군사] 지뢰
mina[2] [여] (얼굴의) 표정, 모습
mindyti, mindžioti [동] 내리밟다, 짓밟다, 뭉개다
minėjimas [남] ① 언급 ② (특별한 날 등의) 경축, 축하
mineralas [남] 광물(질)
mineralinis [형] 광물(성)의; mineraliniai vandenys 광천수, 미네랄워터
minėti [동] ① 언급하다 ② 기억하다, 마음에 새기다 ③ (특별한 날 등을) 경축하다, 축하하다
minia [여] 군중, 인파
minimalus [형] 최소(한)의

minimumas [남] 최소(한), 미니멈
minininkas [남] ① 지뢰 부설병 ② 어뢰정(魚雷艇)
ministerija [여] (정부의) 부, 성(省); švietimo ministerija 교육부
ministras [남] 장관, 대신; ministras pirmininkas 총리, 수상
minkyti [동] 반죽하다, 개다
minkštas [형] ① 부드러운, 연한; minkštas vanduo 연수(軟水), 단물 ② (성질・태도・기후 따위가) 온화한, 상냥한
minkštėti [동] 부드러워[연해]지다; 누그러지다
minkštimas [남] ① 과육(果肉) ② 고기, 살
minkštinti [동] 부드럽게[연하게] 하다
minkštumas [남] 부드러움; 온화함, 상냥함
minosvaidis [남] [군사] 박격포
minti¹ [동] 내리밟다, 짓밟다
minti² [동] 상기하다, 기억하다
mintinai [부] 외워서, 암기하여, 기억에 의해
mintis [여] 생각; 착상, 아이디어; jam dingtelėjo mintis 그에게 어떤 생각이 떠올랐다
minusas [남] ① [수학] 마이너스, 음(陰) ② 결점, 결함
minutė [여] (시간상의) 분(分); be dvidešimt minučių keturios 4시 20분 전; minutėlę! 잠시만요!
miręs [형] 죽은
mirgėjimas, mirgesys [남] 반짝임, 깜박임
mirgėti [동] 반짝이다, 깜박이다
mirguliuoti [동] 번쩍이다, 번득이다
mirimas [남] 죽음, 사망
mirkčioti [동] ① 반짝이다 ② (눈 따위를) 깜박거리다, 윙크하다
mirkyti [동] (물에) 적시다, 담그다
mirksėti [동] ① 반짝이다 ② (눈 따위를) 깜박거리다, 윙크하다
mirksnis [남] 잠깐, 순간; vienu akies mirksniu 눈 깜짝할 사이에
mirktelėjimas [남] 반짝임; 깜박거림, 윙크하기
mirktelėti [동] (~에게) 윙크하다
mirkti [동] (물에) 젖다

mirti [동] 죽다, 사망하다; mirti badu 굶어죽다, 아사하다; mirti už Tėvynę 조국을 위해 목숨을 버리다; nuteisti mirti 사형을 선고하다; jis mirė 그는 죽었다; mirti iš nuobodulio 따분해 죽을 지경이다

mirtinas [형] 죽여야 할, 살려둬서는 안될; 죽음에 이르는, 치사의

mirtingas [형] 죽어야 할 (운명의), 필멸의

mirtingumas [남] 사망률

mirtininkas [남] 사형수

mirtis [여] 죽음, 사망; mirties bausmė 사형(死刑)

misija [여] 사명, 임무, 미션

misionierius [남] 선교사

mįslė [여] 수수께끼, 퍼즐, 난문(難問)

mįslingas [형] 수수께끼 같은, 알쏭달쏭한, 미스터리한

misti [동] (~을) 먹(고 살)다

misticizmas [남] 신비주의

mistinis, mistiškas [형] 신비(주의)적인

mišinys [남] ① 혼합물 ② 잡동사니, 뒤범벅

mišios [여·복] [가톨릭] 미사

miškas [남] 숲, 삼림; miško medžiaga 재목, 목재

miškingas [형] 숲이 우거진

miškininkas [남] 삼림 관리자

miškininkystė [여] 임학(林學)

mišrainė [여] 샐러드, 생채 요리

mišrus [형] 섞인, 혼합된

mitas [남] 신화

mityba [여] 영양, 자양분

mitinis [형] 신화의

mitingas [남] 모임, 집회

mitologija [여] (집합적으로) 신화

mitologinis [형] 신화의, 신화적인

mitrumas [남] ① 빠름, 신속 ② 민첩, 기민

mitrus [형] ① 빠른, 신속한 ② 민첩한, 기민한

mobilizacija [여] 동원

mobilizuoti [동] 동원하다

močiutė [여] ① 엄마 ② 할머니, 노파

modelis [남] 모범, 귀감
moderninti [동] 현대화하다
modernizmas [남] (문예의) 모더니즘
modernus [형] 현대의, 현대적인
modifikacija [여] (부분적인) 변경, 수정
modifikuoti [동] (일부) 변경[수정]하다
mojuoti [동] (손 따위를) 흔들다
mokėjimas¹ [남] 지불, 불입
mokėjimas² [남] 능력, 기술, 솜씨, 할 줄 앎; (특정 분야에 대한) 지식
mokestis [남] ① 세금, 조세; rinkti mokesčius 세금을 거두다, 징세하다; pajamų mokestis 소득세 ② nario mokestis 회비
mokėti¹ [동] 지불하다, 돈을 내다
mokėti² [동] (~을) 할 줄 알다, (~에 대한) 지식이 있다; jis mokėa skaityti 그는 글을 읽을 줄 안다
mokėtojas [남] 지불하는[돈을 내는] 사람
mokykla [여] 학교; pradinė mokykla 초등학교; vidurinė mokykla 중등[고등]학교; aukštoji mokykla 대학교; mokyklos mokytojas 교사, 선생
mokyklinis [형] 학교의
mokymas [남] ① 교수, 교육, 가르치기 ② (군사적인 것 등의) 훈련 ③ 가르침, 교의(敎義)
mokymasis [남] ① 학습, 배움, 공부 ② 훈련, 도제살이
mokinys [남] (여성형은 mokinė) ① (초중등학교의) (남)학생 ② 도제(徒弟); 문하생, 제자
mokytas [형] 배운, 학식이 있는
mokyti [동] 가르치다, 교육하다
mokytis [동] ① 배우다, 공부하다, 학습하다 ② 도제[문하생]가 되다
mokytojas [남] 교사, 선생
mokytojauti [동] 선생이 되다, 남을 가르치다
mokomasis [형] 교육(용)의, 연습용의
mokslas [남] ① 학문, 공부; 과학; gamtos mokslas 자연 과학; mokslo žmonės 학자들 ② 교육; aukštasis mokslas 고등[대학] 교육 ③ 공부, 학습; 연습, 훈련; 도제살이

moksleivis [남] (초중등학교의) 학생 (여성형은 moksleivė)
mokslininkas [남] (과)학자; 식자(識者), 배운[학식 있는] 사람
mokslinis [형] 학문의; mokslinis laipsnis 학위
mokslinti [동] 가르치다, 계몽하다
moksliškas [형] 과학적인
molas [남] 방파제
molekulė [여] [화학·물리] 분자
molinis [형] 점토로 만든; moliniai indai 질그릇, 오지그릇
molis [남] 점토, 흙; molio dirbiniai 도기류(陶器類), 요업 제품
moliūgas [남] [식물] 호박
momentas [남] ① 순간, 잠깐 ② [물리] 모멘트, 능률
monarchija [여] 군주제, 군주국
moneta [여] 동전, 경화(硬貨)
mongolas [남] 몽골 사람; mongolų kalba 몽골어
Mongolija [여] 몽골
mongoliškas [형] 몽골의
monolitinis [형] ① 하나의 암석으로 된 ② 강한, 크고 무거운, 육중한
monologas [남] 독백, 혼잣말
monopolija [여] 독점
monopolinis [형] 독점적인
monopolis [남] 독점
monopolizuoti [동] 독점하다
monotonija [여] 단조로움
monotoniškas [형] 단조로운, 변화가 없이 지루한
montažas [남] 조립, 설치
monteris [남] 전기 기사
montuoti [동] 조립하다, 설치하다
monumentalus [형] 기념비의, 기념비적인
monumentas [남] 기념비, 기념물
moralė [여] 도덕, 윤리(학)
moralinis, moralus [형] 도덕적인, 윤리적인
morfijus [남] [화학] 모르핀
morka [여] [식물] 당근
mosikuoti, mostaguoti [동] (손·꼬리 등을) 흔들다, 손짓으로 나타내다; (칼 따위를) 휘두르다

mostas [남] 손짓, 몸짓, 제스처
mosuoti [동] = mosikuoti
moša [여] 시누이, 올케
moteris [여] 여자, 여성; ištekėjusi moteris 기혼 여성, 유부녀
moteriškas [형] 여성의; 여자다운, 여성적인; 여성용의
moteriškė [여] 여자, 여성
moteriškumas [남] 여자임, 여성성
moti [동] 손짓하다, 손 따위를 흔들다
motina [여] ① 어머니, 모친 ② bičių motina 여왕벌
motinystė [여] 어머니임, 모성(母性)
motiniškas [형] 어머니의, 어머니로서의
motyvas [남] ① 동기, 이유, 근거 ② (문학 작품 등의) 주제, 테마 ③ 곡조, 선율
motyvavimas [남] ① 동기 부여 ② 정당화, 이유를 대기
motyvuoti [동] ① 동기를 주다 ② 정당화하다, 이유를 대다
motociklas [남] 오토바이
motociklininkas [남] 오토바이를 타는 사람
motoras [남] 모터, 엔진
motorinis [형] ① 모터가 달린, 모터로 움직이는; motorinė valtis 모터보트, 발동기선 ② [해부·생리] 움직이게 하는, 운동(근육·신경)의
motorlaivis [남] 발동기선
motoroleris [남] 모터 스쿠터
mova [여] ① [기계] 연결 장치, 클러치; 통(筒), 관(管) ② 토시, 머프
mozaika [여] 모자이크
mudu, mudvi [대] 우리 둘 다, 우리 모두
mugė [여] 품평회, 전시회
muilas [남] 비누
muilinas [형] 비누의, 비누 같은
muilinė [여] 비누갑, 비누 그릇
muilinti [동] 비누를 칠하다
muistytis [동] 움직이다, 몸부림치다
muitas [남] 관세
muitinė [여] 세관
muitininkas [남] 세관원

muitinis [형] 세관의
mulas [남] [동물] 노새 (암말과 수나귀와의 잡종)
mulkinti [동] 속이다, 사람을 바보로 만들다
mulkis [남] 바보, 멍청이
mūras [남] (벽)돌담, 돌벽; (벽)돌집[건물]
murdyti [동] 담그다, 빠뜨리다, 가라앉히다
mūrininkas [남] 석공(石工), 벽돌공
mūrinis [형] (벽)돌의
mūryti [동] (벽)돌을 쌓다, (벽)돌로 짓다
murmėti [동] 중얼거리다; 투덜대다
murzinas [형] 더러운, 때묻은
musė [여] [곤충] 파리
mūsiškai [부] 우리 방식[관습]대로
mūsiškas [대] 우리와 같은
mūsiškiai [남·복] 우리 사람들
mūsiškis [대] 우리의 (것·사람)
mūsų [대] 우리의 (것)
musulmonas [남] 이슬람교도, 무슬림
musulmoniškas [형] 이슬람교도[무슬림]의
mušeika [남] 싸우기 좋아하는 녀석
mušimas [남] 때리기
mūšis [남] 전투, 싸움, 교전; Žalgirio mūšis [역사] 잘기리스 전투; mūšio laukas i) 전장, 전쟁터 ii) 활동 무대
mušti [동] ① 때리다; 채찍질하다 ② 쳐부수다, 패주시키다 ③ 치다, 두들기다 ④ 흘러나오다
muštynės [여·복] 싸움, 난투
muštis [동] 싸우다
mūvėti [동] (장갑·반지 따위를) 끼다; (신발 따위를) 신다; (바지 따위를) 입다
mūza [여] [그리스신화] 뮤즈, 무사이; 시신(詩神)
muziejus [남] 박물관
muzika [여] 음악
muzikalus [형] 음악의, 음악적인
muzikantas, muzikas [남] 음악가
muzikinis [형] 음악의, 음악적인; muzikinė drama 뮤지컬 드라마

N

na [감] 자, 이제, 그럼; na, greičiau! 자, 서둘러!; na, ir kas gi toliau? 그러면 그 다음엔 뭐야?; na, žinoma! 물론이지!
nacija [여] 민족, 국민
nacionalinis [형] 민족의, 국민의
nacionalistas [남] 민족주의자
nacionalizacija [여] 국유화
nacionalizmas [남] 민족주의
nacionalizuoti [동] 국유로 하다, 국영화하다
nafta [여] 석유
naftotiekis [남] (석유의) 파이프라인, 수송관
nagas [남] 손톱; (동물의) 발톱
nagi [감] 그렇다면, 그럼
nagingas [형] 손재주 있는, 솜씨 좋은
nagrinėjimas [남] 조사, 검사, 검토, 분석
nagrinėti [동] 조사[검사]하다
naikinimas [남] 파괴, 절멸
naikinti [동] 파괴하다, 절멸시키다
naikintojas [남] 파괴자
naikintuvas [남] [군사] 전투기, 추격기
naivus [형] 소박한, 순진한, 천진난만한, 나이브한
nakčia [부] 밤에, 야간에
naktinis [형] 밤의, 야간의; naktinis sargas 야경꾼
naktis [여] 밤, 야간; visą naktį 밤새도록; vėlai naktį 밤늦게; dieną naktį 밤낮으로; labos nakties! 잘 자요!
nakvynė [여] 하룻밤 묵어갈 곳, 잠잘 곳
nakvoti [동] 밤을 보내다; likti nakvoti 하룻밤 묵다
namas [남] 집, 주택; 가정; namuose 집에서; poilsio namai 휴양지
namie [부] 집에서; ar jis namie? 그는 집에 있어?; jaustis kaip namie (집에 있는 것처럼) 마음이 느긋하다, 편안하다

naminis [형] ① 집의, 가정의; naminis gyvulys 가축 ② 집에서 만든, 홈메이드의
namisėda [남/여] 집에만 틀어박혀 있는 사람
namiškiai [남·복] 가족, 일가
namiškis [남] 가족의 일원, 식구
namo [부] 집에, 집으로; jis jau parėjo namo 그는 집에 왔다
naras [남] ① 잠수부 ② [조류] 아비
narcizas [남] [식물] 수선화
nardyti [동] (물에) 뛰어들다, 잠수하다
narys [남] ① 일원, 회원, 멤버 ② [해부] 관절 ③ [수학] 항(項)
narkomanas [남] 마약 중독자
narkomanija [여] 마약 중독
narkotikas [남] 마약
narkozė [여] 마취 (상태)
narplioti [동] ① 얽히게 하다, 엉키게 하다 ② 얽힌[엉킨] 것을 풀다
narsa [여] 용기, 용감
narstyti [동] 떼어내다, 분해하다, 해체하다
narsumas [남] 용기, 용맹
narsuolis [남] 용감한 사람
narsus [형] 용감한, 용맹스런
naršas [남] 물고기 알, 어란(魚卵)
naršyti [동] (샅샅이) 뒤지다
narvas [남] (가금류·가축 등의) 새장, 우리
nasrai [남·복] 턱, (동물의) 주둥이
naščiai [남·복] 멍에
našlaitė [여] [식물] 팬지
našlaitis [남] 고아
našlė [여] 과부
našlys [남] 홀아비
našta [여] (무거운) 짐; 부담
našumas [남] 생산성; (토지의) 비옥함
našus [형] ① 생산적인 ② (토지가) 비옥한, 기름진
nata [여] [음악] 음표
natris [남] [화학] 나트륨

natūra [여] ① 자연 ② (미술 작품의 주제가 되는) 실물
natūralizmas [남] 자연주의
natūralus [형] ① 자연의, 천연의; natūrali spalva 천연색 ② 진짜의; 실물 크기의
nauda [여] 효용, 이익, 이득; visuomeninė nauda 공익(公益); kieno naudai ~에게 이익이 되도록, ~을 위하여; duoti naudą 유용하다, 이익이 되다
naudingas [형] 유용한, 도움이 되는, 이로운, 유익한
naudingumas [남] 유용, 이로움, 유익
naudininkas [남] [문법] 여격
naudojimas(is) [남] 사용(법), 쓰임새
naudoti [동] 사용하다, 쓰다
naudotis [동] (이점 따위를) 이용하다, 누리다; naudotis proga 기회를 잡다
naujadaras [남] 신(조)어
naujagimis [남] 신생아, 갓 태어난 아기
naujai [부] 새롭게, 새로이; 새로운 방식으로
naujakurys [남] 새 정착자
naujas [형] ① 새로운, 신(新)~; 갓 ~한; kas nauja? 뭐 새로운 일이라도 있나?; iš naujo 새로이, 새롭게; Naujasis Testamentas (성경의) 신약 ② 현대의, 근래의
nauj(en)ybė [여] 새로운 것
naujiena [여] ① 소식, 뉴스 ② 새로운 것
naujinti [동] 새롭게 하다
Naujoji Zelandija [여] 뉴질랜드
naujokas [남] 초심자; [군사] 신병(新兵)
naujovė [여] 새로운 것
naujoviškas [형] 신식의, 최신의
naujutėlis [형] 아주 새로운, 신품인
navigacija [여] 항해, 항행
navikas [남] [병리] 종양(腫瘍)
ne [부] (~이) 아닌; jis ne kvailys 그는 바보가 아니다; ne koks 나쁜, 열등한
nė [소사] 조금도[단 하나도] ~않다; nė žingsnio toliau! 한 발자국도 더 나가지 마!; nė vienas iš šimto 100명 중에 한 명도 ~않다; nė vienas 둘 중 아무도 ~않다; nė joks

아무것도 ~않다; nė kiek 조금도 ~않다; nė už ką 결코 ~ 않다
neabejotinai [부] 의심할 여지없이, 확실히
neabejotinas [형] 의심할 여지없는, 확실한
neaiškumas [남] 불분명, 불명료, 모호함
neaiškus [형] 불분명한, 불명료한, 모호한
neakivaizdinis [형] neakivaizdinis mokymas 통신교육 (통신 수단을 이용한 교육 활동)
nealkoholinis [형] (음료가) 알코올을 함유하지 않은
neapgalvotas [형] 경솔한, 지각없는
neapibrėžtas [형] 부정(不定)의, 불확정의; 모호한, 불확실한
neapykanta [여] 미움, 반감
neapkenčiamas [형] 미운, 싫은
neapkęsti [동] 미워하다, 싫어하다
neapmatomas [형] 무한한, 한없는, 광대한
neapmokamas [형] (일이) 무급의, 무보수의
neapmokestinamas, neapmokestintas [형] 면세(免稅)의, 비과세의
neaprėpiamas [형] 무한한, 한없는, 광대한
neapsakomas [형] 말로 표현할 수 없는, 형언할 수 없는
neapsaugotas [형] 보호받지 못하는
neapsimoka ~할 만한 가치가 없다
neapsižiūrėjimas [남] 간과, 빠뜨리고 못 봄; per neapsižiūrėjimą 간과하여, 빠뜨리고 못 보아
neapsižiūrėti [동] 간과하다, 빠뜨리고 못 보다; 신경쓰지 않다
neatidėliojant [부] 지체 없이, 곧
neatidėliotinas [형] 긴급한, 절박한
neatidus [형] 부주의한
neatmenamas [형] 태곳적의; nuo neatmenamų 태곳적부터
neatpažįstamas [형] 알아볼[확인할] 수 없는
neatsakingas [형] 무책임한; 권위가 없는
neatsakingumas [남] 무책임
neatsargus [형] 부주의한, 경솔한
neatsilikti [동] (흐름 따위에) 뒤처지지[뒤떨어지지] 않다
neatskiriamas [형] 분리할 수 없는, 나눌 수 없는
nebaigtas [형] 끝나지[완료되지] 않은, 미완성의

nebe [부] 더 이상 ~않다
nebent [접] ~이 아닌 한 ~않다, ~이어야만 ~이다[하다]
nebėra [동] 더 이상 ~은 없다; nieko ten nebėra 거기엔 더 이상 아무도 없다
nebylys [남] 벙어리, 말 못하는 사람
neblogas [형] 괜찮은, 꽤 좋은
nebrangus [형] 값이 싼
nebūtas [형] ① 전례가 없는 ② 터무니없는, 황당무계한, 상상 속에나 있을 법한
nebūti [동] 있지[존재하지] 않다, 부재중이다, 결석이다
nebuvimas [남] 결석, 부재
nedarbas [남] 실직, 실업
nedarbingas [형] 불구의, 신체 결함이 있는
nedaug [수] 조금, 약간; nedaug laiko 잠깐
nedegamas [형] 내화성(耐火性)의, 방화(防火)의
nedelsiant [부] 지체 없이, 곧, 즉시
nederlingas [형] (토지 등이) 불모의, 메마른
nederlius [남] 흉작
nedoras [형] 부도덕한, 부정한
nedrąsus [형] 수줍어하는, 부끄러워하는
neetatinis [형] 규정수 이상의, 정원 외의
negailestingas [형] 무자비한, 매정한
negaištant [부] 지체 없이, 곧, 즉시
negalavimas [남] 몸이 불편함, 기분이 언짢음
negalėti [동] ~할 수 없다; jis negalėjo ateiti vakar 그는 어제 올 수 없었다
negalia [여] 무력함; 몸이 불편함, 기분이 언짢음
negalima [부] ① 불가능하여 ② 허용되지 않아, 금지되어
negalimas [형] 불가능한
negaluoti [동] 기분이 언짢다, 몸이 불편하다
negarbė [여] 불명예, 망신, 치욕
negarbingas [형] 불명예스러운, 망신스러운, 치욕적인
negatyvas [남] [사진] 원판, 음화(陰畵)
negerovė [여] 악(惡), 사악
neginčijamas [형] 논란[시비]의 여지가 없는, 명백한
negirdėtas [형] 전례가 없는, 금시초문의

negyvai [부] 죽도록, 몹시, 극도로
negyvas [형] 죽은, 생명 없는
negyvėlis [남] 죽은 사람, 사망자
negyvenamas [형] 사람이 살지[거주하지] 않는; 사람이 살[거주할] 수 없는; negyvenama sala 무인도
negras [남] 흑인, 니그로
negrąžinamas [형] 돌이킬 수 없는, 회복할 수 없는
negražus [형] 아름답지 않은, 못생긴, 볼품없는
negu [접] ~보다 (더); ši knyga geresnė negu ana 이 책은 저것보다 더 좋다
nei [접] ① nei ~, nei ~ ~도 ~도 아니다 ② ~보다 (더)
neigiamai [부] 부정적으로
neigiamas [형] 부정적인
neigimas [남] 부정, 부인
neigti [동] 부정하다, 부인하다
neįgyvendinamas [형] 실행[실현]할 수 없는
neįkainojamas [형] 값을 헤아릴 수 없는, 아주 귀중한
neilgai [부] 오래 ~하지 않아; jis gyveno neilgai 그는 오래 살지 못했다
neįmanomas [형] 상상도 할 수 없는, 전혀 불가능한
neįprastas [형] 보통이 아닌, 예사롭지 않은
neįsivaizduojamas [형] 상상도 할 수 없는
neįskaitomas [형] 읽을 수 없는
neišauklėtas [형] 버릇없는, 예의 없는, 무례한
neišdildomas [형] 지울 수 없는, 오래도록 남는
neišgydomas [형] 불치의, 치료할 수 없는
neišmanėlis [남] 바보; 무지한 사람
neišmanymas [남] 무지, 모름
neišmatuojamas [형] 헤아릴 수 없는
neišsemiamas, neiššenkamas [형] 무진장한, 다함이 없는
neišsprendžiamas [형] (문제 따위를) 풀[해결할] 수 없는
neišspręstas [형] (문제 따위가) 풀리지[해결되지] 않은, 미해결의
neištikimas [형] 불충(실)한, 성실하지 않은, 신의가 없는
neišvengiamas [형] 피할 수 없는, 불가피한
neįtikimas [형] 믿을 수 없는, 믿어지지 않는

neįveikiamas [형] 이겨낼 수 없는
neįvykdomas [형] 실행[실현]할 수 없는
nejau(gi) [소사] 정말?, 그게 가능해?
nejučia, nejučiomis [부] 알지 못하는 사이에, 부지중에
nejudamas [형] 움직일 수 없는, 움직이지 않는, 부동의, 고정된
nejuokais [부] 진지하게, 진심으로, 정색을 하고
nekaip [부] 나쁘게, 좋지 않게
nekaltas [형] ① 무죄의, 결백한 ② 순결한, 정숙한
nekaltybė [여] ① 무죄, 결백 ② 순결, 정숙
nekaltumas [남] 무죄, 결백
nekantrauti [동] 조급하다, 참을성이 없다
nekantrus [형] 조급한, 참을성 없는
nekenčiamas [형] 미운, 싫은
nekenksmingas [형] 해가 없는, 무해한
nekęsti [동] 미워하다, 싫어하다
ne kiek [부] 별로[그다지] ~않다
nė kiek [부] 조금도[전혀] ~않다
nekilnojamas [형] 움직일 수 없는, 부동의; nekilnojamas turtas 부동산
nekintamas [형] 불변의, 변화가 없는
neklausymas [남] 불복종
neklausyti [동] 불복종하다, 따르지 않다
nekoks [ne koks] [형] 나쁜, 열등한
nekrologas [형] 부고, 사망 기사
nelabai [부] 별로[그다지] ~않다
nelaimė [여] 불운, 재난
nelaimėlis [남] 불운한[불행한] 사람
nelaimingas [형] 불운한, 불행한; nelaimingas atsitikimas 사고(事故)
nelaisvė [여] 포로 신세, 붙잡혀 자유가 없는 상태; paimti ką į nelaisvę ~을 포로로 잡다
nelaukiamas, nelauktas [형] 예기치 않은, 뜻밖의
nelegalus [형] 불법의, 위법의
neleisti [동] 금지하다, 막다
neleistinas [형] 용납할 수 없는
neliečiamas [형] 불가침의

neliečiamybė [여] 불가침(성)
neliečiamumas [남] 불가침(성)
nelygybė [여] 불평등, 불균등
nelyginant [접] ~ 같이, ~(하)듯이
nelyginis [형] nelyginis skaičius 홀수
nelygus [형] 불평등한, 동등하지 않은; 불균등한, 고르지 못한
nelinkęs [형] 마음이 내키지 않는, ~하고 싶지 않은
nemalonė [여] 눈 밖에 나 있음, 탐탁하지 않게 여김을 받음;
 patekti į nemalonę 눈 밖에 나다, 인기를 잃다
nemalonumas [남] 성가심, 불쾌함
nemalonus [형] 불쾌한
nemandagus [형] 예의 없는, 무례한
nematytas [형] 본 적이 없는, 전례가 없는
nematomas [형] 눈에 보이지 않는
nėmaž [부] 조금도[전혀] ~않다
nemaža [부] 상당히, 꽤 많이
nemažas [형] 상당한, 꽤 많은
nemėgti [동] 싫어하다
nemiga [여] 불면증
nemirtingas [형] 죽지 않는, 불사(不死)의
nemirtingumas [남] 불사, 불멸
nemokamai [부] 무료로, 공짜로, 거저
nemokamas [형] 무료의, 공짜의
nemokša [여] 무식[무지]한 사람
nemokšiškas [형] 무식한, 무지한
nemokšiškumas [남] 무식, 무지
nenaudėlis [남] 쓸모없는 인간
nenaudingas [형] 쓸모없는, 무익한
nendrė [여] [식물] 갈대
nenoras [남] 싫음, 꺼림, 마음이 내키지 않음
nenorintis [형] 싫은, 꺼리는, 마음이 내키지 않는
nenormalus [형] 비정상적인; 미친
nenoromis [부] 마음이 내키지 않아, 마지못해 ~하여
nenugalimas [형] 이길 수 없는, 무적의; 저항할 수 없는
nenuginčijamas [형] 논란의 여지가 없는, 명백한
nenuilstamas [형] 지치지 않는

nenukrypstamas [형] 확고한, 부동의, 안정된, 흔들리지 않는
nenumaldomas [형] 무자비한, 냉혹한, 혹독한, 가차없는
nenumatytas [형] 생각지 않은, 예상 외의
nenuoseklus [형] 조화되지 않는
nenuoširdus [형] 거짓의, 성실하지 못한
nenutrūkstamas [형] 중단되지 않은, 연속적인
neobjektyvus [형] 불공평한, 편향된, 한쪽으로 치우친
neorganinis [형] [화학] 무기(無機)의; neorganinė chemija 무기화학
nepadorus [형] 예의에 어긋나는, 보기 흉한
nepageidaujamas [형] ① 바람직하지 않은 ② 못마땅한
nepagydomas [형] 불치의, 치료할 수 없는
nepagrįstas [형] 근거 없는
nepaisant [전] ~에도 불구하고, ~일지라도
nepaisyti [동] 무시하다
nepajudinamas [형] 굳은, 확고한, 흔들리지 않는
nepakaltinamas [형] 책임이 없는
nepakankamas [형] 불충분한
nepakeičiamas [형] (다른 것으로) 바꿀[대치할] 수 없는, 꼭 필요한, 없어서는 안 되는
nepakeliamas [형] ① 힘에 부치는, 능력 밖의 일인 ② 견딜 수 없는, (고통 따위가) 극심한
nepakenčiamas [형] 참을 수 없는, 견딜 수 없는
nepaklusnus [형] 말을 듣지 않는, 버릇이 없는
nepalankus [형] 호의적이지 않은, 좋지 않게 생각하는
nepalaužiamas [형] 흔들리지 않는, 확고한
nepaliaujamas [형] 끊임없는, 그치지 않는
nepalyginamas [형] 비교할 수 없는, 비길 데 없는
nepalyginti [부] 훨씬 더
nepamirštamas [형] 잊을 수 없는, 언제까지나 기억에 남는
nepanašus [형] 같지[비슷하지] 않은, 다른
nepaperkamas [형] 부패[타락]하지 않는, 뇌물 따위를 받지 않는
nepaprastas [형] 보통이 아닌, 비상한, 색다른
nepaprastumas [남] 보통이 아님, 비상함, 색다름
neparankus [형] 불편한

nepartinis [형] 당파심이 없는, 불편부당(不偏不黨)의
nepasiekiamas [형] 얻기[도달하기] 어려운
nepasiruošęs [형] 준비가 안 된
nepasisekimas [남] 실패
nepasisekti [동] 실패하다
nepasitenkinimas [남] 불만, 불쾌
nepasitikėjimas [남] 불신, 의혹
nepasitikėti [동] 믿지 않다, 불신하다
nepastebimas [형] 눈에 띄지 않는, 지각할 수 없는
nepastovumas [남] 잘 변함, 불안정
nepastovus [형] 잘 변하는, 일정하지 않은, 불안정한
nepataikymas [남] 놓침, 빗나감, 미스
nepataikyti [동] 놓치다, 빗나가다
nepataisomas [형] 고칠 수 없는, 돌이킬 수 없는
nepatenkinamas [형] 불만족스러운, 마음에 차지 않는
nepatikimas [형] 믿을 수 없는, 의지할 수 없는, 불안한
nepatikti [동] 싫어하다
nepatyręs [형] 경험 없는
nepatyrimas [남] 무경험
nepatogumas [남] 불편
nepatogus [형] 불편한
nepavykęs [형] 성공하지 못한, 실패한
nepavykti [동] 실패하다
nepavojingas [형] 안전한, 위험이 없는, 해가 없는
nepažįstamas [형] 알지 못하는, 생소한, 낯선
nepelningas [형] 무익한
nepelnytas [형] 받을 만한 가치가 없는
nepermaldaujamas [형] 냉혹한, 가차없는
nepermatomas [형] 불투명한, (빛 따위가) 통과할 수 없는
nepersistengti [동] 서두르지 않다, 마음 편하게 하다
neperšlampamas [형] 방수의, 물이 새어 들지 않는
nepertraukiamas [형] 중단되지 않은, 연속적인
nepilnametis [남] 미성년자
nepilnas [형] 불완전한, 부족한
neprašytas [형] 초대[초청]받지 않은; neprašytas svečias 불청객

nepratęs [형] 익숙하지 않은
neprieinamas [형] ① 접근하기 어려운, 난공불락의 ② 너무 어려운[난해한]
nepriekaištingas [형] 흠잡을 데 없는
nepriemoka [여] 연체금, 지불이 밀린 돈
nepriimtinas [형] 받아들일 수 없는, 용인할 수 없는
nepriklausomai [부] 독립적으로, 자주적으로
nepriklausomas [형] 독립한, 자주의
nepriklausomybė [여] 독립, 자주
nepriklausomumas [남] 독립, 자주
neprilygstamas [형] 비길 데 없는
nepriteklius [남] 부족, 결핍
neprižiūrimas [형] 무시된, 버림받은
neprotingas [형] 불합리한, 현명하지 못한
Neptūnas [남] [천문] 해왕성
nėra [동] (~이) 없다; čia nėra knygų 여기엔 책이 없다; man nėra kada 난 시간이 없어; nėra už ką! 괜찮아, 천만에, 아무것도 아냐!
neramumai [남·복] 소란, 불안, 동요
neramumas [남] 불안, 걱정
neramus [형] 불안한, 걱정스런
nerangumas [남] 느림, 더딤
nerangus [형] 느린, 더딘, 둔한; 꼴사나운, 어색한
nerašytas [형] 씌어 있지 않은, 기록되지 않은
neraštingas [형] 글을 모르는, 문맹의
neraštingumas [남] 문맹
nerealus [형] 실재하지 않는, 비현실적인
neregėtas [형] 일찍이 본 적이 없는, 전례가 없는
neregys [남] 소경, 장님, 눈 먼 사람
nereikalingas [형] 불필요한
nereikėti [동] 필요 없다; jam nereikia 그에겐 필요가 없다, 그는 원치 않는다
neribotas [형] 한정 없는, 무제한의
nerimas [남] 불안, 걱정
nerimauti [동] 걱정하다, 걱정스럽다
nėrinys [남] 레이스, 끈장식 ([복] nėriniai)

neryžtingas [형] 결단력이 없는, 우유부단한, 우물쭈물하는
neryžtingumas [남] 우유부단, 주저
nerti¹ [동] (물에) 뛰어들다, 잠수하다
nerti² [동] 뜨개질하다; 고리를 걸다
nerūpestingas [형] 되는대로 하는, 경솔한
nervas [남] 신경
nervingas [형] 신경질적인, 신경과민의
nervinti [동] 남의 신경을 건드리다, 짜증나게 하다
nervintis [동] 신경질적이다
nes [접] ~이기[하기] 때문에, ~이므로[하므로]
nesąmonė [여] 어리석은[허튼] 생각, 난센스
nesąmoningas [형] 무의식적인, 무심코 하는
nesant (~이) 없을 때에, (~의) 부재중에; man nesant 내가 없을 때에
nesantaika [여] 불일치, 의견 차이
nesaugus [형] 불안한, 위험한
nesavanaudiškas [형] 사심(私心) 없는
nesąžiningas [형] 부정직한, 비양심적인
nesėkmė [여] 실패
nesėkmingas [형] 성공하지 못한, 실패한
neseniai [부] 최근에
nesikalbėti [동] (~와) 말을 건넬 정도의 사이가 아니다
nesiliaujamas [형] 끊임없는, 연속적인
nesinorėti [동] 원하지 않다, ~하고 싶지 않다
nesirūpinimas [남] 등한시, 소홀히 함
nesirūpinti [동] 등한시하다, 소홀히 하다
nesisekti [동] 실패하다, 성공하지 못하다
neskanus [형] 맛없는
neskausmingas [형] 고통 없는
nesklandumai [남·복] 어려움, 곤란, 불편
nesti [동] → nėra
nesubrendęs [형] 미숙한, 덜 여문
nesuderinamas [형] 양립하지[조화되지] 않는
nesudėtingas [형] 단순한, 복잡하지 않은
nesukalbamas [형] 다루기 어려운
nesulaikomas [형] 억제할 수 없는

nesuprantamas [형] 이해할 수 없는, 알기 어려운
nesusipratimas [남] 오해, 잘못 생각함
nesusitvardymas, nesusivaldymas [남] 무절제, 자제하지 못함
nesuskaičiuojamas [형] 헤아릴 수 없는, 셀 수 없이 많은, 무수한
nesutaikomas [형] 양립할 수 없는
nesutarimas, nesutikimas [남] 불일치, 의견 차이
nesutarti [동] 일치하지 않다, 의견이 충돌하다
nesuvaldomas [형] 불굴의, 굴복하지 않는
nesuvokiamas [형] 헤아릴 수 없는, 이해할 수 없는
nesvarus [형] 무게가 (거의) 없는
nesveikas [형] 건강에 좋지 않은; 건강이 나쁜
nesveikata [여] 건강이 좋지 못함
nešališkas [형] 치우치지[편파적이지] 않은, 공정한
nėščia [형] 임신한
nešdintis [동] 가버리다, 사라지다
nešėjas [남] ① 짐꾼, 운반인 ② 보균자
nešikas [남] 짐꾼, 운반인
nešiojimas [남] ① 가지고 있음, 휴대; 실어 나르기 ② (의복 따위의) 착용
nešioti [동] ① 가지고 있다, 휴대하다; 실어 나르다 ② (의복 따위를) 걸치다, 착용하다
nešti [동] 가지고 있다, 휴대하다; 실어 나르다
nėštumas [남] 임신, 수태
neštuvai [남·복] 들것
nešvankus [형] 음탕한, 외설적인, 추잡한
nešvarumai [남·복] 오물
nešvarus [형] ① 더러운, 불결한, 깨끗하지 못한; nešvari s-ąžinė 죄책감, 양심의 가책 ② 불순물이 섞인, 순수하지 않은
net(gi) [소사] ~조차, ~까지도
netaisyklingas [형] 불규칙한, 변칙의
neteisėtas [형] 불법의, 위법의
neteisybė [여] ① 불법, 부정, 불공평 ② 거짓, 틀림
neteisingas, neteisus [형] ① 부정한, 불공평한 ② 거짓된,

틀린

netekimas [남] 잃음, 상실

netekti [동] 잃다, 상실하다

netyčia, netyčiomis [부] 무심코, 뜻하지 않게

netiesa [여] 거짓, 틀림

netiesioginis [형] 간접의, 간접적인

netikėjimas [남] 믿지 않음, 불신

netikęs [형] 맞지 않는; 아무짝에도 쓸모없는

netikėtas [형] 예기치 않은, 뜻밖의; 돌연한, 갑작스런

netikėtumas [남] 뜻밖임; 돌연함

netikras [형] ① 틀린, 진실이 아닌, 부정확한 ② 인공의, 인조의; 위조의, 꾸민 ③ 불확실한

netikslus [형] 부정확한

netinkamas [형] 맞지 않는, 부적절한

neto [부] (양·가치 등의) 순(純)~, 정(正)~

netobulas [형] 불완전한

netoli [부] 멀지 않아, 가까워 — [전] ① (~의) 가까이에, (~에) 가깝게 ② 대략, ~쯤, ~ 정도

netolimas [형] ① 가까운, 멀지 않은; netolimoje praeityje 멀지 않은 과거에, 최근에 ② 짧은

netrukus [부] 이내, 곧, 직후에

neturėjimas [남] 부족, 결핍

neturėti [동] 없다, 결핍되어 있다; neturėdamas (~이) 없어서, 결핍되어

neturtingas [형] 가난한, 궁핍한

neturtingumas [남] 가난, 궁핍

netvarka [여] 무질서, 혼란

netvarkingas [형] ① 무질서한 ② 단정하지 못한

neuralgija [여] [병리] 신경통

neurastenija [여] [병리] 신경 쇠약(증)

neurozė [여] [병리] 신경증, 노이로제

neutralitetas, neutralumas [남] 중립 (상태)

neutralus [형] 중립의

neutronas [남] [물리] 중성자

neužimtas [형] ① (공간이) 점유되지 않은, 비어 있는 ② (사람이) 한가한, 여유 있는

neužmirštamas [형] 잊을 수 없는, 언제까지나 기억에 남는
neužmirštuolė [여] [식물] 물망초
neužtekti [동] 충분하지 않다, 족하지 않다
neva [소사] (마치) ~인 듯이
nevaisingas [형] 불모의; 열매를 맺지 못하는
nevalgius [부] 공복(空腹)으로
nevalgomas [형] 먹을 수 없는, 식용으로 적합하지 않은
nevalia [부] 허용되지 않아, 금지되어
nevalingas [형] 무의식적인, 반사적인
nevalyvas [형] 단정하지 못한
nevartojamas [형] 쓰이지[사용되지] 않는
nevaržomas [형] 마음 편한, 자연스런
nevedęs [형] 미혼의, 독신의
neveikiamasis [형] neveikiamoji rūšis [문법] 수동태
neveikimas, neveiklumas [남] 활동하지 않음, 비활성
neveiklus [형] 활동하지 않는
neveikti [동] 활동하지 않다, 아무 일도 하지 않다
neveltui [부] 이유[목적]가 있어
nevertas [형] (~의) 가치가 없는; neverta (그건 그럴만한) 가치가 없다
neviešas [형] 사적인, 내밀한
nevykėlis [남] 불운한 녀석
nevykęs [형] 실패한, 잘 안된, 불운한
neviltis [여] 절망
nežabotas [형] 억제되지 않은, 다스리기 어려운
nežemiškas [형] 이 세상 것 같지 않은, 놀라운
nežymus [형] 별로 중요하지 않은, 대수롭지 않은; 작은, 하찮은
nežinia [부] 몰라, 알지 못해, 알려지지 않아; nežinia kur 어디인지 아무도 모른다
nežinomas [형] 알려지지 않은, 미상의
nežinoti [동] 모르다, 알지 못하다; nežinantis 모르는, 알지 못하는
nežmoniškas [형] 비인간적인, 잔인한
niauktis [동] 구름이 끼다; 어두워지다
ničniekas [대] (전혀) 아무(것)도 ~ 않다; aš ničnieko nem-

atau 나는 일체 아무것도 볼 수 없다

Nyderlandai [남·복] 네덜란드

niekada, niekados [부] ~한 적이 없다

niekaip [부] 결코 ~ 않다

niekalas [남] 불량품, 흠 있는 것

niekas [대] 아무(것)도 ~ 아님; nieko! 아무것도 아니에요, 괜찮아요; tai nieko nereiškia 그건 전혀 문제가 되지 않아; niekam vertas[tikęs] 아주 나쁜, 아무짝에도 쓸모없는 − [남] 시시한 것, 하찮은 것; niekai! i) 난센스야, 웃기는 소리야 ii) 신경 쓰지 마세요

niekieno [대] 누구의 것도 아닌

niekinamas [형] 경멸하는, 업신여기는

niekingas [형] 경멸할 만한, 치사한, 비루한

niekinti [동] 경멸하다, 멸시하다, 업신여기다

niekis [남] 아무것도 ~ 아님; niekis! 아무것도 아니에요, 신경 쓰지 마세요

niekniekis [남] 사소한 것, 하찮은 것

niekšas [남] 악한, 악인

niekšybė [여] 비열

niekšiškas [형] 비열한

niekuomet [대] 결코 ~ 않다

niekur [부] 어디에도[아무데도] ~ 없다

niežai [남·복] 가려움; [병리] 옴

niežėti [동] 가렵다, 근질근질하다

Nigerija [여] 나이지리아

nikelis [남] [화학] 니켈

nykimas [남] ① 사라짐 ② 쇠퇴

nikotinas [남] [화학] 니코틴

nykštys [남] 엄지손가락

nykštukas [남] 난쟁이

nykti [동] ① 없어지다, 사라지다 ② 쇠퇴하다, 약해지다

nykus [형] ① 음울한 ② 섬뜩한, 무시무시한

niokoti [동] 황폐시키다, 유린하다, 파괴하다

niršti [동] 격노하다

niša [여] 우묵하게 들어간 곳; 벽감(壁龕)

niuansas [남] 미묘한 차이, 뉘앙스

Niujorkas [남] 뉴욕
niūniuoti [동] 허밍으로[낮은 목소리로] 노래하다
niurnėti [동] 투덜거리다, 불평하다
niūrus [형] 울적한, 침울한
niurzgėti [동] ① 투덜거리다 ② (개가) 으르렁거리다
nivelyras [남] [기계] 수준기
niveliuoti [동] 평평하게 하다, 고르다
nokautas [남] [권투] 녹아웃
nokti [동] 익다, 여물다
nominalus [형] 표준의, 정상적인
noras [남] ① 바람, 소망, 욕구 ② 뜻, 의지; savo noru 자기 뜻에 의해, 자기 의사대로; su mielu noru 기꺼이, 쾌히
norėti [동] ① 원하다, 바라다; kaip norite! 원하시는 대로, 좋으실 대로 ② ~하려 하다, (~을) 의도하다
norimas [형] 바라는, 원하는
norma [여] ① 표준, 기준 ② 율(率), 몫
normalizacija [여] 표준화
normalizavimas [남] 표준화
normalizuoti [동] 표준화하다
normalus [형] 정상적인
normuoti [동] ① 표준화하다 ② (물품을) 배급하다
norom(is) [부] 기꺼이, 쾌히; nenorom(is) 싫어하여; norom nenorom 싫든 좋든, 막무가내로
nors [접] 비록 ~할지라도 - [소사] ① 적어도, 최소한 ② 좋으시다면, 원한다면 ③ ~조차, ~까지도
norvegas [남] 노르웨이 사람; norvegų kalba 노르웨이어
Norvegija [여] 노르웨이
norvegiškas [형] 노르웨이의
nosinė [여] 손수건
nosinis [형] 코의; 콧소리[비음]의
nosis [여] ① (사람의) 코; (동물의) 코[주둥이] 부분 ② ka-išioti nosį 참견하다, 끼어들다; po nosim 가까이에, 바로 근처에
nota [여] 공식 문서
notaras [남] 공증인(公證人)
novelė [여] 단편 소설

nū [감] (재촉하는 소리로) 이러, 이랴!
nualinti [동] 피폐시키다
nualpimas [남] 졸도, 기절
nualpti [동] 졸도하다, 기절하다
nubaidyti [동] 겁을 주어 쫓아버리다
nubalsuoti [동] 투표하다
nubalti [동] 창백해지다
nubaudimas [남] (형)벌
nubausti [동] 벌을 주다; 벌금형에 처하다
nubėgti [동] ① (~으로) 달려가다; 달려내려가다 ② (일정한 거리까지) 가다, 이르다
nublankti [동] 창백해지다
nublukti [동] (빛깔이) 바래다
nubraižyti, nubrėžti [동] (선 따위를) 그리다
nubusti [동] 잠에서 깨다, 일어나다
nudegimas [남] ① 화상(火傷) ② 햇볕에 탐[그을음]
nudeginti [동] 태우다, 그슬다
nudegti [동] 타다, 그슬리다; 햇볕에 타다
nudengti [동] (덮개 따위를) 벗기다
nudėti [동] ① 죽이다 ② 잘못 두다, 두고 잊어버리다
nudribti [동] 넘어지다, 굴러 떨어지다
nudumti [동] 급히 달리다, 질주하다
nudurti [동] (찔러) 죽이다
nudvėsti [동] 죽다
nudžiuginti [동] 기쁘게 하다
nudžiugti [동] 기뻐하다
nudžiūti [동] 바싹 마르다
nueiti [동] ① (~으로) 가다, 가버리다; 떠나다 ② (일정한 거리까지) 가다, 이르다
nuėmimas [남] 거둬들이기, 추수, 수확
nufilmuoti [동] 영화를 촬영하다
nufotografuoti [동] 사진을 찍다
nugabenti [동] (~으로) 나르다, 운반하다
nugaišti [동] 죽다; 사라지다
nugalėti [동] ① 정복하다; 패배시키다 ② (스포츠에서) 이기다, 승리하다

nugalėtojas [남] 정복자, 승리자; (스포츠의) 우승자
nugara [여] 등; už kieno nugaros ~의 등 뒤에서
nugarkaulis [남] [해부] 등뼈, 척추
nugarmėti [동] 무너지다, 가라앉다
nugirdyti [동] 술 취하게 하다
nugirsti [동] (어쩌다가) 듣게 되다
nugriauti [동] 허물다, 무너뜨리다
nugriebti [동] 웃더껑이를 걷어내다; nugriebtas pienas 탈지 우유; nenugriebtas pienas 전유(全乳)
nugrimzti [동] (~ 속으로) 가라앉다, 푹 빠지다
nugriūti [동] 무너지다, 붕괴하다
nuimti [동] ① 제거하다 ② 거둬들이다, 수확하다
nujausti [동] 불길한 예감이 들다
nujautimas [남] 불길한 예감
nukabinti [동] (매달았던·걸었던 것을) 내리다, 풀다
nukamuoti [동] 지치게[피로하게] 하다
nukankinti [동] 고통을 주다, 고문하다
nukariauti [동] 정복하다
nukariavimas [남] 정복
nukąsti [동] 물어뜯다
nukauti [동] 죽이다
nukeliauti [동] ① (~으로) 여행을 가다 ② (일정한 거리까지) 가다, 이르다
nukelti [동] ① (다른 곳으로) 옮기다, 이동시키다 ② 미루다, 연기하다 ③ 제거하다, 헐다
nukentėti [동] (~으로 인해) 고생하다, 해를 입다
nukirpti [동] 잘라내다; (털 따위를) 짧게 깎다
nukirsti [동] 잘라내다, 베다, 절단하다; galvą nukirsti 참수(斬首)하다
nuklysti [동] 길을 잃다, 빗나가다
nukloti [동] ① (~으로) 덮다; (길 따위를) 포장하다 ② 벗기다, 드러내다
nukonkuruoti [동] 경쟁에서 이기다
nukreipti [동] ① (~ 쪽으로) 돌리다, 향하게 하다 ② 비키다, 피하다
nukrypimas [남] 탈선, 이탈, 빗나감

nukrypti [동] (~에서) 벗어나다, 빗나가다, 이탈하다
nukristi [동] (아래로) 떨어지다; 가라앉다, 누그러지다
nukryžiuoti [동] 십자가에 못 박다
nulašėti [동] 줄줄 흐르다
nulaužti [동] 떼어내다, 꺾다
nuleisti [동] ① (아래로) 내리다; nuleisti galvą 머리를 숙이다; nuleisti akis 눈을 내리깔다 ② (배를) 진수(進水)하다, 물에 띄우다
nulėkti [동] 날아가(버리)다
nulemti [동] 미리 결정하다, 운명짓다
nulenkti [동] 구부리다, 기울이다
nulieti [동] ① 쏟다, 따르다 ② (금속을) 녹여 붓다, 주조(鑄造)하다
nulinis [형] 영(0)의, 제로의
nulipti [동] (탈것 등에서) 내리다, 내려오다
nulis [수] 영(0), 제로; 무(無)
nuliūdęs [형] 슬픈, 비탄에 잠긴
nuliūdinti [동] 슬프게 하다
nuliūsti [동] 슬퍼하다
nulupti [동] (껍질 따위를) 벗기다
nulūžti [동] 끊기다, 꺾이다, 부러지다
numaldyti [동] 달래다, 진정시키다
numalšinimas [남] 억압, 억제, 억누르기, 진압
numalšinti [동] ① 억압하다, 억제하다, 억누르다, 진압하다 ② (갈증·허기 따위를) 풀다, 달래다, 채우다; (고통을) 누그러뜨리다
numanyti [동] 이해하다, 알아차리다
numarinti [동] ① (굶기는 등의 방법으로) 죽이다, 없애다 ② 진압하다, 억누르다, 정복하다 ③ (신경 따위를) 결딴내다
numatymas [남] 선견(先見), 예지
numatyti [동] 예지하다, 예견하다, 앞일을 내다보다
numauti [동] (껍질 따위를) 벗기다
numeris [남] ① 번호, 넘버 ② (의복 따위의) 치수, 사이즈 ③ (예를 들어 신문 따위의) 제 (몇) 호 ④ (콘서트나 기타 프로그램 따위의) 항목, 차례, 순서
numeruoti [동] 번호를 매기다

numesti [동] ① (아래로) 떨어뜨리다, 투하하다 ② (내)던지다
numigti [동] 낮잠을 자다, 잠깐 자다
numylėtas(is) [형] 사랑하는, 소중한
numylėtinis [남] 사랑하는 사람
numinti [동] (짓)밟다
numirėlis [남] 죽은 사람, 고인; 시체, 송장
numiręs [형] 죽은, 사망한
numirti [동] 죽다, 사망하다
numušti [동] ① 때려 눕히다, 격퇴하다; 쏘아 떨어뜨리다, 격추시키다 ② (값 따위를) 깎다 ③ 낙담시키다
nunešioti [동] (옷 따위를 입어) 닳게 하다, 해지게 하다
nunešti [동] 가져가(버리)다, 휩쓸어가다
nuniokojimas [남] 황폐화, 유린, 파괴
nuniokotas [형] 황폐화된, 파괴된
nuniokoti [동] 황폐시키다, 유린하다, 파괴하다
nunuodyti [동] 독을 넣다, 중독시키다
nuo [전] ① (공간상) ~에서, ~으로부터; nukristi nuo stogo 지붕에서 떨어지다; toli nuo miesto 도시로부터 멀리 떨어져 ② (시간상) ~부터, ~ 이래로; nuo gegužės iki liepos 5월에서 7월까지 ③ (원인을 나타내어) ~으로 인하여, ~ 때문에; mirti nuo žaizdos 상처를 입어 죽다 ④ (~에) 대하여; vaistai nuo galvos skausmo 두통약, 두통 치료법 ⑤ (출처・유래를 나타내어) ~으로부터, ~한테서
nuobauda [여] (형)벌
nuobodokas [형] (좀) 지루한, 따분한
nuobodulys, nuobodumas [남] 지루함, 따분함
nuobodus [형] 지루한, 따분한, 피곤하게 하는
nuobodžiauti [동] 지루하다, 따분하다
nuodai [남・복] 독(毒)
nuodėmė [여] ① 위반, 침해 ② (종교상의) 죄(악)
nuodėmingas [형] (종교상으로) 죄가 있는
nuodingas [형] 독이 있는, 유독한
nuodyti [동] 독을 넣다[주입하다]
nuodytis [동] 음독하다
nuodugnus [형] 철저한, 깊은
nuogas [형] 벌거벗은, 나체의

nuogąstauti [동] 염려하다, 두려워하다
nuogąstis [남] 염려, 두려움
nuoginti [동] 벌거벗기다
nuogintis [동] 벌거벗다
nuogirdos [여·복] 소문, 풍문
nuogumas [남] 벌거숭이, 나체 상태
nuojauta [여] 예감, 직감
nuokalnė [여] 경사, 비탈
nuokalnus [형] 경사진, 비탈진
nuolaida [여] ① 양보, 용인 ② (가격 등의) 할인, 경감
nuolaidus [형] ① 고분고분한, 유순한 ② 경사진, 비탈진
nuolaidžiauti [동] 양보하다; 묵과하다
nuolankus [형] 유순한
nuolat [부] 계속, 끊임없이
nuolatinis [형] 계속되는, 끊임없는, 지속적인; 불변의
nuolauža [여] 단편, 조각, 동강
nuoma [여] 임대차, 리스, 렌트
nuomininkas [남] 임차인, 차용자
nuomojimas [남] 임대
nuomonė [여] 의견, 견해; mano nuomone 내 의견은; viešoji nuomonė 여론
nuomoti [동] 빌려주다, 세놓다, 임대하다
nuopelnas [남] 공적, 공로
nuorašas [남] 사본
nuoroda [여] ① (서적 따위의) 참조 ② [컴퓨터] (인터넷의) 링크
nuorūka [여] 담배 꽁초
nuosaikus [형] 절제하는, 삼가는
nuosaka [여] [문법] (동사의) 법(法)
nuosavas [형] 자기 자신의
nuosavybė [여] 재산; 소유권
nuosėdos [여·복] 침전물, 앙금
nuoseklumas [남] 일관성
nuoseklus [형] 일관된
nuospauda [여] 못, 티눈
nuosprendis [남] [법률] 판결, 선고

nuostaba [여] 놀라움
nuostabus [형] 놀라운, 놀라게 하는
nuostatai [남·복] 규정, 법규
nuostolingas [형] 해로운, 해를 끼치는
nuostolis [남] 손실, 손해
nuošaliai [부] 떨어져서, 거리를 두고
nuošalus [형] ① 외딴 곳에 있는 ② 고독한, 쓸쓸한, 외로운
nuošimtis [남] 퍼센트, 백분율
nuoširdumas [남] 성실; 정직
nuoširdus [형] 성실한, 진심어린; 정직한, 솔직한
nuošliauža [여] 산사태
nuotaika [여] 기분, 마음 상태; būti geros nuotaikos 기분이 좋다
nuotaikingas [형] 쾌활한, 명랑한, 기분이 좋은
nuotaka [여] 신부(新婦)
nuotakas [남] (강의) 유역
nuotakus [형] 기운, 경사진
nuotėkis [남] ① (액체·기체 따위의) 흐름; 샘, 누출 ② [전기] 누전(漏電)
nuotykingas [형] 모험적인
nuotykis [남] 모험; nuotykių ieškotojas 모험가
nuotolis [남] 거리, 간격
nuotrauka [여] 사진
nuotrupa [여] ① (빵 따위의) 부스러기 ② 부분, 단편
nuovada [여] 경찰서
nuovargis [남] 피로, 피곤
nuovarta [여] 눈사태
nuovoka [여] ① 이해력, 이해가 빠름 ② 의식(이 있음)
nuovokus [형] 이해가 빠른, 영리한
nuožiūra [여] 결정권, 선택권, 자유 재량; savo nuožiūra 임의로
nuožmus [형] 사나운, 흉포한
nuožulnus [형] 기울어진, 경사진
nupilti [동] 따르다, 쏟다
nupinti [동] 짜다, 엮다
nupirkti [동] 사다, 구입하다

nupjauti [동] ① 잘라[베어] 내다, 깎다 ② (곡식을) 거둬들이다, 수확하다, 추수하다

nuplaukti [동] ① 헤엄쳐 가다 ② (배가) 항해해 가다 ③ (물건이) 떠내려 가다

nuplauti [동] 씻어버리다

nuplėšti [동] ① 찢어내다, 뜯어내다, 떼어내다, 벗겨내다 ② 닳게 하다

nuplikęs [형] (머리 따위가) 벗어진

nuplikti [동] ① 머리가 벗어지다, 대머리가 되다 ② 피폐해지다

nuplyšęs [형] 남루한 차림의, 누더기를 걸친

nupurtyti [동] (과일을 나무에서) 흔들어 떨어뜨리다; (먼지 따위를) 털어내다

nupūsti [동] 흩날리다, 날려 버리다

nuraminti [동] 진정시키다, 가라앉히다, 차분하게 하다, 달래다

nurašyti [동] ① 베끼다, 베껴 쓰다 ② (빚을) 탕감하다

nuraškyti [동] 잡아뜯다

nurausti [동] (얼굴을) 붉히다, (부끄러움 등으로 얼굴이) 빨개지다

nurengti [동] 옷을 벗기다

nuriedėti [동] 굴러가다, 굴러 떨어지다

nurimti [동] 차분해지다, 가라앉다, 진정되다; nurimkite! 마음을 좀 가라앉혀요!

nurinkti [동] (예를 들어 딸기류 따위를) 따(모으)다, 채집하다

nuristi, nuritinti [동] 굴러가다, 굴러 떨어지다

nuryti [동] 삼키다

nurodymas [남] ① 지시, 가리킴 ② 지도, 가르침

nurodyti [동] ① 가리키다, 지시하다 ② (결점 따위를) 지적하다, 잡아내다; 상세하게 설명하다 ③ (~으로) 방향을 돌리다, 향하게 하다; (~을) 주목시키다

nurungti [동] (상대방을) 이기다, 패배시키다

nusakyti [동] ① 정의를 내리다, 개념을 명확히 하다 ② 그리다, 묘사하다

nusausinti [동] 바싹 마르게 하다, 배수[방수]하다

nusėdėti [동] ① 앉은 채로 (계속) 있다 ② 너무 오래 앉아 있어서 다리가 저리다

nusegti [동] 풀다, 끄르다

nusenęs [형] 나이가 많은, 고령의
nusenti [동] 늙다, 고령이 되다
nusėsti [동] ① 내려앉다 ② (해가) 지다 ③ (탈것에서) 내리다, 내려오다
nusiaubti [동] 황폐시키다, 유린하다
nusiauti [동] 신발을 벗다
nusibosti [동] 지루하게[따분하게] 하다, 귀찮게 하다; jam nusibodo 그는 지쳤다, 지루하다
nusidažyti [동] ① (특정한) 색깔을 띠다 ② (얼굴 등에) 화장을 하다
nusideginti [동] (뜨거운 것에) 데다
nusidėjėlis [남] (종교적 의미의) 죄인
nusidėti [동] 죄를 짓다, (~에 대해) 죄가 있다
nusidėvėjimas [남] 감가상각; 마멸, 마모
nusidėvėti [동] 닳다, 마모되다
nusidirbti [동] 과로하다
nusidriekti [동] 뻗다, 펴다
nusifotografuoti [동] 사진을 찍게 하다
nusigąsti [동] (~에) 놀라다, 겁먹다
nusigerti [동] 술에 취하다
nusiginklavimas [남] 군비 축소, 군축
nusiginkluoti [동] 군비를 축소하다
nusigyvenimas [남] 피폐해짐
nusigyventi [동] 피폐해지다, 몰락하다
nusigręžti [동] (~으로부터 시선 따위를 다른 곳으로) 돌리다
nusiimti [동] (예를 들어 안경 따위를) 벗다
nusikalstamas [형] 범죄의
nusikalstamumas [남] 범죄 (행위)
nusikalsti [동] 범죄를 저지르다, 법을 위반하다, 유죄다
nusikaltėlis [남] 범인, 범죄자, 범법자
nusikaltęs [형] 유죄의, 범죄를 저지른
nusikaltimas [형] 범죄; kriminalinis nusikaltimas 형사 범죄, 형법상의 범죄
nusikirpti [동] 머리를 깎다, 이발하다
nusikratyti [동] 없애다, 내버리다, (버릇 따위를) 고치다
nusikvatoti [동] 웃음이 터지다, 폭소하다

nusileidimas [남] ① (높은 곳에서) 내려오기, 하강 ② (비행기의) 착륙 ③ saulės nusileidimas 일몰 ④ 양보
nusileisti [동] ① (높은 곳에서) 내려오다 ② (해가) 지다 ③ 양보하다, 남의 의견에 따르다
nusilenkimas [남] 인사, 절, 몸을 굽히기
nusilenkti [동] 인사[절]하다, 몸을 굽히다
nusilpimas [남] 약화; 약함
nusilpti [동] 약화되다, 약해지다
nusilupti [동] 벗겨지다, 떨어져 나가다
nusimanyti [동] 이해하다, 판단을 잘 하다
nusimaudyti [동] 목욕하다; 헤엄치다
nusimauti [동] (예를 들어 장갑 따위를) 벗다
nusiminęs [형] 낙심한, 풀이 죽은
nusiminimas [남] 침울, 낙심, 의기소침
nusiminti [동] 침울해지다, 낙심하다, 풀이 죽다
nusipelnęs [형] 응당한, 마땅히 받을 만한, (~의) 가치가 있는
nusipelnyti [동] 응당하다, 마땅히 받을 만하다, (~의) 가치가 있다
nusipirkti [동] 사들이다, 구입하다
nusiprausti [동] 자신의 몸을 씻다
nusiraminimas [남] 차분하게 하기, 안정[진정]시키기; 위로, 위안
nusiraminti [동] 차분하게 하다, 안정[진정]시키다
nusirašyti [동] (남의 것을) 베끼다, 베껴 쓰다
nusirengti [동] 옷을 벗다
nusiristi [동] 굴러가다, 굴러 떨어지다
nusirišti [동] (넥타이 따위를) 풀다
nusisekęs [형] 성공적인, 훌륭한
nusisekti [동] 잘 되다, 성공하다
nusiskundimas [남] 불평, 불만
nusiskųsti [동] 불평하다, 투덜대다
nusispjauti [동] ① 침을 뱉다 ② jam viskas nusispjauti 그는 아무것도 개의치 않는다
nusistatymas [남] (~에 대한) 태도, 마음가짐
nusistatyti [동] 결심하다, 마음먹다
nusistebėjimas [동] 놀람, 경악

nusistebėti [동] (~에) (깜짝) 놀라다
nusistoti [동] (찌꺼기가) 가라앉다
nusisukti [동] (~으로부터 시선 따위를 다른 곳으로) 돌리다
nusišalinti [동] (~으로부터) 떨어져 있다, (~을) 멀리하다
nusišauti [동] (총을 쏘아) 자살하다
nusišypsoti [동] 미소짓다
nusišluostyti [동] 몸의 물기를 닦다, 몸을 말리다
nusišnypšti [동] 코를 풀다
nusiteikęs [형] (~한) 마음이 있는, (~한) 기분의; gerai nusiteikęs 기분이 좋은
nusiteikimas [남] 기분, 마음
nusiteikti [동] (~한) 마음이 있다, 기분이다
nusitrinti [동] 지워지다, 말소되다
nusitverti [동] 붙잡다, 쥐다
nusiųsti [동] 보내다, 발송하다; 부르러 보내다
nusivylimas [남] 실망, 환멸
nusivilti [동] (~에) 실망하다
nusižeminimas [남] 굴욕
nusižeminti [동] 굴욕을 감수하다
nusižengimas [남] (규칙 따위의) 위반, 잘못
nusižengti [동] (규칙 따위를) 위반하다, 범하다, 잘못하다
nusižiūrėti [동] ① 골라내다 ② 남을 모방하다[본받다]
nusižudyti [동] 자살하다
nuskandinti [동] 물에 빠뜨리다
nuskausminimas [남] 마취
nuskausminti [동] 마취시키다
nuskęsti [동] 물에 빠지다
nuskinti [동] 따다, 잡아뜯다
nuskriausti [동] 나쁘게 대하다, 학대하다, 해를 끼치다
nuskristi [동] 날아가(버리)다
nuskurdimas [남] 가난, 피폐
nuskurdinti [동] 가난하게 만들다, 피폐하게 하다
nuskursti [동] 가난해지다, 피폐해지다
nuskusti [동] 깎다, 벗기다
nuslėpti [동] 숨기다, 감추다
nuslinkti [동] (아래로) 내려가다, 떨어지다, 빠지다

nuslopinti [동] (반란 따위를) 억누르다, 진압하다; 숨막히게 하다; (소리를) 지우다, 소음(消音)하다
nusmukti [동] 쇠하다, 망하다
nusnūsti [동] 잠깐 자다, 졸다
nuspausti [동] 누르다; 밟다
nuspręsti [동] (~하기로) 결정하다
nustatymas [남] 결정, 확정
nustatytas [형] 결정된, 확정된
nustatyti [동] 결정하다, 확정하다
nustebimas [남] 놀람
nustebinti [동] 놀라게 하다
nustebti [동] (~에) 놀라다
nustelbti [동] 숨막히게 하다; (소리를) 지우다, 소음(消音)하다
nustoti [동] ① 잃다, 상실하다 ② 그만두다, 멈추다; 더 이상 ~하지 않다
nustumti [동] 밀쳐내다, 밀어젖히다
nusukti [동] ① (~ 쪽으로) 돌리다 ② (측정 따위에서) 남을 속이다, 사기를 치다 ③ 비틀다
nusverti [동] 무게가 더 나가다
nusvirti [동] 늘어지다, 드리우다
nušalinti [동] 면직하다, 직위 해제하다
nušalti [동] ① jis nušalo rankas 그는 손이 얼었다 ② 감기에 걸리다
nušauti [동] 쏘아 떨어뜨리다, 쏘아 죽이다
nušluostyti [동] (깨끗하게) 닦아내다
nušluoti [동] (깨끗하게) 털다, 쓸어내다, 닦아내다
nušokti [동] (~에서) 뛰어내리다
nušviesti [동] 불을 켜다, 밝히다
nušvisti [동] 밝아지다, 빛이 비치다
nutaikyti [동] ① (무기 따위를) 겨누다 ② 잡다, 포착하다
nutarimas [남] 결정(決定)
nutarti [동] 정하다, 규정하다; 결정하다
nuteikti [동] (남의 감정 따위를) 자극하다
nuteisti [동] (유죄) 판결을 내리다, 형을 선고하다
nutekėti [동] 흘러내리다, 새다
nutempti [동] (한쪽으로) 끌어내다; (~으로) 끌고 가다

nutiesti [동] ① (예를 들어 전기 장치나 철도 따위를) 설치하다, 가설하다, 부설하다 ② (예를 들어 로프 따위를 일정한 공간에 걸쳐) 펴다, 치다
nutikimas [남] (우발적인) 일, 사건
nutikti [동] ① (우연히) 일어나다, 발생하다 ② (일이) 잘 되다, 성공적이다
nutildyti [동] 조용하게 만들다, 침묵시키다
nutylėti [동] 묵과하다, 쉬쉬하다, 덮어두다
nutilti [동] 조용해지다, (나던 소리가) 멈추다
nutolęs [형] 먼, 원거리의
nutolti [동] (~으로부터) 멀리 떨어지다, (~을) 멀리하다
nutraukimas [남] ① (대화·관계 등의) 단절, 결렬 ② (조약 따위의) 취소, 파기, 무효화 ③ 중지, 멈춤; 보류
nutraukti [동] ① 떼다, 잡아뜯다 ② (대화·관계 등을) 단절[결렬]시키다 ③ 취소하다, 파기하다 ④ 중지시키다, 멈추다
nutremti [동] (국외로) 추방하다
nutrinti [동] ① 닦아내다, 문질러 지우다 ② 스쳐 벗기다, 까지게 하다
nutrūktgalvis [남] 무모한 사람; 말괄량이
nutrūkti [동] ① (~으로부터) 떨어져[분리되어] 나오다 ② (갑자기) 멈추다, 중단되다, 끊기다
nutukęs [형] 뚱뚱한, 비만의
nutukimas [남] 비만
nutukti [동] 뚱뚱해지다, 체중이 늘다
nutūpimas [남] (비행기의) 착륙
nutūpti [동] ① (비행기가) 착륙하다 ② (새가 ~에) 앉다
nutverti [동] 잡다, 붙들다
nuvainikuoti [동] 폐위하다, 권좌에서 몰아내다
nuvalyti [동] ① (깨끗하게) 닦아[털어]내다 ② 수확하다, 추수하다
nuvalkiotas [형] 너무 평범한, 흔해 빠진, 진부한
nuvargęs [형] 지친, 피곤한
nuvarginti [동] 지치게[피곤하게] 만들다
nuvargti [동] 지치다, 피곤해지다
nuvaryti [동] ① (~으로) 내몰다 ② 무리하게 하다, 혹사시키다, 지나치게 부려먹다

nuvažiuoti [동] ① (~으로) 가다, 떠나다 ② (일정한 거리를) 가다
nuveikti [동] ① 실행하다, 수행하다 ② 압도하다, 이겨내다
nuversti [동] ① 던져 버리다, 내던지다 ② 뒤엎다, 전복시키다
nuvertinti [동] 가치를 떨어뜨리다[저하시키다]
nuvesti [동] (~으로) 데려가다, 이끌다
nuvežti [동] (~으로) 데려가다; nuvežk jį į Kauną 그를 카우나스로 데려가다
nuvykti [동] (~(쪽)으로) 가다
nuvilkinti [동] 미루다, 지체하다, 질질 끌다
nuvilkti [동] ① 옷을 벗기다 ② (한쪽으로) 끌어내다
nuvilti [동] 실망시키다, 기대에 어긋나게 하다
nuvirsti [동] 넘어지다, 떨어지다
nuvysti [동] 이울다, 시들다
nuvyti [동] 쫓아버리다
nuvokti [동] 이해하다, 알아차리다
nužydėti [동] 꽃이 지다
nužiūrėti [동] ① 알아채다 ② 골라내다 ③ 예견하다, 내다보다
nužudymas [남] 살인, 살해
nužudyti [동] 죽이다, 살인[살해]하다

O

o¹ [접] ① 그리고 ② 그러나, 하지만, 그런 반면에
o² [소사] o aš taip ir sakiau jam! 나는 그에게 말했다구!
o³ [감] 오, 아!
oazė [여] 오아시스
obelis [여] [식물] 사과나무
objektas [남] 대상; 목표
objektyvumas [남] 객관성
objektyvus [형] 객관적인; 편견 없는
obligacija [여] 채권
oblius [남] 대패
obojus [남] [음악] 오보에
observatorija [여] 천문대
obuolys [남] 사과
oda [여] 피부; (큰 짐승의) 생가죽; 가공한[무두질한] 가죽
odinis [형] 가죽의, 가죽으로 만든
oficialus [형] 공식적인
ogi [소사] 물론[당연히] ~이지, 그렇고말고
oho [감] 오호!
oi [감] 오!
oje [감] 아, 이런!
okeanas [남] 대양(大洋)
Okeanija [여] 오세아니아, 대양주
oksidas [남] [화학] 산화물
oksiduoti(s) [동] 산화하다
oktava [여] [음악] 옥타브
okupacija [여] 직업
okupantas [남] 침략군[자]
okupuoti [동] 점령하다
ola [여] 동굴
olandas [남] 네덜란드 사람

Olandija [여] 네덜란드
olandiškas [형] 네덜란드의
olimpiada [여] 국제 올림픽 대회
omaras [남] [동물] 로브스터, 바닷가재
omletas [남] 오믈렛
opa [여] 궤양, 상처
opera [여] 오페라; operos teatras 오페라 극장
operacija [여] ① 조작, 작동 ② (법률 따위의) 실시, 시행 ③ [군사] 작전 ④ [의학] 수술
operatorius [남] 조작자
operetė [여] [음악] 오페레타
operuoti [동] 수술하다
opiumas [남] 아편
oponentas [남] 반대자, 비판자
oportunistas [남] 기회주의자
opozicija [여] 반대, 대항
opozicinis [형] 반대의, 반대하는
opšrus [남] [동물] 오소리
optika [여] 광학(光學)
optimistas [남] 낙천주의자
optimistinis, optimistiškas [형] 낙천적인
optimizmas [남] 낙천주의
optinis [형] 눈의, 시각[시력]의
opus [형] (문제 등이) 다루기 어려운, 까다로운, 민감한
orangutangas [남] [동물] 오랑우탄
oranžerija [여] 온실
oranžinis [형] 오렌지색의, 주황색의
oras [남] ① 공기, 공중; oro erdvė 영공(領空) ② 날씨; šiandien geras oras 오늘은 날씨가 좋군요; orų prognozė 일기예보 ③ 옥외, 실외
orbita [여] 궤도
ordinas[1] [남] 훈장
ordinas[2] [남] 교단(敎團); 기사단
organas [남] ① [생물] 기관(器官); 장기, 조직 ② (정치적인) 기관(機關)
organinis [형] 유기(有機)의; 유기체의; organinė chemija 유

기화학
organiškas [형] 유기적인, 통합된
organizacija [여] 조직, ~체(體)
organizatorius [남] 조직자
organizmas [남] 유기체, 생물
organizuoti [동] 조직하다
orientacija [여] ① 방향 감각; netekti orientacijos 방향 감각을 잃다, 어찌할 바를 모르다 ② orientacijos sportas [스포츠] 오리엔티어링
orientacinis [형] 시험적인, 임시의, 대강의
orientuotis [동] (올바른) 방향을 찾다
originalas [남] ① 원형, 원물(原物); 원문, 원작 ② 괴짜, 기인
originalumas [남] 독창성
originalus [형] 독창적인, 독특한
orinis [형] 공기의, 대기의
orkaitė [여] (요리용) 오븐
orkestras [남] ① 오케스트라, 관현악단 ② (브라스)밴드
ornamentas [남] 장식, 디자인
ornamentuoti [동] 장식하다, 꾸미다
ortografija [여] (바른) 철자법, 정서법
orumas [남] 존엄, 위엄, 품위
orus [형] 위엄 있는, 고귀한
ošti [동] 살랑살랑 소리나다
ovacija [여] 큰 갈채, 우레와 같은 박수
ozonas [남] [화학] 오존
ožys [남] 숫염소
ožiukas [남] 새끼 염소
ožka [여] [동물] 염소; 암염소

P

paaiškėti [동] 분명해지다, ~임이 드러나다[밝혀지다]
paaiškinimas [남] 설명
paaiškinti [동] 설명하다
paaštrėti [동] ① 날카로워지다; (감각 따위가) 예민해지다 ② (상황 따위가) 악화되다
paaštrinti [동] ① 날카롭게 하다 ② (상황 따위를) 악화시키다
paauglys [남] 십대, 청소년
paauglystė [여] 사춘기, 청소년기
paaugti [동] 자라다, 성장하다
paauksuotas [형] 금을 입힌, 금도금한
paaukštinimas [남] ① 증가, 늘어남 ② (직장에서의) 승진
paaukštinti [동] ① 증가시키다, 늘리다 ② 승진시키다
pabaiga [여] 끝, 결말, 종결
pabaigti [동] ① 끝내다, 완료하다 ② (학교를) 졸업하다
pabaisa [남/여] 괴물
pabalti [동] 하얘지다; 창백해지다
pabarti [동] 꾸짖다, 나무라다
pabauda [여] 벌(금)
pabėgėlis [남] 도망자, 탈주자
pabėgimas [남] 급히 빠져나옴, 도망, 탈주
pabėgti [동] 도망하다, 탈주하다, 빠져나오다
pabelsti [동] (톡톡) 두드리다
paberti [동] 엎지르다, 흩뜨리다
pabirti [동] 흩뿌리다
pablogėjimas [남] 나빠짐, 악화
pablogėti [동] 나빠지다, 악화되다
pabloginti [동] 나쁘게 만들다, 악화시키다
pabrangti [동] 가격이 오르다, 비싸지다
pabraukti [동] 밑줄을 긋다
pabrėžti [동] ① 밑줄을 긋다 ② 강조하다, 강세를 두다

pabučiuoti [동] 키스하다, 입맞추다
pabūklas [남] 총포(의 한 점); [복] pabūklai 총포류
pabusti [동] 일어나다, 잠에서 깨다, 기상하다
pabūti [동] (잠시) 머무르다
pabuvoti [동] (어떤 장소에) 있다, 체류하다
pacientas [남] 환자, 병자
pačiupti [동] 잡다, 붙들다
pačiūža [여] [스포츠] 스케이트; čiuožti pačiūžomis 스케이트를 타(러 가)다; [복] pačiūžos 스케이트화(靴)
padainuoti [동] 노래를 부르다[불러주다]
padala [여] (책 따위의) 절(節), 단락, 부분
padalijimas [남] (나라의) (행정) 구역, 지역 구분
padalyti [동] (~으로) 나누다, 쪼개다
padanga [여] (자동차의) 타이어
padangė [여] 하늘, 창공
padaras [남] ① 창작, (만들기) 작업 ② 생물, 피조물
padargas [남] 도구, 기구
padarymas [남] 수행, 성취, 달성
padarinys [남] 결과, 귀결
padaryti [동] ① (수행)하다 ② ~하게 하다; padaryti įtaką 영향을 끼치다; nieko nepadarysi 어쩔 수 없다
padas [남] 발바닥
padaugėjimas [남] 증가, 증대, 늘어남
padaugėti [동] 증가하다, 늘어나다
padauginimas [남] ① 증가(시키기) ② [수학] 곱셈, 승법
padauginti [동] 증가시키다, 늘리다
padavėja [여] 웨이트리스
padavėjas [남] 웨이터, 시중드는 사람
padavimas [남] ① 제출(하기) ② 전설 ③ [스포츠] 서브
padažas [남] 소스; 육즙; 드레싱
padegimas [남] 방화(죄)
padegti [동] 불을 지르다
padėjėjas [남] 조수, 도와주는 사람
padėjimas [남] ① 도와주기, 거들기, 조력 ② 상태, 형편
padėka [여] 감사, 사의
padėklas [남] 쟁반

padėkoti [동] 감사하다
padengimas [남] (채무의) 이행; (비용의) 지불
padengti [동] 지불하다, 치르다
padėti [동] ① 놓다, 두다, 위치시키다; padėti į vietą 제자리에 놓다[두다] ② 돕다, 원조하다
padėtis [여] ① 위치, 장소, 곳, 소재지 ② 상태, 상황 ③ (사회적) 지위
padidėjimas [남] 증가, 증대
padidėti [동] 늘다, 증가하다
padidinimas [남] ① 증가(시키기) ② 확대
padidinti [동] ① 늘리다, 증가시키다 ② 확대하다
padirbėti [동] 일을 좀 하다, 어떤 일을 하다
padirbtas [형] ① (일이) 행해진, 완료된 ② 만들어진; 위조의, 가짜의
padirbti [동] 위조하다, 만들어내다
padorumas [남] 예의바름, 단정함
padorus [형] 예의바른, (품행이) 단정한
padrąsinimas [남] 격려
padrąsinti [동] 격려하다, 용기를 북돋우다
padugnės [여·복] ① 찌꺼기; 앙금 ② 인간 쓰레기
padūkęs [형] 격노한, 미친
padūkti [동] 미치다; 벌컥 화를 내다
paduoti [동] ① 건네다, 내밀다 ② (테이블에서) 식사 시중을 들다, 서빙하다 ③ 제출하다, 제시하다
padvigubėti [동] 두 배로 늘다
padvigubinti [동] 두 배로 늘리다
paeiliui [부] 하나씩, 차례로, 잇따라
paeiti [동] ① 조금[얼마간] 걷다 ② 걸을 수 있다
paėmimas [남] 붙잡기, 포획; (요새 따위의) 점령
pagaikštis [남] 부지깽이
pagailėti [동] ① 동정하다, 불쌍히 여기다 ② 아끼다
pagal [전] ① (~을) 따라서, 지나서, 끼고 ② (~에) 따라, 맞추어, 의하여; pagal įsakymą 명령에 따라
pagalba [여] 도움, 원조; suteikti pagalbą 도와주다; pirm-oji[greitoji] pagalba 응급 처치
pagalbinis [형] 보조의, 보조적인; pagalbinis veiksmažodis

[문법] 조동사
pagaliau [부/소사] 결국, 마침내
pagalys [남] 막대기, 스틱
pagalvė [여] 베개; (소파의) 쿠션
pagalvėlė [여] (소파의) 쿠션
pagalvoti [동] (잠시) 생각하다
pagaminimas [남] 만들기, 제작, 생산; 식사 준비
pagaminti [동] 만들다, 제작[생산]하다; 식사를 준비하다
pagarba [여] 존경, 경의; reikšti kam pagarbą ~을 존경하다; su pagarba (편지에서) 근배(謹拜)
pagarbus [형] 경의를 표하는, 공손한
pagarsėti [동] 유명해지다, 명성을 얻다
pagarsinti [동] 발표하다, 알리다; 폭로하다
pagausėti [동] 수가 늘다, 증가하다
pagauti [동] ① 붙잡다, 붙들다 ② 마음을 빼앗다
pagedęs [형] 망가진, 망친; 썩은
pageidaujamas [형] 바람직한, 호감이 가는
pageidauti [동] 바라다
pageidavimas [남] 바람, 소망
pagelbėti [동] 돕다, 원조하다
pagerbimas [남] 존경, 경의
pagerbti [동] 경의를 표하다
pagerėjimas [남] 향상, 나아짐
pagerėti [동] 나아지다, 향상되다
pagerinimas [남] 개선, 향상시키기
pagerinti [동] 개선하다, 향상시키다
pagesti [동] 망치다, 나빠지다; (도덕적으로) 타락하다
pagydyti [동] 치료하다
pagieža [여] 악의, 적의, 원한, 분노
pagijimas [남] (건강 등의) 회복
pagilinti [동] 깊게 하다[만들다]; (지식 따위를) 넓히다
pagimdyti [동] ① (새끼를) 낳다 ② 야기하다, 일으키다
pagyra [여] 칭찬
pagirdyti [동] 마실 것을 주다
pagyrimas [남] 칭찬; su pagyrimu (졸업을) 우등으로
pagirios [여·복] 숙취(宿醉)

pagirti [동] 칭찬하다
pagirtinas [형] 칭찬할 만한
pagyrūnas [남] 자랑꾼
pagyti [동] (건강 등이) 나아지다, 회복되다
pagyvenęs [형] 나이가 지긋한
pagyventi [동] (일정 기간) 머무르다, 체재하다
pagyvėti [동] 활기를 띠다
pagyvinti [동] 활기를 띠게 하다, 생기를 주다
paglostyti [동] 쓰다듬다, 어루만지다
pagonis [남] 이교도
pagoniškas [형] 이교도의
pagražėti [동] 더 예뻐지다, 아름다워지다
pagražinti [동] 아름답게 장식하다; 미화하다, 윤색하다
pagreitėjimas, pagreitinimas [남] 가속(加速)
pagreitėti [동] 가속되다, 속도가 빨라지다
pagreitinti [동] 가속하다, 속도를 빠르게 하다; 재촉하다, 서두르다
pagriebti [동] 잡다, 쥐다
pagrindas [남] ① 기초, 기반; 토대, 근거 ② [복] 원리, 원칙
pagrindimas [남] 구현, 입증
pagrindinai [부] 근본적으로
pagrindinis [형] 기초[기본]적인, 근본적인
pagrįstas [형] 근거가 충분한, 입증된
pagrįsti [동] (~에) 기초하다, 근거를 두다
pagrobėjas [남] 훔치는 사람; 유괴범, 납치범
pagrobimas [남] 강탈; 유괴, 납치
pagrobti [동] 훔치다, 강탈하다; 유괴[납치]하다
paguldyti [동] 눕히다; 내려놓다
pagulėti [동] (잠시) 드러눕다, 누워있다
pagunda [여] 유혹; pasiduoti pagundai 유혹에 굴하다
paguoda [여] 위로, 위안
paguosti [동] 위로하다, 위안을 주다
paieškoti [동] 찾다, 뒤지다
paikas [형] 어리석은, 우둔한
pailgas [형] 옆으로 긴, 장방형의
pailgėti [동] 늘어나다, 길어지다

pailginti [동] 늘이다, 길게 하다
pailsti [동] 지치다, 피곤해지다
paimti [동] (붙)잡다, 붙들다
painiava [여] 얽힘, 복잡함; 혼란, 난잡
painioti [동] 얽히게[복잡하게] 하다; 혼란시키다
painiotis [동] 혼란스러워지다
painus [형] 얽힌, 복잡한
pairti [동] 산산조각나다; 붕괴하다, 무너지다; (질서 따위가) 불안정하다, 흔들리다
paisyti [동] 주의를 기울이다
paišai [남·복] 그을음, 검댕
paišyti [동] ① 그리다, 스케치하다 ② 그을음[검댕]으로 더럽게 하다
paįvairinti [동] 여러 가지로 변화시키다, 다양하게 하다
pajacas [남] 어릿광대
pajamos [여·복] 수령액, 수입, 소득; pajamų mokestis 소득세
pajausti [동] 느끼다, 지각하다
pajėga [여] ① 힘, 파워 ② [복] pajėgos 군사력, 무력, 병력; ginkluotosios pajėgos 군대; karinės oro pajėgos 공군; sausumos pajėgos 육군
pajėgti [동] ~할 수 있다, ~할 힘[능력]이 있다
pajėgumas [남] 힘, 능력
pajėgus [형] ~할 수 있는, ~할 힘[능력]이 있는; 힘 있는, 힘센, 강력한
pajudėti [동] ① (약간) 움직이다, 흔들리다 ② 출발하다
pajudinti [동] 움직이게 하다, 흔들다
pajungti [동] 정복하다, 복종[종속]시키다
pajuoka [여] 조롱, 비웃음
pajuokti [동] 조롱하다, 비웃다
pajūris [남] 해변, 해안
pajusti [동] 느끼다, 지각하다
pakaba [여] 옷걸이
pakabas [남] 걸이, 스탠드
pakabinti [동] 걸다, 매달다
pakabti [동] 걸리다, 매달리다, 드리우다

pakaitalas, pakaitas [남] 대용품, 상당하는 것
pakaitomis [부] 번갈아, 교대로
pakakti [동] 충분하다, 넉넉하다; pakanka! 그거면 됐어!
pakalbėti [동] (~와) 이야기를 나누다
pakalnė [여] 산허리, 산기슭
pakankamas [형] 충분한, 넉넉한
pakarti [동] 목을 매달다, 교수형에 처하다
pakartojimas [남] 반복, 되풀이
pakartoti [동] 반복하다, 되풀이하다
pakartotinai [부] 반복하여, 되풀이하여
pakartotinis [형] 반복된, 되풀이된
pakasti [동] 밑을 파고들다
pakaušis [남] 뒤통수, 후두부(後頭部)
pakavimas [남] 포장, 짐꾸리기
pakeičiamas [형] 다른 것으로 대체 가능한
pakeisti [동] ① 바꾸다, 변경하다 ② 대체하다
pakeitimas [남] 변경; 대체
pakelė [여] 길가, 노변
pakeleivis [남] 여행자, 나그네
pakėlimas [남] (가격 따위의) 인상
pakeliui [부] man su jumis pakeliui 우리는 같은 길을 간다
pakelti [동] ① (들어)올리다 ② (직장에서) 승진시키다 ③ (잠에서) 깨우다 ④ 참다, 견디다
pakenčiamas [형] 참아줄 수 있는, 웬만한, 괜찮은
pakenkti [동] 해를 끼치다, 손상을 입히다
pakentėti [동] 참다, 견디다, 인내하다; (고통을) 겪다
pakęsti [동] 참다, 견디다
paketas [남] 소포, 꾸러미
pakibti [동] 매달리다, 드리우다
pakilimas [남] ① 상승, 오름 ② 발달, 발전 ③ 생기, 열정 ④ (비행기의) 이륙 ⑤ 오르막
pakilti [동] ① 오르다, 올라가다, 상승하다 ② 증가[증대]하다, 높아지다; 일어나다 ③ (직장에서) 승진하다
pakilus [형] 높은, 고양된
pakinktai [남·복] 마구(馬具)
pakirsti [동] ① 패다, 찍다 ② 밑을 파서 무너뜨리다

Pakistanas [남] 파키스탄
pakišti [동] 밑에[밑으로] 넣다
paklaida [여] 실수, 틀림, 에러
paklausa [여] [경제] 수요
paklausimas [남] 질문, 문의
paklausti [동] 묻다, 질문하다
paklydęs [형] 길을 잃은
paklysti [동] 길을 잃다
pakliūti [동] ① 자신이 어떤 상태에 있음을 알다 ② (~에) 걸리다, 붙들리다, 들어가다 ③ 치다, 때리다 ④ kaip pakliuvo 어떻게 해서든, 어쨌든
paklodė [여] (침대 등의) 시트
pakloti [동] 펴다, 펼치다
paklusnumas [남] 복종
paklusnus [형] 복종하는, 따르는
paklusti [동] 복종하다, 따르다
pakol(ei) [접] ① ~하는 한, ~하는 동안에; pakol(ei) gyvas 내가 살아있는 한 ② ~할 때까지
pakopa [여] ① (계단·사다리 등의) 단(段), 디딤대 ② 단계, 정도
pakraipa [여] 경향, 동향, 추세, 트렌드
pakrantė [여] 물가 (해안이나 강변 따위)
pakraštys [남] ① 가장자리, 변두리 ② 해안, 바닷가 ③ (책의) 여백, 난외(欄外)
pakratai [남·복] (동물의) 한배 새끼
pakrauti [동] (짐을) 싣다, 적재하다
pakrikimas [남] 붕괴, 파괴; (신경 등의) 쇠약
pakrikti [동] ① 흩어지다 ② 깨지다, 붕괴[파괴]되다
pakrypęs [형] 기울어진
pakrypti [동] 기울어지다, 향하다
pakrovimas [남] 짐싣기, 적재, 선적(船積)
paktas [남] (국가간의) 조약, 협정
pakuoti [동] 짐을 싸다, 꾸리다, 포장하다
pakuždėti [동] 속삭이다
pakvaišti [동] 미치다; 어리석어지다
pakvėpuoti [동] 숨쉬다, (공기를) 들이마시다

pakviesti [동] 초대하다

pakvietimas [남] 초대; 초대장

pakvipti [동] (~의) 냄새가 나다

palaidas [형] ① 풀린, 묶이지 않은 ② 방탕한

palaidinukė [여] 블라우스

palaidoti [동] (파)묻다

palaidūnas [남] 방탕한 사람

palaikai [남·복] 유산; 유물

palaikymas [남] 후원, 지지, 뒷받침; 유지

palaikyti [동] ① (잠시) 붙들다, 붙들고 있다 ② 후원하다, 지지하다, 뒷받침하다 ③ 유지하다; palaikyti ryšius 연락[접촉]을 지속하다 ④ (~으로) 잘못 알다

palaima [여] 더없는 기쁨, 지복(至福); 축복

palaiminimas [남] 축복하기

palaiminti [동] 축복하다

palaipsniui [부] 점차, 차츰, 조금씩

palangė [여] 창턱

palankumas [남] 자비(심), 호의, 친절; rodyti kam palankumą ~에게 호의를 베풀다

palankus [형] ① 자비로운, 호의적인 ② 유리한

palapinė [여] 텐트, 천막

palata [여] 병동, 병실

palaukti [동] 기다리다

palaužti [동] 깨다, 부수다, 파괴하다; 분쇄하다, 진압하다; (건강 따위를) 해치다; 무리하다, 혹사하다

palei [전] ① (~의) 옆에, 근처에 ② (~을) 따라, 끼고

paleidimas [남] ① 놓아줌, 풀어줌 ② (조직 따위의) 해산 ③ (기계 따위의) 가동

paleisti [동] ① 놓아주다, 풀어주다, 해방하다 ② (조직 따위를) 해산하다 ③ (기계 따위를) 가동시키다 ④ 던지다, 쏘다

paleistuvis [남] 방탕한 사람

palengva [부] 천천히, 조금씩

palengvinimas [남] ① 쉽게 함; 가볍게 함 ② (고통 따위의) 완화, 경감

palengvinti [동] ① 쉽게 하다; 가볍게 하다 ② (고통 따위를) 덜다, 완화[경감]하다

palenkti [동] ① 구부리다, 기울이다 ② 복속시키다
palėpė [여] 지붕 밑 방; 처마
paliaubos [여·복] 휴전, 정전
palydėti [동] 동행하다, 함께 가다; 바래다주다
palydovas [남] ① 수행원 ② [천문] 위성
paliepimas [남] 명령, 지시
paliepti [동] 명령하다, 지시하다
paliesti [동] ① 손을 대다, 가볍게 누르다, 터치하다 ② (어떤 주제 등에 대해) 언급하다 ③ 병에 걸리게 하다
palieti [동] 엎지르다, 쏟다
palyginamas [형] 비교되는, 필적하는, 비길 만한
palyginimas [남] ① 비교 ② [수사학] 직유(直喩)
palyginti [동] 비교하다, 비기다, 견주다 — [부] 비교적
palikimas [남] 유산, 물려받은 것
palikti [동] ① 저버리다, 내버려두다 ② 유증(遺贈)하다
palikuonis [남] 자손, 후손
palinkėti [동] 바라다; palinkėti sėkmės 행운을 빌다
palinkimas [남] 경향, 성향, 성벽(性癖)
palinkti [동] ① (몸을) 굽히다 ② (~ 쪽으로) 마음이 기울다
paliova [여] be paliovos 끊임없이, 계속
paliudyti [동] 증명하다, 입증하다
palmė [여] [식물] 야자(수)
paltas [남] 외투, 코트
palūkanos [여·복] 이자; 폭리, 고리대금; palūkanų dydis 이자율
palūžti [동] 부러지다, 부서지다; 쇠하다
pamaina [여] 변경, (다른 것으로의) 대체; (작업의) 교대
pamainom(is) [부] 교대로, 번갈아
pamaišyti [동] 섞다, 휘젓다
pamaldos [여·복] (교회의) 예배
pamaldumas [남] 경건함, 독실
pamaldus [형] 경건한, 독실한, 신앙심이 두터운
pamarys [남] 해변, 해안, 바닷가; 연해(沿海)
pamatas [남] 기초, 기반
pamatuotas [형] 근거 있는
pamatuoti [동] (~에) 기초하다, 기반을 두다, 근거하다

pamazgos [여·복] 개숫물, 구정물
pamažėti [동] 줄어들다, 감소하다
pamažinti [동] 줄이다, 감소시키다
pamažu [부] 조금씩, 점차, 차츰
pamečiui [부] ① 매년, 해마다 ② 한 해 걸러, 격년으로
pamėgdžiojimas [남] 모방, 흉내
pamėgdžioti [동] 모방하다, 흉내내다
pamėgimas [남] (~을) 좋아함
pamėginti [동] 시도하다, 해보다; 노력하다
pamėgti [동] 좋아하게 되다, 마음에 들게 되다
pamėlynuoti [동] 파래지다, 새파랗게 되다
pameluoti [동] 거짓말하다
pamėnesiui [동] ① 매달, 한달에 한 번 ② 격월로
pamergė [여] 신부 들러리
pamerkti¹ [동] 윙크하다
pamerkti² [동] (액체에) 적시다, 담그다
pamesti [동] ① 잃다, 놓치다 ② 잘못 두다, 둔 곳을 잊어버리다 ③ (저)버리다
pamylėti [동] ① (잠시 동안) 좋아하다, 사랑하다 ② 잘 대접하다
pamilti [동] 좋아하게 되다, (~와) 사랑에 빠지다
pamyluoti [동] 귀여워하다, 어루만지다
paminėjimas [남] ① 언급(하기) ② 기념
paminėti [동] ① 언급하다 ② 기념하다
paminklas [남] 기념비, 기념물
paminklinis [형] 기념의, 기념하기 위한
paminti [동] ① 밟다 ② (남의 권리 따위를) 침해하다
pamiršti [동] 잊다, 망각하다; jis visai tai pamiršo 그는 그것을 깨끗이 잊어버렸다
pamišėlis [남] 미친 사람, 광인(狂人)
pamišęs [형] 미친, 돈, 광기의, 제정신이 아닌; 정신 이상[착란]의
pamišimas [남] 광기, 정신 이상[착란]
pamiškė [여] 가장자리, 변두리
pamišti [동] 미치다, 정신이 돌다
pamoka [여] ① 학과, 수업, 레슨; imti anglų kalbos pamo-

kas 영어 수업을 받다; po pamokų 방과 후에 ② 숙제, 과제 ③ 교훈; tai bus tau pamoka 그걸 교훈으로 삼아라

pamokymas [남] 교훈
pamokyti [동] 가르치다, 교육[교수]하다
pamokomas [형] 교육적인, 교훈적인
pamokslas [남] 설교, 훈계
pamokslininkas [남] 설교자
pamotė [여] 의붓어머니, 계모
pamušalas [남] (의복의) 안감 대기, 안 받치기
pamušti [동] ① (옷에) 안감을 대다 ② 때리다, 혼내주다
panaikinimas [남] 폐지, 폐기
panaikinti [동] 폐지하다, 철회하다, 없애다
panardinti [동] (물 속 등으로) 뛰어들다
panašauti [동] (~와) 닮다
panašiai [부] panašiai (kaip) ~처럼, (~와) 같이; ir panašiai 기타 같은 종류의 것
panašumas [남] 유사함, 비슷함, 닮음
panašus [형] 유사한, 비슷한, 닮은; nieko panašaus 전혀 그런 것이 아님, 전혀 다른 것
panaudojimas [남] 사용, 이용
panaudoti [동] 사용하다, 이용하다
panaujinti [동] 새롭게 하다
pančiai [남·복] 족쇄, 차꼬
pančioti [동] 족쇄[차꼬]를 채우다
paneigimas [남] 부인, 부정
paneigti [동] 부인[부정]하다
panelė [여] 아가씨, 처녀, 젊은 여자
panerti [동] (물 속 등에) 뛰어들다
panešioti [동] (잠시 동안) 가지고 있다, 옷을 입고 있다
panešti [동] 가지고 있다; 휴대할 수 있다
panieka [여] 경멸, 멸시
paniekinamas [형] 경멸하는, 멸시하는, 업신여기는
paniekinimas [남] 경멸, 멸시
paniekinti [동] 경멸하다, 멸시하다, 업신여기다; 무시하다
panika [여] 공황, 패닉; pulti į paniką 돌연한 공포에 휩싸이다
paniškas [형] 공황의, 패닉 상태의

paniuręs [형] 침울한, 시무룩한
paniuromis [부] 침울하게, 시무룩하게
paniurti [동] 침울해지다, 시무룩해지다
panorama [여] 파노라마
panosė [여] 눈 앞에; iš pat panosės 바로 눈 앞에서
panosėje [부] 바로 근처에, 가까이에
pantera [여] [동물] 표범
pantomima [여] 팬터마임, 무언극
papartis [남] [식물] 양치류
papėdė [여] ① 산기슭; kalno papėdėje 산기슭에, 언덕 밑에 ② 받침대
papeikimas [남] 비난, 책망, 견책, 꾸지람
papeikti [동] 비난[책망]하다, 나무라다
papenėti [동] 먹이다; (아기에게) 젖을 먹이다
paperkamas [형] 뇌물이 통하는, 부패한
papietauti [동] 식사하다, 정찬을 들다
papiktinti [동] 분개하게 하다, 반감을 일으키다
papildymas [남] 보충, 추가
papildinys [남] [문법] 목적어
papildyti [동] ① 채워 넣다 ② 보충하다, 추가하다
papildomai [부] (~에) 더하여
papildomas [형] 부가적인, 추가의
papilnėti [동] 살이 찌다, 체중이 늘다
papirkimas [남] 뇌물 수수, 매수
papirkti [동] 뇌물을 주다, 매수하다
papirosas [남] 담배, 궐련
papjauti [동] ① 베다, 깎다 ② 죽이다, 도살하다
paplavos [여·복] 개숫물, 구정물
paplisti [동] 퍼지다, 확산되다
paplitęs [형] 널리 퍼진
paplitimas [남] 확산, 퍼짐
papliūpa [여] [군사] 일제 사격
papliūpėti [동] 일제 사격을 하다; 쏟아붓다, 퍼붓다
papliupti [동] 쏟아져 나오다, 분출하다
paplotėlis [남] 납작한 케이크
paploti [동] ① 평평하게[납작하게] 하다 ② 손뼉을 치다

paplūdimys [남] 해변, 바닷가
paprastai [부] ① 단순하게 ② 보통, 통상; kaip paprastai 평소처럼, 여느 때와 같이
paprastas [형] ① 단순한 ② 보통의, 통상의, 평범한
paprasti [동] (~에) 익숙해지다
paprastumas [남] 단순함
prašyti [동] ① 요청하다 ② 초대하다
papratimas [남] 습관, 버릇; iš papratimo 습관적으로, 타성으로; turėti papratimą (~하는) 버릇이 있다
paprotys [남] 관습
papūga [여] [조류] 앵무새
papulkininkis [남] [군사] 중령
papulti [동] (어떤 상태에) 들어가다
papunkčiui [부] 하나하나, 하나씩
papuošalas [남] 장식품; [복] 장신구
papuošimas [남] 장식(하기)
papuošti [동] 장식하다, 꾸미다
papurtyti [동] 흔들다
papusryčiauti [동] 아침 식사를 하다
para [여] 24시간, 하루
paradas [남] 퍼레이드, 행렬; [군사] 열병, 사열
paradinis [형] ① 의식의, 의식에 사용되는; paradinė uniforma 정장, 정복 ② 주된 (출입구의); paradinis įėjimas 정문(正門)
paradoksaliai [부] 역설적으로
paradoksalus [형] 역설의, 역설적인
paradoksas [남] 역설, 패러독스
parafinas [남] [화학] 파라핀
parafrazė [여] 알기 쉽게 바꿔 말하기, 부연
parafrazuoti [동] 알기 쉽게 바꿔 말하다, 부연 설명을 하다
paraginti [동] 고무하다, 몰아대다, 죄어치다
paragrafas [남] (문장의) 절(節), 단락, 패러그래프
paraidinis [형] ① 글자대로의, 축자적(逐字的)인 ② 알파벳순의
paraidžiui [부] ① 글자 그대로, 축자적으로; skaityti [rašyti] paraidžiui 철자하다 ② 알파벳순으로

paraiška [여] (~에 대한) 요구, 요청; 주문; paduoti paraišką kam gauti ~을 주문하다
parakas [남] 화약
paralelė [여] 평행(선); nubrėžti paralelę 평행선을 긋다
paraleliai [부] 평행하여
paralelinis [형] 평행한
paralyžiuoti [동] 마비시키다
paralyžius [남] 마비 (상태)
parama [여] 후원, 원조
parankė [여] už parankės 서로 팔짱을 끼고
parankinis [남] 조수, 사환 — [형] 가까이에 준비돼 있는
parankus [형] (가까이에 있어) 언제든 쓸 수 있는
parapija [여] 교구(敎區)
parašas [남] 사인, 서명; padėti savo parašą (자신의) 서명을 하다
parašiutas [남] 낙하산
parašiutininkas [남] 낙하산병, 낙하산 강하자
paraštė [여] 여백, 난외(欄外)
paraudimas [남] (부끄러워) 얼굴을 붉힘
paraudonuoti [동] (부끄러워) 얼굴이 빨개지다
paraues [형] (부끄러워) 얼굴이 빨개진
parausti [동] = paraudonuoti
parazitas [남] ① [동물] 기생충 ② 식객(食客), 남에게 들러붙어 사는 사람
parazitinis [형] 기생적인, 기생하는
parblokšti [동] 때려눕히다
pardavėjas [남] 판매인, 점원, 세일즈맨 (여성형은 pardavėja)
pardavimas [남] 판매; bilietų pardavimas 티켓 판매; pardavimo kaina 판매 가격
parduoti [동] 팔다, 판매하다
parduotuvė [여] 가게, 상점; universalinė parduotuvė 백화점; gastronomijos parduotuvė 식료품점;
pareiga [여] 의무, 본분, 직책; atlikti pareigą 본분을 다하다; eiti kieno pareigas ~으로서 일하다, ~을 대리하여 일하다

pareigingas [형] 의무를 다하는, 본분을 지키는
pareigūnas [남] 공무원, 관리
pareikalauti [동] 요구하다
pareikalavimas [남] ① 요구, 요청 ② 청구서 ③ iki pareikalavimo 유치(留置) 우편
pareikšti [동] 선언하다, 공표하다, 발표하다; pareikšti teises 권리를 주장하다; pareikšti reikalavimą kam ~에게 요구를 하다
pareiškimas [남] ① 원서, 신청서 ② 공표, 발표
pareiti [동] ① 돌아오다; pareiti namo 귀가하다 ② 들어가다, 들어갈 자리가 있다; į spintą pareina penkiasdešimt knygų 그 책장엔 책 50권이 들어갈 만한 공간이 있다 ③ (~에게) 달려 있다, ~ 나름이다
paremti [동] 지원[지지]하다, 뒷받침하다
parengiamasis [형] 준비의, 예비의
parengimas [남] 준비; 훈련
parengti [동] 준비하다
parengtinis [형] 준비의, 예비의
parengtis [여] 준비가 되어 있음
parfumerija [여] 향수 종류, 향료
pargabenti [동] 가져오다
pargriauti [동] 때려눕히다
pargriūti [동] 넘어지다, 떨어지다
parinkimas [남] 선택, 고르기
parinkti [동] 고르다, 선택하다
paritetas [남] 같음, 동등; pariteto pagrindais (~와) 동등하여
Paryžius [남] 파리 (프랑스의 수도)
parkas [남] 공원
parkeris [남] 만년필
parketas [남] 쪽모이 세공
parklupdyti [동] 굴복[굴종]시키다
parkristi [동] 넘어지다, 떨어지다
parlamentas [남] 의회
parlamentinis [형] 의회의
parmesti [동] 넘어뜨리다, 쓰러뜨리다

parnešti [동] 가져오다
paroda [여] ① 전시, 진열 ② 전시회, 쇼
parodija [여] 패러디, 풍자적인 개작
parodijuoti [동] 패러디하다, 풍자적으로 개작하다
parodymas [남] ① 보여주기 ② 증명, 증거
parodyti [동] ① 보여주다; 드러내 보이다 ② 가리키다, 지시하다 ③ 증명하다, 입증하다
parodomasis [형] 보여주는; 지시의; parodomasis įvardis [문법] 지시대명사
parpulti [동] 넘어지다, 자빠지다
parsidavėlis [남] 돈에 의해 좌우되는 사람, 부패한 사람
parsiduoti [동] ① 자신의 소지품을 팔다 ② 매수되다
parskristi [동] 비행기를 타고 돌아오다[귀국하다]
paršas [남] 돼지; 새끼[젖먹이] 돼지
paršiukas [남] 새끼[젖먹이] 돼지
parteris [남] (극장의) 1층 정면의 특별석
partietis [남] 당원(黨員)
partija [여] ① [정치] 당(黨), 정당 ② 일군(一群), 일단(一團), 무리, 그룹 ③ 놀이, 게임 ④ (제품 따위의) 1회분 ⑤ [음악] 음부(音部), 성부(聲部)
partinis [형] (정)당의 - [남] 당원(黨員)
partitūra [여] [음악] 악보
partizanas [남] 유격병, 빨치산, 게릴라 대원
partizaninis [형] 유격대의, 게릴라 대원의
partneris [남] 동료, 파트너
partrenkti [동] 쓰러뜨리다, 넘어뜨리다
parūkyti [동] 담배를 (한 대) 피우다
paruoša [여] ① 획득, 조달 ② 사들이기, 비축
paruošiamasis [형] 준비의, 예비의
paruošimas [남] 준비; 훈련
paruoštas [형] 준비된
paruošti [동] 준비하다, 대비하다
parūpinti [동] 공급하다, 갖추어 주다
parūpti [동] man parūpo 나는 신경이 쓰였다
parvažiuoti [동] (집으로) 돌아오다
parvesti, parvežti [동] (집으로) 가져오다, 데려오다

parvirsti [동] 넘어지다, 나동그라지다
pas [전] ① (~의) 옆에; jis sėdėjo pas krosnį 그는 난롯가에 앉았다 ② ~ 쪽으로, (~을) 향해 ③ (~와) 함께, (~의) 집에서; jis gyvena pas savo sūnų 그는 자기 아들과 함께 산다, 자기 아들네 집에 산다
pasaga [여] (말)편자
pasak [전] (~에) 따라; pasak jo 그의 말에 따르면
pasaka [여] 동화, (꾸민) 이야기
pasakėčia [여] 동화, (꾸민) 이야기
pasakinėti [동] (옆에서 슬쩍) 일러주다
pasakiškas [형] 믿어지지 않는, 엄청난
pasakyti [동] 말하다, 발언하다, 내뱉다; pasakyti kalbą 연설하다; ką jis nori tuo pasakyti? 그게 무슨 뜻이야?
pasakojimas [남] 이야기, 스토리
pasakoti [동] (~에 대해) 이야기하다
pasakotojas [남] 이야기하는 사람
pasala [여] [군사] 매복, 잠복
pasaldinti [동] 설탕을 넣다, 달게 하다
pasamdyti [동] 고용하다
pasąmonė [여] 잠재의식
pasas¹ [남] ① 여권 ② (자동차의) 등록증
pasas² [남] [스포츠] 패스
pasaugoti [동] 지키다, 망보다, 살피다
pasaulėžiūra [여] 세계관
pasaulietinis [형] 세속적인
pasaulietis [남] (성직자에 대하여) 속인(俗人), 평신도
pasaulinis [형] 세계의, 세계적인; pasaulinio masto 전세계적인; pasauliniu mastu 전세계적으로
pasaulis [남] ① 세계, 세상, 천지만물; gyvulių pasaulis 동물계(界); po visą pasaulį 전세계에, 세계 도처에 ② labiau už viską pasaulyje 무엇보다도; nė už ką pasaulyje 결코 ~ 아니다
pasėdėti [동] 잠시 앉아 있다
pasekėjas [남] 따르는 사람, 지지자
pasekmė [여] 결과
pasėliai [남·복] 농작물

pasemti [동] 퍼올리다
pasenęs [형] ① 나이 든, 늙은 ② 구식인, 고풍스런, 예스러운
pasenti [동] ① 나이 들다, 늙다 ② 구식이 되다, 고풍스러워지다
pasėti [동] 씨를 뿌리다; ką pasėsi, tą ir pjausi 뿌린 대로 거두리라
pasiaiškinti [동] 해명하다
pasiaukojimas [남] 자기 희생, 자기 부정
pasiaukoti [동] 자신을 희생하다
pasibaigti [동] 끝나다, 종료되다; 만기가 되다
pasibaisėjimas [남] 공포, 두려움
pasibaisėti [동] 겁을 먹다, 두려워하다
pasibjaurėjimas [남] 싫음, 반감, 혐오
pasibjaurėti [동] 싫어하다, 반감을 갖다, 혐오하다
pasidairyti [동] 둘러보다
pasidalyti [동] 나누다; 나누어 주다, 분배하다
pasidarbuoti [동] 일을 (좀) 하다
pasidaryti [동] ① (~하게) 되다; pasidarė tamsu 어두워졌다 ② (일이) 일어나다, 생기다, 발생하다; kas pasidarė? 무슨 일이야? ③ (자신에게) 어떤 일[행동]을 하다
pasidavimas [남] 항복, 굴복
pasidėti [동] ① (~으로) 가버리다, 사라지다; kur pasidėjo laiškas? 편지가 어디로 사라진 거야?, 편지는 도대체 어디에 있는 거야? ② 간직해 두다
pasididžiavimas [남] 자랑, 긍지
pasididžiuoti [동] 자랑하다, 뽐내다
pasiduoti [동] (~에) 항복[굴복]하다
pasiekiamas [형] 얻을 수 있는, 도달할 수 있는
pasiekimas [남] 달성, 획득
pasiekti [동] 도달하다; 달성하다, 획득하다
pasielgimas [남] 행동, 행위
pasielgti [동] ① 행(동)하다 ② (남에게 어떻게) 대(우)하다
pasienietis [남] 국경 경비원
pasienis [남] 국경, 변경
pasigailėjimas [남] ① 자비, 동정, 인정; be pasigailėjimo 무자비하게 ② 용서

pasigailėti [동] 불쌍히 여기다, 자비를 베풀다; 용서하다
pasigailėtinas [형] 불쌍한, 가엾은, 비참한
pasigardžiavimas [남] 풍미, 향미, 맛
pasigardžiuoti [동] (~의) 맛이 나다
pasigėrėjimas [남] 탄복, 찬탄, 보고 즐김
pasigėręs [형] 취한, 도취된
pasigėrėti [동] 탄복[찬탄]하다, 보고 즐기다
pasigerti [동] (도)취하다
pasigesti [동] (~이) 없음을 깨닫다
pasiginčyti [동] (잠시 동안) 논쟁하다
pasigirsti [동] (소리가) 들리다
pasigirti [동] (~을) 자랑하다
pasigrožėti [동] 보고 즐기다
pasiguosti [동] 스스로를 위안하다
pasiilgti [동] 그리워하다
pasiimti [동] ① (일 따위를) 떠맡다 ② 갖다, 취하다, 자기 것으로 하다
pasijudinti [동] 움직이기 시작하다; nepasijudinti 꼼짝도 하지 않다
pasijusti [동] (~이라고) 느끼다, (~한) 기분이 들다; pasijusti geriau 기분이 낫다[좋아지다]
pasikalbėjimas [남] 이야기, 대화
pasikalbėti [동] (~에 대해) 이야기[대화]를 나누다
pasikarti [동] 목매어 죽다
pasikeisti [동] ① 변(화)하다, 바뀌다; pasikeisti į gerają pusę 좋아지다, 호전되다, 개선되다 ② pasikeisdami 차례로, 번갈아, 교대[교체]하여
pasikeitimas [남] ① 변화 ② 교대, 교체
pasikelti [동] 일어나다, 일어서다; 올라가다
pasikėsinimas [남] (살해 행위 등의) 시도, 기도; 잠식; pasikėsinimas į kieno gyvybę ~의 목숨을 노림
pasikėsinti [동] (살해 따위를) 기도하다; (남의 영토 따위를) 잠식하다
pasiklausyti [동] (잠시 ~에) 귀를 기울이다
pasiklausti [동] 묻다, 알아보다; 허락을 구하다
pasikliauti [동] (~에[을]) (믿고) 의지하다

pasikloti [동] 잠자리를 깔다, 이부자리를 펴다, 잘 준비를 하다
pasikviesti [동] (~의) 집에 초대하다
pasilaikyti [동] 보유하다, 가지고 있다
pasileidęs [형] 방탕한, 타락한
pasileidimas [남] 방탕, 타락
pasileisti [동] ① (갑자기) ~하기 시작하다 ② 방탕해지다, 타락하다
pasilenkti [동] (자신의 몸을) 굽히다, 구부리다
pasilikti [동] ① (어떤 장소에) 머무르다, 체재하다; 떠나지 않고 남아 있다 ② (예를 들어 권리 따위를) 보유하다
pasilinksminimas [남] 오락, 기분 전환
pasilinksminti [동] 즐거운 시간을 보내다, 오락[기분 전환]을 하다
pasimatymas [남] (만날) 약속; paskirti pasimatymą 만날 약속을 하다[잡다]; ateiti[neateiti] į pasimatymą 약속을 지키다[깨다]; iki pasimatymo! 안녕, 잘 가; iki greito pasimatymo! 곧 또 만나요!
pasimatyti [동] 서로 만나다
pasimaudyti [동] 목욕하다, 멱감다
pasimesti [동] ① 길을 잃다 ② 어리둥절해지다, 당황하다
pasinaudoti [동] (유리한 점 따위를) 이용하다
pasinerti [동] (물 따위에) 뛰어들다
pasipasakoti [동] (누구에게 무엇을) 말하다, 털어놓다
pasipelnyti [동] 이익을 얻다, 부유해지다
pasipiktinęs [형] (~에) 분개한, 성난
pasipiktinimas [남] 분개, 분노
pasipiktinti [동] (~에) 분개하다, 성내다
pasipiršti [동] 구혼하다, 청혼하다
pasipriešinimas [남] 저항, 반대
pasipriešinti [동] 저항하다, 반대하다
pasipuošti [동] 몸치장하다, 멋을 부리다, 잘 차려입다
pasipūsti [동] 우쭐대다, 뽐내다
pasipūtėlis [남] 우쭐대는[뽐내는] 사람
pasipūtęs [형] 우쭐대는, 뽐내는, 젠체하는
pasirašymas [남] 서명(하기)
pasirašyti [동] (~에) 서명하다

pasirausti [동] 토대를 침식하다, 점차 약화시키다
pasireikšti [동] 나타나다, (자신을) 드러내다; 분명해지다
pasireiškimas [남] 나타남, (자신의) 표명
pasiremti [동] ① (~에) 기대다 ② (~을) 근거로 하다, (~에) 입각하다, (~을) 참조[인용]하다
pasirengęs [형] 준비된
pasirengimas [남] 준비가 되어 있음
pasirengti [동] (~의) 준비가 되다
pasirinkimas [남] 선택
pasirinkti [동] 고르다, 선택하다
pasirinktinai [부] 골라잡아, (마음대로) 선택하여
pasiryžęs [형] 결심한
pasiryžimas [남] 결심, 결의
pasiryžti [동] 결심하다, 마음먹다
pasirodymas [남] 출현, 나타남
pasirodyti [동] ① 나타나다, 출현하다, 모습을 보이다 ② (~인 것으로) 드러나다, 밝혀지다
pasiruošęs [형] ① 준비된 ② 교육[훈련]을 잘 받은
pasiruošimas [남] 준비가 되어 있음
pasiruošti [동] (~의) 준비가 되다
pasirūpinti [동] ① 돌보다, 주의하다 ② 공급하다
pasisakymas [남] 발언, 말하기
pasisakyti [동] 말하다, 발언하다; (찬성·반대 따위의) 자신의 의견[입장]을 표명하다
pasisaugoti [동] 자신을 돌보다, 몸조심하다
pasisavinimas [남] 사용(私用), 전유(專有)
pasisavinti [동] 사용(私用)하다, 전유(專有)하다
pasisekimas [남] 성공; 행운
pasisekti [동] 성공하다, 잘 되다
pasiskelbti [동] 자신이 누구라고 발표하다
pasiskolinti [동] 빌리다
pasiskųsti [동] (~에 대해) 불평하다
pasislėpti [동] 숨다, 도망치다, 종적을 감추다
pasislinkti [동] 움직이다, 전진하다
pasisotinti [동] (~은) 이미 충분하다, 그만 물렸다, 넌더리가 날 지경이다

pasistengti [동] 노력하다, 최선을 다하다
pasistiprinti [동] 기운을 차리다
pasistumti [동] 전진하다, 앞으로 나아가다
pasisukimas [남] 돌기, 구부러짐, 방향 전환, 커브
pasisukti [동] 돌다, 방향을 전환하다, 커브를 틀다
pasisvečiuoti [동] (잠시) 머무르다, (잠깐) 들르다
pasisveikinimas [남] 인사, 절
pasisveikinti [동] 인사하다, 절하다
pasišalinti [동] (~에서) 철수하다, 후퇴하다; 자리를 비우다; 가버리다
pasišiaušęs [형] 털[머리카락]이 곤두선
pasišiaušti [동] 털[머리카락]이 곤두서다
pasišlykštėti [동] 싫어하다, 혐오하다
pasišventimas [남] 헌신; 자기 희생
pasišvęsti [동] (~에) 헌신하다
pasitaikyti [동] ① 일어나다, 발생하다, 생기다, 나타나다 ② (~에서) 발견되다
pasitaisyti [동] (실수나 잘못 따위를) 스스로 고치다; 개선하다, 나아지다, 더 좋아지다
pasitarimas [남] 회의, 협의, 토의
pasitarti [동] 상담하다, 자문을 구하다; 상의[협의]하다
pasiteirauti [동] 묻다, 질문하다, 알아보다
pasiteiravimas [남] 물음, 알아보기
pasiteisinimas [남] 변명
pasiteisinti [동] 변명하다, 구실을 대다, 자신을 정당화하다, 자신이 옳다고 주장하다
pasitenkinimas [남] 만족; pasitenkinimas savimi 자기 만족
pasitenkinti [동] (~에) 만족하다
pasityčiojimas [남] 비웃음, 조롱, 조소
pasityčioti [동] 비웃다, 조롱[조소]하다
pasitikėjimas [남] 신임, 신뢰; vertas pasitikėjimo 믿을 만한, 신뢰할 만한
pasitikėti [동] 믿다, 신임[신뢰]하다; pasitikintis 믿는, 신뢰하는; pasitikintis savimi 자신 있는
pasitikti [동] ① 만나다; eiti pasitikti 마중 나가다[나오다] ② 맞아들이다, 환영하다

pasitobulinti [동] 실력을 향상시키다, 숙달하여 완벽한 경지에 이르도록 하다
pasitraukimas [남] ① 철수, 후퇴 ② 사직, 사임
pasitraukti [동] ① 철수[후퇴]하다, (일정 장소에서) 나가다 ② 옆으로 비켜서다; 뒤로 물러나다 ③ 사직[사임]하다, 직무를 그만두다
pasiturinčiai [부] (생활이) 부유하여, 안락하여
pasiturintis [형] 부유한, 유복한
pasitvirtinti [동] 확실해지다, 확증되다
pasiūla [여] [경제] 공급; pasiūla ir paklausa 수요와 공급
pasiūlymas [남] ① 제공 ② 제의, 제안
pasiūlyti [동] ① 제공하다 ② 제안[제의]하다
pasiuntinybė [여] 대사관; 공사관
pasiuntinys [남] ① 사자(使者), 전령(傳令) ② 외교 사절(使節)
pasiusti [동] 미치다, 광란하다, 극도로 흥분하다, 격노하다
pasiųsti [동] 보내다, 발송하다; pasiųsti paštu 우송하다, 우편으로 부치다
pasiutęs [형] 미친, 광기의
pasiutimas [남] ① 광견병, 공수병 ② 광포, 광란, 격노
pasiutiškas [형] 미친 듯한, 맹렬한, 광포한
pasivadinti [동] 자칭하다, 스스로 (~이라) 칭하다
pasivaidenti [동] ~인[한] 듯하다; jam pasivaidena, kad ~ 그는 ~인[한] 듯하다
pasivaikščiojimas [남] 거닐기, 산책
pasivaikščioti [동] 거닐다, 산책하다; eiti pasivaikščioti 산책하러 나가다
pasivaišinti [동] 큰맘 먹고 ~하다
pasyvas [남] ① 부채, 채무 ② [문법] 수동태
pasivažinėjimas [남] 드라이브, 차를 몰기
pasivažinėti [동] 드라이브하(러 가)다, 차를 몰다
pasivėlinti, pasivėluoti [동] 늦다; (~에) 늦다
pasiversti [동] (~이) 되다, (~으로) 변환되다
pasivyti [동] 따라잡다, 따라붙다
pasižadėjimas [남] 약속, 서약
pasižadėti [동] 약속하다
pasižymėti [동] ① 두드러지다 ② 기재하다, 적어 넣다

paskaita [여] 강의, 강연; skaityti paskaitas 강의를 하다
paskaitininkas [남] 강사, 강연자
paskaityti [동] ① (잠시 동안) 읽다 ② 읽을 수 있다
paskala [여] 잡담, 가십; [복] paskalos 스캔들
paskambinti [동] ① 전화를 걸다 ② 악기를 연주하다
paskandinti [동] 물에 빠뜨리다, 가라앉게 하다
paskaninti [동] 풍미를 더하다, 맛을 내다
paskata [여] 유인(誘因), 자극, 동기
paskatinimas [남] 자극[격려]하기, 동기를 부여하기
paskatinti [동] 자극하다, 격려하다; 부추기다, 몰아대다
paskelbimas [남] 발표, 공표
paskelbti [동] 발표하다, 공표하다
paskendęs [형] ① 물에 빠진[가라앉은], 침몰한 ② (생각 따위에) 빠진, 잠긴, 몰두한
paskesnis [형] 뒤이은, 다음의
paskęsti [동] ① 물에 빠지다[가라앉다], 침몰하다 ② (생각 따위에) 빠지다, 잠기다, 몰두하다
paskiau [부] 그러고 나서, 그후에, (좀) 나중에
paskyra [여] 보증
paskiras [형] 개개의, 개별적인
paskyrimas [남] 할당; 임명
paskirstymas [남] 분배, 할당
paskirstyti [동] 분배하다, 할당하다
paskirti [동] ① 주다, 할당하다 ② (직책에) 임명하다 ③ (시간·노력 따위를) 들이다, 바치다, 쏟다
paskirtis [여] 목적
paskleisti [동] (소문·지식 따위를) 퍼뜨리다, 전파하다
pasklisti [동] 퍼지다, 전파되다
paskola [여] 대부(貸付); 공채, 차관; duoti kam paskolą ~에게 돈을 융통해주다
paskolinti [동] 대부하다, 빌려주다
paskubėti [동] 서두르다; jūs turite paskubėti 서두르셔야 합니다
paskubinti [동] 서두르게 하다, 재촉하다
paskubomis [부] 서둘러, 급하게; 날림으로
paskui[1] [부] 그후에, 그런 다음에, 나중에

paskui[2] [부] 뒤에, 후방에 — [전] (~의) 뒤에, 뒤이어; eiti paskui ką ~의 뒤를 따르다

paskutinis [형] ① 마지막의, 최후의; paskutinį kartą 마지막으로 ② 최신의, 가장 최근의 ③ 가장 나쁜 ④ 뒷부분의 ⑤ stengtis iš paskutiniųjų 전력을 다하다, 최선을 다하다; iki paskutinio 극도로, 최대한

paslankumas [남] 기동성; 민첩성

paslankus [형] 기동성이 있는; 민첩한

paslapčia, paslapčiom(is) [부] 비밀리에, 몰래, 은밀하게; išeiti paslapčia 슬쩍 가버리다[빠져나오다]

paslaptingas [형] 미스터리의, 수수께끼 같은, 알쏭달쏭한

paslaptis [여] 미스터리, 수수께끼; 비밀; išduoti paslaptį 비밀을 폭로하다; išlaikyti paslaptį 비밀을 지키다

paslauga [여] 호의, 친절한 행위, 서비스; padaryti kam paslaugą ~에게 친절을 베풀다, 서비스를 해주다

paslaugus [형] 잘 도와주는, 협력적인, 친절한

paslėptas [형] 숨은, 숨겨진

paslysti [동] 미끄러지다

pasmaugti [동] 목을 조르다, 질식시키다

pasmerkimas [남] ① 나쁜 운명(을 지우기) ② 비난

pasmerkti [동] ① 나쁜 운명을 지우다 ② (법적으로) 유죄 판결을 내리다 ③ 비난하다

pasnausti [동] 잠깐 졸다

pasninkas [남] (종교적인) 금식, 단식

pasninkauti [동] 금식[단식]하다

pasodinti [동] ① (자리에) 앉히다 ② (식물을) 심다 ③ (~에) 넣다, 배치하다; pasodinti į kalėjimą 투옥하다

pasotinti [동] 물리게 하다, 충분히 만족시키다

paspartinti [동] 빠르게 하다, 속도를 높이다; paspartinti žingsnį 걸음을 빨리하다

paspaudimas [남] ① (내리)누름 ② 악수

paspausti [동] ① (내리)누르다; paspausti mygtuką 버튼을 누르다 ② (손 따위를) 꽉 쥐다 ③ 압력을 가하다, 압박하다

paspirti [동] ① (발로) 차다 ② 버티다, 떠받치다

paspirtis [여] 지주(支柱), 버팀목

paspringti [동] (~으로 인해) 숨이 막히다, 질식하다

pasprukti [동] 부리나케 달아나다[도망치다]
pasta [여] 반죽한 것, 풀과 같은 것 (치약 따위)
pastaba [여] ① 주의, 주목 ② 주(註), 각주(脚註)
pastabus [형] 주의 깊은, 지켜보는
pastanga [여] 노력; dėti pastangų 노력하다, 애쓰다; dėti visas pastangas 전력을 다하다
pastaras(is) [형] 최근의; pastaruoju metu 최근에, 요즘, 근래에
pastarnokas [남] [식물] 파스닙, 서양방풍나물
pastatas [남] 건물, 건조물
pastatymas [남] ① 건설, 건축 ② (연극 등의) 상연
pastatyti [동] ① (건물을) 짓다, 세우다, 건설[건축]하다 ② (~의 위에) 놓다, 두다, 세우다 ③ (연극 등을) 상연하다, 무대에 올리다
pastebėti [동] (~에) 주의[주목]하다; (~을) 알아차리다, 지각[인지]하다
pastebimas [형] 눈에 띄는, 지각[인지]할 수 있는
pastiprinimas [남] 강화, 증강
pastogė [여] ① 다락방 ② 집, 주거, 가정; be pastogės 집 없는, 홈리스의
pastolis [남] 대(臺), 받침, 스탠드; 발판; [복] pastoliai (건축장의) 비계, 발판
pastorius [남] 성직자, 목사, 사제
pastoti [동] ① (앞을) 가로막다 ② 임신하다
pastovas [남] 대(臺), 받침, 스탠드
pastovumas [남] 안정, 확고, 불변
pastovus [형] 안정된, 확고한, 불변의, 일정한; pastovi srovė [전기] 직류
pastraipa [여] (문장의) 절(節), 단락, 패러그래프
pastūmėti [동] ① (살짝) 밀다, 움직이게 하다 ② (어떤 행동을) 유발하다, ~하게 하다
pastumti [동] 밀다, 움직이게 하다
pasukti [동] 돌리다; 돌다, 회전하다
pasveikimas [남] 회복
pasveikinimas [남] ① 인사(하기) ② 축하
pasveikinti [동] ① 인사하다, 맞이하다 ② 축하하다

pasveikti [동] 회복하다, 나아지다
pasverti [동] 무게를 달다
pasvirti [동] (~ 쪽으로) 기울다
pašaipa [여] 비웃음, 조롱, 조소
pašaipus [형] 비웃는, 빈정대는
pašalas [남] 얼어붙은 땅
pašalinimas [남] 제거, 제명, 구축
pašalinis [형] 외부의, 외부인의 ― [남] 외부인, 아웃사이더
pašalinti [동] 제거하다; 내쫓다, 제명하다, 구축하다; 떠나게 하다, 보내버리다
pašalpa [여] (실직자·장애인 등에 대한) 보조금, 수당
pašalti [동] (살짝) 얼리다
pašaras [남] 가축의 먹이, 여물, 마초, 꼴
pašaukimas [남] 직업, 천직
pašaukti [동] 부르다; (군대에) 징집하다
pašėlęs [형] 난폭한, 거친, (노하여) 펄펄 뛰는
pašėlti [동] 난폭해지다, (노하여) 펄펄 뛰다
pašiepti [동] 비웃다, 조롱[조소]하다
pašildyti [동] 따뜻하게 하다, 데우다
pašiūrė [여] 기대어 지은 집, 달개집
pašlyti [동] ① (~ 쪽으로) 기대다, 기울어지다 ② 뒤틀리다, 잘못되다
pašnekesys [남] 이야기하기, 대화
pašnekėti [동] (누구와 무엇에 관해) 이야기하다, 대화를 나누다
pašnekovas [남] 대화하는 사람
pašnibždėti [동] 속삭이다
pašnibždom(is) [부] 속삭여서, 귀엣말로
pašokti [동] ① 솟구치다, 뛰어오르다; kainos pašoko 가격이 급등했다 ② 춤을 추다
paštas [남] ① 우편; paštu 우편으로; oro paštas 항공 우편; pašto išlaidos 우편 요금; paštas dėžutė 우편함 ② 우체국
paštetas [남] 고기 파이
paštininkas [남] 우편집배원
pašvaistė [여] 불꽃 없이 타는 빛; šiaurės pašvaistė (북)극광, 오로라
pašventinti, pašvęsti [동] 신성하게 하다, 성별(聖別)하다

pašviesėti [동] 밝아지다
pašviesti [동] 불빛을 비추다
pat [소사] čia pat i) 바로 여기에, 바로 가까운 곳에 ii) 같은 장소에; ten pat i) 거기에 ii) 같은 장소에; taip pat i) 같은 방법으로 ii) ~ 또한; tas pat, toks pat 같은; tuojau pat 바로 지금
pataikauti [동] ① 마음대로 하게 하다, 너그럽게 봐주다 ② 아첨하다, 남의 비위를 맞추다, 남의 환심을 사려 하다
pataikavimas [남] ① 마음대로 하게 함, 너그럽게 봐줌 ② 아첨, 비위 맞추기, 환심을 사기
pataikyti [동] 맞추다, 명중시키다
pataikūnas [남] 아첨꾼, 남의 비위를 맞추는 사람
pataisa [여] ① 수선, 수리, 고치기 ② 개정, 수정
pataisyti [동] 수선[수리]하다, 고치다
patalas [남] 침대; mirties patale 임종에, 죽음의 자리에
patalynė [여] 침구, 이부자리
patalpa [여] ① 숙소, 거처, 방 ② [복] patalpos (건물의) 구내
patalpinti [동] ① 놓다, 위치시키다 ② 집[거처]을 제공하다
patamsėti [동] 어두워지다
patamsiais, patamsyje [부] 어둠 속에
patamsinti [동] 어둡게 하다
patamsis [남] 어둠, 암흑
patapšnoti [동] 톡톡[가볍게] 두드리다
patarėjas [남] 조언자, 상담역, 고문
patariamasis [형] 상의[심의]의, 자문의
patarimas [남] 조언, 상담
patarlė [여] 속담, 전해 내려오는 말
patarnauti [동] 호의를 베풀다, 서비스를 해주다
patarnavimas [남] 호의, 친절한 행동; 서비스; komunaliniai patarnavimai 공익 사업
patarti [동] 조언하다; patartina 권할 만하다
patas [남] [체스] 쌍방이 수가 막힘, 막다른 수
patefonas [남] 축음기, 유성기
pateikti [동] 내다, 제시하다
pateisinimas [남] 정당화; 변명

pateisinti [동] 정당화하다; 변명하다
patekėjimas [남] 일출 또는 월출
patekėti [동] (해·달이) 떠오르다
patekti [동] (어떤 장소에 또는 상태로) 들어가다; patekti į bėdą 곤경[궁지]에 빠지다
patelė [여] (동물의) 암컷
patempti [동] (끌어)당기다; (근육을) 팽팽하게 하다
patenkinamas [형] 만족스러운
patenkinimas [남] 만족
patenkintas [형] (~에) 만족한, 흡족한
patenkinti [동] 만족시키다; patenkinti kieno prašymą ~의 요구에 따르다
patentas [남] 특허(권)
patepti [동] (기름 따위를) 펴 바르다, 칠하다
patetiškas [형] 열렬한, 열정적인
patėvis [남] 의붓아버지, 계부
patyčios [여·복] 조롱, 조소, 비웃음
patiekalas [남] 요리; (식사의) 코스
patiekti [동] ① 공급하다, 갖추다; 들여놓다, 가져오다 ② (식사 등을) 준비하다, 만들다
patiesalas [남] 카페트, 깔개
patiesti [동] 깔다, 펴다, 펼치다
patikėti [동] 믿다, 신임[신뢰]하다; 믿고 맡기다
patikėtinis [남] (위임을 받은) 대리인
patikimas [형] 믿을 만한, 신임[신뢰]할 수 있는
patikimumas [남] 믿을 만함, 신임[신뢰]할 수 있음
patiklus [형] (남을) 잘 믿는, 속기 쉬운
patikrinimas [남] 확인, 점검; 검사, 조사
patikrinti [동] 확인하다, 점검하다; 검사[조사]하다
patikslinti [동] 상술(詳述)하다, 보다 상세하게[정확하게] 하다
patikti [동] 기쁘게 하다; kaip jums patinka 좋으실 대로; jam patinka 그는 좋아한다; kaip jums patinka ~? ~은 어떠십니까?
patylėti [동] (잠시) 조용히 하다
patylom(is) [부] 조용히, 소리 없이
patinas [남] (동물의) 수컷

patinimas [남] 부풀어오름
patinti [동] 부풀어오르다
patyręs [형] 경험 있는
patyrimas [남] 경험; gyvenimo patyrimas 인생 경험
patirti [동] 경험하다, 겪다
patobulinti [동] 완성도를 높이다, 더 나아지게 하다
patogumas [남] 편리, 편의; 편안, 안락
patogus [형] 편리한; 형편 좋은; 편안한, 안락한
patosas [남] (예술 작품의) 비애감
patranka [여] 포(砲), 대포
patraukimas [남] (~을) 좋아하는 마음, (~에) 매력을 느낌
patrauklumas [남] 마음을 끎, 매력적임
patrauklus [형] 마음을 끄는, 매력적인
patraukti [동] ① 끌다, 당기다 ② 마음·주의 따위를 끌다; patraukti ką į savo pusę ~을 자기 편으로 끌어들이다
patriarchas [남] 가장, 족장; [기독교] 총대주교
patrigubėti [동] 세 배가 되다, 세 배로 늘다
patrigubinti [동] 세 배로 하다[늘리다]
patriotas [남] 애국자
patriotinis, patriotiškas [형] 애국의, 애국적인
patriotizmas [남] 애국심
patronas[1] [남] ① 탄약통 ② (전등의) 소켓
patronas[2] [남] 후원자, 보호자
patronuoti [동] 후원하다, 보호하다
patrūkti [동] 터지다, 찢어지다, 파열하다
patrulis [남] 순찰, 감시, 패트롤
pats [대] ① 나[너·그(녀)] 자신 ② 바로 그(것의) ③ tas pats 같은 (것); toje pačioje vietoje, kur ~ ~했던 곳과 같은 장소에
patvarkyti [동] ① 일이 제대로 되는지 잘 살피다 ② 정돈하다
patvarumas [남] ① 확고부동 ② 지구력
patvarus [형] ① 확고부동의, 흔들리지 않는 ② 지구력이 대단한
patvirtinimas [남] 확증
patvirtinti [동] 확증하다; 승인하다

paūgėti [동] (얼마간) 자라다, 성장하다
paukštiena [여] 가금(家禽)
paukštininkystė [여] 양계(업)
paukštis [남] ① 새, 조류; naminis paukštis 가금(家禽) ② Paukščių Takas [천문] 은하(계)
paunksnis [남] 그늘, 응달
paupys [남] 강변, 강기슭
pauzė [여] 휴지(休止), 중단, 쉼; daryti pauzę 잠시 멈추다, 잠깐 쉬다
pavadavimas [남] 대리, 대용
pavadinimas [남] ① 명칭; 명명 ② (책의) 제목, 표제
pavadinti [동] 명명하다, (~이라고) 부르다
pavaduoti [동] (~의) 대리를 하다, (~을) 대체하다
pavaduotojas [남] 대리인; direktoriaus pavaduotojas 조감독; pirmininko pavaduotojas 부의장, 부회장
pavaišinti [동] (잘) 대접하다
pavaizdavimas [남] 묘사, 표현
pavaizduoti [동] 묘사하다, 표현하다, 나타내다
pavakarė [여] 저녁 무렵, 황혼; į pavakarę 저녁 때에
pavakarieniauti [동] 저녁 식사를 하다
pavakarys [남] = pavakarė
pavaldumas [남] 예속, 종속
pavaldus [형] (~에) 예속[종속]된
pavalgydinti [동] 먹을 것을 주다, 먹이다
pavalgyti [동] 먹다
pavara [여] [기계] 전동, 구동(驅動)
pavardė [여] 성(姓)
pavargęs [형] 지친, 피곤한
pavargimas [남] 피곤, 피로
pavargti [동] 지치다, 피로해지다
pavaryti [동] 움직이게 하다; 내몰다; 내쫓다
pavartojimas [남] 사용, 이용
pavartoti [동] 사용하다, 쓰다; pavartoti smurtą 폭력을 행사하다
pavasaris [남] 봄(철)
pavasariškas [형] 봄의, 봄과 같은

pavažinėti [동] 차를 타고 여행하다, 드라이브하다
pavedimas [남] 임무, 맡은 일
paveikslas [남] ① 그림; knygelė su paveikslėliais 그림책 ② (한) 장면 ③ 이미지, 심상 ④ 모델, 본보기
paveikti [동] 영향을 끼치다
pavėjui [부] 바람과 함께, 바람을 따라
pavėlavęs [형] (시간상) 늦은, 연착한
paveldėjimas [남] 상속, 물려받음
paveldėtas [형] 상속의, 물려받은
paveldėti [동] 상속하다, 물려받다
paveldėtojas [남] 상속자, 상속인 (여성형은 paveldėtoja)
paveldimas [형] 상속되는, 세습적인
paveldimumas [남] 상속, 물려받음; 상속 가능
pavėluotas [형] (시간상) 늦은, 연착한
pavėluoti [동] (일정 시간에) 늦다, 연착하다
pavergimas [남] 사로잡음, 종속시킴
pavergti [동] 사로잡다, 종속시키다
paverkti [동] 울다, 눈물을 흘리다
paversti [동] (~으로) 바뀌다, 전환되다
pavertimas [남] 바뀜, 전환
paveržti [동] 빼앗다, 강탈하다
pavėsingas [형] 그늘진, 응달의
pavėsis [남] 그늘, 응달
pavesti [동] (~에게 ~을 (믿고)) 맡기다, 위임하다; man pavesta ~ 나는 ~할 것을 지시받았다
pavėžėti, pavėžinti, pavežti [동] (남을 차에) 태워주다
pavidalas [남] 모양, 형상
pavydas [남] 부러움; 질투
pavydėti [동] 부러워하다; 질투하다
pavydėtinas [형] 샘나는, 부러워하는
pavyduliauti [동] (~을) 부러워하다, 질투하다
pavyduolis [남] 부러워하는[질투하는] 사람
pavydus [형] 부러워하는; 질투하는
pavienis [형] 단독의, 하나의, 개별의
pavieniui [부] 하나씩, 개별적으로
pavykti [동] 잘 되다, 성공하다; 그럭저럭 ~해내다; jam p-

avyko 그는 (~하는데) 성공했다
pavilioti [동] 꾀다, 유혹하다, 마음을 끌다
paviljonas [남] 대형 천막
pavirsti [동] (~으로) 바뀌다, 전환되다
pavirš(ium) [부] 표면에, 표면을 따라
paviršius [남] 표면, 외면
paviršutinis, paviršutiniškas [형] 표면적인, 피상적인
pavyti [동] 따라잡다, 따라붙다
pavyzdingas [형] 본이 되는, 모범적인
pavyzdinis [형] 모범적인, 모델이 되는, 표준의
pavyzdys [남] ① 예, 보기 ② 모범, 모델, 표준 ③ 샘플, 견본, 실례
pavyzdžiui [부] 예를 들어
pavogti [동] 훔치다, 좀도둑질하다
pavojingas [형] 위험한
pavojus [남] 위험
pažaboti [동] 재갈을 물리다, 굴레를 씌우다
pažadas [남] 약속; ištesėti pažadą 약속을 지키다
pažadėti [동] 약속하다
pažadinti [동] (잠에서) 깨우다
pažaisti [동] (잠시) 놀다
pažanga [여] 진보, 발전
pažangumas [남] 진보적임; 진보
pažangus [형] 진보한, 진보적인
pažastis [여] 겨드랑이
pažeidėjas [남] 위반[침해]하는 사람
pažeidimas [남] 위반, 침해; tvarkos pažeidimas 질서의 교란
pažeisti [동] 위반하다, 침해하다; (질서 따위를) 교란하다
pažeminimas [남] 저하, 격하, 끌어내림; 비하, 굴욕
pažeminti [동] 저하하다, 격하하다, 끌어내리다; 비하하다, 굴욕을 주다
pažengti [동] 진보시키다; 전진시키다, 앞으로 나아가게 하다
pаženklinti [동] 표하다; 지시하다, 가리키다
pažiba [여] ① 장식 ② 유명인, 명사
pažyma, pažymėjimas [남] 증(명)서
pažymėti [동] ① 표하다; 지시하다, 가리키다; 주목하다, 특별

히 언급하다 ② 증명하다
pažymėtinas [형] 주목할 만한
pažyminys [남] [문법] 한정사
pažymys [남] 신호, 표시, 마크, 가리키는 것
pažinimas [남] ① 앎, 지식 ② [철학] 인식
pažinoti [동] 알다
pažinti [동] ① (보아서·들어서) 알다, 알아보다 ② 알게 되다, 인지하다, 인식하다
pažintis [여] 아는 사람, 지인
pažįstamas [형] 잘 아는, 안면이 있는 - [남] 아는 사람, 지인, 친구
pažiūra [여] ① 견해, 견지, 태도, ~관(觀); pažiūra į gyvenimą 인생관 ② 외모, 겉보기; iš pažiūros 외모로, 겉모양을 보고
pažiūrėti [동] ① (슬쩍) 보다 ② 외모가[겉보기에] ~하다; p-ažiūrėti ji negraži 그녀는 외모가 아름답지 않다
pažodinis [형] 축어적(逐語的)인, 문자대로의
pažodžiui [부] 글자 그대로, 축어적으로
pažvelgti [동] (슬쩍) 쳐다보다, 시선을 던지다
pečiai [남·복] 어깨; patraukti pečiais 어깨를 으쓱하다
pėda [여] ① 발 ② 발걸음; eiti kieno pėdomis ~의 뒤를 따라가다
pedagogas [남] 교사, 교육자
pedagogika [여] 교육학, 교수법
pedagoginis [형] 교육학의, 교수법의
pedalas [남] 페달
pedantas [남] 학자인 체하는 사람
pedantiškas [형] 학자티를 내는, 현학적인
pėdas [남] (곡물의) 단, 다발
pėdsakas [남] 발자국; (지나간) 자취[흔적]
pėdsekys [남] ① 블러드하운드 (영국산 경찰견) ② 수색하는 사람
peikti [동] 비난하다, 책망하다
peilis [남] 칼, 나이프; 접는 칼
peiliukas [남] 포켓 나이프, 주머니칼
peizažas [남] ① 풍경, 경치 ② 풍경화

pelai [남·복] 왕겨
pelė [여] [동물] (생)쥐
pelėda [여] [조류] 올빼미
pelekas [남] (어류·고래 등의) 지느러미
pelėkautai [남·복] 쥐덫
pelenai [남·복] (타고 남은) 재; paversti pelenais 타서 재가 되다
pelenė [여] (동화 속의) 신데렐라
peleninė [여] 재떨이
pelėsiai [남·복] 곰팡이
pelėti [동] 곰팡이가 슬다
pelikanas [남] [조류] 펠리컨, 사다새
pelyti [동] 곰팡이가 슬다
pelkė [여] 늪, 소택지, 습지
pelkėtas [형] 늪이 많은, 습지의
pelnas [남] 이익, 이윤, 이득, 수익; grynas pelnas 순이익; gauti pelną (iš) (~으로부터) 이익을 얻다
pelningas [형] 이익이 되는, 돈이 벌리는
pelnytai [부] 마땅히, (~을) 받을 만한 자격에 따라
pelnytas [형] 마땅한, (~을) 받을 만한 자격이 있는
pelnyti [동] ① 마땅히 (~을) 받을 만하다 ② 돈을 벌다
pempė [여] [조류] 댕기물떼새
penalas [남] 필통
penas [남] 음식, 자양물, 양식
penėti [동] 먹이다; 살찌우다
penketas [남] 다섯 (5)
penki [수] 다섯 (5); penki šimtai 오백 (500); penkis kartus 다섯 번
penkiakampis [남] [기하] 오각형
penkiasdešimt [수] 오십 (50)
penkiasdešimtas [수] 제50의, 50번째의
penkiolika [수] 십오 (15)
penkioliktas [수] 제15의, 15번째의
penkmetis [형] 5년(간)의
penktadalis [여] 5분의 1
penktadienis [남] 금요일

penktas [수] 제5의, 5번째의; penktą valandą 5시에
pensija [여] 연금
pensininkas [남] 연금 수령자
pentinas [남] 박차(拍車); kirsti pentinais 박차를 가하다
per [전] ① (~을) 통과하여, 지나서, 건너서; žengti per slenkstį 문턱을 넘어가다 ② (시간상) ~내에; jis tai padarys per dvi dienas 그는 그것을 이틀 내에 할 것이다 ③ (시간상) ~ 동안에; per karą 전쟁시에 ④ ~ 때문에 ⑤ (~을) 통하여, (~에) 의해서 ― [부] 너무 (~하다); per daug 너무 많은
peraugti [동] ① 너무[지나치게] 자라다 ② 발달하다, 전개되다
perbėgti [동] ① 뛰어서 건너가다[가로지르다] ② (자신이 소속된 조직을[에서]) 벗어나다, 이탈하다
perbraukti [동] ① (줄을 그어) 지우다, 삭제하다 ② (손으로) 어루만지다
percepcija [여] [철학] 지각, 인식, 인지
perdalyti [동] 둘로 나누다, 분리하다, 분할하다
perdaryti [동] ① 다시 하다 ② 분할하다, 칸막이하다
perdaug [부] 너무 (많이)
perdavimas [남] 전달, 옮기기, 건네기
perdeginti [동] 태워버리다; 너무 태우다
perdegti [동] 타버리다; (퓨즈가) 나가다
perdėjimas [남] 과장, 침소봉대
perdėm [부] 온통, 완전히, 철저하게
perdėti [동] 과장하다, 떠벌리다
perdien [부] 하루 종일
perdirbti [동] ① 다시 하다[만들다], 개조하다, 바꾸다 ② 가공 처리하다
perduoti [동] ① 넘기다, 건네주다 ② 말하다, (소식 따위를) 전하다 ③ 전달하다, 옮기다, 이전시키다 ④ 너무 많이 주다
perdurti [동] 찌르다, 꿰뚫다, 관통하다
pereinamas(is) [형] 과도기의; pereinamas laikotarpis 과도기
pereiti [동] ① 건너(가)다, 가로지르다 ② (다른 장소로) 가다; (다음으로) 넘어가다 ③ 넘기다, 건네다 ④ (~으로) 바꾸다

perėja [여] 건너(가)기, 가로지르기, 통행, 통과
perėjimas¹ [남] 변천, 이행, 이동
perėjimas² [남] (알의) 부화
perėjūnas [남] 방랑자, 나그네
perėmėjas [남] (권력의) 계승자
perėti [동] (알을) 품다[까다], 부화시키다
perfrazuoti [동] 알기 쉽게 바꿔쓰다, 부연 설명하다
pergabenti [동] 나르다, 운반하다, 옮기다
pergalė [여] 승리; pasiekti pergalę 승리를 거두다
pergalingas [형] 승리를 거둔
pergalvoti [동] 생각[마음]을 바꾸다
pergamentas [남] 양피지
pergyvenimas [남] 경험
pergyventi [동] ① 경험하다, 겪다 ② 살아남다
periferija [여] ① 주위, 주변 ② 지방, 시골, 변두리
perimetras [남] [기하] (2차원 도형의) 주변[주계(周界)](의 길이)
perimti [동] ① 받아들이다, 채택하다 ② (업무를) 인계하다, 떠맡다 ③ 너무 많이 얻다[취하다] ④ (정보·소식 따위를) 도중에서 가로채다 ⑤ 꿰뚫다
periodas [남] 기간, 시기
periodinis, periodiškas [형] 주기적인, 정기적인
perjungiklis [남] [전기] 스위치
perkainojimas [남] 재평가
perkainoti [동] 재평가하다
perkaisti [동] 과열되다
perkaitinti [동] 과열시키다
perkalbėti [동] 남의 생각[마음]을 바꾸게 하다
perkamas [형] 잘 팔리는, 시장성이 있는
perkamasis [형] perkamoji galia [경제] 구매력
perkaręs [형] 굶주린, 몹시 배고픈
perkasas [남] (인공) 수로
perkąsti [동] ① 물어 끊다, 쪼개다; 한 입 물다[먹다] ② 꿰뚫어보다, 간파하다
perkeisti [동] 바꾸다, 변화시키다
perkeliamas [형] 옮길[이동할] 수 있는
perkėlimas [남] 이동, 옮김

perkelti [동] ① 옮기다, 이동하다 ② 건너게 하다, 수송하다
perkeltinis [형] 비유적인
perkirpti [동] 둘로 자르다
perkirsti [동] ① 둘로 자르다, 두 동강을 내다 ② 가로지르다 ③ (도중에) 가로막다
perkopti [동] (예를 들어 담·울타리·산 따위를) 넘다
perkraustyti [동] 옮기다, 이동하다
perkrauti [동] ① 짐을 옮겨[다시] 싣다 ② (짐 따위를) 너무 많이 싣다[지우다], 과적(過積)하다
perkrimsti [동] 물어 끊다, 쪼개다
perkrova [여] ① 짐을 옮겨[다시] 싣기 ② 과적(過積)
perkrovimas [남] 짐을 옮겨[다시] 싣기
perkūnas [남] ① 천둥, 우레; perkūnas iš giedro dangaus 청천벽력, 마른 하늘에 날벼락 ② (신화 속의) 뇌신(雷神) ③ kad tave perkūnas! 빌어먹을, 제기랄!; perkūno oželis [조류] 도요새
perkūnija [여] 강풍이 따르는 뇌우
perkūniškas [형] 천둥이 치는
perkūnsargis [남] 피뢰침
perlaida [여] 송금(送金); pašto perlaida 우편환(換)
perlamutras [남] 진주층(層)
perlas [남] 진주
perlaužti [동] 둘로 쪼개다
perleisti [동] ① 통과시키다, 지나가게 하다 ② (누구에게 무엇을) 갖도록 하다
perlėkti [동] ① 날아서 건너[넘어]오다 ② (다른 곳으로) 날아가다
perlenkimas [남] 굽음, 뒤틀림, 접힘
perlenkti [동] ① 구부리다 ② perlenkti lazdą 지나치다, 너무하다
perlinis [형] 진주의
perlipti [동] (예를 들어 울타리 따위를) 타고 넘다
permaina [여] 변화
permainingas [형] 변하기 쉬운, 가변적인
permanentinis [형] 영속하는, 영구적인
permatomas [형] 투명한

permatomumas [남] 투명(성)
permerkti [동] 흠뻑 젖다
permesti [동] ① 건너편으로 던지다 ② (군부대를) 이동시키다 ③ 대강 훑어보다
permirkti [동] (물에) 젖다
permoka [여] 초과 지불
permokėjimas [남] = permoka
permokėti [동] 초과 지불하다, 너무 많이 지불하다
pernai [부] 작년(에), 지난 해(에)
pernakt [부] 밤새도록
pernakvoti [동] 밤을 보내다
pernelyg [부] 너무 (많이)
pernešimas [남] 옮기기, 이동, 운반
pernešti [동] 옮기다, 이동시키다, 운반하다
perniek [부] 헛되이
pernykštis [형] 작년의, 지난 해의
peronas [남] (철도역의) 플랫폼, 승강장
perpildyti [동] (좁은 장소에) 너무 많이 채워넣다, 과밀(過密)하게 하다
perpilti [동] ① (다른 곳에) 쏟아붓다; perpilti kraują [의학] 수혈하다 ② 너무 많이 쏟아붓다, 넘치게 하다
perpjauti [동] 둘로 나누다[켜다], 이등분하다
perplaukti [동] (물을) 헤엄쳐[노를 저어·항해하여] 건너다
perplėšti [동] 찢다
perprasti [동] 이해하다, 파악하다
perprodukcija [여] [경제] 과잉 생산
perpus [부] 둘로 (나누어), 반으로 (쪼개어); dalyti perpus 둘로[반으로] 나누다
perrašymas [남] 다시 쓰기; 베껴 쓰기
perrašyti [동] 다시 쓰다; 베껴 쓰다
perrėkti [동] 더 큰 소리로 내다, 큰 소리를 쳐서 상대방을 제압하다
perrengti [동] 옷을 갈아입다
perrinkimas [남] ① 재선거 ② 가려내기, 선별
perrinkti [동] ① 재선하다, 다시 뽑다 ② 가려내다, 선별하다
perrišimas [남] 붕대, 외과용 처치 용품

perrišti [동] ① 묶다, 매다 ② 붕대 따위로 싸매다
persas [남] 페르시아 사람; persų kalba 페르시아어
persėdimas [남] (기차를) 갈아타기
persekiojimas [남] ① 박해, 탄압 ② 추적, 추격
persekioti [동] ① 박해하다, 탄압하다 ② 추적[추격]하다
persekiotojas [남] 박해자, 탄압하는 사람
persėsti [동] ① 자리를 바꾸다 ② (기차를) 갈아타다
persiauti [동] 신발을 갈아신다
persidirbti [동] 과로하다
persiduoti [동] 대대로 전해지다
persigalvoti [동] 생각[마음]을 바꾸다
persigerti [동] 술을 너무 많이 마시다, 과음하다, 잔뜩 취하다
Persija [여] 페르시아; Senovės Persija, Persijos imperija [역사] (고대) 페르시아 제국
persikas [남] [식물] 복숭아 (나무)
persikėlimas [남] ① 이주, 이동 ② 강 건너기, 도하
persikelti [동] ① 이주하다, 이동하다 ② 강을 건너다, 도하하다
persikraustymas [남] 이동, 이전, 이사
persikraustyti [동] 이동하다, 이사하다
persilaužimas [남] (갑작스런) 변화; 전환점, 고비
persilaužti [동] ① 변(화)하다, 바뀌다 ② (팔 따위가) 부러지다, 골절하다
persileidimas [남] [의학] (자연) 유산
persimesti [동] ① (~의 너머로) 던지다 ② (말 따위를) 주고받다 ③ 퍼지다, 번지다 ④ (자기 편을 배반하고) 적에게 가서 붙다
persipildyti [동] (좁은 장소에) 너무 많이 차다, 과밀(過密)하게 되다
persipilti [동] (강 따위가) 넘쳐 흐르다
persirašyti [동] 다시 쓰다; 베껴 쓰다
persirengti [동] ① 옷을 갈아입다 ② 변장하다
persirgti [동] (어떤) 병을 앓고 있다, 병에 걸려 있다
persiskirti [동] ① (~와) 이혼하다; 헤어지다, 갈라서다 ② (~으로) 나뉘다, 갈리다
persistengti [동] 너무[지나치게] ~하다

persišaldymas [남] 냉기, 한기
persišaldyti [동] 감기에 걸리다
persitvarkyti [동] 개혁하다, 재편성하다
persiuntimas [남] 보내기, 발송; pinigų persiuntimas 송금(送金)
persiųsti [동] 보내다; (돈을) 송금하다
persivalgymas [남] 폭식
persivalgyti [동] 폭식하다, 너무 많이 먹다
perskaičiuoti [동] ① 다시 세다, 계산을 다시 하다 ② 평가하다
perskaitymas [남] (다) 읽기, 통독
perskaityti [동] 통독하다, 죽 읽다
perskambinti [동] 전화를 다시 걸다
perskirti [동] 분리하다, 떼어놓다
perskristi [동] 날아서 건너가다
persodinimas [남] ① (식물의) 이식(移植) ② [의학] 이식 (수술)
persodinti [동] ① (남으로 하여금) 자리를 바꾸도록 하다 ② (식물을) 이식하다 ③ [의학] 이식 수술을 하다
personalas [남] 인원, 직원, 스태프
personalinis [형] 개인의
personažas [남] (문학 작품에서의) 등장 인물
personifikacija [여] 인격화, 의인화
personifikuoti [동] 인격화[의인화]하다
perspausdinti [동] 다시 인쇄[타이핑]하다
perspėjimas [남] 경고, 주의
perspektyva [여] ① 원근법 ② 원경(遠景), 조망 ③ 전도, 가망, 가능성
perspektyvinis [형] 원근법에 의한
perspėti [동] 경고하다, 주의를 주다
perstatyti [동] ① 움직이다, 옮기다, 이동시키다 ② 다시 짓다, 재건하다 ③ (위치・순서를) 바꾸어놓다
perstojis [남] 중지, 중단; be perstojo 중단 없이, 끊임없이, 계속
perstoti [동] 멈추다, 그치다, 중단하다
persūdyti [동] ① 소금을 너무 많이 치다 ② 너무[지나치게] ~하다

persvara [여] 우세, 우위; balsų persvara 과반수 득표
persvarstymas [남] 재고(再考), 다시 생각함
persvarstyti [동] 재고하다, 다시 생각하다
persverti [동] 보다 우세하다, 우위에 있다
persviesti [동] 건너편으로 던지다
peršaldyti [동] (남을) 감기에 걸리게 하다
peršalimas [남] 냉기, 한기
peršalti [동] 감기에 걸리다
peršauti [동] (총알 따위를 쏘아) 관통시키다
peršėti [동] 가렵다; 따끔거리다
peršokti [동] ① 뛰어넘다, 점프해서 넘다 ② 건너뛰다, 그냥 넘어가다
peršviesti [동] X선 사진을 찍다
peršvietimas [남] X선, 엑스레이
perteikti [동] 나타내다, 표현하다; 전달하다, 알리다
perteklius [남] 풍부, 차고 넘침
perti [동] 채찍질하다
pertrauka [여] 휴식 시간, 막간; pietų pertrauka 점심 시간
pertraukti [동] 중단하다, (도중에) 끊다
pertvara [여] 구획, 칸막이
pertvarkymas [남] 개편, 개정, 재편성
pertvarkyti [동] 개편하다, 개정하다, 재편성하다
pertverti [동] 칸막이하다
Peru [남] 페루
perukas [남] 가발
pervargęs [형] 과로한, 기진맥진한
pervargimas [남] 과로, 기진맥진
pervargti [동] 과로하다, 극도로 지치다
pervaža [여] (철도의) 건널목
pervažiuoti [동] ① 건너가다, 지나가다 ② (사람 등을) 차로 치다 ③ 이사하다, 이전하다
pervedimas [남] 송금(送金)
perversmas [남] 혁명, 격변, 동란; 전도, 전복, 타도
perversti [동] ① 뒤집다, 전도시키다 ② (책장 따위를) 넘기다
perverti [동] 꿰뚫다, 관통하다
pervertinimas [남] 과대 평가

pervertinti [동] 과대 평가하다
pervesti [동] ① 건너가게 하다 ② 송금(送金)하다
pervežimas [남] 운반, 수송
pervežti [동] ① 나르다, 운반[수송]하다 ② 건너가게 하다
pervilkti [동] ① 끌어들이다, 들어나르다 ② 옷을 갈아입히다
perviršai [부] 너무 (많이), 지나치게, 과도하게
perviršis [남] 과도, 과잉, 지나침
perviršinis [형] 과도한, 지나친
peržengimas [남] 침입, 침해; (한도 따위를) 넘기
peržengti [동] ① (~의 위로) 넘어가다, (한도 따위를) 초과하다; peržengti slenkstį 문지방을 넘다 ② 침입하다, 침해하다, 위반하다
peržiemoti [동] 겨울을 나다
peržiūra [여] 견해, 평(評); uždara peržiūra (영화 등의) 시사회
peržiūrėjimas [남] ① (텍스트의) 교정 ② [법률] 재심(再審)
peržiūrėti [동] ① (텍스트 따위를) 재검토하다, 교정을 보다 ② [법률] 재심하다
peržvelgti [동] 대강 훑어보다
pėsčias(is) [남] 보행자, 걸어서 이동하는 사람; mes ėjome pėsti 우리는 걸어(서) 갔다
pėsčiomis [부] 걸어서, 도보로
pesimistas [남] 비관론자, 염세주의자
pesimistinis, pesimistiškas [형] 비관적인, 염세주의의
pesimizmas [남] 비관론, 염세주의
pėstininkas [남] ① [군사] (개개의) 보병; [복] pėstininkai 보병(대) ② [체스] 졸(卒)
pešti [동] ① 잡아뜯다, 뽑다 ② nieko nepešti 헛수고하다
peštynės [여·복] 드잡이, 난투
peštis [동] 싸우다, 드잡이하다, 난투를 벌이다
peštukas [남] 싸움을 좋아하는 사람
peteliškė [여] ① [곤충] 나비 ② [수영] 접영, 버터플라이 영법
peticija [여] 청원, 탄원
petingas [형] 어깨가 떡 벌어진
petys [남] ① 어깨; petys į petį 어깨를 나란히 하고, 어깨를

맞대고 ② iš peties 전력을 다하여
petnešos [여·복] (바지의) 멜빵
petražolė [여] [식물] 파슬리
pianinas [남] [음악] 피아노; skambinti pianinu 피아노를 치다[연주하다]
pianistas [남] 피아니스트, 피아노 연주자
piemuo [남] 양치기, 목동
pienas [남] 우유, 젖; rūgštus pienas 신 우유, 산패유; pieno produktai 유제품
pienburnis [남] 풋내기
pieninė [여] 유제품 판매점
pienininkas [남] 젖 짜는 사람, 낙농장 일꾼
pienininkystė [여] 낙농업
pieninis, pieniškas [형] 우유의, 젖 같은; pieniniai dantys 유치(乳齒), 젖니
piestelė [여] [식물] 암술
piešėjas [남] 그래픽 아티스트; 제도사
piešimas, piešinys [남] 제도(製圖)
piešti [동] 그리다, 스케치하다
pieštukas [남] 연필; spalvotas pieštukas 색연필, 크레용
pietauti [동] 식사를 하다, 정찬을 들다
pietinis [형] 남쪽의
pietys [남] 남풍(南風)
pietryčiai [남·복] 남동쪽
pietrytinis [형] 남동쪽의
Pietų Afrika, Pietų Afrikos Respublika [여] 남아프리카(공화국)
pietūs [남·복] ① 정찬, 디너; kviesti ką pietų ~을 정찬에 초대하다 ② 정오, 한낮; po pietų 오후에 ③ 남쪽; į pietus 남쪽에, 남쪽으로
pietvakariai [남·복] 남서쪽
pietvakarinis [형] 남서쪽의
pieva [여] 초원, 풀밭
pigiai [부] 값싸게
piginti [동] 할인하다, 값을 깎다
pigmentas [남] 물감, 안료(顔料)

pigti [동] 가격이 내리다, 값싸게 되다
pigumas [남] 값이 쌈, 싼 가격
pigus [형] 값싼, 저렴한; pigia kaina 싼 가격에
pikai [남·복] [카드놀이] 스페이드
pikantiškas [형] (맛이) 자극적인, 매콤한, 얼얼한
pikčiurna [남/여] 심술궂고 까다로운 사람
pykdyti, pykinti [동] 화나게[짜증나게] 만들다
piketas [남] 피켓
pikis [남] 피치; 왁스
pikiuoti [동] 피치[왁스]를 칠하다
piktadarybė [여] 나쁜 짓, 악행, 범죄
piktadarys [남] 악인, 나쁜 짓을 하는 사람
piktas [형] ① 화가 난, 성난, 분노한 ② 심술궂은, 악의가 있는, 사악한
piktavalis, piktavališkas [형] 나쁜 의도를 가진, 악의 있는, 심술궂은
piktdžiuga [여] 남의 불행을 보고 기뻐함, 악의
piktdžiugiauti [동] 남의 불행을 보고 즐기다
pykti [동] (~에) 화가 나다, 화가 나 있다
piktybė [여] ① 악(惡), 사악, 못된 짓 ② 악의, 앙심
piktybinis [형] [의학] (병이) 악성의
piktinti [동] 불쾌하게 하다, 화나게 하다
piktintis [동] 화가 치밀다
pyktis [남] 악의, 심술, 앙심, 화, 분노
piktnaudžiauti [동] 남용하다, 악용하다
piktnaudžiavimas [남] 남용, 악용; piktnaudžiavimas pasitikėjimu 배임(背任)
piktumas [남] 악의가 있음, 심술궂음
piktuoju [부] ① 악의를 가지고, 나쁘게 ② 강제로, 폭력을 써서
piktžaizdė [여] 궤양, 상처
piktžodžiauti [동] 악담하다, 저주하다
piktžodžiavimas [남] 중상, 비방
piktžolė [여] 잡초
pildyti [동] ① 수행하다, 실행하다, 이행하다 ② 채우다, 채워 넣다

pildytis [동] 실행[실현]되다
piliakalnis [남] 흙무더기, 마운드
pilietybė [여] 시민권, 공민권; priimti Lietuvos pilietybę 리투아니아 시민권을 얻다, 리투아니아 국민이 되다
pilietinis [형] 시민의, 공민의; pilietinės teisės 공민권; pilietinis karas 내전(內戰)
pilietis [남] 시민
pylimas [남] 둑, 제방; 누벽(壘壁)
pilis [여] 성(城)
piliulė [여] 알약
pilkapis [남] 봉분(封墳), 고분(古墳)
pilkas [형] ① 회색의 ② 음울한, 어두운
pilkėti [동] 회색이 되다
pilnametis [형] 어른의, 성인의, 성년의
pilnas [형] ① 가득 찬, 충만한 ② 통통한, 살찐 ③ 완전한
pilnateisis [형] 온전한 권리를 가진, (법적인) 자격이 있는
pilnatis [여] 보름달
pilnavertis [형] 충분한 가치가 있는
pilnėti [동] ① 가득 차다, 충만해지다 ② 통통해지다, 살이 찌다
pilnumas [남] 가득 참, 충만함
pilnutėlis [형] 넘치도록 가득한; 만원인, 빽빽하게 들어찬
pilnutinai [부] 전적으로, 완전히
pilnutinis [형] 완전한
pilotas [남] 항공기 조종사, 파일럿
pilstyti [동] 따르다, 붓다; 병에 담다
pilti [동] ① 따르다, 붓다 ② pila kaip iš kibiro 비가 억수같이 온다 ③ 때리다, 치다, 매질하다
piltis [동] 흐르다
piltuvas, piltuvėlis [남] 깔때기
pilvas [남] ① 배, 복부; 위(胃); jam skauda pilvą 그는 배가 아프다, 복통이 있다 ② kvailas per visą pilvą 아주 어리석은
pilvinis [형] 배의, 복부의
pilvotas [형] 배가 불룩하게 나온
pilvūzas [남] 배불뚝이

pincetas [남] 족집게, 핀셋
pingvinas [남] [조류] 펭귄
pinigas [남] ① 동전; smulkūs pinigai 잔돈 ② [복] pinigai 돈, 금전; popieriniai pinigai 지폐; gryni pinigai 현금; grynais pinigais 현금으로 ③ 통화 ④ priimti už gryną pinigą 액면 그대로 받아들이다; už jokius pinigus 결코 ~ 아니다
piniginė [여] 지갑
piniginis [형] 돈의, 금전상의; piniginė bauda 벌금
pinklės [여·복] ① 덫, 올가미 ② 음모, 책략
pinti [동] 짜다, 뜨다, 엮다; (머리를) 땋다
pintinė [여] (고리버들 세공의) 바구니
pionierius [남] 개척자, 선구자
pipiras [남] 후추
pipirmėtė [여] [식물] 박하, 페퍼민트
pypkė [여] ① 파이프, 담뱃대 ② po šimts pypkių! 아뿔싸, 빌어먹을!
pypsėti, pypti [동] (병아리가) 삐약삐약 울다
pyragaitis [남] 패스트리; 케이크
pyragas [남] 파이; 케이크
pyragėlis [남] 패티 (다진 고기 등을 둥글납작하게 만든 요리)
piramidė [여] 피라미드
piratas [남] 해적
pirkėjas [남] 사는 사람, 구매자; 고객
pirkia [여] 오두막
pirkimas [남] 구입(하기), 구매(하기)
pirkinys [남] 구입, 구매
pirkliauti [동] 상업에 종사하다
pirklys [남] 상인, 판매업자
pirkti [동] 사다, 구입[구매]하다
pirktinis [형] 산, 구입[구매]한
pirm(a) [전] 이전에; 먼저; pirm(a) visko 무엇보다도 먼저, 우선, 첫째로
pirma [부] 이전에; 먼저, 우선, 첫째로
pirmadienis [남] 월요일
pirmaeilis [형] 무엇보다도 우선 해야 할, 당면한

pirmagimis [형] 첫째로 태어난, 맏이의
pirmakart [부] 처음으로
pirmaklasis [형] 제1급의, 일류의
pirmakursis [남] (학교의) 1학년생
pirmalaikis [형] 시기상조의, 너무 이른, 때 아닌; 미리, 예정보다 이르게
pirmapradis [형] 최초의, 초기의, 원래의
pirmarūšis [형] 최고급의, 최상(품)의
pirmas(is) [수] ① 첫째의, 제1의; sausio pirmoji 1월 1일; pirmas(is) puslapis 1페이지, 첫페이지; pirmą valandą 1시에; pirmas(is) aukštas (건물의) 1층; iš pirmo karto 처음부터 ② 전자(前者)의 ③ 처음의, 첫 번째의 ④ 시작의, 개시의 ⑤ 앞쪽의, 선두의; pirma eilė 앞줄 ⑥ 최고의, 최상의, 가장 훌륭한 ⑦ iš pirmų rankų 직접, 바로
pirmąsyk [부] 처음으로
pirmaujantis [형] 앞선, 우세한, 우월한
pirmauti [동] 보다 우세[우월]하다
pirmavimas [남] 우위, 앞섬
pirmenybė [여] ① 특혜, 유리, 이점 ② [복] pirmenybės [스포츠] 선수권 대회
pirmesnis [형] 앞의, 이전의
pirmiausia [부] 무엇보다도 우선
pirmykštis [형] 원시의, 초기의; pirmykštis žmogus 원시인
pirmyn [부] 앞으로; eiti pirmyn 전진하다
pirmininkas [남] 의장
pirmininkauti [동] 의장이다, 회의를 주재하다
pirminis [형] ① 1차의; 초기의 ② pirminiai skaičiai [수학] 소수(素數)
pirmokas [남] (학교의) 1학년생
pirmtakas [남] 전임자, 선배, 선인(先人)
pirmumas [남] ① 우위, 앞섬 ② 특혜
pirmuonys [남] 원생생물
pirmutinis [수/형] ① 첫째의, 제1의 ② 앞(쪽)의
pirščiukas [남] 골무
piršimas(is) [남] (결혼의) 중매
piršlybos [여·복] (결혼의) 중매

piršlys [남] (결혼) 중매인
pirštas [남] ① 손가락; 발가락; didysis [vidurinis] pirštas 가운뎃손가락; mažasis pirštas 새끼손가락 ② žiūrėti pro pirštus į ką ~을 못본 체하다; žinoti ką kaip penkis pirštus ~을 훤히 알고 있다, ~에 정통하다
piršti [동] (남녀를) 짝지어주다, 중매하다
pirštinė [여] 장갑
pirštis [동] 청혼하다, 프러포즈하다
pirtis [여] 욕실, 목욕탕
pistoletas [남] 권총, 피스톨
pižama [여] 파자마, 잠옷
pjaustyti [동] ① (칼 따위로) 자르다, 베다, 썰다; (톱으로) 켜다 ② 새기다, 조각하다
pjauti [동] ① (칼 따위로) 자르다, 베다, 썰다; (톱으로) 켜다 ② (곡식·건초 따위로) 베다, 베어 거두어들이다 ③ (가축을) 도살하다 ④ 물다, 찌르다
pjautis [동] (서로) 다투다, 반목하다, 불화하다, 충돌하다; 맞지 않다
pjautuvas [남] 낫
pjedestalas [남] (흉상(胸像) 등의) 대(臺), 받침대
pjesė [여] ① 희곡 ② (음악) 작품
pjovėjas [남] (곡식·건초를) 베는[베어 거두어들이는] 사람
pjovimas [남] ① 자르기, 베기, 썰기; 톱으로 켜기 ② (곡식·건초 따위를) 베(어 거두어들이)기 ③ (가축의) 도살
pjūklas [남] 톱
pjūtis [여] 수확, 추수
pjuvenos [여·복] 톱밥
pjūvis [남] 단면, 자른 부분; skersinis pjūvis 횡단면, 단면도
placdarmas [남] 교두보; 토대, 근거
plačiai [부] 널리; plačiai paplitęs 널리 퍼진; plačiai žinomas 널리 알려진
plagiatas [남] 표절, 도용
plakatas [남] 플래카드, 포스터, 전단
plakimas [남] ① 매질, 채찍질 ② (심장의) 고동 ③ 견책, 징계
plakti [동] ① 때리다, 매질하다, 채찍질하다 ② (심장이) 뛰

다, 두근거리다, 고동치다 ③ 벌주다, 징계하다
plaktukas [남] 망치, 해머
planas [남] 계획, 안(案), 설계; sudaryti planus 계획을 세우다
planavimas [남] 계획 (세우기), 입안
planeta [여] [천문] 행성
planetariumas [남] 플라네타륨, 별자리 투영기
planingas [형] 계획된, 계획적인
planinis [형] 계획된, 계획적인
plantacija [여] 플랜테이션, 대규모 농원
planuoti [동] 계획을 세우다
plasnoti [동] (날개 따위를) 펄럭이다, 퍼덕이다
plastika [여] 조형 예술
plastikas [남] 플라스틱
plastinis, plastiškas [형] ① 플라스틱의 ② plastinė chirurgija 성형외과; plastinė operacija 성형수술
plastmasė [여] 플라스틱
plaštaka [여] 손
plaštakė [여] [곤충] 나비; 나방
platėti [동] 넓어지다
platforma [여] ① (철도역의) 플랫폼, 승강장 ② 무개 화차, 트럭 ③ 정강(政綱), 강령
platybė [여] 넓은 공간
platina [여] [화학] 백금
platinimas [남] ① 확장, 넓히기 ② 유포, 퍼뜨리기
platinti [동] ① 넓히다, 확장하다 ② 퍼뜨리다, 유포하다
platintojas [남] 퍼뜨리는 사람
platuma [여] ① 너비, 폭 ② [지리] 위도
platumas [남] 너비, 폭; dviejų metrų platumo 폭 2m
platus [형] 넓은; 광범위한; plačiu mastu 광범위하게
plaučiai [남·복] [해부] 폐, 허파 (단수형은 plautis); plaučių uždegimas [병리] 폐렴
plaukas [남] ([복] plaukai) ① 털, 머리카락; šviesūs plaukai 금발 ② (전구의) 필라멘트 ③ 머리카락의 색깔 ④ per plauką 아슬아슬하게, 위기일발로; plaukai šiaušiasi 모골이 송연하다
plaukeliai [남·복] (천의) 보풀

plaukėti [동] 이삭이 패다
plaukikas [남] 헤엄치는 사람, 수영 선수
plaukiojimas [남] ① 수영, 헤엄치기 ② 항해
plaukioti, plaukti [동] ① 수영하다, 헤엄치다 ② 항해하다 ③ 떠다니다
plaukuotas [형] 털이 많은
plaustas [남] 페리, 연락선
plauti [동] 씻다, 헹구다; (입 안을) 가시다
plautis¹ [동] 자신의 몸을 씻다
plautis² [남] → plaučiai
plazdenti, plazdėti [동] (심장이) 고동치다, 두근거리다
plebiscitas [남] 국민 투표, 일반 투표
pleiskanos [여·복] (머리의) 비듬
pleištas [남] 쐐기
pleištinis [형] 쐐기 모양의
plekšnė [여] [어류] 가자밋과의 물고기
plekšnoti [동] (손으로) 치다, 두드리다
plėkti [동] 곰팡이가 피다[슬다]
plenarinis [형] (회의 등에서) 전원 출석한
plentas [남] 간선 도로, 주요 도로, 큰길
plenumas [남] 총회, 본회의
plepalas [남] 잡담, 수다
plepėti [동] 재잘거리다; 쓸데없는 소리를 지껄이다
plepys [남] 수다쟁이
plepus [형] 수다스러운, 말이 많은; 쓸데없는 소리를 지껄이는
plėsti [동] ① 넓히다, 확장하다, 크게 하다, 늘이다 ② 발전시키다
plėstis [동] ① 넓어지다, 확장되다, 늘어나다 ② (널리) 퍼지다
plėšikas [남] 강도, 약탈자
plėšikauti [동] 빼앗다, 약탈하다
plėšimas [남] 강도짓, 약탈
plėšyti [동] 찢다, 째다
plėšytis [동] 기를 쓰다, 있는 힘껏 노력하다
plėšrus [형] 육식의, 다른 동물을 잡아먹는; plėšrus žvėris 맹수, 육식 동물
plėšti [동] ① 찢다, 째다, 벗기다 ② 빼앗다, 약탈하다

plėtimas [남] ① 확장, 넓히기 ② 발전(시키기)
plėtimasis [남] 확장, 넓히기
plėtojimas(is) [남] 발전; 팽창, 확장
plėtotė [여] 발달, 발전
plėtoti [동] 발전시키다; 팽창[확장]시키다
plėvė [여] ① [해부] 막(膜) ② (오리 따위의) 물갈퀴; (박쥐 따위의) 피막 ③ 액체의 표면에 생기는 엷은 막
pleventi [동] ① (새 따위가) (높이) 솟구치다; 날개를 퍼덕이다 ② (별 따위가) 반짝이다
plevėsa [여] 경솔하고 쓸모없는 녀석
plevėsuoti [동] 휘날리다, 펄럭이다, 나부끼다
pliaukšėti [동] (채찍·손바닥·파도 등이) 철썩 치는 소리가 나다
pliaukšti [동] 쓸데없는 소리를 하다
pliauska [여] 통나무
pliauškėti [동] ① 철썩 치는 소리가 나다 ② 쓸데없는 말을 지껄이다
pliažas [남] 해변, 바닷가
pliekti [동] ① 때리다, 채찍질하다 ② 벌주다, 징벌하다
plienas [남] 강철
plieninis [형] 강철의, 강철로 된
plikas [형] ① 머리가 벗어진, 대머리의 ② 옷을 입지 않은, 나체의; plikos kojos (양말 따위를 신지 않은) 맨다리; plikas kūnas 나체, 알몸; plika akimi 육안으로
plikė [여] 대머리
plikis [남] 대머리
plikyti [동] 끓는 물 따위에 데게 하다
plikti [동] 머리가 벗어지다, 대머리가 되다
plisti [동] (소문 따위가) 퍼지다
plyšys [남] (길게) 갈라진 틈
plyšti [동] 찢기다; 터지다; jam širdis plyšta 그는 가슴이 터질 듯하다
plyta [여] ① 벽돌 ② (요리용) 레인지
plytelė [여] ① 막대[벽돌] 모양의 것 (초콜릿 바 따위) ② 전기 스토브[요리 기구]
pliusas [남] [수학] 플러스; pliuso ženklas 플러스 부호 (+)

pliušas [남] 플러시천
plojimas [남] 박수, 손뼉치기
plokščiakalnis [형] 고원, 대지(臺地)
plokščias [형] 평평한, 평탄한
plokštė [여] 납작한 판
plokštelė [여] 얇은 판; 레코드, 디스크
plokštuma [여] 평면
plokštumas [남] 평평함, 평탄
plomba [여] ① 봉인(封印) ② (치과 등의) 충전(充塡)
plombuoti [동] ① 봉인하다 ② (치과 등에서) 충전하다
plonas [형] 얇은, 가는, 고운
plonėti [동] 얇아지다
plotas [남] 영역, 지역, 공간
ploti [동] ① (금속 따위를) 얇은 판으로 만들다 ② 손뼉을 치다, 박수치다
plotis¹ [동] 평평해지다
plotis² [남] 너비, 폭
plotmė [여] 평면
plovimas [남] 씻기, 세척, 헹구기; (입 안을) 가시기
plūduras [남] [항해] 부표(浮標), 부이
plūduriuojantis [형] 떠 있는, 뜰 수 있는
plūduriuoti [동] 떠 있다
plūgas [남] 쟁기
plukdymas [남] 래프팅 (뗏목 타기)
plukdyti [동] ① 래프팅을 하다 ② 목욕하다
plunksna [여] ① (새의) 깃털; 깃장식 ② 펜
plunksnakotis [남] 펜대, 펜 홀더
plunksnuotas [형] 깃털로 덮인, 깃이 있는
pluoštas [남] ① 섬유 ② 술, 다발, 터프트 ③ 많음, 다량
plūsti [동] ① 욕하다, 헐뜯다 ② (액체가) 흐르다 ③ 떼지어 모여들다, 쇄도하다
pluš(ė)ti [동] 열심히[수고스럽게] 일하다
pluta [여] 껍질, 껍데기; žemės pluta [지질] 지각(地殼)
plutelė [여] 껍질, 껍데기
pneumatinis [형] [기계] 공기압으로 움직이는, 공기의 작용에 의한

po [전] ① [위치·장소] ~에(서), (~의) 위[아래]에 (위치하여); ~으로; keliauti po visą kraštą 전국 방방곡곡을 여행하다; knygos išmėtytos po visą stalą 책들이 테이블 위에 흩어져 있다; sėdėti po medžiu 나무 아래에 앉다; eik po dešinei 오른쪽으로 가다 ② [시간] (~의) 뒤에, 후에, 나중에; po kurio laiko 잠시 후에; diena po dienos 매일, 날마다; dešimt (minučių) po šešių 6시 10분; po šiai dienai 오늘날까지; po to 나중에 ③ po du 둘씩; po penkis centus kiekvienas 개당 5센트씩; po du obuolius (asmeniui) 한 사람당 사과 두 개씩 - [접두] ① 후(後) ② 아래, 하위
pobūdis [남] 성질, 특성
pobūvis [남] 파티, 사교 모임
podagra [여] [병리] (발(가락)의) 통풍(痛風)
podukra [여] 의붓딸
poelgis [남] 행동, 행위
poema [여] 시(詩); lyrinė poema 서정시
poetas [남] 시인(詩人)
poetika [여] 시학(詩學), 시론
poetinis, poetiškas [형] 시의, 시적인
poezija [여] 시, 시가(詩歌), 운문
pogrindinis [형] 지하 조직의, 비밀의
pogrindis [남] ① 지하실, 지하층 ② (정치적인) 비밀 활동
pogrupis [남] 하위 집단[그룹]
poilsiauti [동] ① 쉬다 ② 휴일이다
poilsiautojas [남] 휴일을 맞아 쉬는 사람
poilsis [남] 쉼, 휴식; poilsio diena 휴일
pojūtis [남] 감각, 지각; regėjimo pojūtis 시각(視覺)
pokalbis [남] 대화, 이야기(하기), 토론
pokarinis [형] 전후(戰後)의
pokeris [남] [카드놀이] 포커
pokylis [남] 연회, 잔치
pokšėti [동] 큰[쿵 하는] 소리를 내다
pokštas [남] 장난, 희롱; krėsti pokštus, iškrėsti pokštą (~에게) 장난을 치다
polėkis [남] (사고·상상력 따위의) 비약, 넘쳐 흐름

polemika [여] 논쟁
poleminis, polemiškas [형] 논쟁의, 논쟁적인
polemizuoti [동] (~와) 논쟁을 벌이다
poliarinis [형] 북극의, 극지방의
policija [여] 경찰
policininkas [남] 경찰관
poligonas [남] [군사] 훈련장, 사격 등의 연습장
poligrafija [여] 그래픽 아트
poliklinika [여] 외래 환자 진료소; 종합 병원[진료소]
polinkis [남] (~에 대한) 적성, 기질, 재능
poliruotas [형] 닦은, 윤을 낸
poliruoti [동] 닦다, 윤을 내다
polis [남] (교량을 받치는) 말뚝
polisas [남] 보험 증권
politika [여] 정치; [복] 정책
politikas [남] 정치인
politinis, politiškas [형] 정치의, 정치적인; politinis kalinys 정치범
politūra [여] 윤내는 약, 광택제, 니스, 바니시
polius [남] 극(極); Šiaurės polius 북극
polka [여] 폴카 (춤)
pomėgis [남] ① 즐거움, 기쁨 ② 좋아함, 애호; [복] pomėgiai 취미
pomidoras [남] [식물] 토마토
pomirtinis [형] 사후(死後)의; pomirtinis gyvenimas 내세(來世)
pompa¹ [여] 화려, 장관
pompa² [여] 펌프
pompastiškas [형] 과장된, 과시하는, 허풍 떠는
ponas [남] ① 신사; ponios ir ponai! 신사 숙녀 여러분! ② (집안의) 주인, 가장 ③ (남성에 대한 존칭으로) 님, 씨, 귀하
ponia [여] ① 숙녀 ② (집안의) 안주인 ③ (여성에 대한 존칭으로) 씨, 부인
poniškas [형] 귀족다운, 고상한
poodinis [형] [의학] 피하(皮下)의
popiergalis [남] 종잇조각
popierinis [형] 종이의; popieriniai pinigai 지폐

popierius [남] ① 종이 ② 문서, 서류
popiet [부] 오후에
popietė [여] 오후
popietinis [형] 오후의
popiežius [남] [가톨릭] 교황
populiarėti [동] 대중화되다, 인기를 얻게 되다
populiarinti [동] 대중화하다
populiarumas [남] 인기, 대중성
populiarus [형] 인기 있는, 대중적인
pora [여] ① 한 쌍; poromis 둘씩, 한 쌍으로 ② 경쟁 상대, 호적수; jis tau ne pora 그는 너의 적수가 되지 못한다, 너를 당하지 못한다
porcelianas [남] 자기(磁器), 도자기
porcija [여] (음식의) 1인분, 한 번 담는 분량
poreikis [남] 필요, 소용, 요구
porinis [형] ① 짝수의; porinis skaičius 짝수 ② 한 쌍의
poryt [부] 모레
pornografija [여] 포르노, 도색 문학[영화]
pornografinis [형] 포르노의
portatyvus [형] 휴대용의
porteris [남] 흑맥주
portfelis [남] 서류 가방
portjera [여] 커튼
portretas [남] 초상(화)
portsigaras [남] 담뱃갑
portugalas [남] 포르투갈 사람; portugalų kalba 포르투갈어
Portugalija [여] 포르투갈
portugališkas [형] 포르투갈의
poruoti [동] (둘씩) 짝짓다
poruotis [동] (동물이) 교미하다
posakis [남] 말씨, 표현법
posėdis [남] 회의, 회합
posėdžiauti [동] 회합하다, 회의에 참석하다
poskyris [남] (일)부분, 세분, 구획
poslinkis [남] 개선, 향상
posmas [남] (시(詩)의) 절(節), 연(聯)

postas [남] 직위, 직책; užimti postą 어떤 직책에 있다
postūmis [남] ① 밀기, 떠밀기 ② 자극, 유인(誘因), 고무
posūkis [남] 방향 전환, 선회; 전환점
posūnis [남] 의붓아들
poškėti [동] 땅 소리 나며 깨지다[터지다]
potencialas [남] 가능성, 잠재(능)력
poteriai [남·복] (종교적인) 기도
poteriauti [동] 기도하다
potraukis [남] 좋아함, 기호, 성향; jausti potraukį (~에) 마음이 끌리다
potroškis [남] 갈망, 열망
potvarkis [남] 명령
potvynis [남] ① 홍수, 범람 ② 밀물
povandeninis [형] 해저(海底)의, 바다 속의; povandeninis laivas 잠수함
povas [남] [조류] 공작(의 수컷) (암컷은 povė)
poveikis [남] (~에 대한[미치는]) 영향, 작용, 효과; daryti poveikį (~에) 영향을 미치다
poza [여] 자세, 태도; 포즈
pozicija [여] ① 위치, 장소, 곳; patogios pozicijos 유리한 위치 ② 입장, 태도, 의견; užimti poziciją 어떤 입장을 취하다
pozityvas [남] [사진] 양화(陽畵)
pozityvinis, pozityvus [형] 명확한
pozuoti [동] 포즈를 취하다
požeminis [형] 지하의
požemis [남] 지하실; 지하 감옥
požymis [남] 표시, 징조; ligos požymis (질병의) 증후(症候), 증상
požiūris [남] 견지, 관점, 견해
praba [여] 표준; 시금(試金)
prabanga [여] 호화, 화려, 호사
prabangus [형] 호화로운, 화려한, 호사스러운
prabėgom(is) [부] 지나가, 지나쳐
prabėgti [동] (옆을) 지나가다, 지나치다
prabilti [동] 말하다, 발언하다

prabūti [동] 머무르다, 체재하다
pradaras [형] (문 따위가) 살짝[조금] 열려 있는
pradas [남] 시작, 처음, 발단
pradedant [부] (~에서[으로부터]) 시작하는
pradedantysis [남] 초보자
pradeginti [동] 태워서 구멍을 뚫다
pradėti [동] (~하기) 시작하다, (~에) 착수하다
pradininkas [남] 시작한 사람, 주창자
pradinis [형] 시작의, 초보의; pradinis mokslas 초등교육
pradmuo [남] 시작, 처음, 발단
pradurti [동] 꿰찌르다
pradžia [여] ① 시작, 처음, 최초; iš pradžių 처음에; iš pat pradžios[pradžių] 처음부터; liepos pradžioje 7월 초에 ② 기원, 원천
pradžiai [부] 우선, 첫째로, 먼저
pradžiamokslis [남] 초보 독본, 입문서
pradžiuginti [동] 기쁘게 하다
pradžiugti [동] 기뻐하다
pradžiūti [동] 마르다, 건조해지다
praeitas [형] 지난, 과거의
praeiti [동] ① 지나가다, 통과하다, 건너다 ② (시간이) 지나다, 경과하다 ③ 끝나다, 시간이 다 되다 ④ 행해지다, (일이) 되어가다; paskaita praėjo gerai 그 강연은 잘 되었다, 성공적이었다
praeitis [여] 과거, 지난날; netolimoje praeityje 가까운 과거, 멀지 않은 옛날
praeivis [남] 통행인, 지나가는 사람
praėjęs [형] 지난, 과거의
praėjimas [남] ① 지나감, 통행, 통과 ② 통로
pragaišti [동] ① 남아 있다, (떠나지 않고) 꾸물거리다 ② 사라지다
pragaištingas [형] 파괴적인, 피해를 일으키는
pragaištis [여] 파괴, 파멸
pragaras [남] ① 지옥 ② 격통, 비통, 고뇌
pragariškas [형] 지옥의, 지옥 같은
pragerti [동] 술을 지나치게 마시다, 과음하다

pragiedrėti [동] (표정 따위가) 밝아지다
pragiedrulis [남] ① 빈 곳[틈] ② 희망의 빛
pragyvenimas [남] 생활, 생계; pinigai pragyvenimui 생활비
pragyventi [동] ① 살다, 거주하다 ② 생계를 꾸리다
pragmatizmas [남] [철학] 실용주의, 프래그머티즘
pragręžti [동] 구멍을 뚫다
pragulėti [동] 누워 있다, 누워서 시간을 보내다
prailginti [동] 늘이다, 연장하다
prajuokinti [동] 웃게 하다
prakaitas [남] 땀
prakaitavimas [남] 발한(發汗)
prakaituotas [형] 땀이 나는, 땀에 젖은
prakaituoti [동] ① 땀을 흘리다 ② (땀흘려) 노력하다, 수고하다, 열심히 일하다
prakalba [여] ① 연설 ② 머리말
prakalbėti [동] 말하다, 발언하다
prakalbinti [동] 말하게 하다; (~에게) 말하다
prakeikimas [남] 저주, 악담; prakeikimas! 제기랄, 빌어먹을!
prakeiktas [형] 저주받은
prakeikti [동] 저주하다, 악담하다
prakilnybė [여] ① 고결, 고상, 고귀 ② (호칭으로서) 각하
prakilnumas [남] 고결, 고상, 고귀
prakilnus [형] 고결한, 숭고한, 고매한
prakirsti [동] (예를 들어 길이나 공간 따위를 내기 위해) 깨어 부수다; 베어내다
prakišti [동] ① 밀어제치고 나아가다 ② (내기·재판 따위에) 지다, 패하다
prakiurti [동] ① 구멍이 나다, 새다 ② 닳다, 해지다
praktika [여] ① 연습, 실습 ② (연습을 통해 얻은) 경험, 숙련
praktikantas [남] 훈련 받는 사람, 실습 중인 사람
praktikas [남] 실무가
praktikuoti [동] 실습하다
praktinis, praktiškas [형] 실제의, 실제적인
praktiškumas [남] 실제적임, 실용성
pralaidus [형] 투과성의, 투과[통과]시키는
pralaimėjimas [남] 패배; patirti pralaimėjimą 패배를 당하다

pralaimėti [동] 지다, 패배하다
pralaužimas [남] 돌파, 뚫고 나가기
pralaužti [동] 돌파하다, 뚫고 나가다
praleidimas [남] ① 통과시키기, 지나가게 하기 ② 생략, 빠뜨림 ③ 시간 때우기, 오락 ④ 결석, 참석하지 않음
praleidinėti [동] (학교를) 무단 결석하다, 수업을 빼먹다
praleisti [동] ① (지나)가게 하다, 통과시키다 ② 빠뜨리다, 빼먹다; 생략하다, 건너뛰다 ③ (모임 따위에) 결석하다; praleisti paskaitą 강의를 빼먹다 ④ (액체 따위를) 투과시키다; nepraleisti vandens 물이 새지 않다, 방수 기능이 있다 ⑤ (시간을) 보내다; kaip praleidote laiką? 시간을 어떻게 보내세요? ⑥ 기한을 넘기다 ⑦ (재산 따위를) 낭비하다, 탕진하다
pralėkti [동] ① 날아서 지나가다[통과하다] ② 시간이 지나가다[경과하다]
pralenkti [동] ① (~보다) 앞서다 ② (~보다) 낫다, (~을) 능가하다
pralieti [동] (액체를) 쏟다, 흘리다; pralieti kraują 피를 흘리다; pralieti ašaras 눈물을 흘리다
pralinksmėti [동] 힘[기운]이 나다
pralinksminti [동] 힘[기운]이 나게 하다, 기분을 밝게 하다
pralobti [동] 부유해지다
pralošti [동] (게임 따위에서) 지다, 패배하다
pramerkti [동] pramerkti akis 눈을 뜨다
pramiegoti, pramigti [동] 너무 자다, 늦잠 자다
praminti¹ [동] 이름을 짓다, 명명하다; 별명을 붙이다
praminti² [동] 길을 밟아 다지다
pramoga [여] 오락, 기분 전환
pramogauti [동] 즐거운 시간을 보내다, 기분 전환을 하다
pramokti [동] 조금 배우다
pramonė [여] 산업, 공업; sunkioji pramonė 중공업; lengvoji pramonė 경공업; apdirbamoji pramonė 제조업
pramonininkas [남] 제조업자
pramoninis [형] 산업[공업]의, 제조의; pramoninės prekės (생산) 제품
pramuštgalvis [형] 물불을 가리지 않는

pramušti [동] 돌파하다, 뚫고 나가다; 구멍를 뚫다, 꿰찌르다
pranašas [남] 예언자, 선지자
pranašauti [동] 예언하다
pranašavimas [남] 예언, 신탁
pranašiškas [형] 예언의, 신탁의
pranašumas [남] 우월, 탁월; 유리, 이점
pranašus [형] 우월한, 탁월한, 우세한
prancūzas [남] 프랑스 사람; prancūzų kalba 프랑스어
Prancūzija [여] 프랑스
prancūziškas [형] 프랑스의
pranešėjas [남] 강연자, 연사; 아나운서
pranešimas [남] ① 보고, 보도 ② 강의, 강연 ③ 통지, 통보, 고시; iki atskiro pranešimo 추후 통지가 있을 때까지
pranešti [동] ① 알리다, 보고하다; 통보하다 ② (~보다) 낫다, (~을) 능가하다
pranykti [동] 사라지다, 없어지다
pranokti [동] (한도 따위를) 넘다, 초월하다
prapjauti [동] 베다, 째다
praplaukti [동] ① 헤엄쳐 지나가다 ② 항해하여[물에 떠서] 지나가다
praplėsti [동] 넓히다; 확장하다; praplėsti akiratį 시야를 넓히다
praplėšti [동] 찢다, 째다
prapliupti [동] ① 쏟아지다, 샘솟다, 분출하다; lietus prapliupo 비가 억수 같이 내렸다 ② (예를 들어 웃음이나 눈물 따위가) 터져나오다
prapulti [동] ① 사라지다, 없어지다 ② 죽다, 파멸하다 ③ 낭비되다
prapultis [여] 파멸
prapuolęs [형] ① 사라진, 없어진 ② 파멸한
praradimas [남] 손실, 박탈
praraja [여] 낭떠러지, 심연
prarasti [동] 잃다, 박탈당하다; prarasti regėjimą 시력을 잃다, 실명하다
praretinti [동] 솎다, 드문드문하게 하다; (공기 따위를) 희박하게 하다

praryti [동] 삼켜버리다, 게걸스럽게 먹다
prasibrauti [동] 비집고[헤치며] 나아가다
prasidėjimas [남] 시작
prasidėti [동] ① 시작되다 ② (~와) 관계가 있다; neprasidėk su juo 그와는 아무 관계가 없다
prasigyventi [동] ① 부유해지다 ② (돈 따위를) 얻다, 획득하다
prasilaužti [동] 돌파, 뚫고 나가기
prasilenkti [동] (길 따위가 서로) 엇갈리다
prasimaitinti [동] 살아나가다, 생활[생존]하다
prasimanymas [남] 꾸민 이야기, 거짓말
prasimanyti [동] (이야기 등을) 꾸며내다, 거짓말하다
prasimušti [동] 헤쳐[밀치고] 나가다
prasiskverbti [동] ① 관통하다, 뚫고 들어가다 ② 헤쳐[밀치고] 나가다
prasitarti [동] (비밀 따위를) 누설하다
prasiveržimas [남] 돌파
prasiveržti [동] 돌파하다, 뚫고 나가다
prasižengti [동] 위반하다
prasižioti [동] 입을 벌리다
praskelti [동] 헤치며[뚫고] 나아가다
praskiesti [동] 희석하다, 묽게 하다
praskinti [동] 치우다; praskinti kelią 길을 닦다
praslinkti [동] ① 지나가다, 통과하다 ② (시간이) 지나다, 경과하다, 흐르다
prasmė [여] 의미, 뜻; neturėti prasmės 뜻이 통하지 않다; gyvenimo prasmė 삶의 의미
prasmegti [동] ① 실패하다, 무너지다 ② 사라지다
prasmingas [형] 의미 있는, 뜻깊은
prasmukti [동] 슬그머니 움직이다
prastas [형] ① 단순한, 평범한; prasta diena 평일, 주중의 날 ② 나쁜, 부족한, 불충분한; prastas derlius 흉작
prastėti [동] ① 단순해지다 ② 나빠지다, 악화되다
prastinti [동] ① 단순화하다 ② 악화시키다
prastova [여] 빈둥거리기, 시간 낭비
prastovėti [동] ① 빈둥거리다, 시간을 낭비하다 ② (일정 시

간 동안) 서 있다
prastumti [동] ① (억지로) 밀어넣다 ② 추진하다, 밀어붙이다
prašymas [남] 요청, 부탁; 탄원, 청원; aš turiu į jus prašymą 부탁이 하나 있습니다; kreiptis su prašymu 요청하다
prašyti [동] ① (누구에게 무엇을) 요청하다; prašyti leidimo 허락을 구하다; prašyti atleidimo 용서를 빌다; labai prašau [prašom(e)] 부탁합니다 ② 초대하다, 부르다, 청하다 ③ prašome nerūkyti! 금연해주세요!
prašytis [동] 요청하다, 신청하다
prašytojas [남] 신청자; 탄원자
prašmatnus [형] 멋진, 맵시 있는; 화려한
prašnekėti [동] 말하다, 발언하다
prašom [감] ① 부탁합니다 ② (감사 인사에 대하여) 천만에요, 별말씀을
prašvisti [동] 동이 트다, 날이 밝아오다; prašvito 날이 밝았다, 낮이다
pratarmė [여] 머리말
pratarti [동] 말하다, 발언하다
pratęs [형] ① 숙련된 ② (~에) 익숙해진
pratęsimas [남] 연장, 늘이기
pratęsti [동] (기한 따위를) 늘이다, 연장하다
pratybos [여·복] 실습
pratimas [남] 운동, 체조
pratinti [동] 훈련시키다, (~에) 익숙해지게 하다
pratintis [동] (~에) 익숙해지다
pratisas [형] 질질[오래] 끄는
pratrinti [동] 닳게 하다, 해어지게 하다, 문질러 구멍을 내다
pratrūkti [동] 터지다; votis pratrūko 종기가 터졌다
praturtėti [동] 부유해지다; 풍성해지다
praturtinti [동] 풍성하게 하다
prausykla [여] 세면장, 세면실
prausyklė [여] 세면대
prausimas(is) [남] 씻기, 세면
prausti [동] 씻기다
praustis [동] (자신의 몸을) 씻다

praustuvė [여] 세면대, 세면기
praūzti [동] ① 휩쓸고 지나가다 ② (재산 따위를) 낭비하다, 탕진하다
pravalgyti [동] 식품 구입에 돈을 쓰다
pravardė [여] 별명
pravardžiuoti [동] 별명을 붙이다
pravartus [형] 쓸모 있는, (~에) 적합한
pravažiavimas [남] 통행, 지나감
pravažiuoti [동] 지나가다, 통행하다
pravėdinti [동] 환기하다, 바람에 쐬다
praversti [동] 쓸모가 있다
praverti [동] 살짝[조금만] 열다
pravesti [동] 이끌다, 지나가게 하다
praviras [형] 살짝[조금] 열린
pravirkti [동] 울다, 울기 시작하다
pražanga [여] [스포츠] 반칙, 파울
pražilęs [형] 회색의
pražilti [동] 회색이 되다
pražiopsoti [동] 놓치다; pražiopsoti progą 기회를 놓치다
pražiūrėti [동] 간과하다, 못 보고 지나치다
pražudyti [동] ① 파멸시키다, (~에게) 파멸이 되다 ② (예를 들어 건강 따위를) 잃다, 망치다
pražūti [동] 멸망하다
pražūtingas [형] 파멸을 초래하는, 재난을 일으키는
pražūtis [동] 파멸, 멸망
precedentas [남] 전례, 선례
prefektas [남] 지사, 장관
prefektūra [여] (행정구역상의) 현(縣)
prefiksas [남] [문법] 접두사
prekė [여] 상품, 제품
prekiauti [동] 거래하다, 교역하다, 상업에 종사하다
prekiautojas [남] 상인
prekyba [여] 상업, 교역
prekybininkas [남] 상인
prekybinis [형] 상업의, 교역의, 통상의
prekinis [형] ① 상품의; prekinė gamyba 상품 생산 ② 화물

의; prekinis traukinys 화물 열차
prekystalis [남] 계산대, 카운터
prekyvietė [여] 시장, 장터
prekyženklis [남] (등록) 상표, 트레이드마크
prelatas [남] 고위 성직자
preliminarinis [형] 예비의, 준비의
preliudija [여] [음악] 전주곡, 서곡
premija [여] 상여금, 보너스; 상(賞), 상금
premijuoti [동] 상여금[상(賞)]을 주다
premjera [여] 연극 공연의 첫날, 초연(初演)
premjeras [남] ① (국무)총리, 수상 ② 주연 배우 (여성형은 premjerė)
prenumerata [여] 예약 구독
prenumeratorius [남] 예약 구독자
prenumeruoti [동] 예약 구독하다
preparatas [남] 표본, 프레파라트
prerijos [여·복] 대초원, 프레리
presas [남] 압착기
prestižas [남] 위신, 명성, 면목
presuoti [동] 압착하다, 내리누르다
pretekstas [남] 구실, 핑계
pretendentas [남] 권리 따위를 주장[요구]하는 자
pretenduoti [동] 권리 따위를 주장[요구]하다
pretenzija [여] (권리 따위의) 주장, 요구
pretenzingas [형] 주제넘은, 건방진, 젠체하는
prezervatyvas [남] 콘돔
prezidentas [남] 대통령; prezidento rinkimai 대통령 선거
prezidentinis [형] 대통령의
prezidentūra [여] 대통령의 직[지위]
priartėti [동] 접근하다, 다가오다
priartinti [동] 가까이 가져오다
priaugimas [남] 성장, 증대
priaugti [동] 성장하다; 증대하다, 늘다
pribaigti [동] ① 죽이다 ② 녹초가 되게 하다
pribėgti [동] (~에) 달하다; (넘치도록) 차다, 채워지다
priblokšti [동] 아연실색하게 하다, 깜짝 놀라게 하다

pribrendęs [형] ① (무르)익은, 성숙한 ② 절박한, 곧 닥칠 듯한

pribręsti [동] ① (무르)익다, 성숙하다 ② 절박해지다, 곧 닥칠 듯하다

pribuvėja [여] 조산사, 산파

pridaryti [동] ① 많이 준비하다 ② (나쁜 일 따위를 (많이)) 행하다, 저지르다, 일으키다; pridaryti žalos 많은 해를 끼치다; ką tu pridarei! 네가 해놓은 일이란!, 네가 얼마나 말썽을 일으켰는지 알아? ③ 살짝[반쯤] 닫다

pridedamas [형] ① (편지 따위가) 동봉된 ② 추가의, 부가적인

pridėjimas [남] 추가, 부가

pridengti [동] ① 가리다, 덮다 ② 지키다, 방어하다, 보호하다

prideramas [형] 알맞은, 적합한

priderėti [동] (~에게) 알맞다, 어울리다, 적합하다

priderinti [동] (~에) 맞추다, 어울리게[적합하게] 하다

pridėti [동] ① 더하다, 추가[부가]하다 ② (편지 따위를) 동봉하다 ③ (~을 ~에) 가져다 대다, 가까이 하다

pridėtinis [형] 추가의, 부가적인

pridirbti [동] ① 많이 준비하다 ② (나쁜 일 따위를 (많이)) 행하다, 저지르다, 일으키다

pridulkėti [동] 먼지로 뒤덮이다, 먼지투성이가 되다

priduoti [동] (무엇을 많이) 주다

pridurti [동] 더하다, 덧붙이다, 추가[부가]하다

prie [전] ① ~에, ~ 가까이에; prie durų 문간에; prie kelio 길가에; prie stoties 역 근처에 ② ~에, ~으로; eiti prie namo 집에[으로] 가다; prie penkių pridėti tris 5에 3을 더하다 ③ (~의) 면전에서, (~이) 있는 앞에서 ④ (~와) 함께 (살아)

prieangis [남] ① 현관, 포치 ② 현관 홀, 로비

prieaugis [남] 성장, 증대, 증가

priebalsis [남] [언어] 자음

prieblanda [여] 황혼, 땅거미

priebutis [남] 현관, 포치

priedainis [남] (노래의) 후렴, 반복구

priedanga [여] 덮개, 가리는 것, 보호막; nakties priedangoje 밤에, 어둠이 깔린 가운데

priedas [남] ① 덧붙임, 추가, 부가 ② (책 따위의) 부록
priedėlis [남] [문법] 동격
priedermė [여] 의무, 책무
priegaidė [여] [언어] 강세, 악센트; 억양
priegalvis [남] 베개; 쿠션
prieglauda [여] ① 피난처, 은신처 ② (사회적 약자의) 보호 시설; našlaičių prieglauda 고아원
prieglobstis [남] 피난처, 은신처; rasti prieglobstį 쉴 곳을 찾다
prieiga [여] 접근, 다가감
prieinamas [형] 접근하기 쉬운, (쉽게) 다가갈 수 있는; prieinamos kainos 합리적인 가격
prieinamumas [남] 접근성, 접근하기[다가가기] 쉬움
prieiti [동] ① (~에) 다가가다, 접근하다 ② (~에[까지]) 이르다, 도달하다 ③ (무르)익다, 성숙하다
priėjimas [남] 접근, 다가감
priekaba [여] (자동차의) 트레일러
priekabė [여] 트집 잡기, 흠잡기
priekabus [형] 트집 잡는, 흠을 들추어내는
priekaištas [남] 질책, 책망, 꾸지람
priekaištauti [동] 나무라다, 질책[책망]하다
priekaištingas [형] 나무라는, 질책[책망]하는
priekaktis [남] (모자의) 챙
priekalas [남] 모루
priekinis [형] 앞(부분)의
priekis [남] 앞(부분); priekyje 앞(부분)에; į priekį 앞으로; iš priekio 앞에서(부터)
prielaida [여] 가정, 추정
prielinksnis [남] [문법] 전치사
priemaiša [여] 혼합, 더하여 섞기
priemenė [여] 통로, 입구, 현관 (홀)
priemiestinis [형] 교외의, 도시 근교의
priemiestis [남] 교외, 도시 근교
priėmimas [남] ① 받음, 수신 ② 영접, 환영; 환영회, 리셉션 ③ (단체·학교 등에의) 입학, 입회, 등록
priemoka [여] 추가 요금, 할증료

priemonė [여] ① 수단, 방편; kalba - žmonių bendravimo 언어는 사람들 사이의 의사 소통 수단이다 ② 조치, 대책; imtis priemonių 조치를 취하다; išmėginti visas priemones 모든 수단을 다 동원하다
prieplauka [여] 부두, 잔교
priepuolis [남] (병의) 발작
prierašas [남] 덧붙이는 말; (편지의) 추신; 주(註)
priesaga [여] [문법] 접미사
priesaika [여] 맹세, 서약; duoti priesaiką 맹세하다, 서약하다
priesakas [남] (위임받은) 권한
prieskonis [남] 양념, 향신료; prieskoniai (집합적으로) 양념[향신료]류
priespauda [여] 억압; 멍에
priestatas [남] 증축[부속] 건물
priėsti [동] 배불리 먹다
prieš [전] ① (공간적으로) (~의) 앞에, 전방에; (~의) 맞은편에 ② (시간적으로) ~ 전에; prieš dvejus metus 2년 전에 ③ (~와) 비교해서; jie niekas prieš jį 그들은 그와 비교해서[비교해봤을 때] 아무것도 아니다 ④ (~에) 맞서; kovoti prieš ką ~에 맞서 싸우다 - [부] ① (시간적으로) (~하기) 전에 ② (~에) 반대하여; už ir prieš 찬성과 반대, 찬반양론
priešais [전] (공간적으로) (~의) 앞에, 전방에; (~의) 맞은편에 - [부] ① 앞에, 전방에; 맞은편에, 건너편에
priešakinis [형] 앞(부분)의; priešakinė dalis 앞부분
priešakys [남] 앞부분; priešakyje 앞(쪽)에; iš priešakio 앞에서, 앞으로부터
priešas [남] 적, 원수
priešdėlis [남] [문법] 접두사
priešgaisrinis [형] 화재 예방의
priešybė [여] 반대, 대조적임; visiška priešybė 정반대
priešingai [부] (~와는) 반대로, (~에) 반(反)하여; priešingai tam, ko jis laukė 그가 기대했던 것과는 반대로, 그의 기대에 어긋나게
priešingas [형] ① 반대편[맞은편]의, 상대방의 ② 반대의, 반대되는; priešinga nuomonė 반대 의견; priešingu atveju

그렇지 않게, 다르게
priešingybė [여] 반대(임)
priešingumas [남] 반대(임)
priešinimasis [남] 반대, 저항
priešininkas [남] ① 적수, 상대 ② 적, 원수
priešinis [형] 반대의, 반대되는, 역(逆)의; priešinis vėjas 맞바람, 역풍
priešintis [동] (~에) 반대하다, 맞서다, 저항하다
priešistorinis [형] 선사시대의, 유사(有史) 이전의
priešiškas [형] 적대하는, 적의가 있는
priešiškumas [남] 적의, 적대감, 앙심
prieškambaris [남] 곁방, 대기실
priešikarinis [형] 전전(戰前)의, 전쟁 이전의
priešlaikinis [형] 조숙한, 올된, 때 이른
priešlėktuvinis [형] [군사] 방공(防空)의; priešlėktuvinė gynyba 방공
priešmirtinis [형] 죽음의, 죽어가는, 죽을 것 같은; priešmirtinė agonija 죽음의 고통
priešnuodis [남] 해독제
priešpaskutinis [형] 끝에서 두 번째의
priešpiečiai [남·복] ① 점심식사 ② 오전, 아침나절
priešpiet [부] 점심을 먹기 전에, 오전에
priešpriešinis [형] [문법] 반의어(反意語)의, 반대의 뜻을 나타내는
priešrinkiminis [형] 선거 전의
prieštaraujantis [형] 모순되는, 상충되는, 앞뒤가 맞지 않는
prieštarauti [동] ① 부정[부인]하다; (서로) 모순되다, 앞뒤가 맞지 않다 ② (~에) 반대하다, 동의하지 않다
prieštaravimas [남] ① 모순, 상충, 충돌 ② 반대
prieštaringas [형] 모순되는, 상충되는, 앞뒤가 맞지 않는
prieštaringumas [남] 모순, 불일치, 상충, 어긋남
prietaisas [남] 기구, 장치
prietaras [남] 미신, 불합리한 고정관념; 편견, 선입견
prietaringas [형] 미신의, 미신적인
prietema [여] 황혼, 땅거미
prievarta [여] 강제, 강압; per prievartą 강제로, 강요받아

prievartauti [동] ① 강제[강요]하다, 억지로 시키다 ② 폭력을 행사하다; 성폭행[강간]하다
prievartinis [형] 강제적인, 억지로 시키는
prieveiksmis [남] [문법] 부사
prievolė [여] ① (노동·군사 부문 등에서의) 복역, 복무, 징집 ② 의무, 책무
priežastinis [형] 원인이 되는, 야기시키는
priežastis [여] 원인, 이유, 까닭; be jokios priežasties 아무 이유 없이; svarbi priežastis 납득할 만한 이유[명분]
priežiūra [여] 감독, 관리; kieno priežiūroje ~의 감독[관리] 하에
priežodis [남] 속담, 전해 내려오는 말
prigaminti [동] ① (많이) 만들어내다, 생산하다 ② (많이) 요리하다
prigąsdinti [동] 놀라게[기겁하게] 하다
prigerti [동] ① 물에 빠지다, 익사하다 ② (술을) 잔뜩 마시다, (술에) 취하다
prigimtis [여] 천성, 타고난 본성; iš prigimties 날 때부터, 선천적으로
prigyti [동] ① [의학] (백신 따위가) 효능이 있다 ② 어원이 ~이다, 말이 (~에) 뿌리를 두고 있다
priglausti [동] ① 꼭 껴안다, 가까이 끌어들이다 ② 숨겨 주다, 피난처를 제공하다
prigrasinti [동] 위협하다, 으르다
prigrūsti [동] (~으로 속을) 채우다, (~을) 쑤셔 넣다
prigulti [동] ① 잠시 누워 있다, 잠깐 잠을 청하다 ② (옷 따위가) 꼭 맞다
priimamasis [형] 응접실
priimti [동] ① 받다, 취하다; priimti dovanas 선물을 받다 ② 받아들이다, 수용하다, 맞이하다; gražiai[nuoširdžiai] priimti 환영하다; priimti į darbą 고용하다; priimti pasiūlymą 제안을 수락하다 ③ 수락하다, 허용하다; priimti į mokyklą 입학을 허가하다 ④ (이론·교의 따위를) 받아들이다, 채택하다 ⑤ (법안 따위를) 승인하다, 통과시키다 ⑥ (~을) ~이라고 생각하다[잘못 알다]
priimtinas [형] 받아들일[수락할·용인할] 수 있는

prijaukintas [형] 길든
prijaukinti [동] 길들이다
prijausti [동] ① (~에) 공감하다, 동감하다, 찬성[동의]하다 ② (~의) 예감이 들다
prijungimas [남] ① 덧붙임, 추가, 부가 ② (영토의) 합병 ③ (전기적인) 연결, 접속 ④ [문법] 종속
prijungti [동] ① 덧붙이다, 부가하다 ② (영토를) 합병하다 ③ (전기 기구를 전원에) 연결하다 ④ [문법] 종속시키다
prijuostė [여] 앞치마, 에이프런
prikabinti [동] ① (고리 따위로) 걸다, 매달다 ② (철도 차량을) 연결하다
prikaistuvis [남] 소스 냄비, 스튜 냄비
prikaišioti [동] 비난하다, 질책하다, 나무라다
prikalbėti [동] ① 말을 많이 하다 ② 설득하다
prikalbinėti [동] 설득하려 하다
prikalti [동] (~에) 못을 박다
prikamuoti, prikankinti [동] 몹시 괴롭히다, 고문하다; 혹사시키다
prikąsti [동] (깨)물다; prikąsti liežuvį i) 혀를 깨물다 ii) 입을 다물다, 잠자코 있다
prikaustyti [동] ① 못을 박다; 사슬로 매다 ② (주의를) 끌다, 집중시키다
prikelti [동] ① (잠에서) 깨우다 ② (죽음에서) 부활시키다, 소생하게 하다
prikepti [동] ① 구워지다, 그슬리다 ② (빵 따위를) 굽다
prikibti [동] ① (~에) 달라붙다 ② 병에 걸리다 ③ 트집[흠]을 잡다 ④ 들볶다, 괴롭히다, 귀찮게 하다
prikimšti [동] (속을) 채우다, (~에 ~을) 쑤셔 넣다
prikišti [동] ① 가까이 하다, 붙이다; (~에) 접촉하다 ② (속을) 채우다, (~에 ~을) 쑤셔 넣다 ③ 비난하다, 질책하다, 나무라다 ④ 잃다
priklausymas [남] ① (~에) 속한 것; (~의) 일원, 멤버 ② (~에) 달려 있음, ~ 나름임
priklausyti [동] ① (~에) 속하다, 소속되다; (~의) 일원이다; priklausyti partijai 당원(黨員)이다 ② (~에) 달려 있다, ~ 나름이다

priklausomai [부] (~에) 달려 있어, ~ 나름이어서
priklausomas [형] (~에) 달려 있는, ~ 나름인
priklausomybė [여] (~에) 달려 있음; 종속
priklijuoti [동] (풀 따위로) 붙이다, 접착하다
prikrauti [동] (많이·가득) 싣다, 적재하다
prilaikyti [동] 억제[자제]하다, 삼가다; prilaikyti liežuvį 잠자코 있다, 발설하지 않다
prileisti [동] ① (~을 ~으로) 채우다 ② (~에게 ~을) 허용하다
prilyginti [동] ① 동등하게 다루다, 동등시하다, 동등한 위치를 부여하다 ② (~에) 비기다, 견주다
prilygti [동] (~에) 다다를 만하다, (~의) 수준에 근접하다; jam niekas negali prilygti 그와 맞먹는 자가 없다, 그에겐 적수가 없다
prilipdyti, prilipinti [동] (~에) 붙이다
prilipti¹ [동] ① (~에) 달라붙다, 고착되다 ② (병에) 걸리다
prilipti² [동] ① (~에) 기어오르다, 도달하다 ② (많은 수가) 들어가다
primaišyti [동] 더하다, 섞다, 혼합하다
primatuoti [동] (옷 따위를) 입어보다
primesti [동] ① 던지다 ② 쌓아올리다 ③ 더하다 ④ 흩뜨리다 ⑤ 강요하다
primygti [동] ① 내리누르다, 중압감을 주다 ② 몰아대다, 죄어치다
primygtinai [부] 긴급하게
primygtinis [형] 긴급한, 절박한
priminti¹ [동] ① (~에게 ~을) 상기시키다, 생각나게 하다 ② (~을) 닮다, (~와) 비슷하다
priminti² [동] ① 짓밟다 ② 발자국을 남겨 더럽히다
primiršti [동] 좀 잊어버리다
primityvus [형] 원시적인
primokėti [동] 별도의[추가로] 돈을 지불하다
primokyti [동] (~하도록) 부추기다, 자극하다
primušti [동] ① 때리다 ② 못을 박다
princas [남] 왕자
princesė [여] 공주

principas [남] 원리, 원칙; iš principo 원칙적으로, 원칙에 따라

principingas, principinis, principiškas [형] 원칙의, 원칙적인, 원칙에 의거한; principingas žmogus 원칙을 지키는 사람, 줏대 있는 사람; principinis sutikimas 원칙상의 동의, 대체적인 동의

prinešti [동] (많이) 가져오다; (~으로) 나르다, 운반하다
prinokęs [형] (무르)익은, 성숙한
prinokti [동] (무르)익다, 성숙하다
prioritetas [남] 우위, 우선권
pripažinimas [남] 인정, 승인
pripažinti [동] ① 인정하다, 승인하다; pripažinti savo klaidą 자신의 잘못을 인정하다 ② (~이라고) 판정하다, 간주하다, 여기다; pripažinti negaliojančiu 무효로 하다 ③ 상을 주다[수여하다]
pripildyti [동] 가득 채우다; (가스 등을 주입하여) 부풀게 하다
pripilti [동] 채우다; 쏟다, 붓다
pripirkti [동] 조금 더 사다[구입하다]
priprasti [동] (~에) 익숙해지다
pripratimas [남] 습관
pripratinti [동] (~에) 익숙하게 하다, (~하도록) 훈련시키다
pripumpuoti [동] 펌프질하여 (공기 따위를) 채우다[주입하다]
pripusti [동] 잔뜩 먹다
pripūsti [동] (공기로) 부풀리다
prirakinti [동] (사슬 따위로) 매다, 묶다
prirašyti [동] (글을) 더 쓰다; 많이 써서 일정 페이지를 채우다
prireikti [동] jam gali to prireikti 그는 아마 그것이 필요할 것이다
prireikus [부] 필요한 경우
pririnkti [동] 모으다
pririšti [동] (~을 ~에) 매다, 묶다, 고정시키다
prisegti [동] (핀·바늘 따위를 꽂아) 고정시키다
prisėlinti [동] 살그머니 다가오다
prisėsti [동] (잠시) 앉아 있다, 자리를 잡고 앉다

prisiartinti [동] (~에게) 다가오다, 접근해 오다
prisidengti [동] (자신의 몸을) 가리다; (~의 뒤에) 몸을 숨기다
prisiderinti [동] (~에) 따르다, 순응하다
prisidėti [동] ① (~에) 참가[참여]하다, 가입하다, 끼다 ② 늘다, 증가하다; prisidėjo dienos 낮이 길어지고 있다 ③ (발전 따위를[에]) 촉진하다, 기여하다
prisidirbti [동] 일을 많이 하다, 일을 많이 해서 지칠 지경이 되다
prisiekti [동] 서약하다
prisigerinti [동] 교묘하게 환심을 사다, 솔깃한 말로 꾀다
prisigerti [동] ① 포화되다 ② 술에 취하다
prisiglausti [동] ① (~에) 꼭 달라붙다 ② 피난하다, 피할 곳을 찾다
prisiimti [동] (책무 따위를) 떠맡다
prisijungti [동] (~에) 참가하다
prisijuokti [동] 크게 웃다
prisikabinti [동] = prikibti
prisikasti [동] ① 파(내)다 ② (~에) 이르다, 도달하다
prisikėlimas [남] [기독교] (그리스도의) 부활
prisikelti [동] [기독교] 죽은 자 가운데서 살아나다, 부활하다
prisiklausyti [동] 많이 듣다
prisikviesti [동] (많은 손님들을) 초대하다
prisilaikyti [동] ① (~에) 매달리다, 꼭 붙어 있다 ② 삼가다, 절제하다
prisiliesti [동] 접근을 허락하다; (안으로) 들여보내다
prisiliesti [동] (~에) 손을 대다
prisilietimas [남] 손을 대기, 접촉
prisimatuoti [동] (옷 따위를) 입어보다
prisiminimas [남] 기억, 회상, 상기
prisiminti [동] 기억하다, 회상하다, 상기하다, 떠올리다
prisipažinimas [남] 고백, 자인
prisipažinti [동] 고백하다, 자인하다, 솔직히 인정하다; prisipažinti mylint 사랑을 고백하다
prisipildyti [동] (~이) 차다, 넘치다
prisipilti [동] 쏟다, 따르다; 채우다

prisirinkti [동] ① 모으다, 축적하다 ② (인파가) 모이다, 꽉 들어차다
prisirišęs [형] (~에) 애착[애정]을 가진
prisirišimas [남] (~에 대한) 애착, 애정
prisirišti [동] (~에) 애착[애정]을 갖게 되다
prisirpti [동] (과일 따위가) 익다, 즙이 많아지다
prisisėdėti [동] (오랫동안) 앉아 있다
prisiskaityti [동] 많이 읽다; 너무 많이 읽어서 질리다
prisiskambinti [동] (상대의 응답이 있을 때까지) 전화를 걸다; 초인종을 누르다
prisistatyti [동] 자기 소개를 하다
prisišaukti [동] (남이 들을 때까지) 소리를 지르다
prisišlieti [동] (~에) 인접하다; 기대다
prisitaikėlis [남] 기회주의자, 시류에 편승하는 자
prisitaikėliškas [형] 기회주의적인, 시류에 편승하는
prisitaikymas [남] 적응, 순응
prisitaikyti [동] (~에) 적응[순응]하다
prisiųsti [동] (많은 양을) 보내다
prisiūti [동] (예를 들어 단추 따위를) 꿰매어 달다
prisiversti [동] ~할 마음이 생기다, (~이) 내키다; negaliu prisiversti perskaityti tos knygos 저 책을 읽고 싶은 마음이 안 드는구나
prisivyti [동] 따라잡다, 따라붙다
prisižiūrėti [동] 많이[충분히] 보다
priskaityti [동] ① 추가 요금을 물리다, 할증료를 받다 ② 수효[숫자]가 ~이다
priskirti [동] ① (속성 따위를) (~의) 것으로 돌리다; (잘못 따위를) (~의) 탓으로 돌리다 ② (~의) 하나로 간주하다, 셈에 넣다 ③ (~에) 소속되어 있다
prislėgtas [형] 의기소침한, 낙담한, 기가 꺾인; prislėgta nuotaika 우울증
prislėgti [동] ① 억누르다, 압박하다 ② 낙담시키다, 우울하게[의기소침하게] 하다
prisnigti [동] daug sniego prisnigo 눈이 산더미처럼 쌓였다
prisodinti [동] ① (식물을 많이) 심다 ② (사람을 많이) 앉히다
prisotinimas [남] 포화, 충만

prisotinti [동] 포화시키다, 충만하게 하다
prispaudėjas [남] 압제자, 억압하는 사람
prispaudimas [남] 억압, 압박; 내리누르기
prispausti [동] ① (~에 대고) 꽉 누르다, (~ 쪽으로) 밀어붙이다 ② 억압하다, 압박하다 ③ (도장 따위를) 찍다
pristatymas [남] ① 배달, 공급 ② 제출
pristatyti [동] ① 배달하다, 공급하다 ② 제출하다
pristigti [동] 부족하다, 충분하지 않다
prisukti [동] (나사 따위를) 돌리다, 죄다; (시계의 태엽을) 감다
pritaikymas [남] ① 맞추기, 적응(시키기) ② 이용, 사용
pritaikyti [동] ① (~에) 맞추다, 적응시키다 ② 쓰다, 사용하다
pritaisyti [동] 붙이다, 달다
pritapti [동] (~와) 함께 하다, (~와 사이가) 가까워지다
pritariamas [형] 찬성하는, 동의하는
pritarimas [남] 찬성, 동의
pritarti [동] 찬성하다, 동의하다
priteisti [동] (~으로) 판결하다
pritikti [동] (~이 ~에게) 맞다, 어울리다
prityręs [형] 경험 있는
pritraukti [동] ① 끌어당기다; pritraukti kieno dėmesį ~의 주의를 끌다 ② (차(茶) 따위를) 우리다
pritrenkti [동] 깜짝 놀라게 하다, 아연실색하게 하다
pritrūkti [동] 부족하다, 충분하지 않다
pritūpti [동] 웅크리(고 앉)다; (공포 따위로 몸을) 움츠리다
pritvirtinimas [남] 붙이기, 고착시키기
pritvirtinti [동] 붙이다, 고착시키다
privalėti [동] ① ~해야 하다 ② (~이) 필요하다
privalomas [형] 의무적인, 필수의, 꼭 해야 하는; privalomas mokslas 의무 교육
privalgyti [동] 배불리 먹다
privalus [형] 필요 불가결한
privarginti [동] 지치게 하다, 피곤하게 하다
privargti [동] 지치다, 피로해지다
privatizuoti [동] 민영화하다

privatus [형] ① 사적인, 개인적인; privačios pamokos 개인 교습 ② 사유(私有)의; privatinė nuosavybė 사유재산 ③ 민간의; privatus kapitalas 민간 자본
privažiavimas [남] 진입로
privažiuoti [동] ① 차를 몰고 가다 ② (많은 수가) 오다, 도착하다
privengti [동] 피하다; 두려워하다
priverčiamas(is) [형] 강제의, 강요된; priverčiamieji darbai 강제 노동, 중노동
priversti [동] ① 억지로[강제로] ~하게 하다; priversti bėgti 패주시키다 ② 쌓다, 무더기를 만들다
priverstinai [부] 힘으로, 강제로, 억지로
priverstinis [형] 강제적인, 강압적인
priverti [동] ① (문 따위를) 반쯤 닫다 ② (문틈 따위에) 끼다 ③ 실을 꿰다
privertimas [남] 강제, 강압
privesti [동] ① (~으로) 이끌다, 어떤 상태가 되게 하다 ② (많이) 가져오다
privežti [동] 나르다, 가져오다
privilegija [여] 특권, 특전
privilegijuotas [형] 특권[특전]이 있는
privilegijuoti [동] 특권[특전]을 주다
privilioti [동] 꾀다, 유혹[유인]하다
prizas [남] 상(賞); gauti prizą 상을 타다
prizininkas [남] 수상자
prizmė [여] [물리] 프리즘
pritžadėjimas [남] 약속
pritžadėti [동] 약속하다
prižiūrėjimas [남] ① 돌봄, 간호 ② 감독, 감시, 관리
prižiūrėti [동] ① 돌보다, 간호하다 ② 감독[감시]하다, 관리하다
prižiūrėtojas [남] 감독(관); 교도관
prižvejoti [동] 물고기를 (많이) 잡다
pro[1] [전] ① (~을) 통해; pro langą 창문을 통해 ② (~의) 옆을 지나쳐; ji praėjo pro mane 그녀는 내 옆을 지나갔다; pro šalį 옆을 지나쳐; pro šalį! 지나쳐버렸어, 놓쳤어, 미

스야!

pro-[2] [접두] (~에) 찬성하여, (~을) 좋아하여

proanūkis [남] 증손자 (여성형은 proanūkė)

problema [여] 문제

problematika [여] (해결해야 할) 문제들, 문제점

problemiškas [형] 문제의, 문제가 있는

procedūra [여] ① (진행상의) 절차; teisminė procedūra 소송 절차 ② (의학적인) 치료

procentas [남] ① 퍼센트, 백분율; vienas procentas 1% ② 이자율

procentinis [형] ① 퍼센트[백분율]의 ② 이자부(利子附)의, 이자가 붙는

procesas [남] ① (진행되는) 과정 ② [법률] 재판; 소송 (절차)

procesija [여] 행렬; laidotuvių procesija 장례 행렬

produkcija [여] (일정 기간 동안의) 생산량, 생산고

produktas [남] ① 생산물, 생산품; žemės ūkio produktai 농산물 ② [복] 식량, 식료품

produktyvus [형] 생산적인

profanacija [여] 신성 모독

profanas [남] 무식한 사람

profesija [여] 직업; kokia jo profesija? 그의 직업은 무엇입니까?; iš profesijos 직업은 (~이다)

profesinis [형] ① 직업의, 직업상의; profesinis lavinimas 직업 교육; profesinė liga 직업병; profesinė sąjunga 직종별 노동 조합 ② 직업적인, 전문적인, 프로의

profesionalas [남] 전문가, 프로

profesionalus [형] 직업적인, 전문적인, 프로의

profesorius [남] 교수

profesūra [여] ① 교수직 ② 교수회, 교수단

profilaktinis [형] (병을) 예방하는

profilis [남] ① 옆얼굴, 옆모습; iš profilio 옆모습은 ② 특징, 타입

proga [여] 기회, 호기, 찬스; pasinaudoti proga 기회를 잡다; praleisti progą 기회를 놓치다; progai pasitaikius 기회가 있을 때에

prognozė [여] 예측, 예보; oro prognozė 일기예보

prognozuoti [동] 예측[예보]하다
programa [여] ① 프로그램, 계획, 스케줄, 일정 ② (극장 등의) 상연 목록 ③ [컴퓨터] 프로그램 ④ 교수 요목, 커리큘럼
programinis [형] 프로그램의
progresas [남] 진보, 발전
progresija [여] [수학] 수열
progresyvinis, progresyvus [형] ① 진보적인 ② (병이) 진행하는, 악화되는
progresuoti [동] 전진하다, 진보하다
projekcija [여] 투영, 투사
projektas [남] ① 계획, 기획, 설계 ② 안(案); sutarties projektas 조약안
projektuoti [동] 계획하다, 기획하다, 설계하다
proklamacija [여] ① 선언(서), 성명(서) ② 전단, 리플릿
prokuratūra [여] 검찰부
prokuroras [남] 검찰관, 검사; Generalinis prokuroras 검찰총장
proletaras [남] 프롤레타리아, 무산자
proletariatas [남] 프롤레타리아[무산] 계급
proletarinis [형] 프롤레타리아[무산 계급]의
prologas [남] 서막(序幕), 프롤로그
propaganda [여] 선전, 프로파간다
propagandininkas, propagandistas [남] 선전원
propaguoti [동] 보급시키다, 선전하다
propeleris [남] 프로펠러
proporcija [여] 비율, 비(比)
proporcingas [형] 비례하는
prosenelė [여] 증조모
prosenelis [남] 증조부; [복] proseneliai 조상, 선조
prospektas [남] (도시의) 큰 가로, 대로
prostitucija [여] 매음, 매춘
prostitutė [여] 매춘부
prošvaistė [여] ① 빛, 번쩍임; vilties prošvaistė 한 줄기의 희망 ② 숲 속의 빈 터
protarpis [남] 간격, 틈

protas [남] ① 지성, 지력(知力), 이지; 이해력, 사고력 ② 제정신, 정상적인 정신 상태; iš proto išeiti 미치다, 머리가 돌다; ateiti į protą 정신을 차리다, 제정신으로 돌아오다; viso proto 제정신으로
protauti [동] (논리적으로) 생각하다
protavimas [남] 추론, 논리적인 생각
protekcija [여] 보호, 후원
protestantas [남] 신교도, 프로테스탄트
protestantizmas [남] 개신교
protestas [남] 항의, 이의 제기; pareikšti protestą (~에 대해) 항의하다, 이의를 제기하다
protestuoti [동] (~에 대해) 항의하다, 이의를 제기하다
protėvis [남] 조상, 선조
protezas [남] [의학] 인공 보철물 (의수(義手)·의족(義足) 따위)
protingas [형] ① 영리한, 이해력이 좋은 ② 분별 있는, 양식을 갖춘, 사리를 아는, 지각 있는
protingumas [남] 영리함, 이해력이 좋음; 사려 분별
protinis [형] 정신적인, 지적인, 머리를 쓰는; protinis darbas 정신[두뇌] 노동
protokolas [남] ① 의사록 ② (법정에서의) 기록 ③ 공식 보고서 ④ 조약안(條約案); 의정서(議定書)
protokoluoti [동] 의사록 따위를 기록하다
protonas [남] [물리] 양자, 프로톤
protrūkis [남] (분노 따위의) 폭발, 터져 나옴
provincialus [형] 지방의, 시골의
provincija [여] ① (행정 구역으로서의) 주(州) ② 지방, 시골
provokacija [여] 도발, 자극
provokacinis [형] 성나게 하는, 도발하는, 약올리는
provokatorius [남] 앞잡이
provokuoti [동] 화나게 하다, 도발하다
proza [여] 산문(散文)
prozaikas, prozininkas [남] 산문 작가
prozinis [형] ① 산문(체)의, 산문적인 ② 사실만을 다루는; 평범한, 무미건조한
prožektorius [남] ① 탐조등, 서치라이트 ② 투광기(投光器),

프로젝터
prunkšti [동] ① 콧김을 내뿜다; 코를 킁킁거리다 ② 낄낄[숨죽여] 웃다
prūsas [남] 프로이센[프러시아] 사람
Prūsija [여] [역사] 프로이센, 프러시아
prūsinis, prūsiškas [형] 프로이센[프러시아]의
Psalmė [여] [성경] 시편
pseudonimas [남] (작가의) 필명(筆名), 아호, 펜네임
psichas [남] 정신병자
psichiatras [남] 정신병 의사
psichiatrija [여] 정신의학
psichiatrinis [형] 정신의학의, 정신병 치료의; psichiatrinė ligoninė 정신병원
psichika [여] 정신 상태
psichinis, psichiškas [형] 정신의, 정신적인, 심적인; psichinė liga 정신병
psichologas [남] 심리학자
psichologija [여] 심리학
psichologinis, psichologiškas [형] 심리(학)의, 심리(학)적인
psichozė [여] 정신병, 정신 이상
publicistas [남] 정치 평론가
publicistika [여] 정치 평론
publika [여] ① 공중, 일반 사람들, 대중 ② (극장 등의) 관객
pučiamas(is) [형] pučiamasis instrumentas [음악] 관악기, 취주 악기; pučiamųjų orkestras 취주 악대, 브라스 밴드
pudelis [남] 푸들 (개 품종의 하나)
pūdymas [남] 휴한지(休閑地)
pudingas [남] 푸딩
pudra [여] (화장용) 분, 파우더
pudruoti [동] 분을 바르다
pudruotis [동] (자기 얼굴에) 분을 바르다
pūga [여] 눈보라, 폭풍설(雪)
pūgžlys [남] [어류] 농어의 일종
puikauti(s) [동] 젠체하다, 잘난 체하다, 거만하게 굴다
puikiai [부] 훌륭하게
puikybė [여] ① 훌륭함, 장려(壯麗), 화려 ② 오만, 자만, 거

만

puikumas [남] = puikybė
puikuolis [남] 멋쟁이, 맵시꾼
puikuoti(s) [동] = puikauti(s)
puikus [형] ① (아주) 훌륭한, 장려한, 굉장히 멋진 ② 오만한, 거만한
pūkas [남] (새의) 솜털; (식물의) 연모(軟毛); 보풀
pūkelis [남] 솜털, 잔털
pūkuotas [형] 솜털 같은
pūliai [남·복] 고름, 농즙(膿汁)
pūlingas [형] 화농성의, 곪는
pūlinys [남] 고름집, 농양(膿瘍)
pūliuoti [동] (상처가) 곪다, 화농하다
pulkas [남] ① [군사] 연대 ② (새의) 떼, 무리; (사람의) 군중
pulkininkas [남] [군사] 대령
pulsas [남] 맥박, 고동; skaičiuoti pulsą 맥을 짚어보다
pulsuoti [동] 맥이 뛰다
pultas [남] 단(壇), 대(臺), 패널; valdymo pultas 제어반(制御盤)
pulti [동] ① 공격하다 ② (~을 향해) 덤벼들다, 돌진하다 ③ (아래로) 떨어지다 ④ 죽다 ⑤ 줄어들다
pulverizatorius [남] 분쇄기, 가루로 만드는 것
pumpuoti [동] 펌프질하다, 펌프로 퍼 올리다
pumpuras [남] [식물] 눈, 싹
pumpuruoti [동] 싹트다
punktas [남] ① 곳, 지점; išvykimo punktas 출발 지점 ② ~소(所), 센터 ③ 단락; 항목
punktyras [남] 점선
punktuacija [여] 구두법(句讀法), 구두점
punktualiai [부] 시간을 잘 지켜서
punktualumas [남] 시간 엄수
punktualus [형] 시간을 잘 지키는
punšas [남] 펀치 (알코올 음료의 일종)
puodas [남] 냄비; juokiasi puodas, kad katilas juodas [속담] 가마가 솥더러 검정아 한다
puodelis, puodukas [남] 컵, 머그잔; 작은 옹기병

puodynė [여] 옹솥, 질탕관
puodžius [남] 도공(陶工), 옹기장이
puokštė [여] 꽃다발
puolamasis [형] 공격적인
puolėjas, puolikas [남] ① 공격자 ② [스포츠] (구기 종목의) 전위(前衛), 포워드
puolimas [남] ① 공격, 습격 ② 아래로 떨어짐, 낙하
puoselėti [동] ① 소중히 돌보다 ② (예를 들어 소망 따위를) 마음에 품다
puošmena [여] 장식, 꾸밈
puošnus [형] 잘 차려 입은, 맵시 있는, 말쑥한
puošti(s) [동] ① 장식하다, 꾸미다 ② 잘 차려 입다, 맵시 있게 꾸미다
puota [여] 연회, 잔치; 무도회
puotauti [동] 잔치를 베풀다; 흥청거리다
pupa [여] [식물] 콩; 잠두(蠶豆)
pupelė [여] [식물] 강낭콩 (복수형 pupelės로도 씀)
purenti [동] ① 긴장 따위를 풀다, 느긋하게 하다 ② 괭이질하다
purkšti [동] ① (흩)뿌리다, 살포하다 ② (비가) 후두두 떨어지다
purkštuvas [남] 분무기, 살수 장치
purpuras [남] 자줏빛
purpurinis [형] 자줏빛의
purslai [남·복] 물이 튐
purtyti [동] 흔들다; 떨다; šaltis jį purto 그는 추위로 떨고 있다
purtytis [동] (자신의 몸을) 흔들다, 떨다
purus [형] 부서지기 쉬운, 푸석푸석한
purvas [남] ① 진흙 ② 오물, 더러운 것
purvinas [형] ① 더러운, 불결한 ② (길 따위가) 진창의
purvynas [남] 진창(길)
purvynė [여] = purvynas
purvinti [동] 더럽히다
purvintis [동] 더러워지다
pusantro [수] 1.5, 1과 1/2; pusantro šimto 150

pusbačiai [남·복] 단화(短靴; 구두의 일종)
pusbalsiu [부] 저음으로, 낮은 목소리로
pusbrolis [남] 사촌
pusdienis [남] 한낮, 정오
pusdykiai [부] 싸구려로, 헐값에
pusė [여] ① (절)반, 1/2; pusė antros 1시 반 ② 쪽, 편, 측; iš dešinės[kairės] pusės 오른[왼]쪽에; iš mano pusės 나로서는; iš vienos pusės ~, iš kitos pusės 한편으로는 ~, 또 다른 한편으로는
pusėtinai [부] 중간쯤, 그저 그렇게, 그런대로
pusėtinas [형] 보통의, 평범한, 중간 정도 가는
pusfinalis [남] [스포츠] 준결승
pusgalvis [남] 저능아, 멍청이
pusgirtis [형] (어느 정도) 술에 취한
pusgyvis [형] 죽어가는, 빈사 상태의
pusiasalis [남] 반도(半島)
pusiau [부] 둘로 (나누어), 반반으로; dalyti pusiau 둘로[반씩] 나누다
pusiaudienis [남] 한낮, 정오
pusiaujas [남] ① (지구의) 적도 ② 허리
pusiaukelė [여] 도중, 중도
pusiaunaktis [여] 한밤중, 자정; pusiaunaktį 한밤중에, 자정에
pusiausvyra [여] 평형 상태, 균형; politinė pusiausvyra (강대국 간의) 세력 균형; išlaikyti pusiausvyrą 균형을 유지하다, 평형 상태에 있다
pusinis [형] (절)반의, 1/2의
puskarininkis [남] [군사] 부사관
puskepalis [남] 빵 반 덩어리
puskojinės [여·복] 양말
puskvailis [형] 저능한, 정신박약의
puslapis [남] 쪽, 페이지; sklaidyti puslapius 책장[페이지]을 넘기다
pūslė [여] ① (피부에 생긴) 물집, 수포 ② 거품, 기포 ③ [해부] 낭(囊); šlapimo pūslė 방광 ④ (plaukiamoji) pūslė [어류] 부레
pusmėnulis [남] 반달; 초승달

pusmetinis [형] 반년마다의, 연 2회의
pusmetis [남] 반년, 6개월
pusnis [여] (바람에 휘몰려 쌓인) 눈더미
pusnuogis [형] 반라(半裸)의
puspadis [남] 구두 밑창
pusprotis [형] 저능한, 정신박약의
pusryčiai [남·복] 아침식사
pusryčiauti [동] 아침식사를 하다
pusrutulis [남] 반구(半球); šiaurės [pietų] pusrutulis 북[남]반구
pusseserė [여] 사촌
pusšimtis [수] 오십 (50)
pūsti [동] ① 바람이 불다 ② 부풀리다, 부풀게 하다
pūstis [동] ① 부풀다 ② 젠체하다, 으스대다
pustyti [동] ① 갈다, 날카롭게 하다 ② 눈이 바람에 날려 쌓이다; pusto 눈보라가 친다
pustrečio [수] 2.5, 2와 1/2
pusvalandis [남] 반시간, 30분
pusvelčiui [부] 싸구려로, 헐값에
pušynas [남] 소나무숲, 송림(松林)
pušinis [형] 소나무의, 송(松)~
pušis [여] [식물] 소나무
puta [여] 거품, 포말; muilo putos 비누 거품
pūti [동] 썩다, 부패하다
pūtimas [남] (바람을) 혹 불기
putlus [형] 통통한, 포동포동한
pūtotas [형] 거품이 이는, 거품투성이의
putoti [동] 거품이 일다
putpelė [여] [조류] 메추라기
puvėsiai [남·복] 썩은 것, 부패한 물질
puvimas [남] 썩음, 부패

R

rabarbaras [남] [식물] 대황(大黃)
rachitas [남] [병리] 구루병
racionalizacija [여] 합리화
racionalizmas [남] 이성론(理性論), 합리주의
racionalizuoti [동] 합리화하다
racionalumas [남] 합리성
racionalus [형] 합리적인, 사리에 맞는
radiacija [여] [물리] 방사, 복사
radiatorius [남] 라디에이터, 방열기
radijas [남] 라디오; perduoti per radiją 라디오 방송을 하다; radijo aparatas 라디오 장치; radijo stotis 라디오 방송국
radikalas^1 [남] ① [수학] 근호, 근 ② [화학] 기(基)
radikalas^2 [남] 과격론자, 급진주의자
radikalus [형] ① (정치적으로) 과격한, 급진적인 ② (수단·조치 등이) 철저한, 과감한, 극단적인; imtis radikalių priemonių 과단성 있는 조치를 취하다
radimas [남] 발견, 습득
radinys [남] 발견한 것, 습득물
radioaktyvumas [남] [물리] 방사능[성]
radioaktyvus [형] 방사능이 있는, 방사성의
radiotechnika [여] 무선 공학
radiotelegrafas [남] 무선 전신
radis [남] [화학] 라듐
radistas [남] 무선 기사
radiusas [남] 반지름, 반경
rafinuotas [형] 정제된; 세련된
rafinuoti [동] 정제하다
ragaišis [남] (집에서 만든) 보리 혹은 밀로 된 빵
ragana [여] ① 마녀, 여자 마법사 ② 심술궂은 여자
raganauti [동] 마법을 쓰다

raganius [남] (남자) 마법사
raganosis [남] [동물] 코뿔소
ragas [남] ① (동물의) 뿔 ② 나팔, 호른 ③ [지리] 곶, 갑(岬)
ragauti [동] 맛을 보다, 시식하다
ragavimas [남] 맛을 보기, 시식
ragelis [남] ① 작은 뿔 ② (전화의) 수화기
ragena [여] [해부] (눈의) 각막(角膜)
raginimas [남] ① 자극, 고무, 몰아대기 ② 소환, 법원으로의 출두 명령
raginti [동] ① 자극하다, 고무하다, 몰아대다 ② 속력을 내게 하다
raguočiai [남·복] (뿔이 난) 소
raguotas [형] 뿔이 난
raguotis [남] 뿔이 난 동물
raibas [형] 얼룩덜룩한
raibti [동] jam akys raibsta 그는 눈이 부시다
raibuliuoti [동] 잔물결이 일다
raičioti [동] 굴리다
raičiotis [동] (데굴데굴) 구르다, 뒹굴다
raida [여] 발전, 발달, 전개
raidė [여] 글자, 문자; didžioji raidė 대문자; mažoji raidė 소문자
raidynas [남] 알파벳, 자모(字母)
raidinis [형] 문자(상)의, 문자로 표현된
raikyti [동] 얇게 썰다
rainas [형] 줄무늬가 있는
rainelė [여] [해부] (눈의) 홍채
raistas [남] 늪, 소택지
raišas [형] 절뚝거리는, 다리를 저는
raiškus [형] ① 분명한, 명백한 ② 표현적인, 나타내는
raištis [남] ① 밴드, 끈, 묶는[감는] 것 ② [해부] 인대(靭帶)
raitas [형] 말(馬)을 탄
raitelis [남] ① 말 타는 사람, 기수 ② [군사] 기병
raitininkai [남·복] [군사] 기병대
raityti [동] ① (바지·소매 따위를) 걷어올리다 ② (머리를) 지지다, 컬하다, 곱슬곱슬하게 하다

raitytis [동] ① 똘똘 감다, 사리다 ② (벌레 따위가) 꿈틀거리다; (고통 따위로 인해) 몸부림치다 ③ 꾸불거리다, 감기다, 굽이치다

raitoti [동] (소매 따위를) 걷어올리다

raizgyti [동] ① 얽히게 하다 ② (음모 따위를) 꾸미다

raižinys [남] 새기기, 세공, 조각

raižyti [동] 새기다, 파다, 조각하다

raižytojas [남] 조각가, 새기는 사람

rajonas [남] 지역, 지구, 구역

rajumas [남] 폭식, 대식(大食)

rajus [형] 게걸들린, 많이 먹는

rakandas [남] 가정용품, 가재도구 ([복] rakandai)

raketa [여] 로켓; valdoma raketa 유도탄

raketė [여] [스포츠] 라켓

raketinis [형] 로켓의; raketinis variklis 로켓 엔진

rakinti [동] ① (문 따위를) 잠그다 ② 사슬로 묶다

rakštis [여] 동강, 토막, 파편

raktas [남] ① 열쇠, 키 ② 스패너, 렌치 ③ [음악] 음자리표 ④ (문제 해결의) 단서, 실마리

raktažolė [여] [식물] 앵초

rambus [형] 게으른, 움직임이 둔하고 느린

ramdyti [동] ① 달래다, 진정시키다 ② 완화하다, 누그러지게 하다 ③ (짐승을) 길들이다

ramentas [남] 목다리, 목발

ramiai [부] 조용히, 평온하게, 차분하게

ramybė [여] 평화, 평온, 안정; duoti ramybę 혼자 있도록 내버려두다

raminamas [형] 달래는, 진정시키는

raminti [동] ① 달래다, 진정시키다 ② 위로하다

ramintis [동] 마음을 가라앉히다, 스스로를 달래다

ramsči(u)oti [동] 받치다, 버팀목 따위를 대다

ramstis [남] ① 지주, 버팀목, 받침 ② 성채, 보루

ramumas [남] 평온, 안정됨

ramunė, ramunėlė [여] [식물] 카밀레

ramus [형] 조용한, 평온한, 차분한; ramus oras 온화한 날씨; ramus gyvenimas 평온한 삶; Ramusis vandenynas 태

평양
randas [남] 흉터, 상처 자국
ranga [여] 계약, 약정
rangas [남] 계급, 계층, 등급
rangyti(s) [동] = raityti(s)
rangovas [남] 계약자
ranka [여] ① 손; 팔; imti ant rankų 팔로[팔 안에] 끌어안다; nešioti ant rankų i) (팔에) 안고 가다[나르다] ii) 떠받들다, 소중히 하다; mo(juo)ti ranka 손을 흔들다; spausti ranką 악수하다; rankas aukštyn! 손들어!; liesti[imti] rankomis 손을 대다, 만지다; rankomis neliesti! 손대지 마시오 ② 필적, 손으로 쓴 글씨 ③ 쪽, 측, 면; po dešinei[kairei] rankai 오른[왼]편에 ④ (비유적인 의미에서의) 손, 수중; laikyti savo rankose 손에 쥐고 있다, 수중에 갖고 있다; pakliūti į kieno rankas ~의 수중에 들어가다[떨어지다] ⑤ iš rankų į rankas 이 사람 손에서 저 사람 손으로, 갑(甲)에서 을(乙)로; iš pirmų rankų 바로, 직접(적으로); iš antrų rankų 간접적으로; po ranka 가까이에 있어, 바로 쓸 수 있어; jam viskas krinta iš rankų 그는 하는 게 매우 서투르다, 손재주가 전혀 없다; plauti rankas (~에서) 손을 떼다, (~와의) 관계를 끊다; su ginklu rankose 무장을 하고, 싸울 채비를 갖추고
rankdarbis [남] 바느질
rankena [여] 손잡이, 자루
rankinė [여] 핸드백
rankinis [형] 손의, 손으로 하는 - [남] [스포츠] 핸드볼
rankinukas [남] 핸드백
rankogalis [남] 커프스, 소매 끝단
rankovė [여] (옷)소매
rankpinigiai [남·복] 계약금
rankraštis [남] 원고, 손으로 쓴 것
rankšluostis [남] 수건, 타월
rantas [남] 새김눈, 벤 자리
rantyti [동] 새김눈을 내다, 금을 긋다
raportas [남] 보고(報告); priimti raportą 보고를 받다
rapsas [남] [식물] (서양)평지

rapsodija [여] [음악] 랩소디, 광시곡
rasa [여] 이슬
rasė [여] 인종(人種)
rasinis [형] 인종의; rasinė diskriminacija 인종 차별
rasistas [남] 인종 차별주의자
rasotas [형] 이슬 맺힌
rasoti [동] ① 이슬이 맺히다, 이슬로 덮이다 ② 물기나 안개·증기 따위가 끼다
rąstas [남] 통나무, 재목
rasti [동] 찾다, 발견하다
rastinis [형] 찾은, 발견된
rastis [동] ① (~이[으로·하게]) 되다 ② 나타나다, 발견되다
rašalas [남] 잉크
rašalinė [여] 잉크병
rašaluotas [형] 잉크가 묻은, 잉크로 얼룩진
rašeiva [남] 글쟁이
rašyba [여] 철자법, 정자법
rašymas [남] 글 쓰기
rašinys [남] 글로 쓰인 작품, 저작, 작문
rašysena [여] 손으로 쓰기, 육필, 필적; jo graži rašysena 그는 글씨를 잘 쓴다
rašyti [동] (글을) 쓰다; rašyti mašinėle 타자를 치다
rašytinis [형] 글로 쓴
rašytojas [남] 글 쓰는 사람, 작가 (여성형은 rašytoja)
raškyti [동] 따다, 모으다
rašmuo [남] 문자, 글자
rašomasis [형] ① 글쓰기와 관련된; rašomasis stalas 책상; rašomasis popierius 필기 용지 — [남] ① 저작, 글로 쓰인 작품 ② 시험지
raštas [남] ① 글 쓰기; raštu 글로 써서, 서면으로 ② 문자, 글자 ③ 증서, ~장(狀) ④ 필적 ⑤ [복] 글로 쓰인 작품, 저작 ⑥ (옷감의) 직(織), 무늬, 패턴
raštelis [남] (짧은) 기록, 메모, 노트
raštija [여] 문어(文語); 문헌
raštinė [여] 사무실, 사무소
raštingas [형] 글을 읽고 쓸 줄 아는, 교육을 받은

raštingumas [남] 글을 읽고 쓸 줄 앎, 식자(識字)
raštininkas [남] 서기, 사무관
raštiškas [형] 글로 쓰인
raštuotas [형] 무늬를 넣은
raštvedyba [여] 사무, 서기의 일
raštvedys [남] 비서, 서기
ratai [남·복] 수레; 탈것
ratas [남] ① 바퀴 ② 원, 동그라미; 고리; sukti ratą[ratus] 원을 그리며 돌다 ③ (일의) 연속, 되풀이, 순환; užburtas ratas 악순환 ④ [스포츠] 한 경기[시합], 한 판, 1회
ratelis [남] ① 작은 바퀴 ② 물레 ③ 원무(圓舞)
ratifikacija [여] 비준, 재가, 승인
ratifikuoti [동] 비준[재가]하다
ratlankis [남] ① (바퀴의) 테두리, 외륜 ② 타이어
ratukai [남·복] 작은[가벼운] 수레, 손수레
ratukas [남] ① 작은 바퀴 ② 원무(圓舞)
rauda [여] 비탄, 한탄
raudonas [형] 빨간, 붉은, 적색의; (안색이) 불그레한; raudoni dažai 연지를 바르다, 얼굴 따위를 붉게 칠하다; Raudonojo Kryžiaus ir Raudonojo Pusmėnulio draugija 국제 적십자·적신월 운동
raudonėti [동] 빨개지다, 붉어지다
raudoninti [동] 빨갛게[붉게] 하다
raudonis [남] 빨강, 붉음; 얼굴을 붉힘
raudonmedis [남] [식물] 마호가니
raudonumas [남] 빨강, 붉음
raudonuoti [동] 붉어지다; 얼굴을 붉히다
raudoti [동] ① (흐느껴) 울다 ② 슬퍼하다, 비탄하다
raugas [남] 효모, 이스트, 발효소
raugėti [동] 트림을 하다
rauginti [동] ① 시어지게 하다 ② 발효시키다 ③ (채소를) 절이다 ④ (피부를) 그을리다, 태닝하다
raugti [동] ① 발효시키다 ② (채소를) 절이다
raugulys [남] 트림
raukytis [동] 얼굴을 찌푸리다
raukšlė [여] ① 주름, 접은 곳 ② (피부의) 주름살

raukšlėtas [형] 주름살이 있는
raukšlėti [동] 주름을 잡다, 주름이 생기게 하다
raukšlėtis [동] 주름이 생기다
raukti [동] 주름을 잡다, 주름이 생기게 하다
rauktis [동] ① 날이 어두워지다 ② 얼굴을 찌푸리다
raumenynas [남] 근계(筋系), 힘줄
raumeningas [형] 근골이 억센, 근육이 잘 발달한
raumeninis [형] 근육의; raumeniniai audiniai 근육 조직
raumuo [남] ① 근육 ② 살코기
raupai [남·복] [병리] 천연두, 마마
raupsai [남·복] [병리] 나병, 한센병
rausti¹ [동] ① 빨개지다, 붉어지다 ② 얼굴을 붉히다
rausti² [동] 파내다; (동물이 코로 구멍을) 파다
raustis [동] ① 파내다, 파다 ② 파고들다, 샅샅이 뒤지다
rausvas [형] 불그스름한, 붉은 빛을 띤
rausvėti [동] 붉어지다, 붉은 빛을 띠게 되다
rausvinti [동] 붉게 칠하다
rauti [동] (잡아) 뽑다; 뿌리째 뽑다, 근절하다
ravėti [동] 잡초를 뽑다, 제초하다
ravėtuvas [남] 제초기
razina [여] 건포도
rąžytis [동] 팔다리를 뻗다
reabilitacija [여] 명예 회복, 정당함의 입증
reabilituoti [동] 명예 따위를 회복시키다, 정당함을 입증하다
reaguoti [동] (~에) 반응하다, 응수하다
reakcija [여] ① (정치상의) 반동 ② 반응, 응수
reakcingas, reakcinis [형] 반동의, 반작용의
reakcionierius [남] 반동주의자
reaktyvas [남] [화학] 반응물
reaktyvinis [형] ① [화학] 반응적인 ② [물리] 반작용의, 분사[제트] 추진의; reaktyvinis lėktuvas 제트기
realybė [여] 사실성, 현실성, 리얼리티
realistas [남] 사실주의 작가[예술가]
realizacija [여] 실현, 구현, 현실화, 달성
realizmas [남] 사실주의, 리얼리즘
realizuoti [동] ① 현금으로 바꾸다, 환금(換金)하다 ② 재산

따위를 팔다
realus [형] ① 현실의, 사실의, 실제의, 실재하는 ② (계획 따위가) 실행 가능한 ③ 실질적인, 실용적인; realusis darbo užmokestis [경제] 실질 임금
rebusas [남] 글자[그림] 맞추기[수수께끼]
recenzentas [남] ① 비평가, 평론가 ② (원고를) 교정 보는 사람
recenzija [여] 비평, 논평, 의견 제시
recenzuoti [동] ① 비평[논평]하다, 평론하다 ② (원고를) 검토하다, 교정을 보다
receptas [남] ① (요리의) 조리법, 레시피 ② (의사가 쓰는) 처방전
recidyvas [남] (병 따위의) 재발
redagavimas [남] (원고의) 편집
redaguoti [동] (원고를) 편집하다
redakcija [여] ① 편집, 교정 ② 편집부원 ③ 편집실
redakcinis [형] 편집(상)의; redakcinė kolegija 편집 위원회
redaktorius [남] 편집자; vyriausiasis redaktorius 편집장, 주간
redukcija [여] 감소
redukuoti [동] 줄이다, 감소시키다
referatas [남] ① 요약, 개요, 대략 ② 리포트, 에세이
referendumas [남] 국민[일반] 투표
referentas [남] 평론가, 조언자
referuoti [동] ① 요약본을 만들다 ② 보고서를 제출하다
refleksas [남] [생리] 반사 행동[작용]; sąlyginis refleksas 조건 반사
reflektorius [남] 반사경
reforma [여] 개혁, 개정
reformatorius [남] 개혁가
reformuoti [동] 개혁[개정]하다
refrenas [남] (노래의) 후렴, 반복구
regbis [남] [스포츠] 럭비
regėjimas [남] 시력
regentas [남] 섭정(攝政)
regėti [동] 보다; nei regėti, nei girdėti 아무 소식도 없군

regėtis [동] ① 보이다, 보여지다 ② (~으로) 보이다, ~일 듯 하다; regis, bus lietaus 비가 올 것 같다
regimas [형] ① 보이는, 시야에 들어오는 ② 겉보기만의, 외관상의
regimasis [형] ① 눈에 보이는, 눈으로 볼 수 있는 ② 시각(視覺)의; regimasis nervas [해부] 시신경
reginys [남] 광경, 볼거리
registracija [여] 기재, 등록
registras [형] ① 기록부, 등록부 ② [컴퓨터] 레지스터
registratorius [남] 기록원, 등록 담당 사무관
registratūra [여] 등록 사무소
registruoti [동] 기록으로 남기다, 등록하다; 등기하다; registruotas laiškas 등기 편지
reglamentas [남] ① 시한, 기한, 제한 시간 ② 규정
regresas [남] 되돌아감, 후퇴, 역행
regresyvus [형] 후퇴하는, 역행하는
reguliarus [형] ① 규칙적인 ② 정규의, 정식의; reguliarioji armija 정규군, 상비군 ③ 정기적인, 정례의
reguliavimas [남] 규제, 조정
reguliuoti [동] 규제하다, 조정하다
regzti [동] ① 뜨다, 짜다 ② (음모를) 꾸미다
reikalas [남] ① 일, 할 일; 문제; asmeninis reikalas 사적인 일; tai mano reikalas 그건 내 일이야, 내 문제야; su reikalais 볼 일이 있어; koks reikalas? 무슨 일이야?; visuomeniniai reikalai 공공의 일[문제], 공사(公事); jis turi daug reikalų 그는 할 일이 많다 ② 필요(성); be reikalo 필요없이, 쓸데없이; nėra reikalo (~할) 필요가 없다; reikalui esant 필요한 경우, 필요하다면 ③ 대의, 명분, 목적; kuriam reikalui 무슨 목적[명분]으로, 어쩌자고 ④ [복] (막연하게) 일, 것; kaip jo reikalai? 그는 어떻게 지낸대?; reikalai gerėja 상황이 나아지고 있다, 일이 잘 되어가고 있다
reikalauti [동] ① 요구하다, 고집하다, 주장하다 ② 기대하다 ③ 부르다, 보자고 하다, 호출하다
reikalavimas [남] ① 요구, 청구 ② [복] (요구되는 일정한) 수준, 표준, 기준; atitinkantis reikalavimus 기준에 달하

여; neatitinkantis reikalavimų 수준 미달로 ③ 명령서
reikalingas [형] 필요한; būtinai reikalingas 꼭 필요한, 없어서는 안 되는; aš esu reikalingas 나는 (~이) 필요하다
reikalingumas [남] 필요(성)
reikėti [동] 필요로 하다, ~할 필요가 있다, (~을) 요하다; r-eikia ~ ~할 필요가 있다; jai reikia ten važiuoti 그녀는 거기에 가야 한다, 그녀에겐 거기에 갈 것이 요구된다; tai reikia padaryti 그건 반드시 해야 한다; jam nereikia ~ 그는 ~할 필요가 없다; jam reikia šimto dolerių 그는 100달러가 필요하다; kaip reikiant 잘, 충분히, 적당히
reikiamas [형] 필요한
reiklus [형] 엄격한 (기준을 요구하는)
reikmė [여] 필요, 요구; (pa)tenkinti kieno reikmes ~의 필요[요구]를 충족시키다
reikmuo [남] (복수형 reikmenys로 쓰여) 부속물, 도구; namų reikmenys 가정 용품, 가재 도구
reikšmė [여] ① 의미, 뜻 ② 중요(성); turėti didelę reikšmę 대단히 중요하다
reikšmingas [형] 의미 있는; 중요한
reikšmingumas [남] 중요(성)
reikšti [동] ① 의미하다, 뜻하다; ką tai reiškia? 그건 무슨 뜻인가? ② 나타내다, 표현하다 ③ 중요하다, 문제가 되다
reikštis [동] 나타나다, 표현되다
reikti [동] = reikėti
reisas [남] 여행; 항해; pirmasis reisas (비행기·선박 등의) 첫 비행, 첫 항해
reiškėjas [남] 대변인
reiškimas [남] 표현, 나타내기
reiškinys [남] ① 현상(現象); gamtos reiškinys 자연 현상 ② 사건, 일
reitingas [남] 평가 등급
rėkauti [동] 소리치다, 외치다
reketas [남] 공갈, 협박
reklama [여] 광고, 선전
reklamuoti [동] 광고하다, 선전하다
rekomendacija [여] 추천, 천거

rekomenduoti [동] 추천하다
rekonstrukcija [여] 재건
rekonstruoti [동] 재건하다
rekordas [남] 기록; pasiekti rekordą 기록을 세우다[수립하다]
rekordininkas [남] 기록 보유자
rekordinis [형] 기록의
rėksmas [남] 고함, 외침, 부르짖음
rėksmingas [형] 큰소리로 외치는[소리치는], 부르짖는
rėksnys [남] 큰소리로 외치는 사람; 우는 아이
rėkšti [동] 잡아뜯다, 따다
rėkti [동] ① 고함치다, 큰소리로 외치다[소리치다], 부르짖다; 새된[날카로운] 소리를 지르다 ② 야단치다
rektorius [남] (대학의) 학장, 총장
rekvizicija [여] 징집, 징발
rekvizuoti [동] 징집[징발]하다
reliatyvus [형] 비교상의, 상대적인
religija [여] 종교
religingas [형] 종교적인, 독실한, 신앙심이 깊은
religingumas [남] 종교적임, 독실함
religinis [형] 종교(상)의, 종교적인
relikvija [여] (종교적 중요성을 가진) 유물
reljefas [남] 지형, 지세, 땅의 기복
rėmai [남·복] 틀, 프레임; lango rėmai 창틀, 새시
rėmėjas [남] 후원자, 스폰서
rėmimas [남] 후원, 지원
remontas [남] 수선, 수리, 보수 관리
remontuoti [동] 수선[수리]하다
remti [동] ① 후원하다, 지원하다, 뒷받침하다 ② 버티다, 지지하다
remtis [동] (~에) 기대다, 의지하다; (~을) 근거로 하다, (~에) 입각하다
rėmuo [남] [병리] 가슴앓이
renesansas [남] [역사] 르네상스, 문예 부흥
rengėjas [남] 준비[조직]하는 사람
rengimas [남] 준비, 채비를 갖추기; 조직, 계획
rengti [동] ① 준비시키다, 채비를 갖추게 하다 ② 조직하다,

계획하다; (책을) 편집[편찬]하다 ③ 옷을 입히다
rengtis [동] ① 준비하다 ② 옷을 입다
renta [여] 사용료, 임대료; žemės renta 지대(地代)
rentabilumas [남] 수익성
rentabilus [형] 이익이 되는, 수지가 맞는
rentgenas [남] X선, 엑스레이
reorganizacija [여] 재편성, 개편
reorganizuoti [동] 재편성[개편]하다
reparacijos [여·복] 전쟁 배상금
repatriacija [여] 본국 송환, 귀환
repatrijuoti [동] 본국으로 송환하다
repečkoti [동] 기어가다; 기어오르다
repečkomis [부] (네 발로) 기어
repertuaras [남] 레퍼토리, 상연 목록
repeticija [여] (연극 등의) 예행 연습, 리허설
repetitorius [남] 가정 교사
repetuoti [동] ① (연극 등의) 예행 연습[리허설]을 하다 ② (학생을) 가르치다, 지도하다
replės [여·복] 집게, 펜치
replika [여] ① 응답, 대꾸, 응수 ② [연극] 큐
rėplioti [동] 기어가다
reportažas [남] 보도; (경기 등의) 해설
reporteris [남] 리포터
represija [여] 억제, 억압
represinis [형] 억압하는
reprezentacija [여] 표시, 표현, 나타내기
reprezentuoti [동] 나타내다, 표현하다
reprodukcija [여] [경제] 재생산
reproduktorius [남] ① 스피커, 확성기 ② 종마(種馬)
reputacija [여] 평판, 세평; turėti gerą [blogą] reputaciją 평판이 좋다[나쁘다]
respublika [여] 공화국
respublikinis [형] 공화국의, 공화주의의
respublikonas [남] 공화주의자, 공화당원
restauracija [여] 회복, 복구
restauruoti [동] 회복하다, 복구하다

restoranas [남] 식당, 레스토랑
resursai [남·복] 자원; gamtiniai resursai 천연 자원
retai [부] ① 드물게, 거의 ~하지 않아 ② 성기게, 희박하게
retas [형] ① 드문, 진귀한 ② 성긴, 희박한
retenybė [여] 진귀, 드묾
retėti [동] ① 드물어지다, 진귀해지다 ② 드문드문하게 되다, 희박해지다
retinti [동] ① 드물게[진귀하게] 하다 ② 성기게 하다, 희박하게 하다
rėtis [남] (거르는) 체
retkarčiais [부] 때때로, 이따금
retorika [여] 수사법, 수사학
retorinis, retoriškas [형] 수사(학)적인
retumas [남] 드묾, 진귀; 희박함
retušuoti [동] 손질하다, 수정하다
reumatas [남] [병리] 류머티즘
revanšas [남] ① 복수, 보복, 앙갚음 ② [스포츠] 설욕전, 리턴 매치
reveransas [남] (왼발을 빼고 무릎을 굽혀 몸을 약간 숙이는 여자의) 절, 인사
revizija [여] ① 점검, 조사; 회계 감사 ② 교정
revizorius [남] 점검하는 사람, 조사관
revizuoti [동] 점검하다, 조사하다
revoliucija [여] 혁명
revoliucingas, revoliucinis [형] 혁명의, 혁명적인
revoliucionierius [남] 혁명가, 혁명론자
revolveris [남] (탄창 회전식) 연발 권총, 리볼버
rezervas [남] 예비된 것, 여력, 후보
rezervatas [남] 예비, 보류
rezervinis [형] 예비의, 보류된
rezervuaras [남] 물탱크, 저수통
rezervuoti [동] 예비하다, 보존해두다
rezidencija [여] 주거, 주택; oficiali rezidencija 공관, 관저
reziumė [여] 요약, 개요
reziumuoti [동] 요약하다, 간추리다
rezoliucija [여] 결정, 결의(안)

rezonansas [남] 반향, 울림; 메아리, 에코; 공명(共鳴)
rezonatorius [남] 공명기
rezonuoti [동] 울려 퍼지다; 공명하다
rezultatas [남] 결과
režimas [남] ① 정치 체제 ② [의학] 섭생, 양생법
režis [남] ① 베기, 새기기 ② (잘라낸) 조각 ③ 작은 구획의 땅
režisierius [남] 예술[무대] 감독
režisuoti [동] (연극 따위를) 상연하다, 연출하다
rėžti [동] ① 자르다, 깎다 ② 죽이다 ③ jam vidurius rėžia 그는 복통으로 괴로워하고 있다 ④ rėžti akis 눈에 염증을 일으키다; ausį rėžia 귀에 거슬리는 소리를 내다 ⑤ 퉁명스럽게[직설적으로] 말하다[내뱉다] ⑥ 치다, 때리다
riaumoti [동] 큰소리를 내다, 노호하다
riaušės [여·복] (정치적) 소요, 폭동
riba [여] ① 한계 ② 경계, 바운더리
ribotas [형] ① 제한된, 한정된 ② 마음 씀씀이가 좁은, 옹졸한, 편협한
riboti [동] 제한하다, 한정하다
ribotis [동] (~와) 경계를 이루다, (~에) 면하다
ribotumas [남] ① 부족, 불충분 ② 옹졸, 편협
ridenti [동] 굴리다, 구르게 하다
ridikas [남] [식물] 무
ridinėti [동] 구르다, 굴러 가다
riebalai [남·복] 지방, 기름
riebalinis [형] 지방의, 기름의
riebaluotas [형] 지방이 많은, 기름이 묻은
riebaluoti [동] 기름을 바르다[치다]
riebėti [동] 살찌다, 뚱뚱해지다
riebus [형] ① 살찐, 뚱뚱한, 비만의 ② (음식·토지 따위가) 기름진
riedėti [동] 구르다, 굴러가다
riekė [여] 조각; 덩어리
riekti [동] (예를 들어 **빵** 따위를) 썰다
riestainis [남] 고리 모양으로 생긴 빵의 일종
riestas [형] ① 굽은, 구부러진 ② riesta nosis 들창코
riesti [동] 구부리다, 휘게 하다; 뒤틀다

riestis [동] ① 구부러지다, 휘다; 뒤틀리다 ② (고통 따위로) 몸부림치다
riešas [남] 손목
rieškučios [여·복] 한 움큼, 한 손 가득
riešutas [남] 견과(堅果), 나무 열매; kokoso riešutas 코코넛; graikiškas riešutas 호두
riešutinis [형] 견과류의
riešutmedis [남] [식물] 호두나무
rietenos [여·복] 말다툼, 승강이질
rietis [동] 말다툼하다, 싸우다
rievė [여] [식물] (나무의) 나이테
rifas [남] 암초, 모래톱; koralinis rifas 산호초
Ryga [여] 리가 (라트비아의 수도)
rijūnas [남] 대식가, 폭식가
rikė [여] (곡식을 묶은) 단, 가리
rikis [남] [체스] 비숍
rikiuotė [여] [군사] 대형(隊形)
rikiuoti [동] 대형을 이루게 하다, 정렬시키다
rikiuotis [동] 대형을 이루다, 정렬하다
ryklė [여] [해부] 인두(咽頭); 목구멍
ryklys [남] [어류] 상어
riksmas [남] 울부짖음, 절규
rykštė [여] 회초리, 매
rimas [남] (시의) 운, 각운(脚韻), 압운(押韻)
rimbas [남] 채찍
rymoti [동] (~에) 기대다, 의지하다
rimtai [부] 진지하게
rimtas [형] 진지한, 심각한, 매우 중요한
rimti [동] 조용해지다, 차분해지다, 가라앉다
rimtis [여] 고요, 평온, 차분함; laikytis rimties 조용히 하다, 소리를 내지 않다
rimtumas [남] 진지, 심각
ringas [남] [스포츠] (권투 등의) 링
rinka [여] 시장(市場); rinkos ekonomika 시장 경제
rinkėjas [남] ① 선거인, 유권자, 투표자 ② 수집가
rinkimas [남] ① 수집, 채집, 모으기; 거둬들이기; duomenų

rinkimas 정보 수집; mokesčių rinkimas 징세(徵稅) ② [복] rinkimai (투표에 의한) 선거; rinkimų kampanija 선거 운동; rinkimų teisė 선거권, 참정권, 투표권
rinkiminis [형] 선거의, 투표의
rinkinys [남] 모음집, 수집한 것; įstatymų rinkinys 법전
rinkliava [여] 세금, 징수(액)
rinkti [동] ① 모으다, 수집하다, 채집하다 ② 고르다, 선택하다 ③ 선거하다, 투표로 뽑다
rinktinė [여] ① [스포츠] 국가 대표팀 ② (작품의) 선집(選集)
rinktinis [형] 고른, 선택한
rinktis [동] ① 고르다, 선택하다 ② 모으다; 축적하다
risčia [여] 빠른 걸음, 속보 — [부] 빠른 걸음으로, 속보로
risti [동] 굴리다, 굴러가게 하다
ristis [동] ① 구르다, 굴러가다 ② 맞붙어 싸우다
rišimas [남] (책의) 제본; 묶기
ryšiai [남·복] ① 의사소통, 커뮤니케이션; ryšiai su visuomene 홍보 활동, PR ② 유대, 연줄, 아는 사람과의 관계
ryšys [남] ① 연결, 결합 ② 관계, 관련; kraujo ryšiai 혈연 관계; turėti ryšį (su) (~와) 관계[관련]가 있다; neturėti jokio ryšio (su) (~와는) 아무 관계도 없다 ③ 단, 다발 ④ [복] → **ryšiai**
ryšium [부] ryšium su (~와) 관련하여
ryškėti [동] 분명해지다, 명백하게 드러나다
ryškinti [동] ① 분명하게 하다, 명백하게 드러내다 ② [사진] 현상하다
ryškumas [남] 명확함, 뚜렷함; 선명함
ryškus [형] ① 명확한, 뚜렷한; (색깔이) 선명한 ② 생생한, 여실한, 역력한
rišlus [형] 일관된, 조리 있는
rišti [동] ① 묶다, 매다 ② (책을) 제본하다
ryšulys [남] 묶음, 꾸러미
ryt [부] 내일; ryt rytą 내일 아침
rytai [남·복] 동쪽; į rytus 동쪽으로; iš rytų 동쪽에
rytas [남] 아침; rytą 아침에; į rytą 아침이 되어가는 때에, 새벽에
rytdiena [여] 내일

ritė [여] ① 실패, 실감개, 얼레 ② 쇠지레
riteris [남] (중세의) 기사(騎士)
riteriškas [형] 기사의, 기사다운, 기사도적인
riteriškumas [남] 기사도(道)
ryti [동] ① (꿀꺽) 삼키다 ② 게걸스럽게 먹다
rytietiškas [형] 동양식의, 동양적인
rytinis [형] ① 동쪽의; (바람이) 동쪽으로부터의; rytinis vėjas 동풍(東風) ② 아침의
ritinys [남] ① 두루마리, 롤 ② 원통, 원기둥
ritinti [동] 굴리다, 굴러가게 하다
ritmas [남] 리듬, 율동
rytmetinis [형] 아침의
rytmetys [남] 아침
ritmingas, ritminis, ritmiškas [형] 리드미컬한, 율동적인
rytoj [부] 내일
rytojus [남] 내일; rytojaus dienai 내일의, 내일에 해당하는
ritualas [남] (종교적인) 의식
ritualinis [형] 의식의, 의식에 관한
ritulininkas [남] ledo ritulininkas 아이스하키 선수
ritulys [남] ① (아이스하키에 쓰이는) 퍽; ledo ritulys 아이스하키 ② 롤, 원통
rizika [여] 위험, 리스크; savo rizika 자신이 책임지고
rizikingas [형] 위험한, 위험이 따르는, 모험적인
rizikuoti [동] 위험을 무릅쓰다, 모험을 하다
ryžis [남] [식물] 벼; ryžiai 쌀
ryžtas [남] 결심, 결정; pilnas ryžto 굳게 결심한
ryžtingas [형] 굳게 결심한
ryžtingumas [남] 굳은 결심
ryžtis [동] 결심하다, (~하기로) 마음먹다
rodyklė [여] ① (시계·나침반 따위의) 바늘, 침 ② 화살 ③ (책의) 색인, 인덱스
rodiklis [남] ① 지시하는[가리키는] 것, 지표 ② [수학] 지수
rodyti [동] 보여주다; 지시하다, 가리키다
rodytis [동] ① (모습을) 나타내다 ② man rodos, kad ~ 내가 보기엔 ~하다, ~인 것 같다; rodėsi, jog ~ ~인 듯했다; rodos, bus lietaus 비가 올 것 같다

rogės [여·복] 썰매
rogutės [여·복] 터보건 (썰매)
rojalis [남] [음악] 그랜드피아노
rojus [남] 낙원, 파라다이스
rokas [남] 록 음악
rolė [여] ① (배우의) 배역 ② (배우의) 대사
Roma [여] 로마 (이탈리아의 수도)
romanas [남] ① (장편) 소설 ② 중세의 기사 이야기 ③ 정사 (情事), 연애 사건, 로맨스
romanistas [남] (장편) 소설가
romantika [여] 낭만적임, 로맨틱한 것
romantikas [남] 낭만주의자
romantiškas [형] 낭만적인
romantizmas [남] 낭만주의, 로맨티시즘
romas¹ [남] 럼주(酒)
romas² [남] 집시, 로마인
rombas [남] [기하] 마름모꼴, 사변형
rombinis [형] 마름모꼴의, 다이아몬드형의
romėnas [남] 로마 사람
romėniškas [형] 로마의; romėniškieji skaitmenys 로마 숫자
romyti [동] 거세하다
romus [형] 부드러운, 온화한
ropė [여] [식물] 순무
roplys [남] [동물] 파충류
rop(l)omis [부] (네 발로) 기어다니는
rop(l)oti [동] (네 발로) 기어다니다
rozetė [여] [전기] 소켓
rožė [여] ① [식물] 장미 ② [병리] 단독(丹毒)
rožinis [형] 장밋빛의; 분홍색의
rūbai [남·복] 옷, 의복, 복장, 의상
rubinas [남] [광물] 루비, 홍옥
rūbinė [여] 의복 보관소
rublis [남] [화폐의 단위] 루블 (러시아의 화폐 단위)
rūda [여] 광석; geležies rūda 철광석
rudas [형] 갈색의; (머리카락 등이) 붉은 빛을 띠는
rudeninis [형] 가을의

rudimentas [남] 기본, 기초 (원리)
rūdys [여·복] ① (금속의) 녹 ② [식물] 마름병
rūdyti [동] 녹슬다
ruduo [남] 가을; rudenį 가을에
rugiagelė [여] [식물] 수레국화
rugiai [남·복] → rugys
rugiapjūtė [여] 수확기, 추수하는 때
rugys [남] [식물] 호밀
rugpjūtis [남] 8월
rugsėjis [남] 9월
rūgštynė [여] [식물] 수영, 참소라쟁이
rūgštingumas [남] 산성(酸性)
rūgštis [여] ① 신맛 ② [화학] 산(酸)
rūgštokas [형] 시큼한, 신맛이 나는
rūgštus [형] ① (맛이) 신 ② [화학] 산성의
rūgti [동] ① 시어지다; (우유가) 산패(酸敗)하다 ② 발효하다
rūgusis [형] rūgusis pienas 우유를 발효시킨 음료
ruja [여] ① (동물의) 발정 ② (사냥개·이리 등의) 떼, 무리
rūkalai [남·복] 담배
rūkalius [남] 흡연자
rūkas [남] 안개
rūkymas [남] ① 흡연 ② 훈제
rūkytas [형] 훈제한, 연기로 그을린
rūkyti [동] ① 담배를 피우다 ② 훈제하다
rūkomasis [형] 흡연의; rūkomasis kambarys 흡연실
rūkti [동] ① 연기를 내다[내며 타다], 연기가 나다 ② 달리다, 질주하다
ruletė [여] ① 줄자 ② 룰렛 (도박의 일종)
rulonas [남] 두루마리, 롤
rūmai [남·복] ① 궁전 ② 대저택 ③ (문화 시설 등의) 전당(殿堂) ④ 의원(議院), 의회; lordų rūmai (양원제 의회의) 상원; bendruomenių rūmai 하원
rumunas [남] 루마니아 사람
Rumunija [여] 루마니아
rumuniškas [형] 루마니아의
rungtynės [여·복] 경연, 시합, 경쟁, 겨루기, 콘테스트

rungtyniauti [동] 겨루다, 경쟁하다
rungtis [동] (승리·상(賞) 따위를 얻고자) 다투다, 겨루다 — [여] [스포츠] 시합, 경기
runkelis [남] [식물] 사탕무, 비트
ruonis [남] [동물] 바다표범; 물개
ruoša [여] ① namų ruoša 집안일, 가사 ② 준비
ruošimas(is) [남] 준비
ruošti [동] ① 준비하다, 마련하다; ruošti patalą 잠자리를 깔다 ② (일정한 자격을 얻도록) 훈련시키다
ruoštis [동] ① 집안을 정돈하다, 청소 따위를 하다 ② 준비하다, 채비하다
ruožas [남] ① 줄, 줄무늬 ② (일정한) 지역, 구획
ruožtas [남] savo ruožtu 차례가 되어, 자기 차례에
rūpestingas [형] 신중한, 사려 깊은, 깊이 생각하는
rūpestingumas [남] 신중, 사려 깊음
rūpestis [남] 걱정, 근심, 염려; be rūpesčių 걱정 없는, 태평스러운
rūpėti [동] (~에 대해) 걱정하다, 염려하다, 신경을 쓰다, 관심을 갖다
rūpinimasis [남] (~에 대한) 걱정, 염려, 신경 씀, 관심을 가짐
rūpinti [동] 걱정을 끼치다
rūpintis [동] (관심을 가지고) 돌보다, 신경 쓰다; (~에 대해) 걱정하다, 염려하다
ruporas [남] ① 메가폰, 확성기 ② 대변인
rupus [형] 거친
rupūžė [여] [동물] 두꺼비
rusas [남] 러시아 사람; rusų kalba 러시아어
rusenti [동] 그을다, 그을려 검어지다
Rusija [여] 러시아
rūsys [남] 지하실
rusiškai [부] 러시아어로; ji kalba rusiškai 그녀는 러시아어를 구사한다
rusiškas [형] 러시아의
rūstauti [동] 화가 나 있다, 격노하다
rūstybė [여] 화, 분노, 격노
rūstus [형] ① 화가 난, 격노한 ② 엄한, 엄격한

rusvas [형] 엷은 갈색의
rūšiavimas [남] 구분, 분류
rūšis [남] ① 종류, 부류 ② 품질, 등급; pirma rūšis 1등급 ③ [생물] 종(種) ④ [문법] 태(態); veikiamoji rūšis 능동태
rūšiuoti [동] 분류하다
rūškanas [형] 음울한, 침체된, 흐릿한
rūta [여] [식물] 루타
rutina [여] 일상, 상투적인 것
rutulinis [형] 구형(球形)의
rutulioti [동] 발전시키다
rutuliotis [동] 발전하다
rutulys [남] ① 공, 구(球); Žemės rutulys 지구 ② [육상] 포환
rutuliukas [남] 작은 공[구체]

S

sabotažas [남] 사보타주
sabotuoti [동] 사보타주를 하다, 고의적인 파괴 행위를 하다
sacharinas [남] [화학] 사카린
sadizmas [남] [정신의학] 사디즘, 가학성(加虐性) 성애
saga¹ [여] 사가, 중세 북유럽의 전설
saga² [여] 단추
sagė [여] 브로치
sagstyti [동] 단추를 잠그다; 고정시키다
sagtis [여] 버클, 죔쇠
saikas [남] ① 측정치, 양 ② 알맞음, 적당함, 중용; su saiku 알맞게, 적당히
saikingas [형] 알맞은, 적당한; 절제하는, 삼가는
saistyti [동] ① 의무[책임]를 지우다, 속박하다 ② 연결[결합]시키다
saitas [남] ① 줄, 끈 ② 유대, 연줄
sąjūdis [남] (사회적인) 운동
sąjunga [여] 연합, 동맹, 연맹, 조합
sąjungininkas [남] 동맹자
sąjunginis [형] 연합한, 동맹을 맺은
sakai [남·복] 수지(樹脂); 송진
sakalas [남] [조류] 매
sakykla [여] (교회의) 설교단(壇)
sakinys [남] [문법] 문장, 절(節); šalutinis sakinys 종속절; prijungiamasis sakinys 복문(複文)
sakyti [동] 말하다; jis sako, kad ~ 그는 ~이라고 말한다; sako(ma), (kad) ~ ~이라고들 한다; sakykime, sakysime (~이라고) 가정해 보자; taip sakant 말하자면, 이를테면
sakytinis [형] 말의, 말로 나타낸, 구두(口頭)의; sakytinė kalba 구어(口語)
sakmė [여] 이야기, 전설

sakomasis [형] 구두(口頭)의
sakramentas [남] [기독교] 성례전(聖禮典), 성사(聖事)
saksofonas [남] [음악] 색소폰
sala [여] 섬(島)
saldainis [남] 사탕, 단 것
saldėsiai [남·복] 단 것, 과자류
saldinti [동] 달게 하다
saldokas [형] 단맛이 나는
saldumas [남] 단맛, 달콤함
saldumynai [남·복] 단 것, 과자류
saldus [형] 단, 달콤한; saldus miegas 단잠
saldžiai [부] 달콤하게
saldžialiežuvis [남] 아첨꾼, 알랑거리는 사람
salė [여] 홀, 넓은 방; gimnastikos salė 체육관; teismo salė 법정
salieras [남] [식물] 셀러리
salietra [여] [화학] 초석(硝石), 질산칼륨
sąlyga [여] ① 형편, 사정, 상황; gyvenimo sąlygos 생활 형편 ② 조건, 조항; su sąlyga, kad ~ ~이라는 조건으로
sąlyginis, sąlygiškas [형] 조건부의
sąlygoti [동] ① (~이라는) 조건을 붙이다 ② (~의) 원인이 되다
salyklas [남] 엿기름, 맥아(麥芽)
salynas [남] 군도(群島)
sąlytis [남] 접촉, 연락을 취함; sueiti į sąlytį su kuo ~와 접촉하다, 만나다
saliutas [남] [군사] 예포
saliutuoti [동] 예포를 쏘다
salonas [남] 객실, 응접실
salota [여] ① [식물] (양)상추 ② [복] salotos 샐러드
salvė [여] [군사] 일제 사격
samana [여] 이끼
samanotas [형] 이끼 낀
sąmata [여] 견적, 개산(概算); sudaryti sąmatą 견적하다, 어림하다
sambrūzdis [남] 야단법석

samburis [남] 군중, 무리
sambūvis [남] 공존(共存)
samdymas [남] 고용
samdinys [남] ① 고용된 근로자 ② (중세의) 용병
samdyti [동] ① (사람을) 쓰다, 고용하다 ② 임대하다
samdomas(is) [형] 고용된
sąmyšis [남] 혼란, 교란
sąmojingas [형] 재치 있는
sąmojis [남] 재치, 위트
sąmokslas [남] 음모, 모의; rengti sąmokslą 음모를 꾸미다, 모의하다
sąmonė [여] (지각이 있는) 의식; netekti sąmonės 의식을 잃다, 기절하다; atgauti sąmonę 의식을 회복하다
sąmoningas [형] ① 의식이 있는, 깨어 있는; 이해력이 있는, 사리를 분별할 줄 아는 ② 의식적인, 고의적인
sąmoningumas [남] 의식, 자각; klasinis sąmoningumas 계급 의식
samplaika [여] 조합, 결합
samprotauti [동] 추론하다
samprotavimas [남] 추론
samtis [남] ① 국자 ② (물고기를 잡는) 그물
sąnarys [남] [해부] 관절
sanatorija [여] (환자의) 요양소
sandalai [남·복] 샌들
sandara [여] 구조, 조직, 짜임새
sandarus [형] 밀봉[밀폐]한, 기밀의
sandauga [여] [수학] 곱
sandėlininkas [남] 창고 관리인
sandėlis [남] 창고, 저장소[실]; [군사] 병참부, 보급소
sandėris [남] (상)거래, 매매
sandūra [여] 이음매, 접합점; dviejų amžių sandūroje 세기(世紀)가 바뀌는 때에
sangrąžinis [형] [문법] 재귀의; sangrąžinis įvardis 재귀대명사
sangvinikas [남] 다혈질인 사람
sangviniškas [형] 다혈질의

sanitaras [남] 병원 잡역부
sanitarė [여] 간호사
sanitarija [여] 공중 위생
sanitarinis [형] 공중 위생의, 위생상의
sankaba [여] [기계] 커플링, 클러치
sankaupa [여] 축적, 집적
sankcija [여] ① 재가(裁可), 인가, 찬성 ② [복] sankcijos 제재 조치
sankcionuoti [동] 재가[인가]하다
sankryža [여] 교차로
santaika [여] 조화, 화합
santaka [여] 접합점, 교차점
santarvė [여] 일치, 조화
santaupos [여·복] 저축, 저금
santechnikas [남] 배관공
santykiauti [동] ① 서로 관련되다 ② 교제하다, 왕래하다
santykiavimas [남] ① 상호 관련 ② 교제, 왕래
santykinis [형] santykinis įvardis [문법] 관계대명사
santykis [남] ① [복] santykiai 관계; lytiniai santykiai 성관계, 성교; turėti gerus[blogus] santykius (~와) 친하다[사이가 나쁘다] ② [수학] 비(比), 비율
santrauka [여] 요약, 개요
santrumpa [여] 생략, 단축, 축약
santuoka [여] 결혼, 혼인
santuokinis [형] 결혼의
santūrumas [남] 자제, 삼감
santūrus [형] 자제하는, 삼가는
santvarka [여] ① 체제, 제도, 질서; valstybės santvarka 국가 체제 ② 구조, 조직
sapnas [남] 꿈; kaip sapne 꿈같이, 꿈꾸는 듯이
sapnuoti(s) [동] 꿈꾸다; jis sapnavo, kad ~ 그는 ~을 꿈꾸었다
sąrašas [남] 목록, 명부, 리스트; sudaryti sąrašą 목록을 작성하다
sardinė [여] [어류] 정어리
sargas [남] 경비원, 지키는 사람; kalėjimo sargas 교도관, 간

수

sargyba [여] 경비, 경계; eiti sargybą, būti sargyboje 지키고 있다, 망을 보고 있다

sargybinis [남] 보초, 파수

sarginė [여] 초소, 위병소, 경비실

sarginis [형] 경비[경계]의, 지키는

sargus [형] 깨어[주의 깊게] 지키는[경계하는]

sąryšis [남] 관계, 연관; priežastinis sąryšis 인과 관계

sarkastiškas [형] 빈정대는, 비꼬는, 풍자적인, 냉소적인

sarkazmas [남] 비꼼, 빈정거림, 풍자

sąsaga [여] 걸어 매는 도구 (커프스 단추 따위)

sąsiauris [남] [지리] 해협

sąsiuvinis [남] 연습장, 습자책, 공책

sąskaita [여] ① 계산서, 청구서 ② 계산, 셈, 회계; (은행) 계좌; atidaryti sąskaitą 계좌를 개설하다 ③ [복] (비유적으로) (인간 관계에서 치러야 할) 셈; suvesti sąskaitas su kuo ~에게 똑같이 갚아주다

sąskaitininkas [남] 회계원

sąskambis [남] 일치, 조화

sąskrydis [남] 대회, 집회

sąsmauka [여] [지리] 지협(地峽)

sąstatas [남] 기차

sąšlavos [여·복] 쓰레기

satelitas [남] [천문] 위성

satyra [여] 풍자, 비꼬기, 빈정댐

satyrinis [형] 비꼬는, 풍자적인

Saturnas [남] [천문] 토성

sau [대] ① 자신 (나 자신, 너 자신, 그(녀) 자신 등등) ② nieko sau 그렇게 나쁘진 않은, 괜찮은

Saudo Arabija [여] 사우디아라비아

sauga [여] 안전, 무사

saugykla [여] 저장소, 창고

saugiklis [남] ① 안전 장치 ② (elektros) saugiklis [전기] 퓨즈

saugojimas [남] ① 보관, 관리; 저장 ② 보호

saugoti [동] 돌보다, 지키다, 관리하다, 잘 간수하다; 보호하다

saugotojas [남] 보관하는[지키는] 사람, 관리자
saugumas [남] 안전, 무사; valstybės saugumas 국가 안보
saugus [형] 안전한
sauja [여] 한 손 가득, 한 움큼
saulė [여] 해, 태양; saulė patekėjo [nusileido] 해가 떴다[졌다]
saulėgrąža [여] [식물] 해바라기
saulėgrįža [여] [천문] (태양의) 지점(至點) (태양이 적도에서 북 또는 남으로 가장 멀어졌을 때)
saulėlydis [남] 일몰, 해넘이
saulėtas [형] 해가 비치는, (날씨가) 맑은; saulėtas oras 화창한 날씨
saulėtekis [남] 일출, 해돋이
saulutė [여] [식물] 데이지
sauna [여] 사우나
sausainis [남] 비스킷, 크래커
sausakimšas [형] 꽉 들어찬, 가득 찬, 빽빽하게 찬
sausas [형] 마른, 건조한
sausėti [동] 마르다, 건조해지다
sausgyslė [여] [해부] 건(腱), 힘줄
sausinimas [남] 배수(排水)
sausinti [동] ① 배수하다, 물을 빼다 ② 말리다, 건조시키다
sausis [남] 1월
sausra [여] 가뭄, 한발
sausuma [여] 메마른[건조한] 땅
sausumas [남] 메마름, 건조
savaime [부] 스스로, 저절로; savaime suprantama 그건 두말할 나위도 없다, 당연하다; savaime aišku 물론, 당연히
savaip [부] 나름대로, 자기 방식대로
savaitė [여] 주(週), 1주간, 7일간; per savaitę 1주일 이내에; dvi savaitės 2주; kas savaitę, kiekvieną savaitę 매주
savaitgalis [남] 주말
savaitinis [형] 매주의, 1주간의
savaitraštis [남] 주간지
savalaikis [형] 때가 알맞은, 시기적절한
savalaikiškumas [남] 시기적절

savanaudis [남] 이기적인 사람
savanaudiškas [형] 이기적인, 자기 본위의
savanaudiškumas [남] 이기주의, 자기 본위
savanoris [남] 자원자
savanoriškas [형] 자발적인, 자유 의지에 의한
savarankiškas [형] 독자적인
savarankiškumas [남] 독자적임
sąvartynas [남] 쓰레기장, 쓰레기 매립지
sąvarža [여] 꺾쇠, 죔쇠
sąvaržėlė [여] (페이퍼)클립
savas [대] 자기 자신의; jis ten savas žmogus 그는 거기서 (자기 집에 있는 것처럼) 아주 편하게 느끼고 있다, 그곳을 자기 집처럼 여기고 있다; mirti sava mirtimi 자연사(死)하다
savavališkas [형] 고집 센, 제 마음대로의
save [대] = savęs
sąveika [여] 상호 작용
savęs [대] 자신 (나 자신, 너 자신, 그(녀) 자신 등등)
savybė [여] 특성, 특질, 특색
savybingas [형] (~에) 특유한, 독특한, 고유의
savybinis [형] savybinis įvardis [문법] 소유대명사
savieiga [여] 되는 대로 내버려 둠, 방치; palikti savieigai 되는 대로 내버려 두다
savigarba [여] 자존(심), 자부(심), 자중
savigyna [여] 자기 방어, 자위(自衛)
savijauta [여] jo gera [bloga] savijauta 그는 컨디션이 좋다 [나쁘다]; kokia tavo savijauta? 기분이 어때?
savikaina [여] 비용, 원가
savikritika [여] 자기 비판
savimeilė, savimyla [여] 자기애(愛)
savimonė [여] 자의식, 자각
savininkas [남] 소유자, 임자, 주인
savintis [동] 자기 것으로 삼다, 전유(專有)하다
savistaba [여] 내성(內省), 자기 반성
savišalpa [여] 상호 원조[협력]
saviškai [부] 나름대로, 자기 방식대로

saviškas [형] 그 자신의, 독특한, 특유의
saviškis [대] 자기 자신의
savišvieta [여] 독학
savitarpinis [형] 서로의, 상호간의
savitas [형] 특유의, 독자적인, 고유한
savitumas [남] 특유, 독특, 독자성
savitvarda [여] 자제, 냉정을 잃지 않음
savivalda [여] 자치(自治)
savivaldybė [여] 지방 행정
savivalė [여] 아집, 방종
saviveikla [여] 아마추어 예술[공연] 활동
savižudybė [여] 자살, 자결; baigti gyvenimą savižudybe 자살하다
savižudis [남] 자살, 자결
savo [대] 나 (자신)의, 너[당신] (자신)의, 그(녀) (자신)의, 그것의, 우리 (자신)의, 너희[당신들] (자신)의, 그들 (자신)의, 누군가의; aš turiu savo egzempliorių 나는 내[나 자신의] 사본을 갖고 있다; jis gyvena savo name 그는 자기 집에 산다; eiti savo keliu 자신의 길을 가다, 자기 방식대로 하다
sąvoka [여] 개념, 생각
savotiškas [형] 독특한, 특유의, 고유한
savotiškumas [남] 독특, 특유, 독자성
sąžinė [여] 양심; gryna sąžinė 떳떳한[거리낌 없는] 마음; j-austi sąžinės graužimą 양심의 가책을 느끼다
sąžiningas [형] 정직한, 양심적인
sąžiningumas [남] 정직, 양심적임
scena [여] ① [연극] 무대; pasitraukti[nueiti] nuo scenos i) 무대에서 떠나다, 퇴장하다 ii) (어떤 일을) 그만두다 ② 장면, 신
scenarijus [남] 시나리오
sceninis [형] 무대의; 장면[신]의
schema [여] 도식, 도해
scheminis [형] 도식의, 도식적인
seansas [남] (영화 등의) 상영; 흥행
sėdėjimas [남] 착석, 앉아 있기

sėdėti [동] ① 앉아 있다; sėdėti ant kėdės 의자에 앉아 있다 ② (어떤 위치에) 있다, (어떤 상태에) 처해 있다; sėdėti kalėjime 교도소에 있다, 수감 중이다; sėdėti namie 집에 있다[머무르다]; sėdėti be pinigų 돈이 없다, 빈궁한 처지다; sėdėti rankas sudėjus 시간을 헛되이 보내다; sėdėti kam ant sprando ~에게 짐[부담]이 되다
sėdimas(is) [형] 앉아 있는
sėdynė [여] 자리, 좌석
sėdmenys [남] (sėdmuo의 복수형으로) 엉덩이, 둔부
sėdom(is) [부] 앉아서, 앉은 자세로
segė [여] 죄는[잠그는] 기구; 갈고리, 혹
segti [동] (단추·혹 따위를[로]) 죄다, 잠그다, 채우다; (핀 따위로) 고정시키다
segtis [동] (~에) 달라붙다, 고착되다
segtukas [남] ① 핀 ② 클립
seifas [남] 금고
seikėti [동] 재다, 측정하다
seilė [여] (또는 복수형 seilės로) 침, 타액; 군침; jis seiles varvina 그는 입에 군침이 돈다
seilėti [동] 침을 흘리다; 군침을 흘리다
seimas [남] 리투아니아·폴란드의 의회
sėja [여] 씨뿌리기, 파종
sėjamoji [여] 씨뿌리는 기계, 파종기
sėjikas [남] [조류] 물떼새
sėjimas [남] 씨뿌리기, 파종
sėjomaina [여] [농업] 윤작(輪作)
seka [여] 연속, 계속
sekantis [형] ① 다음의, 뒤따르는; sekančią dieną 다음 날; sekantis! 자, 다음 분! ② 연속적인
sekcija [여] 부분, 구획
sėkla [여] ① 씨(앗), 종자 ② [생리] 정액, 정자
seklys [남] (사복) 형사
sekluma [여] 여울, 얕은 물
seklus [형] (강 따위가) 얕은
sekmadienis [남] 일요일; sekmadieniais 일요일에, 일요일마다

sėkmė [여] 성공; 행운; turėti sėkmę 운이 좋다; linkėti sėkmės 행운[성공]을 빌다
sėkmingas [형] 성공적인
sekrecija [여] [생리] 분비 (작용)
sekretoriatas [남] 사무국, 비서실
sekretorius [남] 비서, 서기관; generalinis sekretorius 사무총장, 사무국장
seksas [남] 성(性), 섹스
seksualinis [형] 성에 관한, 성적인; seksualinis gyvenimas 성생활
seksualumas [남] 성적 관심, 성문제
seksualus [형] 성적 매력이 있는, 섹시한
sekta [여] 분파, 종파, 파벌
sekti[1] [동] ① 지켜보다, 관찰하다, 눈으로 좇다; atidžiai sekti 자세히 보다, 눈여겨 보다 ② (흐름 따위를) 잘 따라가다, 뒤떨어지지 않다 ③ 뒤를 밟다, 뒤따라가다; sekti ką įkandin ~의 뒤를 바짝 쫓다; sekti kieno pėdomis ~의 발자취를 따르다; sekti kieno pavyzdžiu ~의 본을 받다 ④ (남을) 닮다, 흉내내다 ⑤ 이야기하다; sekti kam pasakas ~에게 이야기를 해주다
sekti[2] [동] ① 낮아지다, 내려[가라]앉다 ② 고갈되다, 바닥나다, 다 떨어지다
sektis [동] 잘 돼가다, 성공적이다; kaip sekasi? 어떻게 지내?
sektorius [남] ① 부문, 분야, 영역 ② [기하] 부채꼴
sekundė [여] [시간의 단위] 초(秒); 잠깐, 짧은 시간; palaukite sekundę, tik sekundę, šią sekundę 잠깐만요
sekundometras [남] 스톱워치
selektyvinis, selektyvus [형] 선택의, 선택하는, 선택적인
sėlenos [여·복] 밀기울, 겨
sėlinti [동] 살금살금 움직이다
semantika [여] [언어] 의미론
sėmenys [남] 아마(亞麻)의 씨, 아마인(亞麻仁)
semestras [남] (학교의) 한 학기
seminaras [남] 세미나
seminarija [여] 신학교
semti [동] (물 따위를) 긷다, 푸다

semtis [동] 끌어내다; semtis žinių 지식을 얻다
senas [형] ① 오래된, 구식의, 옛것의; senas kaip pasaulis 너무 오래된; senos mados 고풍스런 ② 늙은, 나이 든; j-auni ir seni 젊은이와 늙은이 ③ 이전의, 예전의; senais laikais 옛날에는; jis čia gyvena nuo seno 그는 오래 전부터 여기에 살고 있다
senatas [남] (양원제 의회의) 상원
senatorius [남] 상원 의원
senatvė [여] 노년, 노령
senbernis [남] 노총각
senbuvis [남] ① 원주민, 토착민 ② 원로, 고참
sendinti [동] 늙어[나이들어] 보이게 만들다
senė [여] 나이든 여자, 노파
senelė [여] 할머니
senelis [남] ① 할아버지; [복] 조부모 ② 노인 ③ Kalėdų Senelis 산타클로스
senėti [동] 늙다, 나이들다
seniai [부] 오래 전에, 옛날에; seniau 이전에, 예전에
seniena [여] 골동품, 오래된 물건
senis [남] 노인, 나이든 사람; seniai 노인들
seniūnas [남] ① 반장, 감독 ② (마을의) 원로, 연장자
senyvas [형] 나이가 지긋한
senmergė [여] 노처녀
senokas [형] 나이가 꽤 든
senolė [여] = senelė
senolis [남] = senelis
senovė [여] 옛날, 고대; senovėje 옛날에, 고대에
senovinis, senoviškas [형] 옛날의, 구식의; senovinė pilis 고성(古城)
sensacija [여] 물의, 센세이션; padaryti[sukelti] sensaciją 센세이션을 일으키다
sensacingas [형] 크게 물의를 일으키는, 센세이셔널한
sentencija [여] 금언, 격언
sentėvis [남] 조상, 선조
senti [동] 늙다, 나이들다
sentimentalumas [남] 감상적임, 다정다감

sentimentalus [형] 감상적인, 다정다감한
senumas [남] 노령; 나이듦
senutis [남] 남편, 바깥양반
senutė [여] 아내, 집사람, 마누라
separatinis [형] 개별적인, 단독의
separatistas [남] (정치적) 분리주의자
separatizmas [남] (정치적) 분리주의
septyneri [수] 일곱 (7); septyneri metai 7년
septynetas [남] 일곱 (7)
septyni [수] 일곱 (7)
septyniasdešimt [수] 칠십 (70)
septyniasdešimtas [수] 제70의, 70번째의
septyniolika [수] 십칠 (17)
septynioliktas [수] 제17의, 17번째의
septynmetis [형] 7년(간)의; 7세의
septintas [수] 제7의, 7번째의
serbas [남] 세르비아 사람; serbų kalba 세르비아어
serbentas [남] [식물] 커런트, 까치밥나무의 열매
Serbija [여] 세르비아
serenada [여] [음악] 세레나데, 소야곡
sergamumas [남] 이환율, 이병률 (병에 걸리는 비율)
sergantis [형] 병든, 앓고 있는
sergėti [동] 지키다, 감시[경계]하다
sergėtojas [남] 경비원, 감시인
serialas [남] (TV 등의) 연속물, 연재물
serija [여] 일련, 연속, 시리즈
serijinis [형] 일련의, 연속적인
serumas [남] [생리] 장액(漿液), 림프액
servetė, servetėlė [여] 냅킨
servizas [남] (식기 등의) 한 벌, 한 세트
seržantas [남] [군사] 부사관 (계급)
sesė [여] 자매, 여자 형제
seserėčia [여] ① (여자인) 사촌 ② 조카딸
sesija [여] (의회 등의) 회기(會期)
sėslumas [남] 정착 생활
sėslus [형] 정주(定住)한, 일정한 곳에 정착해 사는

sėsti [동] ① (자리에) 앉다; sėskitės! 앉으세요! ② (기차나 배에) 타다 ③ (해가) 지다 ④ 내려앉다
sesuo [여] ① 자매, 여자 형제 ② (정규) 간호사
sėti [동] 씨를 뿌리다, 파종하다
Seulas [남] 서울 (한국의 수도)
sezonas [남] 철, 계절, 시즌
sezoninis [형] 계절의, 계절적인
sfera [여] ① 구(球) ② 분야, 영역; 범위; įtakos sfera 세력권
sferinis [형] 구형(球形)의
siaubas [남] 공포, 두려움; sukelti siaubą 두렵게 하다; apimtas siaubo 공포에 질린; koks siaubas! 아이구, 무서워라!
siaubingas [형] 무서운, 두려운, 끔찍한; siaubingas reginys 무시무시한 광경
siaubti [동] 소름끼치다, 오싹하다
siaurakaktis, siauraprotis [형] 옹졸한, 편협한, 마음 씀씀이가 좁은
siauras [형] ① 좁은; 편협한; siauros pažiūros 좁은 소견; siauras žmogus 옹졸한 사람 ② (옷・신발 따위가) 꽉 끼는, 타이트한
siaurėti [동] 좁아지다
siaurinti [동] ① 좁히다 ② 제한하다, 한정하다
siaurokas [형] 좀 좁은, 좁은 듯한
siausti [동] ① 에워[둘러]싸다 ② (숄 따위를) 걸치다 ③ 사납게 몰아치다, 맹위를 떨치다 ④ (질병 따위가) 창궐하다 ⑤ 떠들어 대다 ⑥ 장난치며 뛰어놀다
siautėjimas [남] 사납게 날뜀, 광란, 포악
siautėti [동] ① 사납게 날뛰다, 노호하다 ② 장난치며 뛰어놀다
Sibiras [남] 시베리아
sidabras [남] 은(銀); gyvasis sidabras 수은
sidabrinis [형] 은의, 은제(銀製)의, 은으로 만든; sidabriniai indai 은접시
sidabruotas [형] 은도금된
sidabruoti [동] 은을 입히다, 은도금하다
siekimas [남] 포부, 열망

siekti [동] ① (~에) 도달하려 노력하다 ② 포부를 가지다, 열망하다, 목표를 이루기 위해 애쓰다; siekti galės 승리를 위해 노력하다

siela [여] ① 영혼, 혼; 정신, 마음; visa siela 온 정성을 다해; sieloje 마음 속으로 ② 핵심, 정수, 생명과 같은 존재

sielis [남] 뗏목

sielotis [동] 슬퍼하다, 괴로워하다

sielvartas [남] 슬픔, 비탄, 비애, 괴로움

sielvartauti [동] 슬퍼하다, 비탄에 잠기다

sielvartingas [형] 비탄에 잠긴

siena [여] ① 벽, 담 ② 경계, 국경

sieninis [형] 벽의; sieninis laikrodis 벽시계; sieninė spinta 벽장

sienlaikraštis [남] 벽보, 대자보

sienojas [남] 통나무

sienpopieriai [남·복] 벽지(壁紙)

siera [여] ① [화학] (유)황; sieros rūgštis 황산 ② 귀지

sietas [남] (거르는) 체

sietelis [남] 여과기, 추출기

sieti [동] 연결하다, 묶다

sietynas [남] 샹들리에

sietis [동] 연결되다, 묶이다

sifilis [남] [병리] 매독

sifonas [남] 사이펀, 빨아올리는 관

signalas [남] 신호

signalizacija [여] 신호 송출

signalizuoti [동] 신호를 보내다

sija [여] 들보, 도리

sijonas [남] 스커트, 치마

sijoti [동] 체로 치다, 체질하여 거르다

sykis [남] 번, 회; dar sykį 한 번 더; sykį per metus 1년에 한 번; du sykius 두 번; ne sykį 몇 번이고, 재삼재사; vieną sykį 언젠가 한번은; iš sykio 당장, 즉시; paskutinį sykį 마지막으로

silkė [여] [어류] 청어

silosas [남] 사일로 (곡물을 보관하는 탑)

silpnaprotis [형] 저능한, 정신박약의
silpnas [형] ① 약한, 연약한, 허약한; silpnoji vieta 약점, 약한 곳; silpnas vaikas 허약한 어린이; silpnas balsas 가냘픈 목소리; silpnos akys 약한 시력; silpnas alus 도수가 낮은 맥주 ② 열등한, 불충분한, 수준이 낮은; silpnas mokinys 열등생
silpnavalis [형] 나약한, 의지가 약한
silpnėjimas [남] 약화, 약해짐
silpnėti [동] 약해지다
silpnybė [여] ① 약점, 결점 ② (~에) 약함, (~을) 매우 좋아함
silpninti [동] 약화시키다
silpnokas [형] 좀 약한; 좀 열등한[수준 낮은]
silpnumas [남] 약함
silpti [동] 약해지다
siluetas [남] 실루엣
simbolika [여] 상징주의, 상징론
simbolinis, simboliškas [형] 상징적인, 표상[상징]하는
simbolis [남] 상징, 표상, 심벌
simbolizmas [남] 상징주의
simbolizuoti [동] 상징하다
simetrija [여] (좌우) 대칭
simetrinis, simetriškas [형] 대칭적인
simfonija [여] [음악] 교향곡, 심포니
simfoninis [형] 교향악의
simpatija [여] ① 호감, 공감 ② 좋아하는 것, 애정을 갖는 대상
simpatingas, simpatiškas [형] 매력 있는, 마음에 드는, 호감이 가는
simptomas [남] 징후, 증후
simptominis [형] 징후적인, 조짐의
simuliacija [여] 가장, 흉내
simuliuoti [동] ~인 체하다, 가장하다; simuliuoti ligą 아픈 척하다, 꾀병을 부리다
sinagoga [여] 시나고그, 유대 교회[회당]
sindikatas [남] [경제] 신디케이트, 기업 합동
Singapūras [남] 싱가포르
sinonimas [남] 동의어, 유의어

sintaksė [여] [언어] 구문론, 통사론
sintetinis [형] 합성의; sintetinis kaučiukas 합성[인조] 고무
sintezė [여] 종합, 통합; 합성
sinusas [남] [수학] 사인 (함수)
sirena [여] 사이렌, 경적
sirgalius [남] [스포츠] 팬
sirgimas [남] (만성적인) 병
sirgti [동] ① (어떤) 병에 걸려 있다, 병을 앓고 있다 ② (~에 대해) 걱정하다 ③ (~의) 팬이다
sirguliuoti [동] 몸이 편치 않다, 병에 걸려 있다
sirpti [동] (과일 따위가) 익다
sirupas [남] 시럽
sistema [여] 체계, 계통, 시스템; nervų sistema [해부] 신경계(통); saulės sistema [천문] 태양계
sistematika [여] 조직화, 계통화, 체계화
sistem(at)inis, sistemingas [형] 조직적인, 계통적인, 체계적인
sisteminti [동] 조직화[계통화·체계화]하다
situacija [여] 상황, 정세
siūbavimas [남] 흔듦; 흔들림
siūbuoti [동] (부드럽게) 흔들다; 흔들리다
siuita [여] [음악] 모음곡, 조곡(組曲)
siūlas [남] ① 실; įverti siūlą į adatą 바늘에 실을 꿰다 ② paskutinio siūlelio 흠뻑 젖다, 물에 빠진 생쥐가 되다
siūlė [여] 솔기, 꿰맨 줄
siūlėti [동] 가장자리를 감치다
siūlymas [남] 제공; 제안
siūlyti [동] ① 제공하다; siūlyti kyšį 뇌물을 주다 ② 제안하다, 제의하다; 추천[천거]하다; siūlyti kainą 값을 매기다, 입찰하다
siundyti [동] 부추기다, 선동하다
siunta [여] (예를 들어 우편물 따위의) 발송, 발신
siuntėjas [남] 발송[발신]인
siuntimas [남] 발송, 발신, 보내기
siuntinys [남] 소포, 소화물
siurbčioti [동] (음료 따위를) 홀짝이다, 조금씩 마시다
siurbėlė [여] [동물] 거머리

siurbimas [남] 흡입, 빨아들이기
siurblys [남] 펌프; oro siurblys 공기 펌프
siurbti [동] 빨아들이다
siurprizas [남] 놀람, 경악
siusti [동] (동물·사람이) 미쳐 날뛰다, 발광하다
siųsti [동] 보내다, 발송하다, 파견하다; siųsti paštu 우편물을 발송하다
siųstuvas [남] [통신] 송신기
siūti [동] 바느질하다, 꿰매다; siūti mašina 재봉틀로 박다
siutinti [동] 몹시 화나게 하다, 격노시키다
siutulys [남] 격노, 격분
siuvamasis [형] 재봉의; siuvamoji mašina 재봉틀
siuvėjas [남] 재단사, 재봉사
siuvykla [여] 양복점
siuvimas [남] 바느질, 재봉
siuvinėjimas, siuvinys [남] 자수(刺繡)
siuvinėti [동] 수놓다
siužetas [남] 주제, 테마; (이야기의) 줄거리
syvai [남·복] 즙, 액
skabenti, skabyti [동] ① (짐승이) 풀을 뜯다 ② 뜯다, 뽑다, 따다
skaičiavimas [남] 셈, 계산; 산수
skaičiuotė [여] 셈, 세는 법
skaičiuoti [동] (수를) 세다, 계산하다
skaičius [남] ① 수(數); trupmeninis skaičius 분수; lyginis skaičius 짝수; nelyginis skaičius 홀수; be skaičiaus 무수한 ② [수학] 양(을 나타내는 숫자)
skaidyti [동] ① 나누다, 가르다, 분할하다 ② [화학] 분해시키다
skaidrėti [동] 맑아지다, 명쾌해지다
skaidrinti [동] 맑게[밝게] 하다, 명쾌하게 하다
skaidrumas [남] 맑음, 밝음, 명쾌, 투명
skaidrus [형] 맑은, 밝은, 명쾌한, 투명한
skaidula [여] 섬유
skaistybė [여] 순결, 정숙
skaistykla [여] [가톨릭] 연옥(煉獄)

skaistus [형] ① 맑은, 밝은 ② 순결한, 정숙한
skaitykla [여] 독서실
skaitiklis [남] (전기 등의) 계량기, 계기
skaitymas [남] 읽기, 독서
skaityti [동] ① 읽다; skaityti garsiai[balsu] 큰 소리로 읽다 ② skaityti paskaitas 강의하다; skaityti Lietuvos istoriją 리투아니아 역사를 강의하다
skaitytis [동] 고려하다, 참작하다, 계산에 넣다; tai nesiskaito 그건 고려할 만한 사항이 아니다, 별로 중요하지 않다
skaitytojas [남] 읽는 사람, 독자
skaitytuvai [남·복] 주판
skaitmeninis [형] 수의, 수적인, 숫자로 나타낸
skaitmuo [남] 숫자
skaitvardis [남] [문법] 수사
skala [여] 조각, 동강, 토막
skalauti [동] 헹구다, 씻어내다
skalbėja [여] 세탁부(婦)
skalbykla [여] 세탁소, 세탁실
skalbimas [남] 세탁
skalbiniai [남·복] 세탁
skalbti [동] 세탁하다
skaldykla [여] 채석장, 돌산
skaldyti [동] ① 쪼개다, 동강[토막]을 내다 ② 치다, 때리다; skaldyti antausius 따귀를 갈기다 ③ [화학] 분해시키다
skalė [여] (계기 따위의) 눈금; 숫자판
skalikas [남] 사냥개
skalyti [동] (사냥개가) 짖다
skalsus [형] 오래 가는, 길게 지속되는
skalus [형] 갈라지기 쉬운, 쪼갤 수 있는
skambėjimas [남] (소리가) 울림
skambesys [남] 뎅하고 울리는 소리
skambėti [동] ① (소리가) 울리다 ② (소리가) 들리다
skambinti [동] ① (종 따위를) 울리다, 소리가 나게 하다 ② 전화를 걸다 ③ (피아노 따위를) 연주하다
skambus [형] (소리가) 울리는, 울려 퍼지는
skambutis [남] 종, 벨; telefono skambutis 전화벨

skandalas [남] ① 스캔들, 추문 ② 말다툼, 싸움
skandalingas [형] 수치스러운, 스캔들의
skandalyti [동] 말다툼[싸움]하다
skandinavas [남] 스칸디나비아 사람
Skandinavija [여] 스칸디나비아
skandinaviškas [형] 스칸디나비아의
skandinti [동] 가라앉히다, 침몰시키다, 물에 빠뜨리다
skandintis [동] 물에 빠지다, 익사하다
skanėstas [남] 맛있는 것, 진미(珍味)
skanumynas [남] 맛있는 음식
skanus [형] (아주) 맛있는
skara [여] 숄, 어깨걸이
skarda [여] 주석; 양철
skardas [남] 울려퍼지는 소리, 반향
skardenti [동] 큰 소리가 울려퍼지게 하다
skardėti [동] (물질·공기 등이 소리로 인해) 울리다
skardinė [여] 캔, 주석 깡통
skardininkas [남] 주석 세공인, 양철공
skardis [남] 가파른 비탈, 절벽
skardus^1 [형] (소리가) 울리는, 울려퍼지는; [언어] 유성음(有聲音)의; skardieji priebalsiai 유성음
skardus^2 [형] 가파른, 깎아지른 듯한, 절벽을 이룬
skarelė [여] (여자의) 머릿수건, 스카프
skarmalas [남] 넝마; 걸레
skatikas [남] 푼돈, 잔돈; neturėti nė skatiko (자기 돈은) 한 푼도 없다; skatiko nevertas 한 푼의 가치도 없다
skatinamasis [형] 자극적인, 고무하는
skatinimas [남] 자극, 고무
skatinti [동] 자극하다, 흥미 따위를 유발하다
skaudėti [동] 아프다, 고통스럽다; man skauda galvą 나는 머리가 아프다, 두통이 있다; jam širdį skauda 그는 마음[가슴]이 아프다
skaudinti [동] 아프게[다치게] 하다, 고통을 주다
skaudulys [남] 고통, 아픔
skaudus [형] ① 아픈, 고통스러운; 마음을 상하게 하는 ② 격렬한, 심한, 중(重)한

skaudžiai [부] ① 아프게, 고통스럽게 ② 격렬하게, 심하게; skaudžiai užsigauti 크게 다치다
skausmas [남] 고통, 통증; galvos skausmas 두통; dantų skausmas 치통; su skausmu širdyje 마음이 무거워, 비탄에 잠겨
skausmingas [형] 아픈, 고통스러운
skelbėjas [남] 선언하는 사람; (이론 따위를) 설명하는 사람; 설교자
skelbimas [남] ① 선언, 선포, 발표, 공고, 공지, 광고 ② (이론·견해 따위의) 전파, 설교
skelbti [동] ① 선언[선포]하다, 발표하다, 공고[공지]하다, 광고하다 ② (이론·견해 따위를) 전파하다, 설교하다
skeldėti [동] 갈라지다, 균열이 일어나다
skeletas [남] 골격, 뼈대
skelti [동] ① 쪼개다 ② (부싯돌 따위로) 불을 붙이다 ③ 치다, 때리다; skelti kam antausį 따귀를 갈기다
skendėti [동] ① (물에) 잠기다, 빠지다 ② (~에) 열중하다, 몰두하다
skendimas [남] (물에) 잠김, 빠짐
skepeta [여] (여자의) 머릿수건, 스카프
skepticizmas [남] 회의론(懷疑論)
skeptikas [남] 회의론자
skeptiškas [형] 회의적인
skeptras [남] (왕의) 홀(笏)
skerdena [여] (짐승의) 시체
skerdikas [남] 도살자, 푸주한; 학살자
skerdykla [여] 도살장
skerdimas [남] 도살, 학살
skerdynės [여·복] ① (가축의) 도살 ② (대량) 학살
skėrys [남] [곤충] 메뚜기
skersai [전/부] ① 가로질러, 건너서; 횡단하여; skersai gatvės 길 건너 ② 지름[직경]으로; trys metrai skersai 직경 3m ③ skersai ir išilgai 널리, 두루
skersakiuoti [동] 곁눈질로 보다
skersas [형] ① 횡단하는 ② 거스르는, 반대하는
skersgatvis [남] 골목길

skersinis [남] 가로대[장] — [형] 횡단하는; skersinis pjūvis 횡단면
skersmuo [남] 지름, 직경
skersom(is) [부] 기울어져, 비스듬히
skersti [동] 죽이다, 도살[학살]하다
skersuoti [동] 곁눈질하다, 흘겨 보다
skersvėjis [남] 외풍, 틈새 바람
skėsčioti [동] 두 손 들다
skėsti [동] 넓히다, 펴다, 펼치다
skęsti [동] ① 가라앉다 ② (~에) 몰두하다, 빠지다
skėtis [남] 우산; 양산
skeveldra [여] 조각, 파편, 도막
skiautė [여] 조각, 파편, 단편
skiauterė [여] ① (새의) 볏 ② (파도의) 물마루 ③ 산등성이, 산마루 ④ (배의) 용골(龍骨)
skydas [남] ① 방패 ② 보호[방어]물, 차폐물
skydinis [형] ① 방패 모양의 ② skydinė liauka [해부] 갑상선
skiedinys [남] ① [화학] 용액 ② kalkių skiedinys 모르타르, 회반죽
skiedra [여] 얇은[가느다란] 조각
skiemuo [남] [언어] 음절
skiepas [남] ① [식물] (접붙이기의) 접순 ② 묘목, 어린 나무 ③ [의학] (접종용의) 백신
skiepijimas [남] ① [의학] 백신[예방] 접종 ② [식물] 접목, 접붙이기
skiepyti [동] ① [의학] 백신[예방] 접종을 하다 ② [식물] 접목하다, 접붙이다 ③ (사상·감정 따위를) 불어넣다, 주입하다
skiesti [동] 희석하다, 묽게 하다
skilandis [남] 리투아니아식 소시지의 일종
skylė [여] 구멍, 틈; užkimšti skylę 구멍[틈]을 메우다, 틈새를 막다
skylėtas [형] 구멍이 송송 난
skylėti [동] 구멍을 내다
skilimas [남] 쪼개짐, (둘로) 나뉨, 분열
skylmuša [여] 펀치, 구멍 뚫는 도구

skilti [동] ① 쪼개지다, 갈라지다, 균열이 생기다; 붕괴하다 ② (부싯돌 따위로부터) 불이 붙다

skiltis [남] ① 얇은 조각 ② (텍스트의) 단(段), 난(欄)

skilvelis [남] [해부] 실(室)

skinti [동] ① 따다, 뜯다 ② 자르다, 베다 (숲의 나무를 베어 넘어뜨려 길을 만드는 것 등)

skiriamasis [형] ① 특유의, 특징적인, 다른 것과 구별되는 ② 나누는, 분리[분할]하는

skyryba [여] ① [문법] 구두법(句讀法) ② [복] skyrybos 이혼

skyrimas [남] ① 분리; 구별 ② 지명, 임명 ③ (벌금 따위의) 부과

skyrininkas [남] [군사] 분대장

skyrium [부] 따로, 개별적으로

skyrius [남] ① 부서, ~부(部) ② (책의) 장(章), 챕터 ③ [군사] 분대

skirsnis [남] (텍스트의) 절(節), 단락

skirstymas [남] 분배, 배분

skirstyti [동] 분배[배분]하다, 할당하다

skirstytis [동] 흩어지다

skirstytuvas [남] [기계] 배전기

skirstomasis [형] 분배하는; skirstomoji lenta [전기] 배전반

skirti [동] ① 나누다, 분리[분할]하다 ② 구별하다, 식별[분간]하다 ③ 할당하다, 부과하다; skirti didelę reikšmę 큰 중요성을 부여하다, 매우 중요시하다 ④ 바치다, (책 따위를) 헌정하다 ⑤ (직책에) 지명[임명]하다

skirtingas [형] ① 다른, 같지 않은 ② 여러 가지의, 다양한

skirtis [동] ① (~와) 다르다, 같지 않다, 차이가 있다; kuo skiriasi ~ nuo ~ ~와 ~의 차이는 무엇인가?, ~은 ~와 어떻게 다른가? ② (~에서) 분리되다, 떨어져 나오다 ③ (~와) 헤어지다, 떨어지다; 이혼하다 ─ [여] ① 다름, 차이 ② [문법] 관사

skirtukas [남] [문법] 구두점(句讀點)

skirtumas [남] 다름, 차이, 상이, 부동(不同); skirtumas tas, kad ~ 차이점은 ~이다; amžiaus skirtumas 연령차; be skirtumo 예외 없이

skystas [형] ① 액체의, 유동성이 있는 ② 물의, 물 같은
skystėti [동] 액화하다, 액체가 되다
skystimas, skystis [남] 액체, 유동체
skystinti [동] 액화시키다, 액체로 만들다
sklaidyti [동] ① 흐트러뜨리다, 분산시키다 ② (바람에) 흩날리게 하다; (의심·두려움 따위의 감정을) 떨쳐버리다 ③ 책장[페이지]을 넘기다
sklaidytis [동] 흩어지다; (연기·안개 따위가) 사라지다, 걷히다
sklandymas [남] 활공(滑空)
sklandyti [동] 공중을 맴돌다; 활공하다
sklandytuvas [남] 글라이더, 활공기
sklandus [형] (언변 따위가) 매끄러운, 거침없는
sklandžiai [부] 매끄럽게, 술술, 거침없이
sklastas, sklastymas [남] 갈라짐, 헤어짐
skląstis [남] 빗장, 가로장
skleidėjas [남] 퍼뜨리는 사람
skleidimas [남] 퍼뜨리기, 보급, 전파
skleisti [동] ① 퍼뜨리다, 보급하다, 전파하다; skleisti gandus 루머를 퍼뜨리다 ② 펴다, 펼치다
skleistis [동] ① 퍼지다 ② 펼쳐지다; (꽃이) 개화하다
sklendė [여] (문의) 빗장, 가로장
sklerozė [여] [병리] 경화(硬化)(증)
sklęsti [동] ① 활공하다 ② 빗장을 질러 (문을) 잠그다
skliaustas [남] 괄호
skliautas [남] 아치, 둥근 천장
sklidinas [형] 넘치도록 가득한
sklindis [남] 팬케이크의 일종
sklypas [남] 작은 구획의 땅
sklisti [동] 퍼지다, 흩어지다
skobti [동] 구멍을 파내다
skola [여] 빚, 부채; mokėti skolą 빚을 갚다; imti į skolą 돈을 빌리다, 빚을 지게 되다; skolon 외상으로, 신용 대부로; duoti skolon 돈을 빌려주다
skolingas [형] (남에게) 빚지고 있는; būti skolingam (남에게) 빚지고 있다; jis man skolingas $100 그는 나에게 100달러를 빚지고 있다

skolininkas [남] 채무자, 빚을 지고 있는 사람
skolinis [형] skolinis pasižadėjimas [상업] 약속 어음
skolinys [남] 외래어, 차용어
skolinti [동] 빌려주다
skolintinai [부] 신용 대부로
skolintis [동] 빌리다
skolintojas [남] 채권자, (남에게) 돈을 빌려준 사람
skoningas [형] 멋을 아는, 심미안이 있는, 취미[취향]가 고상한
skonis [남] ① 맛; turėti kartų skonį 맛이 쓰다; tai ne pagal mano skonį 그건 내 입맛에 맞지 않는다; be skonio 맛없는 ② 취향; tai skonio dalykas 그건 취향의 문제다; dėl skonio nesiginčijama 사람마다 취향은 다 다른 법이다
skorbutas [남] [병리] 괴혈병
skorpionas [남] [동물] 전갈
skraidymas [남] 날기; 날개를 퍼덕이기
skraidyti [동] 날다; 날개를 퍼덕이다
skraistė [여] 망토, 외투
skrajoti [동] 날개를 퍼덕이다; 날아다니다
skrandis [남] [해부] 위, 위장
skrebučiai [남·복] 토스트, 튀긴 빵조각
skrepliai [남·복] 담(痰), 가래
skrepliuoti [동] (기침하여) 가래를 뱉다
skriauda [여] ① 위법 행위, 나쁜 짓; padaryti skriaudą 나쁜 짓을 하다 ② 상해, 손상, 위해
skriaudikas [남] 위반자, 나쁜 짓을 하는 사람
skriausti [동] 나쁜 짓을 하다; 남에게 해를 끼치다; neleisti ko skriausti ~에게 해가 되는 일이 없는지 살피다, ~을 안전하게 돌보다
skrybėlė [여] (테 있는) 모자; be skrybėlės 모자를 쓰지 않고
skrybėlėtas [형] 모자를 쓴
skridimas [남] 비행; skridimas be nusileidimo 논스톱 비행
skridinys [남] ① 원; 원반 ② [해부] 슬개골 ③ 도르래
skriestuvas [남] (제도용) 컴퍼스
skrieti [동] ① 회전하다, 원을 그리다 ② 날다
skrynia [여] 상자, 궤

skristi [동] 날다; 날뛰다, 내닫다
skritulys [남] 원, 동그라미
skrodimas [남] 절개, 해부; (사체의) 부검
skrosti [동] ① 절개[해부]하다; (사체를) 부검하다 ② (배를 갈라) 내장을 꺼내다 ③ 베다, 째다
skruostas [남] 뺨, 볼
skruostikaulis [남] 광대뼈
skrupulas [남] 의심, 주저
skrupulingas [형] 꼼꼼한, 세심한
skruzdė, skruzdėlė [여] [곤충] 개미
skruzdėda [여] [동물] 개미핥기
skruzdėlynas [남] 개밋둑, 개미탑, 개미총
skuba [여] ① 서두름 ② 속도, 속력
skubėjimas [남] 서두름
skubėti [동] ① 서두르다, 속력을 내다 ② (시계가) 빨리 가다
skubinti [동] 서두르게 하다, 재촉하다
skubintis [동] 서두르다
skubomis [부] 서둘러, 급하게
skubotas [형] 급한, 서두르는
skubus [형] ① 긴급한, 시급한 ② 급한, 서두르는
skudučiai [남·복] [음악] 팬파이프
skuduras [남] 넝마; 걸레
skulptorius [남] 조각가, 조각사
skulptūra [여] 조각(술)
skundas [남] 불평, 불만; paduoti skundą 불평하다
skundikas [남] ① 고자질쟁이 ② [법률] 원고, 고소인
skurdas [남] 가난, 궁핍, 곤궁
skurdinti [동] 가난하게 만들다, 궁핍하게 하다
skurdus [형] ① 가난한, 궁핍한, 빈궁한 ② 빈약한, 결핍된 ③ 슬픈, 애처로운
skurdžius [남] 빈민, 가난한 사람
skursti [동] ① 가난하다, 궁핍하게 살다 ② (식물이) 병들다
skusti [동] ① (수염 따위를) 깎다, 면도하다 ② 긁어내다, (껍질 따위를) 벗기다 ③ 문질러 지우다
skustis [동] 면도하다
skustuvas [남] 면도기

skųsti [동] 불평하다, 투덜거리다
skųstis [동] (~에 대해) 불평하다
skutas [남] 조각, 단편
skutena [여] 껍질, 깎은 부스러기
skutimas(is) [남] ① 면도 ② 긁어내기, (껍질을) 벗기기 ③ 문질러 지우기
skvarbus [형] 꿰뚫는, 날카로운
skveras [남] 공원(公園)
skverbimasis [남] 관통, 꿰뚫기
skverbtis [동] ① 관통하다, 꿰뚫고 들어가다 ② 애쓰다, 분투하다
slampinėti [동] 어슬렁거리다, 빈둥거리다
slankioti [동] 어슬렁거리다, 빈둥거리다
slankstelis [남] [해부] 척추
slapčia, slapčiom(is) [부] 몰래, 비밀리에
slapyvardis [남] (작가의) 필명(筆名), 펜네임
slapstyti [동] 숨기다, 감추다, 비밀로 하다
slapta(i) [부] 몰래, 비밀리에; visiškai slapta(i) 극비리에
slaptas [형] 비밀의, 기밀의, 내밀한
slaptažodis [남] 암호, 패스워드
slaptom(is) [부] 몰래, 비밀리에
slaptumas [남] 비밀
slauga [여] 간호
slaugė [여] 간호사
slaugymas [남] 간호
slaugyti [동] 간호하다
slaugytoja [여] 간호사
slavas [남] 슬라브인
slaviškas [형] 슬라브인의
slegiantis [형] 압박하는
slėgimas, slėgis [남] 압력; 압박
slėgti [동] 압력을 가하다, 압박하다
slėnys [남] 골짜기
slenksčiai [남·복] → slenkstis
slenkstis [남] ① 문지방, 문턱 ② [복] slenksčiai 급류
slėpynė [여] ① 은신처 ② [복] 숨바꼭질

slėpiningas [형] 신비한, 불가사의한, 알 수 없는
slėpinys [남] 신비, 수수께끼, 미스터리
slėpti [동] 숨기다, 감추다
slėptis [동] 숨다, 몸을 감추다
slėptuvė [여] 은신처; 방공호, 대피호
slibinas [남] 용(龍)
slidės [여·복] 스키
slidinėti [동] ① 미끄러지다, 활주하다 ② 스키를 타다
slidininkas [남] 스키를 타는 사람, 스키어
slidus [형] 미끄러운
sliekas [남] [동물] 지렁이
slinkti [동] ① 서서히 움직이다; 살금살금 가다; slinkti į priekį 전진하다, 앞으로 나아가다 ② (시간이) 지나가다, 흐르다 ③ 털이 빠지다, 탈모(脫毛)가 되다
slypėti [동] 숨겨지다, 감춰지다
slysti [동] 미끄러지다
slyva [여] [식물] 서양자두, 플럼
sloga [여] [병리] (코)감기
sloguoti [동] (코)감기에 걸리다
slogus [형] 압박하는, 억누르는, 중압감을 주는
slogutis [남] 악몽, 가위눌림
slopinti [동] ① 숨막히게 하다, 질식시키다 ② 소리가 나지 않게 하다, 소음(消音)하다 ③ (감정 따위를) 억누르다, 억제하다
slopti [동] (~으로 인해) 숨이 막히다, 질식하다
slovakas [남] 슬로바키아 사람; slovakų kalba 슬로바키아어
Slovakija [여] 슬로바키아
slovakiškas [형] 슬로바키아의
slūgti [동] ① 가라앉다, 진정되다, 누그러지다 ② (아래로) 내려가다
sluoksnis [남] 층(層), 켜
smagiai [부] ① 명랑하게, 밝게, 즐겁게, 유쾌하게 ② (나쁜 뜻으로) 심하게
smagratis [남] [기계] 플라이휠
smaguriauti [동] 단것을 좋아하다
smagus [형] ① 즐거운, 유쾌한, 명랑한, 밝은 ② 아늑한

smaigalys [남] 뾰족한 끝 (창끝 따위)
smaigas [남] 막대, 장대
smaig(st)yti [동] (날카로운 것으로) 찌르다
smailinti [동] 뾰족하게 하다, 예리하게 갈다
smailus [형] ① 뾰족한, 예리한, 날카로운 ② 신랄한
smakras [남] (아래)턱
smaližiauti [동] 단것을 좋아하다
smaližius [남] 검지, 집게손가락
smalkės [여·복] (일산화탄소 등의) 연기
smalkinti [동] (일산화탄소 등의) 연기가 나다
smalkus [형] (일산화탄소 등의) 연기가 나는, 연기가 자욱한
smalsauti [동] 호기심을 갖다, 알고 싶어하다
smalsumas [남] 호기심, 알고 싶어하는 마음
smalsus [형] 호기심 많은, 알고 싶어하는
smaragdas [남] [광물] 에메랄드
smarkėti [동] 강해지다
smarkiai [부] 심하게, 강하게; smarkiai gerti 술을 많이 마시다; smarkiai kirsti 강타하다
smarkus [형] ① 강한, 격렬한 ② 심한, 엄한
smarvė [여] 악취, 불쾌한 냄새
smaugimas [남] 교살(絞殺), 질식사
smauglys [남] [동물] 보아구렁이, 왕뱀
smaugti [동] 목을 조르다, 질식시키다
smegenys [남] ① [해부] 뇌, 골 ② stuburo smegenys 척수; kaulų smegenys 골수(骨髓); dantų smegenys 잇몸
smegti [동] 가라앉다; 내려가다
smeigti [동] 찔러 넣다, 푹 찌르다
smeigtukas [남] 압정
smėlėtas, smėlinis, smėlingas [형] 모래의, 모래투성이의
smėlis [남] 모래
smerkimas [남] 비난, 책망
smerkti [동] 비난하다, 나무라다, 책망하다
smerktinas [형] 비난할 만한
smydras [남] [식물] 아스파라거스
smigti [동] ① 꽂히다 ② (공중에서) 뛰어내리다, 급강하하다
smilius [남] 검지, 집게손가락

smilkalas [남] 향(香), 유향(乳香)
smilkinys [남] [해부] 관자놀이
smilkti [동] 그을다, 연기를 피우다
smiltainis [남] [지질] 사암(砂岩)
smirdėti [동] 악취가 나다
smogti [동] 치다, 때리다; smogti smūgį 강타하다, 일격을 가하다
smokingas [남] 남자용 약식 야회복
smūgis [남] ① 치기, 때리기, 발로 차기, 타격; vienu smūgiu 한 대 쳐서 ② [병리] 발작; saulės smūgis 일사병
smuikas [남] [음악] 바이올린
smuikininkas [남] 바이올리니스트, 바이올린 연주자
smukdyti [동] 몰락하게 하다, 쇠퇴시키다
smukimas [남] 몰락, 쇠퇴; (문예 사조의) 퇴폐
smuklė [여] 선술집, 주막
smukti [동] ① 굴러 떨어지다; (머리카락 따위가) 빠지다 ② 가라앉다, 푹 꺼지다 ③ 몰락하다, 쇠퇴하다
smulkėti [동] 작아지다
smulkinti [동] 잘게 쪼개다, 세분하다
smulkmena [여] 세부적인 것; 사소한 것
smulkmeniškas [형] ① 마음이 좁은, 좀스러운 ② 세부적인
smulkus [형] ① 작은, 소규모의; 사소한 ② 미세한, 고운, 가는 ③ 세부적인
smurtas [남] 폭력; smurtu 폭력을 써서, 폭행하여
smurtinis [형] ① 난폭한, 폭력적인 ② smurtinė mirtis 변사(變死), 횡사(橫死)
snaigė [여] 눈송이
snaiperis [남] 저격수
snapas [남] (새의) 부리
snausti [동] 꾸벅꾸벅 졸다
sniegas [남] 눈(雪); tirpstantis sniegas 녹기 시작한 눈, 진창; padengtas sniegu 눈으로 뒤덮인; baltas kaip sniegas 눈처럼 하얀
snieginas [형] 눈으로 뒤덮인
sniegingas [형] 눈이 (많이) 내리는
snieguolė [여] ① [식물] 스노드롭, 아네모네 ② (동화 속의) 백

설공주

snieguotas [형] 눈으로 뒤덮인

snigti [동] 눈이 내리다; sninga 눈이 내린다, 눈이 오고 있다; sniegas sninga 눈이 내리고 있다

snobizmas [남] 속물 근성, 신사인 체함

snukis [남] ① (돼지 등의) 코, 주둥이 ② (속어로) (사람의 못생긴) 얼굴, 낯짝

socialdemokratas [남] 사회 민주주의자, 사회 민주당원

socialdemokratija [여] 사회 민주주의

socialinis [형] 사회의, 사회적인, 사회에 관한; socialinė padėtis 사회적 지위

socialistas [남] 사회주의자

socialistinis [형] 사회주의의; socialistinė revoliucija 사회주의 혁명

socializmas [남] 사회주의

sociologas [남] 사회학자

sociologija [여] 사회학

soda [여] 소다, 나트륨 화합물

sodas [남] ① 뜰, 정원(庭園); vaisių sodas 과수원 ② 유원지, 공원; zoologijos sodas 동물원

sodyba [여] 농장

sodybinis [형] sodybinis sklypas 소자작 농지

sodietis [남] 시골 사람

sodinimas [남] (식물을) 심기

sodininkas [남] 원예가, 정원사

sodininkystė [여] 원예(술)

sodinti [동] ① (식물을) 심다 ② (사람을) (어떤 자리에) 앉히다; (어느 장소에) 집어넣다; sodinti į kalėjimą 투옥하다, 감옥에 가두다

sodrus [형] (식물이) 무성한, 울창한

sodžius [남] 마을, 촌락

sofa [여] 소파

solidarizuotis [동] (~와) 제휴하다, 행동[방침]을 같이하다

solidarumas [남] 연대, 단결, 결속

solidarus [형] (~와) 연대하는

solidus [형] ① 굳은, 단단한; 튼튼한, 견고한 ② 믿을 만한,

신뢰성이 높은; 평판이 좋은, 입지가 강한
solistas [남] [음악] 독주자, 독창자
solo [남] [음악] 독주(곡), 독창(곡)
sonata [여] [음악] 소나타
sopėti [동] 아프다, 고통스럽다; jam danti sopa 그는 치통이 있다, 이가 아프다
sopranas [남] [음악] 소프라노
sopulingas [형] 아픈, 고통스러운
sopulys [남] 아픔, 고통
sora [여] [식물] 기장
sostas [남] 왕좌, 보좌; 왕위, 왕관; įžengti į sostą 왕위에 오르다, 즉위하다; nuversti nuo sosto (왕을) 폐위시키다
sostinė [여] 수도; 대도시
sotinti [동] ① 물리게 하다, 충분히 만족하게 하다 ② [화학] 포화시키다
sotis [여] 물림, 싫증남, 포만; iki soties 물리도록, 실컷
sotumas [남] 물림, 싫증남, 포만
sotus [형] ① 물릴 정도의, 아주 충분히 공급된, 포만한 ② (식사가) 실속 있는
spalis [남] 10월
spalva [여] 색(깔), 빛깔, 컬러
spalvingas [형] 색채가 풍부한, 다채로운
spalvinti [동] 색칠하다, 채색하다
spalvotas [형] ① 컬러의, 색이 있는; spalvota televizija 컬러 TV ② (피부색 따위가) 유색(有色)의
spalvoti [동] 색칠하다, 채색하다
spanguolė [여] [식물] 크랜베리, 덩굴월귤
spardyti(s) [동] (발로) 차다
sparnas [남] ① 날개; plasnoti sparnais 날개를 퍼덕이다 ② [군사] 측면, (좌·우의) 익(翼) ③ (자동차의) 흙받기
sparnuočiai [남·복] 새, 조류
sparnuotas [형] 날개가 있는, 날개 달린
spartinti [동] 빠르게 하다, 가속하다
spartus [형] 빠른, 급속한
sparva [여] [곤충] 등에
spąstai [남·복] 덫, 함정; pagauti spąstais 덫을 놓아 잡다,

함정에 빠지게 하다; pakliūti į spąstus 덫에 걸리다, 함정에 빠지다

spauda [여] ① 인쇄, 프린트; spaudos klaida 미스프린트, 오식(誤植); išeiti iš spaudos 인쇄되어 나오다, 간행되다 ② 신문, 간행물, ~지(紙)

spaudas [남] 도장, 스탬프, 소인(消印)

spaudimas [남] 압력; kraujo spaudimas 혈압; daryti kam spaudimą ~에게 압력을 가하다, ~을 압박하다

spaudinys [남] 인쇄물

spausdinimas [남] 인쇄, 프린트

spausdinti [동] 인쇄[프린트]하다; 타이핑하다

spausdintinis [형] 인쇄된, 프린트된

spausti [동] ① 누르다, 압박하다, 압력을 가하다, 꽉 쥐다; 압착하다 ② (신발 따위가) 꽉 죄다 ③ 억지로 밀어넣다 ④ 인쇄하다, 프린트하다

spaustis [동] ① 가까이 끌어당기다 ② 쌓아올리다, 그러모으다 ③ 누르다, 압착하다

spaustukas [남] ① 클립, 집게 ② [복] 호두 까는 기구

spaustuvas [남] (또는 복수형 spaustukai으로) 압착기, 프레스

spaustuvė [여] 인쇄소

spaustuvininkas [남] 인쇄업자

spazmas [남] [의학] 경련(痙攣)

specialybė [여] 전문, 전공, 특히 잘 하는 분야

specialistas [남] 전문가

specializacija [남] 전문화

specializuotis [동] (~을) 전문으로 하다, 전공하다

specialus [형] 특별한, 각별한, 특수한

specifika [여] 특성, 특질

specifinis, specifiškas [형] 특유한, 독특한

speigas [남] 된서리, 혹한

spėjamas [형] 추측의, 추정의, 가정의

spėjimas [남] 추측, 추정, 가정

spektaklis [남] 상연, 공연

spektras [남] [물리] 스펙트럼, 분광

spekuliacija [여] 투기, 폭리를 취하기

spekuliacinis [형] 투기의, 투기적인

spekuliantas [남] 투기꾼
spekuliuoti [동] 투기하다, 폭리를 취하다
spėliojimas [남] 짐작, 추측, 가정
spėlioti [동] 짐작하다, 추측[가정]하다
spengti [동] (소리가) 울리다
spenys [남] 젖꼭지
spėti [동] ① 짐작하다, 추측[가정]하다 ② ~할 시간이 있다, (시간상) 여유가 있다
spiečius [남] 무리, 떼
spiegimas [남] 비명, 끽끽대는 소리
spiegti [동] 비명을 지르다, 끽끽 소리를 내다
spyglys [남] ① 바늘 ② (동식물의) 침, 가시
spygliuotas [형] 침[가시]이 나 있는
spyna [여] 자물쇠
spindėjimas, spindesys [남] 빛남, 광휘
spindėti [동] (눈부시게) 빛나다; saulė spindi 태양이 빛난다
spindulinis [형] 빛을 내는, 방사[복사]의
spindulys [남] ① 광선; vilties spindulys 한 줄기의 희망 ② 반지름, 반경
spinduliuoti [동] 빛을 내다
spinta [여] 찬장, 식기장; drabužinė spinta 옷장, 양복장; knygų spinta 책장, 서가, 책꽂이
spiralė [여] 나선형의 것
spiralinis [형] 나선형의
spirgėti [동] 구워지다, 튀겨지다
spirginti [동] 굽다, 튀기다
spyris [남] (발로) 차기
spiritas [남] 술, 주류; 독한 술
spiritinis [형] 알코올성(性)의; spiritinis gėrimas 술, 알코올 음료
spirti [동] ① (발로) 차다 ② 억지로 시키다, 강요하다, 몰아대다 ③ (떠)받치다, 버티다, 지지하다
spirtis [동] ~하지 않으려 하다, 저항하다
spyruoklė [여] 스프링, 용수철
spyruokliuoti [동] (용수철처럼) 탄성이 있다
spjau(dy)ti [동] 침을 뱉다

spjūvis [남] (내뱉은) 침
spoksoti [동] 응시하다, 쳐다보다
sportas [남] 스포츠, 운동, 경기; vandens sportas 수상경기
sportininkas [남] 스포츠맨, 운동 선수
sportinis [형] 스포츠의
sportiškas [형] 스포츠맨다운
sportuoti [동] 스포츠[운동 경기]에 참가하다
spraga [여] ① 틈, 트인 구멍, 돌파구 ② 결함; 공백
sprag(s)ėti [동] 탁탁 소리를 내다
sprandas [남] ① 목덜미 ② sėdėti kam ant sprando ~에게 부담[짐]이 되다
sprausti [동] 밀어[쑤셔] 넣다
spraustis [동] 밀고[비집고] 들어가다
sprendimas [남] ① 결정, 판단 ② 해결책, 해답 ③ 결심, 결의
sprendžiamas(is) [형] 결정적인, 결정하는
spręsti [동] ① 결정하다, 판단하다 ② (문제를) 풀다, 해결하다 ③ 논의하다
sprigtas [남] 손가락 끝으로 튀기기; duoti sprigtą 손가락 끝으로 튀기다
sprindis [남] 한 뼘
springti [동] (~으로[때문에]) 숨이 막히다, 목이 메다
sprogdinimas [남] 폭발, 폭파
sprogdinti [동] 폭발시키다, 폭파하다
sprogimas [남] 폭발, 파열
sproginėti [동] 터지다, 폭발[파열]하다
sprogmenys [남·복] 폭발물
sprogstamasis [형] 폭발성의
sprogti [동] ① 터지다, 폭발[파열]하다 ② 갈라지다, 쪼개지다 ③ (식물의 봉오리 따위가) 피어나다, 벌어지다 ④ 게걸스럽게 먹다 ⑤ (나쁜 감정이) 터질 듯하다
sprukti [동] 도망가다, 줄행랑치다
spuogas [남] 여드름, 뾰루지
spurdėti [동] (물고기 따위가) 버둥거리다; (새가) 날개를 퍼덕이다; (심장이) 고동치다
spurga [여] 도넛
spurgas [남] ① (식물의) 눈, 싹 ② 술, 술 장식

spūstis [동] 서로 밀치며 몰려들다, 쇄도하다
sraigė [여] [동물] 달팽이
sraigtas [남] 나사; 나선형의 것
sraigtinis [형] 나사의, 나선형의
sraigtuoti [동] 나사를 돌리다, 나사로 죄다; 나사가 돌다
sraunus [형] 빠른, 급속한
srautas [남] 급류
srėbti [동] 소리내어[꿀꺽꿀꺽] 마시다
sriegis [남] (나사의) 이, 날
sritinis [형] 지역의, 지방의
sritis [여] ① 지역, 지방 ② 영역, 분야
sriuba [여] 수프
srovė [여] ① 흐름; oro srovė 기류(氣流); eiti[plaukti] prieš srovę 흐름을 거스르다 ② 경향, 풍조, 트렌드
sruoga [여] (실의) 타래
srutos [여·복] 하수, 오수
sruventi [동] 흐르다, 흘러가다
stabas [남] ① 우상(偶像) ② 마비 (상태)
stabdys [남] ① 브레이크, 제동기 ② 장애물, 방해물
stabdyti [동] ① 멈추게 하다, 제동을 걸다 ② 방해하다
stabilizacija [여] 안정(화)
stabilizavimas [남] = stabilizacija
stabilizuoti [동] 안정시키다
stabilumas [남] 안정(성)
stabilus [형] 안정된
stabligė [여] [병리] 파상풍
stabtelėjimas [남] 멈춤, 중지, 중단
stabtelėti [동] 멈추다, 중지[중단]하다
stacionarinis [형] (기계 장치 등이) 움직이지 않는, 고정된
stačiakampis [형/남] 직사각형(의)
stačias [형] 똑바로[곧추] 선, 직립의
stačiokas [남] 무례한 녀석
stačiokiškas [형] 무례한, 버릇없는
stačiom(is) [부] (똑바로) 서 있는[있어]
stadija [여] 단계, 기(期)
stadionas [남] 경기장, 스타디움

stagnacija [여] 침체, 불경기
staiga [부] 갑자기, 돌연
staigmena [여] (깜짝) 놀람
staigus [형] ① 갑작스러운, 돌연한 ② 가파른, 경사가 급한
staklės [여·복] ① 기계, (전동) 공구 ② 베틀, 직기 ③ 선반(旋盤)
stakta [여] 문설주
stalas [남] 탁자, 테이블; už stalo 테이블에 앉아; sėstis p-rie stalo 테이블에 앉다
stalčius [남] 서랍
stalius [남] 소목[가구]장이
staltiesė [여] 식탁보, 테이블보
stamantrus [형] ① 뻣뻣한, 굳은, 경직된 ② 탄력[탄성]이 있는
stambinti [동] ① 크게 하다, 확장하다 ② 통합하다
stambus [형] ① 큰, 대규모의 ② 뚱뚱한
standartas [남] 표준, 기준, 규격
standartinis [형] 표준의
standartizuoti [동] 표준화하다
standus [형] ① 뻣뻣한, 굳은, 경직된 ② 꽉 죈, 타이트한
stang(r)us [형] 탄력[탄성]이 있는
startas [남] 출발, 스타트
startuoti [동] 출발[스타트]하다
statyba [여] 건조, 건설, 건축; gyvenamųjų namų statyba 집 짓기; laivų statyba 조선(造船), 건함(建艦)
statybininkas [남] 건축(업)자, 건설자; inžinierius statybininkas 토목 기사
statybinis [형] 건축[건설]의; statybinė medžiaga 건축 자재
statykla [여] laivų statykla 조선소
statymas [남] ① 건조, 건설, 건축; namų statymas 집 짓기 ② 공급(하기)
statinė [여] 큰 통
statinis [남] 말뚝, 울짱
statinys [남] 건조, 건설, 건축
statistika [여] 통계(학)
statistikas [남] 통계학자
statistinis [형] 통계의, 통계적인

statyti [동] ① 놓다, 두다, 세워 놓다 ② 짓다, 세우다, 건조 [건설·건축]하다 ③ 상연[공연]하다 ④ 공급하다 ⑤ (게임·내기에서) 걸다
statytinis [남] 믿을 만한 부하, 심복, 오른팔
statytojas [남] 건축(업)자, 건설자
statmenas [형] 수직의, 직립한, 곧추 선
statula [여] 상(像), 조각상
status [형] ① 가파른, 경사가 급한 ② 똑바로[곧추] 선 ③ 무례한 ④ statusis kampas [수학] 직각
statutas [남] 성문율(成文律), 법규
staugimas [남] 울부짖음, (바람의) 윙윙거림
staugti [동] 울부짖다, (바람이 울부짖듯) 윙윙거리다
stažas [남] ① 경력, 근무 연한 ② 견습 기간
stebėjimas [남] 관찰
stebėti [동] ① 관찰하다, 지켜보다 ② 감독하다
stebėtis [동] (~에) 놀라다
stebėtojas [남] 관찰자
stebinti [동] (깜짝) 놀라게 하다
stebuklas [남] 기적, 놀라운 일
stebuklingas [형] 기적적인, 놀라운; 기적을 행하는
stebulė [여] (차륜의) 바퀴살이 모인 부분, 바퀴통
steigėjas [남] 설립자, 구성[조직]자
steigiamasis [형] 구성하는, 만들어내는, 성분[요소]가 되는
steigti [동] 세우다, 설립하다
stemplė [여] [해부] 식도, 목구멍
stendas [남] 스탠드, 대(臺)
stenėjimas [남] 신음, 끙끙거림
stenėti [동] 신음하다, 끙끙거리다
stengimasis [남] 노력, 애씀
stengtis [동] 노력하다, 애쓰다
stenografija [여] 속기(술)
stenografuoti [동] 속기로 적다
stepė [여] 스텝 (나무가 없는 대초원 지대)
stereotipas [남] [사회] 고정관념
stereotipinis [형] 판에 박은, 진부한
sterilizacija [여] 불임 수술

steriliuzoti [동] 불임이 되게 하다
sterilus [형] 살균한, 무균의
stichija [여] ① [철학] (자연을 구성하는) 4대 원소(의 하나) ② (폭풍우 등 자연 재해에 나타나는) 자연력, 자연의 힘
stichinis, stichiškas [형] ① 자연력의; stichinė nelaimė 자연재해 ② 자연히 일어나는, 자연적인
stiebas [남] ① (초목의) 줄기, 대 ② (배의) 돛대, 마스트
stiebtis, stieptis [동] ① 발끝으로 서다 ② 쑥쑥 자라다
styga [여] 줄, 현(弦); balso stygos [해부] 성대(聲帶)
styginis [형] styginis instrumentas 현악기
stigti [동] 부족하다, 없다; jam stinga pinigų 그는 돈이 없다 [모자란다]
stiklainis [남] 유리병, 유리 단지
stiklas [남] ① 유리; lango stiklas 창유리 ② [복] 안경, 렌즈
stiklelis [남] 포도주 잔, 와인 글라스
stiklinė [여] (유리)잔; 컵 한 잔의 분량
stiklinis [형] ① 유리로 된 ② (눈 따위가) 흐릿한, 생기 없는
stikliukas [남] = stiklelis
stilingas [형] 유행의, 스타일리시한
stilistinis [형] 문체[양식]의
stilius [남] 스타일, 양식
stimulas [남] 자극, 격려, 고무, 동기
stimuliuoti [동] 자극하다, 격려[고무]하다
stingti [동] ① 굳다, 응고되다 ② 얼어붙다
stipendija [여] 장학금
stipinas [남] (바퀴의) 살
stiprėti [동] 강화되다
stiprybė [여] 힘, 세기
stiprinimas [남] ① 강화 ② [전기] 증폭
stiprinti [동] ① 강화하다, 튼튼히 하다 ② [전기] 증폭하다
stiprintis [동] 몸을 튼튼히 하다, 기운을 차리다
stiprintuvas [남] [전기] 증폭기, 앰프
stiprumas [남] 강함, 견고
stipruolis [남] 힘센 사람
stiprus [형] ① 강한, 힘센, 튼튼한 ② 심한, 혹독한; 격렬한 ③ (어떤 분야에[를]) 강한, 능통한, 잘 하는

stipti [동] ① 죽다 ② 얼어붙다
stirna [여] [동물] 노루
stirta [여] 더미, 퇴적
stirti [동] ① 뻣뻣해지다 ② (추위로) 얼다, 곱다
stogas [남] 지붕; be stogo 지붕이 없는; dengti stogą 지붕을 얹다[이다]
stoginė [여] 창고, 건초 두는 곳
stojamasis [형] 입학, 입회; stojamasis egzaminas 입학 시험; stojamasis mokestis 입회비
stojimas [남] (모임·단체에의) 가입; (학교에의) 입학
stoka [여] (~의) 부족, 결핍; dėl laiko stokos 시간이 없어서
Stokholmas [남] 스톡홀름 (스웨덴의 수도)
stokoti [동] 부족하다, 모자라다
storas [형] ① 두꺼운, 굵은 ② 뚱뚱한, 비만의 ③ (음성이) 굵고 낮은
storėti [동] ① 두꺼워지다, 굵어지다 ② 살찌다, 뚱뚱해지다
storinti [동] 두껍게[굵게] 하다
storulis [남] 뚱뚱보
storumas [남] ① 두께, 굵기 ② 뚱뚱함, 비만
stotelė [여] 정류소, 정거장
stoti [동] ① 서다 ② (모임·단체 등에) 가입[등록]하다; (학교에) 입학하다 ③ (어떤 활동을[에]) 시작하다, 참가하다; stoti į kovą 싸우기 시작하다, 싸움에 참여하다 ④ (방어·옹호를 위해) 일어서다; stoti už ką ~을 옹호[두둔]하다, ~의 편을 들다 ⑤ ~하기 시작하다, (어떤 상태가) 되다; s-tojo visiška tyla 조용해졌다 ⑥ 멈추다; stok! 멈춰!
stotis[1] [여] ① (철도)역 ② (기관·시설의) 국(局), 소(所); elektros stotis 발전소; radijo stotis 라디오 방송국; telefono stotis 전화 교환국
stotis[2] [동] (일어)서다, 일어나다
stovas [남] 기둥, 스탠드
stovėjimas [남] 서 있음
stovėti [동] ① 서 있다; stovėti kieno kelyje ~의 앞길을 막고 서 있다 ② (~에) (위치해) 있다 ③ 멈추다; 멈춰 있다; laikrodis stovi 시계가 멈췄다
stovykla [여] (군사의) 캠프, 야영지, 막사; (포로 등의) 수용소

stovyklauti [동] 야영하다
stovimas, stovintis [형] ① 서 있는; stovima vieta 입석 ② 멈춰 있는
stoviniuoti [동] 우두커니 서 있다
stovis [남] 상태, 형편, 사정; sveikatos stovis 건강 상태
straipsnis [남] ① (신문·잡지의) 기사, 논설 ② (문서의) 조항, 조목
strategija [여] 전략, 전술
strateginis, strategiškas [형] 전략의, 전략상의, 전략적인
straublys [남] (코끼리 등의) 코
strazdana [여] 주근깨
strazdas [남] [조류] 노래지빠귀
streikas [남] 동맹 파업, 스트라이크, 쟁의; visuotinis streikas 총파업; paskelbti streiką 파업을 선언하다, 파업에 돌입하다
streikininkas [남] 동맹 파업자
streikuoti [동] 파업하다
strėlė [여] 화살
strėnos [여·복] 허리 부분
stresas [남] 스트레스, 중압감
strigti [동] 찔리다, 꽂히다
strykas [남] (바이올린 등의) 활
strypas [남] 곤봉, 곤장
striptizas [남] 스트립쇼
striukas [형] 짧은
striukė [여] ① 재킷, 상의 ② 말썽, 곤란
stropumas [남] 근면, 부지런함
stropus [형] 부지런한, 근면한; 열심히 공부하는, 면학에 힘쓰는
struktūra [여] 구조, 조직
strutis [남] [조류] 타조
stuburas [남] 등뼈, 척추
stuburinis [형] 척추의; stuburiniai (gyvuliai) 척추동물
studentas [남] 학생; 대학생
studentija [여] (일단(一團)의) 학생들
studentiškas [형] 학생의

studija [여] ① (예술가 등의) 작업장, 스튜디오 ② (예술 분야 등을 가르치는) 학교
studijavimas [남] 공부, 학습, 연구
studijos [여·복] (개인의) 연구 활동; baigti studijas 공부를 마치다
studijuoti [동] 공부하다, 연구하다
stūgauti [동] (바람 따위가) 윙윙거리다
stūksoti [동] 보이다, 눈에 띄다
stulbinti [동] 깜짝 놀라게 하다, 어리벙벙하게 하다
stulpas [남] ① 기둥 ② gėdos stulpas 칼 (형틀의 하나)
stūma [여] 빗장, 걸쇠
stumdyti [동] 밀다, 밀치다, 떼밀다
stumdytis [동] 서로 밀치다[떼밀다]
stūmoklis [남] ① [기계] 피스톤 ② 흡입기, 빨아들이는 장치
stumtelėti [동] 슬쩍 밀다[찌르다]
stumti [동] 밀다, 밀치다
stumtis [동] 밀고 나아가다
stuobrys [남] ① 마른 나무의 줄기 ② 멍청이, 얼간이
stuomuo [남] 몸집, 풍채
stverti [동] 붙잡다, 움켜 쥐다
su [전] ① (~와) 함께, 같이; su draugais 친구와 함께 ② (~을) 나타내어, ~하게; su malonumu 기꺼이 ③ (~을) 가지고, 수단으로 이용하여; siūti su adata 바늘로 꿰매다 ④ su laiku 때 맞추어; su sąlyga (~이라는) 조건으로 ― [소사] ~와[과], ~ 및, 그리고; du su puse 2와 1/2
suabejoti [동] 의심하다, 의혹을 품다
suakmenėti [동] 석화(石化)되다; 굳어지다
suaktyvinti [동] 활기를 띠게 하다
suardyti [동] ① 망치다 ② (질서·평화 따위를) 깨뜨리다, 어지럽히다, 방해하다
suartėti [동] ① (~에게) 다가가다 ② (~와) 친해지다, 친구가 되다
suartinti [동] (양자의 사이를) 가깝게 하다
suaugęs [형] 어른의, 성인의; suaugęs žmogus 어른, 성인
suaugti [동] ① 접합되다, 합체하다 ② 자라다, 성장하다
subadyti [동] ① 머리[뿔]로 들이받다, 들이받아 죽이다 ② (꿰)

찌르다
subanguoti [동] (바다가) 거칠어지다, 큰 물결이 일다
subankrutuoti [동] 파산하다
subarti [동] 꾸짖다, 잔소리하다
subėgti [동] ① 모여들다, 모이다, 만나다 ② (물이) 합류하다
suberti [동] 쏟다, 붓다
subyrėti [동] 산산조각이 나다, 부스러지다
subjaurinti, subjauroti [동] ① 외관을 손상하다, 볼꼴사납게 만들다 ② 더럽히다
subjektas [남] ① [문법] 주어 ② (~한) 사람
subjektyvus [형] 주관적인
sublogti [동] 야위다, 마르다
subnuoma [여] 전대(轉貸; 빌린 것을 다시 빌려 줌)
subnuomoti [동] 전대하다
subordinacija [여] 예속, 종속
subordinuoti [동] (~에) 예속[종속]시키다
subrendęs [형] 성숙한, 무르익은
subrendimas [남] 성숙, 무르익음; lytinis subrendimas 사춘기
subręsti [동] 성숙하다, 무르익다
subsidija [여] 보조금, 장려금
subsidijuoti [동] 보조금[장려금]을 지급하다
subtilus [형] 미묘한, 미세한
subtropikai [남·복] 아열대 지방
suburti [동] 합병하다, 규합하다
sučiupti [동] 붙잡다, 움켜 쥐다
sudarymas [남] ① 형성, 구성, 만들기 ② (조약 따위의) 체결
sudaryti [동] ① 형성하다, 구성하다, 이루다, 만들다; 조직하다 ② (책을) 쓰다, 편집하다 ③ 합계가 (~에) 달하다 ④ (조약 따위를) 체결하다
sudarytojas [남] 형성[구성]하는 사람
sudarkyti [동] 외관을 손상시키다, 흠이 가게 하다
sudaužyti [동] ① 깨다, 부수다 ② (적을) 격파하다 ③ (무자비하게) 치다, 때리다
sudedamasis [형] ① 접을 수 있는 ② sudedamoji dalis 구성요소, 성분
sudeginti [동] 다 태워[불살라] 버리다, 전소(全燒)시키다; (시

체를) 화장하다
sudegti [동] 다 타버리다, 전소되다
sudėjimas [남] ① 체격; tvirto sudėjimo 건장한 체격 ② 모으기, 꾸리기; 쌓기, 적재
suderėti [동] (~에 대해) 협정을 맺다, 합의에 이르다
suderinti [동] ① (~에) 맞추다, 일치시키다 ② (~에 대해 ~와) 합의를 보다, (~으로) 결정하다 ③ (서로 다른 입장 따위를) 조정하다, 중재하다 ④ [문법] (어형 따위를) 일치시키다 ⑤ (악기를) 조율하다
sudėstyti [동] = sudėti
sudėti [동] ① 한 군데에 모으다, 꾸리다 ② 쌓다, 적재하다 ③ 접다 ④ (수의) 합계를 내다 ⑤ (노래 따위를) 짓다, 작곡하다
sudėtingas [형] 복잡한
sudėtingumas [남] 복잡(성)
sudėtinis [형] 복합의; sudėtinis sakinys [문법] 복문(複文)
sudėtis [여] ① 구성, 구조 ② 덧셈
sudėvėti [동] 닳아 없어지게 하다
sudie(v) [감] 잘 가요, 안녕
sudygti [동] 싹이 트다, 발아하다
sudilti [동] 닳아 없어지다, 해어지다
sudirbti [동] ① 더럽히다 ② 평판을 나쁘게 하다
sūdyti [동] (소금 따위에) 절이다, 절여 보존하다
sudominti [동] 흥미[호기심]를 유발하다
sudoroti [동] ① 잘 해내다, (~에) 이기다 ② 거둬들이다, 수확하다
sudraskyti [동] (갈가리·조각조각) 찢다
sudrausti [동] 꾸짖다, 잔소리하다
sudrebėti [동] 떨리다, 떨리기 시작하다
sudrebinti [동] 떨리게 하다, 격동시키다
sudrėkinti [동] ① 젖게[축축하게] 하다, 적시다 ② 물을 대다, 관개하다
sudrėkti [동] 젖다, 축축해지다
sudrumsti [동] ① (물을) (휘저어) 흐리게[탁하게] 하다 ② (안정 따위를) 깨뜨리다, 방해하다
sudūlėti [동] 썩다, 분해되다

sudulkėti [동] 먼지로 뒤덮이다
sudundėti [동] 우르르 울리다; 천둥이 치다
suduoti [동] 치다, 때리다, 펀치를 날리다
sudurti¹ [동] 모으다, 결합하다
sudurti² [동] sudurti galą su galu 수지를 맞추다
sudurtinis [형] 복합의, 합성의; sudurtinis žodis 복합어
sudužęs [형] 난파된, 파괴된
sudužimas [남] 난파, 파괴; laivo sudužimas 난선(難船)
sudužti [동] 부서지다, (배 따위가) 난파되다
sudžiūti [동] 바싹 마르다; 시들다, 오그라들다
sueiga [여] 모임, 집회, 대회
sueiti [동] ① 모이다, 집결하다 ② 만나다; 한 점으로 모이다 ③ (~와) 친해지다, 친구가 되다 ④ (나이가) ~이다; jam suėjo dešimt metų 그는 10살이다 ⑤ (~에) 인접하다, (~와) 접촉하다
suėmimas [남] 체포
suerzinti [동] 화나게[짜증나게] 하다
suėsti [동] 먹다, 먹어 버리다
sufiksas [남] [문법] 접미사
sufleris [남] 프롬프터 (극장에서 배우에게 대사를 가르쳐 주는 사람)
sugadinimas [남] 손상, 망치기
sugadinti [동] ① 망치다, 손상을 입히다 ② (도덕적으로) 타락[부패]시키다
sugaišti [동] 시간을 낭비하다
sugalvoti [동] 생각해내다, 고안[궁리]하다; sugalvotas 생각해낸, 고의적인, 계획적인
sugarbanoti [동] (머리를) 지지다, 컬하다, 곱슬곱슬하게 하다
sugaudyti [동] (붙)잡다
sugauti [동] ① (붙)잡다, 채다, 쥐다 ② 간파하다, 이해하다, 파악하다
sugavimas [남] (붙)잡기, 포획
sugebėjimas [남] 능력, 역량
sugebėti [동] ~할 수 있다, ~할 능력이 있다
sugedęs [형] 망친, 상한
sugėdinti [동] 창피를 주다, 수치심을 불러일으키다

sugeriamas [형] 흡수성의; sugeriamas popierius 압지(押紙)
sugerti [동] 흡수하다
sugesti [동] 결딴나다, 고장나다, 상하다
sugyti [동] 좋아지다, 더 나아지다, 회복되다
sugyventi [동] ① (~와) 사이좋게 지내다, 관계가 원만하다; (~와) 함께 살다 ② (부모가) 자식을 보다; jie sugyveno daug vaikų 그들에겐 자식이 많다
sugyventinė [여] 첩, 내연녀
sugyventinis [남] 동거인, 함께 사는 사람
suglausti [동] 서로 가깝게 놓다, 한데 모으다, 간격을 좁히다
suglebęs [형] 흐느적거리는, 축 늘어진
suglebti [동] 흐느적거리게[축 늘어지게] 되다
sugniaužti [동] 꽉 쥐다
sugraudinti [동] 감동시키다; 슬프게 하다
sugrąžinti [동] 반환하다, 되돌려 주다; 돈을 갚다
sugretinimas [남] 대조, 대비, 비교
sugretinti [동] (~와) 대조[대비]하다, 비교하다
sugriauti [동] ① 파괴하다, 헐다, 무너뜨리다 ② 논박[논파]하다, 반박하다 ③ (계획·희망 따위를) 좌절시키다
sugriebti [동] 잡다, 쥐다
sugriovimas [남] 파괴
sugriūti [동] ① 넘어지다, 굴러 떨어지다 ② 무너지다, 엉망이 되다, 완전히 실패하다
sugrįžimas [남] 귀환, 복귀, (되)돌아옴[감]
sugrįžti [동] (되)돌아오다[가다], 귀환[복귀]하다
sugrubti [동] (추위로) 얼다, 곱다
sugrūsti [동] ① 빻다, 가루로 만들다 ② 쑤셔[밀어] 넣다
sugulti [동] 드러눕다
sugundyti [동] 꾀다, 유혹하다
suieškoti [동] 찾아내다
suimti [동] ① 체포하다 ② 거둬들이다, 수확하다
suinteresuotas [형] ① (~에) 관심이 있는 ② (~에) 관계하는, 관계가 있는; suinteresuotas asmuo 관계자
suinteresuoti [동] (~에) 관심을 갖게 하다, 관심을 유발하다
suinteresuotumas [남] (~에 대한) (개인적인) 관심
suirti [동] ① 붕괴되다, 산산조각이 나다 ② 결딴나다, 파멸하

다
suirutė [여] 파멸; 무질서, 혼란
sujaudinti [동] 뒤흔들다, 동요시키다
sujaukti [동] 뒤죽박죽으로 만들다
sujudėti [동] 움직이기 시작하다, 살짝 움직이다
sujudinti [동] 움직이다, 움직이게 하다; 일으키다, 휘젓다
sujungiamas(is) [형] 연결하는, 잇는; sujungiamieji sakiniai [문법] 중문(重文; 절을 등위접속사로 이은 문장)
sujungimas [남] 연결, 결합; sujungimo vieta 접합점
sujungti [동] ① 잇다, 연결하다 ② (결)합하다; sujungti jėgas 힘을 합치다
sujusti [동] ① 움직이기 시작하다 ② ~하기 시작하다, (~에) 착수하다
sukabinti [동] (차량 따위를) 잇다, 연결하다; (사슬·갈고리 따위를) 매다·걸다
sukaitęs [형] 땀이 나는
sukakti [동] ① (나이가 ~이) 되다; rytoj jai sukaks dešimt metų 그녀는 내일(로) 10살이 된다 ② (시간이) 지나다, 경과하다; sukako dveji metai, kai jis išvyko 그가 떠난지 2년이 지났다
sukaktis [여] 기념일, 기념제; švęsti sukaktį 기념제를 거행하다, ~주년(週年)을 기념하다
sukaktuvės [여·복] = sukaktis
sukaktuvininkas [남] 기념일의 주인공
sukalbamas [형] 유순한, 고분고분한
sukalbėti [동] ① 조정하다, 합의에 이르다 ② 말하다, 발언을 시작하다
sukalti [동] 두들겨 만들어내다, (쇠를 벼려) ~으로 만들다
sukamasis [형] 회전하는, 회전성의
sukapoti [동] 잘게 썰다, 다지다
sukarpyti [동] 잘게[조각조각] 자르다, 동강내다
sukasti [동] sukasti dantis 이를 악물다; sukasti liežuvį [lūpas] 혀[입술]를 깨물다
sukaupti [동] ① (생각을) 집중하다; (힘을) 결집하다, 모으다 ② 쌓다, 축적하다
sukaustytas [부] 족쇄가 채워져, 속박[구속]당해

sukaustyti [동] ① 족쇄를 채우다, 속박[구속]하다, 무력하게 만들다 ② šaltis sukaustė upę 강이 얼어붙었다 (얼어붙어 배가 지나가지 못하게 됐다는 뜻)
sukčiauti [동] 사취[사기]하다, 속이다
sukčiavimas [남] 사취, 사기, 속이기
sukčius [남] 사기꾼
sukeisti [동] ① 바꾸다, 교환하다 ② 교차시키다, 엇걸다; s-ukeisti kojas 다리를 꼬다
sukėlėjas [남] (ligos) sukėlėjas 병원체, 병원균
sukėlimas [남] ① 자극 ② 고통을 가함
sukelti [동] 일으키다, 야기하다, 선동하다; sukelti dulkes 먼지를 일으키다; sukelti abejones [susidomėjimą] 의심[호기심]을 불러일으키다; sukelti apetitą 입맛을 돋우다; sukelti karą [triukšmą] 전쟁[소란]을 일으키다
sukergti [동] (동물을) 교미시키다
sukilėlis [남] 폭도, 반란자
sukilimas [남] 폭동, 반란; ginkluotas sukilimas 무장 폭동
sukilti [동] (~에 대항해) 들고 일어나다, 폭동[반란]을 일으키다
sukimas [남] 회전, 선회
sukimasis [남] ① 회전, 선회; žemės sukimasis apie saulę 태양에 대한 지구의 공전 ② galvos sukimasis 현기증, 어지러움
sukinėti [동] 돌리다, 회전시키다
sukinėtis [동] ① 돌다, 회전하다 ② (사람들과) 어울리다; (모임 따위 내에서) 활동하다
sukinys [남] 회전; [물리] 스핀
sukirpimas [남] 컷, 자르기, 절단
sukirpti [동] 자르다, 절단하다
sukirsti [동] (시험에서) 낙제하다
sukiršinti [동] (사람을 ~으로부터) 이간시키다
sukišti [동] ① 밀어넣다, 찔러[쑤셔]넣다 ② (돈을 ~에) 투자하다
suklaidinti [동] 오도하다, 잘못 이끌다; 현혹하다
suklastojimas [남] 위조, 가짜로 만듦
suklastotas [형] 위조[모조]의, 가짜의

suklastoti [동] 위조하다, 가짜로 만들다
suklestėjimas [남] 번영, 번창, 융성; 전성기, 황금기, 한창(때)
suklestėti [동] 번영하다, 융성하다
suklijuoti [동] (풀칠해서 한데) 붙이다, 접합하다
suklysti [동] 실수하다, 잘못하다, 틀리다
sukliudyti [동] 막다, 방해[저지]하다
suklupti [동] 발부리가 걸리다, (~에) 채어 비틀거리다
suknelė [여] 드레스, 가운
sukniedyti [동] 리벳으로 고정시키다
sukombinuoti [동] 속임수로[교묘하게] 빼앗다
sukomplektuoti [동] ① 보완하다, (채워) 완전하게 하다 ② (사람을) 모집하다, 인원을 두다
sukoncentruoti [동] 집중[집결]시키다
sukramtyti [동] (음식 등을) 씹다
sukrauti [동] (무더기로) 쌓다; (짐을) 싣다, 적재하다; (재산을) 축적하다
sukrėsti [동] ① 흔들다, 떨리게 하다 ② (정신적인) 충격을 주다
sukrėtimas [남] ① 흔들기, 진동; smegenų sukrėtimas [병리] 뇌진탕 ② (정신적인) 충격 ③ (정치・사회적) 격변, 동란
sukrešėti [동] 응고하다, 굳다
sukristi [동] 넘어지다, 쓰러지다, 엎드러지다
sukritikuoti [동] 혹평하다, 심하게 비난하다
sukryžiuoti [동] 교차시키다, 엇걸다
sukrusti [동] ① 움직이기 시작하다 ② 법석을 떨다
sukrutėti [동] 살짝 움직이다
suktas [형] ① 교활한, 약삭빠른 ② 꼬인, 비틀린
sukti [동] ① (실이나 줄 따위를) 꼬다, 비틀어 돌리다 ② (~쪽으로) 향하다, 방향을 돌리다 ③ 빙 돌리다, 회전시키다; sukti filmą 영화를 상영하다 ④ 돌돌 말다; sukti lizdą 둥지를 만들다 ⑤ 교유기로 휘저어 버터를 만들다 ⑥ 속이다, 트릭을 쓰다; suk (tave) devynios! 아차, 빌어먹을!
suktybė [여] 사기, 속임수
suktis [동] ① (실 따위가) 꼬이다 ② (빙빙) 돌다, 회전하다, 원을 그리다 ③ man sukasi galva 나는 머리가 어지럽다, 현기증이 난다

suktukas [남] 나사 돌리개, 드라이버
suktuvas [남] ① 윈치, 권양기 ② 드라이버
sukūrėjas [남] 창조자, 만든 사람; (학설 따위의) 창시자
sukūrimas [남] 창조, 만들기
sūkurys [남] 소용돌이; oro sūkurys 회오리바람
sūkuriuoti [동] 소용돌이치다
sukurstyti [동] 유발하다, 일으키다, 조장하다
sukurti [동] ① (불 따위를) 피우다, 일으키다 ② 창조하다, 만들다; 창작하다; (학파·학설을) 세우다, 창시하다
sukutis [남] 팽이
sula [여] 수액(樹液)
sulaikyti [동] ① 참다, 막다, 억누르다; sulaikyti kvėpavimą [kvapą] 숨을 참다 ② (누구에게 무엇을) 못하게 하다 ③ 늦추다, 지체시키다 ④ 멈추게 하다, 저지하다 ⑤ 구류하다
sulamdyti [동] (뭉쳐) 구기다
sulaukti [동] ① (~(할) 때까지) 기다리다 ② (~(할) 때까지) 살다; jis nesulauks pavasario 그는 봄까지 살지 못할 것이다, 그는 (살아서) 봄을 맞이하지 못할 것이다
sulaužymas [남] (약속·책무 따위의) 불이행, 위반
sulaužyti [동] ① 부수다, 부러뜨리다 ② (약속·책무 따위를) 위반하다, 불이행하다
sulenktas [형] 굽은, 구부러진
sulenkti [동] 굽히다, 구부리다; 접다
sulėtėti [동] (스스로) 속도를 늦추다, 감속하다
sulėtinti [동] 속도를 늦추다, 감속하다
sulfatas [남] [화학] 황산염
suliepsnoti [동] 확 타오르다
sulieti [동] 융합시키다
sulig [전] ① (높이가) (~에) 이르기까지; sulig keliais 무릎 높이까지 ② ~만한 크기의; berniukas ūgio sulig tėvu 그 소년은 자기 아버지만큼 키가 크다 ③ (시간상) ~으로부터, ~이래로; sulig ta diena 그날 이후로
sulyginimas [남] (권리 따위의) 동등화, 평등화
sulyginti [동] ① (권리 따위를) 동등[평등]하게 하다 ② 평평하게[평탄하게] 하다, 고르다 ③ 대조하다, 맞추어 보다 ④ sulyginti su žeme 파괴하다, 무너뜨리다

sulygti [동] (누구와 무엇에 관해) 합의를 보다
sulipdyti [동] 딱 붙이다, 접착하다, 들러붙게 하다
sulysęs [형] 여윈, 수척한, 말라빠진
sulysti [동] 여위다, 수척해지다, 살이 빠지다
sulituoti [동] 납땜하다
sultingas [형] (과일 따위가) 즙[액(液)]이 많은
sultinys [남] 고기 수프
sultys [여·복] 주스; 즙, 액(液); vaisių sultys 과일 주스; skrandžio sultys [생리] 위액
suluošinti [동] 수족(手足) 따위를 절단하다, 불구로 만들다
sulūžti [동] 부서지다
suma [여] ① 합계, 총계 ② [가톨릭] 미사
sumaišyti [동] ① 섞다, 혼합하다 ② 혼란스럽게[뒤죽박죽으로] 만들다; sumaišyti viską 엉망으로 만들다 ③ (카드를) 뒤섞다
sumaištis [여] 혼란, 뒤죽박죽
sumanymas [남] 계획, 기획; 착상, 고안, 아이디어
sumanyti [동] 계획하다; 고안하다, 아이디어를 내다
sumanus [형] 영리한, 총명한, 재치 있는; 솜씨 좋은
sumažėjimas [남] 감소; 완화
sumažėti [동] 줄어들다, 감소하다; (고통 따위가) 완화되다
sumažinimas [남] 줄이기, 감소(시키기); 완화(하기)
sumažinti [동] 줄이다, 감소시키다; (고통 따위를) 완화하다; (죄 따위를) 경감하다
sumenkėti [동] 약해지다
sumenkinti [동] 약화시키다; (의미·가치 따위를) 줄이다, 손상시키다
sumerkti [동] sumerkti akis 눈을 감다; nesumerkti akių 한 잠도 못 자다
sumesti [동] ① 그러모으다, 쌓아올리다 ② 이해하다, 파악하다 ③ (돈을) 갹출하다; (세금 따위를) 징수하다, 거두다 ④ 세어보다, 계산하다 ⑤ sumesti kaltę 책임을 남에게 전가하다
sumetimas [남] 고려할 사항, 이유
sumindžioti [동] 밟아 뭉개다
suminkštėti [동] ① 부드러워지다 ② (기분 따위가) 진정되다,

누그러지다 ③ (기후가) 온화해지다
suminkštinti [동] 부드럽게 하다; 누그러뜨리다, 진정시키다
sumišęs [형] 혼란스러운, 당황한
sumišimas [남] ① 혼란, 당황 ② 소란, 동요, 불안한 상태
sumišti [동] ① 혼란스러워지다, 당황하다, 어찌할 바를 모르게 되다 ② 뒤죽박죽이 되다
sumokėjimas [남] 지불, 불입
sumokėti [동] 지불하다, 불입하다; sumokėti skolą 빚을 갚다
sumontuoti [동] 조립하다; 설치하다
sumuoti [동] 요약하다
sumušti [동] ① 마구 때리다 ② 부상[타박상]을 입히다 ③ (적을) 쳐부수다, 패배시키다 ④ 부수다, 깨뜨리다
sumuštinis [남] 샌드위치
sunaikinimas [남] 파괴, 절멸
sunaikinti [동] 파괴하다, 절멸시키다
sunaudoti [동] 이용하다, 소용되게 하다
sūnėnas [남] 조카
sunerimęs [형] 걱정스러운, 불안한
sunerimti [동] (~에 대해) 걱정하(게 되)다, 불안해하다
sunerti [동] 연결하다, 결합하다, 맞물리게 하다
sunešioti [동] (옷·신발 따위를) 닳게[해지게] 하다; 더럽히다
sunešti [동] 긁어 모으다, 많은 양을 가져오다
suniekinti [동] ① 호되게 꾸짖다 ② ~하지 않도록 만류하다, 설득하여 ~하는 것을 단념시키다
sunykimas [남] 쇠퇴, 쇠미
sunykti [동] ① 쇠약해지다, 기운이 없어지다 ② 쇠퇴[쇠미]하다 ③ 가난해지다
suniokoti [동] = nuniokoti
sunka [여] 즙, 액
sunkenybė [여] 무거움; 무거운 짐[부담]
sunkėti [동] ① 무거워지다 ② (병이) 악화되다
sunkiai [부] 무겁게; 어렵게, 곤란하게
sunkiasvoris [형] [스포츠] 헤비급의
sunkinantis [형] sunkinančios aplinkybės 악화되는 상황
sunkinti [동] ① 무거운 짐[부담]을 지우다; 어렵게[곤란하게] 하다 ② 악화시키다

sunkti [동] ① 거르다, 여과하다 ② 짜내다, 압착하다
sunktis [동] 스며나오다
sunkumas [남] ① 무거움; 무게 ② 어려움, 곤란; 짐, 부담
sunkus [형] ① 무거운; sunkioji artilerija [군사] 중포(重砲); sunkus žingsnis 무거운 발걸음 ② 어려운, 곤란한, 힘든; sunkus darbas 어려운[힘든] 일; jam sunku įtikti 그를 기쁘게 해주기는 어렵다 ③ 심각한; (병세가) 위중한 ④ 가혹한, 혹독한, 엄중한 ⑤ 고통스러운, 괴로운; sunkūs laikai 힘든 나날[시기] ⑥ sunkioji atletika [스포츠] 역도
sunkvežimis [남] 트럭, 화물차
sunokti [동] (과일 따위가) 무르익다
sunormalėti [동] 표준화[정상화]되다
sunormuoti [동] 표준화[정상화]하다
sūnus [남] 아들
suodžiai [남·복] 그을음, 검댕
suolas [남] ① 벤치 ② 책상
Suomija [여] 핀란드
suomis [남] 핀란드 사람; suomių kalba 핀란드어
suomiškas [형] 핀란드의
supainiotas [형] 얽힌, 복잡한
supainioti [동] ① 얽히게[복잡하게] 하다 ② 혼란스럽게 하다
supakuoti [동] (짐을) 꾸리다, 포장하다
supančioti [동] 족쇄[차꼬]를 채우다
supažindinti [동] ① (사람을 ~에게) 소개하다 ② (소식 따위를) 알게 하다, 통보하다
supelėjęs [형] 곰팡이가 핀, 곰팡내 나는
supelėti [동] 곰팡이가 피다
supykdyti, supykinti [동] 화나게 하다
supykęs [형] 화가 난, 성난
supykti [동] (~에) 화가 나다
supilti [동] ① (~에) 쏟아 붓다 ② 가게에 물건을 들여놓다
sūpynės [여·복] 그네
supinti [동] 짜다, 엮다
supirkėjas [남] 매점[독점]하는 사람
supirkimas [남] [상업] 매점, 독점
supirkti [동] 매점[독점]하다

supjaustyti [동] 잘게 썰다[자르다]; 톱으로 켜다
supjudyti [동] 이간질하다
suplakti [동] ① 휘젓다, 휘저어 섞다 ② (채찍으로) 때리다 ③ (심장이) 두근거리다 ④ 혼란스럽게[뒤죽박죽으로] 만들다
suplaukti [동] (인파가) 많이 모이다, 북적거리다
suplauti [동] 설거지하다
suplėšyti [동] 찢다, 째다, 쪼개다, 갈라지게 하다
suplevėsuoti [동] (깃발 따위가) 펄럭이다, 나부끼다; 게양되다
suplyšęs [형] 찢어진, 터진
suplyšti [동] 찢어지다, 터지다
suploti [동] ① 손뼉을 치다 ② 납작하게 만들다
suprakaitavęs [형] 땀에 젖은
suprantamas [형] ① 영리한, 총명한 ② 이해할 수 있는, 알 만한; savaime suprantama 말할 나위도 없다, 당연하다
suprasti [동] 이해하다, 파악하다; suprantu!, supratau! 알겠다, 이해가 된다; supraskite mane 내 말을 오해하지 마세요
suprastinti [동] 단순화하다
supratimas [남] 이해, 파악; neturėti supratimo apie ką ~에 대한 개념[관념]이 없다; mano supratimu 내가 보는[이해하는] 바로는
supratingas [형] 이해가 빠른, 영리한, 총명한
supti [동] ① (~으로) (감)싸다, 덮다 ② 둘러싸다, 에워싸다 ③ 흔들다
suptis [동] ① (자기 자신을 ~으로) (감)싸다, 덮다 ② 흔들리다
supulti [동] ① 내려앉다 ② 물에 붇다 ③ (~와) 일치하다, 부합하다
sūpuoklės [여·복] 그네
sūpuoti [동] (부드럽게) 흔들다
supurvinti [동] 더럽히다
supūti [동] 썩다, 부패하다
supuvęs [형] 썩은, 부패한
surakinti [동] ① 사슬로 매다, 족쇄를 채우다 ② 얼게 하다, (강 따위를) 얼음으로 뒤덮다
surasti [동] 찾다, 발견하다
surašymas [남] 인구 조사, 센서스
surašyti [동] ① 써 두다, 적다, 기록하다 ② (~의) 목록을 작

성하다 ③ 인구 조사[센서스]를 하다
surengti [동] (행사 따위를) 준비[조직]하다; 열다, 개최하다
suriesti [동] 휘다, 감다, 구부리다
surikti [동] 비명[새된 소리]을 지르다
sūrymas [남] 소금물; (요리용) 간물
surinkimas [남] (기계 부품의) 조립
surinkti [동] ① 모으다, 수집하다 ② (기계 부품을) 조립하다
sūris [남] 치즈
surišti [동] 묶다, 매다, 동이다
surogatas [남] 대리인; 대용품
sūrokas [형] 소금기가 있는, 짠
surūdijęs [형] 녹슨
surūdyti [동] 녹슬다
surūgęs [형] 신, 시큼한
surūgti [동] 시어지다, 시큼해지다
sūrumas [남] 소금기가 있음, 짬
suruošti [동] 준비하다; 짜다, 조직하다
sūrus [형] 소금기가 있는, 짠; sūrus vanduo 소금물
surūšiuoti [동] 분류하다
susegti [동] 단추[훅·걸쇠]를 채워 잠그다
susekti [동] 추적하다, 탐지하다; 찾아내다; 찾아 드러내다[밝히다]
susėsti [동] 자리를 잡다, 앉다
susiaurėjimas [남] 좁아짐
susiaurėti [동] 좁아지다
susiaurinti [동] 좁히다, 좁게 하다
susibičiuliauti [동] (~와) 친구가 되다
susibūrimas [남] ① (사람들의) 모임; 군중, 무리, 인파 ② 결합, 집결, 뭉침
susiburti [동] 모이다; 결합[집결]하다, 하나가 되다
susidarymas [남] 형성, 구성, 성립
susidaryti [동] 형성하다[되다], 생기다, 성립하다; (~으로) 구성되다
susidėti [동] ① (상황이) 생기다, 일어나다, 발생하다; aplinkybės susidėjo palankiai 상황이 유리하게 돌아가고 있다 ② (~으로) 이루어지다, 구성되다 ③ (~와) 관계가 있다, 교

제하다
susidėvėjęs [형] (옷차림 따위가) 초라한, 남루한
susidėvėjimas [남] 닳아 해짐, 마멸
susidėvėti [동] 닳아 해지다, 마멸되다
susidomėjimas [남] 관심, 흥미
susidomėti [동] (~에) 관심[흥미]을 갖(게 되)다
susidorojimas [남] 폭행, 학대; kruvinas susidorojimas 대량 학살
susidoroti [동] ① 잘 처리하다[대처하다] ② 해치우다, 폭력을 쓰다
susidraugauti [동] (~와) 친구가 되다
susidūrimas [남] ① (물리적인) 충돌, 부딪침 ② (의견이나 이익 따위의) 충돌, 상충, 대립, 갈등; ginkluotas susidūrimas 무력 충돌
susidurti [동] ① (~와) 충돌하다, 상충하다; 대립[갈등]을 일으키다 ② (~을[와]) 만나다, 마주치다 ③ (~와) 인접하다
susierzinęs [형] 화가 난, 짜증 나는, 약이 오르는
susierzinimas [남] 화가 남, 짜증, 약 오름
susierzinti [동] 화가 나다, 짜증이 나다, 약이 오르다
susieti [동] 관련[관계·결부]시키다
susigaudyti [동] ① (스스로 무엇을) 잡다 ② 이해하다, 알아듣다
susigėdęs [형] 부끄러워, 수치스러워
susigerinti [동] (~와) 화해하다
susigiminiuoti [동] (~와) 관련[관계·결부]되다
susiginčyti [동] (~에 대해) 논쟁[말다툼]하기 시작하다
susigyventi [동] ① (~에) 익숙해지다 ② (~와) 잘 지내다, 관계가 원만하다
susiglamžyti [동] 구겨지다, 주름이 잡히다
susigriebti [동] 갑자기 생각[기억]나다
susigrūdimas [남] 밀집, 혼잡
susigrumti [동] 맞붙어 싸우다, 접전을 벌이다
susigrūsti [동] (좁은 장소에) 몰려들다, 붐비다, 밀집하다
susigundyti [동] 꾐을 받다, 유혹되다
susijaudinęs [형] 흥분한
susijaudinimas [남] 흥분

susijaudinti [동] 흥분하다
susijęs [형] 관련된, 관계된, 연관된
susijungimas [남] ① 접합, 연결 ② (기업 등의) 합병 ③ [화학] 화합
susijungti [동] ① 접합[결합]하다 ② 합병하다, 하나가 되다 ③ [화학] 화합하다
susikabinti [동] 맞물리게 하다, 맞잡다
susikalbėti [동] 서로를 이해하다, 뜻이 통하게 되다
susikaupimas [남] 집중; 집적
susikaupti [동] ① (생각 따위를) 집중하다 ② 집적하다
susikibti [동] ① 맞물리다 ② 맞붙어 싸우다
susikirsti [동] ① 교차하다 ② (이해관계 따위가) 충돌하다, 대립하다 ③ (시험에) 낙제하다
susiklostyti [동] = susidėti
susikrauti [동] ① 모으다, 꾸리다, 쌓다 ② 싹이 트다
susikryžiuoti [동] 교차하다
susilaikymas [남] 절제, 자제, 삼감
susilaikyti [동] ① 절제[자제]하다, 삼가다 ② 기권하다
susiliejimas [남] 합병, 병합
susilieti [동] ① 혼합되다; 합병되다, 하나가 되다 ② (강물 따위가) 합류하다
susilyginti [동] (~에) 필적하다, (~의) 수준에 이르다; niekas negali su juo susilyginti 그와 맞먹을 자는 없다, 그는 타의 추종을 불허한다
susilpnėjimas [남] ① 약화 ② (주의·긴장 따위의) 완화
susilpnėti [동] ① 약해지다 ② (주의·긴장 따위가) 풀리다, 완화되다
susilpninti [동] ① 약화시키다 ② (주의·긴장 따위를) 풀다, 완화시키다
susimaišyti [동] (뒤)섞이다
susimąstęs [형] 생각에 잠긴, 곰곰이 생각하는
susimąstymas [남] 생각에 잠김, 숙고
susimąstyti [동] 생각에 잠기다, 곰곰이 생각하다
susimesti [동] ① 쌓다, 모으다 ② (돈을) 갹출하다
susimylėti [동] 서로 사랑하게 되다, (서로) 사랑에 빠지다
susimušti [동] ① 싸움을 시작하다, 싸우게 되다 ② 부서지다

③ (심하게) 다치다, 부상을 입다
susinervinti [동] 신경질적으로 되다
susipainioti [동] ① 뒤얽히다 ② 혼란스러워지다
susipažinęs [형] 아는 사이인
susipažinimas [남] 아는 사이
susipažinti [동] (~와) 아는 사이가 되다
susipykti [동] (~와) 사이가 틀어지다
susipinti [동] (서로) 뒤엉키다, 얽히다
susiprasti [동] 의식을 되찾다, 정신을 차리다
susipratęs [동] 의식이 있는, 지각[정신]이 있는
susipurvinti [동] 더러워지다, 몸을 더럽히다
susirašinėjimas [남] 서신 왕래, (편지로 하는) 통신
susirašinėti, susirašyti [동] (~와) 서신 왕래를 하다, 편지를 주고 받다
susiraukti [동] ① 주름살 지다 ② 얼굴을 찌푸리다
susirėmimas [남] 접전(接戰)
susiremti [동] 맞붙어 싸우다, 접전을 벌이다
susirgimas [남] 병이 남[듦]
susirgti [동] 병이 나다[들다]
susirinkimas [남] ① 모임, 집회 ② 의회
susirinkti [동] 모이다, 회합하다
susiruošti [동] (~에 대한) 준비가 되다, 준비를 갖추다
susirūpinęs [형] 걱정하는, 불안한
susirūpinimas [남] 걱정, 불안
susirūpinti [동] (~에 대해) 걱정하다, 불안해 하다
susisiekimas [남] 교통 수단; susisiekimas traukiniais 철도 교통
susisiekti [동] ① (~에) 인접하다, (~와) 접경하다 ② (~와) 연락[통신]하다
susiskaldyti [동] 쪼개지다, 산산조각이 나다
susiskambinti [동] (전화로) 연락이 되다[닿다]
susisukti [동] ① (나선형·원형으로) 감기다 ② (빙빙 도는 듯 하여) 어지럽다
susišaudymas [남] (상호) 발포, 접전
susišaudyti [동] (서로) 발포하다, 접전을 벌이다
susišukuoti [동] 머리를 손질하다[빗다]

susitaikymas [남] 화해
susitaikyti [동] ① (~와) 화해하다 ② (~을) 감수하다, 참다
susitarimas [남] 동의, 합의, 양해; pasiekti susitarimą 합의를 보다; savitarpio susitarimu 상호 동의에 의해, 합의를 보아
susitarti [동] (~하기로) 합의를 보다, (~에) 서로 동의하다
susitelkti [동] 결합하다, 합치다, 하나가 되다
susitepti [동] (자신의 몸을) 더럽히다
susitikimas [남] ① 만남 ② [스포츠] 경기, 시합, 매치
susitikti [동] (~와) 만나다, 마주치다
susitraukti [동] ① 오그라들다, 줄어들다 ② [생리] (근육 따위가) 수축하다
susituokti [동] (~와) 결혼하다
susitvardyti [동] 자제하다, 자신을 다스리다
susiūti [동] 꿰매 붙이다, 봉합하다
susivaldymas [남] 자제, 삼감
susivaldyti [동] 자제하다, 삼가다
susivėlęs [형] 헝클어진, 텁수룩한
susivelti [동] 헝클어지다, 텁수룩해지다
susiveržti [동] (매듭이나 벨트 따위가) 바짝 조이다, 타이트하게 되다
susivienijimas [남] 통일, 통합, 합병
susivienyti [동] (~와) 통합되다, 하나가 되다; 합병되다
susivokti [동] 이해하다, 파악하다; 무엇을 (말)해야 할 지 알다
susižavėti [동] (~에) 홀리다, 매혹되다
susižeisti [동] 상처[부상]를 입다
susižieduoti [동] (~와) 약혼하다, 약혼 반지를 교환하다
susižinoti [동] (~와 (서로)) 연락[통신]하다
susižvalgyti [동] 서로 눈짓을 하다, 눈빛을 교환하다
suskaičiuoti [동] (수를) 세다
suskaidyti [동] ① 산산조각을 내다 ② 분해하다[시키다]
suskaldyti [동] ① 쪼개다; 분쇄하다 ② 분할하다 ③ 분열시키다
suskambėti [동] 소리가 울리다
suskasti [동] (일 등에) 착수하다, ~하기 시작하다
suskaudėti [동] 아프다, 통증이 있다; jam suskaudo gerklę

그는 목이 아프다, 목에 통증이 있다
suskilti [동] = skilti
suskirstyti [동] 분배하다, 나누다
suskubti [동] ① ~할 시간이 있다 ② 시간에 대다, 늦지 않다
susmukti [동] ① 내려앉다 ② 붕괴하다, 파괴되다
suspaudimas [남] 압착, 압력을 가하기, 꽉 쥐기
suspausti [동] 압착하다, 압력을 가하다, 꽉 쥐다; 죄다, 타이트하게 하다
suspėti [동] ① ~할 시간이 있다 ② 시간에 대다, 늦지 않다 ③ suspėti paskui ką ~에 뒤지지 않다, ~와 보조를 맞춰 가다
suspindėti [동] ① 빛나다, 빛나게 되다 ② 나타나다
susprogdinti [동] = sprogdinti
susproginėti [동] = sproginėti
susprogti [동] = sprogti
sustabdyti [동] ① 멈추게 하다, 막다, 저지하다 ② (~하는 것을) 멈추다, 그치다, 그만두다
sustatyti [동] 설치[배치]하다, 구성하다
sustingęs [형] ① 뻣뻣해진, 마비된, 무감각한 ② 정체된, 침체된, 움직이지 않는
sustingimas [남] ① 무감각 ② 정체, 침체
sustingti [동] ① 굳다, 응고하다 ② 뻣뻣해지다, 얼어붙다 ③ 정체[침체]되다
sustiprėjimas [남] 강화(됨), 강해짐
sustiprėti [동] 강화되다, 강해지다
sustiprinimas [남] 강화(하기)
sustiprinti [동] 강화하다, 굳건하게 하다
sustojimas [남] 멈춤, 정지
sustoti [동] ① 멈추다, 멎다, 정지하다 ② (말하다가) 머뭇거리다
susukti, susupti [동] 감다, 말다, 싸다
susvyruoti [동] ① 비틀거리다, 불안정해지다 ② 주저하다, 망설이다, 머뭇거리다
sušalęs [형] 언, 결빙한
sušalti [동] 얼다, 결빙하다
sušaudymas [남] 처형, 총살

sušaudyti [동] 쏘아 죽이다, 사살하다
sušaukimas [남] 소집, 불러 모음
sušaukti [동] 불러 모으다, 소집하다
sušelpti [동] 베풀다, 보조하다, 도움을 주다
sušildyti [동] 데우다, 따뜻하게 하다
sušilti [동] 따뜻해지다
sušlamėti [동] 살랑살랑 소리가 나다
sušlapinti [동] 젖게[축축하게] 하다
sušlapti [동] 젖다, 축축해지다
sušluoti [동] 쓸어 모으다, 쓸어 담다
sušukavimas [남] 머리 손질, (머리의) 웨이브
sušukti [동] 소리치다, 고함지르다
sušukuoti [동] 머리 손질을 하다, 머리를 빗다
sušvelnėti [동] 부드러워지다; 누그러지다, 완화되다
sušvelninti [동] 부드럽게 하다; 누그러뜨리다, 완화시키다
sušvisti [동] 빛나다, 빛나기 시작하다; (얼굴·눈빛이) 빛나다
sutaisyti [동] 수리하다, 고치다
sutalpinti [동] (~을 수용할) 장소[공간]가 있다
sutana [여] 성직복(服)
sutapatinti [동] 동일시하다
sutapimas [남] 일치, 부합
sutapti [동] (~와) 일치하다, 부합하다, 들어맞다
sutarimas [남] 일치, 합치
sutartas [형] 정해진, 약속[협정]된
sutarti [동] ① (~하기로) 정하다, 합의하다 ② 의견이 맞다, 관계가 원만하다
sutartinai [부] 조화하여, 일치하여
sutartinis [형] ① 정해진, 합의된, 협정된 ② 조화된, (의견 따위가) 일치하는
sutartis [여] 협정, 계약; taikos sutartis 평화 조약; sudaryti sutartį (~와) 조약을 체결하다
sutaupyti [동] (쓰지 않고) 모아 두다; sutaupyti laiko 시간을 절약하다
suteikimas [남] 수여, 교부; 부여, 할당; (도움 따위를) 줌, 베풂
suteikti [동] ① 주다, 수여하다; (권한 등을) 부여하다 ② (도움 따위를) 주다, 베풀다

sutelkti [동] ① (일할 사람을) 모집하다 ② (한데) 모으다, 집중시키다
sutema [여] 땅거미, 황혼 (또는 복수형 sutemos로도 씀)
sutemti [동] 날이 저물다, 어두워지다
sutepimas [남] 얼룩, 더러움, 때
sutepti [동] 더럽히다
sutersti [동] (물리적으로) 더럽히다; (명예 따위를) 더럽히다
sutikimas [남] ① 만남, 모임; 리셉션, 환영회, 파티 ② 동의, 찬성; duoti sutikimą 승낙하다; visų sutikimu 만장일치로, 이의 없이 ③ 일치, 합치 ④ (~에) 따름
sutikrinti [동] 대조하다, 맞추어 보다
sutikti [동] ① 만나다, 마주치다 ② 맞이하다, 환영하다; sutikti Naujuosius metus 새해를 맞이[축하]하다 ③ (~에) 동의하다, 의견을 같이하다 ④ 사이좋게 지내다, 관계가 원만하다 ⑤ (~와) 일치하다, 부합하다
sutiktuvės [여·복] 맞이, 환영; Naujųjų metų sutiktuvės 새해 맞이 파티
sutilpti [동] (~을 수용할) 장소[공간]가 있다
sutinkamai [부] (~에) 따라, (~을) 좇아
sutirštėti [동] 진해[걸쭉해]지다, 밀집[응축]되다
sutirštinti [동] 진하게[걸쭉하게] 하다, 밀집[응축]하다
sutraiškyti [동] 짓누르다, 뭉개다, 짜부라뜨리다
sutramdyti [동] ① (동물 따위를) 길들이다 ② (감정 따위를) 억제하다
sutraukyti [동] 발기발기 찢다, 떼어내다
sutraukti [동] ① 수축시키다, 타이트하게 하다 ② (한데) 모으다, 집중시키다 ③ (손발에) 쥐가 나다
sutrauktinis [형] 수축된; 집중된; 간결한
sutrenkimas [남] [병리] (뇌)진탕
sutrikdymas [남] 교란, 혼란
sutrikdyti [동] (안정된 상태 따위를) 깨뜨리다, 방해하다, 교란[혼란]시키다, 어지럽히다
sutrikimas [남] 무질서, 교란, 혼란; skrandžio sutrikimas 배탈, 소화 불량; proto sutrikimas 정신 이상
sutrikti [동] ① 망가지다, 결딴나다 ② 혼란스러워지다, 어리둥절해지다

sutrinti [동] 갈다, 가루로 만들다
sutrypti [동] 짓밟다, 유린하다
sutriuškinimas [남] 분쇄, 격파
sutriuškinti [동] 분쇄하다, 격파하다
sutrukdyti [동] ① 막다, 방해하다 ② (안정된 상태 따위를) 어지럽히다, 교란시키다
sutrumpėti [동] 짧아지다, 단축되다
sutrumpinimas [남] 짧게 줄임, 단축
sutrumpinti [동] 짧게 줄이다, 단축하다
sutrupėti [동] 부스러지다, 산산조각이 나다
sutrupinti [동] 부스러뜨리다, 산산조각을 내다
sutuokti [동] 결혼하다, 혼인신고를 하다
sutuoktuvės [여·복] 결혼식, 혼례
sutūrėti [동] 억제하다, 억누르다
sutvardyti [동] 억제하다
sutvarkymas [남] 정돈, 정리; (일의) 처리
sutvarkyti [동] ① (잘) 정돈[정리]하다 ② (일을) 처리하다
sutvarstyti [동] 상처를 싸매다, 붕대를 감다
sutvėrimas [남] 창조; 창조물
sutvirtėti [동] 강해지다, 공고해지다
sutvirtinimas [남] 강화, 공고화
sutvirtinti [동] ① 강화하다, 공고하게 하다 ② (단단하게) 묶다, 떠받치다
suuosti [동] ① 냄새를 맡다 ② 탐지하다, 눈치 채다
suvaikėti [동] 망령 들다, 노망이 나다
suvaikyti [동] 이해하다, 파악하다
suvaldyti [동] 억제하다, 억누르다
suvalgyti [동] 먹어치우다
suvalstybinti [동] 국유화하다
suvargęs [형] 매우 지친, 기진맥진한
suvaryti [동] 몰다, 몰아가다
suvartojimas [남] 소비
suvartoti [동] 써버리다, 소비하다
suvaržytas [남] (활동 따위가) 어색한, 부자연스러운
suvaržyti [동] 압박하다, (활동 따위를) 제한하다
suvažiavimas [남] 집회, 대회

suvažinėti [동] (차가 사람을) 치다
suvažiuoti [동] 모이다, 회합하다
suvedžioti [동] 유혹하다; 오도(誤導)하다
suvelti [동] 헝클어 놓다
suvenyras [남] 기념품
suverenitetas [남] 주권, 통치권
suverenus [형] 주권을 가진
suversti [동] ① 와르르 쏟아버리다; 던져서 (무더기로) 쌓아 올리다 ② (책임 따위를 남에게) 떠넘기다, 전가하다
suveržti [동] 꽉 묶다, (타이트하게) 조이다
suvesti [동] (양자를) 만나게 하다
suvestinė [여] 요약, 개략
suvestinis [형] 요약한, 개략의
suvežti [동] 가져오다, 날라오다
suvienyti [동] 통합하다, 하나로 하다; 합병하다
suvilioti [동] 꾀다, 유혹하다
suvilkti [동] 잡아당기다
suvynioti [동] 감다, 싸다, 말다
suvirinti [동] 용접하다
suvirpėti [동] 떨다, 전율하다
suvirškinamas [형] 소화할 수 있는, 소화하기 쉬운
suvirškinti [동] 소화하다
suvokimas [남] 지각(知覺), 인식, 인지
suvokti [동] 지각하다, 인식[인지]하다; 파악하다, 이해하다, 깨닫다
sužadėtinis [남] 약혼자 (여성형은 sužadėtinė)
sužadėtuvės [여·복] 약혼(식)
sužadinti [동] (감정·욕구 따위를) 불러일으키다, 자극하다
sužaloti [동] 수족 따위를 절단하다, 불구로 만들다
sužavėti [동] 매혹하다, 마음을 빼앗다
sužeidimas [남] 상해, 상처를 입히기
sužeistas [형] 다친, 상처를 입은, 부상당한
sužeisti [동] 상처를 입히다, 다치게 하다
sužibėti [동] 빛나게 되다, 번쩍이기 시작하다
sužydėti [동] 꽃이 피다, 개화하다
sužiedėjęs [형] (빵이) 곰팡내 나고 딱딱해진

sužiedėti [동] (음식이) 상하다, 맛이 변하다
sužieduoti [동] 약혼시키다
sužieduotuvės [여·복] 약혼(식)
sužinoti [동] ① (들어서) 알게 되다 ② 확실히 밝히다, 규명하다
sužlugdyti [동] (일을) 망치다, 실패하게 하다, 좌절시키다
sužlugimas [남] (대)실패
sužlugti [동] (계획 따위가) 실패하다, 좌절되다
sužvangėti [동] 짤랑짤랑 울리(기 시작하)다
sužvejoti [동] 물고기를 잡다, 고기를 낚다
svaičiojimas [남] ① (일시적) 정신 착란 ② 횡설수설
svaičioti [동] ① (일시적) 정신 착란 상태에 있다, 헛소리를 하다 ② 횡설수설하다, 쓸데없는 소리를 지껄이다
svaidyti [동] (내)던지다
svaigalai [남·복] (독한) 술, 주류
svaigimas [남] ① (술 따위에) 취함 ② galvos svaigimas 현기증, 어지러움
svaiginantis [형] 취하게 하는; 현기증 나는
svaiginti [동] ① 취하게 하다 ② 어지럽게 하다, 현기증 나게 하다
svaigti [동] ① (술 따위에) 취하다 ② 어지럽다, 현기증이 나다
svaigulys [남] 현기증, 어지러움
svaigus [형] (술 따위가) 취하게 하는
svainė [여] 형수, 제수, 시누이, 올케 등
svainis [남] 매형, 처남 등
svaja [여] 꿈
svajingas [형] 꿈꾸는 듯한, 꿈 같은
svajonė [여] ① 꿈; svajonės 몽상, 공상, 백일몽 ② 야망
svajoti [동] (~을) 꿈꾸다
svajotojas [남] 꿈꾸는 사람, 공상[몽상]가
svambalas [남] 추(錘), 다림추
svaras [남] ① (시계 등의) 추 ② [무게의 단위] 파운드
svarba [여] 중요성
svarbiausia [부] 주로, 주된 것은; visų svarbiausias 무엇보다도 (중요한 것은)
svarbiausias [형] 주요한, 주된

svarbumas [남] 중요성
svarbus [형] 중요한; 근거가 확실한
svarmuo [남] 무거운 것; 아령, 덤벨
svarstyklės [여·복] 저울
svarstymas [남] 논의, 숙고
svarstis [남] 운동용으로 쓰는 무거운 것
svarstyti [동] ① 논의하다, 숙고하다, 고려하다 ② 무게를 달다
svarus [형] ① 중요한, 중대한, 무게 있는 ② 무게가 있는, 무게를 달 수 있는
svečias [남] 손님, 방문객; eiti į svečius (~에) 가보다, (~을) 방문하다; būti svečiuose (~을) 방문 중에 있다; priimti svečius 손님[방문객]을 맞이하다
svečiuotis [동] (~에) 체류하다, (~을) 방문 중에 있다
sveikas [형] ① 건강한, 건장한, 튼튼한; sveikas kaip ridikas 아주 건강한 ② 건강에 좋은[이로운] ③ 건전한, 온전한, 손상되지 않은, 안전하게 보존된; sveikas ir gyvas 무사한; sveiką kailį išnešti (다치지 않고) 무사히 빠져 나오다; sveikasis skaičius [수학] 정수(整數); sveikas protas 제정신임, 정신이 온전함, 상식적임 ④ būk sveikas! ("당신의 건강을 위해"란 뜻으로) 건배!; lik sveikas! 안녕, 잘 가요; sveikas (gyvas)!, sveiki! 안녕하세요; sveiki sulaukę Naujųjų metų! 새해 복 많이 받으세요
sveikata [여] 건강; gerti į kieno sveikatą ~의 건강을 위해 축배를 들다; sveikatos apsauga 공중 위생 관리
sveikatingas [형] 건강에 좋은
sveikinamasis [형] 축하의; 인사치레의; sveikinamasis raštas 축사
sveikinimas [남] 인사; 축하
sveikinti [동] ① 인사하다, 맞이하다, 환영하다 ② 축하하다; sveikinti ką gimimo dienos proga ~의 생일을 축하하다; sveikinu gimimo dienos proga (생일 등의 인사말로) 오늘 같은 좋은 날이 계속 오기를
sveikintis [동] 인사하다, 맞이하다, 환영하다
sveikti [동] (병세 따위가) 회복되다, 나아지다; jis sveiksta 그는 (병세가) 호전되고 있다
sveikumas [남] 건강(함)

sverdėti [동] 비틀거리다
svertas [남] 지레, 레버; pakelti svertu 지레를 써서 들어올리다
sverti [동] 체중을 달다; kiek jis sveria? 그의 몸무게는 얼마인가?
svertinai [부] 무게로, 무게에 의해
svertuvas [남] 대저울
svetainė [여] 객실, 응접실
svetimas [형] ① (누군가) 다른 사람의; svetima sąskaita 다른 사람이 비용을 부담하여; svetimu vardu 가명(假名)으로 ② 낯선, 모르는; 타지의, 외국의; svetimi žmonės 낯선 사람; svetimos šalys 타지, 외국 땅 ③ (~와는) 거리가 먼, 조화되지 않는
svetimoteriauti [동] 간통하다, 불륜을 저지르다
svetimoteriavimas [남] 간통, 불륜, 부정(不貞)
svetimšalis [남] 외국인
svetingas [형] 환대하는, 손님 접대를 잘하는
svetingumas [남] 환대
svetur [부] 외국에(서)
sviedinys [남] ① 공, 볼 ② [군사] 발사체 (포탄 따위)
sviestas [남] ① 버터; tepti sviestu 버터를 바르다 ② eina kaip sviestu patepta 일이 척척 잘 되어 가다
sviesti [동] (내)던지다
sviestinė [여] 버터 접시
sviestuotas [형] 버터를 바른
sviestuoti [동] 버터를 바르다
svilinti [동] 태우다, 그슬다
svilti [동] 약간 타다
svyravimas [남] ① 변동, 오르내림 ② 망설임, 주저
svirduliuoti [동] 비틀거리다
svirnas [남] 곡물 창고, 헛간
svirplys [남] [곤충] 귀뚜라미
svirti [동] (~ 쪽으로) 굽다, 기울어지다
svirtis [남] 지레; 지렛대의 원리를 이용한 두레박
svyruoti [동] ① 흔들리다 ② 비틀거리다 ③ 망설이다, 주저하다; nesvyruodamas 망설이지 않고, 서슴없이

svita [여] 일행, 수행원, 종자
svogūnas [남] [식물] 양파; (양파 등의) 구근(球根), 알뿌리
svoris [남] 무게, 중량; dviejų kilogramų svorio 2kg의 무게가 나가는; priaugti svorio 체중이 늘다

Š

šablonas [남] ① 형(型), 본, 틀, 주형(鑄型) ② 평범한[진부한] 생각
šabloniškas [형] 평범한, 진부한
šachas [남] ① 샤 (이란 국왕의 존칭) ② [체스] 장군, 체크; šachas ir matas 외통 장군, 체크메이트
šachmatai [남·복] 체스; žaisti šachmatais 체스 게임을 하다
šachmatininkas [남] 체스 게임을 하는 사람
šachta [여] 광산, 탄갱
šachtininkas [남] 광부
šachuoti [동] [체스] 장군을 부르다
šaipymasis [남] 조롱, 조소, 비웃기
šaipytis [동] 조롱[조소]하다, 비웃다
šaižus [형] ① 날카로운, 꿰뚫는 ② (목소리 따위가) 귀에 거슬리는
šaka [여] ① 나뭇가지 ② 분기(分岐), 갈라짐 ③ 분야, 부문
šakalas [남] [동물] 자칼
šakalys [남] (나무 따위의) 가느다란 조각
šakės [여·복] (농업용) 포크, 쇠스랑
šaknelė [여] ① [식물] 작은 뿌리; 지근(支根) ② 부본(副本; 영수증 등을 떼고 증거로 남겨 두는 쪽지)
šakniagumbis [남] [식물] 덩이줄기
šakniavaisis [남] 근채류(根菜類; 뿌리를 먹는 작물)
šakningas [형] 뿌리가 많은
šakninis [형] 뿌리의
šaknis [여] ① (식물의) 뿌리 ② 근원, 근저; blogio šaknis 일만 악(惡)의 뿌리; išrauti su šaknimis 뿌리 뽑다, 근절하다 ③ žodžio šaknis [언어] 어근(語根) ④ [수학] 근(根); k-vadratinė šaknis 제곱근; šaknies ženklas 근호, 루트 (√)
šaknytis [동] 뿌리를 박다[내리다]
šakotas [형] 가지가 많은[우거진]

šakotis [동] 가지를 내다, 분기하다
šakutė [여] ① (나무의) 잔가지 ② (šakutės라고도 써서) (식탁용) 포크 ③ [전기] 플러그
šalavijas [남] [식물] 샐비어
šalčiai [남·복] → šaltis
šalčias [남] [동물] 햄스터
šaldiklis [남] 냉장고
šaldyti [동] 얼리다; 차게[춥게] 하다
šaldytuvas [남] 냉장고
šalia [전] (~의) 옆에, 곁에; šalia manęs 내 옆에 — [부] 옆에, 곁에, 가까이에; sėdėti šalia 나란히 앉다
šaligatvis [남] (포장한) 보도, 인도
šalikas [남] 스카프; 숄
šalikelė [여] 길가, 노변
šalimais [부] 옆에, 곁에, 가까이에
šalin [부] (~으로부터) 떨어져(서); eik šalin! 저리 가!; šalin iš mano akių 내 눈 앞에서 사라져!; šalin rankas! 손 떼!
šalininkas [남] 추종자, 지지자
šalinti [동] 치우다, 다른 곳으로 옮기다, 멀리 보내다; 제거하다
šalintis [동] (~으로부터) 떨어져 있다, (~을) 멀리하다
šalis [여] ① 옆; į šalį 옆에; pasukti į šalį 옆으로 비키다; nukrypti į šalį (옆으로) 벗어나다, 이탈하다; praeiti pro šalį 옆을 지나가다; pro šalį! 놓쳤어, 빗나갔어!; žiūrėti iš šalies (한쪽으로 치우치지 않은) 공평한[객관적인] 견해를 갖다; būtų ne pro šalį 잘못되지[빗나가지] 않을 것이다 ② 쪽, 편, 측, 파, 당; aš iš savo šalies ~ 나로서는 ~ ③ 나라, 땅; svetima šalis 외국 ④ keturios pasaulio šalys (동서남북의) 4방위
šališkas [형] 편파적인, 한쪽으로 치우친
šališkumas [남] 편파, 치우침
šalmas [남] 투구, 헬멧
šalna [여] 서리
šaltakraujai [남·복] 냉혈동물
šaltakraujis, šaltakraujiškas [형] ① (동물이) 냉혈의 ② (사람이) 냉정한, 침착한, 태연한
šaltakraujiškumas [남] 냉정, 침착, 태연

šaltas [형] ① 차가운, 추운; šaltas patiekalas 찬 요리; šalta diena 추운 날 ② 냉담한; šaltasis karas [역사] 냉전(冷戰)
šaltėti [동] 차가워[추워]지다
šalti [동] 얼어붙다, 차갑다; šąla (날씨가) 춥다
šaltiena [여] 고기 젤리
šaltinis [남] ① 샘, 수원(水原); mineraliniai šaltiniai 광천(鑛泉) ② 출처, 근거, 원천
šaltis [남] ① 차가움, 추위; šaltyje 추위 속에서; smarkus šaltis 혹한; 20 laipsnių šalčio 영하 20도; šalčiai 추운 날씨, 한파 ② 떨림, 전율; šaltis krečia 등골이 오싹하게 한다
šaltkalvis [남] 자물쇠 제조공
šaltkalvystė [여] 자물쇠 제조업
šaltmėtė [여] [식물] 박하, 페퍼민트
šaltokas [형] 꽤 추운, 쌀쌀한
šaltumas [남] ① 차가움, 추위 ② 냉정, 침착, 태연
šalutinis [형] 보조의, 부수적인; šalutinis sakinys [문법] 종속절
šampanas [남] 샴페인
šansas [남] 기회, 가망, 찬스
šantažas [남] 공갈, 갈취
šantažuoti [동] 공갈하다, 갈취하다
šapas [남] ① 잎(사귀) ② 짚 ③ 티끌, 먼지
šarka [여] [조류] 까치
šarlatanas [남] 돌팔이, 허풍선이, 협잡꾼
šarma [여] 흰 서리; 무빙(霧氷)
šarmas [남] 알칼리 용액; 잿물; [화학] 알칼리
šarmingas, šarminis [형] [화학] 알칼리성의
šarvai [남·복] 갑옷, 철갑
šarvas [남] 갑옷; (갑옷과도 같은) 생물의 방호 기관
šarvoti [동] 입관 준비를 하다
šarvuotas [형] 장갑(裝甲)한, 철갑의; šarvuotas automobilis 장갑차
šarvuoti [동] 갑옷을 입히다, 장갑하다
šarvuotis [남] 장갑차
šaržas [남] 풍자 만화, 카툰 또는 캐리커처
šaržuoti [동] 과장하다; 풍자 만화를 그리다

šašas [남] (상처의) 딱지
šaškės [여·복] 체커의 말
šašti [동] 상처에 딱지가 생기다
šašuotas [형] 상처에 딱지가 생긴
šaudykla [여] 사격장
šaudyklė [여] (베틀의) 북
šaudymas [남] 사격, 총 쏘기
šaudyti [동] ① (총을) 쏘다, 사격하다 ② šaudyti akimis (~에) 눈짓을 보내다
šaudmenys [남·복] 탄약
šaukiamasis [형] ① 감탄조의, 감탄을 나타내는; šaukiamasis sakinys [문법] 감탄문 ② 징집[징병] 연령의 ― [남] 징집[징병]된 사람
šaukimas [남] ① 부름, 호출 ② (법정으로의) 소환 ③ [군사] 소집, 징집, 징병
šauklys [남] 포고자(布告者), 보도자, 통보관
šauksmas [남] 외침, 절규
šauksmininkas [남] [문법] 호격
šaukštas [남] 숟가락, 스푼; šaukštas ko ~의 한 숟가락 분량, 숟가락 하나 가득
šaukštelis [남] 작은 스푼; arbatinis šaukštelis 티스푼
šaukti [동] ① 외치다, 소리치다, 고함[비명]을 지르다 ② 부르다, 불러 모으다 ③ (법정으로) 소환하다 ④ [군사] 징집[징병]하다
šauktis [동] (요)청하다; šauktis pagalbos 도움을 청하다
šauktukas [남] [문법] 느낌표, 감탄 부호 (!)
šaulys [남] ① 사수(射手) ② [군사] 소총병
šaunamas(is) [형] šaunamas(is) ginklas 화기(火器)
šaunuolis [남] 괜찮은[점잖은] 사람
šaunus [형] 용맹스런, 씩씩한
šauti [동] (총을) 쏘다, 사격하다
šautinis [형] šautinė žaizda 총상(銃傷)
šautuvas [남] 총; medžioklinis šautuvas 엽총
še[1] [소사] (물건을 내주면서) 자, 여기 있어요
še[2] [소사] še tau 이런, 설마
šedevras [남] 걸작, 명작

šefas [남] ① 장(長), 우두머리, 보스 ② 후원자, 보호자
šefavimas [남] 후원, 보호
šefuoti [동] 후원하다, 보호하다
šeima [여] 가족
šeimyna [여] ① 모든 가족 구성원, 식솔, 식구 ② 가족
šeimyninis [형] 가정의, 가족의
šeimininkas [남] (여성형은 šeimininkė) 주인, 지배자, 소유자; be šeimininko 주인[임자]이 없는; namų šeimininkė 가정주부
šeimininkauti [동] ① 살림을 꾸리다 ② 주인 행세를 하다, 마음대로 처리하다
šeiminis, šeimyniškas [형] 가정의, 가족의
šeivamedis [남] [식물] 딱총나무
šelmis [남] 악한, 악당
šelpti [동] 돕다, 지원하다
šėlti [동] 격노하다, 발광하다, 날뛰다
šen [부] 이리로, 이쪽으로, 여기에; eik šen 이리 와; šen ir ten 여기저기에
šepetėlis, šepetukas [남] 칫솔
šepetys [남] 솔, 브러시; valyti šepečiu 솔질하다
šerdis [여] ① [식물] 속, 수(髓), 고갱이 ② (기계 장치 등의) 핵심 부분
šėrimas [남] (동물에게) 먹이를 주기
šerys [남] 센털, 강모(剛毛)
šerkšnas [남] 흰 서리
šermukšnis [남] [식물] 마가목; 그 열매
šermuonėlis [남] [동물] 흰담비
šernas [남] [동물] 멧돼지
šerti [동] ① (동물에게) 먹이를 주다 ② 치다, 때리다
šertis [동] ① (빛깔이) 바래다 ② (동물이) 털갈이를 하다
šešėlis [남] ① 그늘, 그림자 ② (희미한) 흔적, 자취
šešėliuotas [형] 그늘진
šešeri [수] 여섯 (6)
šešetas [남] 여섯 (6)
šeši [수] 여섯 (6)
šešiakampis [남] [기하] 육각형

šešiasdešimt [수] 육십 (60)
šešiasdešimtas [수] 제60의, 60번째의
šešiolika [수] 십육 (16)
šešioliktas [수] 제16의, 16번째의
šeškas [남] [동물] 긴털족제비
šeštadalis [여] 6분의 1
šeštadienis [남] 토요일
šeštas [수] 제6의, 6번째의
šešuras [남] 장인, 시아버지
šėtonas [남] 사탄, 마왕
šėtoniškas [형] 사탄[마왕]의
šiaip [대] ① 그렇게, 이렇게; šiaip sau 그저 그런, 중간 정도의; jis šiaip sau pasakė 그는 바로 그렇게 말했다; šiaip taip 그럭저럭; šiaip ar taip 아무튼, 여하간에, 어쨌든 ② 다른, 그밖의
šianakt [부] 오늘 밤(에)
šiandien [부] 오늘
šiandieninis [형] 오늘의, 현재의
šiapus [부] 이쪽에
šiaudas [남] 짚
šiaudinis [형] šiaudinė skrybėlė 밀짚모자; šiaudinis stogas 이엉을 얹은 지붕
šiaurė [여] 북(쪽); į šiaurę 북쪽으로; iš šiaurės 북쪽에; šiaurės rytai 북동쪽; šiaurės vakarai 북서쪽; Šiaurės jūra 북해(北海)
šiaurinė [여] [천문] 북극성
šiaurinis [형] 북쪽의
šiaurys [남] 북(쪽)
šiaurryčiai [남·복] 북동쪽
šiaurrytinis [형] 북동쪽의
šiaurvakariai [남·복] 북서쪽
šiaurvakarinis [형] 북서쪽의
šiaušti [동] (머리카락을) 헝클어뜨리다, 부스스하게 하다
šiauštis [동] (머리카락이) 곤두서다
šičia [부] 여기에, 이곳에
šydas [남] 베일, 면사포

šiek tiek [부] 조금, 약간, 어느 정도
šiemet [부] 올해, 금년
šienapjovė [여] 풀 베는 기계
šienapjūtė [여] 건초 만들기
šienas [남] 건초; šieno kūgis 건초 더미
šienauti [동] 풀을 베다, 건초로 만들다
šienpjovys [남] 풀 베는 기계
šieptis [동] 이를 드러내다
šiferis [남] 슬레이트, 석판
šifras [남] ① 암호 ② (도서관의) 도서 분류 번호
šifruoti [동] 암호화하다, 암호로 쓰다
šįkart [부] 이번만은
šikšnosparnis [남] [동물] 박쥐
šykštauti, šykštėti [동] 인색하다, 쩨쩨하다, 아끼다
šykštumas [남] 인색함, 쩨쩨함
šykštuolis [남] 구두쇠, 인색한 사람
šykštus [형] 인색한, 쩨쩨한
šilas [남] 솔밭, 솔숲, 송림(松林)
šildymas [남] 따뜻하게 함, 데우기
šildyti [동] 따뜻하게 하다, 데우다
šildytis [동] (자신의) 몸을 따뜻하게 하다; šildytis saulėje 햇볕을 쬐다
šildytuvas [남] (실내에서 쓰는) 난방 장치, 히터
šilkas [남] 비단, 실크; dirbtinis šilkas 레이온, 인조 견사
šilkinis [형] 비단의, 비단으로 된; 비단 같은
šilkmedis [남] [식물] 뽕나무
šiltadaržis [남] 온상(溫床)
šiltakraujis [형] (동물이) 온혈의
šiltas [형] ① (온도·날씨 따위가) 따뜻한, 온화한 ② (마음이) 따뜻한; 진심의; šiltas priėmimas 진심어린 환영
šiltėti, šilti [동] 따뜻해지다
šiltinė [여] [병리] 발진티푸스; vidurių šiltinė 장티푸스
šiltlysvė [여] 온상(溫床)
šiltnamis [남] 온실
šiltumas [남] 따뜻함, 온기
šiluma [여] ① 따뜻함; 15 laipsnių šilumos 영상 15도; dv-

asinė šiluma 따뜻한 마음씨, 온정 ② [물리] 열(熱)
šiluminis [형] 열(熱)의
šįmet [부] 올해, 금년
šimpanzė [여] [동물] 침팬지
šimtąkart [부] 백 번, 100회
šimtametis [형] (나이가) 100세의
šimtas [수/남] 백 (100); du šimtai vienas 201
šimtasis [수] 제100의, 100번째의
šimteriopai [부] 100배(로)
šimtinė [여] 백 (100)
šimtmetis [형] 100년(간)의 — [남] 1세기, 100년(간)
šimtoji [여] 100분의 1
šiokiadienis [남] 주일(週日; 주말 이외의 날), 평일, 근무일 — 매일의, 일상의
šioks [대] šioks toks 어느 정도; nei šioks, nei toks i) 좋지도 나쁘지도 않은 ii) 이상한, 기묘한; šiokia diena 주일(週日), 평일
šiol(ei) [부] iki [ligi] šiol(ei) i) 여기까지 ii) 지금까지 iii) 아직도; nuo šiol(ei) 이제부터, 앞으로(는)
šipinti [동] (날을) 무디게 하다
šypsena [여] 미소, 스마일; su patenkinta šypsena veide 얼굴에 만족스런 미소를 띠고
šypsnys [남] 미소, 스마일
šypsoti(s) [동] 미소짓다
šipti [동] 무디어지다
šipulys [남] 작은 파편, 부서진 조각
širdgėla [여] 가슴 아픔, 비탄, 비통, 애끓는 마음
širdingas [형] 마음씨가 따뜻한; 마음에서 우러난, 진심의
širdis [여] ① 심장; širdies liga 심장병; širdies stimuliatorius [의학] 페이스메이커, 심장 박동 조절 장치 ② 마음; gera širdis 착한[친절한] 마음씨; širdyje 마음 속으로는; iš visos širdies 충심으로, 진심으로; visa širdimi 온 마음을 다하여, 전심으로; man širdis pyksta 나는 속이 좋지 않다
šįryt [부] 오늘 아침에
širma [여] 병풍, 휘장, 막

širmas [형] (말(馬)이) 회색의
širsti [동] 화가 나다
širšė [여] [곤충] 호박벌
šis [대] 이것, 이; ši knyga mano 이 책은 내 것이다; ligi š- ios dienos 지금까지, 오늘날까지; šios dienos 오늘(날)의; šių metų 올해의, 금년의; šiuo būdu 이렇게, 다음과 같이; šis tas 무언가, 어떤 것; nei šis, nei tas 정체불명의, 알 쏭달쏭한
šįsyk [부] 이번만은
šit [부] 그렇게; aš šitai jums ir sakiau 난 당신에게 그렇게 말했소
šit(ai) [소사] šit ką 이것[저것]이 (~이다); šitai kur 여기[저기]가 (~이다)
šitaip [대] 이렇게, 그렇게
šitas [대] 이것
šitiek [대] 그렇게, 그만큼
šitoks [대] 이러한, 이와 같은; šitokios knygos 이런 (종류의) 책들
šiugždėti [동] 살랑살랑 소리가 나다
šiukšlės [여·복] 쓸어 모은 것, 쓰레기; šiukšlių dėžė 쓰레기통
šiukšlynas [남] 쓰레기 더미
šiukšlinti [동] (방 안 등을) 어질러 놓다
šiųmeti(ni)s [형] 올해의, 금년의
šiuolaikinis, šiuometinis [형] 현대의, 최신(식)의; šiuolaikinė literatūra 현대 문학; šiuolaikinė epocha 현대
šiupinys [남] 뒤범벅, 잡탕
šiurkštėti [동] 거칠어지다
šiurkštumas [남] 거칢
šiurkštus [형] ① (물질의 표면이) 거친; šiurkšti oda 거친 피부 ② (소리가) 귀에 거슬리는 ③ 무례한; 비속한, 야비한
šiurpas [남] 떨림, 전율; man šiurpas krato[ima] (nuo) 나는 (~으로 인해) 떨린다
šiurpti [동] 떨다, 전율하다
šiurpus [형] 끔찍한, 소름끼치는, 아주 나쁜[싫은]
šiūruoti [동] 문지르다

šįvakar [부] 오늘 저녁에
škotas [남] 스코틀랜드 사람
Škotija [여] 스코틀랜드
šlaitas [남] 경사, 비탈
šlakas¹ [남] ① 얼룩, 반점 ② 주근깨 ③ (액체의) 방울
šlakas² [남] [야금] 쇠똥, 광재(鑛滓), 슬래그
šlamėjimas, šlamesys [남] 살랑살랑 스치는 소리
šlamėti [동] 살랑살랑 스치는 소리가 나다
šlamštas [남] 쓰레기
šlapdriba [여] 진눈깨비
šlapias [형] 젖은, 축축한
šlapimas [남] 오줌, 소변
šlapinti [동] 적시다, 젖게 하다
šlapintis [동] 오줌을 누다, 소변을 보다
šlapti [동] 젖다, 축축해지다; šlapti lietuje 비를 맞다
šlaunikaulis [남] [해부] 대퇴골
šlaunis [여] 넓적다리, 고관절 부위
šlavėjas, šlavikas [남] 청소부; gatvės šlavėjas 거리 청소부
šlavimas [남] 청소(하기)
šleikštulys [남] 욕지기, 메스꺼움
šleikštus [형] 욕지기나는, 메스꺼운
šleivas [형] O다리의, 내반슬(內反膝)의
šlepėtė [여] 슬리퍼 (복수형은 šlepėtės)
šlepsėti [동] 발을 질질 끌다
šliaužioti [동] ① 기다, 기어가다 ② 비굴하게 굴다, 굽실거리다
šliaužti [동] 기다, 기어가다
šlieti [동] (~에) 기대다
šlifuoti [동] 갈다, 연마하다; 닦아 윤을 내다
šlykštėtis [동] (~을 매우) 싫어하다
šlykštynė [여] 싫은[혐오스러운] 것
šlykštus [형] 혐오스러운, 아주 싫은
šliuožti [동] 기어가다
šliurės [여·복] 슬리퍼
šliuzas [남] 수문(水門), 갑문(閘門)
šliužas [남] [동물] 민달팽이
šlovė [여] 영광, 영예

šlovingas [형] 영광스러운, 영예로운
šlovinti [동] 찬미하다, 영예롭게 하다
šlubas [형] 절름발이의, 절뚝거리는
šlubčioti, šlubikščiuoti [동] 절뚝거리다
šlubis [남] 절름발이
šlubuoti [동] ① 절뚝거리다 ② 부족한 점이 많다
šluostyti [동] 닦다, 물기 따위를 훔치다; šluostyti dulkes 먼지를 털다[닦다]
šluota [여] ① (청소용) 비 ② nauja šluota gražiai[gerai] šluoja [속담] 신임자는 묵은 폐단을 일소하는 데 열심인 법이다
šluotelė [여] 총채, 작은 비
šluoti [동] (비로) 쓸다, 청소하다
šmaikštus [형] ① (회초리 따위가) 나긋나긋한, 낭창낭창한 ② 민첩한, 재빠른; 재치 있는
šmeižikas [남] 중상[비방]하는 사람
šmeižikiškas [형] 중상[비방]하는
šmeižtas [남] 중상, 비방, 명예훼손
šmeižti [동] 중상[비방]하다
šmėkla [여] 유령, 망령, 환영
šmėkščioti [동] 잠깐[핵] 나타나다
šnabždėjimas, šnabždesys [남] ① 속삭임 ② (잎사귀 따위의) 살랑거림
šnabždėti [동] ① 속삭이다 ② (잎사귀 따위가) 살랑거리다
šnabždėtis [동] 속삭이다
šnabždomis [부] 속삭여, 속삭이는 소리로
šnairai, šnairom(is) [부] 기울어져, 비스듬히
šnairuoti [동] 곁눈으로 보다, 흘겨보다
šnarėti [동] 살랑거리다, 사각사각하는 소리가 나다
šneka [여] 이야기(하기), 잡담(하기)
šnekamasis [형] šnekamoji kalba 구어(口語)
šnekėti [동] 말하다, 이야기하다
šnekėtis [동] (~에게[와]) 이야기하다, 말하다
šnekinti [동] (~에게) 말하다, 말을 걸다
šnekta [여] ① 이야기, 토크 ② 방언, 사투리
šnekučiuoti [동] 이야기를 나누다, 잡담하다; 재잘거리다

šnekus [형] 이야기하기 좋아하는, 말이 많은, 수다스러운
šnekutis [남] 이야기하는 사람
šnervės [여·복] 콧구멍 (단수형은 šnervė)
šnibždesys [남] 속삭임
šnibždėti(s) [동] 속삭이다
šnibždomis [부] 속삭여, 속삭이는 소리로
šnicelis [남] 슈니첼 (송아지고기 또는 돼지고기 커틀릿)
šniokšti [동] ① (바다·폭풍 따위가) 노호하다 ② (시냇물 따위가) 졸졸 소리를 내다 ③ 씨근거리다, 숨을 헐떡이다
šnipas¹ [남] (돼지 등의) 코, 주둥이
šnipas² [남] 간첩, 스파이
šnipinėjimas [남] 스파이 활동, 정탐
šnipinėti [동] 스파이 활동을 하다, 정탐하다
šnypšti [동] ① (뱀·거위·음료 따위가) 쉿 하는 소리를 내다; (끓는 기름이) 지글거리다 ② šnypšti nosį 코를 풀다
šnirpšti [동] ① 코를 풀다 ② (말이) 콧김을 내뿜다
šniukštinėti [동] ① 코를 킁킁거리다, 냄새를 맡다 ② 뒤지다, 샅샅이 찾다
šoferis [남] (자동차) 운전 기사
šokas [남] [의학] 쇼크, 충격
šokėjas [남] 댄서, 무용수, 춤추는 사람
šokinėti [동] 뛰다, 뛰어오르다; 뛰어넘다; 뛰놀다
šokis [남] ① 춤, 댄스; eiti į šokius 춤추러 가다; šokių muzika 댄스 음악 ② [복] šokiai 춤추기, 댄싱 ③ 뛰어오르기, 점프
šokoladas [남] 초콜릿
šokoladinis [형] šokoladiniai saldainiai 초콜릿 과자류
šokti [동] ① (깡충) 뛰다, 뛰어오르다 ② 벌떡 튀어오르다, 돌진하다, 갑자기 ~하다; šokti bėgti 부리나케 도망가다, 줄행랑치다 ③ 춤추다
šonas [남] 옆, 측면
šoninė [여] 옆, 측면
šoninis [형] 옆의, 측면의
šonkaulis [남] [해부] 갈비뼈, 늑골
šonu [부] 옆으로
šovinys [남] 탄약통, 약포(藥包)

šovinistas [남] 쇼비니스트, 광신적 애국주의자
šovinizmas [남] 쇼비니즘, 광신적 애국주의
špaga [여] (예복에 착용하는) 칼, 검(劍)
špagatas [남] 끈, 줄, 실, 코드
šparagas [남] [식물] 아스파라거스
špyga [여] 두 손가락 사이에 엄지손가락을 끼워 넣는 상스러운 손짓; parodyti kam špygą ~에게 그런 상스러운 손짓을 하다
špinatas [남] [식물] 시금치
špionažas [남] 스파이 활동, 정탐
šprotas [남] [어류] 청어속의 작은 물고기; [복] 그 물고기의 통조림
špuntas [남] (판자의) 홈, 은촉홈
šratai [남·복] 산탄(散彈)
šriftas [남] [인쇄] 활자, 자체; juodas šriftas 볼드체 활자
štabas [남] [군사] 참모부, 사령부
štai [소사] 여기에; 이것이; štai tavo knyga 여기에 네 책이 있다; štai kur 이곳이 ~인[하는] 곳이다; štai kas 이것이 ~이다; štai kaip 이렇게, 다음과 같이
štampas [남] ① 펀치, 구멍 뚫는 도구 ② 도장, 스탬프 ③ 진부한[판에 박은] 생각
štampuoti [동] ① 펀치로 구멍을 뚫다 ② 도장[스탬프]을 찍다
štanga [여] ① 막대기, 바 ② (운동 경기용) 바벨
šturmanas [남] 항해자, 타수(舵手), 키잡이
šturmas [남] [군사] 갑작스런 습격, 급습
šturmuoti [동] 급습하다
šūkauti [동] 고함지르다, 큰 소리로 외치다, 부르짖다
šukė [여] 조각, 파편, 부스러기
šūkis [남] ① 표어, 슬로건 ② 외침
šukos [여·복] 빗
šukuosena [여] 머리 모양, 헤어스타일
šukuoti [동] (머리를) 빗질하다
šukuotis [동] (머리를) 손질하다
šulas [남] ① 통널, 통판 ② 기둥, 장대; (기둥과도 같은) 중심 세력 ③ trūksta vieno šulo 그는 나사가 풀려 있다, 어딘가 좀 이상하다

šulinys [남] 우물
šunelis [남] 강아지
šungrybis [남] (독)버섯
šunybė [여] 비열한 속임수
šuniškas [형] 개(犬)의, 개와 같은; šuniškas gyvenimas 비참한[고생 많은] 생활
šuniukas [남] 강아지
šunkelis [남] ① 시골길 ② 샛길, 엉뚱한 길
šunsnukis [남] 비열한[더러운] 놈
šunuodegiauti [동] 아첨하다, 알랑거리다
šunvotė [여] 종기, 부스럼
šuo [남] [동물] 개; kiemo šuo 집 지키는 개; medžioklinis šuo 사냥개
šuoliais [부] ① 전속력으로, 갤럽으로 ② 껑충 뛰듯, 비약적으로, 급속도로
šuolis [남] 껑충 뜀, 도약, 점프; šuolis į vandenį 다이빙, 물 속에 뛰어듦; šuolis į aukštį [육상] 높이뛰기; šuolis į tolį [육상] 멀리뛰기
šurmulys [남] 소란, 소음, 떠듦
šūsnis [여] 무더기, 더미
šusti [동] ① 뭉근한 불에 끓다 ② (더위로 인해) 땀투성이가 되다 ③ 썩다, 부패하다 ④ 빛깔이 바래다
šutinys [남] 라구 (스튜의 일종)
šutinti [동] ① 뭉근한 불에 끓이다, 찌다, 스튜 요리를 만들다 ② (뜨거운 물 따위에) 데게 하다 ③ 덥다, 뜨겁다; šutina 무덥다, 찌는 듯이 덥다
šūvis [남] 발포, 발사; 총성; paleisti šūvį 총을 쏘다, 발포하다
švaistyti [동] ① 낭비하다, 탕진하다 ② 흩뜨리다, 뿌리다
švaistytis [동] 몸부림치다, 뒤척이다
švankus [형] 점잖은, 예절 바른
švara [여] 깨끗함, 청결; 말끔함, 깔끔함
švarinti [동] 깨끗이 하다
švarkas [남] 코트, 재킷
švarraštis [남] 정서(淨書)
švarumas [남] 깨끗함, 청결; 말끔함, 깔끔함
švarus [형] ① 깨끗한, 청결한; 말끔한, 깔끔한 ② 순수한, 맑은

švebelduoti [동] 혀짤배기 소리로 말하다
švedas [남] 스웨덴 사람; švedų kalba 스웨덴어
Švedija [여] 스웨덴
švediškas [형] 스웨덴의
šveicaras [남] 스위스 사람
Šveicarija [여] 스위스
šveicariškas [형] 스위스의
šveicorius [남] 문지기, 수위
šveisti [동] ① 문질러 닦다 ② 치다, 때리다 ③ 게걸스럽게 먹다, 먹어치우다
švelnėti [동] 부드러워지다; 누그러지다, 진정되다
švelninti [동] 부드럽게 하다; 완화하다, 누그러뜨리다, 진정시키다
švelnumas [남] 부드러움; 다정다감
švelnus [형] 부드러운, 고운; 온화한, 너그러운, 다정다감한; švelnus būdas 온화한 마음씨
šventadienis [남] 휴일, 쉬는 날 ― [형] 휴일의
šventadieniškas [형] 휴일의
šventas [형] 성스러운, 신성한, 거룩한, 성인(聖人)의; šventoji dvasia 성령(聖靈); šventas Povilas 성(聖) 바울; švenṭa diena 휴일
šventasis [형] 성인(聖人)의
šventė [여] 휴일; 축제(일)
šventeiva [남/여] 독실한 체하는 사람, 위선자
šventenybė [여] 신성한 것, 성물(聖物)
šventikas [남] 성직자, 사제
šventykla [여] 신성한 장소, 성소(聖所), 신전, 사원
šventimas [남] ① 경축, 축하 ② 휴일을 즐김
šventinis [형] 휴일의; 축제(일)의
šventinti [동] 신성하게 하다, 성별(聖別)하다
šventiškas [형] 축제의, 경축의
šventorius [남] 교회의 뜰
šventovė [여] = šventykla
šventumas [남] 성스러움, 신성함, 거룩함
šventuolis [남] = šventeiva
šventvagystė [여] 신성 모독, 불경

šventvagiškas [형] 신성을 더럽히는, 불경한
šveplas [남] 혀짤배기 발음
šveplenti, švepliuoti [동] 혀짤배기 소리로 발음하다
švęsti [동] ① (기념일 따위를) 경축하다, 축하하다 ② 휴일을 즐기다, 쉬다
šviečiamasis [형] ① 빛의, 조명의 ② 교육의, 교육적인
šviesa [여] 빛; dienos šviesa 일광(日光); šviesoje (~의) 빛에, 빛으로
šviesėti [동] 밝아지다
šviesiaplaukis [형] 금발의
šviesinis [형] 빛의, 빛을 내는
šviesoforas [남] 교통 신호등
šviesti [동] ① 빛나다; saulė šviečia 태양이 빛난다 ② (~을 위해) 불(빛)을 비춰 주다 ③ 계몽하다, 교화[교육]하다
šviestis [동] ① 밝아지다, 맑아지다 ② 공부하다, 배우다
šviesulys [남] 발광체 (특히 해나 달)
šviesumas [남] 밝음, 맑음
šviesus [형] ① 밝은; šviesi diena 밝은 날 ② 맑은, 투명한 ③ 계몽된, 교화된
švietėjas [남] 계몽가
švietimas [남] 계몽, 교화, 교육
šviežias [형] (음식·식재료 따위가) 신선한; šviežia duona 갓 구운 빵
šviežiena [여] 날고기, 생고기
švilpauti [동] 호각·피리 종류를 불다; (새가) 지저귀다; (바람이) 소리내어 불다
švilpesys, švilpimas [남] 호각·피리 종류를 불기; (새가) 지저귐; (바람이) 소리내어 붊
švilpynė [여] 호각·피리 종류 (오카리나 따위)
švilpti [동] 호각 소리가 나다; (바람 따위가) 씽하는 소리가 나다
švilp(t)ukas [남] 호루라기
švinas [남] [화학] 납
švininis [형] 납의, 납으로 만든
švinkti [동] 썩다, 부패하다, (상태가) 나빠지다
švirkštas [남] 주사기

švirkšti [동] ① 주사하다, 주사를 놓다 ② (액체를) 뿜다, 분출시키다
švysteléti [동] 휙 지나가다, 잠깐 나타났다 사라지다
švisti [동] ① 동이 트다; švinta 날이 밝아온다; švintant 새벽에, 동이 틀 무렵에; prieš švintant 동 트기 전에 ② (즐거움으로 얼굴이) 빛나다
švytéti [동] 빛나다, 빛을 내다
švytinti [동] (빛을) 비추다, 조사(照射)하다
švitras [남] (연마용) 금강사(金剛砂)
švitrinis [형] švitrinis popierius 사지(砂紙)
švytuoklė [여] 진자, 흔들이
švytuoti [동] ① 반짝이다, 번쩍이다 ② (진자 따위가) 흔들리다
švyturys [남] 등대
švokšti [동] ① 살랑살랑 소리내다 ② 씩씩거리다, 씨근거리다

T

ta [대] → tas
tabakas [남] 담배; uostomasis tabakas 코담배
tabakinė [여] (코)담뱃갑
tabletė [여] 알약, 정제
taburetė [여] 걸상
tačiau [접] 그러나, 하지만; 그렇다고는 해도; tačiau jis neatėjo 하지만 그는 오지 않았다
tad [부] 그래서, 그러므로, 따라서
tada [부] 그 때에
tai [대] ① 그것(은), 저것(은), 이것(은); tai geras dalykas 그건 좋은 것이다; kas tai? 그건 뭐야?, 저 사람은 누구야? ② tai buvo taip netikėta 매우 갑작스러웠다; tai, kad ~ ~라는 사실은 — [접] ① 그러면, 그렇다면 ② tai ~, tai ~ 때로는 ~, 또 때로는 ~ — [소사] ① 그래서, 그러면; tai jūs jį pažįstate? 그래서 당신이 그를 안단 말이오? ② tai yra [t. y.] 즉, 다시 말하면
taigi [소사] 그래서, 자 그런데; taigi taigi 바로 그거야!
taika [여] 평화; taikoje 평화롭게; sudaryti taiką 화해하다, 평화 조약을 맺다; taikos sutartis 평화 조약
taikdarys [남] 조정자, 중재인, 화해시키는 사람
taikiklis [남] (총의) 가늠자, 조준기
taikymas [남] ① 겨냥, 조준 ② 이용, 사용
taikinamasis [형] 달래는 듯한, 회유적인, 유화적인
taikingas [형] 평화로운, 평온한
taikinys [남] 목표, 타겟
taikinti [동] 화해시키다, 조정하다
taikyti [동] ① 겨냥하다, 조준하다 ② 이용하다, 사용하다, 쓰다 ③ 맞추다, 적응시키다
taikytis [동] (~에) 적응하다, 순응하다
taiklumas [남] ① (겨냥·조준의) 정확성; (뛰어난) 사격 솜씨

② 적절(함)

taiklus [형] ① 겨냥[조준]이 정확한[잘 된]; taiklus šaulys 저격수 ② 적절한, 적확한; taikli pastaba 핵심을 찌르는 말

taikomasis [형] 응용의, 적용된; taikomieji mokslai 응용과학

taikstytis [동] (~에) 순응하다; (~을) 감수하다, 참다

taikus [형] 평화로운, 평온한; taikiu būdu 평화롭게

Tailandas [남] 타이, 태국

taip [부] ① (대답으로) 예, 그렇습니다 ② 이렇게, 그렇게, 이런[그런] 식으로; padarykite taip! 이렇게 하세요!; jūs neprivalote taip daryti 그러시면 안됩니다; jeigu taip (만약) 그렇다면; jis taip kalbėjo, kad ~ 그는 ~이라고[이라는 식으로] 말했다; kaip tik taip, lygiai taip 꼭 그렇게[그대로] ③ 그토록, 매우; kodėl jūs taip pavėlavote? 왜 이렇게 늦었어요?; taip baisu 아주 무서운, 몹시 두려운; taip seniai 아주 오래 전에 ④ taip pat i) ~도 또한[역시]; jis taip pat važiuos į Vilnių 그도 빌뉴스에 갈 것이다 ii) (부정문에서) ~도 또한 (~않다); jis taip pat nevažiuos į Vilnių 그 또한 빌뉴스에 가지 않을 것이다; ir taip toliau ~ 등, ~ 따위 — [소사] 정말?, 그래요?

taisyklė [여] 규칙, 규정; žaidimo taisyklės 게임의 규칙; laikytis taisyklių 규칙[규정]을 지키다

taisyklingas [형] 규칙적인; 단정한; 올바른

taisymas [남] 수정, 정정, 바르게 고치기

taisyti [동] 정정하다, 바르게 고치다

Taivanis [남] 타이완, 대만

takas, takelis [남] 길, 트랙

takoskyra [여] [지리] 분수선, 분수계(分水界)

taksėti [동] (심장이) 뛰다, 고동치다; (시계가) 똑딱[재깍]거리다

taksi [남] 택시

taktas[1] [남] [음악] 박자; mušti taktą 박자를 맞추다

taktas[2] [남] 재치, 기지

taktika [여] 전술

taktinis [형] 전술적인, 전술상의

taktiškas [형] 재치 있는, 빈틈없는; būti taktiškam 재치 있다, 빈틈이 없다

talentas [남] 재능, 소질; jis turi didelį talentą 그는 재능이 뛰어나다, 타고난 재능이 있다
talentingas [형] (타고난) 재능이 있는
Talinas [남] 탈린 (에스토니아의 수도)
talka [여] 도움, 원조
talkininkas [남] 조수, 보조자, 도와주는 사람
talkininkauti [동] (~에) 도움을 주다
talonas [남] 쿠폰
talpa [여] 수용력, 용적, 용량
talpykla [여] (저장용) 용기; vandens talpykla 물통
talpumas [남] ① 수용력, 용적, 용량 ② 널찍함, 용량[공간]이 큼
talpus [형] 널찍한, 용량[공간]이 큰
talžyti [동] 때리다, 매질하다
tampyti [동] 잡아당기다
tampra [여] 탄력, 탄성
tamprumas [남] 탄력, 탄성
tamprus [형] 탄력[탄성]이 있는
tamsa [여] 어둠, 암흑; tamsoje 어둠 속에서
tamsėti [동] 어두워지다
tamsiaplaukis [형] 검은 머리의, 흑발(黑髮)의
tamsybė [여] ① 어둠, 암흑 ② 무지, 무식
tamsinti [동] 어둡게 하다
tamsta [대] ① 너(는); kur tamsta gyveni? 너 어디 사니? ② ~씨, 선생, 부인
tamsuma [여] 어두운 곳
tamsumas [남] 어둠, 암흑
tamsuolis [남] 무지한[무식한] 사람
tamsus [형] 어두운; (색깔이) 짙은; (피부색이) 거무스름한
tankas [남] [군사] 탱크
tankėti [동] ① 빈번해지다; (맥박 따위가) 빨라지다 ② 빽빽해지다, 조밀하게 되다
tankynė, tankmė [여] 덤불, 잡목 숲
tankinti [동] 더욱 빈번하게 하다
tankumas [남] ① 빈도 ② 밀도, 빽빽함, 조밀함; gyventojų tankumas 인구 밀도

tankumynas [남] 덤불, 잡목 숲
tankus [형] ① 빈번한 ② 빽빽한, 조밀한; tankūs plaukai 숱이 많은 머리
tapatybė [여] 같음, 동일함
tapatingas, tapatus [형] 같은, 동일한
tapatinti [동] 동일시하다
tapyba [여] 그림, 회화
tapyti [동] (그림을) 그리다
tapytojas [남] 화가
tapšnoti [동] (가볍게) 두드리다, 치다
tapti [동] (~이[으로·하게]) 되다; tapti mokytoju 교사가 되다; tapti turtingam 부유해지다
tarakonas [남] [곤충] 바퀴
tardymas [남] [법률] 심문, 심리(審理), 취조, 조사
tardyti [동] 심문하다, 조사하다
tardytojas [남] 심문[취조·조사]하는 사람
tariamai [부] 겉으로는; (마치) ~인 듯이
tariamas [형] ① 겉보기의, 외관[표면]상의 ② 가정의, 상상의; tariamoji nuosaka [문법] 가정법
taryba [여] 회의, 평의회; Saugumo Taryba (UN의) 안전보장이사회
tarimas [남] 발음
tarinys [남] [문법] 술부(述部), 술어
tarytum [접] 마치 ~인 듯이 ― [부] ~처럼, (~와) 같이
tarka [여] 강판, 가는 도구
tarkuoti [동] (강판에) 갈다
tarmė, tarmybė [여] 방언, 사투리
tarminis [형] 방언[사투리]의
tarnaitė [여] 여종, 하녀
tarnas [남] 종, 하인
tarnauti [동] ① 섬기다, 봉사하다; (~으로) 고용되어 있다; tarnauti kariuomenėje 군에서 복무하다 ② (~에) 헌신하다
tarnautojas [남] 고용인, (사무직) 근로자
tarnavimas [남] 봉사; 헌신
tarnyba [여] ① 일, 봉직, 근무; 직무, 직책; karinė tarnyba 군복무, 병역; stoti į tarnybą (어떤 직책에) 취임하다; ta-

rnybos reikalais 공무(公務)로서; ne tarnyboje 비번으로; atleisti iš tarnybos 해고하다 ② (특별) 기관, 시설

tarnybinis [형] 공무의, 직무의

tarp [전] ① (~의) 사이에, ~ 가운데; tarp durų ir lango 문과 창문 사이에; tarp jo knygų 그의 책들 가운데; tarp mūsų kalbant 우리[너와 나] 사이에 ② tarp kitko, tarp kita (ko) 그런데, 덧붙여 말하자면, 말이 난 김에

tarpais [부] 때때로

tarpas [남] 사이, 간격, 틈; tuo tarpu i) 그동안(에), 그러는 사이에 ii) ~하는 한

tarpeklis [남] 골짜기, 협곡

tarpininkas [남] ① 중재인, 조정자 ② 중매인(仲買人), 브로커

tarpininkauti [동] 중재하다, 조정하다, 사이에 들다; tarpininkaujant 중재를 통해

tarpininkavimas [남] 중재, 조정

tarpinis [형] 사이에 드는, 개재하는

tarpmiestinis [형] 도시 간의

tarptautinis [형] 국제(상)의, 국제적인, 국제간의; tarptautinė teisė 국제법; tarptautiniai ryšiai 국제 관계

tarpti [동] 번영하다, 번창하다, 융성하다

tarpusavis [형] 상호간의; tarpusavyje susiję 상호 의존; tarpusavio ryšys 상호 관계

tarsi [접] 마치 ~인 듯이, ~처럼

taršyti [동] 헝클어뜨리다

tarškėti [동] 달가닥달가닥 소리가 나다

tarškutis [남] 달가닥달가닥하는 소리

tarti [동] ① (또렷하게) 발음하다 ② 말하다, 발언하다, 입 밖에 내다 ③ (~이라고) 생각하다

tartis [동] ① (~에 대해) 상의[상담]하다, (~에게) 조언을 구하다, (~와) 협의하다 ② 협상하다, 교섭하다 ③ (~이라) 자임(自任)하다 — [여] 발음

tartum [접] 마치 ~인 듯이, ~처럼

tas, ta [대] ① 저것, 이것; mes kalbėjome apie šį bei tą 우리는 이것저것에 대해 이야기했다; nuo to laiko 그때 이래; tuo pačiu laiku 바로 그 때에, 동시에, 때를 같이 해서; tas ar kitas (둘 중) 어느 것인가; nei tas, nei kitas (둘 중)

어느 쪽도 ~아니다; tas pats [pati] 같은 (것) ② tas, kuris ~ ~인[한] 것[사람](은); dalykas tas, kad ~ 사실은 ~이다; tam, kad ~ i) 그래서 ~하다 ii) ~하기 위해서
tąsyti [동] 잡아당기다; 끌고 가다
tąsumas [남] 장력(張力), 당기는 힘
tąsus [형] 장력[신장성]이 있는, 잡아당길 수 있는
tašas [남] (네모나게 잘라 만든) 들보, 재목
tašyti [동] (재목 따위를) 네모나게[대강] 자르다
taškas [남] ① 점, 반점 ② 마침표
taškyti [동] (물 따위를) 튀기다, 흩뿌리다
tat, tatai [대] → tai
tau [대] 너에게; tai tau 그건 네 거야; kas tau yra? 어떻게 된 거야, 무슨 일이야?
taukai [남·복] (동물의) 지방, 기름
taukšėti [동] 치다, 때리다
taukšti [동] 재잘거리다, 지껄이다
taukuotas [형] 기름기 있는
taupyti [동] 절약하다, 아껴 쓰다, 쓰지 않고 따로 모아 두다; taupyti pinigus 저금[저축]하다; taupyti laiką 시간을 아끼다
taupomasis [형] taupomasis bankas 저축 은행
taupumas [남] 절약, 검약
taupus [형] 절약하는, 아끼는
taurė [여] ① 컵, 잔 ② [스포츠] 우승컵 ③ [의학] 부항단지
taurinti [동] 고상하게[기품있게] 하다
taurumas [남] 고상, 고결, 기품
taurus [형] 고상한, 고결한, 기품 있는
tausoti [동] ① 보존하다, 유지하다, 함부로 쓰지 않고 아끼다 ② (남의 기분 따위를) 배려하다, 생각해주다
tauškėti [동] ① 두드리다, 달가닥거리다 ② 재잘거리다, 지껄이다
tauta [여] 국민, 민족
tautybė [여] 국적(國籍)
tautietis [남] 동포, 같은 나라 사람
tautinis, tautiškas [형] 국민의, 민족의
tautosaka [여] 민속, 민간 전승

tauzyti [동] 쓸데없는 소리를 지껄이다
tavas(is) [대] 너의 것
tavo [대] 너의 (것); tavo pieštukas 너의 연필; ši vieta mano, o ana tavo 이건 내 자리고, 저건 네 것[자리]이다
te [감] 여기!; te, imk(ite)! 자, 여기 있어요, 이것 가져가(세요)!
teatras [남] 극장
tebe- [전] 아직(도); tebelyja 아직도 비가 오고 있다
technika [여] ① 공학, 기술; mokslas ir technika 과학 기술 ② 기법, 기교, 기술, 테크닉 ③ (기계) 장치, 기계류
technikas [남] 기술자
techninis, techniškas [형] (과학) 기술의
technologas [남] 과학 기술자, 공학자
technologija [여] 과학 기술, 공학, 테크놀로지
tegu(l) [소사] (~에게) ~하게 하다; tegu(l) jis eina 그를 가게 하다
teigiamas [형] 긍정적인
teigimas [남] 단언, 확언, 주장
teiginys [남] 명제, 원리
teigti [동] 단언하다, 확언하다, 주장하다
teikti [동] ① (~을) (해)주다, 제공하다; teikti malonumo 기쁨을 주다 ② (~에 중요성 따위를) 부여하다 ③ 제안하다
teiktis [동] (친절하게도) ~해주시다
teirautis [동] (~에 대해) 물어보다, 질문하다
teisė [여] ① 권리; balsavimo teisė 투표권, 참정권; turėti teisę (~할) 권리가 있다, 권리를 갖다 ② 법(률); civilinė teisė 민법; baudžiamoji teisė 형법 ③ [복] 면허; vairuotojo teisės 운전 면허
teisėjas [남] ① 재판관, 법관, 판사 ② [스포츠] 심판
teisėtai [부] 올바르게, 정당하게, 합법적으로, 적법하게
teisėtas [형] 올바른, 정당한, 합법적인, 적법의
teisėtumas [남] 올바름, 정당함, 합법, 적법
teisiamasis [남] [법률] 피고인
teisybė [여] ① 진실, 참 ② 정의(正義)
teisingas [형] ① 올바른, 공정한, 정당한 ② 옳은, 틀림없는, 정확한

teisingumas [남] 정의(正義), 올바름, 공정함, 정당함; 진실, 참; teisingumo ministerija 법무부

teisininkas [남] 법률가

teisinti [동] 옳다고 하다, 정당화하다, 정당성을 입증하다

teisintis [동] 자신의 입장을 정당화하다, 변명하다

teismas [남] ① 법정, 법원, 재판소; Aukščiausiasis Teismas 대법원 ② 재판, 공판, 심리

teisminis [형] 법률의, 법적인, 사법의, 재판의

teisnus [형] (법률상 인정되는) 능력[자격]이 있는

teisti [동] 심리하다, 공판에 회부하다, 재판하다; būti teisiamam 재판을 받고 있다

teistumas [남] 전과(前科)

teisumas [남] 올바름, 옳음, 정당함

teisus [형] 올바른, 옳은, 정당한

tekėjimas [남] ① (액체의) 흐름 ② 샘, 누출 ③ 일출, 해돋이

tekėlas [남] 회전 숫돌

tekėti [동] ① (액체가) 흐르다 ② 새다, 누출되다 ③ (해 따위가) 뜨다 ④ (남자가) 결혼하다

tekinas [형] 달리는, 달려서; jis pasileido tekinas 그는 달리기 시작했다

tekinimas [남] 기계 따위를 돌려 갈기, 선반(旋盤) 작업

tekinti [동] ① 기계 따위를 돌려 갈다, 선반 작업을 하다 ② 흐르게 하다 ③ (남자를) 결혼시키다

tekintojas [남] 녹로공, 선반공

tėkmė [여] 흐름; tėkmės kryptis 유선형

tekstas [남] ① 본문, 텍스트 ② (노래의) 가사

tekstilė [여] 직물, 피륙

tėkšti [동] ① (물 따위를) 튀기다 ② 찰싹 치다[때리다]

tekti [동] ① (~이 ~에게) 떨어지다, (~의) 몫이 되다; jam teko laimė 그에게 행운이 떨어졌다, 그는 운이 좋았다; atsakomybė už tai tenka jam 이것에 대한 책임은 그의 몫이 된다, 그가 이것에 대해 책임을 져야 한다 ② man teko ~ 나는 ~해야 했다; jam tenka ~ 그는 ~해야 한다; man teko tai padaryti 나는 그것을 해야 했다

telefonas [남] 전화; skambinti kam telefonu ~에게 전화를 걸다

telefoninis [형] 전화의
telefonininkas [남] 전화 교환수
telefonuoti [동] 전화를 걸다
telegrafas [남] 전신, 전보
telegrafuoti [동] 전보를 치다
telegrama [여] 전보, 전신; 해외 전보
telekomas [남] 전기 통신, 텔레콤
televizija [여] 텔레비전
televizorius [남] 텔레비전 수상기
telyčia [여] (새끼를 낳지 않은) 암송아지
teliūskuoti [동] (잡아) 흔들다, 뒤흔들다
telkimas [남] (근로자 등의) 채용, 모집
telkinys [남] (광물 등의) 층, 광상(鑛床)
telkšoti [동] (흐르지 않고) 괴어 있다
telkti [동] (근로자 등을) 채용[모집]하다
telktis [동] 모이다
tema [여] ① 주제, 테마 ② 화제, 토픽, 이야깃거리
tematika [여] 주제, 테마
temdyti [동] 어둡게 하다, 흐리게 하다
tempas [남] ① 속도, 율(率); augimo tempas 성장률; sulėtinti tempą 페이스를 줄이다, 속도를 늦추다 ② [음악] 박자, 빠르기, 템포
temperatūra [여] 온도
tempti [동] ① (잡아) 당기다 ② 잡아 늘이다, 팽팽하게 하다
temti [동] 어두워지다; temsta 날이 어두워지고 있다
ten, tenai [부] 거기에
tenykštis [형] 그곳의, 그 장소의
tenisas [남] [스포츠] 테니스
tenisininkas [남] 테니스 선수
tenkinti [동] 만족[충족]시키다; tenkinti poreikius 요구를 들어주다
tenoras [남] [음악] 테너
teoretikas [남] 이론가
teorija [여] 이론, 학설; reliatyvumo teorija 상대성 이론
teorinis, teoriškas [형] 이론(상)의, 이론적인
tepalas [남] ① 기름, 오일 ② 연고, 바르는 약

teplioti [동] 기름을 바르다[치다]
tepti [동] ① 기름을 바르다[치다] ② 도포하다, 펴 바르다
teptukas [남] 붓
tėra [부] ~만이 있을 뿐이다
terapeutas [남] 치료학자, 치료 전문가, 요법사
terapija [여] 치료학[술], 요법론
terapinis [형] 치료(법)상의
teritorija [여] 영토, 영지
teritorinis [형] 영토의, 영지의
terlenti, terlioti [동] 더럽히다
terliotis [동] ① 더러워지다 ② (일을) 서투르게[엉망으로] 하다
terminas [남] ① (일정한) 기간, 기한; (정해진) 날짜; mokėjimo terminas 지불 기한 ② 말, 용어; mokslo terminai 학술 용어
terminija, terminologija [여] (전문) 용어
terminuotas [형] 정해진 날짜의
termometras [남] 온도계
teroristas [남] 테러리스트
teroristinis [형] 테러의, 폭력주의의
terpentinas [남] 테레빈(유(油))
teršalas [남] 오염 물질
teršti [동] ① 더럽히다, 오염시키다 ② (명예 따위를) 더럽히다
tęsėjas [남] 계속하는 사람, 계승자
tesėti [동] ① (약속 따위를) 지키다, 이행하다; tesėti žodį 약속을 지키다 ② 참다, 견디다, 버티다
tęsinys [남] 계속, 이어짐
testamentas [남] 유언장, 유서
testas [남] 시험, 테스트
tęsti [동] ① 계속하다, 계속해서 ~하다 ② 끌다, 당기다 ③ 질질 끌다, 미루다, 지체하다 ④ 말을 질질 끌다, 느릿느릿 말하다 ⑤ 늘이다, 연장하다
tęstis [동] ① (~의 범위에) 퍼지다, 뻗어나다, 펼쳐지다; tolumoje tęsiasi kalnai 저 멀리 산맥이 뻗어 있다 ② 계속되다, 지속되다; pokalbis tęsėsi ilgai 대화는 오래 지속되었다
tešla [여] (요리에 쓰는) 가루 반죽; minkyti tešlą 가루 반죽을 개다

tešmuo [남] (암소 따위의) 젖통
teta [여] 아주머니 (고모・이모 등)
tėtė, tėtis [남] 아빠, 아버지
tėvai [남・복] 부모; tėvų tėvai 조상, 선조; tėvų ir vaikų problema (부모 자식간의) 세대 차이
tėvas [남] 아버지, 부친
tėvynainis [남] 동포, 같은 나라 사람
tėvynė [여] 고국, 모국, 조국, 태어난 나라
tėviškas [형] 아버지의
tėviškė [여] 고국, 고향
tezė [여] 논제, 테제
tyčia, tyčiomis [부] ① 고의로, 일부러, 의도적[계획적]으로 ② 농담으로, 재미삼아 ③ lyg tyčia 공교롭게도, 운 나쁘게도
tyčiojimasis [남] (~에 대한) 조롱, 놀림, 비웃음
tyčiotis [동] (~을 보고) 비웃다, 조롱하다, 놀리다
tiedvi [대] → tuodu
tiek [부/접] 그만큼, 그 정도의; tiek pat kiek (~와) 같은 양[정도]만큼; dukart tiek 갑절의, 두 배 많은; tiek to! 그만하면 됐어!
tiekėjas [남] 공급자, 제공[조달]하는 사람
tiekimas [남] 공급, 제공, 조달
tiekti [동] 공급하다, 제공하다, 조달하다
ties [전] ① ~ 옆에; ties langu 창가에 ② (~의) 반대쪽에, 맞은편에 ③ ~ 너머에
tiesa [여] 진실, 사실, 참; tai tiesa 그건 진실이다; jūsų tiesa 당신이 옳습니다; tiesą sakant 사실은, 사실을 말하자면; iš tiesų 정말로, 참으로
tiesė [여] [기하] 직선
tiesiai [부] 곧게; 곧장, 바로
tiesiog [부] ① 곧게, 똑바로 ② 정말, 참으로, 진짜; aš tiesiog nustebintas 나 진짜 놀랐어
tiesioginis [형] 직접의, 직접적인; tiesioginiai rinkimai 직접 선거; tiesioginis viršininkas 직속 상관; tiesioginė nuosaka [문법] 직설법; tiesiogine prasme 글자그대로, 말 뜻 그대로

tiesioji [여] [기하] 직선
tiesti [동] ① 곧게[똑바로] 하다 ② 설치하다, 건설하다, 부설하다 ③ 잡아 늘이다, 팽팽하게 하다
tiestis [동] (자신의 몸을) 뻗다, 펼치다
tiesus [형] 곧은, 똑바른, 직접적인; 솔직한, 정직한
tigras [남] [동물] 호랑이
tik [소사] 단지, 다만, 오직, ~ 뿐; dabar tik antra valanda 이제 두 시밖에 안 되었어; tik todėl, kad ~ 단지 ~ 때문에; tik vėlai vakare 저녁 늦게서야; tik pagalvok! 생각 좀 해봐!; tik nepavėluok! (뭘 하든지 간에) 늦지만 말아다오!; kad [jei] tik ~ ~하기만 한다면 (좋겠는데) ─ [접] ką tik 바로 지금, 방금; vos tik, kai ~ ~하자마자
tikėjimas [남] 믿음, 신뢰
tikėti [동] 믿다, 신뢰하다; aš tuo netikiu 난 그걸 믿지 않아; norit tikėkit, norit ne 믿거나 말거나; tikėti Dievą 하나님을 믿다
tikėtinas [형] 그럴 듯한, ~함직한, 가망[가능성] 있는
tikėtis [동] 바라다, 희망하다; tikiuosi, kad taip 그러기를 바래요
tikyba [여] 신앙, 종교
tikybinis [형] 종교적인
tikimybė [여] 그럴 듯함, ~함직함, 가망, 공산
tikinti [동] 설득하(려 노력하)다
tikintysis [남] 믿는 사람
tykoti [동] 경계하다, 촉각을 곤두세우다; 잠복하여 기다리다
tikrai [부] 확실히, 사실대로, 틀림없이; tikrai sakant 정확히 말하자면
tikras [형] ① 진짜의, 참된; tikras draugas 진정한[참다운] 친구; iš tikrųjų, iš tikro i) 정말, 참으로 ii) 사실(은) ② 확실한, 틀림없는; esu tikras 난 확신해 ③ 올바른 ④ tam tikras 어떤, 특정한
tikriausiai [부] 아마, 십중팔구, 거의 확실히
tikrinamasis [형] 확인하는, 입증하는
tikrinimas [남] 확인, 입증
tikrinti [동] 확인하다, 입증하다
tikrovė [여] 진실, 사실; tikrovėje 사실은, 실제로는

tikrumas [남] 확실성; 확신
tiksėti [동] (시계 따위가) 똑딱[재깍]거리다
tikslas [남] 목표, 목적; kuriuo tikslu? 무슨 목적으로?; galutinis tikslas 궁극적인 목적
tikslingas [형] 편의적인, 형편에 따라 하는; (분명한) 목적이 있는
tikslingumas [남] 편의, 형편이 좋음
tikslinti [동] (보다) 정확하게 하다
tikslumas [남] 정확성
tikslus [형] 정확한
tiktai [부] 단지, 다만, 오직, ~ 뿐
tikti [동] (~에) 알맞다, 적합하다, 어울리다
tykus [형] 조용한, 차분한, 온화한
tyla [여] 조용함, 고요
tildyti [동] 조용하게[차분하게] 하다
tylėjimas [남] 침묵
tylėti [동] 침묵을 지키다, 조용히 하다; tylėk! 조용히 해!
tyliai, tylomis [부] 조용히; kalbėti tyliai 낮은 목소리로 말하다
tilpti [동] (~할 만한) 공간이 있다, (~이 ~에) 들어가다; ąsotyje telpa dešimt litrų 그 물병은 용량이 10리터다; visi svečiai tilpo už stalo 모든 손님들이 테이블에 둘러앉을 만한 공간[자리]이 있었다
tiltas [남] 다리, 교각(橋脚)
tilti [동] 조용해지다, (시끄러운 소리 따위가) 멈추다
tylumas [남] ① 고요, 차분함 ② 침묵, 과묵
tylus [형] ① 조용한, 차분한, 온화한; tyliu balsu 낮은 목소리로; tyli naktis 고요한 밤; tylus oras 온화한 날씨 ② 과묵한, 말 수가 적은
tymai [남·복] [병리] 홍역
timpa [여] 활시위
timpčioti, timptelėti [동] (홱) 잡아 당기다
tingėjimas [남] 게으름, 나태, 태만
tingėti [동] 게으르다, 나태하다
tinginiauti [동] 게으르다, 빈둥거리다
tinginiavimas [남] 게으름, 빈둥거림
tinginys [남] 게으름뱅이

tingus [형] 게으른, 나태한
tinkamas [형] (~에) 알맞은, 적절한, 딱 좋은
tinkamumas [남] 알맞음, 적절함
tinkas [남] 회반죽; 치장 벽토
tinklainė [여] [해부] (눈의) 망막
tinklas [남] ① 그물, 망(網) ② 네트워크, 망상(網狀) 조직
tinklelis [남] 그물, 망
tinklininkas [남] 배구 선수
tinklinis [남] [스포츠] 배구
tinkuoti [동] 회반죽[치장 벽토]을 바르다[칠하다]
tinkuotojas [남] 미장이
tinti [동] 붓다, 부어오르다
tipas [남] ① 유형, 타입 ② (~한) 사람, 인물
tipingas [형] 전형적인, 대표적인
tipinis [형] 모범[모델·귀감]이 되는, 표준의
tipiškas [형] 전형적인, 특징적인
tyrai [남·복] 황무지, 황야
tyras [형] 순수한, 맑은, 깨끗한
tiražas [남] ① 인쇄[발행] 부수, 쇄(刷), 판(版) ② (채권·복권 등의) 발행
tyrė [여] 죽
tiriamas [형] 탐색하는, 조사하는
tiriamasis [형] 연구[조사]하는
tyrimas [남] 연구, 조사, 분석
tyrinėjimas [남] 조사, 연구; 탐험
tyrinėti [동] 조사[연구]하다; 탐험하다
tyrinėtojas [남] 조사[연구]자; 탐험가
tironas [남] 폭군, 전제 군주, 압제자
tironiškas [형] 폭군[전제 군주]의, 압제적인
tirpalas [남] [화학] 용액
tirpdyti [동] ① 녹이다 ② 용해하다
tirpti [동] ① 녹다 ② 용해되다 ③ (손발 따위가) 무감각해지다, 마비되다
tirpus [형] (잘) 녹는; 가용성의
tirščiai [남·복] ① (수프 등의) 걸쭉한 것 ② (커피 등의) 찌꺼기

tirštai [부] 빽빽하게, 조밀하게
tirštas [형] 진한, 걸쭉한, 짙은
tirštėti [동] 진해지다, 걸쭉해지다, 응축되다
tirštinti [동] 진하게[걸쭉하게] 하다, 응축하다
tirštumas [남] 농밀(濃密), 짙음
tirti [동] 조사[연구]하다; 탐험하다
tyrumas [남] 맑음, 깨끗함
tįsėti [동] 뻗(치)다
tysoti [동] 몸을 쭉 펴고 누워있다
tįsti [동] 늘어나다, 신축성이 있다
titnagas [남] 부싯돌, 수석(燧石)
titulas [남] 직함, 칭호
tituluoti [동] 칭호를 붙이다
tyvuliuoti [동] 몸을 쭉 펴고 누워있다
tižti [동] ① (사람이) 게을러[나태해]지다 ② (땅이) 진흙탕[진창]이 되다
to [대] → tas, ta
tobulas [형] 완벽한
tobulėti [동] 개선[향상]되다, 나아지다; 완벽해지다
tobulybė [여] 완벽, 완전
tobulinimas [남] = tobulybė
tobulinti [동] 개선[향상]시키다; 완벽하게 하다
tobulintis [동] (~에) 아주 숙달하게 되다
tobulumas [남] 완벽, 완전
todėl [부] 그래서, 그러니까
toks [대] 그런, 그러한; 그렇게; toks žmogus 그런 사람, 그와 같은 사람; toks sunkus uždavinys 그렇게[그토록] 어려운 일, 매우 어려운 일; toks pat (kaip) (~와) 같은; toks pat didelis kaip ~ ~만큼 큰; tokiu būdu 그렇게, 그런 식으로; toks ir toks 이러이러한, 여차여차한; kas jie tokie? 그들은 누구야?
tol(ei) [부] ~할 때까지; skambinkite tol, kol atsakys 응답을 받을 때까지 전화를 거세요
toleruoti [동] 관대하게 다루다, 묵인하다
tolesnis [형] 그 이상의, 더 나아간, 그 다음의, 뒤따른
toli [부] 멀리 (떨어져); iš toli (~에서[으로부터]) 멀리 떨어져

toliaregis [형] ① 먼 곳을 잘 보는, 원시(遠視)의 ② 선견지명이 있는

toliaregystė [여] ① [안과] 원시(遠視) ② 선견지명

toliaregiškumas [남] = toliaregystė

toliau [부] 그 이상으로, 더 나아가, 그 다음에, 뒤이어, 계속하여; o kas toliau? 그 다음은 뭐야?; ir taip toliau 기타 등등, ~ 등, ~ 따위

tolybė [여] 먼 거리, 원거리

tolyginis [형] ① 고른, 평탄한 ② [물리·공학] 일정한, 한결같은; tolyginis judėjimas 등속(等速) 운동

tolygumas [남] ① 고름, 평탄함 ② 일정함, 한결같음

tolygus [형] 같은, 동등한

tolimas [남] 멀리 떨어진, 원거리의

tolyn [부] 더 멀리, 더 나아가

tolis [남] 먼 거리, 원거리

tolti [동] (~에서 멀리) 움직이다, 옮기다, 떠나다

toluma [여] 먼 거리, 원거리; tolumoje (저) 멀리

tolumas [남] 먼 거리, 멂

tolus [형] 먼, 멀리 떨어진

tomas [남] (전집류 등의) 권; pirmas tomas 제1권

tona [여] [무게의 단위] 톤 (t)

tonas [남] 음조, 음색, 톤

tonažas [남] (선박의) 용적 톤수

tortas [남] 케이크

tostas [남] 건배, 축배; pakelti tostą (~을 위해) 건배하다

tradicija [여] 전통, 관례

tradicinis [형] 전통적인

tragedija [여] 비극

tragikas [남] 비극 배우; 비극 작가

tragiškas [형] 비극의, 비극적인

tragizmas [남] 비극(적 요소)

traiškanos [여·복] 눈곱

traiškyti [동] 짓누르다, 뭉개다, 압박하다

traktorius [남] 트랙터 (농기계의 하나)

traktuoti [동] 대(우)하다, 다루다, 취급하다

tramdyti [동] ① 길들이다 ② 억압[진압]하다

tramdytojas [남] 길들이는 사람, 조련사
tramvajus [남] 시가 전차 (노선)
tranas [남] (꿀벌의) 수벌
trankyti [동] 세게 치다; 심하게 동요하다
trankytis [동] 돌아다니다, 방랑하다
trankus [형] 심하게 동요하는, 덜컥거리는
transliacija [여] 방송, 중계
transliavimas [남] 방송, 중계
transliuoti [동] 방송[중계]하다
transportas [남] 운송, 수송; transporto priemonės 운송 수단, 교통 수단
trapecija [여] ① [기하] 사다리꼴 ② [체조] 공중그네
trapumas [남] 부서지기 쉬움; 여림, 섬세함
trapus [형] 부서지기 쉬운; 여린, 섬세한
trasa [여] 길, ~로(路); oro trasa 항공로
trąša [여] 비료, 거름
traškėjimas, traškesys [남] 우지직[딱딱] 소리가 남
traškėti [동] 우지직[딱딱] 소리가 나다, 탁 깨지다[갈라지다]
trąšus [형] (토지가) 비옥한, 기름진
tratėti [동] 덜거덕거리다
trauka [여] ① [물리] 인력; žemės trauka 지구의 인력 ② 견인력, 끌어당기는 힘
traukinys [남] 기차
traukyti [동] ① 끌다, 당기다 ② 빼다, 뽑아내다 ③ 경련을 일으키다, 쥐가 나다
traukti [동] ① 끌다, 당기다 ② 빼다, 뽑아내다 ③ 바람이 통하다; čia traukia 여긴 외풍이 있다 ④ (목록 따위에) 기입하다 ⑤ (관심 따위를) 끌다; 꾀다, 유인하다 ⑥ (~으로) 나아가다, 움직이다
trauktis [동] ① 물러나다, 후퇴하다, 철수하다 ② (옷감·천이) 오그라들다, 줄어들다
traukulys [남] [의학] 경련, 쥐
trečdalis [여] 3분의 1
trečiadienis [남] 수요일
trečias [수] 셋째의, 제3의; trečias(is) asmuo [문법] 3인칭; viena trečioji 3분의 1; iš trečiųjų rankų 제3자를 통해,

간접적으로
trejetas [남] 3개[인] 한 조
trejetukas [남] (수우미양가로 나뉘는 성적 등급에서) "미", 중간 등급의 성적
treji [수] 셋 (3); treji metai 3년
trejopai [부] 세 가지로
trejopas [형] 세 가지[종류]의
trėkšti [동] 압착하다, 짜내다
trempti [동] 짓밟다, 내리밟다
tremti [동] 추방하다
tremtinys [남] 추방당한 사람
treneris [남] 훈련자, 교관, 트레이너, 코치
treniruotė [여] 훈련(시키기), 코치(하기)
treniruoti [동] 훈련하다[시키다], 코치하다
trenksmas [남] 쿵, 쾅, 탕
trenksmingas [형] 쾅하는 소리가 나는
trenkti [동] ① 쾅하고 부딪치다; 세게 치다 ② 후딱 내던지다 ③ (~의) 냄새[향]가 나다
trepenti, trepsėti [동] 발을 구르다
trestas [남] [경제] 기업합동, 트러스트
treškėti [동] 우지직[딱딱] 소리가 나다, 그러면서 쪼개지다[갈라지다]
trešnė [여] [식물] 체리, 버찌
tręšti [동] 비료[거름]를 주다, 시비(施肥)하다
triaukštis [형] (건물이) 3층(짜리)의
tribūna [여] ① 연단, 강단 ② 관람석
tribunolas [남] 법정, 재판소
trigonometrija [여] 삼각법, 삼각술
trigubas [형] 3배의, 3중의
trigubėti [동] 3배[3중]가 되다
trigubinti [동] 3배[3중]로 하다
trikampis [남] 삼각형, 세모 ― [형] 삼각(형)의, 세모의
trikdyti [동] (평온 따위를) 깨뜨리다, 어지럽히다
trikojis [남] 삼각대
trikotažas [남] 뜨개질한 직물[의류]
trykšti [동] 분출하다, (펑펑) 솟아나오다

trikti [동] ① (질서 따위가) 깨지다, 파괴되다 ② 실수하다
trilijonas [남] 1조
trylika [수] 십삼 (13)
tryliktas [수] 제13의, 13번째의
trimestras [남] (3학기제의) 한 학기
trimetis [형] 3년(간)의; 3세의
trimitas [남] [음악] 트럼펫, 나팔
trimituoti [동] 나팔을 불다
trynys [남] (알의) 노른자위, 난황(卵黃)
trinkti [동] 머리를 감다
trinti [동] ① 문지르다 ② 갈다 ③ 쓸리게 하다
trintis [여] 마찰
trintukas [남] 지우개
trintuvė [여] 강판
trynukai [남·복] 세쌍둥이
trypčioti [동] 발을 구르다; trypčioti vietoje 제자리걸음을 하다
trypti [동] 발을 (동동) 구르다
trys [수] 셋 (3)
trisdešimt [수] 삼십 (30)
trisdešimtas [수] 제30의, 30번째의
trise [수] 세 명이서 같이
triskart, trissyk [부] 세 번, 3회
trišalis, trišonis [형] 3자간의, 삼파(三巴)의
triukas [남] 재주, 트릭
triukšmadarys [남] 다투는[싸우기 좋아하는] 사람, 시끄럽게 소동을 일으키는 사람
triukšmas [남] 소음, 소동, 소란; (su)kelti triukšmą 떠들다, 시끄럽게 하다
triukšmauti [동] (시끄럽게) 떠들다
triukšmingas [형] 떠드는, 시끄러운
triumfas [남] 승리, 성공; su triumfu 승리[성공]하여, 의기양양하게
triumfuoti [동] 승리[성공]를 거두다
triūsas [남] (수고스러운) 일, 노동
triūsti [동] (힘써) 일하다, 노동하다

triušiena [여] 토끼고기
triušis [남] [동물] 토끼
triuškinamas [형] 파괴적인, 분쇄하는; triuškinamas smūgis 괴멸적인 타격
triuškinti [동] ① 때려 부수다, 분쇄하다 ② 우두둑 부수다
trivietis [형] 3인승의
troba [여] 시골집, 농가
trobelė [여] 오두막
trobesys [남] 건물, 집
trofėjus [남] ① (우승) 트로피 ② [복] 전리품, 노획물
trokšti [동] ① 목이 마르다, 갈증이 나다 ② 숨이 막히다 ③ 바라다, 원하다; 갈망하다
troleibusas [남] 트롤리 버스, 무궤도 전차
troškimas [남] (~에 대한) 바람, 소망; 갈망, 욕구; garbės troškimas 명예욕
troškinti [동] ① 목마르게[갈증나게] 하다 ② 목이 마르다, 갈증이 나다 ③ (요리를) 약한 불로 끓이다
troškulys [남] 목마름, 갈증
troškus [형] 숨 막히는, 답답한, 질식시키는
trūkčioti [동] (몸의 일부를) 씰룩씰룩 움직이다; trūkčioti pečiais 어깨를 으쓱하다
trukdymas [남] 방해; 지체
trukdyti [동] 방해하다; 지체하다
trūkinėti [동] (살갗이) 트다, 거칠어지다
trūkis [남] [병리] 탈장, 헤르니아
trukmė [여] (지속되는) 기간; dienos trukmė 하루라는 기간; darbo laiko trukmė 근무 시간
trūkstamas [형] 부족한, 결여된, 없는
trukti [동] 지속되다; neilgai trukus 머지않아, 이윽고
trūkti [동] ① 부족하다, 결여돼 있다, 없다; jam trūksta pinigų 그는 돈이 없다[충분하지 않다]; trūkstant ko ~이 없어서 ② 터지다, 끊어지다 ③ trūks plyš 어떤 대가를 치르더라도, 기어코; jam galvoje trūksta 그는 나사가 풀려있다
trūkumas [남] ① (~의) 부족, 결핍, 결여, 불충분 ② 결점, 단점, 흠, 부족한 점; kūno trūkumas 신체의 결함
trumpalaikis [형] 단기(간)의; trumpalaikė paskola 단기 융자

trumparegis [형] 근시(안)의
trumparegystė [여] ① 근시(안) ② 근시안적인 견해[생각]
trumparegiškumas [남] = **trumparegystė**
trumpas [형] 짧은; trumposios bangos [통신] 단파(短波); trumpasis sujungimas [전기] 단락, 합선; trumpa atmintis 짧은[좋지 못한] 기억력, 잘 잊어버림
trumpėti [동] 짧아지다
trumpinti [동] 짧게 하다, 단축하다, 줄이다; (책 내용 따위를) 요약하다
trūnyti [동] 썩다, 부패하다
trūnus [형] 썩기 쉬운
trupė [여] (배우나 곡예사의) 일단, 흥행단
trupėti [동] (작은 조각으로) 부스러지다
trupinys [남] 작은 조각, 부스러기
trupinti [동] 부스러뜨리다
trupmena [여] [수학] 분수
trupus [형] 부서지기 쉬운
truputis [남] 약간, 조금; po truputį (한 번에) 조금씩; jis truputį pavargęs 그는 좀 지쳤다
tu [대] ① 너는; pas tave atėjo draugai 몇몇 친구들이 널 보러 왔어 ② kur tau! 결코 아니야, 천만에, 당치 않아!
tualetas [남] 화장실; moterų [vyrų] tualetas 여자[남자] 화장실
tuberkuliozė [여] [병리] 결핵; plaučių tuberkuliozė 폐결핵
tučtuojau [부] (곧)바로, 즉시; tučtuojau po 직후에
tuksenti, tuksėti [동] ① 두드리다 ② 고동치다, 맥이 뛰다
tūkstantadalis [여] 1000분의 1
tūkstantas [수] 제1000의, 1000번째의
tūkstantinis [수] 수천의; tūkstantinė minia 수천 명의 인파
tūkstantis [수] 천 (1,000)
tūkstantmetis [형] 천년(간)의 ― [남] 천년간
tukti [동] 뚱뚱해지다, 살이 찌다
tulpė [여] [식물] 튤립
tulžis [여] ① [생리·동물] 담즙, 쓸개즙; tulžies akmuo [의학] 담석; tulžies pūslė [해부] 쓸개, 담낭 ② tulžį išlieti 역정을 내다, 분통을 터뜨리다

tumulas [남] ① 덩어리, 덩이 ② 눈송이
tundra [여] 툰드라, 동토대(凍土帶)
tunelis [남] 터널
tūnoti [동] (어떤 곳에) 틀어박히다
tuo [대] → tas, ta
tuodu, tiedvi [대] (그것들) 둘 다
tuoj(au) [부] 즉시, 바로, 곧; tuoj pat 즉석에서, 당장; jis tuoj ateis 그는 곧 여기로 돌아올 거야; tuoj! 잠깐이면 돼, 곧 돌아올게!
tuokart [부] = tuomet
tuokti(s) [동] 결혼하다
tuolaikinis [형] 그때의, 그 당시의
tuomet [부] 그때, 그 당시에
tuometinis [형] 그때의, 그 당시의
tuopa [여] [식물] 포플러
tūpčioti [동] ① 웅크리다, 쪼그리고 앉다 ② 남의 비위를 맞추다, 알랑거리다 ③ tūpčioti vietoje 진전이 없다, 답보 상태에 있다
tupdyti [동] ① (새를) 횃대에 앉히다 ② tupdyti į kalėjimą 투옥하다, 감옥에 가두다
tupėti [동] ① (새가) 횃대에 앉다 ② (사람이) 웅크리고[쪼그리고] 앉다
tupinėti [동] = tūpčioti
tūpti [동] ① (새를) 횃대에 앉히다 ② (사람을) 쪼그려 앉히다 ③ (비행기를) 착륙시키다
turas [남] (경기·시합의) 한 판, 1회전[라운드]
turbina [여] [기계] 터빈
turbūt [부] 십중팔구, 아마, 거의 틀림없이; jis turbūt ten 그는 아마 거기에 있을 거야; jis turbūt išvyko 그는 틀림없이 가버렸을 거야
turėklai [남·복] (계단 따위의) 난간
turėti [동] ① 갖다, 가지고 있다, 소유하다; turėti teisę 권리를 가지다, 권리가 있다; turėti galvoje [omenyje] 마음에 두다[품다]; turėti reikšmę 문제가 되다, 중요하다; turėti reikalų su kuo ~와 관계[불일]가 있다 ② ~해야 하다 ③ 보유하다 ④ 포함하다, 함유하다; ši rūda turi daug geleži-

es 그 광석에는 철이 많이 함유돼있다; gegužis turi trisdešimt vieną dieną 5월엔 31일이 있다
turėtojas [남] 소유자, 보유자
turgavietė [여] 시장, 장터
turgus [남] 시장
turiningas [형] 의미심장한, 의미가 깊은
turinys [남] ① 내용; knygos turinys 책의 내용; trumpas turinys 요약(된 것) ② 차례, 목차 ③ (병이나 그릇 따위의 안에 든) 내용물
tūris [남] 부피, 체적; 용량; 크기
turistas [남] 관광객
turizmas [남] 관광 (여행)
turkas [남] 터키 사람; turkų kalba 터키어
Turkija [여] 터키
turkiškas [형] 터키의
turnyras [남] 토너먼트, 승자 진출전
turtas [남] ① 부(富); 재물, 재화, 재산; asmeninis turtas 사유재산; kilnojamasis turtas 동산(動産); nekilnojamasis turtas 부동산 ② [복] 자원; gamtos turtai 천연 자원
turtėti [동] 부유해지다, 부자가 되다
turtingas [형] 부유한; 풍부한
turtingumas [남] 부유; 풍부
turtinti [동] 부유하게[풍부하게] 하다; turtinti savo patyrimą 풍부한 경험을 쌓다
turtuolis [남] 부자
tušas [남] 먹
tuščiagalvis [남] 생각없는[머리가 텅 빈] 사람
tuščias [형] ① (텅) 빈, 비어 있는; 공백의 tuščias namas 빈 집 ② 무가치한, 쓸데없는; 헛된, 공허한; tušti pažadai 빈 말, 허황한 약속; tuščios viltys 헛된 희망; tuščios svajonės 공중누각; tuščios pastangos 무의미한 노력 ③ 경박한 ④ tuščiomis rankomis 빈손의; tuščia jo! 젠장, 제기랄!
tuščiomis [부] 빈손으로
tušinukas [남] 볼펜
tuštėti [동] (텅) 비다
tuštybė [여] ① (텅) 빔, 공(空) ② 공허, 허무, 아무것도 아님

tuštinti [동] ① 단숨에 마시다[들이켜다] ② (공간 따위를) 비우다
tuštintis [동] 배변하다, 장을 비우다
tuštumas [남] ① (텅) 빔, 공(空) ② 공허, 허무, 아무것도 아님; 무가치, 헛됨
tūta, tūtelė [여] 탄피
tūzas [남] [카드놀이] 에이스
tuzinas [남] 1다스, 12개
tūžti [동] 사나워지다
tvaikas [남] 악취, 고약한 냄새
tvaksėti [동] 고동치다, 맥이 뛰다
tvanas [남] 대홍수, 범람
tvankumas [남] ① 숨막힘, 답답함 ② 무더위, 찌는 듯함
tvankus [형] ① 숨막히는, 답답한, 통풍이 잘 안 되는 ② 무더운, 찌는 듯한
tvardytis [동] 자제하다, 자신을 통제하다
tvarka [여] ① 질서; laikytis tvarkos 질서를 지키다[유지하다] ② 순서; abėcėlinė tvarka 알파벳순; žodžių tvarka [문법] 어순 ③ 절차, 과정; rinkimų tvarka 투표 절차
tvarkaraštis [남] 시간표, 예정표
tvarkdarys [남] 질서를 지키는 사람
tvarkingas [형] 질서가 잡힌; 단정한, 정리가 잘 된
tvarkingumas [남] 단정함, 정리가 잘 되어 있음
tvarkyti [동] ① 질서를 잡다, 정리하다 ② 관리하다, 운영하다, 통제하다, 조정하다 ③ 정돈하다, 치우다, 깨끗이 하다
tvarkytojas [남] 관리자, 책임자
tvarstis [남] 붕대
tvarstyti [동] (상처에) 붕대를 감다
tvartas [남] 외양간, 가축 우리; arklių tvartas 마구간; kiaulių tvartas 돼지 우리
tvenkinys [남] 못, 저수지
tvenkti [동] 둑으로 막다, 물을 막아 못[저수지]을 만들다
tverti [동] ① 쥐다, 잡다; tverti kam už rankos ~의 손을 잡다 ② (어떤 상태를) 오래 유지하다 ③ 참다, 견디다 ④ 울타리를 두르다 ⑤ 붕대를 감다
tvykstelėti [동] 번쩍이다; 확 타오르다

tvindyti [동] 범람시키다
tvinkčioti, tvinksėti [동] 고동치다, 맥이 뛰다
tvinksnis [남] 고동, 맥박
tvinkti [동] (종기가) 곪다, 부어오르다; 부풀어오르다
tvinti [동] (물이) 붇다
tvirkinti [동] 타락시키다
tvirkintojas [남] 타락한[방탕한] 사람
tvirkti [동] 타락하다
tvirtas [형] 강한, 튼튼한, 굳은, 견고한; tvirtas sveikata 강건함, 건장함; tvirtas išitikinimas 확고한 신념; tvirtos kainos 안정된 물가
tvirtėti [동] 강해지다, 튼튼해지다
tvirtybė [여] 강함, 튼튼함, 굳음, 견고함
tvirtinimas [남] 단언, 확언, 주장
tvirtinti [동] ① 단언[확언]하다, 주장하다 ② 승인하다, 인가하다 ③ (증인으로서) 서명하다 ④ 강화하다, 굳건하게 하다; [군사] 요새화하다
tvirtovė [여] ① 요새 ② 보루, 거점
tvirtumas [남] 강함, 튼튼함, 굳음, 견고함
tviskėti [동] 빛나다, 반짝이다
tvora [여] 울타리
tvoti [동] 탁 치다[때리다]

U, Ū

ugdyti [동] ① 기르다, 키우다, 양육하다 ② (인원을) 훈련하다, 양성하다 ③ 발전시키다 ④ 촉진하다
ūgis [남] 키, 신장; aukšto ūgio 키가 큰; žemo [mažo] ūgio 키가 작은
ugniagesys [남] 소방관, 소방수
ugniakuras [남] (벽)난로
ugnikalnis [남] 화산
ugningas [형] 불의, 불 같은, 불타는 (듯한)
ugnis [여] ① 불; 불꽃; sukurti ugnį 불을 피우다; atsparus ugniai 내화성(耐火性)의, 방화(防火)의 ② 사격, 발포; paleisti ugnį 사격을 개시하다, 발포하다
uiti [동] ① 쫓아내다, 몰아내다 ② 꾸짖다
ūkana [여] 안개
ūkanotas [형] 안개 낀
ūkanoti(s) [동] 안개가 끼다
ūkininkas [남] 농부, 농장주
ūkininkauti [동] 농장을 경영하다, 농업에 종사하다
ūkinis [형] 경제의, 경제상의; ūkinės prekės 가정 용품, 가재 도구
ūkis [남] ① 경제; tautos ūkis 국민 경제; namų ūkis 가사, 살림살이, 가게 꾸리기; žemės ūkis 농업, 농촌 경제 ② 농장
ūkiškas [형] 절약하는, 경제적인
ūkiškumas [남] 절약, 검약
Ukraina [여] 우크라이나
ukrainietis [남] 우크라이나 사람; ukrainiečių kalba 우크라이나어
ūkti [동] (올빼미가) 부엉부엉 울다; (기적 소리가) 뚜뚜[빵빵] 울리다
ūkvedys [남] 관리인, 매니저

ultimatumas [남] 최후의 말, 최후 통첩
ūmėdė [여] [균류] 버섯의 일종
ūmiai [부] 갑자기, 즉석에서
ūmus [형] 성급한, 성마른
undinė [여] 물의 요정, 인어(人魚)
ungurys [남] [어류] 뱀장어
uniforma [여] 제복, 유니폼
uniformuotas [형] 제복을 입은, 제복 차림의
universalinis, universalus [형] 보편적인, 일반적인, 모든 방면에 다 통용이 되는; universalios žinios 백과사전적인 지식
universitetas [남] 대학교
uodas [남] [곤충] 모기
uodega [여] ① (동물·비행기·혜성 등의) 꼬리 ② vilktis uodegoje 뒤지다, 뒤처지다
uoga [여] [식물] 베리 (딸기류)
uogauti [동] 딸기를 따다
uogienė [여] 딸기잼
uoksas [남] (나무의) 움푹 팬 구멍, 공동(空洞)
uola [여] 바위; 절벽
uoliena [여] 암석
uolotas [형] 바위가 많은, 바위투성이의; 절벽의
uolumas [남] 열심, 부지런함
uolus [형] 열심인, 부지런한
uosis [남] [식물] 서양물푸레나무
uoslė [여] ① 후각(嗅覺) ② 예민한 직감, 천부적인 재능[능력]
uostamiestis [남] 항구 도시
uostas [남] 항구
uosti [동] 냄새를 맡다
uostinėti [동] ① 냄새를 맡다 ② 낌새를 채다, 수상하게 여기다
uostyti [동] 냄새를 맡다
uošvė, uošvienė [여] 시어머니, 장모
uošvis [남] 시아버지, 장인
ūpas [남] 기분, 마음 상태
upė [여] 강(江)
upėtakis [남] [어류] 송어
upynas [남] (강의) 유역(流域)

upokšnis [남] 시내, 지류
uraganas [남] 허리케인; 토네이도
Uranas [남] [천문] 천왕성
urgzti [동] 으르렁거리다
urmas [남] 무리, 떼; urmu 여럿이, 떼지어, 한 덩어리로
urna [여] 단지, 함
Urugvajus [남] 우루과이
urvas [남] (동)굴
ūsas [남] ① 콧수염 ② (동물의) 수염, 더듬이
usnis [여] [식물] 엉겅퀴
utėlė [여] [곤충] 이
uzbekas [남] 우즈베키스탄 사람; uzbekų kalba 우즈벡어
Uzbekistanas [남] 우즈베키스탄
už [전] ① (~의) 뒤에; (~의) 저쪽[너머]에, 이면(裏面)에; už vartų 대문 뒤에, 대문 너머에; už upės 강 건너편에 ② (~의) 밖에, 외부에 ③ (~을) 잡고, 잡아(서); vesti ką už rankos 손을 잡고 ~을 이끌다 ④ (~을) 위하여; kovoti už tėvynę 나라를 위해 싸우다; už ir prieš 찬반(贊反) ⑤ ~ 보다 (더 ~하다); ši knyga geresnė už aną 이 책이 저 책보다 더 좋다 ⑥ (거리상) ~에; už penkių kilometrų (nuo) (~으로부터) 5km 거리에 ⑦ (시간상) ~ 후에, (~이) 지나; už metų 1년 후에, 1년이 지나
užakti [동] 막히다
užantis [남] 가슴, 품
užantspauduoti [동] 봉하다, 밀폐하다
užaštrinti [동] 날카롭게 하다
užaugęs [형] 다 자란, 성인이 된
užauginti [동] (아이를) 기르다, 양육하다; (동물을) 사육하다; (식물을) 재배하다
užaugti [동] ① (아이가) 자라다, 성장하다 ② (풀 따위가) 무성하게 나다
ūžauti [동] ① 시끄럽게 하다, 소음을 내다 ② (바다・바람 따위가) 노호(怒號)하다 ③ 주연을 베풀다, 마시고 흥청거리다
užbaigti [동] 끝내다, 마무리하다, 결말짓다, 완료하다
užbarstyti [동] 뿌리다, 끼얹다
užbėgti [동] ① (지나가는 길에) 잠깐 들르다 ② (높은 곳으로)

뛰어 올라가다 ③ užbėgti už akių 앞서다, 앞지르다, 선손 쓰다

užberti [동] 붓다, 따르다, 끼얹다, 덮다; (구멍 따위를) 채우다, 메우다

užbraukti [동] 줄을 그어 지우다, 삭제하다

užbrėžti [동] 긁다, 할퀴다

užburti [동] 호리다, 매혹시키다

uždainuoti [동] 노래하기 시작하다

uždanga [여] ① 커튼 ② 막(幕); dūmų uždanga 연막(煙幕)

uždangalas [남] ① 커튼 ② 덮개, 뚜껑, 커버

uždangstyti [동] 덮개를 덮다

uždaras[1] [남] 조미료, 양념

uždaras[2] [형] 닫힌, 폐쇄된; uždarose patalpose 실내에서; uždaromis durimis 밀실에서, 은밀하게

uždarbiauti [동] (돈을) 벌다

uždarbis [남] 소득, 수입; lengvas uždarbis 쉽게 번 돈

uždaryti [동] ① 닫다, 폐쇄하다 ② 투옥하다 ③ 조미(調味)하다, (양념·소스 등으로) 음식의 맛을 내다

uždavinynas [남] 산수 문제집

uždavinys [남] ① 산수 문제; išspręsti uždavinį 산수 문제를 풀다 ② 직무, 과제, 과업; 목표, 목적

uždegimas [남] [병리] 염증

uždegti [동] ① 불을 켜다 (성냥·램프·전등 따위) ② 불을 놓다[피우다] ③ (열정 따위를) 불붙게 하다

uždengti [동] (덮개 따위로) 덮다; (커튼 따위를 쳐서) 가리다

užderėti [동] (농작물의) 작황이 ~이다; kviečiai gerai užderėjo šiais metais 올해는 밀농사가 풍년이다

uždėti [동] ① (~을 ~에) 내려 놓다, 얹어 놓다 ② 붙이다, 달다

uždirbti [동] (돈 따위를) 벌다, 획득하다

uždrausti [동] 금지하다; (도서를) 발매 금지하다; (언론 등을) 탄압하다

užduoti [동] (누구에게 무엇을) 내다, 부과하다; užduoti kam klausimą ~에게 질문을 하다; užduoti namų darbą 숙제를 내다

užduotis [여] 과제, 과업, 해야 할 일[목표]

uždusinti [동] 숨막히게 하다, 질식시키다
uždusti [동] 숨이 막히다, 질식하다
užeiti [동] ① (~에) 들르다, 방문하다 ② 뒤로 (돌아)가다 ③ (일정한 때[시각]가) 되다, 이르다; užėjo naktis 밤이 되었다 ④ 우연히 마주치다
užesys [남] 소음, 소리
užfiksuoti [동] ① 고정시키다 ② (~에) 주목하다, 유의하다
užgaida [여] 변덕, 일시적인 기분
užgaidas [남] = užgaida
užgaidauti [동] 변덕스럽다
užgaidus [형] 변덕스러운
užgaišti [동] 너무 오래 머물다, 지체하다, 꾸물거리다
užgaulė [여] 모욕
užgaulioti [동] 모욕하다, 감정을 해치다
užgaulus [형] 모욕적인, 욕설을 퍼붓는
užgauti [동] ① 해치다, 다치게 하다, 상해를 입히다 ② 모욕하다, 감정을 해치다
Užgavėnės [여·복] [기독교] 재의 수요일 전의 3일간, 사육제(謝肉祭)의 기간
užgavimas [남] 해를 끼침; 모욕
užgesinti [동] (불 따위를) 끄다
užgesti [동] (불 따위가) 꺼지다
užgydyti [동] (상처 따위를) 치료하다
užginti [동] = uždrausti
užgyti [동] (상처 따위가) 낫다, 아물다
užglaistyti [동] 퍼티[접합제]로 붙이다[접합하다]
užgniaužyti [동] ① 꽉 잡다[쥐다] ② (발생 따위를) 억압하다, 억제하다, 억누르다
užgožti [동] ① (식물이) 너무 무성하게 자라다 ② 소리를 죽이다, 소음(消音)하다
užgriozdinti [동] 막다, 방해하다
užgriūti [동] ① 넘어지다, 엎어지다 ② (불운·걱정 따위가) 닥치다
užgrobti [동] 붙잡다; (영토를) 점령하다
užgroti [동] 연주 따위를 시작하다
užgrūdinti [동] 강화하다, 단련하다

užguitas [형] (사람이) 짓밟히는, 억압받는
užguiti [동] 짓밟다, 유린하다, 혹사하다
užgulti [동] ① (~의 위에) 눕다 ② (~에) 기대다
užhipnotizuoti [동] 최면을 걸다
užimas [남] 소음, 소리
užimti [동] 차지하다, 점유하다
užjausti [동] 동정하다, 불쌍히 여기다
užjautimas [남] (~에 대한) 동정, 측은히 여기는 마음
užjūris [남] 해외의 국가; užjūryje 해외에
užkabin(ė)ti [동] ① (고리 따위로) 죄다, 고정시키다 ② 걸다, 매달다 ③ 트집 잡다, 잔소리하다
užkaisti[1] [동] (냄비 따위에 무엇을 넣고) 끓도록 하다
užkaisti[2] [동] ① 따뜻해지다, 뜨거워지다 ② (얼굴이) 붉어지다
užkalbėti [동] 마법으로 고통·병 따위를 없애다
užkalbinti [동] (~에게) 말을 걸다
užkalti [동] 판자를 두르다; 못질을 하다
užkampis [남] 외딴 곳
užkamšyti [동] 틈[균열]을 막다
užkamuoti [동] = užkankinti
užkandinė [여] 간이 식당, 스낵바
užkandis [남] 스낵, 다과, 가벼운 음식물
užkandžiauti [동] 스낵[다과]을 먹다
užkankinti [동] 고문하여 죽음에 이르게 하다
užkapoti [동] 칼로 베어 또는 채찍으로 때려 죽이다
užkariauti [동] ① 정복하다 ② (상대의 마음 따위를) 얻다
užkariautojas [남] 정복자
užkariavimas [남] 정복
užkasti [동] ① 묻다, 매장하다 ② (구멍 따위를) 메우다
užkąsti [동] 가벼운 식사를 하다
užkeikti [동] 매혹하다, 호리다; 마법을 걸다
užkelti [동] ① (문 따위를) 닫다, 폐쇄하다 ② 들어올리다; užkelti maišą ant pečių 색을 어깨에 메다
užkerėti [동] 매혹하다, 호리다; 마법을 걸다
užkietėjęs [형] ① 변비에 걸린 ② 무정한, 냉혹한 ③ 완고한, 고집 센 ④ (나쁜 점이) 고질적인, 고치기 어려운
užkimęs [형] 목쉰

užkimimas [남] 목쉼
užkimti [동] 목이 쉬다
užkimšti [동] 마개를 막다
užkirsti [동] (길 따위를) 막다, 차단하다, 방해하다
užkišti [동] ① 마개 따위를 막다 ② (문 따위를) 걸어 잠그다 ③ 밀치다, 제쳐 놓다
užklijuoti [동] 붙이다, 접합하다
užklysti [동] 들르다, 들어가다
užkliudyti [동] 닿다, 스치고 지나가다
užkliūti [동] (~에) 붙들리다, 붙잡히다, 걸리다; 발부리가 걸리다
užkloti [동] (~의 위에 ~을) 펼치다; užkloti stalą staltiese 식탁에 식탁보를 펴다
užklupti [동] (갑자기) 붙잡다, 덮치다; užklupti netikėtai[staiga] 불시에 (덮)치다; mus užklupo audra 우리는 갑작스런 폭풍우를 만났다; naktis jį užklupo miške 밤이 되었을 때(어둠이 엄습했을 때) 그는 숲에 있었다
užkopti [동] 기어오르다
užkrauti [동] ① 쌓아올리다 ② 채워넣다 ③ (짐・부담 따위를) 지우다
užkrečiamas [형] (병이) 전염성의
užkrėsti [동] (병을) 전염시키다
užkrėtimas [남] (병의) 전염
užkristi [동] ① (~의) 뒤로 떨어지다 ② jam ausys užkrito 그는 귀가 막혔다
užkulas [남] 조미료, 양념
užkulisinis [형] 막후의, 비밀의, 은밀한
užkulisis [남] 무대의 뒤 (또는 복수형으로 užkulisiai)
užkulnis [남] (구두의) 뒷굽 가죽
užkurti [동] 난로에 불을 때다[지피다]
užlaužti [동] ① 비틀다 ② 조금 부수다
užleisti [동] ① (다른 사람이 무엇을) 갖도록 하다, (남에게 무엇을) 양도하다, 남의 편의를 봐주다; užleisti kam kelią ~에게 길을 양보하다 ② (창문 등에) 커튼을 치다 ③ (일을) 게을리[소홀히] 하다
užlėkti [동] ① 날아오르다 ② 뛰어 올라가다 ③ (~에) 뛰어들

다, 충돌하다
užlenkti [동] 뒤집다, 젖히다; 구부리다
užlieti [동] 범람시키다, 넘쳐 흐르게 하다
užlyginti [동] 고르게 하다, 평탄하게 하다, 구멍 따위를 메우다
užlinkti [동] 뒤집다, 젖히다
užlipdyti [동] 붙이다, 봉하다
užlipti [동] (높은 곳에) 기어오르다
užlyti [동] 퍼붓다
užliūliuoti [동] (아기를) 달래어[흔들어] 재우다
užlopyti [동] 수선하다
užmačia [여] 계획, 기도, 의도; tamsios užmačios 악의
užmaišyti [동] 섞다, 혼합하다
užmarštis [여] 망각, 잊음
užmaršus [형] 잊기 쉬운, 잘 잊어버리는
užmauti [동] (예를 들어 신발이나 장갑 따위를) 신다, 끼다, 착용하다
užmegzti [동] ① užmegzti (mazgą) 매듭을 짓다 ② 시작하다; užmegzti kalbą 대화를 시작하다; užmegzti ryšius 관계를 맺다
užmerkti [동] (눈을) 감다
užmesti [동] ① (~의 위에 ~을) 던지다; užmesti tinklą 그물을 치다 ② 그만두다, 단념하다
užmiegotas [형] 졸리는, 잠이 오는
užmiestinis [형] 시외(市外)의, 지방[시골]의
užmiestis [남] 시외, 지방, 시골; užmiestyje 지방[시골]에서
užmigdyti [동] (자장가를 불러주거나 동화책을 읽어주는 등 아이를 달래어) 재우다
užmigti [동] 잠들다
užminkyti [동] užminkyti tešlą 반죽을 개다
užminti[1] [동] 밟다; užminti kam ant kojos ~의 발을 밟다
užminti[2] [동] 언급하다, 암시하다, 생각나게 하다, 상기시키다
užmiršti [동] ① 잊다, 망각하다; jis tai visai užmiršo 그는 그것을 깨끗이 잊어버렸다 ② 두고 가다[오다], 둔 채 잊고 가다[오다]; aš užmiršau pas jus skėtį (깜박하고) 우산을 당신 집에 놓고 왔소
užmirštis [여] 잊음, 망각

užmojis [남] (활동 등의) 범위, 영역, 폭; didelių užmojų žmogus 광범위한 분야에서 활동하는 사람, 활동 폭이 넓은 사람

užmokestis [남] 급료, 봉급, 임금, 보수

užmokėti [동] 지불하다, 대가를 치르다; gyvybe užmokėti už ką 목숨으로써 ~에 대한 대가를 치르다

užmušėjas [남] 살인자, 살해자, 킬러

užmušimas [남] 살인, 살해

užmušti [동] 죽이다, 살해하다

užnerti [동] užnerti kilpą 옭아매다, 올가미를 씌우다

užnešti [동] ① (위로) 끌어올리다 ② (~에 잠깐) 들르다 ③ (~의 표면을) 덮다

užniek [부] 헛되이, 수포로 돌아가

užnugaris [남] [군사] 후위(後衛), 후미

užnuodyti [동] 독살(毒殺)하다

užpakalinis [형] 뒤(쪽)의, 후부(後部)의; užpakalinės kojos 뒷다리; užpakalinis įėjimas 뒷문

užpakalis [남] ① 뒤(쪽); užpakalyje 뒤(쪽)에; iš užpakalio 뒤에서, 뒤로부터 ② (속어로) 엉덩이, 둔부

užpereitas [형] 지지난, 전전(前前); užpereitais metais 재작년

užpernai [부] 재작년에

užpykdyti, užpykinti [동] 화나게 하다

užpykti [동] 화를 내다, 분개하다

užpilas [남] 딸기류나 허브 따위로 만든 음료

užpildyti [동] 채우다, 메우다; žiūrovai užpildė salę 홀은 관객들로 가득 찼다; užpildyti anketą 설문지를 작성하다

užpilti [동] ① 따르다, 쏟다 ② (구멍 따위를) 메우다 ③ 퍼붓다, 마구 주다

užpjudyti [동] 개를 부추겨 (~을) 공격하게 하다

užplakti [동] 때려 죽이다

užplaukti [동] (배가) 항해하다, 떠 가다; užplaukti ant seklumos 좌초하다

užpleištuoti [동] 쐐기를 박다

užplombuoti [동] 메우다; 봉하다

užplūsti [동] ① 넘치다, 범람하다, 밀려오다, 쇄도하다, 잔뜩 몰려들다 ② 뛰어들다, 돌진하다, 밀어닥치다

užporyt [부] 3일 내에, 3일간
užpraeitas [형] 지지난, 전전(前前); užpraeitais metais 재작년
užprašyti [동] ① 지나치게[과도하게] ~하다; užprašyti per didelę kainą 부당한 가격을 요구하다, 바가지를 씌우다 ② 초대하다
užprenumeruoti [동] (남을 위하여 신문 따위를) 구독 신청하다
užprotestuoti [동] 항의하다, 이의를 제기하다
užpulti [동] 공격하다, 습격하다
užpuolėjas, užpuolikas [남] 공격자
užpuolimas [남] 공격, 습격
užpūsti [동] 불어 끄다
užpustyti [동] (표면을) 덮다; visi keliai užpustyti 길 전체가 눈으로 뒤덮여 있다, 길에 눈이 많이 쌓여 있다
užraityti, užraitoti [동] (소매 따위를) 걷어올리다
užrakinti [동] 잠그다, 폐쇄하다
užraktas [남] 자물쇠; po užraktu 자물쇠를 채워
užrašas [남] ① 기록, 써[적어] 놓은 것; (비석 따위의) 명(銘) ② [복] 노트; paskaitų užrašai 강의 노트; kelionės užrašai 여행기 ③ užrašų knygelė 공책, 수첩
užrašyti [동] ① 적어 두다, 기록하다 ② (~의 위에) 쓰다, 새기다; užrašyti adresą ant voko 봉투에 주소를 쓰다 ③ (재산을) 유증(遺贈)하다
užraugti [동] 발효시키다
užregistruoti [동] 등록하다
užribis [남] [스포츠] 아웃
užriesti [동] 뒤집다, 젖히다
užrišti [동] (끈 따위로) 묶다, 매다
užrūkyti [동] 담배에 불을 붙이다
užrūstinti [동] 화나게 하다
užsagstyti [동] (단추·훅·핀 따위를 채워) 잠그다
užsakymas [남] 주문; pagal užsakymą 주문에 의해
užsakyti [동] 주문하다, 예약하다
užsakytinai [부] 주문에 의해, 맞춤 제작으로
užsakytinis [형] 주문 제작의
užsakytojas, užsakovas [남] 고객
užsegti [동] (단추·버클 따위를 채워) 잠그다

užsėsti [동] ① (~의 위에) 앉다, 올라타다 ② 귀찮게[못살게] 굴다, 괴롭히다
užsėti [동] (밭 등에) 씨를 뿌리다
užsibrėžti [동] (~을 하려고) 마음먹다, 계획하다
užsibūti [동] (남의 집 등에서) 너무 오래[늦게까지] 머물다
užsičiaupti [동] 입을 굳게 다물다; užsičiaupk! 닥쳐!
užsidarėlis [남] 내성적인[사교성이 없는] 사람
užsidaręs [형] 내성적인, 사교성이 없는
užsidarymas [남] 내성적임, 과묵함
užsidaryti [동] ① 닫다, 폐쇄하다; 폐쇄되다 ② 내성적이다, 다른 사람과 잘 어울리지 않다; užsidaryti savyje 홀로 틀어박히다, 마음을 터놓지 않다
užsidegimas [남] ① 점화, 불붙이기 ② 열정, 격렬한 감정
užsidegti [동] ① 불을 붙이다, 점화하다 ② (감정이) 불타오르다; užsidegti pykčiu 화가 치밀어 오르다
užsidengti [동] (자신의 몸을) 가리다, 덮다
užsidėti [동] (예를 들어 모자나 안경 따위를) 쓰다
užsidirbti [동] (돈을) 벌다; užsidirbti pragyvenimui 생계를 꾸리다
užsiėmęs [형] 바쁜
užsiėmimas [남] 직업, 일
užsienietis [남] 외국인
užsieninis [형] 외국의
užsienis [남] 외국; į užsienį, užsienyje 외국에(서); iš užsienio 외국에서, 외국으로부터; užsienio politika 외교 정책; užsienio prekyba 외국 무역
užsigalvojęs [형] 생각이 깊은
užsigauti [동] ① 다치다, 상처를 입다 ② 모욕을 당하다, 감정이 상하다; neužsigauk! 기분 나쁘게 생각하지 마
užsigrūdinimas [남] 경화(硬化), 굳음
užsigrūdinti [동] 굳다, 단단해지다, 경화되다
užsigulėti [동] (한 장소에) 너무 오래 놓여 있다; (상품 따위가) 오랫동안 팔리지 않다
užsiiminėti, užsiimti [동] ① (~에) 종사하다, (어떤 일을) 하고 있다 ② (~와) 관계가 있다
užsikabinti [동] 걸다; 붙들다

užsikalbėti [동] 말을 너무 많이 하다, 이야기하느라 시간 가는 줄 모르다
užsikimšti [동] ① 막다; užsikimšti ausis 귀를 막다 ② 막히다
užsikirsti [동] ① (꽉) 끼다, 꼼짝 못하게 되다 ② 말을 더듬다
užsiklijuoti [동] 달라붙다
užsikloti [동] (이불 따위로 자신의 몸을) 덮다
užsikrauti [동] 짐을 (짊어)지다
užsikrėsti [동] (병에) 걸리다, 감염되다; užsikrėsti gripu nuo ko ~한테서 독감이 옮다
užsikrėtimas [남] (접촉) 전염, 감염
užsilenkti [동] 뒤집다, 젖히다
užsilipti [동] 기어오르다
užsimanyti [동] (~이라고) 마음먹다, 생각하다
užsimaskuoti [동] 변장[가장]하다; [군사] 위장하다
užsimauti [동] (양말·신발·장갑 따위를) 신다, 끼다, 착용하다
užsimegzti [동] ① 시작하다 ② (식물이) 열매를 맺다
užsimerkti [동] 눈을 감다
užsimesti [동] (옷을) 급히 걸쳐 입다
užsimiegoti [동] (잠을) 너무 많이 자다
užsiminimas [남] 언급(하기)
užsiminti [동] 넌지시 말하다; 언급하다
užsimiršimas [남] 망각, 잊음
užsimiršti [동] 잊다, 망각하다
užsimokėti [동] (자신의 몫을) 지불하다, 계산하다
užsimoti[1] [동] užsimoti ranka (위협적으로) 팔을 휘두르다[손을 쳐들다], (남을) 때리려고 하다
užsimoti[2] [동] ~할 작정이다, ~하려고 하다
užsimušti [동] 죽다, 목숨을 잃다
užsinorėti [동] ~하고 싶다, (~을) 바라다
užsiplepėti [동] 오랫동안 수다를 떨다
užsiprašyti [동] (가격 따위를) 지나치게 많이 부르다, 바가지를 씌우다
užsiprenumeruoti [동] (신문 따위를) 구독하다
užsipulti [동] 공격하다, (~에게) 덤벼들다
užsirakinti [동] ① 자물쇠가 잠기다; spyna neužsirakina 자물쇠가 잠기질 않네요, 자물쇠가 고장이네요 ② 방문을 걸

어잠그고 나오지 않다, 방 안에 틀어박히다
užsirašyti [동] ① 이름을 적다[기입하다], (명부에) 이름을 올리다; užsirašyti į būrelį 서클[클럽]에 가입하다 ② 적어 두다, 기록하다
užsiregistruoti [동] (~에) 등록하다, 자신의 이름을 올리다; užsiregistruoti pas gydytoją 의사와 만날 약속을 하다
užsirišti [동] (끈이나 줄로) 묶다, 매다; 묶이다; užsirišti batus 신발끈을 묶다
užsirūstinti [동] (~에) 화가 나다
užsisakyti [동] 주문[예약]하다; 구독하다
užsisėdėti [동] 너무 오래 앉아[머물러] 있다
užsisegti [동] (옷의) 단추를 잠그다
užsispyrėlis [남] 고집 센 사람
užsispyręs [형] 고집 센, 완고한, 남의 말을 듣지 않는
užsispyrimas [남] 고집 셈, 완고
užsispirti [동] 고집이 세다, 완고하다, 남의 말을 듣지 않다
užsistovėti [동] 너무 오래 서[멈춰·정체해] 있다
užsisvajojęs [형] 꿈꾸는 듯한, 공상에 잠긴
užsisvajoti [동] 꿈꾸다, 공상에 잠기다
užsisvečiuoti [동] (남의 집에) 너무 오래 머무르다
užsišnekėti [동] 시간 가는 줄 모르고 이야기를 나누다
užsitarnauti [동] 받다, 받을 만하다; užsitarnauti pagarbą 존경받다, 존경받을 만하다
užsiteršti [동] ① 더러워지다 ② (관이나 파이프 따위가) 막히다
užsitęsęs [형] 오래[질질] 끄는
užsitęsti [동] 오래[질질] 끌다
užsitraukti [동] ① (자신의 행동에 의해 곤란 따위를) 당하다, 겪다; (자신에게 어떤 나쁜 결과를) 초래하다; užsitraukti gėdą 망신을 당하다 ② (상처가) 아물다
užsitrenkti [동] (문 따위가) 쾅 닫히다
užsiūti [동] 꿰매어 붙이다, 봉합하다
užsiverti [동] 닫다, 폐쇄하다
užsivilkti [동] (옷을) 입다
užsižiopsoti [동] 입을 벌리고 멍하니 있다, 넋을 잃다
užsklanda [여] ① (문 따위의) 빗장 ② (책의 여백에 넣는) 장

식 컷
užskleisti [동] (책을) 덮다
užsklęsti [동] (문에) 빗장을 지르다
užskristi [동] ① 날아 오르다 ② (도중에) 잠깐 들르다
užslinkti [동] ① užslinko naktis 밤이 되었다, 어둠이 깔렸다 ② 모래나 흙 따위로 막히다[메꿔지다]
užsnigti [동] 눈이 덮이다
užsnūsti [동] 깜박 졸다
užsodinti [동] ① (식물을) 심다 ② užsodinti ką ant arklio ~을 말에 태워주다, ~이 말 타는 것을 도와주다
užspausti [동] 꽉 쥐다[죄다], 압착하다, 짓누르다
užspringti [동] (음식을 잘못 삼켜) 목이 막히다
užstatas [남] 담보, 저당; už užstatą (~을) 담보로 하여
užstatyti [동] ① 무언가를 쑤셔[채워] 넣어 공간을 막다, 공간을 무언가로 채우다 ② (일정 부지에) 건물을 짓다 ③ 저당잡히다
užstoti [동] ① (남의 편을 들어) 중재하다, (남을) 옹호[두둔]하다 ② 그늘지게 하다, 빛이 들어오는 것을 막다; užstoti vaizdą 시야를 가로막다
užstumti [동] (문 따위에) 빗장을 지르다
užsukti [동] ① (수도꼭지 따위를) 잠그다; (스위치 등을) 끄다 ② (나사 따위를) 바짝 죄다; (시계의) 태엽을 감다 ③ (어느 곳에) 들르다
užšaldymas [남] 동결, 결빙
užšaldyti [동] 얼리다, 결빙시키다
užšalęs [형] 얼어붙은, 결빙한
užšalimas [남] 동결, 결빙; užšalimo taškas 어는점, 빙점
užšalti [동] 얼다, 결빙하다; upė užšalo 강이 얼어붙었다
užšauti [동] (문에) 빗장을 지르다
užšnekinti [동] (남에게) 말을 걸다
užšokti [동] (~의 위로) 뛰어오르다
užtaisas [남] (탄약의) 장전(裝塡)
užtaisyti [동] ① (탄약을) 장전하다 ② (구멍이나 틈을) 메우다
užtarėjas [남] 편을 들어 중재해주는 사람, 옹호[두둔]하는 사람
užtarimas [남] (편을 들어) 중재함

užtarnautas [형] 당연한, 마땅히 ~할 만한
užtarti [동] (남의 편을 들어) 중재하다, (남을) 옹호[두둔]하다
užtat [부] 그래서, 그러므로
užtėkšti [동] (~에게 물 따위를) 튀기다
užtekti [동] 충분하다, 넉넉하다; šito užteks 이것이면 족하다; jam užteko laiko ~ 그에게는 ~을 할 만한 충분한 시간이 있었다; užtenka!, užteks! 그거면 됐어!
užtektinai [부] 충분히, 넉넉하게, 족히
užtemdymas [남] 소등, 불을 끄기
užtemdyti [동] ① 어둡게 하다 ② 불을 끄다, 소등하다 ③ 그늘지게 하다, 무색하게 하다
užtemimas [남] [천문] (해·달의) 식(蝕); saulės užtemimas 일식; mėnulio užtemimas 월식
užtempti [동] ① (모자 따위를) 쓰다 ② (위로) 끌어올리다
užtepti [동] (~의 위에) 펴바르다; užtepti sviesto ant duonos 빵에 버터를 바르다
užteršimas [남] 더럽히기, 오염(시키기)
užterštas [형] 더러운, 지저분한, 오염된
užteršti [동] 더럽히다, 지저분하게 만들다, 오염시키다
užtęsti [동] 질질 끌다, 지체하다
užti [동] ① (바람 따위가) 휘몰아치다 ② (술을 마시며) 흥청거리다
užtiesalas [남] (침대 따위의) 시트, 커버; 식탁보
užtiesti [동] 시트[커버] 따위를 덮다; užtiesti stalą staltiese 식탁에 식탁보를 깔다
užtikrinimas [남] 확신
užtikrinti [동] 확실하게 하다, 보증하다
užtikti [동] ① (우연히) 찾아내다, 발견하다 ② (갑자기) 붙잡다, 덮치다; užtikti ką nusikaltimo vietoje ~을 현장에서 붙잡다
užtirpti [동] 무감각해지다, 마비되다
užtraukti [동] ① 끌어올리다; (양말 따위를) 신다 ② 당겨서 드리우다; užtraukti užuolaidą ant lango 창문에 커튼을 치다 ③ 죄다, 팽팽하게 하다 ④ 노래를 시작하다 ⑤ užtraukti paskolą 공채를 모집하다
užtrauktukas [남] 지퍼

užtrenkti [동] (문 따위를) 쾅[탕] 닫다
užtrinti [동] ① 문질러 바르다 ② (결점 따위를) 덮어버리다, 눈감아 버리다
užtrypti [동] 짓밟다
užtrokšti [동] 숨이 막히다, 질식하다
užtroškinti [동] 숨막히게 하다
užtrukti [동] ① 지체하다, 꾸물거리다 ② 계속되다, 지속되다; 질질 끌게 되다
užtušuoti [동] ① 그늘지게 하다, 어둡게 하다 ② 가리다, 감추다, 덮어버리다
užtvanka [여] 둑, 댐
užtvara [여] ① 울, 울타리 ② 장벽, 장애물, 방어물
užtvenkti [동] 둑[댐]으로 막다
užtverti [동] ① 울타리를 두르다, 울로 둘러싸다 ② 가로막다; užtverti kam kelią 남의 길을 가로막다
užtvindymas [남] 홍수, 범람
užtvindyti [동] 넘치게 하다, 범람시키다
užtvinti [동] 넘치다, 범람하다
užugdyti [동] (아이를) 기르다, 키우다, 양육하다
užuojauta [여] ① 동정(심) ② 애도, 조상(弔喪); pareikšti užuojautą (kam) (~에게) 조의를 표하다
užuolaida [여] 커튼; 블라인드; užtraukti užuolaidą 커튼을 치다
užuolanka [여] 우회로, 에움길; daryti užuolanką 우회하다, 돌아가다
užuomarša [남/여] 잘 잊어버리는 사람, 건망증이 있는 사람
užuomazga [여] (문학 작품의) 줄거리, 플롯
užuomina [여] 암시, 넌지시 언급함; padaryti užuominą 암시하다, 넌지시 말하다; suprasti užuominą (암시를 받고) 알아차리다
užuosti [동] ① 냄새를 맡다 ② 알아차리다, 찾아내다
užuot [접] (~하는) 대신에, ~하지 않고; užuot kalbėjęs, pats ten nueitum 말만 하지 말고 그곳에 직접 가봐
užuovėja [여] 바람막이가 설치된 곳, 바람을 피할 수 있는 곳
užupis [남] 도시의 일부분 (예를 들어 도시를 가르는 강의 건너편 따위)

užutėkis [남] 작은 만, 후미
užvakar [부] 그저께
užvakarykštis [형] 그저께의
užvaldymas [남] 손에 넣음, 차지(함), 점유
užvaldyti [동] 손에 넣다, 차지하다, 점유하다
užvalgyti [동] 한 숟가락 뜨다, 가벼운 식사를 하다
užvalkalas, užvalkas [남] 베갯잇
užvaryti [동] (~하도록) (내)몰다
užvarstyti [동] (신발 따위의) 끈을 묶다
užvažiuoti [동] ① (~에) 들르다, 방문하다 ② (~으로) 달려들다; 몰아가다
užverbuoti [동] (새로운 인원을) 모집하다
užversti [동] ① (구멍 따위를) 메우다 ② 쌓아 올리다 ③ (길 따위를) 막다 ④ 무거운 짐[부담]을 지우다; užversti kam visą darbą ~에게 모든 일을 다 하게 하다 ⑤ (~으로) 넘치게 하다; parduotuvės užverstos prekėmis 가게엔 상품들이 가득 차 있다 ⑥ (책장을) 덮다
užverti [동] ① (문 따위를) 닫다 ② 실을 꿰다
užvesti [동] ① (~으로) 이끌다 ② 시작하다, 개시하다
užvežti [동] (~을 도중에) 내려주다
užvilkinti [동] 질질 끌다, 지체하다
užvilkti [동] ① (옷을) 입다, 걸치다 ② 끌어올리다
užvynioti [동] 돌돌 감다
užvirinti [동] 끓이다
užvirsti [동] 끓다, 끓어오르다
užvis [부] 무엇보다도, 특(별)히
užvožti [동] 닫다, 폐쇄하다; (뚜껑 따위를) 덮다
užželti [동] (잡초 따위가) 무성하게[너무 많이] 자라다
užžibinti, užžiebti [동] (불 따위를) 켜다

V

va [소사] 거기에; 여기에; va kur jis 거기[여기]에 그가 있다
vabalas [남] [곤충] 갑충, 딱정벌레
vabalėlis [남] 작은 곤충
vabzdys [남] 곤충, 벌레
vabzdžiaėdis [형] 식충(食蟲)의, 곤충을 잡아 먹는
vadas [남] ① 지도자, 리더 ② [군사] 지휘관, 사령관; (해군의) 함장; armijos vadas 군사령관; vyriausiasis vadas 최고 사령관
vadeiva [남] 두목, 보스
vadelės [여·복] 고삐
vadyba [여] 경영, 관리
vadybininkas [남] 경영자, 관리인, 지배인
vadinas(i) [접] 그러면, 그래서
vadinti [동] ① 부르다; vadinti ką vardu ~의 이름을 부르다 ② 초대하다
vadintis [동] (~이라) 불리다, 이름이 ~이다
vadovas[1] [남] ① 지도자, 리더, 이끄는 사람 ② 장(長), 우두머리
vadovas[2] [남] ① 여행 안내서 ② 참고 도서
vadovaujamasis, vadovaujantis [형] 지도하는, 이끄는
vadovaujant [부] (~의) 지도 아래, (~에게) 인솔되어
vadovauti [동] 지도하다, 이끌다
vadovautis [동] 따르다, 좇다
vadovavimas [남] 지도, 지휘
vadovėlis [남] 교과서; 안내서, 지침서, 매뉴얼; 입문서
vadovybė [여] 지도자들, 지도자 그룹
vaduoti [동] 자유롭게 하다, 해방하다
vaduotojas [남] 해방자
vadžios [여·복] 고삐
vaga [여] ① 밭고랑 ② 강바닥, 하상(河床)

vagiliauti [동] 좀도둑질하다
vaginėti [동] 훔치다, 도둑질하다
vagis [남] 도둑
vagystė [여] 도둑질, 절도
vagišius [남] 좀도둑
vagonas [남] (철도의) 객차, 차량; prekinis vagonas 철도 화차; vagonas restoranas (기차의) 식당차; tramvajaus vagonas 시내 전차
vagonėlis [남] 트럭, 광차(鑛車)
vagonetė [여] = vagonėlis
vai [감] 아, 오!
vaidas [남] 말다툼; [복] vaidai 불화, 분쟁
vaidentis [동] ① ~인[한] 듯하다; jam vaidenasi 그에게는 ~인[한] 것으로 생각된다; tai jai tik vaidenosi 그건 그녀의 상상이었을 뿐이었다 ② (유령 따위가) 나타나다, 출몰하다
vaidyba [여] 연기, 상연, 공연
vaidinimas [남] 연극, 공연
vaidinti [동] ① 연기하다, 상연[공연]하다 ② ~인 체하다, 가장하다
vaidytis [동] (~와) 다투다, 사이가 틀어지다
vaidmuo [남] ① (배우의) 배역; vaidinti Hamleto vaidmenį (연극에서) 햄릿 역을 맡아 연기하다 ② 역할, 중요성, 중요한 부분; tai nevaidina jokio vaidmens 그건 대수롭지 않다, 별로 중요하지 않다
vaiduoklis [남] 유령, 망령, 환영(幻影)
vaikaitė [여] 손녀
vaikaitis [남] 손자
vaikas [남] ① 아이, 어린이; vaikų darželis 유치원, 보육원 ② 자식; vaikų vaikai 손자, 자손 ③ 소년 또는 소녀
vaikelis [남] 어린아이, 유아
vaikėti [동] 유치해지다, 어린애 같아지다
vaikėzas [남] 장난꾸러기[개구쟁이] 꼬마
vaikinas [남] 놈, 녀석; geras [puikus] vaikinas 괜찮은[멋진] 녀석
vaikiškas [형] 어린애 같은, 유치한

vaikystė [여] 어린 시절, 유년기
vaikyti [동] 쫓다, 쫓아버리다
vaikytis [동] 열심히 찾다, (~을 얻으려) 노력하다
vaikpalaikis [남] 장난꾸러기[개구쟁이] 꼬마
vaikščiojimas [남] 걷기; 산책, 거닐기
vaikščioti [동] ① 거닐다, 산책하다 ② (특정 장소에) 빈번하게 출입하다, 다니다
vaikštynės [여·복] 야외 축제
vaikštinėti [동] 거닐다, 산책하다
vaikuotis [동] (동물이) 새끼를 낳다
vainikas [남] ① 화관(花冠), 엮어 만든 관 (월계관 따위) ② 왕관
vainikavimas [남] 대관(식)
vainikuoti [동] (왕)관을 씌우다; 왕위에 앉히다
vaipytis [동] 얼굴을 찌푸리다
vairas [남] (배의) 키; (자동차의) 핸들
vairavimas [남] (자동차 따위의) 운전
vairininkas [남] [항해] 키잡이, 조타수
vairuoti [동] ① (자동차 따위를) 운전하다 ② 지도자의 입장에 있다, 이끌어 나가다
vairuotojas [남] (자동차) 운전자, 운전 기사
vaisingas [형] 열매를 많이 맺는, 다산(多産)의
vaisingumas [남] 다산(多産), 생산성, 능률
vaisinis [형] 열매의
vaisinti [동] (동물을) 수태시키다
vaisius [남] ① 과일, 열매 ② [복] vaisiai 성과, 결과 ③ [생물] 배(胚)
vaismedis [남] 과수(果樹), 과일 나무
vaistas [남] 약(藥), 치료제; vaistas nuo kosulio 기침약; p- askirti vaistą 약을 처방하다; imti vaistą 약을 먹다[복용하다]
vaistažolė [여] 약초(藥草)
vaistinė [여] 약국
vaistininkas [남] 약사(藥師)
vaistinis [형] 약(藥)의
vaisvandenis [남] 과즙 음료, 과일 주스

vaišės [여·복] 대접, 접대, 환대; 리셉션, 파티
vaišingas [형] 대접이 좋은, 환대하는
vaišingumas [남] 환대
vaišinimas [형] (융숭한) 대접
vaišinti [동] 대접하다; (~에게) 파티를 베풀어 주다
vaišintis [동] 큰마음 먹고 ~하다, 자기 자신에게 선물을 하다
vaitoti [동] 신음하다, 끙끙거리다
vaivorykštė [여] 무지개
vaizdajuostė [여] 비디오테이프
vaizdas [남] ① 경치, 광경; 전망, 조망; gamtos vaizdas (자연) 풍경, 풍광 ② 이미지, 심상
vaizdavimas [남] 표현, 묘사
vaizdingas [형] 그림 같은, 회화적인, 이미지를 포함한
vaizdingumas [남] 그림 같음, 회화적임
vaizdinis [형] 시각의, 시각적인; vaizdinės mokymo priemonės 시각 교재
vaizdinys [남] 관념, 생각
vaizdumas [남] ① (잘 표현되어 있어) 알기쉬움 ② 시각 교재의 사용
vaizduojamasis [형] vaizduojamasis menas 미술, 모방 예술 (회화·조각 등)
vaizduotė [여] 상상(력), 공상
vaizduoti [동] 묘사하다, 표현하다, 나타내다
vaizduotis [동] 상상[공상]하다, 머릿속에 그리다
vaizdus [형] ① 시각의, 눈앞에 보는 것 같은 ② 그림의, 회화적인
vaje [감] 아, 오!
vajus [남] 캠페인, 사회적 운동
vakar [부] 어제; vakar vakare 어제 저녁[밤]에
vakaras [남] ① 저녁; vakare, vakarą 저녁에; vakarais 저녁마다 ② [복] vakarai 서쪽; vakarų 서쪽의; Vakarų Europa 서유럽; į vakarus nuo (~의[에서]) 서쪽으로
vakarėlis [남] 야회(夜會), 저녁에 열리는 파티
vakarienė [여] 저녁 식사
vakarieniauti [동] 저녁 식사를 하다
vakarietiškas [형] 서쪽의, 서부의

vakarykštis [형] 어제의

vakarinis [형] ① 저녁의; vakarinė žara 저녁놀 ② 서쪽의; vakarinis vėjas 서풍(西風)

vakaris [형] 서쪽의; vakaris vėjas 서풍(西風)

vakarop [부] 저녁때에, 저녁 무렵에

vakaroti [동] ① 저녁에 일하다 ② 저녁 모임[파티]에 참석하다

vakaruose [부] 서쪽에(서)

valanda [여] ① 한 시간; pusantros valandos 한 시간 반; po valandos 한 시간 내에; šimto kilometrų per valandą greičiu 시속 100km로; dirbame aštuonias valandas 우리는 여덟 시간을 일한다 ② 근무[집무] 시간, 수업 시간 ③ ~시(時); kuri dabar valanda?, kelinta valanda? 몇 시입니까?; pirmą valandą dieną 오후 1시에

valandėlė [여] ① 잠깐, 순간, 짧은 시간; palauk valandėlę! 잠깐만요! ② (라디오의) 특별 방송

valandinis [형] 시간제의; valandinis apmokėjimas 시급(時給)

valcai [남·복] [기계] 롤러

valcavimas [남] [기계] 고르기, 롤링

valcuoti [동] 롤러로 고르다

valda [여] 재산, 소유물; 소유지(地)

valdyba [여] 이사회, 위원회; būti valdybos nariu 이사직을 맡고 있다

valdymas [남] ① 지배, 관리, 통치, 통할 ② 소유 ③ 사용 가능함 ④ 억제, 통제, 컨트롤

valdingas [형] 주인 행세하는, 권위적인, 거드름부리는, 거만한

valdininkas [남] 공무원, 관리

valdiškas [형] 국가의; 공(公)의, 공무의

valdyti [동] ① 다스리다, 지배하다, 관리하다, 통치하다 ② 갖다, 소유하다

valdytis [동] 자신을 통제하다, 자제하다, 마음을 가다듬다

valdytojas [남] ① 지배인, 관리인 ② 소유자, 소유주, 주인, 임자

valdovas [남] 주인, 지배자, 통치자, 주권자, 군주

valdžia [여] ① 권력, 권한; valstybinė valdžia 국가 권력; vykdomoji valdžia 행정권, 집행권; įstatymų leidžiamoji valdžia 입법권; aukščiausioji valdžia 주권, 통치권; būti v-

aldžioje 권력을 갖고 있다 ② 국가, 정부 ③ 지배, 통치
valgiaraštis [남] 메뉴, 차림표
valgydinti [동] 먹이다, 먹을 것을 주다
valgykla [여] 식당, 음식점; (가정 등의) 식당; (학교 등의) 구내 식당
valgis [남] ① 음식; 요리 ② 식사(하기)
valgyti [동] (음식을) 먹다, 들다; nevalgius 공복(空腹)으로, 먹지 않고
valgytojas [남] 먹는 사람; (식사를 제공받는) 하숙생
valgomas(is) [형] ① 먹을 수 있는, 식용의 ② 식탁용의; valgomasis šaukštas 테이블 스푼
valgomasis [남] (가정 등의) 식당
valgus [형] 식욕[입맛]이 있는
valia[1] [여] 뜻, 의지; gera valia i) 선의(善意) ii) 자진해서, 자발적으로, 자유 의지에 의해; pikta valia 악의
valia[2] [부] ~해도 된다, (~이) 허용돼 있다
valykla [여] 세탁소; cheminė valykla 드라이클리닝
valiklis [남] 청소 용구
valymas [남] ① 청소, 깨끗이 하기; 정화(淨化), 정제 ② 수확, 거두어들이기
valingas [형] ① (굳게) 결심한, 단호한, 의지가 굳은 ② 의지에 의한
valingumas [남] 의지력, 결단력
valio [감] 만세!
valyti [동] ① 청소하다, 깨끗이 하다; 솔질하다 ② 수확하다, 거두어들이다
valytojas [남] 청소부, 가정부
valytuvas [남] 청소 도구[용구]; sniego valytuvas 제설차(除雪車); stiklo valytuvas (자동차의) 와이퍼
valiuta [여] 통화(通貨); užsienio valiuta 외화(外貨)
valyvas [형] 깔끔한, 단정한
valyvumas [남] 깔끔함, 단정함
valkata [여] 방랑자, 뜨내기
valkatauti [동] 방랑하다, 떠돌아다니다
valkatavimas [남] 방랑, 떠돌아다님
valkioti [동] ① 잡아당기다 ② (옷 따위를) 닳게[해지게] 하다

valkiotis [동] 어슬렁거리다, 배회하다
valsas [남] 왈츠
valsčius [남] 지방 행정 구역의 하나
valstybė [여] 국가, 나라; valstybės išdavimas 대역죄(大逆罪)
valstybingumas [남] 국가 체제[조직]
valstybininkas [남] 정치가
valstybinis [형] 국가의; valstybinė valdžia 국가 권력; valstybinė teisė 공법(公法)
valstietija [여] 영세농[소농] 계급
valstietis [남] 영세농, 소농
valstija [여] 주(州; 행정 구역의 하나)
valtininkas [남] 뱃사공, 배 젓는 사람
valtis [남] 보트, 배; motorinė valtis 모터보트
vampyras [남] 흡혈귀, 뱀파이어
vamzdis [남] ① 관, 파이프, 튜브 ② 총신(銃身)
vanagas [남] [조류] 매
vandenilis [남] [화학] 수소
vandenynas [남] 대양(大洋)
vandeningas [형] ① (강이) 깊은 ② 물[수분]이 많은
vandeninis [형] 물의, 물에 사는, 수생(水生)의; vandeninis augalas 수생 식물, 수초
vandentiekis [남] 송수관(送水管), 송수 설비; 급수[수도] 본관(本管)
vanduo [남] ① 물; geriamasis vanduo 식수; gėlas vanduo 담수, 민물, 단물; mineralinis vanduo 광천수, 미네랄 워터; gydomieji vandenys 온천장 ② prieš vandenį 흐름을 거슬러; kaip du vandens lašai 꼭 닮아, 쌍둥이 같은
vangus [형] 게으른, 나태한; 둔한, 굼뜬, 활기 없는
vanoti [동] 채찍질하다
vapalioti, vapėti [동] 재잘거리다, 쓸데없는 소리를 하다
vapsva [여] [곤충] 말벌
vardadienis [남] 성명 축일(聖名祝日; 본인과 같은 이름의 성인의 축일)
vardan [부] (~의) 이름으로
vardas [남] ① 이름; kuo tamsta vardu? 이름이 뭐에요?; žmogus, vardu Algirdas 알기르다스라는 이름의 사람; ki-

eno vardu ~의 이름으로, ~을 대신하여 ② 명칭 ③ 명성, 평판; garbės vardas 존칭; profesoriaus vardas 교수직, 교수라는 직함; turėti gerą vardą 평판이 좋다

vardiklis [남] [수학] 분모
vardinės [여·복] = vardadienis
vardininkas [남] [문법] 주격
vardinis [형] 이름의, 명칭의; vardinis sąrašas 명부(名簿)
vardinti, vardyti [동] ① 이름을 부르다, 명명하다; 지명하다 ② 마법을 걸다
vargas [남] ① 곤란, 곤궁, 비참; vargą vargti 아주 어렵게 생활하다 ② 슬픔; 불운; vargais negalais 아주 힘들게, 어려움을 많이 겪고
vargdienis [남] 불쌍한[가엾은] 사람
vargiai [부] 어렵게, 곤란하게, 어려움[곤란]을 겪으며
varginantis [형] 피곤하게 하는, 진저리 나는
vargingas [형] ① 불쌍한, 가엾은, 비참한 ② 어려운, 힘든, 곤란한 ③ 피곤하게 하는, 진저리 나는
varginti [동] 괴롭히다; 피곤하게 하다, 지치게 하다
vargonai [남·복] [음악] 오르간
vargonininkas [남] 오르가니스트, 오르간 연주자
vargšas [남] 불쌍한[가엾은] 사람
vargti [동] 곤궁하게 살다; 고통[괴로움]을 겪다
vargu [부] vargu ar 거의 ~ 않다; vargu ar jis ateis 그는 올 것 같지 않다, 그가 올 가능성은 아주 적다
varguolis [남] 불쌍한[가엾은] 사람
varguomenė [여] 불쌍한 사람들
vargus [형] 어려운, 곤란한; 피곤하게[지치게] 하는
varykla [여] ① 가축을 모는 길[통로] ② spirito varykla 증류소, 증류주 제조소
variklis [남] 모터, 엔진; vidaus degimo variklis 내연 기관
varymas [남] ① (다른 곳으로) 몰기 ② [화학] 증류(법)
varinėti [동] ① 다른 곳으로 몰다 ② 몰아치다, 휘몰다
varinis [형] 구리의, 동(銅)~ ; varinis pinigas 동전
varis [남] 구리, 동
varyti [동] ① (가축 따위를) 몰다 ② (~에서) 몰아내다, 쫓아내다 ③ 강요하다, 억지로 ~하게 하다 ④ [화학] 증류하다 ⑤

(계속) 수행하다 ⑥ 가동하다, 움직이게 하다
varlė [여] [동물] 개구리
varložis [남] [동물] 올챙이
varna [여] [조류] 까마귀
varnalėša [여] [식물] 우엉
varnas [남] [조류] 갈까마귀
varnėnas [남] [조류] 찌르레기
varomasis [형] 움직이게 하는; varomoji jėga (원)동력
varovas [남] 짐승을 모는[부리는] 사람
varpa [여] (식물의) 이삭
varpas [남] 종, 벨; skambinti varpu 종을 울리다
varpelis [남] (손으로 흔드는) 종, 벨
varpinė [여] 종루, 종탑
varpiniai [남·복] 곡식, 곡류
varpininkas [남] 종 치는 사람
varstas [남] 베르스타, 노리(露里) (옛날에 쓰던 길이의 단위로 1.067km에 해당)
varstyti [동] ① 실[끈]에 꿰다 ② 끈으로 묶다 ③ (문이나 창문 따위를) 여닫기를 반복하다
varškė [여] 응유(凝乳), 굳은 우유
Varšuva [여] 바르샤바 (폴란드의 수도)
vartai [남·복] ① 대문, 게이트 ② [스포츠] 골 (골라인에 세워진 문)
vartininkas [남] ① 문지기, 수위 ② [스포츠] 골키퍼
vartalioti [동] (이리저리) 뒤적거리다; vartalioti akis 눈알을 굴리다
vartyti [동] ① 굴리다, 뒤적거리다 ② 쭉 훑어보다, (책 등의) 페이지를 빨리 넘기며 대강 읽다
vartojamas [형] 일반적인, 보편적으로 쓰이는
vartojamumas [남] 일반적으로[보편적으로] 쓰임
vartojimas [남] ① 사용, 이용 ② 소비; plataus vartojimo prekės [reikmenys] [경제] 소비재
vartosena [여] (사)용법
vartotas [형] 중고의, 이미 사용한 적이 있는
vartoti [동] 사용하다, 이용하다
vartotojas [남] 사용자; 소비자; vartotojų kooperacija 소비자

협동 조합
varu [부] 힘으로, 강제로
varveklis [남] 고드름
varvėti [동] (방울져) 똑똑 떨어지다
varvinti [동] (한 방울씩) 똑똑 떨어뜨리다
varža [여] [전기] 고유 저항, 저항률
varžybos [여·복] (스포츠의) 경쟁, 겨루기, 대항
varžymas [남] 제한, 한정
varžymasis [남] ① 불안 ② 수줍음
varžyti [동] 제한하다, 한정하다
varžytynės [여·복] 경매; parduoti iš varžytynių 경매하다, 경매로 팔다
varžytininkas [남] 경매 입찰자
varžytis [동] ① (남 앞에서) 부끄러워하다, 수줍어하다; prašom nesivaržyti! 부끄러워할 것 없어요, 그냥 집에서처럼 편하게 있어요 ② (~와) 경쟁하다, 겨루다
varžovas [남] 경쟁자, 라이벌; (경기 등에서) 겨루는 사람
varžtas [남] ① 볼트, 나사못 ② ko nors varžtuose ~에게 꼭 붙잡혀
vasara [여] 여름; vasarą 여름에
vasarinė [여] 시골의 여름 별장
vasarinis [형] 여름의, 하계의
vasaris [남] 2월
vasariškas [형] 여름의, 여름다운
vasarnamis [남] 시골의 여름 별장
vasarop [부] 여름 무렵에
vasaroti [동] (어떤 장소에서) 여름을 보내다[나다]
vasarotojas [남] 피서객, 여름 행락객
vasarvidis [남] 한여름, 하지 무렵
vasarvietė [여] 보양지(保養地)
vąšas [남] 갈고리, 혹
Vašingtonas [남] 워싱턴 (미국의 수도)
vaškas [남] 밀랍, 초, 왁스
vaškinis [형] 초를 바른 듯한, 매끈매끈한
vaškuotė [여] 유포(油布)
vaškuoti [동] 초를 바르다, 왁스칠을 하다

vaškuotas [형] 초를 바른, 왁스칠을 한
vata [여] 솜, 탈지면
Vatikanas [남] 바티칸
vatinis [형] (솜을 넣고) 누빈; vatinė antklodė 누비이불, 퀼트
vaza [여] 꽃병
vazelinas [남] 바셀린
vazonas [남] 화분
važiavimas [남] 운전, 드라이브, 차를 타고 가기
važinėti [동] 운전하여[차를 타고] 돌아다니다, 드라이브하다
važinėtis [동] 드라이브하러 가다; 자전거를 타다
važiuoti [동] ① 운전하다, 차를 타고 가다; važiuoti dviračiu 자전거를 타고 가다 ② 여행하다; važiuoti į komandiruotę 출장을 가다; važiuoti į užsienį 해외로 가다
važta [여] 짐, 수하물, 화물
važtaraštis [남] 화물 운송장
vedamasis [남] (신문 등의) 사설, 논설
vėdaras [남] (간 감자를 채워넣어 구운) 소시지의 일종
vedėjas [남] 관리인, 경영자, 책임자, 장(長); skyriaus vedėjas 부서장
vedęs [형] 결혼한, 기혼의
vedybinis [형] 결혼의, 혼인의, 부부(간)의
vedybos [여·복] 결혼, 혼인
vedimas [남] 일 처리
vedinys [남] [언어] 파생어
vėdinti [동] 통풍하다, 환기하다, 공기를 통하게 하다
vėduoklė [여] 부채
vedžioti [동] (~으로) 이끌다, 안내하다; už nosies vedžioti 놀리다, 웃음거리로 만들다
vegetaras [남] 채식주의자
vegetarinis, vegetariškas [형] 채식주의(자)의
veidas [남] ① 얼굴; veido bruožai 얼굴 생김새; pažinti iš veido 안면이 있다; nusiplauti veidą 얼굴을 씻다, 세수하다 ② 외모, 겉모습 ③ [복] 뺨, 볼 ④ parodyti savo (tikrąjį) veidą 진가를 발휘하다, 진면목을 보여주다
veidmainiauti [동] 가장하다, 위선적으로 행동하다
veidmainiavimas [남] 위선, 가장

veidmainystė [여] 위선, 가장
veidmainys [남] 위선자
veidmainiškas [형] 위선적인
veidrodėlis [남] 손거울
veidrodis [남] 거울
veikalas [남] 작품, 산물; meno veikalas 예술 작품; puikus veikalas 걸작품
veikėjas [남] ① 어떤 일[분야]에 종사하는 사람; valstybės veikėjas 정치가; mokslo veikėjas 과학자; meno veikėjas 예술가 ② (문학 작품·연극의) (등장) 인물, (배)역
veikiamasis [형] veikiamoji rūšis [문법] 능동태
veikimas [남] 영향, 효과
veikla [여] 활동, 일; visuomeninė veikla 사회적 활동, 공적인 일
veiklumas [남] 활동적임, 활발함
veiklus [형] 활동적인, 활발한, 원기왕성한
veikslas [남] [문법] (동사의) 상(相)
veiksmas [남] ① 행동, 작용, 움직임 ② (연극의) 막 ③ [수학] 연산; keturi aritmetikos veiksmai 사칙연산, 가감승제
veiksmažodis [남] [문법] 동사
veiksmingas [형] 효과적인, 능률적인
veiksmingumas [남] 효능; 효율, 능률
veiksnys [남] ① 요인, 요소 ② [문법] 주어
veiksnumas [남] [법률] 행위능력
veiksnus [형] (법적으로) 무엇을 할 능력이 있는
veikti [동] ① 작동하다, (어떤 일을) 행하다; telefonas neveikia 전화가 고장이다, 작동되지 않는다 ② (~에) 효과가 있다, 영향을 끼치다, 작용하다; veikti nervus 남의 신경[비위]을 건드리다; vaistas jau veikia 그 약은 효험이 있다, 잘 듣는다
veisimas [남] (동물의) 사육; (식물의) 재배
veisimasis [남] [생물] 생식, 번식
veislė [여] (동식물의) (품)종
veislinis [형] (가축 따위가) 혈통 있는, 순혈종(純血種)의
veislus [형] 다산(多産)의, 새끼를 많이 낳는
veisti [동] ① (동물을) 기르다, 사육하다; (식물을) 재배하다

② (정원 따위에[를]) 식물을 심다, 설계하다
veistis [동] (동식물이) 번식하다
veja [여] ① 풀(草) ② 풀밭, 잔디밭
vėjaraupiai [남·복] [병리] 수두, 작은마마
vėjas [남] 바람; 산들바람; palankus vėjas 순풍; smarkus vėjas 강풍; prieš vėją 바람을 거슬러, 바람을 안고
vėjavaikis [남] 경솔한[지각없는] 사람
vėjinis [형] 바람의, 풍(風)~ ; vėjinis malūnas 풍차
vėjuotas [형] 바람 부는
vekselis [남] [상업] 약속어음; įsakytinis vekselis 환어음
vėl [부] 또, 다시, 한 번 더; 재(再)~ ; vėl pradėti 다시 시작하다; vėl pasakoti 다시[재차] 말하다
vėlai [부] 늦게, 늦은 시각에; vėlai naktį 밤늦게
vėlavimas [남] 늦음, 늦게 옴, 지각
vėlė [여] 죽은 사람의 영혼; 유령
velėna [여] 잔디, 떼; iškloti velėnomis 잔디로 덮다, 떼를 입히다
velenas [남] [기계] 축, 굴대; varomasis velenas 구동축, 운전축; alkūninis velenas 크랭크샤프트, 크랭크축
velenėlis [남] [기계] 롤러, 실린더
vėlesnis [형] 뒤의, 다음의, 나중의
vėliau [부] 더 늦게, 나중에, 후에; vėliausia 가장 늦게, 최후에
vėliava [여] 기(旗); 군기(軍旗); pakelti[iškelti] vėliavą 기를 게양하다; valstybinė vėliava 국기; su vėliava (~의) 기치 아래
vėliavininkas, vėliavnešys [남] (군대의) 기수
Velykos [여·복] [기독교] 부활절
Vėlinės [여·복] [가톨릭] 위령(慰靈)의 날
vėlinti(s) [동] ① (일정 시간에) 늦다, 지체되다 ② (진행 따위가) 느리다; laikrodis vėlina penkias minutes 그 시계는 5분 느리다
velionis [남] 고인(故人)
vėlyvas [형] (시간상) 늦은; vėlyvas ruduo 늦가을; iki vėlyvo vakaro 저녁 늦게까지
velnias [남] 악마, 마귀; eik po velnių! 뒈져라, 꺼져 버려!; po velnių! 제기랄, 빌어먹을!; gyvas velnias 모든 악한 것

velniava [여] 악마

velniop [부] 제기랄, 빌어먹을!; viskas eina velniop 끝장이 났다, 모든 일이 망치게 되었다

velniškai [부] (나쁜 뜻으로) 굉장히, 몹시, 지독하게

velniškas [형] (나쁜 뜻으로) 굉장한, 지독한, 극심한; velniškas darbas 아주 힘든 일, 고역

velniūkštė [여] 악독한 여자

velniūkštis [남] 꼬마 악마

Velsas [남] 웨일스

velti [동] ① 펠트[모전(毛氈)]로 만들다 ② 뒤엉키게 하다, 어지럽히다 ③ 구기다, 주름을 잡다

veltinis [형] 펠트의, 모전의

veltiniai [남·복] 펠트 부츠

veltui [부] ① 헛되이, 쓸데없이, 무의미하게 ② 공짜로, 무료로

vėluoti [동] 늦다, 지체되다; (시계 따위가) 느리다

vėlus [형] 늦은; vėlu, vėlai 늦게; vėliausiai 늦어도; kiek vėliau 조금 있다가, 잠시 후에

vemti [동] (구)토하다

Venera [여] [천문] 금성

Venesuela [여] 베네수엘라

vengras [남] 헝가리 사람; vengrų kalba 헝가리어

Vengrija [여] 헝가리

vengriškas [형] 헝가리의

vengti [동] 피하다, 회피[기피]하다; vengti atsakomybės 책임을 회피하다

ventiliatorius [남] 환풍기, 송풍기

vėplys [남] (또는 jūrų vėplys로) [동물] 바다코끼리

vėpsoti [동] 멍하니 입을 벌리고 있다

veranda [여] 베란다

verbuoti [동] (사람을) 모집하다, 자기편으로 끌어들이다

vergas [남] 노예 (여성형은 vergė)

vergavimas [남] 노예 신세, 속박

vergija, vergystė [여] 노예 신세

vergiškas [형] 노예의

vergovė [여] 노예 신세

vergovinis [형] 노예 소유의; vergovinė santvarka 노예제

vergvaldys [남] 노예 소유자
vergvaldystė [여] 노예제
vėrinys [남] 진주·구슬 따위를 꿴 줄
verksmas [남] 울기, 욺
verksmingas [형] 우는, 흐느끼는; 구슬픈
verksnys [남] 울보, 우는 소리를 하는 사람
verksnus [형] 울기 잘하는
verkšlenti [동] 흐느껴[훌쩍이며] 울다
verkti [동] ① 울다; graudžiai verkti 통곡하다, 가슴이 터지도록 울다; verkti balsu 흐느껴 울다 ② 슬퍼하다, 비탄하다
verpalai [남·복] (직물 짜는) 실, 방적사(紡績絲)
verpėjas [남] 실 잣는 사람 (여성형은 verpėja)
verpetas [남] 소용돌이
verpykla [여] 방적 공장
verpimas [남] 방적, 실 잣기
verpstas [남] 물렛가락, 방추(紡錘)
verpstė [여] = verpstas
verpti [동] 실을 잣다
verptuvas [남] 방적기
verslas [남] 상업; 실업, 비즈니스; pagalbinis verslas 부업
verslininkas [남] 실업가, 사업가, 기업가
verslus [형] 기업적인
versmė [여] ① 샘, 솟아나오는 물 ② 근원, 원천
versti [동] ① 넘어뜨리다, 쓰러뜨리다; 뒤집어 엎다; 뽑아 내다 ② (세력 따위를) 전복하다, 타도하다 ③ (책장 따위를) 넘기다 ④ 강제로[억지로] ~하게 하다 ⑤ 싣다, 쌓다, 얹다 ⑥ 변환하다, (~이) 되게 하다; vandenį versti garais 물을 수증기로 만들다 ⑦ 번역하다, 해석하다 ⑧ viena (antra) vertus (다른) 한편으로는
verstis [동] ① 넘어지다, 쓰러지다 ② verstis (nuo vieno šono ant kito) (이리저리) 뒤척이다 ③ 생계를 꾸리다; (사업 따위를) 경영하다
veršiena [여] 송아지 고기
veršinga [부] (암소가) 새끼를 배고 있는
veršis veršiukas [남] 송아지
veršiuotis [동] (소가) 새끼를 낳다

vertas [형] ~의[~할] 가치가 있는; vertas dėmesio 주목할 만한; būti vertam (마땅히) ~할 만하다

vertė [여] 가치, 값어치; pridedamoji vertė [경제] 잉여 가치; nominalinė vertė 액면가

verteiva [남/여] 약삭빠른 인간

vertėjas [남] 번역가, 해석자

vertelga [남/여] 약삭빠른 인간

vertėti [동] ~의[~할] 가치가 (충분히) 있다, ~할 만하다; tai verta perskaityti 그건 읽어볼 만한 가치가 있다

verti [동] ① 꿰뚫다, 꿰찌르다, 관통시키다; verti siūlą į adatą 바늘에 실을 꿰다 ② 구슬 따위를 줄에 꿰다 ③ (문 따위를) 열거나 닫다

vertybė [여] ① 가치, 값어치 ② 가치 있는 것, 귀중품

vertybinis [형] 가치 있는; vertybiniai popieriai 유가 증권

vertikalus [형] 수직의

vertimas [남] ① 번역, 해석 ② 강제, 강압

vertimasis [남] 일, 직업, 돈벌이

vertingas [형] 가치 있는, 귀중한

vertingumas [남] 가치, 값어치

vertinimas [남] 값을 매김, 평가, 감정

vertinti [동] 값을 매기다, 평가[감정]하다

veržimasis [남] ① (맹)공격, 습격 ② 포부, 열망

veržlė [여] 너트, 암나사

veržlumas [남] 몹시 서두름, 성급함, 열렬함

veržlus [형] 몹시 서두르는, 성급한, 열렬한

veržti [동] (나사 따위로) 꽉 죄다

veržtis [동] ① (무언가를) 얻으려 애쓰다 ② 헤치고[뚫고] 나아가다, 돌파하다

vėsa [여] 시원함, 서늘함

vesdinti [동] ① (누구를 누구와) 결혼시키다 ② 억지로 가게 하다

vėsinti [동] 시원하게 하다, 식히다

vesti [동] ① 이끌다, 인도하다 ② 지도하다, 지휘하다 ③ (남자가 ~와) 결혼하다 ④ (동물이) 새끼를 낳다 ⑤ (전기・전화 따위를) 설치하다 ⑥ vesti karą 전쟁을 (수행)하다; vesti derybas (~와) 협상하다; vesti vaisius 열매를 맺다

vėsti [동] ① 시원해지다, 식다 ② (맥주가) 김이 빠지다
vestibiulis [남] 현관 홀
vestuvės [여·복] 결혼식; kelti vestuves 결혼식을 올리다
vestuvinis [형] 결혼식의
vėsuma [여] 서늘한 날씨
vėsumas [남] 시원함, 서늘함
vėsus [형] 시원한, 서늘한, 쌀쌀한
vešėti [동] ① 무성해지다 ② 번영하다
vešlus [형] (식물이) 무성한, 울창한
veteranas [남] 노련한 사람, 베테랑
veterinaras [남] 수의사
veterinarija [여] 수의학
veterinarinis [형] 수의학의
vėtyti [동] (곡식의 낟알을) 까부르다, 고르다
veto [남] 비토, 거부권
vėtra [여] 폭풍우
vėzdas [남] 곤장, 몽둥이
vėžė [여] ① 바퀴 자국, 지나간 자취 ② 길, 트랙; išeiti iš vėžių 탈선하다, 이탈하다
vežėčios [남·복] 짐수레, 짐마차
vežėjas [남] 짐마차꾼
vežikas [남] (승객용 마차의) 마부; 짐마차꾼
vežimas [남] ① 수레; vaikų vežimėlis 유모차 ② 운반, 수송, 나르기
vežioti [동] 나르다, 운반하다, 수송하다; vežioti ką automobiliu ~을 차로 실어다 주다
vėžys [남] ① [동물] 게; 가재 ② [병리] 암(癌)
vėžlys [남] [동물] 거북
vežti [동] 나르다, 운반하다, 수송하다
vibždėti [동] (잔뜩 모여들어) 우글거리다
vidinis [형] ① 안쪽의, 내측의 ② 고유의, 본질적인
vidpadis [남] (구두의) 안창, 깔창
vidudienis [남] 정오, 한낮
viduj(e) [전] (~의) 안쪽에, 내에; valstybės viduje 국내에(서)
vidujinis [형] 안쪽의, 내측의
vidunaktis [여] 자정, 한밤중

viduramžiai [남·복] [역사] 중세; viduramžių 중세의
viduramžiškas [형] 중세의
vidurdienis [남] 정오, 한낮; vidurdienį 정오에, 한낮에
viduriai [남·복] 내장; 장(腸); 뱃속; vidurių šiltinė [병리] 장티푸스; kieti viduriai 변비; palaidi viduriai 설사
viduriavimas [남] 설사
vidurinis [형] 중간의, 중등의, 중앙의, 중(中)~ ; vidurinė m-okykla 중등학교
vidurys [남] 중간, 중앙, 가운데; aukso vidurys 중용, 중도; viduryje 중간에(서); pačiame viduryje 한가운데서
viduriuoti [동] 설사가 나다
vidurkis [남] ① 가운데, 중앙 ② 평균(수)
vidurnaktis [여] 한밤중; vidurnaktį 한밤중에
vidurvasaris [남] 한여름; vidurvasarį 한여름에
Viduržemio jūra [여] 지중해
viduržiemis [남] 한겨울
vidus [남] ① 안쪽, 내부; į vidų 안쪽에, 내부에; iš vidaus 안쪽에서, 내부로부터; viduje 안에서, 내부에 ② 실내; e-ikime į vidų 안으로 들어갑시다 ③ vidaus 내부의; Vidaus reikalų ministerija 내무부; vidaus ligos 내과 질환
viela [여] 철사, 와이어
vien [부] 단지, 다만, 오직, ~ 뿐; vien tik 단지, 오로지
Viena [여] 빈, 비엔나 (오스트리아의 수도)
vien(a)akis [형] 외눈의, 단안(單眼)의
vien(a)aukštis [형] (건물이) 단층의
vien(a)dienis [형] 1일의, 하루의
vienaip [부] 한 가지 방법으로; vienaip ar kitaip 어쨌든
vienąkart [부] 한 번, 1회
vien(a)laikis [형] 동시의, 동시에 일어나는[발생하는]
vien(a)alaikiškumas [남] 동시성, 동시에 일어남
vien(a)lytis [형] 동질(同質)의, 균질의, 균일한
vienalytiškumas [남] 동질, 균질, 균일
vienareikšmis [형] ① 한 가지 뜻[의미]을 갖는 ② 동의어의, 같은 뜻의
vienarūšis [형] 동종(同種)의, 같은 종류의
vienas [수] 하나 (1); vienas plius vienas 1 더하기 1; visi

už vieną, vienas už visus 모두는 하나를 위해, 하나는 모두를 위해; vienas iš šimto 100개 중의 하나; nė vienas neatėjo 한 사람도[아무도] 오지 않았다; vienas pincetas 핀셋 한 개; po vieną 하나씩 — [부] 혼자(서), 홀로; gyvenu vienas 나는 혼자 산다; vieni namai paliko 그 집은 사람이 살지 않는 채로 남아 있다, 건물만 덩그러니 남아 있다 — [형] ① 순수한, 깨끗한 ② 진짜의, 진정한 — [대] ① 어떤, 한; pas jus atėjo vienas senis 어떤[한] 노인이 당신을 보러 왔습니다; vienas mano draugas 내 친구 중의 한 명; vieni rūko, kiti ne 어떤 사람들은 담배를 피우고, 또 어떤 사람들은 그렇지 않다; kas jis per vienas? 그는 누구[어떤 사람]인가? ② vienas po kito 차례로; jie myli vienas kitą 그들은 서로를 사랑한다 ③ 같은 (것), 동일한 (것); dirbame vieną darbą 우리는 같은 일을 한다; vienas kitas 어떤 사람들; kaip vienas 누구나; vienu balsu 만장일치로; viens du 순식간에; vienu laiku 동시에; vienu du 둘이서만 (은밀하게)

vienąsyk [부] 한번은, 하루는
vienaskaita [여] [문법] 단수
vienašalis, vienašališkas [형] 한쪽만의, 일방적인
vienašališkumas [남] 일방적임
vienatvė [여] 고독, 외로움
vienbalsiai [부] 만장일치로
vienbalsis [형] 만장일치의
vienbalsiškumas [남] 만장일치, 전원 합의
vieneri [수] 하나 (1); vieneri metai 1년
vienerios [형] 한 쌍의, 한 개의; vienerios žirklės 가위 한 개
vienetas [남] ① 하나, 단일체 ② 조각, 도막
vienetinis [형] 일한 분량에 의한; vienetinis atlyginimas 작업량에 따른 보수
viengungė [여] 처녀, 미혼[독신]녀
viengungis [남] 총각, 미혼[독신]남; būti viengungiu 미혼[독신]이다
viengungiškas [형] 미혼의, 독신의; viengungiškas gyvenimas 독신 생활
vienybė [여] 동일함, 일치

vieningas [형] 일치된, 통일된
vieningumas [남] 일치, 통일
vienintelis [형] 유일한, 단 하나뿐인; vienintelis sūnus 독자(獨子)
vienišas [형] ① 외로운, 쓸쓸한, 고독한 ② 가족, 특히 배우자가 없는
vienyti [동] 결합하다, 합치다, 통합하다
vienytis [동] (~와) 결합하다, 합치다, 손잡다
vienkartinis [형] 한 번 뿐인; vienkartinis bilietas 편도(片道) 티켓[승차권]
vienkiemis [남] (개인) 농장
vienmarškinis [형] 셔츠만 입은, 겉옷을 입지 않은
vienmetis [형] ① 한 살의, 1세의 ② (식물이) 일년생의 ③ mudu su juo vienmečiai 우리는 동갑이다
vienodas [형] ① (~와) 같은, 동일한 ② 동종(同種)의, 같은 종류의 ③ 단조로운
vienodėti [동] 동질(同質)이 되다, 같아지다
vienodinti [동] 같게 하다
vienodumas [남] ① 동종[동질]임, 같음 ② 단조로움
vienoks [대] (~와) 같은 (종류의) (것)
vienpatystė [여] 일부일처
vienplaukis [형] 모자를 쓰지 않은, 맨머리의
vienpusis, vienpusiškas [형] 한쪽의
vientisas, vientisinis [형] ① 속이 꽉 찬, 콤팩트한, 밀집한; (결여된 부분이 없이) 온전한 ② (옷감이) 홑겹의 ③ 단순한, 복잡하지 않은; vientisinis sakinys [문법] 단문(單文)
vienturtis [형] 단 하나뿐인; vienturtis sūnus 독자, 외동아들; vienturtė duktė 외동딸
vienuma [여] 외로움, 고독
vienumas [남] 단일체, 총체
vienuolė [여] 수녀
vienuolika [수] 십일 (11)
vienuoliktas [수] 제11의, 11번째의
vienuolynas [남] 수도원; 수녀원
vienuolis [남] 수도사, 수사
vienuoliškas [형] 수도원의, 수도사의

vienur [대] 한 장소[자리]에; vienur kitur 여기저기에, 이곳 저곳에

vienutė [여] (감옥의) 독방

viesulas [남] 회오리바람; 모래 폭풍; 심한 눈보라, 블리자드

viešas [형] ① 공공의, 공중의; viešoji biblioteka 공공 도서관 ② 공개적인; viešas balsavimas 공개 투표, 거수 투표; viešai paskelbti 공표하다 ③ viešieji namai 매음굴

viešbutis [남] 호텔

viešėti [동] (~에) 들르다, (~을) 방문하다; (~에) 머무르다, 묵다

vieškelis [남] 간선[주요] 도로, 큰길

viešnia [여] 손님, 방문객

viešpatauti [동] ① 지배하다, 장악하다, 좌지우지하다; 세력을 휘두르다; viešpataujančioji klasė 지배 계급 ② 다스리다, 통치하다; Mindaugui viešpataujant 민다우가스의 치세에

viešpatavimas [남] 지배권, 주권, 패권; 장악, 우세

viešpatija, viešpatystė [여] 왕국

viešpats [남] ① 주인, 지배자, 주권자 ② [기독교] 주님, 주 (主); o viešpatie! 아아, 이런, 어머나

viešuma [여] 널리 알려짐, 주지(周知), 공표; iškelti viešumon 널리 알리다, 공표하다

viešumas [남] = viešuma

vieta [여] ① 장소, 곳, 지점; 터, 자리; gimimo vieta 출생지, 태어난 곳; gyvenamoji vieta 주거지; darbo vieta 일터; tuščia vieta 빈 곳; stovėjimo vieta i) 주차장 ii) 택시 승차장; užleisti kam vietą 자기 자리를 남에게 양보하다; gera vieta namui 좋은 집터; į (savo) vietas! 네 자리로 돌아가! ② (극장 등의) 좌석; (기차·배 등의) 침대 ③ 공간, 여지; nėra vietos 여지가 없다 ④ 직(職), 일자리; neturėti vietos 일자리가 없다, 실직 중이다; ieškoti vietos 구직(求職)하다 ⑤ (텍스트의) 일절(一節) ⑥ jūsų vietoje 내가 당신이라면; silpnoji vieta 약점; vietos nerasti 속이 타다, 안절부절못하다; ne vietoje 제자리가 아닌, 자리를 이탈한; vietoje 그 자리에서, 즉석에서; užklupti nusikaltimo vietoje 현행범으로 체포하다

vietininkas [남] [문법] 처격, 위치격

vietinis [형] ① (특정) 지방의, 지역의; vietinis gyventojas 지역민, 주민; vietinė šnekta (지방) 사투리, 방언 ② [의학] 국부의; vietinė narkozė 국부 마취
Vietnamas [남] 베트남
vietoj [전] ~ 대신에
vietovaizdis [남] 경치, 풍경
vietovardis [남] 지명(地名)
vietovė [여] 지역, 장소; kaimo vietovė 시골, 지방
vieversys [남] [조류] 종달새
vijimasis [남] 추적, 뒤쫓기
vijoklinis [형] (식물이) 기어오르는; vijoklinis augalas 기어오르는 식물 (담쟁이덩굴 따위)
vijoklis [남] [식물] 메꽃
vijūnas [남] [어류] 미꾸라지
vykdymas [남] 실행, 집행, 이행, 수행, 달성
vykdyti [동] 실행하다, 집행하다, 수행하다, 달성하다
vykdytojas [남] 집행자[관]
vykdomasis [형] 실행의, 집행의; vykdomasis komitetas 실행[집행] 위원회
vykęs [형] 성공적인, 잘 된; (말 따위가) 잘 표현된, 적합한
vikrumas [남] 재주 있음, 솜씨 좋음; 민첩함, 재빠름
vikrus [형] 재주 있는, 솜씨 좋은; 민첩한, 재빠른, 기민한
vyksmas [남] 진행, 진전
vikšras [남] ① [곤충] 모충(毛蟲), 쐐기벌레 ② 무한궤도, 캐터필러
vikšrinis [형] 무한궤도(식)의
vykti [동] ① (~으로, ~을 향해) (나아)가다 ② 잘 되다, 성공적이다; 잘 해내다, 성공하다 ③ (일이) 일어나다, 발생하다, 되어가다; kas čia vyksta? 여기서 무슨 일이 일어나고 있는 거야?
vykusiai [부] 성공적으로, 잘 (되어)
vila [여] 별장, 빌라
vilgyti [동] 적시다, 축축하게 하다
vylingas [형] 교활한, 남을 속이는, 배반하는
vylingumas [남] 교활함, 남을 속임, 배반
vilioti [동] 유인하다, 꾀어내다

vylius [남] 사기, 기만, 속임, 교활
vilkas [남] [동물] 이리, 늑대
vilkėti [동] (옷 따위를) 입다
vilkikas [남] 견인차; 예인선
vilkinti [동] 오래[질질] 끌다, 꾸물거리다
vilkiukas, vilkiūkštis [남] 이리 새끼
vilkstinė [여] 줄, 열(列), 라인
vilkti [동] ① 끌다, 당기다 ② 옷을 입히다
vilktis [동] ① 옷을 입다 ② 발을 질질 끌며 걷다, 느릿느릿 걷다
vilna [여] 양털, 양모, 울
vilnis [여] 파도, 물결, 놀
vilnyti [동] 물결치다, (파도 따위가) 넘실거리다
Vilnius [남] 빌뉴스 (리투아니아의 수도)
vilnonis [형] 양모의, 모직의; vilnoniai drabužiai 모직물, 양털로 만든 의류
viltis [여] (~에 대한) 희망, 소망, 바람; turėti[puoselėti] viltį 희망을 품다; kelti viltisčių 잘 되어가다, 전망이 좋다
— [동] 바라다, 희망하다, 희망을 품다[가지다]
vynai [남·복] [카드놀이] 스페이드
vynas [남] 와인, 포도주
vingis [남] 굽이, 굴곡, 구불구불함
vingiuotas [형] 구불구불한, 굽은
vingiuoti [동] 굽이치다, 구불구불하다
vynininkystė [여] 와인[포도주] 양조
vyniojamasis [형] (물건을) 싸는, 포장하는; vyniojamasis popierius 포장지
vynioti [동] (물건을) 싸다, 포장하다
vinis [여] 못; įkalti vinį 못을 박다
vinkšna [여] [식물] 느릅나무
vynuogė [여] 포도
vynuogienojas [남] [식물] 포도나무
vynuogynas [남] 포도원[밭]
violetinis [형] 보라색의
violončelė [여] [음악] 첼로
violončelininkas, violončelistas [남] 첼리스트, 첼로 연주자

viralas [남] 수프, 고깃국물; 걸쭉한 것
viralinė [여] 식료품 저장실
vyras [남] ① 남자, 남성 ② 남편 ③ vyras esi! 잘 했어!
vyrauti [동] 우세하다, 압도하다, 주권을 장악하다
virbalas [남] ① 뜨개바늘 ② [기계] 추축(樞軸), 피벗
virbas [남] 나뭇가지; 회초리
virdulys [남] 찻주전자
virėjas [남] 요리사 (여성형은 virėja)
vyresnybė [여] 당국, 행정 기관
vyresnis [형] 나이가 위인[더 많은], 연장(年長)의; vyresnis brolis 형, 오빠; jis trejais metais vyresnis už savo brolį 그는 자기 남동생보다 세 살 많다
vyriausias(is) [형] ① 수석의, 장(長)의, 총괄하는; vyriausiasis gydytojas 수석군의관; vyriausiasis buhalteris 회계과장; vyriausioji būstinė 총사령부 ② 가장 나이가 많은; vyriausias sūnus 장남
vyriausybė [여] 정부(政府)
vyriausybinis [형] 정부의, 정부에 관한
viryklė [여] 요리용 레인지
virinti [동] 끓이다; virintas vanduo 끓인 물
vyris [남] = vyrius
vyriškas [형] ① 남성의, 남성용의; vyriškoji lytis (생물학적인) 남성; vyriškoji giminė [문법] 남성; vyriški rūbai 남성복 ② 남자다운, 사내다운, 용감한, 씩씩한 ③ 남자 같은
vyriškis [남] 남자, 남성
vyriškumas [남] 남자[남성]임; 남자다움, 용맹, 씩씩함
vyrius [남] (문의) 경첩
virkdyti [동] (남을) 울리다, 울게 하다
virpėjimas, virpesys [남] 떨림, 진동
virpėti [동] 떨다, 떨리다, 진동하다
virpinti [동] 떨게 하다, 진동시키다
virpstas [남] (문 따위의) 기둥
virsti [동] ① 넘어지다, 굴러 떨어지다 ② 떼지어 몰려들다 ③ (~이[으로]) 되다, 변하다; skystis virsta garu 액체가 기화한다; jo svajonė virsta tikrove 그의 꿈이 이루어졌다
virš [전] (~의) 위로; skraidyti virš miesto 도시의 상공을 날

다
viršaitis [남] 지방 행정구역의 수장
viršaus [부] ~ 외에, 그밖에 또, 게다가
viršelis [남] 뚜껑, 덮개
viršesnis [형] (남보다) 우세한, (남을) 능가하는
viršijimas [남] (계획의) 초과 달성
viršila [여] [군사] 부사관의 최고 계급
viršininkas [남] 장(長), 우두머리; 상관; stoties viršininkas 철도 역장; tiesioginis viršininkas 직속 상관
viršininkauti [동] 장[우두머리]이다, 지휘하다, 통솔하다
viršyti [동] ① (~보다) 낫다, 능가하다, 뛰어나다 ② (계획 따위를) 초과 달성하다
virškinamas [형] 소화의, 소화를 촉진하는; lengvai virškinamas 소화가 잘 되는
virškinimas [남] 소화; virškinimo sutrikimas 소화 불량
virškinti [동] 소화하다
viršnorminis [형] 시간 외의, 초과 근무의; viršnorminis darbas 초과 근무
viršplaninis [형] 계획을 초과 달성하는
viršugalvis [남] [해부] 정수리
viršuj [전] (~의) 위에, 표면에
viršukalnė [여] 산꼭대기, 산의 정상
viršum [전] (~의) 위에
viršūnė [여] 정상, 꼭대기
viršus [남] ① 꼭대기, 윗부분; (집의) 위층; į viršų, viršun 위로, 위쪽으로, 위층으로; viršuje 위에(서); iš viršaus 위에서, 위로부터 ② 뚜껑, 덮개 ③ 바깥 부분 ④ su viršum (숫자 뒤에 쓰여) ~ 남짓; gauti viršų 우세하다, 이기다
viršutinis [형] 위쪽의, 상부의
viršvalandinis [형] 시간 외 근무의, 초과 근무의
viršvalandžiai [남·복] 시간 외 근무, 초과 근무; dirbti viršvalandžius 시간 외 근무를 하다, 규정 시간을 초과하여 일하다
virti [동] ① 부글부글 끓다 ② 끓이다, 요리[조리]하다; virti pietus 식사[정찬]를 준비하다 ③ darbas verda 일이 한창 진행 중이다

virtinė [여] 대열, 행렬
virtiniai [남·복] 고기만두
virtuozas [남] (예술의) 거장, 명인, 대가
virtuoziškas [형] 대가[명인]다운
virtuoziškumas [남] (예술가의) 탁월한 기량
virtuvė [여] 부엌, 주방
virvė [여] 줄, 끈, 로프; surišti virve 줄을 묶다
viržis [남] [식물] 헤더 (히스의 일종)
vis [부] 항상, 언제나; vis dėlto 그렇지만, 그래도, (~에도) 불구하고; vis tiek, vis viena 똑같다, 마찬가지다, 차이가 없다
visada, visados [부] 항상, 언제나; kaip visada[visados] 언제나처럼, 여느 때와 같이
visagalis [형] 전능한, 무엇이든 할 수 있는
visai [부] 아주, 완전히, 전적으로, 절대적으로; (부정문에서) 전혀; visai teisingai 그렇고 말고, 전적으로 옳다; visai nepažįstamas žmogus 전혀 낯선 사람; visai nuogas 전라(全裸)의, 옷을 모두 벗은; visai kitas 전혀 다른; visai ne 전혀 ~ 아닌, 조금도 ~ 않다; jis manęs visai nepažįsta 그는 나를 전혀 몰라
visaip [부] 가능한 모든 방법을 다 하여, 백방으로
visaliaudinis [형] 국가적인
vis(a)pusis, vis(a)pusiškas [형] ① 전반에 걸친, 전면적인, 종합적인 ② 철저한, 상세한
visapusiškumas [남] 전반적임, 종합적임; 철저함
visas [대] 모든, 전체의; visą dieną 온종일; visas Vilnius 빌뉴스 전체; po visą miestą 온 도시에 (걸쳐); visu balsu 목청껏 소리를 질러; iš viso 전부해서, 총계; visam laikui, visiems laikams 영원히; visų pirma 무엇보다도, 우선, 첫째로; visų geriausias 가장 좋은; visi atvyko 모두 왔다[출석했다]; viso gero! 잘 가요, 안녕히 가세요; dėl visa ko, dėl viso pikto 이러나저러나, 여하튼; be viso to 게다가, 더욱이; nepaisant viso to 그럼에도 불구하고; iš visų jėgų 전력을 다해; iš visos širdies 진심으로, 온 마음을 다해
visata [여] 우주

visažinis [형] 아는 체하는
visetas [남] 전체, 모든 것
visgi [부] 그래도, 그럼에도 불구하고
visiškai [부] 아주, 완전히, 전적으로, 절대적으로
visiškas [형] 완전한, 전적인, 절대적인; visiška laisvė 완전한 자유; visiška ramybė 절대 안정; jis visiškas našlaitis 그는 부모가 모두 없다, 완전한 고아다; visiškas užtemimas [천문] 개기식(皆旣蝕)
viskas [대] 모두, 모든 것; viskas gerai, kas gerai baigiasi 끝이 좋으면 모든 게 좋다; aš viską žinau 난 모든 걸 알고 있어
vyskupas [남] [기독교] 주교
vyskupija [여] [기독교] 주교관구
vyskupystė [여] ① 주교관구 ② 주교의 직[지위]
vislus [형] 빠르게 증식하는
visokeriopai [부] 가능한 모든 방법을 다 하여, 백방으로
visokeriopas [형] 온갖, 모든, 각종
visoks [대] 온갖, 갖가지
visraktis [남] 마스터 키, 맞쇠, 곁쇠
visti [동] 증식하다
vysti [동] 시들다
vystyklai [남·복] 포대기, 강보
vystymas [남] ① 발전, 발달, 성장 ② (아기를) 포대기[강보]로 싸기
vystymasis [남] 발전, 발달, 성장
vystyti [동] ① 발전[발달]시키다, 성장하게 하다 ② (아기를) 포대기[강보]로 싸다
vystytis [동] 발전[발달]하다, 성장하다
visuma [여] 전체, 총체, 총계
visuomenė [여] 사회; plačioji visuomenė 일반 대중, 사회의 각계 각층; visuomenės mokslas 사회과학
visuomenininkas [남] 사회 사업가
visuomeninis, visuomeniškas [형] 사회의; 공공의; visuomeninė santvarka 사회 제도[체제]; visuomeninis darbas 사회 사업; visuomeninės organizacijos 공공 단체; visuomeninė nuosavybė 공유[공공] 재산

visuomeninti [동] 사회화하다
visuomeniškai [부] 사회적으로
visuomet [부] 항상, 언제나; kaip visuomet 언제나처럼, 여느 때처럼
visuotinis [형] ① 일반적인, 보편적인, 전반적인; visuotinė r-inkimų teisė 보통 선거권; visuotinis privalomas mokslas 의무교육 ② 총체적인; visuotinis susirinkimas 총회
visuotinumas [남] 일반적임, 보편성
visur [대] 도처에, 어디에나; iš visur 도처로부터
visureigis [형] 산야를 횡단하는, 크로스컨트리의
viščiukas [남] 병아리, 새 새끼
vyšnia [여] ① [식물] 벚나무 ② 체리, 버찌
vyšninė [여] 체리브랜디, 체리로 담근 술
višta [여] ① [조류] 닭 ② 닭고기, 치킨
vištakumas [남] [병리] 야맹증
vištidė [여] 닭장
vištiena [여] 닭고기, 치킨
vištvanagis [남] [조류] 참매
vitaminas [남] 비타민
vyti [동] ① 쫓다, 몰아내다 ② 뒤쫓다, 추적하다 ③ (실 따위를) 감다, 꼬다
vytis [여] ① [역사] (말을 타고 가는) 전령, 급사(急使) ② 기사(騎士) ③ V- 리투아니아의 국가적 상징
vitrina [여] ① 창(문) ② (상점의) 진열창 ③ 유리 진열장
vyturas [남] (상처를 싸매는) 붕대
vyturys [남] [조류] 종달새
vyturiuoti[1] [동] (상처를) 붕대로 싸매다
vyturiuoti[2] [동] 지저귀다
viza [여] 비자, 사증
vyzdys [남] 눈동자, 동공
vizginti [동] (꼬리를) 흔들다
vizitas [남] 방문, 들르기; padaryti kam vizitą ~을 방문하다, ~에게 들르다
vizitinis [형] 방문용의; vizitinė kortelė 명함
vizituoti [동] (의사가) 회진(回診)하다
vogčia, vogčiom(is) [부] 몰래, 은밀하게

vogti [동] 훔치다, (좀)도둑질하다, 슬쩍하다
vokalinis [형] [음악] 성악의, 노래의
vokas [남] ① 눈꺼풀 ② (편지) 봉투
Vokietija [여] 독일
vokietinti [동] 독일화하다
vokietis [남] 독일 사람; vokiečių kalba 독일어
vokiškas [형] 독일의
volas [남] 롤러
volė [여] 마개, 꼭지
volioti [동] 굴리다
voliotis [동] 구르다
voltas [남] [전기] 볼트 (전압의 단위)
voltažas [남] [전기] 전압(량), 볼트수
volungė [여] [조류] 꾀꼬리
vonia [여] 목욕; imti vonią 목욕하다; saulės vonia 일광욕
vora [여] 열(列), 줄
voras [남] [동물] 거미
voratinklis [남] 거미줄[집]
vos [부] ① 거의 ~ 않다; jis vos kvėpuoja 그는 숨을 거의 쉴 수가 없다; iš čia vos matyti 그건 여기서는 잘 보이지 않는다; vos pastebima šypsena (거의 눈에 띄지 않는) 희미한 미소 ② 겨우, 간신히, 가까스로; jis vos išsigelbėjo 그는 간신히 도망쳐 나왔다; vos ne vos 아주 어렵게[힘들게] ③ vos tik ~하자마자
votis [여] [병리] 궤양(潰瘍); 종기
voverė [여] [동물] 다람쥐
vožti [동] ① 닫다, 폐쇄하다; (뚜껑 따위를) 덮다 ② 때리다, 후려갈기다
vožtuvas [남] [해부] 판(瓣), 판막
vualis [남] 베일, 막
vulgarinti [동] 속되게 하다, 비속화하다
vulgarumas [남] 속됨, 비속
vulgarus [형] 속된, 비속한
vulkanas [남] 화산(火山)

Z

zebras [남] [동물] 얼룩말
zenitas [남] [천문] 천정(天頂)
zenitinis [형] zenitinė artilerija 방공포(防空砲)
zigzagas [남] 지그재그
zylė [여] [조류] 박샛과의 새
zirzėti [동] 윙윙거리다
zirzti [동] ① 윙윙거리다 ② 우는 소리를 하다, 투덜대다
zomša [여] 섀미 가죽; 스웨이드
zona [여] 지대, 지역, 구역, 존; laisvosios prekybos zona [경제] 자유 무역 지대
zondas [남] [의학] 탐침(探針), 소식자(消息子)
zonduoti [동] ① 탐침[소식자]으로 검사하다 ② 깊이 따위를 재다, 측심(測深)하다
zoologas [남] 동물학자
zoologija [여] 동물학; zoologijos sodas 동물원
zuikis [남] 산토끼
zvimbti [동] ① 윙윙거리다 ② 우는 소리를 하다

Ž

žabalas [형] 눈먼, 장님의, 안 보이는
žabalis [남] 눈먼 사람, 소경
žabangos [여·복] 덫, 올가미
žabas [남] 긴 나뭇가지
žaboti [동] 굴레를 씌우다, 재갈을 물리다
žadas [남] ① 말, 발언; be žado 의식을 잃은 ② 약속
žadėti [동] 약속하다
žadinti [동] ① (잠에서) 깨우다 ② (기억·감정 따위를) 일깨우다, 자극하다, 환기하다
žadintuvas [남] 자명종
žagrė [여] 나무로 만든 쟁기; 쟁기의 날, 보습
žagsėjimas [남] 딸꾹질
žagsėti [동] 딸꾹질하다
žaibas [남] 번개; žaibo greitumu 번개처럼 빠르게
žaibiškas [형] 번개처럼 빠른
žaibolaidis [남] 피뢰침
žaibuoti [동] 번쩍이다
žaidėjas [남] 경기자, 선수
žaidimas [남] 경기, 게임
žaidynės [여·복] Olimpinės žaidynės 국제 올림픽 경기 대회
žaislas [남] 장난감
žaismas [남] 놀이, 장난
žaismingas [형] 놀기 좋아하는
žaisti [동] 놀다; 경기를 하다; žaisti tenisą 테니스를 치다
žaizda [여] 상처, 부상
žala [여] (손)해, 피해
žalias [형] ① 녹색의, 초록의 ② 날것의, 가공하지 않은, 생(生) ~ ③ 덜 여문, 미숙한
žaliava [여] 원료, 소재
žalingas [형] 해로운, 해를 끼치는, (건강 등에) 나쁜

žaliūkas [남] 건강하고 튼튼한 사람
žaliuoti [동] 녹색이[으로] 되다
žalojimas [남] (손)해, 손상
žaloti [동] ① 해를 끼치다 ② 불구로 만들다 ③ (정신적으로) 망쳐놓다
žalsvas [형] 녹색이 도는, 초록빛을 띤
žaltys [남] [동물] 독 없는 뱀의 일종
žaluma [여] 초록, 푸름
žalumynai [남·복] (녹색) 식물, 채소
žalvaris [남] 놋쇠, 황동
žandas [남] 뺨, 볼; 턱
žandikaulis [남] 턱뼈
žanras [남] (예술의) 장르
žara [여] 타오르는 듯함, 새빨간 빛; vakarinė žara 저녁놀
žargonas [남] 변말, 은어
žarijos [여·복] 타고 있는 석탄
žarna [여] ① 장(腸), 창자; akloji žarna 맹장 ② 호스, 관
žarnynas [남] 내장, 창자
žarsteklis [남] 부지깽이
žarstyti [동] (갈퀴 따위로) 긁어 모으다
žąsis [여] [조류] 거위; laukinė žąsis 기러기
žąslai [남·복] 재갈
žavėjimasis [남] 열광, 감격, 큰 기쁨
žavesys [남] 매력, 매혹
žavėti [동] 매혹하다, 남의 마음을 빼앗다
žavėtis [동] 매료되다, 탄복하다
žavingas [형] 매혹적인, 매료시키는
žavumas [남] 매력, 매혹
žavus [형] 매혹적인, 매료시키는
žebenkštis [여] [동물] 족제비
žeberklas [남] (물고기를 잡는 데 쓰는) 작살
žegnotis [동] [기독교] 십자[성호]를 긋다
žeisti [동] 상처[부상]를 입히다
želdinti [동] (식물을) 기르다, 재배하다; 심다
želti [동] (식물이) 싹트다, 자라나다
žemai [부] 낮게, 아래에

Žemaitija [여] 사모기티아 (민족에 따라 나눈 리투아니아의 한 지방)
žemaitis [남] 사모기티아 사람
žemas [형] ① 낮은; žemo ūgio 키가 작은 ② 저음(低音)의; žemas balsas 낮은 목소리, 저음 ③ 비열한 ④ 저지대의
žemaūgis [형] 키가 작은
žemčiūgas [남] 진주; žemčiūgų karoliai 진주 목걸이
žemdirbys [남] 농부, 경작자
žemdirbystė [여] 농업, 농사
žemė [여] ① 지구(地球) ② 땅; 지표면; atsigulti ant žemės 땅바닥에 드러눕다 ③ 토지; 흙, 토양; suarti žemę 밭을 갈다; žemės ūkis 농사, 농업 ④ 나라; jis buvo svetimose žemėse 그는 외국에 갔다
žemėlapis [남] 지도; 해도(海圖)
žemėtas [형] 흙 묻은
žemėti [동] ① 넘어지다, 고꾸라지다 ② 흙이 묻다
žemėtvarka [여] 측지학
žemėvalda [여] 토지 소유
žemiau [부] 아래에, 밑에; žemiau jūros lygio 해면하(海面下); žemiausias 가장 낮은, 최저의
žemietis [남] 동포, 같은 나라 사람
žemyn [부] 아래로; 아래층으로
žemynas [남] 본토
žeminė [여] 움막, 움집
žeminimas [남] 굴욕; 비하
žeminti [동] ① 낮추다 ② 굴욕을 주다; 비하하다
žemys [남] [카드놀이] 잭
žemiškas [형] 지구상의; 이 세상의, 속세의
žemkasys [남] 토공(土工)
žemuma [여] 저지(低地), 움푹한 땅
žemumas [남] ① 낮음 ② 비열함
žemuogė [여] [식물] 산딸기
žemupys [남] 강의 하류
žemutinis [형] 아래의, 밑바닥의; žemutinis aukštas (건물의) 1층
žemvaldys [남] 토지 소유자, 지주

žengti [동] (걸음을) 걷다
ženklas [남] ① 신호, 표시; 표; duoti ženklą 신호를 보내다; fabriko ženklas 등록 상표; kelio ženklas 도로 표지; draudžiamasis ženklas 금지 표시 ② 부호, 기호; skyrybos ženklas 구두점 ③ pasižymėjimo ženklas 훈장; pašto ženklas 우표
ženklelis [남] 마크
ženklinti [동] 표시를 하다
ženkliukas [남] 마크; 배지
žentas [남] 사위
žėrėti [동] 빛나다, 반짝이다, 번득이다
žergti [동] ① 다리를 넓게 벌리다 ② 큰 걸음으로 걷다
žerti [동] ① (재 따위를) 긁어내다 ② (모래 따위를) (흩)뿌리다
žėruoti [동] 빛나다, 반짝이다
žėrutis [남] [광물] 운모
žetonas [남] ① (게임기 등에 사용하는) 칩 ② 배지, 메달
žiaukčioti [동] ① 딸꾹질하다 ② 트림하다
žiaunos [여·복] [어류] 아가미
žiaurėti [동] 잔인해지다
žiaurybė [여] 잔인성, 잔혹, 무자비
žiaurinti [동] 잔인하게 만들다
žiaurumas [남] 잔인성, 잔혹, 무자비
žiaurus [형] 잔인한, 잔혹한, 무자비한
žibalas [남] 등유(燈油)
žibalinis [형] žibalinė lempa 등유 램프
žibėjimas [남] 빛남, 반짝임
žibėti [동] 빛나다, 반짝이다
žibintas [남] 랜턴; 램프
žibinti [동] ① 빛을 비추다 ② 불을 켜놓다 ③ 광택[윤]을 내다
žibintuvas [남] 랜턴; 램프
žibintuvėlis [남] 작은 랜턴[램프]; 손전등
žybsėti [동] 빛나다, 반짝이다
žybsnis [남] 번쩍이는 빛, 섬광
žibuoklė [여] [식물] 제비꽃
žiburys [남] (불)빛
žiburiuoti [동] 빛나다, 반짝이다

žibutė [여] = žibuoklė
žibutis [남] (작은) 불꽃
žydas [남] 유대인
žydėjimas [남] ① 개화, 꽃핌 ② 번영, 번성, 융성; pačiame žydėjime 한창 때에
žydėti [동] ① 꽃피다, 개화하다 ② 번영하다, 번성하다, 융성하다
židinys [남] ① 노(爐); 벽난로; namų židinys ("난롯가·노변"이라는 뜻에서) 가정 ② (사건 따위가 발생하는) 온상, 중심 ③ [물리] 초점
žydiškas [형] 유대인의
žydras [형] 하늘색의, 담청색의
žydrynė, žydruma [여] 하늘색, 담청색
žiebti [동] ① 불을 켜다[붙이다] ② 치다, 때리다
žiebtuvėlis [남] 담배 라이터
žiedas[1] [남] ① (과수 따위의) 꽃 ② 정예, 엘리트
žiedas[2] [남] ① 고리, 링 ② 반지
žiedėti [동] (빵이) 상하다, 곰팡내나게 되다
žieduoti [동] 반지를 끼워주다
žieduotis [동] 약혼하다, 약혼 반지를 교환하다
žiema [여] 겨울; žiemą 겨울에; žiemos sportas 동계 스포츠
žiemiai [남·복] 북(쪽)
žieminis [형] 겨울의, 동계의
žiemys [남] ① 북(쪽) ② 북풍
žiemkenčiai [남·복] 겨울 작물
žiemojimas [남] 겨울나기, 월동
žiemoti [동] 겨울을 나다, 월동하다
žiesti [동] 토기(土器)를 만들다
žievė [여] (나무 또는 과일 따위의) 껍질
žiežirba [여] 불꽃; žiežirbos jam iš akių pasipylė 그는 눈에서 불꽃이 튀었다, 눈앞이 아찔해졌다
žiežula [여] 마녀, 여자 마법사
žygdarbis [남] 공적, 공훈, 위업; 무공, 무훈
žygis [남] ① 행진, 걷기, 나아감; 여행; 항해, 순항(巡航) ② 군사 행동, 출정; dalyvauti žygyje 전쟁터로 나가다, 출정하다 ③ 수단; 조치; imtis žygių 조치를 취하다

žygiuoti [동] 행진[진군]하다, 움직이다, 나아가다; 걷다
žilas [형] 회색의
žilė [여] 흰머리, 백발
žilti [동] 회색이 되다; 머리가 희어지다
žilvitis [남] [식물] 버드나무; 고리버들
žymė [여] 표, 부호, 마크, 사인
žymėti [동] 표시하다
žymiai [부] 상당히; 두드러지게, 현저하게
žymus [형] ① 상당한; žymus nuostolis 심한 손실 ② 두드러진, 현저한, 걸출한; 주목할 만한
žindyti [동] (아기에게) 젖을 먹이다; žindomas kūdikis 아기, 젖먹이
žindytoja, žindyvė [여] 유모(乳母)
žindukas [남] (유아용) 고무 젖꼭지
žinduklis [남] 젖먹이, 유아
žinduolis [남] [동물] 포유류
žingine [부] 걸어서, 걷는 속도로; važiuoti žingine 천천히 가다
žingsnis [남] 걸음; paspartinti žingsnį 걸음을 재촉하다; žingsnis po žingsnio 한 걸음씩, 단계적으로; kiekviename žingsnyje 항상, 언제나
žingsniuoti [동] (걸음을) 걷다, 내딛다
žinia¹ [여] ① 소식, 뉴스; gavau blogų žinių 나쁜 소식을 들었어; duoti kam žinią ~에게 알려주다 ② 정보; mano žiniomis 내가 아는 바로는 ③ [복] žinios 지식; įsigyti žinių 지식을 얻다 ④ 처분권, 재량권; turėti savo žinioje 마음대로 할 수 있다
žinia² [부] 확실히, 물론
žiniaraštis [남] 등록부, 명부
žinyba [여] 부문, ~부(部)
žinynas [남] 참고 도서
žinė [여] 여자 마법사
žinys [남] 마법사; 현인
žinojimas [남] 지식
žinoma [부] 확실히, 물론
žinomas [형] 잘 알려진, 유명한

žinoti [동] 알다; žinoti ką iš nuogirdų ~을 소문으로 알다
žinovas [남] 전문가, 권위자
žinutė [여] 메시지, 메모
žiogas [남] [곤충] 메뚜기, 베짱이
žiogelis [남] 안전핀
žiomuo [남] (동물의) 입, 주둥이
žiopčioti [동] 숨을 헐떡이다
žiopla, žioplė [여] 멍청이, 얼간이
žioplys [남] 멍청이, 얼간이
žiopsoti [동] 입을 딱 벌리고 (멍하니) 있다
žioti [동] 입을 벌리다
žiotys [여·복] ① 입; 목구멍 ② 하구(河口), 강어귀
žiovauti [동] 하품하다
žiovulys [남] 하품
žirafa [여] [동물] 기린
žirgas [남] [동물] 말(馬)
žirgynas [남] 말 번식장, 종마 사육장
žirgininkas [남] 말 사육자
žirgininkystė [여] 말 사육
žirklės [여·복] 가위
žirnienė [여] 완두 수프
žirnis [남] [식물] 완두; 완두의 꼬투리
žįsti [동] 빨다, 흡입하다
žiupsnelis, žiupsnis [남] 한 자밤, 조금, 적은 양
žiūrėti [동] ① 바라보다, 쳐다보다, 응시하다; žiūrėti į veidrodį 거울을 보다; žiūrėti pro langą 창 밖을 바라보다; žiūrėti kam į akis ~의 눈을 쳐다보다 ② 잘 지켜보다, 관리하다; žiūrėti tvarkos 질서를 유지하다 ③ (무엇을[에 대해] 어떻게) 생각하다; žiūrėti rimtai į ką ~을 진지하게 받아들이다
žiuri [남] 배심원, 재판관; 심사위원; [스포츠] 심판
žiūrinėti [동] ① 주의 깊게 보다 ② (때때로) 들여다보다
žiurkė [여] [동물] 쥐
žiurkėkautai [남·복] 쥐덫
žiurkiauti [동] 쥐를 잡다
žiūronas [남] 쌍안경; 망원경

žiūrovas [남] 구경꾼; 관객
žlėgtainis [남] 두껍게 자른 고깃점 (요리)
žlibas [형] 시력이 약한
žliumbti [동] 훌쩍이다, 흐느끼다
žlugdyti [동] (계획 따위를) 좌절시키다, 수포로 돌아가게 만들다, 망치다
žlugimas [남] 실패, 일을 망침
žlugti [동] 실패하다, 일을 망치다, 수포로 돌아가다
žmogėdra [남/여] 식인종
žmogiškas [형] 인간의, 인간적인, 인간다운
žmogiškumas [남] 인간성
žmogus [남] 사람, 인간; darbo žmogus 일하는 사람; eilinis [paprastas] žmogus 보통 사람, 평범한 사람; [복] → ž-monės
žmogžudys [남] 살인자
žmogžudystė [여] 살인, 살해
žmona [여] 아내, 부인, 처
žmonės [남·복] 사람들; daug žmonių 많은 사람들; aikštėje pilna žmonių 광장은 인파로 붐비고 있다; mūsų buvo dešimt žmonių 우리는 10명이었다; ką žmonės pasakys? 사람들이 뭐라고 할까?, 평판이 어떨까?; išeiti į žmones 출세하다
žmonija [여] 인류, 인간
žmoniškai [부] 인도적으로
žmoniškas [형] 인도적인, 인정 있는, 자비로운
žmoniškumas [남] 인정, 자비, 인간애
žnaibyti, žnybti [동] 꼬집다
žnyplės [여·복] ① (족)집게, 펜치 ② (게 따위의) 집게
žodynas [남] 사전(辭典)
žodynininkas [남] 사전 편찬자
žodinis [형] 말의, 말에 의한, 구두(口頭)의
žodis [남] ① 말, 발언; jis nė žodžio nepasakė 그는 한 마디도 하지 않았다; turiu pasakyti jums porą žodžių 당신과 이야기 좀 하고 싶소; žodžio laisvė 언론[표현]의 자유 ② 언어 (구사력); gimtasis žodis 모국어 ③ 연설 ④ 약속; ištesėti žodį 약속을 지키다; sulaužyti žodį 약속을 어기

다 ⑤ 단어, 낱말; vienu žodžiu, žodžiu sakant 한 마디로, 짧게 말해서; žodis į žodį 축어적으로, 말 그대로
žolė [여] 풀(草); vaistinės žolės 약초
žolėdis [형] 초식성(草食性)의; žolėdžiai gyvuliai 초식 동물
žolelė, žolytė [여] 풀 한 포기
žolėtas [형] 풀로 뒤덮인, 풀이 많이 자란
žoliauti [동] 풀을 뽑아 모으다
žolynas [남] ① 풀, 초본; 식물류, 꽃 ② 풀밭 ③ 식물 표본집
žolingas [형] 풀이 많은, 풀로 뒤덮인
žolininkas [남] 식물[초본]학자
žolinis [형] žoliniai augalai 풀, 초본
žudikas [남] 살인자, 킬러
žudynės [여·복] (대량) 학살
žudyti [동] ① 죽이다, 살인[살해]하다 ② 고통스럽게 하다
žūklauti [동] 물고기를 잡다, 어업에 종사하다
žūklė [여] 낚시, 어획; 어업
žuolis [남] (철도의) 침목
žurnalas [남] ① 잡지, 정기간행물; mėnesinis žurnalas 월간지 ② 일지, 기록부
žurnalistas [남] 언론인, 저널리스트
žurnalistika [여] 저널리즘
žūtbūt [žūt būt] [부] 어떤 대가를 치르더라도, 무슨 일이 있어도, 기어이
žūtbūtinis [형] ① (전투에서) 서로 죽이는, 상잔(相殘)의 ② (일이) 다급한, 긴급한
žūti [동] ① 죽다, 살해당하다 ② 없어지다, 소멸하다; 끝장이 나다, 파멸하다; viskas žuvo 모든 것을 잃다; jis žuvęs žmogus 그는 이제 가망이 없다 ③ 괴로워하다, 힘이 들다
žūtis [여] 파멸, 좌절
žuvauti [동] 낚시질하다, 고기를 잡다
žuvautojas [남] 낚시꾼, 어부
žuvėdra [여] [조류] (바다)갈매기
žuvimas [남] 죽음, 소멸; 파멸
žuvingas [형] 물고기가 많은
žuvininkas [남] ① 낚시꾼, 어부 ② 양어(養魚)업자 ③ 생선 장수

žuvininkystė [여] ① 어업, 어획 ② 양어(養魚)

žuvis [여] 물고기, 어류; gaudyti žuvis 물고기를 잡다, 낚시하다; žuvies taukai 간유(肝油)

žuvivaisa [여] 양어(養魚)

žvaigždė [여] ① 별; krintanti žvaigždė 유성, 별똥별; žvaigždės pavidalo 별모양의 ② 스타, 유명인; kino žvaigždė 영화 스타, 유명 영화배우 ③ jūros žvaigždė [동물] 불가사리; gimti po laiminga žvaigžde 유복한 집안에서 태어나다

žvaigždėtas [형] 별이 많은[총총한]; žvaigždėtas dangus 별이 총총한 하늘; žvaigždėta naktis 별빛이 밝은 밤

žvaigždynas [남] 별자리

žvairakis [남] 사시[사팔눈]인 사람

žvairas [형] 사시[사팔눈]의

žvairom(is) [부] 비스듬하게, 곁눈질하여

žvairuoti [동] 곁눈질하다, 흘겨보다

žvakė [여] ① (양)초; uždegti[užgesinti] žvakę 촛불을 켜다[끄다] ② [전기] 플러그 ③ 촉광(燭光; 광도의 단위)

žvakidė [여] 촛대

žvalgas [남] [군사] 정찰병; 정보 장교

žvalgyba [여] 정보국, 첩보부

žvalgybininkas [남] 정보국 근무자, 첩보부원

žvalgymas [남] ① [군사] 정찰 ② (광산 등에 대한) 시굴(試掘), 탐광(探鑛)

žvalgyti [동] ① [군사] 정찰하다 ② (광산 등을) 시굴[탐광]하다

žvalgytis [동] ① 주변을 둘러보다 ② 서로 눈짓을 하다, 눈을 맞추다

žvalumas [남] 쾌활, 활발, 명랑, 생기가 넘침

žvalus [형] 쾌활한, 활발한, 활기찬, 팔팔한, 명랑한, 생기가 넘치는

žvangėjimas, žvangesys [남] 땡[철커덩] 울림

žvangėti [동] 땡[철커덩] 울리다

žvanginimas [형] žvanginimas ginklais 무력에 의한 위협, 무력의 과시

žvanginti [동] 땡[철커덩]하고 울리게 하다

žvarbus [형] (바람 따위가) 살을 에는 듯한, 매서운
žvejyba [여] 낚시
žvejys [남] 낚시꾼
žvejojimas [남] 낚시
žvejoti [동] 낚시하다
žvejotojas [남] 낚시꾼
žvelgti [동] 흘끗 보다, 눈길을 던지다
žvengti [동] 말이 히힝하고 울다
žvėrėti [동] 야수성을 띠게 되다
žvėriena [여] 사냥감
žvėrynas [남] 동물원
žvėrinti [동] 야수성을 띠게 하다
žvėris [여] ① 야수, 짐승 ② 짐승 같은 놈
žvėriškas [형] ① 짐승[야수] 같은, 잔인한, 야만적인 ② 극악한, 심한, 지독한; aš turiu žvėrišką apetitą 나는 배가 몹시 고프다
žvėriškumas [남] 수성(獸性), 잔인성, 야만성; 극악무도
žviegimas [남] 끽끽거리는 소리, 새된 소리
žviegti [동] 끽끽거리다, 새된 소리를 내다
žvygauti [동] 끽끽거리다, 새된 소리를 내다
žvilgčioti [동] 흘끗 보다, 눈길을 던지다
žvilgėjimas, žvilgesys [남] 광택, 윤, 빛남
žvilgėti [동] 빛나다, 반짝이다, 광택[윤]이 나다
žvilginti [동] 광택[윤]이 나게 하다
žvilgsnis [남] 쳐다보기, 응시; mesti žvilgsnį 쳐다보다, 눈길을 던지다; nukreipti žvilgsnį į (~으로) 시선을 돌리다; iš pirmo žvilgsnio 첫눈에
žvilgtelėti [동] 쳐다보다, 훑어보다
žvynas [남] (또는 복수형 žvynai로) 비늘
žvynuotas [형] 비늘이 있는
žvyras [남] 자갈
žvirblis [남] ① [조류] 참새 ② senas žvirblis 노련한[경험 많은] 사람
žvirgždas [남] 굵은 모래; 자갈
žvirgžduotas [형] 자갈로 덮인
žvyruotas [형] (길 따위에) 자갈이 깔린

žvyruoti [동] 자갈을 깔다, 자갈로 덮다
žvitrus [형] 기민한, 민첩한, 생기가 넘치는; žvitrios akys 초롱초롱 빛나는 눈

부록 (어형 변화표)

■ 명사 변화 유형

1) 제1변화

제1변화 유형에 속하는 명사들은 모두 남성이며 주격 단수형 어미가 -as, -is, -ys이다. 괄호 안의 철자는 구어체에서는 보통 발음되지 않는다. 제1변화 유형에 속하는 명사들의 수와 격에 따른 변화를 살펴보면 다음과 같다.

단수형			
주격	stalas	brolis	arklys
속격	stalo	brolio	arklio
여격	stalui	broliui	arkliui
대격	stalą	brolį	arklį
조격	stalu	broliu	arkliu
처격	stale	broly(je)	arkly(je)
호격	stale!	broli!	arkly!
복수형			
주격	stalai	broliai	arkliai
속격	stalų	brolių	arklių
여격	stalam(s)	broliam(s)	arkliam(s)
대격	stalus	brolius	arklius
조격	stalais	broliais	arkliais
처격	staluose	broliuose	arkliuose
호격	stalai!	broliai!	arkliai!

2) 제2변화

제2변화 유형에 속하는 명사들은 모두 여성이며 주격 단수형 어미가 -a, -ė, -i이다. 아래의 예에서 marti의 경우는 격에 따라 t가 č로 바뀌는 때가 있음을 유의할 것.

단수형			
주격	mama	gėlė	marti
속격	mamos	gėlės	marčios
여격	mamai	gėlei	marčiai
대격	mamą	gėlę	marčią
조격	mama	gėle	marčia
처격	mamoj(e)	gėlėj(e)	marčioj(e)
호격	mama!	gėle!	marti!
복수형			
주격	mamos	gėlės	marčios
속격	mamų	gėlių	marčių
여격	mamom(s)	gėlėm(s)	marčiom(s)
대격	mamas	gėles	marčias
조격	mamom(is)	gėlėm(is)	marčiom(is)
처격	mamose	gėlėse	marčiose
호격	mamos!	gėlės!	marčios!

3) 제3변화

주격 단수형 어미가 -is이고 속격 단수형 어미가 -ies인 남성 및 여성 명사들이 제3변화 유형에 속한다. 아래의 예에서 dantis의 경우는 여격 단수형에서 t가 č로 바뀜에 유의할 것.

단수형		
주격	akis	dantis
속격	akies	danties
여격	akiai	dančiui
대격	akį	dantį
조격	akim(i)	dantim(i)
처격	aky(je)	danty(je)
호격	akie!	dantie!

복수형		
주격	akys	dantys
속격	akių	dantų
여격	akim(s)	dantim(s)
대격	akis	dantis
조격	akim(is)	dantim(is)
처격	akyse	dantyse
호격	akys!	dantys!

4) 제4변화

주격 단수형 어미가 -us, -ius인 명사는 제4변화 유형에 속하며 모두 남성이다. 아래의 예에서 žmogus의 복수형 변화가 다소 특이함에 유의할 것.

단수형			
주격	žmogus	sūnus	profesorius
속격	žmogaus	sūnaus	profesoriaus
여격	žmogui	sūnui	profesoriui
대격	žmogų	sūnų	profesorių
조격	žmogum(i)	sūnum(i)	profesorium(i)
처격	žmoguj(e)	sūnuj(e)	profesoriuj(e)
호격	žmogau!	sūnau!	profesoriau!
복수형			
주격	žmonės	sūnūs	profesoriai
속격	žmonių	sūnų	profesorių
여격	žmonėm(s)	sūnum(s)	profesoriam(s)
대격	žmones	sūnus	profesorius
조격	žmonėm(is)	sūnumis	profesoriais
처격	žmonėse	sūnuose	profesoriuose
호격	žmonės!	sūnūs!	profesoriai!

5) 제5변화

제5변화 유형에 속하는 명사의 수는 얼마 안 되며, 그 중엔 불규칙 명사도 포함된다. 주격 단수형 어미가 -uo, -ė인 여성 명사 및 -uo인 남성 명사가 이 변화 유형에 속한다. 아래의 예에서 šuo는 불규칙 명사다.

단수형				
주격	vanduo	šuo	sesuo	duktė
속격	vandens	šuns	sesers	dukters
여격	vandeniui	šuniui	seseriai	dukteriai
대격	vandenį	šunį	seserį	dukterį
조격	vandeniu	šuniu	seseria	dukteria
처격	vandeny(je)	šuny(je)	sesery(je)	duktery(je)
호격	vandenie!	šunie!	seserie!	dukterie!
복수형				
주격	vandenys	šunys	seserys	dukterys
속격	vandenų	šunų	seserų	dukterų
여격	vandenim(s)	šunim(s)	seserim(s)	dukterim(s)
대격	vandenis	šunis	seseris	dukteris
조격	vandenim(is)	šunim(is)	seserim(is)	dukterim(is)
처격	vandenyse	šunyse	seseryse	dukteryse
호격	vandenys!	šunys!	seserys!	dukterys!

■ 형용사 변화 유형

1) 제1변화

남성 주격 단수 형태가 -(i)as로 끝나는 모든 형용사는 제1변화 유형에 속한다. 여성형 주격 단수형은 남성 주격 단수형에서 맨 끝의 -s를 빼면 된다.

단수형

	남성	여성
주격	mažas	maža
속격	mažo	mažos
여격	mažam	mažai
대격	mažą	mažą
조격	mažu	maža
처격	mažam(e)	mažoj(e)

복수형

	남성	여성
주격	maži	mažos
속격	mažų	mažų
여격	mažiem(s)	mažom(s)
대격	mažus	mažas
조격	mažais	mažom(is)
처격	mažuose	mažose

2) 제2변화

남성 주격 단수 형태가 -us로 끝나며 여성 주격 단수 형태가 -i로 끝나는 모든 형용사는 제2변화 유형에 속한다.

단수형

	남성	여성
주격	gražus, platus	graži, plati
속격	gražaus, plataus	gražios, plačios
여격	gražiam, plačiam	gražiai, plačiai
대격	gražų, platų	gražią, plačią
조격	gražiu, plačiu	gražia, plačia
처격	gražiam(e), plačiam(e)	gražioj(e), plačioj(e)

복수형

	남성	여성
주격	gražūs, platūs	gražios, plačios
속격	gražių, plačių	gražių, plačių
여격	gražiem(s), platiem(s)	gražiom(s), plačiom(s)
대격	gražius, plačius	gražias, plačias
조격	gražiais, plačiais	gražiom(is), plačiom(is)
처격	gražiuose, plačiuose	gražiose, plačiose

3) 제3변화

남성 주격 단수 형태가 -is로 끝나며 여성 주격 단수 형태가 -ė로 끝나는 형용사들은 제3변화 유형에 속한다.

단수형

	남성	여성
주격	auksinis	auksinė
속격	auksinio	auksinės
여격	auksiniam	auksinei
대격	auksinį	auksinę
조격	auksiniu	auksine
처격	auksiniam(e)	auksinėj(e)

복수형

	남성	여성
주격	auksiniai	auksinės
속격	auksinių	auksinių
여격	auksiniam(s)	auksinėm(s)
대격	auksinius	auksines
조격	auksiniais	auksinėm(is)
처격	auksiniuose	auksinėse

■ 인칭대명사의 변화

단수형

격	나(는)	너(는)	그(는)	그녀(는)
주격	aš	tu	jis	ji
속격	manęs	tavęs	jo	jos
여격	man	tau	jam	jai
대격	mane	tave	jį	ją
조격	manim(i)	tavim(i)	juo	ja
처격	many(je)	tavy(je)	jam(e)	joj(e)

복수형

격	우리(는)	너희/당신(은)	그들(은)	그녀들(은)
주격	mes	jūs	jie	jos
속격	mūsų	jūsų	jų	jų
여격	mum(s)	jum(s)	jiem(s)	jom(s)
대격	mus	jus	juos	jas
조격	mumis	jumis	jais	jom(is)
처격	mumyse	jumyse	juose	jose

■ 동사 변화 유형

1) 현재 시제

제1변화 (기본형 : kepti, puošti, eiti (불규칙), būti (불규칙))
aš kepu, puošiu, einu, esu
tu kepi, puoši, eini, esi
jis/ji kepa, puošia, eina, yra
mes kepam(e), puošiam(e), einam(e), esam(e)
jūs kepat(e), puošiat(e), einat(e), esat(e)
jie/jos kepa, puošia, eina, yra
제2변화 (기본형 : mylėti)
aš myliu
tu myli
jis/ji myli

mes mylim(e)
jūs mylit(e)
jie/jos myli
제3변화 (기본형 : matyti)
aš matau
tu matai
jis/ji mato
mes matom(e)
jūs matot(e)
jie/jos mato

2) 과거 시제

제1변화
(기본형 : kepti, puošti, eiti (불규칙), būti (불규칙), vesti)
aš kepiau, puošiau, ėjau, buvau, vedžiau
tu kepei, puošei, ėjai, buvai, vedei
jis/ji kepė, puošė, ėjo, buvo, vedė
mes kepėm(e), puošėm(e), ėjom(e), buvom(e), vedėm(e)
jūs kepėt(e), puošėt(e), ėjot(e), buvot(e), vedėt(e)
jie/jos kepė, puošė, ėjo, buvo, vedė
제2변화 (기본형 : mylėti)
aš mylėjau
tu mylėjai
jis/ji mylėjo
mes mylėjom(e)
jūs mylėjot(e)
jie/jos mylėjo

제3변화 (기본형 : matyti, rašyti, žinoti)
aš mačiau, rašiau, žinojau
tu matei, rašei, žinojai
jis/ji matė, rašė, žinojo
mes matėm(e), rašėm(e), žinojom(e)
jūs matėt(e), rašėt(e), žinojot(e)
jie/jos matė, rašė, žinojo

3) 미래 시제

제1변화 (기본형 : kepti, puošti, eiti (불규칙), būti (불규칙))
aš kepsiu, puošiu, eisiu, būsiu
tu kepsi, puoši, eisi, būsi
jis/ji keps, puoš, eis, bus
mes kepsim(e), puošim(e), eisim(e), būsim(e)
jūs kepsit(e), puošit(e), eisit(e), būsit(e)
jie/jos keps, puoš, eis, bus

제2변화와 제3변화 동사들은 미래 시제에서 제1변화 동사와 같은 변화 유형을 보인다.

Lietuvių-Korėjiečių kalbų žodynas

리투아니아어-한국어 사전

2010년 · 12월 10일 초판 인쇄
2010년 · 12월 15일 초판 발행
편　　저 · 유 성 호
발 행 인 · 서 덕 일
발 행 처 · 도서출판 문예림
등　　록 · 1962년 7월 12일(제2-110호)
주　　소 · 서울시 광진구 군자동 1-13호
　　　　　문예하우스 101호
전화 Tel:02) 499-1281~2
팩스　Fax:02) 499-1283
http://www.bookmoon.co.kr
E-mail:book1281@hanmail.net
ISBN 978-89-7482-589-8 (11790)

정가35,000원(한정부수)

- ■ 잘못된 책은 구입하신 서점에서 교환하여 드립니다.
- ■ 인지는 저자와 협의에 의해 생략합니다